本书出版受司法鉴定科学研究院资助

文献计量学手册

Handbook Bibliometrics

〔瑞士〕拉斐尔·巴尔（Rafael Ball） 著

史格非 等 译

中国高校科技期刊研究会专项基金（CUJS2023-D51，CUJS2023-D19）
上海市高校科技期刊研究基金（SHGX2024B08）
2023年中国高校科技期刊研究会"善锋软件基金"资助项目（CUJS2023-SF009）
中国高校科技期刊研究会·TranSpread期刊传播基金（CUJS-TS-2025-019）

科学出版社

北京

图字号：01-2023-2475

Ball, Rafael. Handbook Bibliometrics, Berlin, Boston: De Gruyter Saur, 2020 © Walter de Gruyter GmbH Berlin Boston. All rights reserved.

This work may not be translated or copied in whole or part without the written permission of the publisher (Walter De Gruyter GmbH, Genthiner Straße 13, 10785 Berlin, Germany).

Chinese translation edition 2025 © China Science Publishing & Media Ltd.

内 容 简 介

《文献计量学手册》是一本全面探讨文献计量学领域问题的权威书籍，详细介绍了文献计量学的历史、理论基础、原则和方法，经典计量学和替代计量学指标，并在实际应用、特殊问题的处理及文献计量学的教育和培训等方面做了深入探讨，还对文献计量学这一学术领域的未来作了展望，探讨了新技术和社会变革对该学科未来的可能影响。

这本书是文献计量学领域专家、研究人员、图书馆员、政策制定者及对文献计量学感兴趣的学者不可或缺的参考资料和学习资源。

图书在版编目（CIP）数据

文献计量学手册 ／（瑞士）拉斐尔·巴尔（Rafael Ball）著；史格非等译. -- 北京：科学出版社，2025. 5. -- ISBN 978-7-03-081944-4

Ⅰ．G250.252-62

中国国家版本馆 CIP 数据核字第 2025PA3088 号

责任编辑：王丹妮 ／ 责任校对：姜丽策
责任印制：张　伟 ／ 封面设计：有道设计

科 学 出 版 社 出版
北京东黄城根北街 16 号
邮政编码：100717
http://www.sciencep.com

北京天宇星印刷厂印刷
科学出版社发行　各地新华书店经销

*

2025 年 5 月第 一 版　　开本：720×1000　1/16
2025 年 5 月第一次印刷　印张：26 1/4
字数：530 000
定价：298.00 元
（如有印装质量问题，我社负责调换）

作 者 简 介

Rafael Ball，自 2015 年起担任瑞士苏黎世联邦理工大学图书馆馆长。他拥有生物学和科学史博士学位，曾在美茵茨大学、华沙大学和莫斯科大学学习生物学、哲学和研究斯拉夫语。1996 年，他完成了为期两年的科学图书馆员的研究生课程，并从 1996 年到 2008 年担任德国于利希研究中心中央图书馆馆长。2008 年至 2015 年，担任雷根斯堡大学图书馆馆长。撰写和编辑了众多出版物，是一位活跃的演说家和多所大学的讲师；主要的工作和研究兴趣包括未来图书馆、科学传播以及印刷书在数字时代的角色。

译 者 简 介

史格非，副编审，副主任法医师，中医主治医师，上海市科技期刊学会第十届理事会科普期刊专业委员会副主任委员。主持文献计量学相关项目 2 项、中国高校科技期刊研究会专项基金项目 1 项、上海市高校科技期刊研究基金 1 项，国内外发表相关专业文章 10 余篇，参编论著 8 部，获文献计量学相关软件著作权 1 项、参与授权专利 1 项、申请受理专利 1 项。被评为 2022 年度上海市科技期刊学会"先进个人"。目前主要从事文献计量学应用研究、知识图谱应用研究、自然语言模型应用研究和科学普及工作。

译者名单

(按笔画顺序)

丁佐奇　王亚辉　史格非

吕叶辉　李林辉　李姣姣

余海星　张　慧　黎世莹

中文版序言

在过去的 20 年中，文献计量学迅速发展。长期以来，文献计量学主要关注哪本出版物经常被引用以及哪位研究人员拥有最高的 h 指数，现在它已经发展成为一个研究领域，并在了解学术交流、学术条件和前提，以及学术的历史和未来方面，发挥越来越重要的作用。文献出版物体系从基于阅读许可的文献采购模式向作者资助的开放获取模式的转变，是学术交流历史上的一个重大变化，这也要求对文献计量学进行密切、深入地研究和监测。

学者史格非、丁佐奇、张慧、李林辉、王亚辉、李姣姣、吕叶辉、黎世莹、余海星不辞辛劳地翻译《文献计量学手册》，使我倍感荣幸。特别感谢译者们深入且高质量的中文翻译，使本手册有机会进入一个巨大的学术市场，让对文献计量学感兴趣的中文读者能够看到本书。

最后，我要感谢科学出版社出版本手册。科学将人们连接在一起，跨越所有边界、国家和语言，这使得科学具有普遍性和和平性。愿《文献计量学手册》中文版也能为科研进步做出贡献，并为读者带来欢乐和知识。

拉斐尔·巴尔博士
瑞士苏黎世联邦理工大学图书馆馆长

序 一

在科技与信息迅速发展的当下，我们对知识的追求和管理方式正在经历一场革命。作为一名期刊管理者，我深知量化分析对于理解科学出版领域的发展趋势、评价研究成果的影响力以及指导科研政策制定的重要性。

文献计量学，一门涉及对科学文献进行量化分析和研究的学科，已逐渐成为科研评价不可或缺的工具。自从该学科在 20 世纪中叶形成以来，它已经从早期的简单计数，发展成为一个拥有复杂理论框架、多样化指标和广泛应用的成熟领域。本手册中文译本的出版，为中文读者提供了一扇通往文献计量学丰富内涵和实践应用的窗口。

在《文献计量学手册》这本书中，作者通过对文献计量学的制度化和专业化历程的追溯，使读者对这一领域的演进有了更为清晰的认识。从同行评议和文献计量学的关系到经典指标的深入解析，读者将更好地理解学术研究的影响、期刊的影响因子以及其他经典指标的应用和局限性。并且，书中对替代计量学的介绍，如社交媒体、Altmetric.com、PlumX 指标等新兴的替代性指标，为期刊评价提供了更多维度，使期刊编辑能够更全面地了解发表文章的影响力和可见度。

对于期刊出版者和管理者而言，本书更是一本实用的指南。通过了解文献计量学的方法和应用，期刊出版者可以更好地了解其期刊在学术界的地位，优化资源配置，制定更科学的发展策略。对于期刊编辑而言，深入了解同行评议、合作研究、编辑决策等方面的文献计量学原理有助于提高编辑组稿决策的科学性和准确性。

总体而言，这本译著为期刊出版者、管理者以及期刊编辑提供了一份系统、全面的文献计量学参考。通过了解这些知识，期刊工作者可以更好地适应学术出版的不断变化，更加有效地推动期刊的发展。

通读本书后颇有启发，我期待这本手册能够激发更多期刊出版者、管理者及编辑同仁等对文献计量学的兴趣，推动我们在科研评价和知识管理领域迈出更坚实的步伐。让我们一起打开这本手册，探索文献计量学的世界，以及它为科学发展所带来的无限可能。

上海市科技期刊学会秘书长、常务副理事长

序　二

我们生活在一个信息与知识以前所未有的速度积累与扩散的时代。在这样的背景下，*Handbook Bibliometrics*（《文献计量学手册》）的问世，对于旨在理解学术作品影响力的学者们来说，无疑是一盏引路明灯。史格非等的翻译工作，不仅搭建了一个桥梁，让中国的学者得以深入文献计量学的世界，更以丰富的内容和严密的结构，向我们展现了这一学科的全貌。

本书的编排既具有历史的纵深感，也有着前瞻性的宽广视野，从文献计量学的历史和制度化，到理论、原则和方法的详尽阐释；从传统的引用指标到新兴的替代计量学；从实际应用案例到数据基础的建设；从专业人士的教学与培训到对未来的展望，无一不体现了编者对这门学科的深刻理解和独到见解。

在科研评价体系日趋复杂多变的今天，这本手册不仅是学术工作者的参考书目，更是政策制定者、图书馆员和信息专业人士的宝贵资源。我强烈推荐每一位致力于科学研究与学术出版领域的专业人士，都应该仔细阅读这本手册，以拓宽视野，增强对文献计量学不断演变的理解。

中国医科大学医学健康管理学院原副院长

原 书 序

在沟通快捷、信息爆炸的互联网时代，传统的"手册"显得不合时宜。虽然我们都在使用和享受易得、便捷的碎片化信息，但完整和结构化的知识、分门别类的观点和完整的背景也是需要的。正如20世纪Ernst Cassirer（恩斯特·卡西尔）在《近代哲学和科学中的认识问题》（*The Problem of Knowledge:Philosophy, Science, and History Since Hegel*）中提到的："一直需要……综合性观点和全面性视角。"①

任何tweet（推文）都无法传递这些信息，任何博客都不能表达这些信息的重要性和价值。

正因为如此，出版这本手册的意义也就不言而喻。重要的是，通过手册可以将文献计量学大量的基础性研究汇编起来，并进行归纳总结。尽管已出版了类似的手册，但每个人论述的角度各异，编撰团队集思广益，发挥了巨大作用。作为本手册的编辑，我首先要感谢编撰团队各专家的杰作；再者要特别感谢所有参与人员，你们在书中展示了自己的专业知识和经验、最新研究成果，并进行答疑解惑。我相信，本书对人们关注文献计量学、完整地认识文献计量学将大有裨益，也会促进行业的不断发展。

特别感谢Dirk Tunger（德克·通格）。他不仅是本书的一位作者（3.2节、3.3节、4.1节、5.5节），而且在本书的构思与内容讨论中，他的专业知识和人脉也帮助了我。

也要感谢出版社对本书的大力支持。在专业出版怎样强调都不为过的时代，我代表De Gruyter出版社感谢Claudia Heyer（克劳迪娅·海尔）和Jana Fritsche（亚娜·弗里切），正是他们的帮助，使这本书的出版成为可能。

我还要感谢校对员John Ryan（约翰·瑞安）。他为作者提供了专业的建议，在设计和布局等问题上为我提供了帮助。

Rafael Ball（拉斐尔·巴尔）

2020年夏，苏黎世

---

① Hans-Jörg Rheinberger, Natur und Kultur im Spiegel des Wissens, Marsilius Kolleg Band 12, Universitätsverlag Winter, Heidelberg, 2015: Ernst Cassirer, *The Problem of Knowledge:Philosophy, Science, and History Since Hegel*, 19（here 42）.

原书前言

Rafael Ball（拉斐尔·巴尔）[①]

就学术界自身而言，它的发展方式、构成体系、交流方式，以及它对世界的种种疑问，本身就是令人着迷的研究领域。我们应该认识到，在超过 2000 年的历史长河中，学术界已经完成了从个人的自我使命和兴趣向职业化（institutionalise）的蜕变。中世纪末，学院和大学建立、文艺复兴时期人们对新事物的追逐和开明的态度，即使放在今天，也会让人兴奋不已。20 世纪初，随着大学及类似的系统化的学术研究机构越来越多，研究人类、社会和周围世界未解之谜的人也越来越多。以学术为生、以科研为业成为可能，新的答案、观点和研究成果层出不穷，研究的学术问题也不断深入。随之而来，各领域囊括的成果也越来越广、越来越复杂，许多问题需要多学科交叉协作才能正确地解决。虽然追求学术知识永无止境，但综合解决学术问题的网络正在形成。学术界不会提供确切的答案，这些答案只有在新发现反驳、修改或完善前有效。

Karl Popper（卡尔·波普尔）在他的《科研逻辑》(*The Logic of Scientific Research*)（1934 年第一次出版的书名为 *Logik der Forschung*，1959 年翻译为英文）一书中把这个现象描述为反证（falsification）[②]。

根据 Popper 的观点，学术界的基本原则就是分享成果、讨论成果、继续探索。这也意味着学术成果从来不是纯粹为了某个人的发展，而是必须被公开发表。否则，最好的情况就是为私有企业开发产品而进行的研究；最坏的情况就是成为"秘密科学"，就像电视剧中描绘的"特立独行的学者"。

自 20 世纪中叶以来，出版物数量激增。随着科学家的增多，成果也越来越多，或集册成书，或在期刊上发表，或在会议上做报告。自 21 世纪初，这些成果还被发布在博客、网站、数据库或者其他先进的电子社交媒体上，与此同时，社会学术网络获得成功，并且越来越多的人开始使用它。学术产出的规模已经达到了个人无法企及的规模。即使是今天，德国大约有 20%的学术产出没有被引用。期刊、论著和会议数量激增。数字出版形式和社交媒体正在被作为辅助的或新的出版平台大规模使用。

一方面，这些为学术界获得知识提供了前所未有的可能；另一方面，很难获

[①] Rafael Ball，博士，瑞士苏黎世联邦理工大学图书馆馆长。Email：rafael.ball@library.ethz.ch. https://doi.org/10.1515/9783110646610-002.

[②] Karl Popper, *Logik der Forschung*, Akademieverlag, 2013.

得发表的成果的概况（即使是粗略的）、质量和重要性。

在这种情况下，文献计量学应运而生。当研究者无法全面阅读或理解自己本领域或非本领域发表的文献时，他就不得不寻找其他方法。由于数量巨大，在大多数情况下，定量选择已经不可能，但文献计量学提供了解决方案。它通过引用来衡量人们对学术出版物的看法，并以此来推断学术出版物的质量。我们可以非常确定地说，被频繁引用的学术出版物一定是重要文献，并且值得细细品味。同样，1篇很少被引用的论文，即使重要，也与现有的研究不太相关。

文献计量学的基础是利用引用次数间接推断文章质量，这也是文献计量学的基本原则。因此，本手册的主题就是探讨引用的要求、方法和结果评价。

早在1927年，学者们就首次尝试在出版物引用和论文质量之间建立联系[①]。然而，文献计量学的实际发展和最终的广泛使用是随着数字时代的到来而真正起步的。只有通过数字化，才能实现对引用分析数据的大规模评估。于是广泛的"多形式"统计领域应运而生，文献计量学顺理成章地发展为一门（令人费解的）科学。如今的文献计量学借助大量计量指标，以统计的形式衡量学术出版物的认知（perception）和重要性。在现在的评价中，引用仅仅是众多衡量指标中的一个。文献计量学早已成为学术交流的一部分，将其应用于当前如开放获取或开放科学的发展中也势在必行。

本手册介绍了与文献计量学相关的主题。

第1章"文献计量学的历史和制度化"，介绍了文献计量学的历史发展状况和各种方法。在这一历史发展过程中，文献计量学的制度化贯穿始终。这里介绍了具有里程碑意义的人物和机构，正是他们让文献计量学跻身于众多学术评估方法之列。

第2章"文献计量学理论、原则和方法"，论述了文献计量学的方法论基础——数学和统计学，还试图探索性地评估关注度监测（measuring attention）在学术出版物质量评价上能真正发挥什么样的作用以及不能发挥什么样的作用。

第3章"经典指标"，除了概述基本指标及其重要性和计算方法外，还精心挑选了单个的核心指标（如 h 指数）进行深入分析。

第4章"替代计量学（Altmetrics）"，主要讨论社交媒体及其指标，它们随着数字化诞生而出现。在出版物量化分析中，仅用引用次数定量分析这些出版物已远远不够。并且长期以来，在社交媒体等领域，已经出现了大量严肃的出版物，传统的指标已经不再适用。因此，替代性指标应运而生。本章将详细解释替代性指标及用途。

第5章"文献计量学的应用、实践和特刊"，概述了文献计量学研究中遇到的丰富多彩的特殊例子和发展前景，包括概念、倡议，以及文献计量学中的可视

---

① Gross, PLK & Gross, EM 1927, College libraries and chemical education, *Science* 66, pp. 385-389.

化问题，创新和区域协作、发展趋势关系问题等。

第 6 章"文献计量学数据库"。当然，如果学术研究的数据基础没有得到持续扩展和优化，文献计量学也不可能发展。它们是文献计量学发挥作用、自动分析和大数据处理的重要基础。本章讨论了文献计量学中使用的各种商业和非商业数据库及它们的优缺点。

第 7 章"教育与培训"。文献计量学刚开始出现时，社会学家、哲学家、数学家或图书管理员把文献计量学看作"副业"，并对它持怀疑态度。虽然它已经成为各机构的核心研究与应用领域，但它本身还没有真正成为一门学科。本章总结了目前的状况，供后学者了解文献计量学，并让这门课可以在大学扎根。

第 8 章"文献计量学的未来"。这是本书的最后一章、从多视角展望文献计量学在学术交流的最新进展下的可能发展方向。

目　　录

第1章　文献计量学的历史和制度化 ·· 1
1.1　文献计量学简史 ··· 1
1.2　文献计量学的制度化和专业化 ··· 10
1.3　Eugene Garfield 和科学信息研究所 ··· 16
1.4　科学计量学之父——Derek de Solla Price ··· 29
1.5　领域和机构的协同发展：以莱顿大学科学技术研究中心的发展为例
　　　介绍文献计量学研究的制度化 ··· 36
1.6　文献计量学国际会议 ··· 44

第2章　文献计量学理论、原则和方法 ·· 51
2.1　同行评议和文献计量学 ··· 51
2.2　文献计量学的管辖权 ··· 64
2.3　国家科研评价体系 ··· 70
2.4　文献计量学中的数学 ··· 76
2.5　人文、艺术和社会科学中的文献计量学 ··· 85
2.6　同行评议和文献计量学之间的关系 ··· 92

第3章　经典指标 ·· 99
3.1　衡量研究的影响——从学术交流到更广泛的影响 ··· 99
3.2　从简单的出版物数据到复杂的指标：文献计量学与方法论正确性、
　　　显著性和经济必要性的困境 ··· 112
3.3　期刊影响因子：历史悠久的文献计量学指标 ··· 120
3.4　h 指数 ··· 125

第4章　替代计量学（Altmetrics） ·· 134
4.1　未来已经开始：替代计量学在学术交流中的起源、分类和应用 ··············· 134
4.2　替代计量学的历史、发展和概念前身 ··· 142
4.3　社交媒体和替代计量学 ··· 151
4.4　Altmetric.com：简史 ··· 163
4.5　实践中的 PlumX 指标（Plum 分析） ··· 168
4.6　基于 PLOS 的论文层面计量指标 ··· 179
4.7　特征因子 ··· 187

4.8　学术社交网络与文献计量学……………………………………………195
　　4.9　ResearchGate 和学术社交网络站点：新文献计量学的新环境？…………204
　　4.10　Mendeley………………………………………………………………216
第5章　文献计量学的应用、实践和特刊…………………………………………223
　　5.1　测度与指标生态学：资源配置中的文献计量学………………………223
　　5.2　定标比超法和排名………………………………………………………229
　　5.3　技术趋势分析……………………………………………………………238
　　5.4　研究合作和文献计量学效能……………………………………………245
　　5.5　关于文献计量学中可及性、标准化、监管和验证的必要性：
　　　　《莱顿宣言》及其他………………………………………………………252
　　5.6　性别与文献计量学：综述………………………………………………258
　　5.7　研究指标的可视化………………………………………………………284
　　5.8　研究的区域分布：空间极化问题………………………………………291
　　5.9　文献计量学和合著………………………………………………………306
第6章　文献计量学数据库…………………………………………………………316
　　6.1　Web of Science、Scopus 及其他引文数据库…………………………316
　　6.2　Dimensions 扩展库：丰富文献计量学家的工具箱……………………325
　　6.3　伊斯兰世界科学引文中心的建设与应用………………………………332
　　6.4　机构资源库与文献计量学………………………………………………350
第7章　教育与培训…………………………………………………………………357
　　7.1　文献计量学继续教育机构………………………………………………357
　　7.2　文献计量学课程设置（课程中的文献计量学）………………………364
　　7.3　"称职的文献计量学者"——学术文献实践概论………………………371
第8章　文献计量学的未来…………………………………………………………381
　　8.1　文献计量学的未来：文献计量学将走向何方?…………………………381
　　8.2　开放科学与度量的未来…………………………………………………387

第1章　文献计量学的历史和制度化[①]

1.1　文献计量学简史

Farshid Danesh[②]（法希德·达内什），
Ali Mardani-Nejad[③]（阿里·马达尼-内贾德）

摘要：文献计量学是为数不多的用于大规模数据分析的方法之一。近几十年来，文献计量学研究领域的发展令人瞩目。然而，文献计量学并不是新事物，它源于统计书目学（statistical bibliography）。本文首先介绍文献计量学的发展简史，以及该领域在19世纪晚期至20世纪晚期（1870—1980）发生的重要事件；其次介绍在1873—1989年这116年间文献计量学的产生、基本定义、领域开拓者、理论及重要著作。

关键词：文献计量学，文献计量学趋势，文献计量学规则，文献计量学理论

1.1.1　引言

"Bibliometrics"（文献计量学）一词含有词根"Biblio"（书）和"metrics"（测量）。"Biblio"源自拉丁语和希腊语的结合词"biblion"，它与"Bybel(os)"一样，都是书的意思。"Paper"（纸）一词来源于"Byblos"，指古代腓尼基城市比布鲁斯，该城市以出口莎草纸而闻名。"metrics"一词指测量的科学，衍生自拉丁语"metricus"或希腊语"metrikos"，都是测量的意思（Sengupta，1992）。本文介绍从文献计量学起源到研究理论形成的历史背景，以及18—19世纪文献计量学的理论基础、思想、规则和相关出版物。文献计量学的概念最早可追溯至19世纪70年代初期，即1873年，到20世纪80年代晚期基本发展成熟。本文将聚焦从19世纪70年代到20世纪80年代末文献计量学近百年发展历程中的重大事件。

[①] 译者：王亚辉，女，编辑，复旦大学附属妇产科医院。
[②] 伊朗区域科技信息中心（Regional Information Center for Science and Technology，RICeST）信息管理研究部，farshiddanesh@ricest.ac.ir。
[③] 伊朗伊斯兰阿扎德大学纳杰法巴德分校。
https://doi.org/10.1515/9783110646610-003

1.1.2 简史

1. 19 世纪 70 年代

1873 年：第一篇文献计量学文献《两个世纪的科学史和学者史》（*Histoire des Sciences et des Savants Depuis Deux Siècles*）由瑞士植物学家 Alphonse de Candolle（阿方斯·德·坎多尔）发表。在这项研究中，作者从科学界成员的角度描述了各国科研能力的变化，目的是找出影响国家科技成就的因素（van Raan, 2004）。

2. 19 世纪 90 年代

1896 年：文献计量学的概念起源自统计书目学及其应用，最早可追溯到 19 世纪 90 年代。Campbell（坎贝尔）在著作中运用统计学方法来研究文章的主题分布。这可以看作是文献计量学研究的首次尝试（Osareh, 1996）。

1896 年：毕业于洛桑大学的意大利经济学家 Pareto（帕雷托）发现了二八法则（80/20 principle），发表在论文《政治经济学课程》（*Cours d'économie politique*）中。他发现，当时意大利 20%的人口拥有约 80%的土地（Moore, 1897）。随后，他对不同国家展开调查研究，令人惊讶的是，其他国家也有着相似的分布规律（Backhaus, 1980）。

3. 20 世纪 10 年代

1913 年：德国物理学家 Felix Auerbach（费利克斯·奥尔巴赫）根据分布规律对德国各城市的人口进行排序。如今我们所说的"齐普夫定律"（Zipf's law）也受到其启发（Auerbach, 1913）。

1916 年：法国速记员 J. B. Estoup（J. B. 埃斯图普）注意到，1 篇法语文本中，秩（r）和频数（F）之间的关系符合"双曲线"定律（"hyperbolic" law），即 $r \cdot F$ 的值近似为常数（Harremoës and Topsoe, 2005）。

1917 年：Cole（科尔）和 Eales（伊尔斯）使用统计书目来研究 1550—1860 年比较解剖学文献的被引情况（Cole and Eales, 1917）。

4. 20 世纪 20 年代

1923 年：Hulme（休姆）利用统计学对科学史进行分析，涉及《国际簿记词典》（*International Bookkeeping Dictionary*）收录的 17 个学科中的期刊。他首次提出"统计书目学"这一术语（Hulme, 1923）。

1926 年：Alfred Lotka（阿尔弗雷德·洛特卡）提出了分析作者科研成果产出能力的理论基础。他认为，某一学科中少数作者的科学成果占本学科成果的大部分。当然，这并不能反映这些作者所发表文献的影响力和内容质量（Lotka, 1926;

Garfield，1995）。

1927 年：P. L. K. Gross（P. L. K.格罗斯）和 E. M. Gross（E. M. 格罗斯）首次使用引文分析法对化学领域的过刊进行分析。他们的方法被作为模型和实例持续使用了 50 年之久（Gross PLK and Gross EM，1927）。

1928 年：贝尔电话公司（Bell Telephone Company）物理学家 E. Condon（E. 康登）在研究如何提高电话通信线路容量时发现了一种规律。他发现，$\sqrt{\lg r}$ 和 $\sqrt{\lg nr}$ 的分布关系近似线性（直线 AB），该直线 AB 与 χ 坐标间存在角 α。如果 $\tan\alpha = \gamma$，则 $\lg(r\gamma \cdot nr) = \lg K$（Qiu et al.，2017）。

1929 年：Zipf 通过了博士论文《相对频率是语音变化的决定因素》（Relative Frequency as a determinant of phonetic change）的答辩（Zipf，1929）。

5. 20 世纪 30 年代

1932 年：Zipf 出版论著《语言中相对频率原则的若干研究》（*Selected Studies of the Principle of Relative Frequency in Language*）（Zipf，1932）。

1934 年：Bradford（布拉德福德）在学术期刊上发文指出，少数期刊发表了大多数的学术论文。他将期刊分为两组：①刊登最相关文献的核心期刊；②其他外围期刊（Bradford，1948）。

1934 年：被称为"信息科学之父"之一的比利时图书馆员 Paul Otlet（保罗·奥特利特）将"文献"（documentation）一词带进了信息科学领域并发明了通用的十进制分类法（universal decimal classification）。他在著作《文献通则》（*Traité de Documentation*）中首次使用术语"文献计量学"（Rousseau，2014）。

1935 年：Zipf 在著作《语言的心理生物学：动态文献学导论》（*The Psychobiology of Language*：*An Introduction to Dynamic Philology*）中指出，单词的长度与其出现的相对频率成反比，基于此，他发现并形成了众所周知的齐普夫定律。该定律是基于"单词大小与其出现频率成反比（不一定成比例）"这一现象提出的（Zipf，1935）。

6. 20 世纪 40 年代

1949 年：Herman Fussler（赫尔曼·富斯勒）提出"关键期刊"（key journals）的概念，并用以研究化学和物理学领域的文献特征（Fussler，1949）。

1948 年：Bradford 发表著作《文献学》（*Documentation*）（Bradford，1948）。

1948 年：Claude Elwood Shannon（克劳德·埃尔伍德·香农）发表论文《通信的数学理论》（A mathematical theory of communication），对信息科学的发展产生了显著的影响。在这篇论文中，他对发送与接收过程中如何实现信息复制的这一基本问题进行了探讨（Shannon，1948）。

1948 年：在西班牙举行的年度 Aslip 会议上，Siyali Ramamrita Ranganathan

（西雅利·拉马里塔·兰加纳坦）首次介绍了术语"图书计量学"（librametrics；Ranganathan，1948）。

1949 年：Zipf 首次对文本中的词汇进行研究。通过研究英语文本中词语的丰度，Zipf 发现了"最小努力原则"（the principle least effort）的一些例证（Zipf，1949）。

7. 20 世纪 50 年代

1955 年：Eugene Garfield（尤金·加菲尔德）设计出适用于科学文献的书目索引系统，将其命名为"科学引文索引"（Science Citation Index）。引文索引在汇编信息时比传统的主题索引（subject index）更为便捷（Garfield，1955），并在文章作者与研究者之间建立了联系（Garfield，1955）。

1956 年：Fano（法诺）和 Kessler（凯斯勒）首次引入"文献耦合"（bibliographic couple）的概念。文献耦合是文献计量方法之一，可以用来考查作者、文献和权威期刊中的关键成果，确定作者的主要成果和参考文献与关键文献、期刊之间的关系（Sen and Gan，1983）。

1958 年：Miller（米勒）和 Newman（纽曼）厘清了英语文本中词的"秩"（rank）和"频率"（frequency）的统计学概念（Miller and Newman，1958）。

8. 20 世纪 60 年代

1963 年：Garfield 发布科学引文索引。作为文献计量学研究和分析的工具，科学引文索引盛行至今，并成为最可靠的文献计量学研究数据来源之一。

1963 年：Derek J. de Solla Price（德里克·J. 德·索拉·普赖斯）出版著作《小科学，大科学》（*Little Science，Big Science*），首次使用统计数据对"渐进式文献增长现象"（the phenomenon of progressive text growth）进行描述。他指出，1660—1960 年，科学论文的数量每 15 年增加一倍（de Solla Price，1963）。

1963 年：Eugene Garfield 和 Irving H. Sher（欧文·H. 谢尔）引入"期刊影响因子"（journal impact factor）概念，为科学信息研究所（Institute for Scientific Information，ISI）的科学引文索引遴选期刊（Garfield and Sher，1963；Garfield，1999）。当时，没有人意识到这个索引会在未来产生巨大的影响。如今，期刊影响因子已为科学引文索引遴选高质量期刊提供了广泛的指导。

1964 年：Goffman（戈夫曼）和 Newill（纽威尔）提出了"广义传染病理论"（generalization of epidemic theory）。他们认为，思想的跨时间传播方式与病毒感染类似，在特定时间病毒增加、感染人群，同样地，思想传播在某个时间点也会达到认知高峰（Goffman and Newill，1964）。此后，传播力逐渐减弱，并最终销声匿迹或蛰伏起来。科学信息研究所运用这一模型预测了研究主题的流行趋势、热点的持续时间、受影响的人数，以及信息检索系统能否促进科学信息之间的交流（Garfield，1980）。

1965 年：de Solla Price 呼吁将论文之间的联系视作科学论文网络（de Solla Price，1965）。

1967 年：Leimkuhler（莱姆库勒）提出一个解释参考文献分布的数学模型（Leimkuhler，1967）。

1968 年：Rosengren（罗森格伦）首次用"共提及"（co-mention）来介绍作者共被引这一概念（Rosengren，1968）。共被引能正确体现科学的形式-内容结构（logical mind-body structures），同时也是观察科学现状、预测未来发展方向的有力工具。

1968 年：Robert K. Merton（罗伯特·K. 默顿）揭示了"马太效应"（Matthew effect）。他认为，研究机构中作者的被引数量与机构的规模有关，也就意味着，相比于小型机构，大型机构的研究者们将获得更多的引用机会（Merton，1968）。

1969 年：苏联学者 Vasily Nalimov（瓦西里·纳利莫夫）首次使用术语"Nakometria"（科学的度量；Nalimov and Mul'chenko，1969），后来该术语被替换为"Scientometrics"（科学计量学）。

1969 年：Alan Pritchard（艾伦·普里查德）使用术语"文献计量学"。他认为，"书目学"（bibliography）具有统计模糊性，因为统计中解释为"对书目的统计分析"。因此，"文献计量学"这一术语比"统计书目学"更为有效和全面；该词的出现表明，数学和统计学方法在定量分析和图书情报科学领域得到了应用（Pritchard，1969）。

1969 年：根据考证，"文献计量学"一词首次正式出现在 Robert Fairthorne（罗伯特·费尔索恩）的论文《文献计量学描述》（Bibliometric description）中，该文刊登于 1969 年出版的《文献杂志》（*Documentation Journal*）。作者在论文的首段指出，Pritchard 发明了"文献计量学"一词（Fairthorne，1969）。

9. 20 世纪 70 年代

1970 年：到 1970 年，文献计量学已成为图书馆文献学、图书馆和情报科学摘要中的主题词（Hood and Wilson，2001）。

1972 年：Jose Ortega（乔斯·奥尔特加）和 Gasset（加塞特）在西班牙语著作中提出了 Ortega 假说（Ortega hypothesis）。40 年后，两位美国社会学家 Jonathan R. Cole（乔纳森·R. 科尔）和 Stephen Cole（斯蒂芬·科尔）在《自然》（*Science*）杂志发表了题为"Ortega 假说"（The Ortega hypothesis）的研究论文，他们认为，Ortega 假说不适用于物理学家。不过，作者没有否认该假说，并建议在其他学科领域中进行验证（Cole J R and Cole S，1972）。

1973 年：在 Eugene Garfield 的指导下，科学信息研究所在费城发布了适用于社会科学研究领域的社会科学引文索引（Social Science Citation Index，SSCI）。

1973年：Small（斯莫尔）使用群体分析的方法来研究共被引耦合，从而使识别学科知识结构和绘制图谱成为可能（Small，1973）。

1975年：Moravcsik（莫劳夫奇克）和 Murugesan（默鲁格森）提出了首个引文分类方法。这一时期他们最重要的成果是实现了基于功能和全文的引文加权，此前一直未能成功。两人从1975年着手研究，并在当年发表了首篇论文《关于引文功能和质量的研究结果》（Some results on the function and quality of citations）。他们对科学论文的引文进行分类的依据是：①概念性引用或操作性引用；②有组织的引用或敷衍式的引用；③扩展性引用或并列性引用；④确认性引用或否认性引用（Moravcsik and Murugesan，1975；Jörg，2008）。

1975年：Brookes（布鲁克斯）在英国伦敦大学学院举办了首届国际信息科学研究论坛，从理论层面对信息科学展开讨论（Brookes，1976）。

1976年：de Solla Price 在关于"累积优势分布"（Cumulative Advantage Distribution）的论文中提出了一个模型：从统计角度而言，特定情况下似乎成功可以造就成功，这在文献计量和各种社会现象中普遍存在。例如，被多次引用的论文更容易被再次引用。依据其统计理论，论文未来是否被成功引用，是由论文的被引历史决定的，意味着引用是由既往的引证通过"拉动机制"产生的，而不是由施引文献的"推动机制"产生的（de Solla Price，1976）。

1976年：科学信息研究所公布科学引文索引后，Garfield 发布了期刊的引证情况，用以对期刊进行排名，并定期公布各学科、领域中期刊的表现和分析报告。

1978年：《科学计量学》（Scientometrics）杂志创刊，同时，在布达佩斯提出了"科学计量学"的概念。按照 Bensman（本斯曼）的说法，《科学计量学》杂志是东西方交流的桥梁（Garfield，2007）。

1978年：继科学引文索引、社会科学引文索引发布后，科学信息研究所认为有必要采用索引等方法对艺术与人文科学领域的研究成果进行考查，因此，于1978年发布了艺术与人文科学引文索引[①]（Arts and Humanities Citation Index，AHCI；Komatsu，1999）。

1979年：Otto Nacke（奥托·纳克）教授提出"信息计量学"（informetrics）这一术语，其概念明确定义为：使用数学方法描述、分析信息现象，并发现信息管理规律的一门科学（Sengupta，1992）。

10. 20世纪80年代

1981年：White（怀特）和 Griffith（格里菲思）基于共被引耦合分析，发布了用于探索科学知识结构的工具（White and Griffith，1982）。

---

① 艺术与人文科学引文索引由美国科学信息研究所于1975年启动开发，1978年作为独立引文数据库正式发布。

1983 年：根据"共同出现的词语或概念能够代表文献的内容"这一假设，Callon（卡隆）提出了共词分析的概念。通过检测共现词的数量，某一科学领域的知识概念就可通过共词网络呈现出来（Callon et al., 1983）。

1983 年：普赖斯奖（Price Award），即《科学计量学》杂志 Derek J. de Solla Price 纪念奖，是国际首个、也是最著名的信息计量学奖项，授予在定量科学研究和应用方面公认取得非凡成就的个人。该奖项由《科学计量学》杂志的创刊人、主编 Tibor Braun（蒂伯·布朗）设立，以纪念 Price 和表彰对计量科学发展发挥重要作用的个人（Derek John de Solla Price Award of the Journal Scientometrics, 2020）。

1984 年：Eugene Garfield 获得普赖斯奖首枚奖章。

1984 年：国际信息与文献联合会（International Federation for Information and Documentation）设立信息计量学委员会，为科研机构、科研项目和科研活动的研发方向、政策制定、规划和管理提供有效的数据支持。

1987 年：第一届文献计量学、科学计量学及信息计量学国际会议在比利时召开。两年后，第二届会议在伦敦召开。

1.1.3 结语

本节回顾了文献计量学的历史发展和近一百年间的重大事件。从第一位研究者的探索，如 de Candolle 在 1873 年发表了首篇文献计量学论文，到 White、Griffith 和 Callon 在 20 世纪 80 年代对共被引、共词的研究，所有这些学者发表的一系列本领域研究成果将产生深远持久的影响。

Eugene Garfield（1925 年 9 月 16 日—2017 年 2 月 26 日）首次尝试将文献计量学概念引入到人类知识领域的国际化进程中，并创立了首个学术组织（科学信息研究所），特别致力于全球关注的高影响力论文和出版物的引文索引、文摘编制和引文分析等工作。他还发布了首个科学引文索引、社会科学引文索引以及艺术与人文科学引文索引，基于如期刊影响因子这类可靠指标对学术期刊进行排名，并发布了《期刊引证报告》（Journal Citation Report）。

此外，随着领域内第一本专业期刊《科学计量学》创刊，以计量和定量研究为主题的国际会议召开，以及国际信息与文献联合会及其信息计量学委员会成立，人们对科学世界的认识得以提高。文献计量学作为一个跨学科的研究领域，在科学研究、宏观决策以及国家、机构和个人层面的科学评价中发挥了重要作用。

1.1.4 参考文献

Auerbach, F 1913, 'Das gesetz der bevölkerungskonzentration', Petermann's Geographische. Mitteilungen, vol. 59, pp. 7-74.

Backhaus, J 1980, 'The Pareto principle', Analyse & Kritik, vol. 2, no. 2, pp. 146-171.

Bradford, SC 1948, Documentation, Crosby Lockwood, London.

Brookes, BC 1976, 'A personal note', in International Research Forum in Information Science: the Theoretical Basis of Information Science, pp. 6-7, BLR & D Report 5262, British Library, London.

Callon, M, Courtial, JP, Turner, WA & Bauin, S 1983, 'From translations to problematic networks: An introduction to co-word analysis', Social Science Information, vol. 22, no. 2, pp. 191-235.

Campbell, F 1896, Theory of the National and International Bibliography, Library Bureau, London.

Cole, FJ & Eales, NB 1917, 'The history of comparative anatomy. Part I: A statistical analysis of the literature', Sei. Prog, vol. 11, pp. 578-596.

Cole, JR, & Cole, S 1972, 'The Ortega hypothesis', Science, vol. 178, no. 4059, pp. 368-375.

Derek John de Solla Price Award of the Journal Scientometrics [Website], http://issi-society.org/awards/derek-de-solla-price-memorial-medal/ (July 15, 2020).

de Solla Price, DJ 1963, Little Science, Big Science, Columbia University Press, New York.

de Solla Price, DJ 1965, 'Networks of scientific papers', Science, vol. 149, no. 3683, p. 515.

de Solla Price, DJ 1976, 'A general theory of bibliometric and other cumulative advantage processes', Journal of the American Society for Information Science, vol. 27, no. 5, pp. 292-306.

Fairthorne, RA 1969, 'Empirical hyperbolic distribution (Bradford-Zipf-Mandelbrot) for bibliometric description', Journal of Documentation, vol. 25, no. 4, pp. 319-343.

Fussler, HH 1949, 'The library quarterly: Information', Community Policy, vol. 19, no. 1, pp. 19-35.

Garfield, E 1955, 'Citation indexes for science: A new dimension in documentation through association of ideas', Science, vol. 122, pp. 108-111.

Garfield, E 1980, 'The epidemiology of knowledge and the spread of scientific information', Essays of an Information Scientist, vol. 4, pp. 586-591.

Garfield, E 1995, 'New international professional society signals the maturing of scientometrics and informetrics', The Scientist, vol. 9, no. 16, p. 11.

Garfield, E 1999, 'Journal impact factor: a brief review', Canadian Medical Association Journal, vol. 161, no. 8, pp. 979-980.

Garfield, E 2007, 'From the science of science to scientometrics: Visualizing the history of science with HistCite software', Proceedings of ISSI. 1, pp. 21-26, 11th International conference of the international society for scientometrics & informetrics, CSIC, June 25-27, Madrid, Spain.

Garfield, E & Sher, IH 1963, 'New factors in the evaluation of scientific literature through citation indexing', American Documentation, vol. 14, no. 3, pp. 195-201.

Goffman, W & Newill, VA 1964, 'Generalization of epidemic theory', Nature, vol. 204, no. 4955, pp. 255-228.

Gross, PLK & Gross, EM 1927, 'College libraries and chemical education', Science, vol. 66, pp. 1229-1234.

Harremoës, P & Topsoe, F 2005, 'Zipf's law, hyperbolic distributions, and entropy loss', Electronic Notes in Discrete Mathematics, vol. 21, pp. 315-318.

Hood, WW & Wilson, CS 2001, 'The literature of bibliometrics, scientometrics, and informetrics', Scientometrics, vol. 52, no. 2, pp. 291-314.

Hulme, FW 1923, Statistical Bibliography in Relation to the Growth of Modern Civilization, Grafton, London.

Jörg, B 2008, 'Towards the nature of citations', in Poster Proceedings of the 5th International Conference on Formal Ontology in Information Systems (FOIS 2008), http://www.dfki.de/-brigitte/publications/FOIS08_Poster_BrigitteJoerg.pdf (July 15, 2020).

Komatsu, S 1999, 'Arts & humanities citation index', Journal of Information Processing and Management, vol. 41, no. 12, pp. 989-997.

Leimkuhler, FF 1967, 'The Bradford distribution', Journal of documentation, vol. 23, no. 3, pp.197-207.

Lotka, AJ 1926, 'The frequency distribution of scientific productivity', Journal of the Washington Academy of Science, vol. 16, no. 12, pp. 317-323.

Merton, RK 1968, 'The Matthew effect in science', Science, vol. 159, no. 3810, pp. 56-63.

Miller, GA & Newman, EB 1958, 'Tests of a statistical explanation of the rank-frequency relation for words in written English', American Journal of Psychology, vol. 71, pp. 209-218.

Moore, HL 1897, 'Cours d'Économie Politique', by V. Pareto, Professeur à l' Université de Lausanne, vol. I, p. 430, 1896; vol. II. p. 426, 1897; Lausanne: F. Rouge, The Annals of the American Academy of Political and Social Science, vol. 9, no. 3, pp. 128-131.

Moravcsik, MJ & Murugesan, P 1975, 'Some results on the function and quality of citations', Social Studies of Science, vol. 5, no. 1, pp. 86-92.

Nalimov, VV & Mul'chenko, ZM 1969, Naukometriya. Izuchenie nauki kak informatsionnogo protsessa (scientometrics: Study of science as an information process.), p. 192, Nauka, Moscow.

Ortega, J y Gasset 1932, The Revolt of the Masses, pp. 84-85, Norton, New York.

Osareh, F 1996, 'Bibliometrics, citation analysis, and co-citation analysis: A review of literature I', Libri, vol. 46, pp. 149-158.

Pritchard, A 1969, 'Statistical Bibliography or Bibliometrics', Journal of Documentation, vol. 25, pp. 348-349.

Qiu, J, Zhao, R, Yang, S & Dong, K 2017, Informetrics: Theory, methods, and applications, pp. 121-143, Springer, Singapore.

Ranganathan, SR 1948, Proc. of the Aslib's Ann. Conf., Leamington Spa, Great Britain.

Rosengren, KE 1968, Sociological aspects of the literary system, Nature och Kultur, Stockholm.

Rousseau, R 2014, 'Forgotten founder of bibliometrics', Nature, vol. 510, p. 218.

Sen, SS & Gan, SS 1983, 'A mathematical extension of the idea of bibliographic coupling and its application', Annals of Library Science and Documentation, vol. 30, no. 2, pp. 78-82.

Sengupta, IN 1992, 'Bibliometrics, informetrics, scientometrics, and bibliometrics: An overview', Libri, vol. 42, no. 2, pp. 75-98.

Shannon, CE 1948, 'A mathematical theory of communication', Bell System Technical Journal, vol. 27, no. 3, pp. 379-423.

Small, H 1973, 'Co-citation in the scientific literature: A new measure of the relationship between two documents', Journal of the American Society for Information Science Banner, vol. 24, no. 4, pp. 256-269.

van Raan, AF 2004, 'Measuring science: Capita selecta of current main issues', in H. Moed, W.

Gläzel & U. Schmoch, Handbook of Quantitative Science and Technology Research: The Use of Publication and Patent Statistics in Studies of S&T Systems, Kluwer, Dordrecht.

White, HD & Griffith, BC 1982, 'Authors as markers of intellectual space: Co-citation in studies of science, technology, and society', Journal of documentation, vol. 38, no. 4, pp. 227-255.

Zipf, GK 1929, 'Relative frequency as a determinant of phonetic change', Harvard Studies in Classical Philology, vol. 40, pp. 1-95.

Zipf, GK 1932, Selected Studies of the Principle of Relative Frequency in Language, Harvard University Press, Cambridge, Mass.

Zipf, GK 1935, The Psycho-biology of Language, Houghton Mifflin, Oxford, England.

Zipf, GK. 1949, Human Behavior and the Principle of Least Effort, Addison Wesley, Boston.

1.2 文献计量学的制度化和专业化

Niels Taubert[①]（尼尔斯·陶贝特）

摘要：本文概述了文献计量学研究领域的制度化程度和专业实践进程。首先，从不同维度回顾制度化建设，如认知核心的稳固、社会结构的演化、传播网络的发展等；其次，从不同角度对专业化情况，如专业知识的形成、解决社会问题时话语权的建立进行介绍。笔者认为，尽管文献计量学已受到认可并成为专门的研究领域，但由于正规资格认证的缺失和自动化文献计量工具在非文献计量专业人员中的普及，文献计量的专业化特点尚不明显。

关键词：文献计量学，传播系统，专业化，制度化，基础设施，专业规范

1.2.1 引言

本文概述了文献计量学研究的制度化和专业化实践的发展程度。在这之前，我们先看两个社会学概念：从社会学观点来看，专业具有某些共同特征（Abboth, 1988；Petersohn, 2016；Petersohn and Heinze, 2018）。第一，具有学术性质的专业知识构成了这些特征的认知核心。第二，在解决相关社会问题中拥有认知和社会层面的话语权和控制权。第三，竞争团体之间经常争夺话语权。第四，专业知识的制度化主要体现为专门人员和机构的形成，拥有专门的数据库、分类体系、其他成果等。

专业认知核心制度化过程中，学术知识也会得到发展，我们可以借鉴科学社会学描述这个过程。传统意义上，人们普遍认为知识领域建立的认知过程与社会结构的形成相辅相成。因此，一个制度化的知识领域可以通过研究机构、研究团

---

① 博士，文献计量学工作组责任人，科学、技术和数字媒体培训社会学家，niels.taubert@uni-bielefeld.de。https://doi.org/10.1515/9783110646610-004

体体现出来,这些机构和团体形成了学术社区,并通过交流网络相互联系。通过专业培训,更多的成员加入社区从而使其不断壮大。学术社区由研究团体管理(Weingart and Schwechheimer,2007)并遵循通用的学术贡献评价标准。如果存在行业领域应用,则很可能需要编制专业标准或伦理规范。

通过综合分析,我们认为尽管文献计量学已经是一个制度化的领域,但可复制的文献计量学培训体系仍显不足。由于缺少正式的从业资格认证,并且非专业人员也能获取文献计量工具,因此文献计量学的管辖权受到影响,尤其在科研评价方面其专业化程度更低。

1.2.2 学术性文献计量学的认知核心、交流体系及社会结构

文献计量学是分析大规模科技文献及其相互关系的一门学科,拥有悠久的历史。虽然"文献计量学"一词是在1969年由Alan Prichard提出的,但文献计量学研究的历史要更为久远。除了众所周知的重大开创性成果外,例如,Lotka(1926)和de Solla Price(1963)分别提出的生产力分布和科学增长理论,心理学(Godin,2006)和化学(Gross PLK and Gross EM,1927)领域已经开展的出版物和引用的系统研究也同样引人注目。早期的文献计量学研究都是通过人工收集数据的,能够可持续更新并适用于不同研究目的的数据库就显得至关重要。因此,在1963年发布的科学引文索引在文献计量学研究制度化的进程中发挥了重要作用。20世纪70年代,该领域的认知核心开始加强,并在进入21世纪后得到了巨大的发展(Yang et al.,2016;Petersohn and Heinze,2018);各种不同主题的研究层出不穷,如科技产出、引文网络、合作关系、机构学科概况、研究人员流动和职业发展、绩效指标等。就学科分类而言,尽管文献计量学常被归为图书馆与信息科学(Library and Information Science)下的二级学科,但它与科学社会学研究也有着密切的联系。

文献计量学认知核心的制度化建设与研究成果传播渠道的建立相辅相成。多年来,《科学计量学》(1978年创刊)和《美国信息科学与技术学会杂志》(*Journal of the American Society for Information Science and Technology*)这两本杂志的学术地位无可替代,直到1991年《研究评价》(*Research Evaluation*)的出版打破了这种局面。在这一时期,《科学计量学》的载文量大幅增长,最初每年出版1卷共5期,1986年改为2卷共6期,之后是3卷共9期,2005年至今每年4卷共12期。文献发表量的增加也体现在新杂志创办上,如2007年创刊的《信息计量学杂志》(*Journal of Informetrics*)和《COLLNET科学计量学与信息管理杂志》(*COLLNET Journal of Scientometrics and Information Management*),以及2012年创刊的《科学计量学研究与出版》杂志(*Journal of Scientometric Research and Publications*)。就

制度化建设而言，值得注意的是目前仍没有专门研究文献计量学的杂志。主流杂志涵盖的学术范围广、面向更大的学术群体，并倾向于在杂志介绍（宗旨与范围）中使用更全面的词语，如"科学计量学"或"科学定量分析"。除了领域内的核心杂志，还有大量覆盖范围更广的杂志，如图书馆和信息研究、文献学、信息技术管理和应用，以及图书管理学等领域的期刊，也会发表文献计量学成果。

与其他研究领域一样，文献计量学也会定期举办学术交流会。最早的会议是1987年国际科学计量学和信息计量学学会（International Society for Scientometrics and Informetrics，ISSI）年会。另一个是里斯本研究所在1988年发起的科学技术指标（Science and Technology Indicators）会议。国际科学计量学和信息计量学学会和美国信息科学学会两大学术团体在学术传播上发挥了主要作用。

许多机构开展了文献计量学研究，其中重要的有莱顿大学科学技术研究中心（Centre for Science and Technology Studies，CWTS）、鲁汶天主教大学研发监测中心、西班牙 Scimago 实验室、瑞典卡罗林斯卡学院、加拿大合同研究公司 Science Metrics。在德国，文献计量学技能中心将各文献计量学研究机构联结成网。相比于认知核心、研究机构和交流渠道，人才培养的制度化程度较低。数据库供应商经常在欧洲科学计量学暑期学校（European Summer School on Scientometrics）或莱顿大学科学技术研究中心（Cox et al.，2019）举办研习班并结合职业培训来培养从业人员的专业能力。现有的证据显示，图书馆和信息科学项目课程中的文献计量学内容较少（Corrall et al.，2013；Petersohn，2016；Cox et al.，2019）。

学术性文献计量学的制度化表现为：在科学领域建立了一个认知核心，具有里程碑意义的示范性成果、明确的方法论和开展研究的机构。同时，拥有学术交流的正规渠道，以及管理学术团体的协会。目前，制度化建设仅有的不足是没有获取专业资格的正式途径和缺少对确有专长人员的资格认证。

1.2.3 文献计量学基础设施

无论是对文献计量学的学术研究还是专业应用，引文数据库都是重要的基础设施。接下来，我们将简要介绍相关数据库的发展历程。40多年来，科学信息研究所的数据库——最初只有科学引文索引，后来出现了社会科学引文索引、艺术与人文科学引文索引、科技会议录引文索引，以及图书引文索引——在提供引文分析数据方面几乎处于垄断地位。2000年以来，引文信息的来源逐渐多样化。2004年，Elsevier（爱思维尔）推出 Scopus，同年 Google 发布 Google Scholar（谷歌学术）；2018年，Digital Science（隶属于 Holtzbrinck 出版集团）发布了 Dimensions。除大型跨学科数据库外，特定主题的数据库，如天体物理数据系统（Astrophysics

Data System；Eichhorn，2004），zhMATH 和 MathSciNet（Davis and Fromerth，2007）相继出现，2008 年上线的学术社交网站 ReserachGate 和 Academics 也能够提供引文信息。随着数字化出版的增多，以及出版物和引文信息收集、处理和提取的自动化，引文信息的来源也大幅度增多（de Rijcke and Rushforth，2015），由此产生了一种衡量科学的新制度，我们称之为"量化 2.0"。

此外，SciVal、InCite 等专利产品，以及 Publish 或 Perish（Harzing，2010）、Google Scholar Metrics（Jascó，2012）等免费文献计量分析工具相继出现。它们出现的意义在于，让使用方便、分析快速成为可能，管理人员和科研人员等非专业人士都可以获得现成的分析指标。

1.2.4 文献计量学及其涉及的社会问题

文献计量学自问世之初就要解决多方面的问题。首先，人们始终渴望了解科学知识的发展动态。其次，人们认为科学文献的泛滥导致了信息危机的产生并持续至今（Wouters，2000，第 66 页）。就文献计量学而言，至少能够解决两个问题，一个是图书馆员需要决定采购哪些期刊，尤其是在资金和场地有限的情况下；另一个是科学家希望筛选出感兴趣的出版物，尤其是在阅读时间不充裕的情况下，这也是 Eugene Garfield 提出科学引文索引的最初构想时期待解决的问题。科学引文索引可以理解为一种思想关联索引（Garfield，1955），可帮助科学家追踪其科学思想和研究工作被其他出版物引用的情况。在 1975 年推出的《期刊引证报告》可以协助图书馆制定采购决策，为期刊遴选提供参考。

从 20 世纪 80 年代起，出现了第三个问题，即为外部的利益相关方提供科研实体的表现，并为决策者提供研究资助的相关情况。在此背景下，用文献计量学衡量科技"生产力"和"影响力"的评价性文献计量学在不同层面和场合得到了应用。除了在国家层面基于绩效的资助体系中用于正式的科研评价外（Butler，2010），评价性文献计量学还在研究机构内部用于辅助决策，或在个人层面用于评估学者的学术任职、聘用决策和基金申请等方面。如今，经费分配问题可以被视为文献计量学解决的最重要的社会问题（Taubert，2013）。尽管如此，文献计量学的专业公信力仍然受到质疑（Petersohn，2016；Petersohn and Heinze，2018）。首先，它不符合科学的内部调控机制，即学术价值和影响力只能由领域内的同行来评估。其次，未经培训的非专业人员使用即时文献计量分析工具，给公信力带来了挑战。很多情况下，即时文献计量分析并未达到专业标准水平，并因为信息不足、应用不当而备受诟病（Gingras，2014）。由于评价性文献计量学涉及的范围已超过了科研评价领域，所以其专业化程度往往比较低。

1.2.5 专业规范——专业化不足的应对措施

对文献计量学应用于评价的争议也体现在各种行业决议文书中。2014 年，IEEE 董事会在其声明中提到文献计量学指标使用乱象丛生，呼吁并支持其专业化发展。同时，《旧金山科研评估宣言》（The San Francisco Declaration on Research Assessment，2012 年）也提到，可能存在评价性文献计量学超范围使用和乱用现象，呼吁期刊影响因子不能替代评价单篇文章的指标（不当使用），要根据内容的科学性而不是评价指标评价其贡献（限制评价性文献计量学的超范围使用）。

文献计量学学术界对以上争论的问题做出回应并形成了决议，决议由专业规范编纂而成，包含十项原则，限制文献计量分析在科研评价中的作用：①文献计量分析对专家评估应起支持作用，而不是替代；超过评价领域的质量控制应由科学界的自我调控机制（同行质量评估）和评价性文献计量学共同完成。②通过制订标准，避免不具备专业资质的群体对文献计量学的管辖权形成破坏。例如，评估被评机构使命完成情况时要仔细选择绩效指标，选择领域适用指标时应考虑出版物类型和引用习惯，定期更新各种指标（Hicks et al.，2015）。但这些标准和要求并没有将基于自动化文献计量分析工具所做的评价包含在内。

文献计量学领域缺乏正式的资格认证途径和能够证明能力的证书，加之自动化文献计量分析工具向非专业人士普及，这些都可能导致文献计量学在评价方面的公信力依然受到质疑。

1.2.6 参考文献

Abboth, A 1988, The System of Professions. An Essay on the Division of Expert Labor, The University of Chicago Press, Chicago and London.

Butler, L 2010, 'Overview of models of performance based research funding systems', in OECD (ed.), Performance-based Funding for Public Research in Tertiary Education Institutions, Workshop Proceedings, pp. 23-52, OECD Publishing.

Corrall, S, Kennan, MA & Afzal, W 2013, 'Bibliometrics and research data management services: Emerging trends in library support for research', Library Trends, vol. 61, no. 3, pp. 636-674.

Cox, A, Gadd, E, Petersohn, S & Sbaffi, L 2019, 'Competencies for bibliometrics', Journal of Libarianship and Information Science, vol. 51, no. 3, pp. 746-762.

Davis, PM & Fromerth, MJ 2007, 'Does the arXiv lead to higher citations and reduced publisher downloads for mathematics articles?', Scientometrics, vol. 71, no. 2, pp. 203-215.

de Rijcke, S & Rushforth, A 2015, 'To intervene or not to intervene; is that the question?On the role of scientometrics in research evaluation', Journal of the Association for Information Science and Technology, vol. 66, no. 9, pp. 1954-1958.

de Solla Price, DJ 1963, Little Science, Big Science, Columbia University Press, New York.

DORA 2012, San Francisco Declaration on Research Assessment, https://sfdora.org/read/(July 15, 2020) Fehler! Hyperlink-Referenz ungültig.

Eichhorn, G 2004, 'Ten years of the astrophysics data system', Astronomy and Geophysics, vol. 45, pp. 3.7-3.9.

Garfield, E 1955, 'Citation Indexes for Science. A new dimension in documentation through association of Ideas', Science, vol. 122, no. 3159, pp. 108-111.

Gingras, Y 2014, Bibliometrics and Research Evaluation: Uses and Abuses, The MIT Press, Cambridge (Mass.).

Godin, B 2006, 'On the origins of bibliometrics', Scientometrics, vol. 68, no. 1, pp. 119-133.

Gross, PLK & Gross, EM 1927, 'College libraries and chemical education', Science, vol. 66, no. 1713, pp. 385-389.

Harzing, AW 2010, The Publish or Perish Book: Your guide to effective and responsible citation analysis, Tarma Software Research, Melbourne.

Hicks, D, Wouters, P, Waltman, L, de Rijcke, S & Rafols, I 2015, 'Bibliometrics: The Leiden Manifesto for research metrics', Nature, vol. 520, no. 7548, pp. 429-431.

IEEE 2014, 'Appropriate use of bibliometric indicators for the assessment of journals, research proposals, and individuals', IEEE Computer Graphics and Application, vol. 34, no. 2, pp. 86-87.

Jascó, P 2012, 'Google Scholar Metrics for Publications. The software and content features of a new open access bibliometric service', Online Information Review, vol. 36, no. 4, pp. 604-619.

Krüger, AK 2020, 'Quantification 2.0? Biblilometric infrastructures in academic evaluation', Politics and Governance, vol. 8, no. 2, pp. 58-67.

Lotka, AJ 1926, 'The frequency distribution of scientific productivity', Journal of the Washington Academy of Sciences, vol. 16, no. 12, pp. 317-323.

Petersohn, S 2016, 'Professional competencies and jurisdictional claims in evaluative bibliometrics: The educations mandate of academic librarians', Education for Information, vol. 32, no. 2, pp. 165-193.

Petersohn, S & Heinze, T 2018, 'Professionalization of bibliometric research assessment. Insights from the history of the Leiden Centre for Science and Technology Studies (CWTS)', Science and Public Policy, vol. 45, no. 4, pp. 565-578.

Prichard, A 1969, 'Statistical bibliography or bibliometrics?' Journal of Documentation, vol. 25, no. 4, pp 348-349.

Taubert, N 2013, 'Bibliometrie in der Forschungsevaluation. Zur Konstitution und Funktionslogik wechselseitiger Beobachtung zwischen Wissenschaft und Politik', in JH Passoth & J Wehner (eds.), Quoten, Kurven und Profile. Zur Vermessung der sozialen Welt, pp. 197-204, Springer VS, Wiesbaden.

Weingart, P & Schwechheimer, H 2007, 'Institutionelle Verschiebungen der Wissensproduktion – Zum Wandel der Struktur wissenschaftlicher Disziplinen', in Weingart, P (ed.), Nachrichten aus der Wissensgesellschaft. Analysen zur Veränderung der Wissenschaft, pp. 41-54, Velbrück Wissenschaft.

Wouters, P 2000, 'Garfield as alchemist', in B Cronin & HB Atkins (eds.), The Web of Knowledge, pp. 65-71, Information today, Medford.

Yang, S, Han, R, Wolfram, D & Zhao, Y 2016, 'Visualizing the intellectual structure of information science (2006–2015): Introducing author keyword coupling analysis', Journal of Informetrics, vol. 10, no. 1, pp. 132-150.

1.3 Eugene Garfield 和科学信息研究所

David A. Pendlebury[①]（戴维·A. 彭德尔伯里）

摘要：20 世纪下半叶，Eugene Garfield 和他创办的科学信息研究所提出了科学引文索引的概念，使信息检索发生了革命性变化，科学引文索引数据也成为科学史和科学社会学领域定量研究的基础，并最终催生了科学计量学领域。从 1960 年成立到 1992 年被汤姆森公司（Thomson Corporation）收购，科学信息研究所推出了一系列涵盖科学、社会科学和人文科学领域文献的现有知识和信息检索的产品及服务，其他产品如期刊引证报告，实现了通过引文分析来评价学术交流和研究的效果。Garfield 的同事 Henry Small（亨利·斯莫尔）在其支持下于 20 世纪 70 年代推出了科学图谱，用以揭示研究成果的社会认知结构。2016 年，科睿唯安公司[②]（Clarivate Analytics）从汤森路透公司（Thomson Reuters Corporation）收购了科学信息研究所的系列产品，至今仍延续着 Eugene Garfield 最初的业务和知识遗产。

关键词：引文分析，引文索引，科睿唯安，现刊目次，Eugene Garfield，科学史和科学社会学，影响因子，科学信息研究所，科学引文索引，Web of Science

1.3.1 引言

1960 年，Eugene Garfield（1925—2017）在美国宾夕法尼亚州费城创立了商业公司"科学信息研究所"，并以公司名义开发了一系列如现刊目次（Current Contents）数据库、科学引文索引等知识和信息检索产品。事实证明，科学信息研究所（1960—1992）是一个具有创新和冒险意识的公司，提出了许多新的概念，并且能将最新技术和方法迅速应用到信息处理、存储和信息传播中（Lazerow, 1974；Cawkell and Garfield, 2001；Lawlor, 2014）。其产品从印刷品逐步过渡到磁带、软盘、光盘以及万维网。三十多年来，用户和学术界普遍将 Garfield 与公司视为一体，认为 Garfield 即公司，公司即 Garfield。

1.3.2 理念之路

科学引文索引的出现颠覆了标引和信息检索的传统理念。以往，标引和信息

[①] 科睿唯安公司科学信息研究所，david.pendlebury@clarivate.com。
[②] 科睿唯安公司，原汤森路透知识产权与科技事业部。
https://doi.org/10.1515/9783110646610-005

检索主要依靠受过培训的专业人员使用标准词汇表进行主题标引。20 世纪 50 年代，科学信息的大量产生给传统标引方法带来了巨大的压力，导致出版物发表后数年才能检索到相关信息。

1949 年，Garfield 在哥伦比亚大学取得化学专业学士学位后，进入物理化学家 Louis P. Hammett（路易斯·P. 哈米特）的实验室工作。1951 年，他参加了约翰霍普金斯大学由陆军医学图书馆（国家医学图书馆的前身）资助的 Welch 医学图书馆索引项目（Welch Medical Library Indexing Project），探索使用机器加速科学文献标引的方法。1953 年，他首次组织召开了相关议题的会议。此后，Garfield 了解到法律界的"Shepard 引文"（Shepard's Citations）使用了引文标引，此方法开创于1873年，可以为律师和法官追踪法律判决的确认、撤销或修改情况。Garfield 使用当时新型的 IBM 101 电子统计机在改进传统标引方法方面做出了重要贡献，并且引文索引的发现彻底改变了他对自动标引和信息检索改良的想法。

Garfield 将此方法应用于科学文献并迅速获益：通过论文后的参考文献，人们不仅能够准确、可靠地找到关联的出版物，而且，根据被引用的早期感兴趣出版物找到最近发表的引用它的文献。1954 年，Garfield 获得了哥伦比亚大学图书馆学硕士学位，次年，他在《科学》杂志上发表论文，提出了科学引文索引的设想，称为"观念联想"（association-of-idea）索引，把提供引文的研究人员称为"索引部队"。引文标引不再依赖主题词或标准词汇表的专业标引，也不受术语变化的影响。Garfield 声称，由于引文能触及任意领域边界以外的文献，所以引文标引打破了传统的单一学科的主题索引壁垒（Garfield，1955；Weinstock，1971；Garfield，1979；McVeigh，2017；de Araújo et al.，2019）。

1.3.3 科学引文索引

Garfield 关于引文索引的设想在当时是如此标新立异，以至于遭到了学界的漠视和反对。1958 年诺贝尔生理学或医学奖获得者 Joshua Lederberg（乔舒亚·莱德伯格）曾对这一设想表示兴趣，1959 年，与 Garfield 取得联系并了解相关进展后予以肯定和支持。1962—1963 年，在 Lederberg 强有力的游说下（Lederberg，1963），美国国家卫生研究院（National Institutes of Health）支持开发了一款遗传学引文索引（Genetics Citation Index）原型，但美国国家卫生研究院和美国国家科学基金会（National Science Foundation）没有采纳 Lederberg 和 Garfield 的发布完整科学引文索引的建议，因此，他在 1963 年冒着风险自己发布了科学引文索引（Wouters，1999；de Bellis，2009）。

第二年，首个商业版科学引文索引发布（Garfield，1964）。Garfield 将引文索引推至世界各地，机构的订阅量稳步增加。1973 年，增加了社会科学引文索引，

1978年又增加了艺术与人文科学引文索引。人工检索这些书籍形式的引文索引时困难重重，如查阅来源索引（Source Index）时数据按第一作者排列，轮排主题索引（Permuterm Subject Index，可回溯至1966年）按成对的标题词排列，而引文索引（Citation Index）分别有索引论文入口、主题和副主题入口、被引作品及其引用文献入口。20世纪70年代，供应商（如Dialog公司）提供的在线访问服务，改善了人工翻阅海量印刷品的情况。1988年，光盘版科学引文索引发行。1992年，科学信息研究所并入汤姆森公司，1997年推出了汇集科学引文索引、社会科学引文索引、艺术与人文科学引文索引的网络版，命名为"Web of Science"（Schnell，2018）。

  2016年，科睿唯安公司接手Web of Science业务。截至2020年初，Web of Science核心合集包括21 000多种期刊，共计约有7700万个统计源、15亿条被引参考文献。科学引文索引和社会科学引文索引可回溯至1900年，艺术与人文科学引文索引则可回溯至1975年。除旗舰数据库外，2008年Web of Science还推出了会议论文引文索引（Conference Proceeding Citation Index），可回溯至1990年；2011年推出了图书引文索引（Book Citation Index），可回溯至2005年；2012年推出了数据引文索引（Data Citation Index）。2015年推出新兴来源引文索引（Emerging Sources Citation Index），可回溯至2005年，主要收录区域重要性期刊和新兴领域的期刊。

1.3.4 期刊影响因子

  20世纪60年代初，Garfield和同事Irving H. Sher（1924—1996）研究了期刊之间的引用模式以确定每个研究领域中被引次数最多的期刊（Garfield，2000a）。这些数据决定了科学引文索引是否收录那些尚未收录的期刊。由此，Garfield和Sher制定了评价期刊重要性和影响力的指标：期刊影响因子（Garfield and Sher，1963；Garfield，1972，1976；Bensman，2007；Archambault and Larivière，2009；Pendlebury and Adams，2012；Larivière and Sugimoto，2019）。1975年，期刊影响因子首次在科学引文索引的附录卷——《期刊引证报告》中发布。相比期刊影响因子，《期刊引证报告》涵盖的信息更丰富，包括论文总数、总引用次数、自引次数、施引和被引期刊数据、施引和被引半衰期、即时指数及其他统计数据。1990年，《期刊引证报告》成为一个独立的产品，分为自然科学版和社会科学版，经过多年努力，逐步形成了印刷品、缩微胶片、光盘和网络等传播形式。

  期刊影响因子成为最受欢迎但也最具争议的产品之一：其设计初衷是帮助科学信息研究所遴选期刊，帮助馆员拓展馆藏，帮助信息科学家了解期刊间的学术交流模式，后来却成为单篇论文质量的代名词和评价个人表现的替代指标。

同时，由于引文数据的偏态分布特性，发表在高影响力期刊上的论文，并不意味着会获得高引用。虽然 Garfield 在公开场合和出版物中均指出，期刊影响因子设计之初不是用来评价单篇论文和个人，但他仍因这种误用而备受指责（Garfield，2006）。

1.3.5 现刊目次

20 世纪 50 年代初，Garfield 在约翰霍普金斯大学时就编制并发布了预知目次（Contents in Advance），以转载图书馆和信息科学期刊的目次。这些目次的编制全凭自己的兴趣和需要，同时也会提供给其他人，这就是现刊目次的源起。他的解决方案"非常简单"（Grimwade，2018）：即期刊在图书馆上架之前，就密密麻麻地列出刚刚发表的期刊文献，提醒研究人员关注感兴趣的文章。1955年，他创建了管理学文献预览（Management's DocuMation Preview），开始提供管理学目次页服务，后来改名为管理学现刊目次（Current Contents in Management），但未能打开市场。1956 年，由于有制药公司前来咨询，Garfield 开始编制"医药、化学与生命科学现刊目次"（Current Contents of Pharmaco-Medical，Chemical & Life Sciences）。1960 年，"空间、电子与物理科学及理论与应用化学现刊目次"（Current Contents of Space，Electronic & Physical Sciences Including Pure & Applied Chemistry）出版。此后，现刊目次的业务开始蓬勃发展。事实上，正是由于现刊目次的成功，Garfield 才能够在 20 世纪 60 年代开发科学引文索引和其他产品，如化合物索引（Index Chemicus）等。多年来，现刊目次经过编校、更名、新建、合并等过程（Lawlor，2014；Grimwade，2018），最终形成了生命科学，临床医学，物理、化学与地球科学，农业、生物与环境科学，工程、计算机与技术，社会与行为科学，以及艺术与人文科学 7 个学科版本。

20 世纪 60 年代，现刊目次上开始零星刊登 Garfield 自己写的文章，从 1972年开始每周都会发表。其个人网站收录了这些文章和其他材料，共 15 卷（Garfield，1977—1993）。

1.3.6 定题服务和文献传递

20 世纪 60 年代，Garfield 和 Sher 拓展了另一项业务——定题（Selective Dissemination of Information）服务。1965 年，基于科学引文索引现刊目次的数据，推出了自动主题引文推送（Automatic Subject Citation Alert）服务。通过自动主题引文推送，研究人员可以创建作者姓名、标题词、机构名、刊名的任意组合检索方式，甚至可以包含个人感兴趣的被引文献。与科学信息研究所的数据更新同步，自动主题引文推送每周将检索报告纸质版邮寄给研究人员（Garfield and Sher，1967）。

在期刊以数字形式传播之前，科学信息研究所在收到收录的纸质版期刊后，将其分拆并把单篇文章提供给有需求的客户，客户则向出版商支付版权费用。文献传递服务启动于20世纪60年代，最初称为论文撕页服务（Original Article Tears Sheet Service），后更名为正版论文（The Genuine Article）。

1.3.7 化学信息产品

化学专业出身的 Garfield 对 Welch 医学图书馆索引项目产生兴趣，该项目集中于"构建医学主题词化学术语集并了解化学信息检索新方法的需求"（Garfield, 2000b）。1958年，Garfield 作为药品制造商协会的顾问，为文献中出现的甾体化合物编制索引，他认为可以用算法定位和识别新报道的化合物。这个时期，他发明了将化学名称转换为分子式的方法，获得了宾夕法尼亚大学结构语言学博士学位。1960年，他推出了科学信息研究所的首个产品——化合物索引，用于发布新化合物、化学公式和图形摘要。1970年化合物索引更名为"化学和化合物索引现刊摘要"（Current Abstracts of Chemistry and Index Chemicus）。此后，一系列化学信息产品相继出现，如1968年推出的化合物索引注册系统，可在计算机上搜索使用 Wiswesser 线性表示式（Wiswesser Line Notation）表示的化学结构，1971年推出了化学亚结构索引（Chemical Substructure Index）；1973年推出了另一种定题服务——新结构自动推送（Automatic New Structure Alert）；1979年推出化学反应现刊（Current Chemical Reaction）；1995年推出化学反应引文索引（Reaction Citation Index）。多年来，这些产品随着技术日新月异，服务途径也更加多元。如今，Web of Science 核心合集包括化学反应现刊（回溯至1985年）和化合物索引（回溯至1993年）。

1.3.8 科学的历史学、社会学和结构：Derek J. de Solla Price, Robert K. Merton, Henry Small

1955年，Garfield 指出引文标引对信息检索很重要，同时对科学的历史研究也有价值：既能够揭示思想的传播，也可以显示论文被引程度（Garfield, 1955）。1963年，他再次提到这个话题，并对计算机生成的拓扑网络产生兴趣："拓扑网络图可以显示科学论文之间的年代和衍生关系，从而显示科学发现"（Garfield, 1963）。他提到，耶鲁大学的 Derek J. de Solla Price（1922—1983）和哥伦比亚大学的 Robert K. Merton（1910—2003）两位研究人员在利用引文数据进行历史和社会学研究方面发挥了重要作用。

de Solla Price 是物理学家，也是一名科学史专家，曾出版《自巴比伦以来的科学》(Science Since Babylon)。在与 Garfield 认识的第二年，他出版了《小科学，大科学》(de Solla Price，1961；de Solla Price，1963)。这两本书都提到了"使用科学工具研究科学本身"这一话题，当他了解到新兴的科学引文索引后，就与 Garfield 联系并拿到了他感兴趣的数据。de Solla Price 的研究内容之一是研究前沿的基本特征，即论文不断增长的"表征"（de Solla Price，1965）以及引用过程中的累积优势，这种优势往往导致特征呈偏态分布（de Solla Price，1976）。de Solla Price 为引文数据在科学定量研究中的应用奠定了基础，促进了科学计量学学科的创立。他还极力主张在规划、政策制定和基金资助方面使用出版物和引文分析，1973 年，美国国家卫生研究院和美国国家科学基金会发布了第一份《科学指标》(Science Indicators) 报告，其中就包含了科学引文索引数据库中的全国论文发表量和引文影响力的情况。

Merton 是科学社会学领军人物，也是 Garfield 的支持者，他认为，引用是科学家的行为规范之一，体现了对知识产权的认同；他把引用称为"同行认可的证据"，并指出，引用自己同行的研究来偿还"知识债务"这种做法在道义上势在必行（Merton，1988）。他的学生 Harriet Zuckerman（哈丽雅特·朱克曼）总结并分析了 Garfield 和引文分析对科学社会学发展的影响（Zuckerman，2018）。

Henry Small（1941—）是一名科学史学家，1972 年加入科学信息研究所，之后不久他使用共引聚类技术对研究领域进行具体的界定（Small，1973）。1973 年，他与 Belver Griffith（贝尔弗·格里菲思）(1931—1999) 合作，利用研究者的引用模式制作出反映社会认知结构的文献科学图谱。在接下来的几年，Small 进一步拓展和改进了科学图谱技术，对专家观点图谱的多样性和不同知识领域之间的联系进行研究、探索，并揭示了各领域之间如何进行联系（Small and Garfield，1985）。de Solla Price 非常认可 Small 的科学图谱工作，认为这项工作具有"革命性意义"并有望"明确科学研究的基本规律"，通过图谱可以创建"海量科学论文的语料库图谱集"，以便对论文进行实时分类、实时检测科学发展（de Solla Price，1980）。20 世纪 80 年代，科学信息研究所出版了《科学图集》(Atlas of Science) 一书，随后以文章的形式发表在系列综述期刊上（Grimwade，2018）。这些产品在当时可以说是实验性的，因为并未取得商业上的成功。《科学图集》在许多方面体现了科学信息研究所的特点：它是一项旨在了解引文数据基本及潜在趋势而进行的前瞻性风险投资，并且没有考虑任何市场因素。尽管如此，Garfield 仍然重视 Small 的研究成果，并愿意承担相应的风险。

de Solla Price 对研究前沿进行图谱化分析，Merton 揭示了社会认知的关系和结构，Garfield 则充分挖掘了引文数据的丰富性。Small 综合并拓展了他们的研究兴趣和观点，描述了高被引论文的符号化功能，并探索了知识结构随时间变化的特征（如识别新兴主题）和引文背景（Small，2003；Pendlebury，2013）。

1.3.9 科研评价中的引文数据

在评估研究表现时，引文数据的使用在很大程度上依赖于 Merton 在文献中对科学家规范行为的描述：引用之所以能够为文章和作者积累"信誉"，是因为学术界认为引用比其他行为更能反映论文的影响力、重要性和效用等（Garfield and Welljams-Dorof，1992；Moed，2005，2017；Aksnes et al.，2019）。

随着美国国家卫生研究院和美国国家科学基金会的《科学指标》（1973 年）、Francis Narin（弗朗西斯·纳林）的《评估性文献计量学：出版物与引文数据在科研评价中的应用》（Narin，1976），以及 Elkana 等（1978）的《迈向科学计量：科学指标的出现》相继出版，使用出版物和引文数据作为科研表现指标的步伐逐渐加快。1978 年，匈牙利科学院的 Tibor Braun（1932—）正式创办《科学计量学》杂志，标志着已有相当数量的学者从事科学定量研究。20 世纪 80 年代，Braun 领导的信息科学和科学计量学小组（Information Science and Scientometrics Unit）使用相对引文影响和其他方法研究、比较国家之间的科研表现。与此同时，莱顿大学科学技术研究中心在 Anthony F.J. van Raan（安东尼·F.J. 范·拉恩，1945—）领导下，探索性地应用出版物和引文数据评估中观层面，即评估大学及其内部课题组的科研表现。以上两个研究都使用了科学信息研究所的数据，这些数据是可以根据信息检索目的进行索引和组织的，因此研究者可以整理和编辑这些数据以服务于各自的科学计量学研究目的。

Merton 的学生、哥伦比亚大学社会学家 Jonathan R. Cole（1942—）认为科学引文索引诞生的例子说明，技术革新为科学进步创造了必要条件，科学计量学应运而生。

同时，科学信息研究所的研究部门在 Small 的指导下于 1990 年推出了简讯类杂志——《科学观察：追踪基础研究的表现和趋势》（Science Watch: Tracking Performance and Trends in Basic Research）。该杂志是月刊，内容包括出版和引文数据相关的报道、高被引科学家的采访，以及生物学、临床医学、化学和物理学领域热门论文前 10 名的名单，类似于音乐流行榜或畅销书榜单。20 世纪 90 年代，科学信息研究所研发的产品用软盘发行，然后改用光盘，产品包括国家科学指标（National Science Indicators）、大学科学指标（University Science Indicators）、期刊绩效指标（Journal Performance Indicators，JPI）、高被引论文（Highly Cited Papers）、当地期刊使用报告（Local Journal Utilization Report，用于图书馆期刊订购），以及其他定制产品。2001 年，在公司的主导下，Small 和同事开发了线上产品——基本科学指标（Essential Science Indicators），提供22个研究领域中被引用次数最多的作者、机构、国家和期刊以及高被引和热门论文的数据。Small的研究前沿数据也包括在内，这些前沿数据来自科学信息研究所高被引论文共引分析。2009年，汤森路透公司推出了研究分析线上平台——InCites。

20世纪90年代，政府部门和高校面对问责机制这一新的管理制度以及日益激烈的研究经费竞争，推动了如信息科学和科学计量学小组、莱顿大学科学技术研究中心、科学信息研究所及其他团队的工作开展。在澳大利亚、英国和美国，新的公共管理机制极大地改变了高校的管理模式，行政决定权从学术评议会转移到以商业模式进行机构管理的专业管理人员手中。文献发表量和引文影响力为科研评价和"资金价值"展示提供了所谓的"确凿证据"。

1998年，Garfield对于引文数据使用中的巨大变化提出疑问："现在（引文数据的使用）本末倒置了吗？"[①]（Garfield，1998）。用于信息检索的引文数据是根本，用于科研评价的科学计量数据只是引文数据的外在使用形式。就使用引文数据而言，Garfield个人的研究兴趣依次是信息检索，包括科学图谱在内的科学史和科学社会学，最后才是科研评价。

Garfield在文章中经常提到"最高被引科学家"，他指出，引文数据能够平衡同行评议产生的偏倚，增加评价的公平性。然而，他认为在研究人员的任用、晋升和资助过程中引文数据的使用情况较为复杂，一般是"具体判断时作为同行评议的辅助手段"（Merton，1979），这与Merton的观点一致。尽管Garfield没有明确禁止将引文数据用于个人评价和职位聘任，但他提醒，非专业人士大范围使用引文数据时难免误用，这样会对研究人员个人职业生涯产生深远影响。早在1963年，Garfield就谴责了"在个人和团体的社会评价中随意使用定量引文数据"的情况（Garfield，1963，1983）。

2009年，Garfield在中国大连的一次演讲中曾说道，科学计量学的下游应用已发展得如庞然大物一般。过去20年，科学计量学在其他领域的扩张促使其迅速发展，例如，继2003年"世界大学学术排名"（Academic Ranking of World University）出现，大学排名榜单激增；2004年Google Scholar上线，2005年"h指数"（h-index）出现。

过去，一些科研人员反对利用引文指标进行个人评价，后来他们却越来越多地展示甚至吹嘘他们自己的总引用次数或h指数，这是"计量"制度化的一个信号。在某些评价背景下，奖励过高，以至于科研人员（尽管是少数）在发表和引用论文时采取了有针对性的行为，从而使绩效指标失去其意义和价值（de Rijcke et al.，2016）。科学图谱在过去20年蓬勃发展，有效制衡了失控的科研评价框架和引用博

[①] 源自西方谚语"The tail wagging the dog"，意指次要部分支配或决定了整体、全局。

弈，使 Garfield 和 Small 关于数据意义、多样性和价值的原始观念得以回归。

1.3.10 科学信息研究所之后

1992 年，Garfield 创办的科学信息研究所出售给汤姆森公司，他任名誉主席。此后，他继续开展研究、发表文章，经常外出讲学并获得了很多荣誉。

Garfield 毕生研究科学领域内的信息交流，1986 年他创办了一份面向科研人员的报纸——《科学家》(*The Scientist*)。汤姆森公司收购科学信息研究所时，他保留了这份报纸。2002 年之后，他开始与出版商 Vitek Tracz（维特克·特拉奇）(1940—) 合作办报（Grimwade, 2018），报纸几经易主，延续至今。

除了经营《科学家》，Garfield 还重启了 1964 年就开始的工作——绘制 DNA 结构关键文献间的引用关系，他将关键文献按时序排列来显示研究成果的先后顺序（Garfield et al., 1964）。21 世纪的前 10 年，Garfield 和他的同事开发了软件工具——HistCite，能够导入并分析从 Web of Science 下载的文献数据，绘制按年份排列的引文关系图。他把这类分析称为算法史学（Garfield et al., 2003；Garfield, 2009；Grimwade, 2018）。现在，CitNetExplorer 取代了 HistCite 但保留了其核心内容（van Eck and Waltman, 2014）。

1.3.11 荣誉

Garfield 获得了若干荣誉博士学位和诸多奖项，例如，他是《科学计量学》杂志 Derek J. de Solla Price 纪念奖的首个获得者（1984 年），也是美国科学促进会会员（1966 年）、美国艺术与科学院院士（2005 年）和美国哲学学会会员（2007 年）。1998—2000 年，他担任美国信息科学与技术协会主席。

2000 年，同事们为他制作了纪念文集——《知识之网》(*The Web of Knowledge*; Cronin and Atkins, 2000）。2017 年 2 月，Garfield 去世，享年 91 岁（Clarivate Analytics, 2017；Small, 2017；Wouters, 2017）。

Small 曾对 Garfield 深入采访 2 次、视频访谈 1 次，这些资料记录了他个人生活和职业生涯的大量信息（Garfield, 1987, 1997）。如今，位于费城的科学史研究所完整地保存着 Garfield 的专业论文档案。

正如上文所述，汤姆森公司在 1992 年收购了科学信息研究所，在 2008 年与路透社合并成立汤森路透公司。2016 年，汤森路透公司将知识产权和科学业务，包括原科学信息研究所的业务出售给两家具有合作关系的私募股权公司——Onex 公司和 Baring Private Equity Asia 公司。新成立的公司随后更名为科睿唯安。2018 年初，科学信息研究所重新启用，成为科睿唯安公司下属的新的研究部门。

1.3.12 参考文献

Aksnes, DW, Langfeldt, L & Wouters, P 2019, 'Citations, citation indicators, and research quality: An overview of basic concepts and theories', Sage Open, vol. 9, no. 1, article number 2158244019829575, https://journals.sagepub.com/doi/full/10.1177/2158244019829575 (July 15, 2020), doi: https://doi.org/10.1177/2158244019829575.

Archambault, E & Larivière, V 2009, 'History of the journal impact factor: Contingencies and consequences', Scientometrics, vol. 79, no. 3, pp. 639-653, doi: https://doi.org/10.1007/s11192-007-2036-x.

Bensman, SJ 2007, 'Garfield and the impact factor', Annual Review of Information Science and Technology, vol. 41, pp. 93-155, http://garfield.library.upenn.edu/bensman/bensmanegif2007.pdf (July 15, 2020), doi: https://doi.org/10.1002/aris.2007.1440410110.

Cawkell, T & Garfield, E 2001, 'Institute for scientific information', in EH Fredricksson (ed.), A Century of Scientific Publishing, pp. 149-160, IOS Press, Amsterdam, http://www.garfield.library.upenn.edu/papers/isichapter15centuryofscipub149-160y2001.pdf(July 15, 2020), ISBN13: 9781586031480.

Clarivate Analytics 2017, Commemoration and Celebration of the Life of Eugene Garfield, 1925-2017, program for event, September 15-16, 2017, Clarivate Analytics, Philadelphia, PA.

Cole, JR 2000, 'A short history of the use of citations as a measure of the impact of scientific and scholarly research', in B Cronin & HB Atkins (eds.), The Web of Knowledge: A Festschrift Bellis, in Honor of Eugene Garfield, pp. 281-300, Information Today, Inc., Medford, NJ, http://www.garfield.library.upenn.edu/webofknowledge.html (July 15, 2020), ISBN-13: 978-1573870993.

Cronin, B & Atkins, HB (eds.) 2000, The Web of Knowledge: A Festschrift in Honor of Eugene Garfield, Information Today, Medford, NJ, http://www.garfield.library.upenn.edu/webofknowledge.html (July 15, 2020), ISBN-13: 978-1573870993.

de Araújo, PC, Castanha, RCG & Hjørland, B 2019, 'Citation indexing and indexes', in B Hjørland & C Gnoli (eds.), ISKO Encyclopedia of Knowledge Organization, ISKO, https://www.isko.org/cyclo/citation (July 15, 2020).

de Bellis, N 2009, Bibliometrics and Citation Analysis: From the Science Citation Index to Cybermetrics, The Scarecrow Press, Inc., Lanham, MD, ISBN-13: 978-0810867130.

de Rijcke, S, Wouters, PF, Rushforth, AD, Franssen, TP & Hammarfelt, B 2016, 'Evaluation practices and effects of indicator use—A literature review', Research Evaluation, vol. 25, no. 2, pp. 161-169, doi: https://doi.org/10.1093/reseval/rvv038.

de Solla Price, DJ 1961, Science Since Babylon, Yale University Press, New Haven, CT, ISBN 13: 9780300017984.

de Solla Price, DJ 1963, Little Science, Big Science, Columbia University Press, New York, ISBN-13: 978-0231085625.

de Solla Price, DJ 1965, 'Networks of scientific papers', Science, vol. 149, no. 3683, pp. 510-515, http://garfield.library.upenn.edu/papers/pricenetworks1965.pdf (July 15, 2020), doi: https://doi.org/ 10.1126/science.149.3683.510.

de Solla Price, DJ 1976, 'General theory of bibliometric and other cumulative advantage processes', Journal of the American Society for Information Science, vol. 27, nos. 5-6, pp. 292-306, http://garfield.library.upenn.edu/price/pricetheory1976.pdf (July 15, 2020), doi: https://doi.org/10.1002/asi.4630270505.

de Solla Price, DJ 1980, 'Foreword', in E Garfield, Essays of an Information Scientist. Volume 3. 1977-1978, pp. v-ix, ISI Press, Philadelphia, PA.

Elkana, Y, Lederberg, J, Merton, RJ, Thackray, A & Zuckerman, H 1978, Toward a Metric of Science: The Advent of Science Indicators, John Wiley & Sons, New York, ISBN: 47198435-3.

Garfield, E 1955, 'Citation indexes for science: A new dimension in documentation through association of ideas', Science, vol. 122, no. 3159, pp. 108-111, http://garfield.library.upenn.edu/papers/science1955.pdf (July 15, 2020), doi: https://doi.org/10.1126/science.122.3159.108.

Garfield, E 1963, 'Citation indexes in sociological and historical research', American Documentation, vol. 14, no. 4, pp. 289-291, http://www.garfield.library.upenn.edu/essays/ V1p043y1962-73.pdf (July 15, 2020), doi: https://doi.org/10.1002/asi.5090140405.

Garfield, E 1964, 'Science citation index—A new dimension in indexing', Science, vol. 144, no. 3619, pp. 649-654, http://www.garfield.library.upenn.edu/essays/v7p525y1984.pdf, doi: https://doi.org/10.1126/science.144.3619.649 (July 15, 2020).

Garfield, E 1972, 'Citation analysis as a tool in journal evaluation', Science, vol. 178, no. 4060, pp. 471-479, http://www.garfield.library.upenn.edu/essays/V1p527y1962-73.pdf (July 15, 2020), doi: https://doi.org/10.1126/science.178.4060.471.

Garfield, E 1976, 'Significant journals of science,' Nature, vol. 264, no. 5587, pp. 609-617, http://www.garfield.library.upenn.edu/essays/v3p130y1977- 78.pdf (July 15, 2020), doi: https://doi.org/10.1038/264609a0.

Garfield, E 1977, 'The 250 most-cited primary authors, 1961-1975. Part III. Each author's most-cited publication', Current Contents, vol. 51, pp. 5-20.

Garfield, E 1979, Citation Indexing—Its Theory and Application in Science, Technology, and Humanities, http://www.garfield.library.upenn.edu/ci/title.pdf (July 15, 2020), John Wiley & Sons, New York, ISBN-13: 978-0471025597.

Garfield, E 1983, 'How to Use Citation Data for Faculty Evaluation, and When is it Relevant? Part 1', Current Contents, vol. 44 (October 31, 1983), reprinted in E Garfield, Essays of an Information Scientist. Vol 6 (1983), pp. 354-362, ISI Press, Philadelphia, PA, http://www.garfield.library.upenn.edu/essays.html (July 15, 2020).

Garfield, E 1987, interview by Arnold Thackray and Jeffrey L. Sturchio, Beckman Center for the History of Chemistry, November 16, http://www.garfield.library.upenn.edu/oralhistory/interview.html (July 15, 2020).

Garfield, E 1993, Essays of an Information Scientist. Vols. 1-15, ISI Press, Philadelphia, PA, http://www.garfield.library.upenn.edu/essays.html (July 15, 2020).

Garfield, E 1997, interview by RV Williams, Chemical Heritage Foundation, July 29, http://garfield.

library.upenn.edu/papers/oralhistorybywilliams.pdf (July 15, 2020).

Garfield, E 1998, 'From citation indexes to informetrics: Is the tail now wagging the dog?', Libri, vol. 48, no. 2, pp. 67-80, http://www.garfield.library.upenn.edu/ papers/libriv48%282% 29p67-80y1998.pdf (July 15, 2020), doi: https://doi.org/10.1515/libr.1998.48.2.67.

Garfield, E 2000a, 'Recollections of Irving H. Sher 1924—1996: Polymath/information scientist extraordinaire', Journal of the American Society for Information Science and Technology, vol. 52, no. 14, pp. 1197-1202, http://garfield.library.upenn.edu/papers/sherjasis&t52%2814% 29p1197y2001. pdf (July 15, 2020), doi: https://doi.org/10.1002/asi.1187.

Garfield, E 2000b, 'From laboratory to information explosions… the evolution of chemical information services at ISI', Journal of Information Science, vol. 27, no. 2, pp. 119-125, http://www.garfield.library.upenn.edu/papers/jis27%282%29p119y2001.pdf (July 15, 2020), doi: https://doi.org/10.1177/0165551014233626.

Garfield, E 2006, 'The history and meaning of the Journal Impact Factor,' Journal of the American Medical Association, vol. 293, no. 1, pp. 90-93, http://garfield.library.upenn.edu/papers/jamajif 2006.pdf (July 15, 2020), doi: https://doi.org/10.1001/jama.295.1.90.

Garfield, E 2009, 'From the science of science to scientometrics: Visualizing the history of science with HistCite software', Journal of Informetrics, vol. 3, no. 3, pp. 173-179, http://garfield.library. upenn.edu/papers/issispain2007.pdf (July 15, 2020), doi: https://doi.org/ 10.1016/j.joi.2009.03. 009.

Garfield, E, personal webpages, http://www.garfield.library.upenn. edu/ (July 15, 2020).

Garfield, E n.d., video interview, Web of Stories, https://www.webofstories.com/play/eugene. garfield/1 (July 15, 2020).

Garfield, E & Sher, IH 1963, 'New factors in the evaluation of scientific literature through citation indexing', American Documentation, vol. 14, no. 3, pp. 195-201, http://www.garfield.library.upenn. edu/essays/v6p492y1983.pdf (July 15, 2020), doi: https://doi.org/10.1002/ asi.5090140304.

Garfield, E & Sher, IH 1967, 'ASCA (Automatic Subject Citation Alert): A new personalized current awareness service for scientists', American Behavioral Scientist, vol. 10, no. 5, pp. 29-32, http://www.garfield.library.upenn.edu/essays/v6p514y1983.pdf (July 15, 2020), doi: https://doi. org/10.1177/000276426701000507.

Garfield, E & Welljams-Dorof, A 1992, 'Citation data: Their use as quantitative indicators for science and technology evaluation and policymaking', Science and Public Policy, vol. 19, no. 5, pp. 321-327, http://www.garfield.library.upenn.edu/papers/sciandpubpolv19%285%29p321y1992. html (July 15, 2020), doi: https://doi.org/10.1093/spp/19.5.321.

Garfield, E, Pudovkin AI & Istomin, VS 2003, 'Why do we need algorithmic historiography?', Journal of the American Society for Information Science and Technology, vol. 54, no. 5, pp. 400-412, http://garfield.library.upenn.edu/papers/jasist54%285%29400y2003.pdf (July 15, 2020), doi: https://doi.org/10.1002/asi.10226.

Garfield, E, Sher, IH & Torpie, RJ 1964, 'The use of citation data in writing the history of science', Institute for Scientific Information, Philadelphia, PA, http://www.garfield.library.upenn.edu/ papers/useofcitdatawritinghistofsci.pdf (July 15, 2020).

Grimwade, A 2018, 'Eugene Garfield—60 years of invention and innovation', Frontiers in Research Metrics and Analytics, vol. 3, no. 14, https://www.frontiersin.org/articles/10.3389/frma. 2018. 00014/full (July 15, 2020), doi: https://doi.org/10.3389/frma.2018.00014.

Larivière, V & Sugimoto, CR 2019, 'The journal impact factor: A brief history, critique, and discussion of adverse effects', in W. Glänzel, HF Moed, U Schmoch & M Thelwall (eds.), Springer Handbook of Science and Technology Indicators, pp. 3-24, Cham, Switzerland, Springer Nature, ISBN-13: 978-3030025106.

Lawlor, B 2014, 'The institute for scientific information: A brief history', in LR McEwen & RE Buntrock (eds.), The Future of the History of Chemical Information, ACS Symposium Series 1164, pp. 109-136, American Chemical Society, Washington, ISBN-13: 978-0841229457.

Lazerow, S 1974, 'Institute for scientific information', in A Kent, H Lancour & JE Daily (eds.), Encyclopedia of Library and Information Science, vol. 12, pp. 89-97, Marcel Dekker, New York, http://www.garfield.library.upenn.edu/essays/v2p197y1974-76.pdf (July 15, 2020), ISBN-13: 9780824720124.

Lederberg, J 1963, 'Preface', in E Garfield & IH Sher, Genetics Citation Index, Institute for Scientific Information, Philadelphia, PA, http://garfield.library.upenn.edu/essays/v2p189y1974-76.pdf (July 15, 2020).

McVeigh, ME 2017, 'Citation indexes and the Web of Science', in JD McDonald & M Levine Clark (eds.), Encyclopedia of Library and Information Sciences, fourth edition, vol. 2, 940-950, CRC Press, Boca Raton, FL, ISBN-13: 978-1466552593.

Merton, RK 1979, 'Foreword', in E Garfield, Citation Indexing—Its Theory and Application in Science, Technology, and Humanities, pp. xiii-xv, John Wiley & Sons, New York, http://garfield.library.upenn.edu/ci/foreword.pdf (July 15, 2020), ISBN-13: 978-0471025597.

Merton, RK 1988, 'The Matthew effect in science, II: Cumulative advantage and the symbolism of intellectual property', ISIS, vol. 79, no. 4, pp. 606-623, http://garfield.library.upenn.edu/merton/matthewii.pdf (July 15, 2020), doi: https://doi.org/10.1086/354848.

Moed, HF 2005, Citation Analysis in Research Evaluation, Springer Nature, Dordrecht, Netherlands, ISBN-13: 978-1402037139.

Moed, HF 2017, Applied Evaluative Informetrics, Springer Nature, Cham, Switzerland, ISBN-13: 978-3319605210.

Narin, F 1976, Evaluative Bibliometrics: The Use of Publication and Citation Data in the Evaluation of Scientific Activity, Computer Horizons Inc., Cherry Hill, NJ.

Pendlebury, DA 2013, 'Research fronts: In search of the structure of science', in C King & DA Pendlebury, Research Fronts 2013: 100 Top-Ranked Specialties in the Sciences and Social Sciences, pp. 29-31, Thomson Reuters Philadelphia, PA, http://garfield.library.upenn.edu/papers/pendleburykingresearchfronts2013.pdf (July 15, 2020).

Pendlebury, DA & Adams, J 2012, 'Comments on a critique of the Thomson Reuters journal impact factor', Scientometrics, vol. 92, no. 2, pp. 395-401, doi: https://doi.org/10.1007/s11192-012-0689-6.

Schnell, JD 2018, 'Web of Science: The first citation index for data analytics and scientometrics', in

FJ Cantú-Ortiz (ed.), Research Analytics: Boosting University Productivity and Competitiveness through Scientometrics, pp. 15-29, CRC Press, Boca Raton, FL, ISBN-13: 978-1498785426.

Small, H 1973, 'Co-citation in the scientific literature: A new measure of the relationship between two documents', Journal of the American Society for Information Science, vol. 24, no. 4, pp. 265-269, http://www.garfield.library.upenn.edu/essays/v2p028y1974-76.pdf (July 15, 2020), doi: https://doi.org/10.1002/asi.4630240406.

Small, H 2003, 'Paradigms, citations, and maps of science: A personal history', Journal of the American Society for Information Science and Technology, vol. 54, no. 5, pp. 394-399, doi: https://doi.org/10.1002/asi.10225.

Small, H 2017, 'A tribute to Eugene Garfield: Information innovator and idealist', Journal of Informetrics, vol. 11, no. 3, pp. 599-612, doi: https://doi.org/10.1016/j.joi.2017.04.006.

Small, H & Garfield, E 1985, 'The geography of Science: Disciplinary and national mappings,' Journal of Information Science, vol. 11, no. 4, pp. 147-159, http://www.garfield.library.upenn.edu/essays/v9p325y1986.pdf (July 15, 2020), doi: https://doi.org/10.1177/016555158501100402.

van Eck, NJ, & Waltman, L 2014, 'CitNetExplorer: A new software tool for analyzing and visualizing citation networks', Journal of Informetrics, vol. 8, no. 4, pp. 802-823, doi: https://doi.org/10.1016/j.joi.2014.07.006, see https://www.citnetexplorer.nl/ (July 15, 2020).

Weinstock, M 1971, 'Citation indexes', in A Kent (ed.), Encyclopedia of Library and Information Science, vol. 5, 16-40, Marcel Dekker, New York, http://www.garfield.library.upenn.edu/essays/V1p188y1962-73.pdf (July 15, 2020), ISBN 13: 9780824721053.

Wouters, P 1999, The Citation Culture, PhD thesis, University of Amsterdam, Amsterdam, http://garfield.library.upenn.edu/wouters/wouters.pdf (July 15, 2020).

Wouters, P 2017, 'Eugene Garfield (1925–2017): Inventor of the science citation index', Nature, vol. 543, no. 7646, p. 492, https://www.nature.com/articles/543492a (July 15, 2020), doi: https://doi.org/10.1038/543492a.

Zuckerman, H 2018, 'The sociology of science and the Garfield effect: Happy accidents, unanticipated developments and unexploited potentials', Frontiers in Research Metrics and Analytics, vol, 3, no. 20, https://www.frontiersin.org/articles/10.3389/frma.2018.00020/full (July 15, 2020), doi: https://doi.org/10.3389/frma.2018.00020.

1.4　科学计量学之父——Derek de Solla Price

Farshid Danesh[①]，Ali Mardani-Nejad[②]

摘要：20 世纪 60 年代是计量科学的黄金时代，在科学的不同学科和研究中

---

① 伊朗 RICeST 信息管理研究部，farshiddanesh@ricest.ac.ir。
② 伊朗伊斯兰阿扎德大学纳杰法巴德分校。

https://doi.org/10.1515/9783110646610-006

蓬勃发展。其中，Derek de Solla Price 把科学计量学定义为"科学的科学"（以下简称科学学），是计量学领域重要的先驱人物，故有"科学计量学之父"的称号。他也是最早提出将"x number of authors"（最高产作者数）作为国家科研指标的人之一。开展科学计量学研究成本高昂，但其学术价值巨大，以至于《科学计量学》杂志的创办者、主编 Tibor Brown 在 1983 年专门设立奖项以表彰 de Solla Price 的工作。该奖项是国际信息计量学领域首个重要奖项，每两年颁发一次。本节将介绍 de Solla Price 的生平和贡献，如科学学、引用与参考、Price 指数及他的科研之路。

关键词：认识 de Solla Price，科学计量学，Price 指数，科研之路，生物学，科学学，引用与参考

1.4.1 引言

本文首先介绍 de Solla Price 的生平，阐释他的理论基础、思想和重要成果。讨论他在几个关键领域的突出贡献，包括科学学、引用与参考、科研之路以及 Price 指数。还将探寻他在科学计量学方面取得不可磨灭功绩的根本原因。

1.4.2 生平

1922 年 1 月 22 日，Derek John de Solla Price 出生在英国伦敦的莱顿（Leyton），母亲 Fanny Marie de Solla（范妮·玛丽·德·索拉）是歌手，父亲 Philip Price（菲利普·普赖斯）是裁缝，都来自犹太移民家庭。1938 年，de Solla Price 在西南埃塞克斯技术学院担任实验室助理，他于 1942 年获得伦敦大学物理和数学学士学位，1946 年获得伦敦大学实验物理学博士学位。1946—1947 年，de Solla Price 担任联邦基金会研究员。他的妻子 Ellen Hjorth（埃伦·约尔特）是丹麦哥本哈根人，两人在 1947 年结婚，育有两儿一女。1947—1950 年，de Solla Price 在新加坡大学担任应用数学讲师，他从《皇家学会哲学会刊》中得到灵感并提出 Price 定律，即科学的指数增长规律，相关论文于 1950 年在国际科学史大会上公开。1950—1954 年，de Solla Price 在剑桥大学学习并获得科学史博士学位。1957 年，担任美国华盛顿史密森学会顾问，次年进入普林斯顿大学工作，1959 年他成为耶鲁大学客座教授。1960 年，他与 Joseph Needham（李约瑟）、Ling Wang（王铃）合作出版了《天文时钟机构——中世纪中国的伟大天文钟》（*Heavenly clockwork: The great astronomical clocks of medieval China*）。

1960 年，de Solla Price 就职于耶鲁大学，担任 Avalon（阿瓦隆）科学史教授并开始创建科学与医学史专业研究生课程（至 1978 年）。毕业研究生包括：Lawrence Badash（劳伦斯·巴达什，1960—1964 年），Eri Yagi（八木绘里，1960—

1963年), Donald Beaver (唐纳德·比弗, 1961—1965年)。1961—1963年, de Solla Price 出版《自巴比伦以来的科学》和《小科学,大科学》,提出针对"本土"物理学家文献产出的 Price-Yagi 模型。1975年, 出版著作《希腊的齿轮装置:安提基特拉机械》(*Gears from the Greeks: The Antikythera Mechanism*)。de Solla Price 于1981年获得社会科学学会 J.D. Bernal 奖,两年后因心脏病在伦敦逝世。

1.4.3 科学学——科学计量学

de Solla Price 是科学学的奠基者和代表人物之一,他用物理学方法对科学和科学活动进行定量研究,并创立了科学计量学指标。他对科学学的描述最终定义了科学计量学,比俄罗斯科学家 Vasiliy Vasilievich Nalimov(瓦西里·瓦西里耶维奇·纳利莫夫)提出的"科学计量学"一词早了几年,后来"科学计量学"也成为一本期刊的名字。de Solla Price 将科学学定义为:使用通过基本规律构建的各种科学指标得以解释科学现象的科学。

de Solla Price 1963年出版的《小科学,大科学》的第一章是《科学的科学》(*A Science of Science*)。这一章涉及的内容发展迅速、富有活力,很快拓展成为一本著作。自此,有关期刊、文献、作者和引用的量化方法的系列论文陆续发表。很快,专门研究文献计量学和科学计量学的书籍和会议纷纷涌现,甚至是无形学院的会议或研究无形学院的人员的会议都有这些计量方法的身影。"科学学"一词爆炸式地流行起来。尽管"科学学"一词朗朗上口,学会等团体对科学工作进行研究时也乐于使用,但它依然难逃诟病的命运,因为:①人们的使用方式各有不同;②通常被用作无法完成任务时的借口(de Solla Price, 1963, 第VIII页,转摘自 Diodato, 1994, 第147页)。

de Solla Price 坚持认为,科学计量学的主要目的是利用数学手段对科学进行分析。他曾清晰地阐述道"对于科学家的生产力、科学创造模式和机制上的一致性,无论我们(使用计量学方法)理解得多么深刻,都仍需要科学史家、社会学家和心理学家描述那些无法用计量学语言表达的部分"。他也断言:"保守地说,在社会科学研究上,我们或许也应该像牛顿使用方程定义力、功、能等术语那样,用简单的方程重新定义含义模糊的术语……从而使混乱变得有序"(de Solla Price, 1980b, 第1页,转摘自 Moed, 2005, 第195页)。

1.4.4 引用与参考

de Solla Price 认为,西方学术界从1850年便开始在学术期刊上引用和参考已发表文献。有证据显示,前人已经认识到了引用和参考的必要性,并在发表自己的成果时引用已发表的文献（Haghighi，2003）。

他研究了如何在学术论文之间进行科学计量学和引文网络分析，结果发现，被引用次数多的文献未来更有可能被引用，而不常被引用的文献则较少被引用，从而形成了相应的数学模型。他还研究了如何使用科学计量学进行科研评价。在这些研究基础上，de Solla Price 开启了通往现代文献计量学的大门（Glanzel，2008）："在我看来，不恰当地将'施引文献'和'参考文献'这两个术语混淆使用是令人惋惜的。因此，我提议采用新的约定，即如果论文 R 在脚注中提到了论文 C，那么论文 R 参考了论文 C，而论文 C 则拥有 1 次来自论文 R 的引用。一篇论文拥有的参考文献数量取决于其尾注和脚注中列出的文献总数量，而这篇论文的引文数量则要在引文索引中检索，看它被多少篇文献提及"（de Solla Price，1970，第 3 页，转摘自 Moed，2005，第 114 页）。

1.4.5　Price 模型

1963 年，de Solla Price 提出了一种用于解释某一主题领域内作者科研产出的数学模型。通过分析 Francis Galton（弗朗西斯·高尔顿）关于"精英"特征和 Alfred Lotka 关于化学和物理领域科研产出的观点后，他提出了一个独一无二的模型（Sotudeh and Yaghtin，2014）。

1.4.6　Price 定律

该定律用来描述某一学科领域高产作者的数量。在确定时间段内，某领域的高产作者数量大约等于该领域作者总数的平方根的值。尤其需指出的是，这些高产作者发表论文的数量约占该领域文献总量的一半。这个定律以 Derek J. de Solla Price 命名，也被称作"Price 平方根定律"（Diotato，1994，第 131 页）。de Solla Price 的作者关系定律来源之一是 Rousseau（鲁索）定律，而 Rousseau 则借鉴了 Lotka 的"作者关系定律"。有关文献显示，定律的命名是由其思想决定的，而不是由其来源决定的。例如，Rousseau 虽然提出了平方根，但并没有用以描述高产作者，故没有用其命名（Diodato，1994，第 138 页）。

Price 定律，又称 Price 平方根定律，揭示了某一学科领域内文献数量与作者数量之间的关系。de Solla Price 指出，某学科领域内约一半的文献是由该领域高产作者所撰写，这一作者集合的数量约是全体作者数量的平方根。例如，如果 25 位作者共发表了 100 篇文献，那么可能有 5 位作者就发表了 50 篇（Nicholls，1988）。他认为，与科学家总数相比，科学界的精英人数很少，用他的定律来说，就是任何数量为 N 的人群的精英数量约为 $\sqrt{N}$。换句话说，"某一学科领域 50%的论文是由所有论文作者总数的平方根数量的作者发表的"（Sengupta, 1992, 第 80 页）。1963 年，de Solla Price 先分析了 Francis Galton 关于"精英"的论述和 Alfred Lotka 关于化学、物理领域的作者论述，然后得出以下定律："如果算上论文上所有作者的发文总数，那么就会发现大多数的低产作者发表的文献量与少数高产作者发表的文献量一样多。在示意图中可以看出，（作者）总人数平方根的点与最高产作者的点呈对称关系"（de Solla Price, 1963, 第 46 页，转摘自 Diodato, 1994, 第 131 页）。

1.4.7 文献增长率

《小科学，大科学》是科学哲学和科学计量学领域的基础著作，在这本书中，de Solla Price 首次使用客观的统计数据描述文献增长率。他指出，从 17 世纪 60 年代学术期刊产生到 20 世纪 60 年代这本书问世，科学文献的数量每 15 年增长一倍。也就是说，如果 1660 年某一特定学科领域只有 1 篇文献，那么到 1977 年，论文数量将达到 3 200 000 篇（Heidari, 2011）。

de Solla Price 认为，1980 年期刊总数约为 40 000 种（de Solla Price, 1980a）。用 Eugene Garfield 和 Robert K. Merton 在《小科学，大科学》增订版中的话来说，从不怀疑 de Solla Price 确实是"科学计量学之父"（Fernández Cano et al., 2004）。在拉斐尔学院讲授应用数学期间，de Solla Price 提出了计算科学增长和科学论文半衰期的公式，这对科学计量学的形成和发展起到了重要作用（Furner, 2003）。de Solla Price (1963) 研究了科技期刊和综述性期刊数量的增长情况，自 17 世纪以来，科技期刊的规模每 10~15 年增长 1 倍（Fernández Cano et al., 2004）。

1.4.8 共同科学文化背景下国家间的交流

通过观察一个国家的科研成果产出情况，可以明确这个国家和其他国家在科学、文化交流中的合作领域、频次及其影响因素，从而使国家之间能够取长补短、互利共赢（de Solla Price, 1963；转摘自 Noroozi Chakoli, 2012）。值得一提的是，de Solla Price 是最早将作者人数作为国家科研活跃性指标的人之一。

1.4.9 科学增长模式

1986 年，Derek de Solla Price 在其著作《小科学，大科学》增订版中首次讨论了科学增长模式。他认为，研究所有科学出版物的可能性不大，但我们需要了解科学研究的上升期、下降期，并能够度量它，因此，他建议使用定量法来衡量科学的增长情况，开始是一个双变量模型（Fernández Cano et al., 2012），随着其他解释性变量的加入，该模型逐渐变得复杂，并演变成一个动态模型。

de Solla Price 提出的科学增长模型有三个阶段：①缓慢增长期，科研成果增长缓慢；②快速增长期，科研成果呈指数式增长；③增长平台期，科研产出维持一定的量不再增长。尽管有人提出，在整个过程中存在一个时期增长率和增长绝对值都下降并最终接近于零，但在 de Solla Price 的著作中没有找到相关论述（Fernández Cano et al., 2004）。

最后，在 1971 年发表的一篇文章中，de Solla Price 最终使用博士论文产出及科研、基金的数据验证了这一模型，结果显示，在无限制指数式增长和平台期之间会出现延续 20—30 年的近乎线性的增长期（Fernández Cano et al., 2004）。

1.4.10 Price 指数

根据 de Solla Price（1970）所述，Price 指数用于衡量文献、期刊或学科领域内参考文献的新旧程度，即参考文献中近 5 年内的参考文献数量与参考文献总数之比。Price 指数也经常被称为"Price 即时指数"（Price's immediacy index），注意此处不是"即时指数"（immediacy index），它可以与时效性、半衰期、引文年限中值、近因评分等指标进行比较。

1.4.11 结语

本文以 Derek J. de Solla Price 生平开篇，全面介绍了他的个人生活和职业生涯。1922 年，他出生在英国，1983 年因心脏病发作去世，享年 61 岁。他一生短暂，但在科学和知识领域涉猎广泛、研究深入。

他的科研生涯始于数学和物理学，终于科学计量学和科学史学。移民到美国可以说是他人生中最重要的一步，剑桥大学毕业后开始在耶鲁大学工作，他学生众多，其中许多人都成为那个时代的杰出人物，这一点让作为大学教授的他深感自豪。

de Solla Price 将物理定律应用到科学计量学中。提到他的名字，人们首先想到的是"科学学"，而让他声名远播的是"科学计量学是跨学科的"这一论断，他认为，科学计量学可以将其他学科的定律和原理为己所用。他最具代表性的成果包括著作《小科学，大科学》，以及"科学学"、"文献渐进式增长"和"科学增长模式"等概念。尽管他已经去世多年，但从 Web of Science 和 Scopus 数据库中还可以看到，他的研究成果和论文在今天依然深受科学计量学学者的关注，并在许多有价值的文章、著作和研讨会中作为主要内容进行介绍。这也可以慰藉他在天之灵了。

1.4.12 参考文献

Alchetron Free Social Encyclopedia 2018, Derek J de Solla Price, https://alchetron.com/Derek-J-de-Solla-Price (Sept 22, 2020).

de Solla Price, DJ 1963, Little Science, Big Science, Columbia University, New York.

de Solla Price, DJ 1970, 'Citation measures of hard science, soft science, technology, and non-science', in CE Nelson & DK Pollock (eds.), Communication among scientists and engineers, Heath, Lexington, MA.

de Solla Price, DJ 1975, Science since Babylon, Yale University, New Haven.

de Solla Price, DJ 1980a, The citation cycle, in BC Griffith, Key papers in information science, pp. 195-210, Knowledge Industry Publications, White Plains, NY.

de Solla Price, DJ 1980b, 'Towards a Comprehensive System of Science Indicators', Paper presented to the Conference on Evaluation in Science and Technology−Theory and Practice, Dubrovnik, July 1980.

Diodato, V 1994, Dictionary of Bibliometrics, Haworth Press, New York.

Fernández Cano, A, Torralbo, M & Vallejo, M 2004, 'Reconsidering price's model of scientific growth: An overview', Scientometrics, vol. 61, no. 3, pp. 301-321.

Fernández Cano, A, Torralbo, M & Vallejo, M 2012, 'Time series of scientific growth in Spanishdoctoral theses (1848-2009)', Scientometrics, vol. 91, no. 1, pp. 16-36.

Furner, J 2003, 'Little book, big book: Before and after little science, big science: A review article, part II', Journal of Librarianship and Information Science, vol. 35, no. 3, pp. 189-201.

Glanzel, W 2008, 'De Solla Price, and the evaluation of scientometrics', Research Trends, September (7), pp. 4-5.

Haghighi, M 2003, 'Usage of citation in scholarly writing', Iranian Journal of phycology and education, vol. 32, no. 2, pp. 215-232.

Heidari, GR 2011, Epistemology in Scientometrics, Islamic World Science Citation Center (ISC), Shiraz.

McGill University. 1976. Articles by Beatty Lecture Archive: Derek de Solla Price, https://www.mcgill.ca/beatty/digital-archive/past-lectures/derek-de-solla-price-1976 (Sept 22,2020).

Moed, HF 2005, Citation analysis in research evaluation, Springer, Netherlands. MyHeritage company 2019, Professor, Ph.D. Derek John de Solla Price, https://www.geni.com/people/Professor-Ph-D-Derek-John-de-Solla-Price/6000000003340469413 (Sept 22, 2020).

Nalimov, VV & Mul'chenko, ZM 1969, Naukometriya. Izuchenie nauki kak information nogoprotsessa (scientometrics: Study of science as an information process), Nauka, Moscow.

Nicholls, PT 1988, 'Price's square root law: Empirical validity and relation to Lotka's Law', Information processing and management, vol. 24, no. 4, pp. 469-477.

Noroozi Chakoli A 2012, 'The role and situation of the scientometrics in development', Iranian Journal of Information Processing Management, vol. 27, no. 3, pp. 723-736.

Sengupta, IN 1992, 'Bibliometrics, informetrics, scientometrics, and bibliometrics: An overview',

Libri, vol. 42, no. 2, pp. 75-98.

Sotudeh, H & Yaghtin, M 2014, 'Indicators and models for measuring researchers' scientific productivity', Science and Technology Policy Letters, vol. 4, no. 1, pp. 47-62.

1.5 领域和机构的协同发展：以莱顿大学科学技术研究中心的发展为例介绍文献计量学研究的制度化

Anthony van Raan[①]

摘要：科学计量学就是对科学进行定量研究。在科学计量学中，通过出版物、专利、引文和期刊的数据对科学传播进行的研究，称为文献计量学。一个新兴学科要获得学术界的认可，离不开该学科专业机构的形成和繁荣。本文将以此领域的先驱机构莱顿大学科学技术研究中心为例，简要介绍科学计量学，尤其是文献计量学的学术研究和机构的协同发展情况。主要介绍了文献计量学领域的起源、制度化、学术界对该领域的认可、新兴机构的命运和未来、面对的机遇与挑战、在推动领域发展中实践应用的作用、公共机构（大学、部委、学术委员会）和私营企业的重要支持作用，特别提到了呼吁谨慎使用文献计量学的关键人物。莱顿大学科学技术研究中心的成功体现了协同效应，以及文献计量学作为一个新兴的国际性跨领域学科在应用、理论支持、教育和商业化等方面的活力。

关键词：科学计量学简史，制度化，莱顿大学，莱顿大学科学技术研究中心，爱思唯尔，文献计量学，科研评价，科学图谱

1.5.1 引言

对科学进行的定量研究通常被称作科学计量学。在科学计量学中，通过出版物、专利、引文和期刊的数据对科学传播进行的研究，称为文献计量学。一个新兴学科是否获得学术界的认可，取决于该学科在发展过程中，相关学术机构的建设和繁荣程度。本节中，我们简要介绍科学计量学，尤其是文献计量学的学术研究和机构的协同发展，并以先驱机构之一——莱顿大学科学技术信息中心为例来阐述。为了全面概括定量研究的早期发展，本节参考了 Francis Narin 的著作《评估性文献计量学》（Narin，1976）以及笔者的文章（van Raan，2004；2019）。

直到 20 世纪 70 年代早期，文献计量学的研究大多集中在美国。Eugene Garfield 在科学信息研究所（Garfield，1955；Wouters，1999）构建的科学引文

[①] 博士，荷兰莱顿大学科学技术研究中心，vanraan@cwts.leidenuniv.nl。
https://doi.org/10.1515/9783110646610-007

索引（现在的 Web of Science 数据库）是科学定量研究历史中的关键性突破，极大地促进了文献计量学的研究。在美国之外，时任荷兰科学研究组织（Netherlands Organization for Scientific Research）物理研究委员会科研主任、物理学家 Cees le Pair（塞斯·勒·佩尔）在文献计量学早期发展中起到了关键作用。1975 年，le Pair 在美国国家科学基金委员会工作访问期间，与 Derek J. de Solla Price、Eugene Garfield 交谈后，立马意识到科学引文索引利用出版物和引文数据进行科研评价、为科研政策制定提供支撑的重要性。当时就做了一个重大决定以解决今天依然存在的问题，即文献计量学分析在基础研究和应用研究中是如何发挥作用的？为此，当时在基础研究和应用研究领域分别开展了两项研究，一项是针对磁共振领域（Chang，1975），一项针对电子显微镜领域（Bakker，1977）。

上述研究结果清楚地显示，文献计量学分析（特别是引文分析）的优势和局限并存。就磁共振研究而言，引文分析和同行评议在重大突破性研究识别方面具有高度相关性。然而，在电子显微镜研究领域，引文分析未能挖掘出全部的重要进展，并且越来越多的研究证明，应用研究领域中专利分析不可缺少。此外，到 20 世纪 70 年代末，文献计量学最重要的先驱之一匈牙利化学家 Tibor Braun 在匈牙利科学院成立了文献计量学研究小组，1978 年创办了《科学计量学》，这是第一本科学定量研究领域的杂志，为该领域的学术解放迈出了关键一步。

莱顿大学为什么要引进文献计量学？很显然，莱顿大学不是一所新成立的大学，不是为了建设新院系。那么，为什么这样一门经常受到学术界质疑的新兴学科，能够在这所拥有百年历史的国际知名老牌研究型大学里迅速地站稳脚跟。这到底是什么原因呢？1979 年，莱顿大学执行委员会决定，向各院系划拨政府经费时，除了依据学生人数外，还需要考察其学术研究质量。在当时，这是革命性的一步。作为一名认识 Cees le Pair 的物理学家，笔者曾参与其中并建议用引文分析评价科研表现。自然地，这一想法受到科研成果较多的自然科学院系和医学院系的欢迎。1980 年，我们扩大了引文分析的评价范围，包括所有的物理学、天文学、化学、生物学、数学、药学以及所有医学的科研团队，共计 140 个，这是在工作层面开展的首次大规模的文献计量学分析。另外，还对研究成果所涉及的研究人员进行访谈、在可能的情况下与同行评议的结果进行比较。总而言之，这次的结果让莱顿大学执行委员会充满信心，1983 年，它们决定成立莱顿大学文献计量学指标研发小组（简称"莱顿小组"），这是莱顿大学科学技术研究中心（以下简称"中心"）的前身。这项研究的报告（Moed et al.，1983），以及基于该报告的一系列高被引论文使莱顿小组在科学计量学领域一举成名。除此之外，当时从事科学计量学研究的团队还有布达佩斯的 Braun 研究小组，以及苏克塞斯大学的对欧洲射电天文研究团队进行开创性文献计量学研究的 Martin 和 Irvine 研究小组（Martin and Irvine，1983）。在同一时期，荷兰开展了生物化学研究（Over Leven，1982）

和医学研究（Rigter，1983，1986）的文献计量学分析。

从1983年起，新成立的莱顿小组就一直受到莱顿大学执行委员会，荷兰教育、文化和科学部以及爱思唯尔公司的支持，多数情况下是以合约项目的形式给予资助。此外，随着国际社会的兴趣日益高涨，国际合作研究项目的数量迅速增多。莱顿大学仅为莱顿小组提供了少量的基本经费，必须自负盈亏。开始时，只有很厚的印刷版科学引文索引，每次分析都得去大学图书馆查阅。随后，我们尝试使用学校的字符识别设备以将印刷版转为电子版，事实证明，这条路行不通。幸运的是，科学信息研究所很快向我们提供了磁带形式的科学引文索引。莱顿小组立即着手开发用于数据清洗、数据整理的算法，最终目标是建立基于科学引文索引的增强型数据库，以便准确计算大量的文献计量学指标。

特别是早期，爱思唯尔公司在合约项目上拨款非常慷慨。这种支持来自公司最高层Pierre Vinken（皮埃尔·文肯），他既是公司首席执行官，也是莱顿大学医学信息学教授。他非常支持新成立的莱顿小组的发展，除了典型的与出版相关的研究，如期刊的文献计量学分析，爱思唯尔公司为莱顿小组提供了很大的发展空间，以便深入研究文献计量学并发表研究成果。因此，特别是在20世纪80年代前半期，越来越多的先进的文献计量方法被开发出来，重要的研究主题有共被引分析，文献计量学指标统计学，引文分析在社会、人文科学中的应用，文献计量学指标与同行评议的比较研究，以及跨学科的文献计量分析。本文将以五年为一个周期，介绍1981年至2019年间莱顿大学科学技术研究中心发表的一些颇具影响力的论文。

出版物的参考文献可以描绘出版物的特征，这是共引分析的基础（Small，1973）。另一种描绘出版物特征的方式是术语列表，如出版物中出现的特定概念，或作者、数据库提供的关键词。这些为共词分析提供了可能，数学原理上类似共引分析（Callon et al.，1983）。20世纪80年代初，由于计算机技术薄弱，共词分析花费的时间较多，但其最终发展成为绘制科学图谱的基本方法之一。莱顿小组在这一过程中发挥了关键作用。

1.5.2 发展历史

1. 1981—1985年

科研绩效评价；指标的应用领域和时间依赖性；制定皇冠指标——旗舰引文影响力评估。

最初，莱顿小组由莱顿大学执行委员会工作人员中的一部分组成。由于研究活动的增加，委员会决定为该小组提供更多的学术基础设施。社会学教授Mark van de Vall（马克·范·德·瓦尔）了解定量研究对科学社会学的重要性，于是，1986

年将这个新的研究团队改编为由他领导的社会与行为科学学院社会政策研究所的一个课题组,这为今后的进一步发展奠定了坚实基础。尽管九成的"生意"来自合约项目,但这个新的课题组仍迅速成长,使制度化、体系化的文献计量学成为国际公认的学术研究领域成为可能,意义重大。为实现这一目标,定期举办一系列高标准的学术会议至关重要。如前所述,该领域已经拥有的期刊《科学计量学》可以发表会议的优秀论文。

1987年,比利时数学家 Leo Egghe(利奥·埃格)组织了文献计量学和信息检索理论方面的首次国际会议,这次会议成为国际科学计量学和信息计量学学会年会的前身。对于莱顿小组来说,这次国际文献计量学会议是广泛展示研究成果的完美舞台,事实也是如此。一年后,莱顿小组出版了《科学技术定量研究手册》(van Raan, 1988),并在荷兰莱顿召开了首次对科学技术指标进行专门讨论的学术会议(即科技指标会议,S&T Indicators Conference)。从那时起,该科技指标会议每两年举办一次,近年改为每年一次。

1989年,莱顿小组获得了正式名称——"莱顿大学科学技术研究中心"。经过几次组织结构调整,该中心成为一个独立的研究部门,并由笔者担任主任。20世纪80年代末90年代初,中心的重要工作集中在人文和社会科学的文献计量分析,共词分析和共被引分析的深入研究,以及基于专利中的科学文献引文的科学技术相互作用的分析。同时,进一步完善了对大学院系和研究所的科研绩效评价的文献计量分析标准,为合约项目打下了坚实的基础。这些应用性研究工作成为创新的源泉,为新方法的持续开发和数据分析工具的改进提供了灵感。通过这种富有成效的应用和基础研究的结合,中心成为全球最活跃和最有影响力的文献计量学研究机构之一。

2. 1986—1990年

跨领域影响;影响延迟;同行评议和文献计量学分析;验证研究;文献计量矩阵的准对应分析和多维测定;共词映射;专利分析、科学与技术接口、技术的科学基础;子领域共现分析;期刊关系的引用平衡;共引网络的分形结构;多信息资源整合。

中心成功的秘诀是什么?除了员工的能力和志向之外,笔者认为有两个至关重要的因素。首先,是在计算机和信息通信技术人员方面的大量投入。文献计量学是数据密集型的研究领域,如果没有大规模的计算能力或未能开发出有效的数据分析算法,就无法发挥作用。此外,笔者作为一名物理学家,可能也有助于中心在偶尔不甚友善的学术环境中获得认真对待。另外,莱顿大学董事会在组织和政策方面的支持也是不可或缺的。在成功起步后,中心的任务是巩固和进一步加强其业界地位。

20 世纪 90 年代是莱顿大学科学技术研究中心取得众多成就的 10 年。从机构的学术地位看，至关重要的一点是，笔者在 1991 年担任科学定量研究教授一职，这可能是国际范围内该领域的首个教授职位，莱顿大学科学技术研究中心达到了大学院系的水平，并在很大程度上能够自主地进行博士培养工作。特别值得一提的是，医学院和自然科学学院强烈支持这一教授职位的设立。在这之后，开设了针对硕士研究生的年度系列讲座，并逐渐发展成为中心如今的计量学国际研究生课程。

3. 1991—1995 年

国际合作；文献计量分析和跨学科研究；人文及社会科学期刊的质量判断；基于聚类和多维标度法下的共词分析；经济学研究，与同行评议比较；引文分数的决定因素；技术专利协同分类映射；科学技术研究中心文献计量数据库；共被引和词语图谱相结合；引文关系中的认知相似性。

20 世纪 90 年代，来自世界各地的组织和机构，特别是欧盟内部的大学、研究委员会、慈善机构等委托的合约项目进一步增多。由于各院系的共同参与是完成分析的关键环节，确保研究成果在各研究团队之间正确分配，保证出版内容的完整性和准确性就成了当务之急，因此，莱顿大学科学技术研究中心制定了绩效分析的标准化程序。这一时期，科学信息研究所已并入汤森路透公司，科学引文索引从光盘载体转变为基于网络设施的 Web of Science。

1992 年，莱顿大学科学技术研究中心、马斯特里赫特大学创新与技术经济社会研究所联合组建了荷兰科技观察站（Netherlands Observatory for Science and Technology），标志着文献计量学领域进入了一个新的发展阶段。此机构的主要任务是为荷兰教育、文化和科学部编撰一年两次的科技指标报告，这项工作一直持续到 2010 年。莱顿大学科学技术研究中心从 1994 年开始参与荷兰高校联盟的国家科研评价，对一些主要学科，如医学、生物学、化学、物理学和心理学，开展了针对所有研究团队的文献计量分析。通过对数百个大学院系和课题组进行科研评价，我们积累了丰富的应用文献计量学进行科研绩效评价的经验和专业知识。作为标准化程序中的一部分，发布的评价结果往往会给人们留下文献计量分析（尤其是引文分析）无法全面反映科研成果学术质量的印象，并让某些人感到不适。虽然文献计量分析能够评价学术成果的国际影响力，但笔者经常觉得自己像个传教士，在全身心地宣传文献计量分析相关的方法论的同时，不时提醒人们注意其局限与不足。在这种情况下，人们制定了一条新的规则：永远不要单独使用文献计量分析，要始终与同行评议结合使用。

4. 1996—2000 年

影响因子问题；研究领域的动态图谱；同行评议与文献计量学指标的比较；

国际合作对论文影响力的作用；专利引文分析；跨学科引文流；更优杂志影响力指标；衡量科学成就；出版延迟。

由于合约项目的稳步增长，2002 年从莱顿大学科学技术研究中心脱离出来一家独立公司 CWTS B. V.，这是莱顿大学科学技术研究中心制度化非常重要的一步。在文献计量学领域成立一家独立企业，并在企业和大学之间建立良好的人事和财务关系，不是一件容易的事。事实再一次证明，寻求并获得合适的人的支持是至关重要的。笔者在莱顿大学的同事，天文学教授、欧洲南方天文台台长 Harry van der Laan（哈里·范·德·兰）和莱顿大学医学中心知识交流办公室主任 Ben Hiddinga（本·希丁加）在 CWTS B. V.的创建中发挥了决定性作用。

然而，行百里者半九十，我们仍需要几年的时间完成最后一步。同时，互联网已经改变了科学传播的方式，越来越多的出版物和其他研究成果呈现在机构或个人网站上。除了 Web of Science 以及 2004 年以来 Scopus 数据库提供的数据，这些网络数据以及社交媒体数据的使用（即网络计量学和替代计量学），都为科学计量研究和评价研究提供了新的机遇。如前所述，除了在国际期刊发表论文，研究机构出版的书籍（尤其是手册）也是制度化的一个重要标志；在两年的时间里，莱顿大学科学技术研究中心组织编写并出版了两本手册（Moed et al., 2004；Moed, 2005）。

"大学排名"的出现是科学计量学界意义重大且影响深远的事件。2003 年，"上海排名"首次发布[1]，此后不久，《泰晤士报高等教育》发布了自己的排名，莱顿大学科学技术研究中心发布了莱顿排名[2]。

5. 2001—2005 年

语言偏倚在国际评比中的影响；科学卓越性的基准；中国的科研表现；发明家对技术的科学依赖性的观点；应用研究的科学基础；科学中的"睡美人"[3]；科研商业化对公共知识生产的影响；大学排名中的概念和方法问题；下载和引用的相关性；领域间知识传播。

2008 年，荷兰教育、文化和科学部部长决定向莱顿大学科学技术研究中心提供一笔可观的专项资金，以提升其创新能力，这是该机构第一次获得数额较大的针对大学的长期性资金支持，使得该机构能够在多个主题上设立长期研究计划，并启动更大范围的博士生培养工作。

---

[1] http://www.shanghairanking.com/index.html（2020 年 7 月 15 日）。

[2] http://www.timeshighereducation.co.uk/world-university-rankings，http://www.leidenranking.com/（2020 年 7 月 15 日）。

[3] "睡美人"现象，指科学论文刚发表时几乎无人问津，但若干年后，突然被大量关注并得到广泛认可的现象，由 Anthony F.J. van Raan 教授在 2004 年提出。

时任莱顿大学社会和行为科学学院院长、公共管理学教授 Theo Toonen（西奥·图宁）对部长的决定发挥了关键作用。另外，2008 年莱顿大学科学技术研究中心搬到了翻新后的 Willem Einthoven[①]（威廉·艾因特霍芬）大楼，有了完全属于自己的楼层。在笔者看来，2008 年的这些事件标志着该机构实际上完成了科学计量学科的制度化；同时，科学计量学作为一个专门的学科领域得到了学术界的认可，这是对我们多年努力的最好回报。

6. 2006—2010 年

社会科学和人文科学科研绩效评价；非源引文分析；h 指数与皇冠指标的比较；开放获取对引文影响力的影响；中国研究人员的国际流动；共现数据的规范化；科研合作的空间模式；语境引文的影响力；个人层面的科研绩效，年龄的影响；VOSviewer 图谱工具。

笔者结合莱顿大学科学技术研究中心的发展对科学计量学制度化的历史做了总结。当然，2008 年之后工作还在继续，莱顿大学科学技术研究中心在科学政策、科学与创新研究方面设立了新的岗位。笔者作为该中心的主任，于 2010 年退休。Paul Wouters（保罗·武泰）被任命为科学计量学教授和主任，开始管理该中心的相关事务，开创了新的研究主题，如负责任的评价实践、科研职业生涯、科学的社会影响力、创新研究和开放科学。特别是，新图谱软件的开发（van Eck and Waltman, 2010, 2014）和对皇冠指标的重新定义（Waltman et al., 2011a, 2011b），具有重大意义。

7. 2011—2015 年

新的皇冠指标；h 指数非一致性；出版物级别分类法；莱顿排名的方法学；基于百分位法的指标；引文分析中被低估的临床研究；大规模网络中的社区发现；替代计量学、社交媒体提及和引文影响；CitNetExplorer；文档属性和协作。

2018 年，Paul Wouters 在退休后，由 Sarah de Rijcke（萨拉·德·里克）、Ludo Waltman（卢多·沃尔特曼）和 Ed Noyons（埃德·诺昂斯）三人领导管理莱顿大学科学技术研究中心。该中心的最新进展可参见官方网站[②]。

8. 2016—2019 年

评价实践；基于引文的聚类；社交媒体指标；Google Scholar 和社会及人文科学研究的评价；基金致谢；自引和影响因子；职业态度；全计数与分数计数；文本引用；产学研联动。

[①] 该楼以莱顿大学生理学教授 Willem Einthoven 命名，他是心电图的发明者并于 1924 年获得诺贝尔奖。
[②] https://www.cwts.nl/（2020 年 7 月 15 日）。

1.5.3 参考文献

Bakker, CJG 1977, Elektronenmicroscopie in Nederland, FOM, Utrecht, FOM-Report 43105.

Callon, M, Bauin, S, Courtial, JP & Turner W 1983, 'From translation to problematic networks: An introduction to co-word analysis', Social Science Information, vol. 22, pp. 191-235.

Chang, KH 1975, Evaluation and survey of a subfield of physics: Magnetic resonance and relaxation studies in the Netherlands, FOM, Utrecht, FOM-Report 37175.

Garfield E 1955, 'Citation indexes for science: A new dimension in documentation through association of ideas', Science, vol. 122, no. 3159, pp. 108-111.

Martin, BR & Irvine J 1983, 'Assessing basic research: Some partial indicators of scientific progress in radio astronomy', Research Policy, vol. 12, pp. 61-90.

Moed, HF 2005, Citation Analysis in Research Evaluation, Springer, Dordrecht.

Moed, HF, Burger, WJM, Frankfort, JG & van Raan, AFJ 1983, On the Measurement of Research Performance: The Use of Bibliometric Indicators, Science Studies Unit, Leiden.

Moed, HF, Glänzel, W & Schmoch, U (eds.) 2004, Handbook of Quantitative Science and Technology Research, Kluwer, Dordrecht.

Narin, F 1976, Evaluative Bibliometrics: The Use of Publication and Citation Analysis in the Evaluation of Scientific Activity, National Science Foundation, Washington D.C.

Over Leven (About Life) (1982). Report of the Verkenningscommissie Biochemie (National Survey Committee on Biochemistry). The Hague: Staatsuitgeverij (in Dutch).

Rigter H 1983, De prestaties van het Nederlandse gezondheidsonderzoek (Performance of health research in the Netherlands). RAWB (Council for Science Policy), Series Background Studies, Report 9. The Hague: Staatsuitgeverij (in Dutch).

Rigter H 1986, Evaluation of the performance of health research in the Netherlands. Research Policy 15, pp. 33-48.

Small, H 1973, 'Co-citation in the scientific literature: A new measure of the relationship between two documents', Journal of the American Society for Information Science and Technology, vol. 24, pp. 265-269.

van Eck, NJ & Waltman, L 2010, 'Software survey: VOSviewer, a computer program for bibliometric mapping', Scientometrics, vol. 84, no. 2, pp. 523-538.

van Eck NJ & Waltman, L 2014, 'CitNetExplorer: A new software tool for analyzing and visualizing citation networks', Journal of Informetrics, vol. 8, no. 4, pp. 802-823.

van Raan, AFJ (ed.) 1988, Handbook of Quantitative Studies of Science and Technology, North Holland, Amsterdam.

van Raan, AFJ 2004, 'Measuring science: capita selecta of current main issues', in HF Moed, W Glänzel & U Schmoch (eds.), Handbook of Quantitative Science and Technology Research, pp. 19-50, Kluwer, Dordrecht.

van Raan, AFJ 2019, 'Measuring science: Basic principles and application of advanced biliometrics', in W Glänzel, HF Moed, U Schmoch & M Thelwall (eds.), Handbook of Science and

Technology Indicators, Series: Springer Handbooks, Springer, Heidelberg.

Waltman, L, van Eck, NJ, van Leeuwen, TN, Visser, MS & van Raan, AFJ 2011a, 'Towards a new crown indicator: An empirical analysis', Scientometrics, vol. 87, no. 3, pp. 467-481.

Waltman, L, van Eck, NJ, van Leeuwen, TN, Visser, MS & van Raan, AFJ 2011b, 'Towards a new crown indicator: Some theoretical considerations', Journal of Informetrics, vol. 5, no. 1, pp. 37-47.

Wouters, PF 1999, The Citation Culture, PhD thesis, University of Amsterdam.

1.6 文献计量学国际会议

Grischa Fraumann[①]（格里沙·弗劳曼），Rogério Mugnaini[②]（罗热里奥·穆格纳尼）和 Elías Sanz-Casado[③]（埃利亚斯·桑斯-卡萨多）

摘要：在文献计量学领域，会议作为展示、讨论科研进展和创新的场所与学术研究深度融合，在学术交流中发挥着重要作用。本节将概述文献计量学会议的历史，列举国际科学计量学和信息计量学学会公布的重要会议，描述会议与学会、期刊的关系，最后，展望了行业会议今后可能发生的变化。

关键词：国际会议，文献计量学，科学计量学，信息计量学，替代计量学，历史，学会，国际科学计量学和信息计量学学会

1.6.1 引言

在文献计量学领域，会议与研究领域深度融合，作为展示、讨论学术进展和创新的场所，在学术交流中发挥着重要作用。行业会议还扮演了多种角色，例如，强化了各种所谓隐形大学的作用（Zuccala，2006），是获得学术声誉的重要途径（Söderqvist and Silverstein，1994），此外，会议奖项和任职标志着学者在同行中的声望（Jeong et al.，2009）。本节将对文献计量学国际会议及其在本领域发展历史和制度化过程中发挥的作用进行概述。会议论文以论文集形式发表并被索引数据库收录，如 1990 年以来的会议论文引文索引（Conference Proceedings Citation Index，CPCI）（Sugimoto and Larivière，2018）和 Scopus（Gingras，2016）。除了书籍和期刊文献，会议论文在传播研究成果方面历史悠久（Sugimoto and Larivière，2018），

---

① 德国国家科技图书馆莱布尼茨科学与技术信息中心研发部研究助理，丹麦哥本哈根大学传播学系博士研究生，巴西圣保罗大学"科学与技术计量研究小组 CiMetiras"研究员，gfr@hum.ku.dk。

② 巴西圣保罗大学图书馆与信息科学教授，"科学与技术计量研究小组 CiMetiras"项目负责人，mugnaini@usp.br。

③ 西班牙马德里卡洛斯三世大学图书馆与信息科学系全职教授，计量信息研究实验室主任，并领导由马德里卡洛斯三世大学和马德里自治大学成员组成的"高等教育和科学研究所"，elias@bib.uc3m.es。

https://doi.org/10.1515/9783110646610-008

是文献计量（Glänzel et al., 2006；Lisée et al., 2008）和替代计量研究（Thelwall, 2019）的常用数据来源。一方面，索引数据库收录的会议论文不全面，因此引文索引有时不完整（Sugimoto and Larivière, 2018）。另一方面，一些会议把会议论文作为专刊或书籍出版，这样会议论文就会收录进索引中。会议论文在自然科学和医学领域发挥着特殊作用（Ball, 2017），在计算机科学领域也是一种重要的出版方式（Fathalla et al., 2018），而在其他学科如社会科学中可能并不重要（Jeong et al., 2009），究其原因，是因为会议论文比期刊论文在分享知识方面具有更快的速度。

1.6.2 会议简介

文献计量学领域早期的会议举例如下。1946年，由伦敦皇家学会（Gingras, 2016）组织的两场有关科学信息的会议是最早的学术活动，会议目的是开发新的科学文献索引形式。科学文献数量的指数级增长，促使Garfield创立的科学信息研究所在1963年推出了引文索引。第一次国际性会议于1974年举行，主题为"走向科学计量：科学指标的到来"（Gingras, 2016）。一般认为，1987年开启了文献计量学领域大规模、专业性国际会议的新时代，在这一年，国际科学计量学和信息计量学学会（ISSI）前身初次举办了学术会议。

以上事件促成文献计量学领域的学术团体——ISSI在1993年正式成立（Gingras, 2016）。就像1978年《科学计量学》杂志创刊一样，学术会议的召开、期刊和ISSI的成立标志着一个成熟的学术领域的形成（Gingras, 2016）。如今，多数会议还设立了新的学术交流形式，例如，通过推特对会议报告和讨论进行实时直播（Holmberg, 2015），这为无法现场参会的学者提供了交流的机会（Holmberg, 2015）。此外，会议报告也经常通过博客的形式交流，还可以通过专门的在线平台提供现场直播或回放（Plank et al., 2019）。

1.6.3 国际会议概述及其与学会的关系

ISSI成立于1993年，是文献计量学领域最大的学术团体之一，总部设在荷兰，负责协调ISSI年会、会员名录、博客和季度简讯。会员和年会参会者可以获得内容丰富的会议论文集，涵盖全部参会论文。ISSI还致力于发起国际倡议，例如，在公开信中所支持的开放引文倡议（Initiative on Open Citation；Sugimoto et al., 2018）。

从庞大的会员数量和参会人数可以看出ISSI对本领域的影响。ISSI年会一直独立运作，在2019年首次与欧洲指标设计者网络（European Network of Indicators Designers）共同举办。年会每两年举办一次，举办地遍布世界各地。1987年举办的首次会议被称为"文献计量学和信息检索理论方向的国际会议",据说起源于两位学者闲暇之余的聊天:"我们是不是应该搞一个两年一次的信息计量学国际会议?"(ISSI,2015)。自1993年起,ISSI的名称沿用至今(Hood and Wilson,2001),已成为世界上最大规模和最有影响力的会议之一(Gorraiz et al.,2014)。

由于ISSI的影响力,其季度简讯(*International Society for Scientometrics and Informetrics Quarterly Newsletter*)常被文献计量学研究人员用来查询以往和当前的学术会议,ISSI还开发了相应的数据采集方法,例如,Söderqvist和Silverstein(1994),以及Jeong等(2009)分别针对免疫学会议、生物信息学会议所进行的工作。该季度简讯始创于2005年,截至2019年10月28日共出版了59期,所有内容公开发行;它的PDF版本拥有国际标准连续出版物号,由10名编辑委员会成员策划组稿,投稿者需要提交研究方案,也就是说,它更像是一本杂志。该季度简讯除了刊载当前的研究、介绍ISSI成员及ISSI的其他新闻外,还会刊登会议公告、征稿通知和会议报告,但不收录讲习班、座谈会、论坛、暑假班、博士课程、研讨会、其他培训课程等其他形式的文章。自出版以来,季度简讯刊登的所有内容都可以从其网页下载,但也有局限性,如在其他会议上的内容未被全部纳入其中。不过,我们可以通过该季度简讯对文献计量学领域的学术会议进行初步的了解。表1罗列了相关的会议信息、会议论文引文索引以及来自会议网站的附加信息,并按照举办频率或状态进行排序。

表1 文献计量学相关国际会议信息

会议名称	频次/状态	是否在会议论文集引文索引中	说明
国际"科学的影响力"会议——科学的社会影响力测量与示范	每年数次	–	"……讨论科学的社会影响力测量和示范的会议……"
三螺旋会议①	每年1次	+	"三螺旋通过联合学术界、工业界和政府等各利益相关方,为实现创新产品的社会经济效益提供了机会。"
科技指标会议	每年1次	+	关于科技指标的会议
InSciT会议	每年1次	–	关于团队科学的会议
WissKom会议	每年1次	–	在德国于利希研究中心中央图书馆召开
国际最新研究方法和分析会议②	每年1次	+	"随着互联网和大数据信息源的日益普及,经济学和社会科学的研究方法也日新月异,数据来源、研究方法和应用的跨学科更加明显,……国际最新研究方法和分析会议旨在为研究人员和从业者搭建一个交流学术思想、讨论如何将研究方法和资源应用到社会科学不同领域、探讨当前和未来挑战的平台。"

---

① Triple Helix Conference。
② International Conference on Advanced Research Methods and Analytics。

续表

会议名称	频次/状态	是否在会议论文集引文索引中	说明
i 会议①	每年 1 次	+	"……探讨当代社会关键信息的相关问题。"
国际网络计量学、信息计量学、科学计量学暨全球跨学科研究网络会议②	每年 1 次	+	"……涵盖网络计量学、信息计量学和科学计量学的所有方面。"（http://collnet2019.dlut.edu.cn/meeting/index_en.asp?id=2676[July 15, 2020]）
ISSI 年会	每两年 1 次	+	"该会议目标是在信息计量学、文献计量学、科学计量学、网络计量学和替代计量学领域为研究者与从业者搭建起共同讨论最新研究方向、方法和理论，发现本领域最佳研究成果的平台。"（https://www.issi2019.org/，[July 15, 2020]）
亚特兰大科学与创新政策会议	每两年 1 次	+	"……为阐释科学和创新政策、进程提供了全球性的高质量学术交流平台。"
英国社会网络会议③	停办	—	与社交网络分析应用会议合并形成欧洲社交网络会（https://www.eusn2019.ethz.ch/，[July 15, 2020]）

　　据笔者所知，文献计量学领域虽然形成了一些国际性专业数据库，例如，具有学科特色的"dblp 计算机科学文献目录"（dblp computer science bibliography），但还没有综合性的、涵盖全部学术会议的学科特色型数据库。一般情况下，这些数据库收录会议论文及其作者和会议信息。除了表 1 中提到的会议外，替代计量学会议也值得一提。替代计量学是追踪在线研究论文的计量学，替代计量学会议为替代计量学研究和行业解决方案提供了交流平台，该会议每年召开一次（Priem et al., 2010）。其他国家层面的数据库，如巴西的 Lattes 平台（Lattes Platform; Marques, 2015）提供研究人员的简历、出版物和各种参会信息（Mugnaini et al., 2019）。最新研究信息系统（Current Research Information System; Sivertsen, 2019）也可以提供国内外各机构的类似数据，如 DSpace-CRIS（Palmer et al., 2014）和 VIVO（Börner et al., 2012; Conlon et al., 2019）。或许，某些正在筹划中的数据库在未来会提供更详细的国际会议信息，例如，由德国研究基金会资助开发的"ConfIDent 平台"，旨在开发基于 Wiki（维基）的学术交流平台，并且提供精选的会议列表。该平台构建会议数据时考虑了技术层面的交互性需求和社会层面的学术性需求，从而为会议内容的社会-技术质量评估提供了可能（Hagemann-Wilholt et al., 2019; Hagemann-Wilholt, 2019; Sens and Lange, 2019）。会议论文还可以与研究人员的 ORCID④相关联（Dreyer et al., 2019）。其他现有的在线平台还包括 Open Research（Fathalla et al., 2019）和 ConfRef 等。此外，会议永久

---

① iConference。
② International Conference on Webometrics, Informetrics and Scientometrics (WIS) & COLLNET Meeting。
③ Social Networks Conference，与其他会议合办。
④ Open Researcher and Contributor ID，即开放研究者与贡献者身份识别码。

性标识符（persistent identifiers；Crossref，2020）和知识图谱中科学事件的语义显示（Fathalla and Lange，2018）正在研发过程中，这些使得面向公众的结构化查询成为可能（Fathalla et al.，2019a），并将形成可用于评估会议排名或影响力的数据（Fathalla et al.，2019b；Hansen and Pedersen，2018；Hauschke et al.，2018；Altemeier，2019）。

1.6.4 结语

学术会议是传播研究成果、与同行建立联系的重要途径，在文献计量学制度化方面发挥了重要作用，还为文献计量学家和替代计量学家制定度量标准提供了数据来源。目前，会议永久性标识符正在开发过程中。未来的会议会是什么形式？直播和其他在线工具等已经降低了现场参加会议的重要性，社交媒体也让远程讨论成为可能，但研究人员面对面交谈是社交的重要部分，所以会议很可能还会在学术界保持突出地位。然而，气候危机和冠状病毒大流行使大多数学术会议发生根本性改变，不得不加速使用数字化替代方案，现场参会的必要性受到了影响（Viglione，2020）。

1.6.5 参考文献

Altemeier, F 2019, 'Konferenzmetadaten als Basis für szientometrische Indikatoren', in VIVO Workshop, Hannover.

Ball, R 2017, An Introduction to Bibliometrics: New Development and Trends, Elsevier Science.

Börner, K, Conlon, M, Corson-Rikert, J & Ding, Y 2012, 'VIVO: A Semantic approach to scholarly networking and discovery', Synthesis Lectures on the Semantic Web: Theory and Technology, vol. 2, no. 1, pp. 1-178, https://doi.org/10.2200/S00428ED1V01Y201207WBE002.

Conlon, M, Woods, A, Triggs, G, O' Flinn, R, Javed, M, Blake, J & Gross B et al. 2019, 'VIVO: A system for research discovery', Journal of Open Source Software, vol. 4, no. 39, p. 1182, https://doi.org/10.21105/joss.01182.

Crossref 2020, 'PIDs for Conferences & Projects', https://www.crossref.org/working-groups/conferencesprojects/(July 15, 2020).

Dreyer, B, Hagemann-Wilholt, S, Vierkant, P, Strecker, D, Glagla-Dietz, S, Summann, F, Pampel, H & Burger, M 2019, 'Die Rolle Der ORCID ID in der Wissenschaftskommunikation: Der Beitrag des ORCID-Deutschland-Konsortiums und das ORCID-DE-Projekt', ABI Technik, vol. 39, no. 2, pp. 112-121, https://doi.org/10.1515/abitech-2019-2004.

Fathalla, S & Lange, C 2018, 'EVENTSKG: A knowledge graph representation for top-prestigious computer science events metadata', in NT Nguyen et al. (eds.), Computational Collective Intelligence, vol. 11055, pp. 53-63, Lecture Notes in Computer Science, Springer International Publishing, Cham.

Fathalla, S, Lange, C & Auer, S 2019a, 'A human-friendly query generation frontend for a scientific events knowledge graph', in A Doucet (ed.), Digital Libraries for Open Knowledge, vol. 11799, pp. 200-214, Lecture Notes in Computer Science, Springer International Publishing, Cham.

Fathalla, S, Lange, C & Auer, S 2019b, 'EVENTSKG: A 5-star dataset of top-ranked events in eight computer science communities', in P Hitzler et al. (eds.), The Semantic Web, vol. 11503, pp. 427-442, Lecture Notes in Computer Science, Springer International Publishing, Cham.

Fathalla, S, Vahdati, S, Auer, S & Lange, C 2018, 'Metadata analysis of scholarly events of computer science, physics, engineering, and mathematics', in E Méndez et al. (eds.), Digital Libraries for Open Knowledge, vol. 11057, pp. 116-128, Lecture Notes in Computer Science, Springer, Cham.

Fathalla, S, Vahdati, S, Auer, S & Lange, C 2019, 'The scientific events ontology of the openResearch. Org curation platform', in C-C Hung & GA Papadopoulos (eds.), Proceedings of the 34th ACM/SIGAPP Symposium on Applied Computing – SAC '19, pp. 2311-2313, ACM Press, New York.

Gingras, Y 2016, Bibliometrics and Research Evaluation: Uses and Abuses, History and Foundations of Information Science, The MIT Press, Cambridge Massachusetts.

Glänzel, W, Schlemmer, B, Schubert, A & Thijs, B 2006, 'Proceedings literature as additional data source for bibliometric analysis', Scientometrics, 68, no. 3, pp. 457-473, https://doi.org/10.1007/s11192–006–0124-y.

Gorraiz, J, Gumpenberger, C, Hörlesberger, M, Moed, H & Schiebel E 2014, 'The 14th international conference of the international society for scientometrics and informetrics', Scientometrics, vol. 101, no. 2, pp. 937-938, https://doi.org/10.1007/s11192-014-1438-9.

Hagemann-Wilholt, S 2019, ConfIDent – Eine Verlässsliche Plattform Für Wissenschaftliche Veranstaltungen, WissKom 2019, Jülich, Germany, 4 Jun 2019-6 Jun 2019, http://juser.fz-juelich.de/record/863207 (July 15, 2020).

Hagemann-Wilholt, S, Plank, M & Hauschke C 2019, 'ConfIDent – for FAIR Conference Metadata: Development of a Sustainable Platform for the Permanent and Reliable Storage and Provision of Conference Metadata', in 21st International Conference on Grey Literature.

Hansen, TT & Pedersen, DB 2018, 'The impact of academic events – A literature review', Research Evaluation, vol. 27, no. 4, pp. 358-366, https://doi.org/10.1093/reseval/rvy025.

Hauschke, C, Cartellieri, S & Heller, L 2018, 'Reference implementation for open scientometric indicators (ROSI)', Research Ideas and Outcomes, vol. 4, p. 59, https://doi.org/10.3897/rio.4.e31656.

Holmberg, K 2015, Altmetrics for Information Professionals: Past, Present and Future, Chandos Publishing, Oxford.

Hood, WW & Wilson, CS 2001, 'The literature of bibliometrics, scientometrics, and informetrics', Scientometrics, vol. 52, no. 2, pp. 291-314, https://doi.org/ 10.1023/A:1017919924342.

ISSI 2015, 'Quarterly E-Newsletter of the International Society for Scientometrics and Informetrics', 42, http://issi-society.org/media/1043/newsletter42.pdf (July 15, 2020).

ISSI n.d., 'Conferences', http://issi-society.org/conferences/ (July 15, 2020).

Jeong, S, Lee, S & Kim, H-G 2009, 'Are you an invited speaker? A bibliometric analysis of elite groups for scholarly events in bioinformatics', Journal of the American Society for Information Science and Technology, vol. 60, no. 6, pp. 1118-1131, https://doi.org/10.1002/asi.21056.

Ley, M 2002, 'The DBLP computer science bibliography: Evolution, research issues, perspectives', in International symposium on string processing and information retrieval, pp. 1-10, Springer, Berlin, Heidelberg.

Lisée, C, Larivière, V & Archambault, E 2008, 'Conference proceedings as a source of scientific information: A bibliometric analysis', Journal of the Association for Information Science and Technology, vol. 59, no. 11, pp. 1776-1784, https://doi.org/10.1002/asi.v59:11.

Marques, F 2015, 'Valuable Records: Data Compiled from the Lattes Platform Provide Fuel for Studies on Science in Brazil and Reveal Trends', Pesquisa FAPESP 233, FAPESP, https://revistapesquisa.fapesp.br/en/2015/07/15/valuable-records/ (July 15, 2020).

Mugnaini, R, Damaceno, RJP & Mena-Chalco, JP 2019, 'An empirical analysis on the relationship between publications and academic genealogy', in 17th International Conference on Scientometrics & Informetrics (ISSI 2019), pp. 2376-2386 proceedings of ISSI 2019, Sapienza University, Rome.

Palmer, DT, Bollini, A, Mornati, S, & Mennielli, M 2014, 'DSpace-CRIS@HKU: Achieving visibility with a CERIF compliant open source system,' Procedia Computer Science, vol. 33, pp. 118-123, https://doi.org/10.1016/j.procs.2014.06.019.

Plank, M, Drees, B, Hauschke, C, Kraft, A & Leinweber, K 2019, 'Now or never: Innovative tools and services for scientists', in IFLA (ed.), IFLA World Library and Information Congress (WLIC) 2019: Libraries: Dialogue for Change, http://library.ifla.org/2504/ (July 15, 2020).

Priem, J, Taraborelli, D, Groth, P & Neylon, C 2010, 'Altmetrics: A Manifesto', http://altmetrics.org/manifesto/(July 15, 2020).

Sens, I & Lange, C 2019, 'ConfIDent – a Reliable Platform for Scientific Events', https://gepris.dfg.de/gepris/projekt/426477583?language=en (July 15, 2020).

Sivertsen, G 2019, 'Developing current research information systems (CRIS) as data sources for studies of research', in W Glänzel, HF Moed, U Schmoch & M Thelwall (eds.), Springer Handbook of Science and Technology Indicators, Springer, Heidelberg.

Söderqvist, T & Silverstein, AM 1994, 'Studying leadership and subdisciplinary structure of scientific disciplines', Scientometrics, vol. 30, p. 243, https://doi.org/10.1007/BF02017226.

Sugimoto, CR & Larivière, V 2018, Measuring Research: What Everyone Needs to Know®, Oxford University Press, New York.

Sugimoto, CR, Murray, DS & Larivière, V 2018, 'Open Citations to Open Science', http://issi-society.org/blog/posts/2018/april/open-citations-to-open-science/ (July 15, 2020).

Thelwall, M 2019, 'Mendeley reader counts for US computer science conference papers and journal articles', Quantitative Science Studies, pp. 1–16, https://doi.org/10.1162/qss_a_00010.

Viglione, G 2020, 'A year without conferences? How the coronavirus pandemic could change research', Nature 579, 327-328. https://doi.org/10.1038/d41586-020-00786-y.

Zuccala, A 2006, 'Modeling the invisible college', Journal of the American Society for information Science and Technology, vol. 57, no. 2, pp. 152-168.

第 2 章 文献计量学理论、原则和方法[①]

2.1 同行评议和文献计量学

Bernhard Mittermaier[②]（伯恩哈德·米特迈尔）

摘要：同行评议作为一个成熟的制度，不仅在期刊文章发表、基金申请和终身教职聘任等活动中发挥支撑作用，也可用于研究小组评估。然而，同行评议由于各种显而易见的原因而备受争议，文献计量学有可能取而代之。本节综述了大量同行评议和文献计量学的比较研究，结果显示，文献计量学可以完全用于研究团队评估，但对于个体评估（如终身教职聘任）应谨慎对待。在科学、技术和医学（science，technology，and medicine，STM）领域，文献计量学指标可以取代同行评议。

关键词：同行评议，科研评价，基金，终身教职

2.1.1 引言

同行评议是由一位或多位与作者、研究者具有相似专业知识的人（即同行）对投稿、研究计划书等进行评价的一种制度（Weller，2001）。同行评议还包括对一位或多位科学家既往科研表现的回顾性评价（Gemma，2017）。从广义上讲，同行评议也用于评估教学（Chism NVN and Chism GW，2007；Samson and McCrea，2008；Snavely and Dewald，2011；van Valey，2011）或医务人员、医疗业务（Chop and Eberlein-Gonska，2012；de Ertel and Aldridge，1977；Hadian et al.，2018；Lang，1999），但本书对此不作讨论。本节首先概述了同行评议，然后介绍了一些同行评议和文献计量学指标的比较研究，最后对研究结果进行了讨论。

2.1.2 同行评议

1. 同行评议的发展

一般认为，同行评议是由英国皇家学会第一任秘书 Henry Oldenburg（亨

[①] 译者：史格非，副编审/副主任法医师；李林辉，女，主治医师，上海市嘉定区中心医院。
[②] 博士，德国于利希研究中心中央图书馆；b.mittermaier@fz-juelich.de。
https://doi.org/10.1515/9783110646610-009

利·奥尔登堡，1610—1677）[①]发明的，也有可能由 Zuckerman 和 Merton（1971）首次提出。Baldwin（2018）进一步指出，同行评议或多或少与学术出版有着千丝万缕的联系。然而，Baldwin 认为，直到 19 世纪和 20 世纪初，一些学会才开始系统地邀请匿名审稿人对来稿进行评价，如英国皇家化学学会在 19 世纪采用审稿制度，美国物理学会在 20 世纪初开始实行，但英国皇家学会的旗舰期刊《物理评论》（*Physical Review*）直到 20 世纪 60 年代才对所有投稿要求同行评议。当时，《自然》（*Nature*）杂志的编辑依然不会把他们信任的科学家所提交或推荐的论文送外部同行评议。直到 1973 年，外部同行评议才成为《自然》杂志的强制性要求（Baldwin，2015）。1989 年，《柳叶刀》（*Lancet*）上的 1 篇社论揭示了其内部规则与同行评议存的巨大差异：

在美国，对同行评议的要求过多，如今个人的职业生涯和整个部门的生存都依赖于在同行评议期刊上发表的成果。在公共领域，这一过程有时被视为真理的保证，这实在荒谬……不同期刊长期以来的做法千差万别，但已形成的共识是，期刊编委会或编辑在没有外审情况下"内部"确定拒稿，决不会削弱这本期刊自称为同行评议期刊的说法，再者外审专家只是"顾问"（这是《柳叶刀》一直倾向于使用的名称）而不是决策者。

2. 同行评议过程

最主要的同行评议类型应该是对期刊来稿的同行评议（Paltridge，2017）。实施同行评议程序的期刊被称为"同行评议期刊"或"评审期刊"。有时只有在这类期刊上发表的文章才被认为是"真正的"科学成果。在同行评议过程中，收到投稿后的第一步是编辑评估。在这一阶段，一些投稿会因质量不高或内容超出期刊覆盖范围而被拒（"案头拒稿"）。通过初步筛选的稿件会送去外审。在某些情况下，期刊会请作者推荐审稿人。审稿人的数量由编辑自行决定或者依照期刊的规定，一般为 1~3 人，也可以更多。标准的程序是"盲审"[②]，即作者会收到匿名审稿人的评议意见。在"双盲同行评议"中，对审稿专家来说，作者也是匿名的。然而，当文章需要作者的单位信息才能理解时，双盲就不适合了。"盲审"的根本出发点是让审稿人不加掩饰地表达意见，双盲同行评议是为了避免因作者性别、年龄、声誉等而对稿件产生偏见。与之相反的是"公开同行评议"，如哥白尼公司（Copernicus）出版的期刊就采用这种方法。其流程为：稿件先以最初的形式发表，

---

① 译者注：英国皇家学会网站上关于 Henry Oldenburg 出生年份的记录为"大约 1619 年"（https://makingscience.royalsociety.org/people/na8001/henry-oldenburg）。在英国皇家学会主办的期刊 *Notes and Records:The Royal Society Journal of the History of Science* 上 1960 年刊载的 Henry Oldenburg 传记文章中，其出生年份为"大约 1615 年"（https://royalsocietypublishing.org/doi/10.1098/rsnr.1960.0018）。

② 译者注：此处指单盲同行评议。

除了受邀的审稿人的深入评审外，还要接受公开评审（每个人都可以评论）。所有评论内容都可以免费阅读。

大多数情况下，期刊要求审稿人以结构化的形式表达意见，这样有助于编辑判断这些意见，也有助于作者处理意见。通常审稿人必须要选择一个最终意见，如"直接接受""小修后接受""大修后接受""拒稿"。如果2位审稿人的审稿意见分歧很大，主编就要自己做最终决定或再邀请第3位审稿人。

尽管原则上作者可以就他们认为不合理的修改建议与编辑商榷，但如果编辑认定稿件有必要修改，就会建议作者按照审稿意见修改。通常的做法是，作者对每个审稿人的意见进行详细回复，解释他们如何根据意见做出了修改，如果没有修改也要解释原因。稿件经过修改和重投，编辑再决定是否发表。总的来说，不同期刊的退稿率差别很大，如大气科学领域的退稿率在2%~68%（Schultz，2010）。

书籍的同行评议过程差异更大（Goldfinch and Yamamoto，2012）。由一名审稿人（甚至多名审稿人）进行的外部同行评议通常由编辑评审代替，特别是由不同作者撰写不同章节的合著书籍中，尤为如此。对于专著或教材，则由出版社自己的编校人员负责同行评议。①

项目申请书（grant proposal）的评审方式与期刊投稿的评审方式完全相同，但不要求评审人修改申请书文本，而是要对实验方案等提出建议。通常情况下，项目申请书由评审小组采用完全不同的方式进行评判：评审人不是各自单独行动，而是在询问申请人后共同讨论。这一过程通常以评审会的形式对某一项目的所有申请书进行评议。由于项目申请书不仅包括研究方案，还包括参与项目的科学家的个人履历、学术发表记录以及推荐信，所以评审还会考虑申请人的既往表现。

对研究小组或机构的评估，在很大程度上主要关注既往的表现。例如，在德国，参加德国联邦和州政府"卓越计划"的高校要接受来自国外科学家的严格评估；莱布尼茨联合会和亥姆霍兹联合会的外部研究机构也是如此，需要每7年接受1次评估，以决定是否能继续作为莱布尼茨联合会的会员机构，或其科研项目受亥姆霍兹联合会资助的程度。以亥姆霍兹联合会为例，该联合会通过6项战略性研究计划资助科研项目，通常是扩展到联合会下面的各个研究中心进行。项目评估通常分为两个阶段：①评估每个中心与研究项目相关的既往表现；②2年后再评估面向未来的研究计划书。平均而言，每个项目要在7年周期中发表20 000篇期刊论文（Helmholtz，2018）。这里的关键问题是：评估如此大量的科学成果，最合适的方法是什么？这样的评估是否可行？

---

① 与此相反，期刊主编通常不是出版社员工，而是在自己的研究和教学任务之外从事此项工作的科学家。他们作为主编不获取酬劳，或是获取很少的酬劳（de Knecht，2019）。

3. 备受争议的同行评议

许多研究认为同行评议在学术交流中极为重要。首先，存在一个（错误的）假设，即同行评议总是与学术出版有关。其次，文章的质量可以通过这一过程得以提高（Jefferson et al.，2002；Pierie et al.，1996）。最后，同行评议被认为是一个领域内部自我调节的形式：作者和评审人处于平等地位，并且理论上可以互换角色。这样就把同行评议与导师对论文的审查和办公室内部的申请程序区别开来。

然而，近年来对同行评议的争议越来越多（Bornmann，2011；Gould，2013；Smith，2006），受到非议的方面主要包括：

（1）同行评议效率低，耗费时间，而且费用昂贵。经常使得文章发表延迟，并且会限制创新。

（2）审稿人有可能会故意拒稿，或至少延缓审稿，同时会窃取研究成果并抢先发表（Retraction Watch，2016）。

（3）多位审稿人的审稿意见很少会一致，因此重复性和可靠性非常差（Bornmann et al.，2010）。

（4）某一项申请书的命运虽然要看其科学价值，但其他随机因素对申请书是否获得资助的影响还是很大的（Cole and Simon，1981）。

（5）审稿人的评审建议往往存在偏见，这意味着同行评议机制的公平性值得怀疑。

2.1.3 同行评议和文献计量学对比与分析

尽管前文提到的"公开同行评议"能克服同行评议中存在的不少问题，但鉴于其受到的若干争议，可尝试其他的替代方法（Godlee，2002；Walsh et al.，2000）。就项目申请而言，有人曾提出一个"同行评议-生产力公式体系"（Roy，1985），但从未被采用。另一个是用文献计量学指标来代替同行评议，在这方面已有很多研究成果（Aksnes et al.，2019；Vieira and Gomes，2018；Gallo and Glisson，2018；Wouters et al.，2015；Bornmann，2011）。由于历史原因（Wouters et al.，2015），这些研究大多将文献计量学指标得出的结果与同行评议进行比较，这样同行评议就被作为金标准。与上面的研究不同，本文中提及的研究都是使用文献计量学指标来评价同行评议。

1. 同行评议 VS 期刊影响因子

通常认为，期刊之间有等级之分。有时这种等级用金字塔来形容：少数高影响力期刊（根据科睿唯安发布的《期刊引证报告》中期刊影响因子定义的）位于顶端，下面是大量中等影响力的期刊和众多低影响力期刊（McKiernan et al.，

2019)。要在科学界取得成功，就必须去爬这个金字塔。至少在学术界，在更有声望的期刊上发表论文是职业发展的关键（Jennings，2006）。根据这一假设，作者会向排名较高的期刊投稿，如果被拒，就会沿着金字塔向下走，把稿件投给期刊影响因子较低的期刊。Bornmann（2011）综述了十多项用期刊影响因子比较退稿和后续录用期刊质量的研究，发现高达 70%的被拒稿件后来发表在期刊影响因子更高的期刊上。因此，"被拒稿后，作者并不一定要从'领先'期刊转投名气较小的期刊"（Weller，2001）。

2. 同行评议 VS 引文分析

《柳叶刀》前主编 Theodore F. Fox（西奥多·F. 福克斯）对编辑的预测价值持怀疑态度："当我把一周的稿件分成两堆——一堆将要发表，另一堆将被退稿——我在想如果把这两堆稿件互换，对杂志或其读者是否会产生真正的影响。"（Fox，1965）。有实证调查显示，这些决定对不少期刊都有重大影响：Bornmann 和 Daniel（2008）追踪了被《应用化学（国际版）》(*Angewandte Chemie – International Edition*) 接受的 878 篇文章和被拒之后发表在其他期刊上的 959 篇文章，结果表明，被其接受文章的引用次数比预期增加 50%。基于《美国神经放射学杂志》(*American Journal of Neuroradiology*；McDonald et al.，2007，2009）、《心血管研究》(*Cardiovascular Research*；Opthof et al.，2000）、《F1000》(*F1000*；Bornmann and Leydesdorff，2013）和《临床调查杂志》(*Journal of Clinical Investigation*；Wilson，1978）的调查也得到了类似的结果。Cicchetti（1991）及 Benda 和 Engels（2011）的调查范围更广，但结果与上面的研究一致。引文分析表明，同行评议倾向于选择"较好的一堆"稿件，这些稿件随后也能被引用得更多。

3. 资助决定

有研究分析了项目申请的同行评议，以评估获得资助的申请人是否比未获资助的申请人更容易被引用：van Leeuwen 和 Moed（2012）分析了荷兰三个资助委员会的资助与物理学、化学和地球科学领域的引用之间的相关性，发现成功获得资助的申请者往往比被拒的申请者在国际层面上获得更多的引用。不少研究（Armstrong et al.，1997；Bornmann and Daniel，2006，2008；Cabezas-Clavijo et al.，2013）也发现，项目申请同行评议和引用之间存在正相关关系。然而也有研究（Hornbostel et al.，2009；Melin and Danell，2006；van den Besselaar and Leydesdorff，2007）显示，成功获得资助[德国研究基金会的艾米·诺特项目（Emmy Noether Programme）、瑞典战略研究基金会、荷兰社会科学研究委员会]与随后的引用之间没有或只有较弱的相关性。因此，项目申请中同行评议和文献计量学指标的比较研究结果之间仍存在较大差异。此外，也有人怀疑申请人获得资助可能是一个自证预言：

> 资助机构不仅对之前的优秀表现给予奖励[……]，还为申报成功者提供资助，帮助他们在未来的职业生涯中也能做出优秀的科研工作。如果一项研究为申报成功者提供了明显的绩效优势，而被拒的申报者却没有，那就可以认为是资助组织赋予的培训机会、学术声望及自信心等优势，使获资助者成为优秀的科学家，而不是因为他们在当初申请时就潜力无穷。如此看来，遴选委员会不是在选拔，而是在创造"最优秀"的科学家（Bornmann，2011）。

4. 终身教职聘任决定

Vieira 等（2014）分析了 2007—2011 年葡萄牙 6 所大学 27 次教授聘任过程，其中 174 名候选人在 10 年间发表了被 Web of Science 收录的 7654 篇文献，学科覆盖了化学、物理学、生物学、数学、机械学、地质学和计算机科学。结果显示，在既定招聘流程中使用 h 指数相关指标和高被引文献的百分比两个文献计量学指标组合来比较任何两名申请人时，有 75% 的把握可以正确预测到同行评议结果中两人的排名。Jensen 等（2009）探讨了文献计量学指标与法国国家科学研究中心（France's Centre Nationale de la Recherche Scientifique，CNRS）约 600 名研究人员晋升时同行评议结果的相关性，这些指标包括 h 指数、h 指数除以"科学年龄"的商、引用次数、发表论文数量及平均被引用次数，结果发现：

> 任何一个单项指标都不能成为所有学科的最佳预测指标。但总体而言，h 指数的相关性最好，其次是发表论文数量。当然，必须认识到，即使是 h 指数也仅能预测实际晋升情况的 50%。引用次数、单篇论文的平均引用次数在预测晋升方面绝非最佳指标（Jensen et al.，2009）。

5. 研究小组的评估

一些研究将研究小组的同行评议与文献计量学指标进行了比较，结果显示，两者之间存在一定的（有时是微弱的）正相关关系。Wouters 等（2015）认为，文献计量学指标和同行评议之间的相关性不够好，（部分）原因在于基于同行评议的定性判断存在变数。例如，Aksnes 和 Taxt（2004）将卑尔根大学（挪威）34 个研究小组的同行评议结果与五项文献计量学指标加以比较后发现，同行评议结果和"相对发表策略"（relative publication strategy）之间的 Pearson 相关系数最高。"相对发表策略"是某个研究小组发表文章所在期刊的平均引用率和每种期刊所在子领域的平均引用率的比值。Meho 和 Sonnenwald（2000）分析了引文排名和同行评议在评估资深库尔德学学者研究业绩方面的相关性，结果显示，无论是这些资深学者的排名靠前还是靠后，归一化的引用排名和引文内容分析与同行评议排名都高度相关。Anthony van Raan 等在这个领域进行了若干调查：Nederhof 和 van

Raan（1993）分析了经济学领域 6 个研究小组的文献计量学指标和同行评议结果之间的关系，结果显示，同行评议和文献计量学的结果基本一致。Rinia 等（1998）分析了不同的文献计量学指标与荷兰物理学专家小组的同行评议结果之间的相关性，该研究包括了物理学领域 56 个研究项目的大约 5000 篇文章和 50 000 次引用，结果显示，文献计量学指标与研究人员和团队评价结果之间的相关性很强。随后，van Raan 对荷兰 147 个化学研究小组的标准文献计量学指标和同行评议结果间的相关性进行了调查（van Raan，2006），结果显示，h 指数和 CPP/FCSm[①]都可以很好地区分评级为 3 级（"满意"）、4 级（"良好"）和 5 级（"优秀"）的文献。

6. 国家科研评价

在意大利"三年期科研评价"（Valutazione Triennale della Ricerca，VTR）项目中，一项对引用指标和同行评议结果的比较分析显示，这两种方法之间存在明显的相关性（Ancaiani et al.，2015），不过这一结论后来因方法论原因受到了 Baccini 和 de Nicolao（2016）的质疑，后者认为文献计量学和同行评议不会产生相似的结果。Abramo 等（2009）以及 Franceschet 和 Costantini（2011）发现，同行评议的决定与意大利 VTR 项目资助发表的文献期刊影响因子之间存在正相关关系，同时也发现学科领域不同，相关性也不同。在英国，利用"科研评估考核"（research assessment exercise，RAE）及其后续的"卓越研究框架"（research excellence framework，REF）数据进行的调查数量颇多。Oppenheim（1997）发现，根据 1992 年 RAE 数据，在三个学科领域（解剖学、考古学和遗传学）中，总被引文献数量或每位作者的平均引文数与 RAE 分值之间在统计学上具有显著相关性。Norris 和 Oppenheim（2003）从 2001 年考古学领域的 RAE 数据中获得类似的结果。虽然一些专家对这些结论提出异议（Warner，2000），但在政治学和化学领域的类似研究结果也都认为 RAE 分值与引文之间存在相关性。但 Butler 和 Mcallister（2011）指出，并没有适用于所有科学和非科学领域的单一模型，各学科都必须使用适用于本学科的量化绩效评估指标。他们将平均引用率、部门规模、研究文化以及 RAE 同行评议小组评估部门的工作人员参与情况都作为评审结果的预测因素，结果发现，引用指标本身不能取代同行评议。对 2001 年 RAE 数据进行文献计量学的研究时也得出同样的结论。各学科之间差异巨大，即使在诸如化学之类的引用指标和 RAE 分数之间相关性较好的领域，从这两个指标得出的机构排名也存在较大差异（Mahdi et al.，2008）。有更多进一步的研究都基于后续的 RAE 和 REF 评估分值，对此 Traag 和 Waltman（2019）已有概述。例如，一项研究通过比较 2014 年的 REF 结果与 15 个文献计量学指标和替代计量学指标（HEFCE，2015）发现，

[①] CPP 表示篇均引用数（citations per publication）；FCS 表示领域引用分数（field citation score），即期刊影响力指标；FCSm 表示平均领域引用分数（mean field citation score）。CPP/FCSm 指标，多用于评价研究表现情况。

对预测同行评议具有重大影响的量化指标在不同学科也有所不同，在临床医学、经济学和计量经济学领域中有若干指标与同行评议结果的相关性较高。由此可见，文献计量学指标不能完全代替 REF 同行评议。遗憾的是此研究没有分析部门水平的平均分值，因为 Traag 和 Waltman（2019）认为，这一分值与 REF 同行评议结果之间的相关性较好。

2.1.4 结论

总而言之，大多数研究都发现，同行评议和文献计量学指标之间存在中等程度的正相关关系，但这种相关并不完美，而且不同研究之间还存在差异。此外，相关关系还取决于学科领域、使用的文献计量学指标和评审对象。

● 针对项目申请的研究结果之间存在不一致的情况。一些研究显示，项目申请的同行评议与引用指标之间存在正相关关系，而另一些研究显示，项目申请成功与后续产生的引用指标之间不相关或相关性很低。

● 针对终身教职聘任的研究结果说服力有限。文献计量学指标充其量只有 75% 的把握正确预测任意两名申请人的比较排名，而这仅仅介于完全准确（100%）和随机决定（50%）的正中而已。对研究小组评估的研究显示，同行评议和文献计量学指标之间的相关性较好，但往往也取决于学科和所使用的指标。

● 针对国家科研评价的调查结果与对研究小组评估的研究结果类似。根据经验，科学、技术和医学领域的相关性比社会科学和人文科学领域的相关性要好、领域归一化指标的相关性比引文数量等基本指标的相关性好。

因此，目前的研究并不支持文献计量学能产生像同行评议一样的影响力或研究质量评价效果。但是，两种方法之间的相关性到底有多大，还取决于评价的性质和目标。Abramo 和 D'Angelo（2011）关于国家科研评价的结论也同样适用于研究团体的评价："要承认并没有一种无懈可击的评价方法。对于自然科学和形式科学而言，文献计量学方法比同行评议要更加可取。"这一论断也许稍显冒进，但其合理性在于：

● 同行评议并非完美。正如"同行评议 VS 期刊影响因子"部分提到的那样，文献计量学方法的结果与同行评议的偏差并不一定表明文献计量学方法导致了一个"错误"的结果。

● 同行评议耗费大量人力，成本高昂。可能对决定终身教职聘任来说是合理的，但对于排名而言就有待商榷。

● 虽然有充分理由相信文献计量学方法不是评估个人（如终身教职聘任、项目申请）的唯一方法，但在评估团体时，文献计量学分析可以取代同行评议。

2.1.5 参考文献

Abramo, G & D'Angelo, CA 2011, 'Evaluating research: from informed peer review to bibliometrics', Scientometrics, vol. 87, no. 3, pp. 499-514, https://doi.org/10.1007/s11192- 011-0352-7.

Abramo, G, Andrea D'Angelo, C & Caprasecca, A 2009, 'Allocative efficiency in public research funding: Can bibliometrics help?', Research Policy, vol. 38, no. 1, pp. 206-215, https://doi.org/10.1016/j.respol.2008.11.001.

Aksnes, DW & Taxt, RE 2004, 'Peer reviews and bibliometric indicators: A comparative study at a Norwegian university', Research Evaluation, vol. 13, no. 1, pp. 33-41, https://doi.org/10.3152/147154404781776563.

Aksnes, DW, Langfeldt, L & Wouters, P 2019, 'Citations, citation indicators, and research quality: An overview of basic concepts and theories', Sage Open, vol. 9, no. 1, p. 17, https://doi.org/10.1177/2158244019829575.

Ancaiani, A, Anfossi, AF, Barbara, A, Benedetto, S, Blasi, B, Carletti, V, Cicero, T, Ciolfi, A, Costa, F, Colizza, G, Costantini, M, di Cristina, F, Ferrara, A, Lacatena, RM, Malgarini, M, Mazzotta, I, Nappi, CA, Romagnosi, S & Sileoni, S 2015, 'Evaluating scientific research in Italy: The 2004-10 research evaluation exercise', Research Evaluation, vol. 24, no. 3, pp. 242-255, https://doi.org/10.1093/reseval/rvv008.

Anonymous 1989, 'Peers reviewed', The Lancet, vol. 333, no. 8647, pp. 1115-1116, https://doi.org/10.1016/S0140-6736(89)92390-8.

Armstrong, PW, Caverson, MM, Adams, L, Taylor, M & Olley, PM 1997, 'Evaluation of the Heart and Stroke Foundation of Canada Research Scholarship Program: Research productivity and impact', The Canadian Journal of Cardiology, vol. 13, no. 5, pp. 507-516, http://europepmc.org/abstract/MED/9179090 (July 15, 2020).

Baccini, A & De Nicolao, G 2016, 'Do they agree? Bibliometric evaluation versus informed peer review in the Italian research assessment exercise', Scientometrics, vol. 108, no. 3, pp. 1651-1671, https://doi.org/10.1007/s11192-016-1929-y.

Baldwin, M 2015, 'Credibility, peer review, and Nature, 1945–1990', Notes and Records: the Royal Society Journal of the History of Science, vol. 69, no. 3, pp. 337-352, https://doi.org/doi:10.1098/rsnr.2015.0029.

Baldwin, M 2018, 'Scientific Autonomy, Public Accountability, and the Rise of "Peer Review" in the Cold War United States', Isis, vol. 109, no. 3, pp. 538-558, https://doi.org/10.1086/700070.

Benda, WGG & Engels, TCE 2011, 'The predictive validity of peer review: A selective review of the judgmental forecasting qualities of peers, and implications for innovation in science', International Journal of Forecasting, vol. 2, no. 1, pp. 166-182, https://doi.org/10.1016/j.ijforecast.2010.03.003.

Bornmann, L 2011, 'Scientific peer review', Annual Review of Information Science and Technology, vol. 45, pp. 199-245, https://doi.org/10.1002/aris.2011.1440450112.

Bornmann, L & Daniel, H-D 2006, 'Selecting scientific excellence through committee peer review—

A citation analysis of publications previously published to approval or rejection of post-doctoral research fellowship applicants', Scientometrics, vol. 68, no. 3, pp. 427-440, https://doi.org/10.1007/s11192-006-0121-1.

Bornmann, L & Daniel, H-D 2008, 'Selecting manuscripts for a high-impact journal through peer review: A citation analysis of communications that were accepted by Angewandte Chemie International Edition, or rejected but published elsewhere', Journal of the American Society for Information Science and Technology, vol. 59, no. 11, pp. 1841-1852, https://doi.org/10.1002/asi.20901.

Bornmann, L & Leydesdorff, L 2013, 'The validation of (advanced) bibliometric indicators through peer assessments: A comparative study using data from InCites and F1000', Journal of Informetrics, vol. 7, no. 2, pp. 286-291, https://doi.org/10.1016/j.joi.2012.12.003.

Bornmann, L, Mutz, R & Daniel, H-D 2010, 'A reliability-generalization study of journal peer reviews: A multilevel meta-analysis of inter-rater reliability and its determinants', PLOS One, vol. 5, no. 12, e1433, https://doi.org/10.1371/journal.pone.0014331.

Butler, L & Mcallister, I 2011, 'Evaluating university research performance using metrics', European Political Science, vol. 10, no. 1, pp. 44-58, https://doi.org/10.1057/eps.2010.13.

Cabezas-Clavijo, A, Robinson-Garcia, N, Escabias, M & Jimenez-Contreras, E 2013, 'Reviewers' ratings and bibliometric indicators: Hand in hand when assessing over research proposals?', PLOS One, vol. 8, no. 6, p. 12, https://doi.org/10.1371/journal.pone.0068258.

Chism, NVN & Chism GW 2007, Peer Review of Teaching: A Sourcebook. 2nd ed., Bolton, Anker Pub. Co. MA.

Chop, I & Eberlein-Gonska, M 2012, 'Übersichtsartikel zum Peer Review Verfahren und seine Einordnung in der Medizi', Zeitschrift für Evidenz, Fortbildung und Qualität im Gesundheitswesen, vol. 106, no. 8, pp. 547-552, https://doi.org/10.1016/j.zefq.2012.08.017.

Cicchetti, DV 1991, 'The reliability of peer review for manuscript and grant submissions: A cross-disciplinary investigation', Behavioral and Brain Sciences, vol. 14, no. 1, 119-135, https://doi.org/10.1017/S0140525X00065675.

Cole, S, JR & Simon, GA 1981, 'Chance and consensus in peer review', Science, vol. 214, no. 4523, pp. 881-886, https://doi.org/10.1126/science.7302566.

de Knecht, S 2019, 'So what about editor compensation?', https://medium.com/@SiccodeKnecht/so-what-about-editor-compensation-89fccaf10d71 (July 15, 2020).

de Ertel, PP & Aldridge, MG 1977, Medical Peer Review: Theory and Practice, Mosby, St. Louis.

Eysenck, HJ & Eysenck, SBG 1992, 'Peer review: Advice to referees and contributors', Personality and Individual Differences, vol. 13, no. 4, pp. 393-399, https://doi.org/10.1016/0191-8869(92)90066-X.

Fox, TF 1965, Crisis in Communication: The Functions and Future of Medical Journals, Athlone Press, London.

Franceschet, M & Costantini, A 2011, 'The first Italian research assessment exercise: A bibliometric perspective', Journal of Informetrics, vol. 5, no. 2, pp. 275-291, https://doi.org/10.1016/j.joi.2010.12.002.

Gallo, SA & Glisson, SR 2018, 'External tests of peer review validity via impact measures', Frontiers in Research Metrics and Analytics, vol. 3, no. 22, https://doi.org/10.3389/frma. 2018.00022.

Gemma, D 2017, The Evaluators' Eye: Impact Assessment and Academic Peer Review, 1st edition. ed., Springer Berlin Heidelberg, New York.

Godlee, F 2002, 'Making reviewers visible: Openness, accountability, and credit', JAMA, vol. 287, no. 21, pp. 2762-2765, https://doi.org/10.1001/jama.287.21. 2762.

Goldfinch, S & Yamamoto, K 2012, Prometheus Assessed?: Research Measurement, Peer Review, and Citation Analysis, Chandos Publishing, Oxford.

Gould, THP 2013, Do We still Need Peer Review?: An Argument for Change, The Scarecrow Press, Inc., Lanham.

Hadian, M, Iwrey, RS, Meyer, C & Souter, PD 2018, What is ... Medical Staff Peer Review?, American Bar Association, Chicago.

HEFCE 2015, The Metric Tide: Correlation analysis of REF2014 scores and metrics (Supplementary Report II to the Independent Review of the Role of Metrics in Research Assessment and Management).

Helmholtz 2018, Annual Report, https://www.helmholtz.de/fileadmin/user_upload/04_mediathek/18_Helmholtz_Geschaeftsbericht_ENGLISCH_epaper.pdf (July 15, 2020).

Hornbostel, S, Böhmer, S, Klingsporn, B, Neufeld, J & von Ins, M 2009, 'Funding of young scientist and scientific excellence', Scientometrics, vol. 79, no. 1, pp. 171-190, https://doi.org/10.1007/s11192-009-0411-5.

Jefferson, T, Wager, E & Davido F 2002, 'Measuring the quality of editorial peer review', JAMA, vol. 287, no. 21, pp. 2786-2790, https://doi.org/10.1001/jama.287.21. 2786.

Jennings, CG 2006, 'Quality and value: The true purpose of peer review', Springer Nature, accessed April 14, 2019.

Jensen, P, Rouquier, J-B & Croissant, Y 2009, 'Testing bibliometric indicators by their prediction of scientists promotions', Scientometrics, vol. 78, no. 3, pp. 467-479, https://doi.org/10.1007/s11192-007-2014-3.

Lang, DA 1999, Medical Staff Peer Review: Motivation and Performance in the Era of Managed Care. rev. ed., Health Forum, Inc., Chicago.

Mahdi, S, D'Este, P & Neely A 2008, Citation counts: are they good predictors of RAE scores? A bibliometric analysis of RAE 2001 (AIM Research), https://www.bl.uk/collection-items/citationcounts- are-they-good-predictors-of-rae-scores-a-bibliometric-analysis-of-rae-2001 (July 15, 2020).

McDonald, RJ, Cloft, HJ & Kallmes DF 2007, 'Fate of submitted manuscripts rejected from the American journal of neuroradiology: Outcomes and commentary', American Journal of Neuroradiology, vol. 28, no. 8, pp. 1430-1434, https://doi.org/10.3174/ajnr.A0766.

McDonald, RJ, Cloft, HJ & Kallmes DF 2009, 'Fate of manuscripts previously rejected by the American journal of neuroradiology: A follow-Up analysis', American Journal of Neuroradiology, vol. 30, no. 2, pp. 253-256, https://doi.org/10.3174/ajnr.A1366.

McKiernan, EC, Schimanski, LA, Muñoz Nieves, C, Matthias, L, Niles, MT & Alperin, JP 2019, 'Use of the journal impact factor in academic review, promotion, and tenure evaluations', PeerJ Preprints, vol. 7, e27638v2, https://doi.org/10.7287/peerj.preprints.27638v2.

Meho, LI & Sonnenwald, DH 2000, 'Citation ranking versus peer evaluation of senior faculty research performance: A case study of Kurdish scholarship', Journal of the American Society for Information Science, vol. 51, no. 2, pp. 123-138, https://doi.org/10.1002/(sici)1097-4571(2000)51:2＜123::Aid-asi4＞3.0.Co;2-n.

Melin, G & Danell, R 2006, 'The top eight percent: Development of approved and rejected applicants for a prestigious grant in Sweden', Science and Public Policy, vol. 33, no. 10, pp. 702-712, https://doi.org/10.3152/147154306781778579.

Nederhof, AJ & van Raan, AFJ 1993, 'A bibliometric analysis of six economics research groups: A comparison with peer review', Research Policy, vol. 22, no. 4, pp. 353-368, https://doi.org/10.1016/0048-7333(93)90005-3.

Norris, M & Oppenheim, C 2003, 'Citation counts and the Research Assessment Exercise V: Archaeology and the 2001 RAE', Journal of Documentation, vol. 59, no. 6, pp. 709-730, https://doi.org/10.1108/00220410310698734.

Oppenheim, C 1997, 'The correlation between citation counts and the 1992 research assessment exercise ratings for British research in genetics, anatomy and archaeology', Journal of Documentation, vol. 53, no. 5, pp. 477-487, https://doi.org/doi:10.1108/EUM0000000007207.

Opthof, T, Furstner, F, van Geer, M & Coronel, R 2000, 'Regrets or no regrets? No regrets! The fate of rejected manuscripts', Cardiovascular Research, vol. 45, no. 1, pp. 255-258, https://doi.org/10.1016/s0008-6363(99)00339-9.

Paltridge, B 2017, The Discourse of Peer Review: Reviewing Submissions to Academic Journals, Palgrave Macmillan, London.

Pierie, J-PEN, Walvoort, HC & Overbeke, AJPM 1996, 'Readers' evaluation of effect of peer review and editing on quality of articles in the Nederlands Tijdschrift voor Geneeskunde', The Lancet, vol. 348, no. 9040, pp. 1480-1483, https://doi.org/10.1016/S0140-6736(96)05016-7.

Retraction Watch 2016, 'Dear peer reviewer, you stole my paper: An author's worst nightmare', https://retractionwatch.com/2016/12/12/dear-peer-reviewer-stole-paper-authors-worst-nightmare/ (July 15, 2020).

Rinia, EJ, van Leeuwen, ThN, van Vuren, HG & van Raan, AFJ 1998, 'Comparative analysis of a set of bibliometric indicators and central peer review criteria: Evaluation of condensed matter physics in the Netherlands', Research Policy, vol. 27, no. 1, pp. 95-107, https://doi.org/10.1016/S0048-7333(98)00026-2.

Roy, R 1985, 'Funding science: The real defects of peer-review and an alternative to it', Science, Technology, & Human Values, vol. 52, no. 3, pp. 73-81, https://doi.org/10.1177/016224398501000309.

Samson, S & McCrea, DE 2008, 'Using peer review to foster good teaching', Reference Services Review, vol. 36, no. 1, pp. 61-70, https://doi.org/10.1108/00907320810852032.

Schultz, DM 2010, 'Rejection rates for journals publishing in the atmospheric sciences', Bulletin of the American Meteorological Society, vol. 91, no. 2, pp. 231-244, https://doi.org/10.1175/

2009bams2908.1.

Smith, R 2006, 'Peer review: A flawed process at the heart of science and journals', Journal of the Royal Society of Medicine, vol. 99, no. 4, pp. 178-182, https://doi.org/10.1258/jrsm.99.4.178.

Snavely, L & Dewald, N 2011, 'Developing and implementing peer review of academic librarians' teaching: An overview and case report', Journal of Academic Librarianship, vol. 37, no. 4, pp. 343-351, https://doi.org/10.1016/j.acalib.2011.04.009.

Traag, VA & Waltman, L 2019, 'Systematic analysis of agreement between metrics and peer review in the UK REF', Palgrave Communications, vol. 5, no. 1, p. 29, https://doi.org/10.1057/s41599-019-0233-x.

van den Besselaar, P & Leydesdorff L 2007, Past performance as predictor of successful grant applications: A case study. Report to the board of the Netherlands Social Science Research council (MaGW/NWO).

van Leeuwen, TN & Moed HF 2012, 'Funding decisions, peer review, and scientific excellence in physical sciences, chemistry, and geosciences', Research Evaluation, vol. 21, no. 3, pp. 189-198, https://doi.org/10.1093/reseval/rvs009.

van Raan, AFJ 2006, 'Comparison of the Hirsch-index with standard bibliometric indicators and with peer judgment for 147 chemistry research groups', Scientometrics, vol. 67, no. 3, pp. 491-502, https://doi.org/10.1556/Scient.67.2006.3.10.

van Valey, TL 2011, Peer Review of Teaching: Lessons from and for Departments of Sociology, American Sociological Association, Washington DC.

Vieira, ES & Gomes, JANF 2018, 'The peer-review process: The most valued dimensions according to the researcher's scientific career', Research Evaluation vol. 27, no. 3, pp. 246-261, https://doi.org/10.1093/reseval/rvy009.

Vieira, ES, Cabral, JAS & Gomes JANF 2014, 'Definition of a model based on bibliometric indicators for assessing applicants to academic positions', Journal of the Association for Information Science and Technology, vol. 65, no. 3, pp. 560-577, https://doi.org/10.1002/asi.22981.

Walsh, E, Rooney, M, Appleby, L & Wilkinson G 2000, 'Open peer review: A randomised controlled trial', British Journal of Psychiatry, vol. 176, no. 1, pp. 47-51, https://doi.org/10.1192/bjp.176.1.47.

Warner, J 2000, 'A critical review of the application of citation studies to the research assessment exercises', Journal of Information Science, vol. 26, pp. 453-460, https://doi.org/10.1177/016555150002600607.

Weller, AC 2001, Editorial peer review: its strengths and weaknesses. ASIST monograph series, Information Today, Medford, N.J.

Wilson, JD 1978, 'Peer review and publication. Presidential address before the 70th annual meeting of the American Society for Clinical Investigation, San Francisco, California, 30 April 1978', The Journal of Clinical Investigation, vol. 61, no. 6, pp. 1697-1701, https://doi.org/10.1172/JCI109091.

Wouters, P, Thelwall, M, Kousha, K, Waltman, L, de Rijcke, S, Rushforth, A & Franssen T 2015, The

Metric Tide: Literature Review (Supplementary Report I to the Independent Review of the Role of Metrics in Research Assessment and Management) (HEFCE).

Zuckerman, H & Merton RK 1971, 'Patterns of evaluation in science: Institutionalization, structure and functions of the referee system', Minerva, vol. 9, no. 1, pp. 66-100, https://doi.org/10.1007/bf01553188.

2.2　文献计量学的管辖权[①]

Arlette Jappe[②]（阿莱特·雅佩）和 **Thomas Heinze**[③]（托马斯·海因策）

摘要："专业管辖权"（professional jurisdictions）是一个社会学术语，指社会赋予专家的任务和活动。本节将专业的社会学框架应用于评价性文献计量学领域，并介绍了文献计量学科研评价这一新兴专业的新案例、新发现。

关键词：职业，竞争，科研评价，声誉控制（reputational control），专家组织

在《牛津英语词典》中，"管辖权"是指"做出法律决定和判决的官方权力"，还可细分为"做出法律决定和判决的权力范围"，"一套法院系统或司法系统"，或者"法院或其他机构的法律权力所能延伸到的领域或活动范围"。这一法律术语被社会学家借鉴并改编为一个技术术语"专业管辖权"，指在特定历史时期，社会上某些专业团体或多或少拥有专属权限的活动领域（Abbott，1988）。在社会学中，它的含义更加宽泛，不仅指法律领域的管辖权，还指社会大众赋予专家的各种任务和活动。在社会学定义中，专业权威的程度、相关活动的范围以及确保该权威的机构特征都是开放的，它们是历史实证研究的对象。因此，社会学研究这些专业的目的是调查现代社会中专业知识的制度化过程。

早期的研究往往集中在正式学会的形成和道德规范建立的历史发展过程，而 Abbott（1988）认为社会学研究应该关注专业人员的实际工作，他提出了一个高度抽象的理论框架，涵盖了律师、医生、牧师、心理学家、建筑师、工程师、图书馆员或会计师的多种活动。这一理论体系最基本的就是区别非专业人士和专家。根据 Abbott 的说法，现代社会中专业人员的工作可以被概述为将抽象知识应用于复杂个案的过程。因此，该理论提出了一个基本的分工，即生产抽象知识的学术人员和在日常工作中将这些知识应用于客户或病人的专业人员（图1）。对于抽象知识的应用包括诊断、推理和处理。在完全成熟的职业领域中，这三方面的专业实践是在特定工作场所进行的，如医院或专业服务公司。抽象知识使管辖权的主

[①] 部分实验结果和段落引自前期成果（Jappe，2020；Jappe et al.，2018；Petersohn and Heinze，2018）。
[②] 博士，德国伍珀塔尔大学科学技术跨学科研究中心，jappe@uni-wuppertal.de。
[③] 博士，教授，德国伍珀塔尔大学人文与社会科学学院，theinze@uni-wuppertal.de。
https://doi.org/10.1515/9783110646610-010

张具有合法性,从而使专业工作与逻辑一致性、合理性、有效性、进步性等普遍价值联系起来。这种科学上的合法性包括问题本质的界定、合理的问题诊断方法和有效的问题处理手段。此外,抽象知识还能够用于指导和培训进入该专业领域的学生,并有助于产生新的诊断、推理和处理方法。抽象知识越来越多地存储于专门介质中,如手册、图书馆、仪器、数据库或软件(Abbott,1991)。

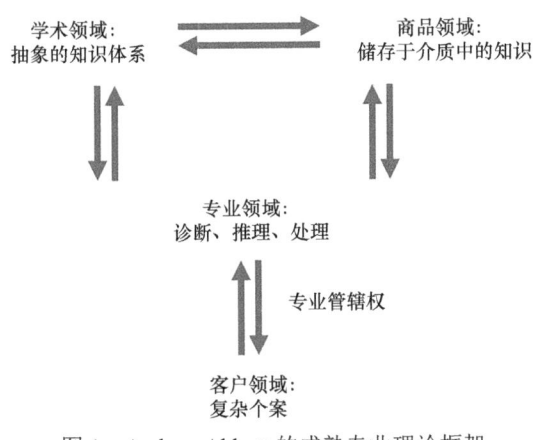

图1 Andrew Abbott 的成熟专业理论框架
资料来源:Jappe 等(2018)

专业管辖权的概念延伸并超越了单纯的专家服务市场的经济概念,因为它要求形成专家权威,使得问题的认定以及对问题处理的适当性和合法性被客户乃至整个社会接受。Abbott 确定出三个社会领域——法律体系、公共体系和工作场所,在这三个领域内的专业人士必须建立并捍卫他们的管辖权主张。然而,把职业化看作单一的发展过程则失之偏颇。Abbott 认为,早期的过程模型没有考虑到职业演变的历史多样性,而职业是一个相互依赖的系统,需要寻找一个更加开放的框架来支持比较性研究。从系统的角度来看,专业团体间的竞争处于核心位置,各个团体争相使其专业知识得到认可,以建立专属的能力领域(专业管辖权)。鉴于现代社会中对管辖权处理的历史多样性,Abbott 没有对国家的作用做出具体假设,而是主张对管辖权和管辖权争端进行历史案例研究。

这一理论框架已被用于科研评价性文献计量学的发展情况,以调查专业团队如何以及在何种程度上成功地在文献计量学科研评价领域形成管辖权主张(Jappe et al.,2018;Petersohn and Heinze,2018;Jappe,2020)。本节旨在为计量学研究提供一个新视角,不是为更专业、更优秀、更有效或更合法的科研评价手段提供建议,而是首先来描述评价性文献计量学在多大程度上可作为一种专业行为被制度化;其次阐明这一专业化进程中可能存在的主要障碍或挑战。

在评价性文献计量学应用方面,我们认为,对评价性文献计量学感兴趣的主要有两大类主体,即开展研究的组织机构和研究资助方(图2)。鉴于决策目的

（Miller and Power，2013；Moed，2005）、问责制和合法性（Power，1997；Strathern，1996），这些组织需要掌握科学家、研究小组和受资助项目的可靠的业绩信息。这些组织对定量评估技术感兴趣的一个普遍原因是科学的快速发展（Bornmann and Mutz，2015）。由于全球大多数科学领域的知识库的增长速度都快于任何单个组织机构财政资源的增长速度，这些组织机构经常会面临资源分配问题，它们必须决定雇用或晋升研究人员、决定研究基金资助对象，这就需要有相对便宜且普适的常规评估技术。

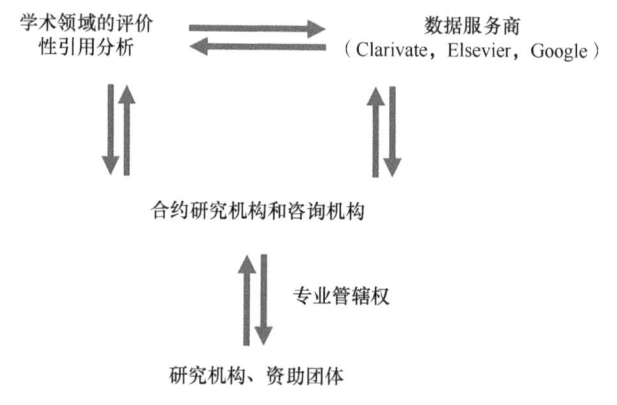

图2　作为一门新兴专业的文献计量学科研评价
资料来源：Jappe 等（2018）

另外，科学界对研究计量指标存在激烈争论的重要原因是（Aksnes et al.，2019；Adler et al.，2009；Cagan，2013；Hicks et al.，2015）：文献计量学对"同行评议"构成威胁。"同行评议"的规则认为，只有来自同一领域的科研同行才是科学贡献价值的合格评判者。社会学家 Richard Whitley（里查德·惠特利）将这种依赖于同一领域内既是科学同行又是竞争对手的评价机制称为"声誉控制"（Whitley，2000）。虽然文献计量学指标依赖于同行评议，因为它们建立在经过同行评议的期刊出版物之上，但管理者、政策制定者或任何人都可以无须了解评估对象就直接使用这些评价指标。因此，许多科学家认为文献计量学评估侵犯到声誉控制的基本机制，因而也侵犯到他们的专业自主权。

一方面对相对客观的绩效评估的需求在不断增加，另一方面又存在相当多的争议。面对这两者间的矛盾，首要问题是特定的评估技术是如何建立的，以及达到了什么程度；其次是这些技术在哪些方面已被视为专业实践。下文将选取我们关于这两个问题的研究结果加以介绍，这些研究都基于 Abbott 的专业理论框架并用到了多种定量和定性方法（Jappe et al.，2018；Petersohn and Heinze，2018；Jappe，2020）。

第一项是有关学术界是否赋予文献计量学评价合法性的研究（Jappe et al.，2018）。它们对"评价性引文分析"（evaluative citation analysis）中的声誉控制进行了调查。评价性引文分析是一个与科研评价实践密切相关的学术领域,它的分析范围界定为自"期刊影响因子"(1972 年)问世以来 Web of Science 中引用任何引文影响指数(citation impact indices)的所有文献。基于这些文献间的引用关系,构建了学术组织间的引用网络,结果表明,外围组织(peripheral actors)与核心组织(central actors)所贡献的创新性文献计量学指标的数量相当。此外,新入行(或外行)的贡献占比较高,其中一个最著名的例子就是 h 指数,当它发表后,其影响力迅速超过了以前的所有指标。这些说明,具备了普遍性的科学常识(如统计学方法)就能掌握评价性引文分析。从 Whitley 定义的声誉控制内涵来看,外行贡献较多的情况说明,评价性引文分析领域的声誉控制较弱。

这些结果表明,尽管评价性引文分析文献数量不断增长,但并没有形成一个声誉控制非常强的知识领域。因此,学术界(到目前为止)未将科研评价确立为具有科学权威性的专业实践。因而,文献计量学评价技术的专业化现状不理想就不难理解了。如果科研评价的声誉控制很强,随着近期相关研究的不断深入,我们就能预期到,该领域会建议改进科研评价。然而,在目前声誉控制有限的情况下,即使是通过精心研究形成的学术贡献,似乎也不太可能对科研评价实践产生重大影响。这主要是因为这些新成果缺乏一个有组织的科学社区的支持,要知道,科学社区能够选择和放大管辖权的认知要求。

Abbott 的理论框架也考虑到如何在潜在客户中建立管辖权的社会机制。在这方面,第二项研究通过文献调查专业人员的领域分布(Jappe,2020)。评价性文献计量学工作通常由学术界的研究人员或诸如文献计量学合约研究机构或咨询公司等专业的专家组织来完成(图 2)。这项研究基于大量的专业评估报告,旨在了解科研评价实践领域在多大程度上体现出一定的方法学标准,以及这些标准是由谁定义的。通过广泛收集,研究纳入了 138 项专业评估研究,它们来自 21 个欧洲国家以及欧盟框架计划内的研究组织或研究资助机构。研究样本仅包括了 2005—2019 年以报告(灰色文献)或期刊论文发表的、以科研政策或科研管理决策为目的的评估。研究采用了类似于"元评价"(meta-evaluation;Cooksy and Caracelli,2005;Stufflebeam,2001)的方法,通过结构化内容分析法对各项评估研究进行了详细比较。

第二项研究发现,文献计量学科研评价在荷兰、北欧国家、意大利和英国最为盛行。虽然国家政策环境不同,但这些研究在方法上有很大的趋同性。在研究期限内,Web of Science 是欧洲公共研究评价最主要的数据库(占研究样本的 87%)。一些专业组织对 Web of Science 数据加以改进并投资建设内部数据库,这样就可以制定数据质量的技术标准。国际科学领域的评估中最常使用的是"引文影响力"(citation impact)。此外,Web of Science 的科学领域分类充当了事实上的科研绩效评估参考标准。

此外，第二项研究还发现，引领性专业组织具有榜样作用，为后来模仿者提供了合法化依据。莱顿大学科学技术研究中心作为引领性专业组织在欧洲的影响力较高，特别在归一化引用均值（normalized citation means）指标的普及上具有较大贡献，常被其他专业组织用来构建高质量的内部数据库。更重要的是，Jappe（2020）发现数据库供应商在专业标准的定义和宣传方面发挥着影响作用。像引文数据库 Medline/Pubmed 和挪威研究文献系统 CRIStin（Current Research Information System in Norway）等替代性或补充性数据源相对较少，进一步说明文献计量学评价取决于可获得的数据源。例如，尽管 Web of Scienc 主题类别在评价性引文分析领域作为绩效评估参考的适宜性已经被反复质疑，但由于缺乏其他替代方案以获取引文数据，所以这些质疑并未对实践产生实际影响。这也证实了 Abbott 的警告，他曾警告说公司对专家意见的商品化控制会对专业自主性形成潜在威胁（Abbott，1991）。

第三项研究重新回顾了莱顿大学科学技术研究中心在荷兰科研和高等教育政策背景下的历史演变（Petersohn and Heinze，2018）。该研究整合了包括档案数据和访谈数据在内的大规模数据集，结果揭示了自 20 世纪 60 年代末以来，荷兰的科学政策是如何激励定量评估逐步成为一种新型的专业管辖权。将量化科研评价的专业责任（professional responsibility）加以制度化，其表现形式就是建立像莱顿大学科学技术研究中心这样一个占主导地位的专业组织。这个组织既能在评价性文献计量学领域构建专业知识，又能为科研质量评估提供专业服务。自 2010 年代以来，莱顿大学科学技术研究中心就一直为大型数据库供应商和出版社提供文献计量学解决方案，这些解决方案越来越多地吸引了非专业人士进行文献计量学评估。该研究还认为，定量评估这一新的专业领域在荷兰仍从属于较早的同行评议管辖权，在未来可能会发展成为咨询管辖权。

综上所述，在 Abbott 的专业理论框架下进行的实证研究，阐明了如何考察专业管辖权，并认为文献计量学将会成为一种新型的专业管辖权。这些研究分析清晰、细节丰富，证明了将现有的社会学理论全面应用于文献计量学的尝试是正确的。关于评价性文献计量学的专业控制，其实际的政策性意义在于：①创建适用于所有科学学科的、能完全满足数据质量高标准要求的公共计量学基础设施势在必行；②所使用的方法完全透明；③在开发开放获取工具的过程中，积极引入并强化专家建议与参与机制。

参考文献

Abbott, A 1988, The System of Professions: An Essay on the Division of Expert Labor, University of Chicago Press, Chicago.

Abbott, A 1991, 'The future of professions: Occupation and expertise in the age of organisation', Research in the Sociology of Organisations, vol. 8, pp. 17-42.

Adler, R, Ewing, J & Taylor, P 2009, 'Citation statistics: A report from the International Mathematical Union (IMU) in cooperation with the International Council of Industrial and Applied Mathematics (ICIAM) and the Institute of Mathematical Statistics (IMS)', Statistical Science, vol. 24, no. 1, pp. 1-14.

Aksnes, DW, Langfeldt, L & Wouters P 2019, 'Citations, citation indicators, and research quality: An overview of basic concepts and theories', Sage Open, vol. 9, no. 1, pp. 1-17.

Bornmann, L & Mutz, R 2015, 'Growth rates of modern science: A bibliometric analysis based on the number of publications and cited references', Journal of the Association for Information Science and Technology, vol. 66, no. 11, pp. 2215-2222.

Cagan, R 2013, 'The San Francisco Declaration on Research Assessment', Disease Models & Mechanisms, vol. 6, no.4, pp. 869-870.

Cooksy, LJ & Caracelli VJ 2005, 'Quality, context, and use: Issues in achieving the goals of metaevaluation', American Journal of Evaluation, vol. 26, no. 1, pp. 31-42.

Hicks, D, Wouters, P, Waltman, L, de Rijke, S & Rafols, I 2015, 'The Leiden Manifesto for research metrics', Nature, vol. 520, pp. 429-431.

Jappe, A 2020, 'Professional standards in bibliometric research evaluation? A meta-evaluation of European assessment practice 2005-2019', PLOS One, vol. 15 no. 4, e0231735.

Jappe, A, Pithan, D & Heinze, T 2018, 'Does bibliometric research confer legitimacy to research assessment practice? A sociological study of reputational control, 1972-2016', PLOS One, vol. 13, no. 6, e0199031.

Miller, P, & Power, M 2013, 'Accounting, organizing and economizing: Connecting accounting research and organization theory', The Academy of Management Annals, vol. 7, no. 1, pp. 557-605.

Moed, HF 2005, Citation Analysis in Research Evaluation, Springer, Dordrecht. Petersohn, S 2016, 'Professional competencies and jurisdictional claims in evaluative bibliometrics: The educational mandate of academic librarians', Education for Information, vol. 32, no. 2, pp. 165-193.

Petersohn, S & Heinze T 2018, 'Professionalization of bibliometric research assessment: Insights from the history of the Leiden Centre for Science and Technology Studies (CWTS)', Science and Public Policy, vol. 45, pp. 565-578.

Power, M 1997, The Audit Society: Rituals of Verification, Oxford University Press, Oxford.

Strathern, M 1996, Audit Cultures: Anthropological Studies in Accountability, Ethics and the Academy, Routledge, London.

Stufflebeam, DL 2001, 'The metaevaluation imperative', American Journal of Evaluation, vol. 22, no. 2, pp. 183-209.

Whitley, R 2000, The Intellectual and Social Organization of the Sciences. 2nd Edition, Oxford University Press, Oxford.

2.3 国家科研评价体系

Michael Ochsner[①]（迈克尔·奥克斯纳），Emanuel Kulczycki[②]（埃马努埃尔·库尔奇茨基），Aldis Gedutis[③]（奥尔迪斯·格杜蒂斯）和 Ginevra Peruginelli[④]（吉尼芙拉·佩鲁吉内利）

摘要： 在当今社会中，研究作为经济和社会发展的驱动力发挥着重要作用，比以往任何时候都更具有战略意义，因此研究评价程序被广泛应用于监测和指导研究活动。本节概述了各国的科研评价实践，随着评价体系的不断发展，各国、各研究机构的评价工作呈现出百花齐放、百家争鸣的局面。评价设计者和研究政策制定者应该在政策目标和具体的科研评价程序之间建立明确的联系，并将建设国家评价系统纳入考虑范畴。

关键词： 科研评价，评价体系，国家比较，同行评议，社会科学和人文科学，知识型社会，新公共管理，基于绩效的项目资助

2.3.1 引言

向知识型社会转变是最近几十年来的一个重要标志，知识生产已被视为经济发展的主要动力和实现社会目标的重要手段。在知识型社会中，高校和科研院所开始发挥重要作用（Välimaa and Hoffman，2008），这就导致了从政治层面对其问责的要求。政治家、纳税人、研究机构和管理人员都越来越关注大学和研究机构如何使用资助基金，因为科学的益处已不再仅仅局限于培养高素质人才（Hoenack，1993），还体现在提供实践服务和经济产出上（Gibbons et al.，1994；Etzkowitz and Leydesdorff，1998）。向知识型社会的方向发展与公共机构管理方式的转变有关：公共机构现在不只要为公共服务程序设定高度专业的标准，还要为顾客提供服务。因此，监管这些公共机构的方式就发生了变化，从对程序的评价转变为对结果的评价（Child，2005）：是否有"投资回报"？与此同时还伴随着对制度化的不信任（Deem et al.，2007）：必须监管公务人员的效率和成果。这一状况也影响到了高校（Deem et al.，2007；Hamann，2016；Readings，1996；Rolfe，2013）并改变了对其问责的方式。过去，质量认证以科学自由原则（同行评议和严格的任命

[①] 瑞士苏黎世联邦理工大学人文、社会与政治科学系，瑞士洛桑大学社会科学专业知识中心，ochsner@gess.ethz.ch。

[②] 波兰波兹南密茨凯维奇大学，emek@amu.edu.pl。

[③] 立陶宛克莱佩达大学，aldis.gedutis@ku.lt。

[④] 意大利国家研究委员会法律信息学和司法系统研究所，peruginelli@igsg.cnr.it。
https://doi.org/10.1515/9783110646610-011

程序）为指导，但随着公共和私人资金在高等教育方面不断增加、研究对社会和经济的重要性日益上升，这些已经远远不足以让公众信服。因此，新公共管理（new public management）要求在机构或国家层面对获得公开资助的研究进行系统性评价（Geuna and Martin，2003）。与此同时，竞争性分配的研究资助额度也大幅增加（Lepori et al.，2018；Lepori et al.，2007）。本节将讨论在不同层面、不同时间框架下通过不同因素进行评估的研究，它们形成了复杂的评价体系。

在新公共管理的逻辑下，政府和大学行政部门以自上而下的方式实施评价，以衡量研究的直接成果。同行评议经常被批评为过于主观（Daniel et al.，2007；Peters and Ceci，1982），因此，需要采用更为客观的方法。于是，评价程序大多——现在依然——基于那些貌似有助于比较不同部门、不同领域或不同国家表现的文献计量学和科学计量学方法。

然而，这些指标仅反映了部分自然科学和技术学科的研究成果，可能并不适用于其他，特别是社会科学、人文科学和艺术领域（van Leeuwen，2013；Nederhof，2006）。此外，有研究（de Rijcke et al.，2016）显示，这些指标的使用会对研究人员产生负面的引导作用。因此，并非所有国家都实施了文献计量学评价程序。一个众所周知的例子是英国，尽管关于评价指标是否可以取代同行评议已经被反复讨论（Wilsdon et al.，2015），但官方的评价基础仍然是同行评议。

2.3.2 评价程序类型

已有不少学者对不同类型的科研评价程序进行了分类，或者对各国的科研评价方式进行了概述（Coryn et al.，2007；Galleron et al.，2017；Geuna et al.，1999；Geuna and Martin，2001，2003；Hicks，2010，2012；Jonkers and Zacharewicz，2016；Lepori et al.，2007；Lepori et al.，2018；Ochsner et al.，2018；von Tunzelmann and Kraemer Mbula，2003）。

评价程序分类方法一般有三种（Whitley，2007），即按评价阶段分类（事前评价 VS 事后评价）、按与基金的关系分类（总结性评价与形成性评价）、按评价方法分类（计量与同行评议，不同级别的评价）。第一种，按评价阶段分为事前评价（如项目资助，在研究计划书阶段进行评价）和事后评价（如机构评价，对已经开展的研究进行评价）；第二种，按与基金联系分为总结性评价（即基金分配程序评价）和形成性评价（即不考虑基金决策问题，只是为了改善程序）；第三种，按评价方法分，最为突出的评价方法是基于计量指标的评价和同行评议的评价。这三种分类使用的方法都不一样，大多数情况下只考虑其中一两个方面就可以了。

第一种组合考虑了基金分配和评价方法（Coryn et al.，2007；Geuna et al.，1999；Geuna and Martin，2001，2003；Hicks，2012；von Tunzelmann and Kraemer Mbula，

2003）。对这一组的研究表明，实施基于绩效的研究资助体系（performance-based research funding systems，PRFS）目的是提升研究质量。然而，Hicks（2012）、Geuna 和 Martin（2003）都对基于绩效的研究资助体系能否有助于实现这一目标提出了质疑，基于绩效的研究资助体系实施的成本很高，所以不鼓励在产业界应用（Hicks，2012，第 259 页），而且回报在实施初期的增长之后就会逐渐递减（Geuna and Martin，2003，第 303 页）。

第二种组合侧重于项目资助，比如事前评价（Lepori et al.，2007；Lepori et al.，2018；Zacharewicz et al.，2018）。研究表明，竞争性资助研究项目的重要性迅速凸显。此外，研究还发现：①各国在资助工具、资助机构和受益者等方面差异较大。②也存在共性，在所有国家，项目基金在公共研究资金来源中排名第二，且竞争性基金的占比在持续增加。③在针对特定主题的资助上具有共同趋势。

到目前为止所介绍的分类只涉及各个国家的一些具体评价，并没有充分考虑上面提到的评价程序的三个方面。如果科研评价的目的是影响研究实践（若非如此，评价本身便会失去意义；Hicks，2012；Jonkers and Zacharewicz，2016；Zacharewicz et al.，2018），那么孤立地研究科研评价程序或资助计划就毫无意义。由于许多评价都会影响到研究人员，那么以影响研究实践为目的的政策，就需要考虑到这种情况。因此，下文我们将特别关注第三种组合——科研评价体系（research evaluation systems；Galleron et al.，2017；van Gestel and Lienhard，2019；Giménez-Toledo et al.，2019；Ochsner et al.，2018）。

2.3.3　国家科研评价体系概述

在国家层面上将各种评价程序相互组合非常复杂，以至于即使是专家也会对本国如何进行科研评价产生分歧（Galleron et al.，2017；Ochsner et al.，2018）。评价程序在实际操作中的情况与其正式定义可能会有所不同，也会随着时间推移而变化。最重要的是，为了抵消潜在的负面引导作用，还可能将不同的评价程序结合起来使用（Ochsner et al.，2018）。研究表明，没有哪个国家拥有单一主导或完全连贯一致的科研评价程序。相反，各国都有各自适用的一套国家评价体系，即涉及不同目的、对象、范围和管理主体的复杂评价程序组合（van Gestel and Lienhard，2019，关于法律评价的结论与此类似）。

Ochsner 等（2018）研究了三类评价程序（机构评价、项目资助和国家职称晋升）的八个特征，并从中提炼出五种理想类型，这些理想类型并非真实存在，而是评价程序的高度抽象表征。实际中的国家科研评价体系通常都是这五种类型的各种组合。第一种类型称为"无国家数据库，不针对社会科学和人文科学"（没有国家规模的出版物数据库，主要使用非量化评价程序，不适用于社会科学和人文科学）。

第二种类型称为"非量化，针对社会科学和人文科学"（没有出版物数据库，不依靠量化指标进行评估，不鼓励出版英文出版物，有专门的社会科学和人文科学学科资助项目）。第三种类型称为"基于绩效的资助，非量化"（允许建立并能够针对社会科学和人文科学进行调整、基于国家出版物数据库计量指标的基于绩效的研究资助体系；资助关系可通过知情的同行评议建立，或通过将量化的基于绩效的研究资助体系与基于同行评议的评估相结合而建立，以抵消基于绩效的研究资助体系量化的天然缺陷）。第四种类型称为"基于绩效的资助，量化"（研究资助体系基于国家数据库和计量评估，可针对社会科学和人文科学进行调整，不强制要求出版英语出版物）。第五种类型称为"计量，鼓励出版英语出版物"（基于与基金相关的国家出版物数据库的计量评价，不适用于社会科学和人文科学，鼓励出版英语出版物）。表1显示了这五种理想类型在各国的情况。值得注意的是，国家具有区域聚集性，这表明历史和政治结构在如何评价研究方面发挥着作用。有关于图书在评价程序中的作用的研究结果与此相似（Giménez-Toledo et al.，2019）。

表1　5种理想类型的国家科研评价体系及各国相关情况的分类

理想类型	接近该理想类型的国家	难以归类，情况与此最为相似的国家
无国家数据库，不针对社会科学和人文科学	塞浦路斯、法国、冰岛、北马其顿、马耳他、黑山、葡萄牙、西班牙	保加利亚，意大利
非量化，针对社会科学和人文科学	奥地利、德国、爱尔兰、荷兰、塞尔维亚、瑞士	
基于绩效的资助，非量化	立陶宛、挪威、南非	丹麦、以色列
基于绩效的资助，量化	捷克、克罗地亚、波兰	芬兰
量化，鼓励英语出版物	波黑、爱沙尼亚、匈牙利、斯洛伐克、斯洛文尼亚、罗马尼亚	拉脱维亚

注：用于分类的指标（是/否）：机构评价结果会影响基金资助；机构评价的主要方法是量化指标；该体系鼓励在英语出版物上发表结果；机构评价程序考虑性别问题；有国家出版物数据库；有针对社会科学和人文科学的机构评价程序；有针对社会科学和人文科学的项目资助方案；有国家职称晋升程序

这些结果是基于专家对评价系统的看法而总结的。在后续研究中，不同国家的专家收集了各国关于评价程序的规定，以进一步将实际的评价政策加以系统化。研究结果表明，到目前为止所使用的三类程序并不足以涵盖所有评价系统。通过分析相关规定，确定出七类评价程序：认证、形成性国家评价、基于绩效的国家评价、卓越计划、国家职称晋升、政府项目资助和科研院校评价。每个国家在国家层面上都是将其中2—6种程序相组合来实施评价（Ochsner，2020），这表明国家评价程序是复杂多样的，不同类型的评价程序服务于不同的评价目的。

2.3.4　结论

研究是一种复杂而艰辛的工作，因此，对于研究的评价实践也纷杂多样。一个国家并不存在单一的"评价程序"，而是每个国家都有一套独特的科研评价程序，共同构成国家科研评价体系。各国的研究情况不同，因此研究政策也各不相同。评价程序应该能反映出本国的总体研究状况、研究政策以及学术结构。

因此，每个国家都有各自适用的一套合理的评价程序，无须将各国的评价程序统一化、标准化。但是，如果不同国家希望达成相同的目的，就可以互相学习和借鉴经验。

实际上，一个国家的政策目标与其具体的评价程序之间仍然缺乏清晰明确的联系。从评价体系类型的地理聚集性可以看出，许多评价程序的发展似乎具有任意性。因此，我们鼓励评价设计者和科研政策制定者在政策目标和具体的评价程序之间建立明确联系，同时要将国家科研评价体系纳入考虑范围。

2.3.5 致谢

本节基于欧洲科学和技术合作组织（European Cooperation in Science and Technology，COST）行动 CA 15137 "欧洲的社会科学和人文科学科研评价网络" 中的相关工作，并得到了 COST 的支持。

2.3.6 参考文献

Child, J 2005, Organisation: Contemporary Principles and Practices, Blackwell, Malden, MA and Oxford.

Coryn, CLS, Hattie, JA, Scriven, M & Hartmann, DJ 2007, 'Models and mechanisms for evaluating government-funded research: An international comparison', American Journal of Evaluation, vol. 28, no. 4, pp. 437-457.

Daniel, HD, Mittag, S & Bornmann, L 2007, 'The potential and problems of peer evaluation in higher education and research', in A Cavalli (ed.), Quality Assessment for Higher Education in Europe, pp. 71-82, Portland Press, London.

de Rijcke, S, Wouters, PF, Rushforth, AD, Franssen, TP & Hammarfelt, B 2016, 'Evaluation practices and effects of indicator use—a literature review', Research Evaluation, vol. 25, no. 2, pp. 161-169.

Deem, R, Hillyard, S & Reed, M 2007, Knowledge, Higher Education, and the New Managerialism: The Changing Management of UK Universities, Oxford University Press, Oxford.

Etzkowitz, H & Leydesdorff, L 1998, 'The endless transition: A "Triple Helix" of university-industry-government relations', Minerva, vol. 36, no. 3, pp. 203-208.

Galleron, I, Ochsner, M, Spaapen, J & Williams, G 2017, 'Valorizing SSH research: Towards a new approach to evaluate SSH research' value for society', fteval Journal for Research and Technology Policy Evaluation, vol. 44, pp. 35-41.

Geuna, A & Martin, BR 2001, University Research Evaluation and Funding: An International Comparison, SPRU Electronic Working Paper Series (vol. 71), SPRU, Brighton, http://www.sus

sex.ac.uk/Units/spru/publications/imprint/sewps/sewp71/sewp71.pdf (July 15, 2020).

Geuna, A & Martin, BR 2003, 'University research evaluation and funding: An international comparison', Minerva, vol. 41, no. 4, pp. 277-304.

Geuna, A, Hidayat, D & Martin, BR 1999, Resource Allocation and Research Performance: The Assessment of Research, Report prepared for the Higher Education Funding Council of England, SPRU, Brighton.

Gibbons, M, Lomoges, C, Nowotny, H, Schwartzmann, S, Scott, P & Trowm, M 1994, The New Production of Knowledge: The Dynamics of Science and Research in Contemporary Societies, Sage.

Giménez-Toledo, E, Mañana-Rodríguez, J, Engels, TCE, Guns, R, Kulczycki, E, Ochsner, M, Pölönen, J, Sivertsen, G & Zuccala, AA 2019, 'Taking scholarly books into account, part II: A comparison of 19 European countries in evaluation and funding', Scientometrics, vol. 118, no. 1, pp. 233-251.

Hamann, J 2016, 'The visible hand of research performance assessment', Higher Education, vol. 72, no. 6, pp. 1-19.

Hicks, D 2010, 'Overview of models of performance-based research funding systems', in OECD (ed.), Performance-based Funding for Public Research in Tertiary Education Institutions, OECD Publishing, Paris, pp. 23-52.

Hicks, D 2012, 'Performance-based university research funding systems', Research Policy, vol. 41, no. 2, pp. 251-261.

Hoenack, SA 1993, 'Higher education and economic growth', in WE Becker & DR Lewis (eds.), Higher Education and Economic Growth, pp. 21-50, Springer, Dordrecht.

Jonkers, K & Zacharewicz, T 2016, Research Performance Based Funding Systems: A Comparative Assessment, European Commission, Brussels.

Lepori, B, Reale, E & Spinello, AO 2018, 'Conceptualizing and measuring performance orientation of research funding systems', Research Evaluation, vol. 27, no. 3, pp. 171-183.

Lepori, B, van den Besselaar, P, Dinges, M, Poti, B, Reale, E, Slipersæter, S, Thèves, J & van der Meulen, B 2007, 'Comparing the evolution of national research policies: What patterns of change?', Science and Public Policy, vol. 34, no. 6, pp. 372-388.

Nederhof, AJ 2006, 'Bibliometric monitoring of research performance in the social sciences and the humanities: A review', Scientometrics, vol. 66, no. 1, pp. 81-100.

Ochsner, M 2020, WG1. Aligning research evaluation with policy goals: Risks and opportunities. Presentation of the final results at the ENRESSH final meeting, ENRESSH, Paris, https://enressh.eu/wp-content/uploads/2018/04/Stakeholders_PolicyGoals_v04.pdf (July 15, 2020).

Ochsner, M, Kulczycki, E & Gedutis, A 2018, 'The Diversity of European Research Evaluation Systems', in Proceedings of the 23rd International Conference on Science and Technology Indicators, CWTS, Leiden, pp. 1234-1241.

Peters, DP & Ceci, SJ 1982, 'Peer-review practices of psychological journals: The fate of published articles, submitted again', The Behavioural and Brain Sciences, vol. 5, no. 2, pp. 187-195.

Readings, B 1996, The university in ruins, Harvard University Press, Cambridge, MA.

Rolfe, G 2013, The University in Dissent: Scholarship in the Corporate University, Routledge, Abingdon.

Välimaa, J & Hoffman, D 2008, 'Knowledge society discourse and higher education', Higher Education, vol. 56, no. 3, pp. 265-285.

van Gestel, R & Lienhard, A, eds. 2019, Evaluating Academic Legal Research in Europe: The Advantage of Lagging Behind, Edward Elgar, Cheltenham.

van Leeuwen, TN 2013, 'Bibliometric research evaluations, Web of Science and the Social Sciences and Humanities: A problematic relationship?', Bibliometrie – Praxis und Forschung, vol. 2, no. 8, pp. 1-18.

von Tunzelmann, N & Kraemer Mbula, E 2003, Changes in research assessment practices in other countries since 1999: final report, http://www.ra-review.ac.uk/reports/Prac/ChangingPractices.pdf (July 15, 2020).

Whitley, R 2007, 'Changing governance of the public sciences', in R Whitley & J Gläser (eds.), The Changing Governance of the Sciences: The Advent of Research Evaluation Systems, pp. 3-27, Springer, Dordrecht.

Wilsdon, J, Allen, L, Belfiore, E, Campbel, P, Curry, S, Hill, S, Jones, R, Kain, R, Kerridge, S, Thelwall, M, Tinkler, J, Viney, I, Wouters, P, Hill, J & Johnson, B 2015, The Metric Tide: Report of the Independent Review of the Role of Metrics in Research Assessment and Management, HEFCE, London.

Zacharewicz, T, Lepori, B, Reale, E & Jonkers, K 2018, 'Performance-based research funding in EU Member States—a comparative assessment', Science and Public Policy, vol. 46, no. 1, pp. 105-115.

2.4　文献计量学中的数学

Leo Egghe[①]（利奥·埃格）

摘要：文献计量学中的数学现象可以用伪凸文献计量向量来解释。本节证明了递减幂函数能够以数学方式描述和模拟文献计量现象，并通过集中度和影响力这两个重要例子来加以说明。

关键词：凸集，幂函数，Zipf，Lotka，集中度，不平衡，洛伦兹曲线，影响，h 指数

2.4.1　引言

文献计量学中对数学的应用体现在文献计量现象的量化（即数字方面的）处理，如作者-发表量分析和发表-引用量分析（用以研究性评估），也可能体现在

[①] 比利时哈瑟尔特大学，leo.egghe@uhasselt.be。
https://doi.org/10.1515/9783110646610-012

网络分析中，如合作网络、引用网络。

对文献计量现象最简单的描述是通过使用一维数学（"一维文献计量学"）来实现的，即用单个数字来描述文献计量学指标（这个数字可能是随时间变化的变量，但这不是必需的），如（共同）作者数、出版物数、引用或链接数（在一个网络中的内链或外链数），以及下载数。当从时间维度看这些数字时，就能进行增长研究或老化研究。

我们还可以使用二维数学（"二维文献计量学"）在更高层次（字面意思是更高的维度）上研究文献计量现象。在这一框架下，我们不仅要考虑两个一维文献计量指标（如上所述），还要考虑两者间的相互作用。例如，我们可以将作者（或期刊）的数量与引文数量（该作者或期刊的文章被引用或引用其他文章情况）相结合进行。这种情况下就会讨论到"源−项"研究，它涉及"信息生产过程"（information production process，IPP；Egghe，2005）和其中的参考文献。在这样的系统中，人们关注的是源及其拥有（或产生）项的量（如有多少作者、多少期刊，作者或期刊发表了多少文章，或这些文章的施引量或被引量）。

下一小节将介绍二维文献计量学中递减向量的凸性属性（即凸数学的一部分），这个属性导致源−项关系的不平衡（集中性、精英性、偏斜性）。从这个意义上说，文献计量现象与其他学科中的源−项关系并无不同，如社会计量学、计量经济学（富人、穷人）、生物计量学（物种丰度）、人口学（如城市规模）、天文学（如星系大小）等。然而，在不同的领域对这些现象的处理产生了特定领域的工具和技术，具体的文献计量学内容将在后面加以详述。

现实生活中的二维文献计量学（由递减向量描述）就像概率论那样，可以在连续背景下建模。最经典的例子是通过连续的高斯曲线或钟形曲线描述人类智商分布，即所谓的正态密度分布。然而在这里，我们处理的是偏斜（即不平衡）的情况，因此必须用偏斜分布来描述。基于离散特性，第三小节将介绍使用凸递减密度函数对二维文献计量学建模。我们将证明，研究精英（不平衡）现象最合适的数学模型是递减幂函数（即 Zipf 定律或 Lotka 定律，见下文）。

最后一小节将专门描述偏斜分布的"派生属性"，如集中度和影响力度量体系。前者源自计量经济学；后者则是以为科研评价（即文献计量学）量身定制的 h 指数为核心的体系（Hirsch，2005）。

2.4.2 文献计量向量的凸性

一般来说，源−项关系可以用一个简单的递减向量 $X=(x_1, x_2, \cdots)$ 表示，其中 x_i 为正项，i 是自然数（即 $i=1, 2, \cdots$）。这里 x_i 是来源中第 i 位项目的代称。当来源中项目总数为 N 时，i 最大为 N。通过无限地添加零可以使这个有限的向量变为无限向量。由于 X 是递减的，我们假定来源是按照项目本身的数量递减排列的。

对于所有 i，如果连接点（i,x_i）和点($i+1$, x_{i+1})的线段比连接点（$i+1$, x_{i+1}）和点（$i+2$, x_{i+2}）之间的线段递减程度更大，那么这样的向量 $X=(x_1, x_2, \cdots)$ 就称为凸向量[线段的斜率更小]①。凸性是不同来源在项目数量方面不平衡（集中度、偏斜度）的表现，但与之并不完全等同。事实上，生产力越高，凸函数下降越快。所有文献计量学的不平衡现象中均表现出：项目数量多的来源之间的差异（从来源数量上说）比项目数量少的来源之间的差异大。往往许多来源中有相同的项目数，如 1、2…，但在项目数量较多时，各个来源中的项目数量之间"差距"就会很大。②

一般情况下，由于不同来源的项目数是无规律的，所以文献计量向量 X 不具有凸性。下面介绍定义和基本的凸性结果。

1. 定义

如果一个自然数的子序列满足 $i_1 < i_2 < \cdots$，使得此向量（$x_{i_1}, x_{i_2}, \cdots$）具有凸性，则向量 $X=(x_1, x_2, \cdots)$ 就被称为伪凸函数。

2. 结果

对于所有 i，当 $x_i \geq 0$ 时，递减的向量 $X=(x_1, x_2, \cdots)$ 为伪凸函数。

3. 证明

如果 X 是一个常数向量，则显然 X 本身具有凸性。现在假设 X 不是常数，有多种方法可以从 X 中构造出凸性子序列。这里我们提出一个"最自然的方法"来揭示 X 的凸性类型。

取 $i_1=1$，并且 $i=i_2>i_1$ 满足（$1, x_1$）（i, x_i）之间线段的斜率对所有 i 来说是最小的，且 $i>1$（如果有并列，取 i_2 为最小的数）。请注意，这个斜率如果存在的话，就等于

$$\frac{x_{i_2} - x_{i_1}}{i_2 - i_1} = \frac{x_{i_2} - x_1}{i_2 - 1} < 0$$

小于 0 的原因是 X 不是常数。因此，存在最小的斜率。事实上，如果让 k 是最小数，那么 $x_k < x_1$（条件是 X 不是常数）。换言之，$\dfrac{x_k - x_1}{k-1}$ 是最小的斜率，或者存在 $i > k$，那么

---

① 考虑到凹凸函数在不同地方有不同的含义，故备注其原文"The general source-item relationship can be described by a simple decreasing vector $X=(x_1, x_2, \cdots)$ with positive terms x_i and i a natural number (i.e.$i=1, 2 \cdots$)."

② 译者举例：文章为项目，期刊为来源。文章越多，期刊的数量就越多，凸函数下降越快；也就是说文章的数量越大，期刊的数量就越多。最后一句可以理解为，如果文章的数量很多，那么每个期刊之间的发文量差异就很大。

$$\frac{x_i - x_1}{i-1} < \frac{x_k - x_1}{k-1}$$

i 的取值只有有限的几个（可以选择最小的 1 个）；事实上，如果有无限多的 $i > k$ 使得上述不等式成立，那么

$$x_i < (i-1)\left(\frac{x_k - x_1}{k-1}\right) + x_1 < 0$$

就有

$$i > \frac{x_1(k-1)}{x_1 - x_k} + 1$$

与所有 $x_i \geq 0$ 矛盾。下面将通过归纳法说明推演过程。如果假定存在点 $(i_x, x_{i_1}) = (1, x_1), (i_2, x_{i_2}), \cdots, (i_k, x_{i_k})$，则其斜率

$$\frac{x_{i_j} - x_{i_{j-1}}}{i_j - i_{j-1}}$$

是不断增长的，生成一条凸的折线延伸到 i_k。现在注意，对于所有 $i > i_k$

$$\frac{x_i - x_{i_k}}{i - i_k} \geq \frac{x_{i_k} - x_{i_{k-1}}}{i_k - i_{k-1}} \tag{1}$$

事实上，如果假设 $i > i_k$ 满足

$$\frac{x_i - x_{i_k}}{i - i_k} < \frac{x_{i_k} - x_{i_{k-1}}}{i_k - i_{k-1}}$$

那么

$$\frac{x_i - x_{i_{k-1}}}{i - i_{k-1}} < \frac{x_{i_k} - x_{i_{k-1}}}{i_k - i_{k-1}} \tag{2}$$

事实上，最后两个不等式等同于

$$i_k x_i - i_{k-1} x_i + i_{k-1} x_{i_k} < i x_{i_k} - i x_{i_{k-1}} + i_k x_{i_{k-1}}$$

这一点很容易看出。然而式（2）与 i_k 的选择相矛盾（从上面定义的 i_2 开始）。所以式（1）适用于所有 $i > i_k$。现在我们选 $i = i_{k+1}$，使斜率

$$\frac{x_i - x_{i_k}}{i - i_k}$$

对所有 $i > i_k$ 来说，取值最小（如果有并列情况，取 i_k 最小的数，这不是必需的，但是是一个可能的选择：保持 X 原始坐标的最大数量）。同样，这样一个最小的斜率是存在的，下面将证明这一点。让 $j > i_k$ 是最小的数，满足 $x_j < x_{i_k}$（如果 j 不存在，那么从 $i = i_k$ 开始，X 是恒定的，函数就构建完成）。换言之，$\dfrac{x_j - x_{i_k}}{j - i_k}$ 是最小的斜率，或者存在 $i > j$，满足

$$\frac{x_i - x_{i_k}}{i - i_k} < \frac{x_j - x_{i_k}}{j - i_k}$$

j 的取值只有有限的几个（挑选最小的一个）：事实上，如果假设有无限多的 $i>j$ 满足上述不等式，那么（因为 $i>j>i_k$）

$$x_i < \frac{(i - i_k)(x_j - x_{i_k})}{j - i_k} + x_{i_k} < 0$$

只要

$$i > \frac{x_{i_k}(j - i_k)}{x_{i_k} - x_j} + i_k$$

就与所有 $x_i > 0$ 矛盾。

就此得到了向量 X 的子序列——凸序列（$x_{i_1}, x_{i_2}, \cdots$），证明 X 是伪凸性。

4. 注意

（1）由于文献计量中向量 X 将 x_i 项目之间的差异性最大化，并保证了原始坐标的最大值，所以以上的推演是展示文献计量中向量 X 整体凸性的一种最佳方式。

（2）上述推演中构建的曲线实际上是一条折线，呈凸减状而不是光滑的（即不是所有点都能取导）。但通过构建的折线可以推导出一条任意接近这条折线的光滑曲线。具体如下：在折线每个拐点构造一个半径任意小的圆，该圆与拐角的两条边相切，拐点到两切点之间的两段边由圆上两切点之间的弧线取代，就得到了一条凸性递减的平滑曲线。根据需要缩小切线圆的半径，曲线就可以任意地接近原来的折线。

（3）对于子序列 $i_1 < i_2 < \cdots$ 满足（$x_{i_1}, x_{i_2}, \cdots$），使构建的类似序列具有凹性是不可能的，因为所有的 $x_i \geq 0$。对于足够大的 i（自然数），存在任意接近于零的负斜率。因此，如果将"伪凸"替换为"伪凹"，上述结果就不成立了。

上述结果展示了文献计量中向量 X 的真实属性：文献计量现象是通过向量 X 的伪凸性来描述的，这就为下一小节所述的文献计量学的凸连续性理论奠定了基础。

2.4.3 连续凸性文献计量学理论

从上一小节可知，如果要为描述文献计量不平衡寻找一个数学模型，就必须寻找一个连续变量的凸减（平滑）函数 $Z(r) \geq 0$，其中 $r \geq 0$（即所谓的排序-频率函数）。在离散情况下，如上所述，$Z = X = (x_1, x_2, \cdots)$，$Z(i) = x_1 (i = r)$ 是来源中第 i 位上的项目数；在连续情况下，$Z(r)$ 因此表示来源密度 $r \geq 0$（当关注有限来源总数时，$0 \leq r \leq T$）中项目的密度。这里的"密度" $Z(r)$ 表示截至 r 的累积值

($\int_0^r Z(r')dr'$)，等于 r 的实际项目数（相当于离散情况下 $i=r$ 时的 $\sum_{j=1}^{i} x_j$）。

由于处理的是二维数据，所以函数 Z 的参数至少有两个。这与对平面上的数据进行线性回归时所需的两个参数类似：线性回归方程 $y = a + bx$ 中的截距（即高度，a）和斜率（b）。凸性递减函数 Z 的两个参数则分别是高度和曲率，又称为凸度。如前所述，至少需要两个参数，所以如果能得到具有两个参数的好的凸减平滑函数，从数学简单性和有效性的角度来看，就有一个最佳的解决方案。

这种情况有几种可能的解决方案。下面介绍两个最简单的解决方案。

（1）指数函数

$$Z(r) = Ca^r$$

式中，$C>0$（对于正值和高度），$0<a<1$（对于递减的凸性）。

（2）幂函数

$$Z(r) = B/r^\beta$$

式中，$B>0$（对于正值和高度）和 $\beta>0$（对于递减的凸性）。

这两个函数都很简单，但幂函数模型有几个优点，下面将重点介绍。

（1）幂函数的逆函数也是幂函数：

$$r(Z) = (B/Z)^{1/\beta}$$

当 $\beta=1$ 时，它们有相同的凸性：那么 $Z(r) = B/r$，即 Zipf 的经典函数（Zipf，1949；Egghe，2005）。在 Egghe（2005）中，基于此现象揭示了 Z 作为幂律时，与幂函数 $f(j)$ 等价，其中 $f(j)$ 是具有项目密度 j 的来源的密度，即"Lotka 定律"（Lotka，1926；Egghe，2005）：

$$f(j) = D/j^\alpha \ (D>0, \alpha>1)$$

式中，α 和 β 的关系为 $\beta = 1/(\alpha-1)$。

这里要注意，指数函数的反函数是对数函数，属于超越函数，而幂函数为代数函数，指数函数比幂函数更难使用。

从数学的角度来看，优点（1）比较有意义，但相对于其他定律，下一个优点则是更基本的。

（2）幂函数是无标度的：对于每一个 $E>0$

$$Z(Er) = \frac{B}{(Br)^\beta} = \frac{\dfrac{B}{E^\beta}}{r^\beta} = B'/r^\beta$$

这又是一个用相同指数表示的具有相同凸性的幂律 β。事实上，可以证明，任何无标度函数都必定是幂函数（Luce，1959；Roberts，1979；Egghe，2005），所以幂函数是唯一的无标度函数。这一属性非常重要。无标度意味着无论把系统的哪一部分作为单独的单元来检查，幂定律都适用，也就是相同的凸性。由于人类认知的局限性，人们往往只能检查复杂系统的一部分（或者甚至不知道整个系统是什么样子的），如在大型文献数据库研究或天文观测中的星系和太阳系系统中，这个现象就更明显。在这些解释中，为了消除偏见，无标度是个必要条件。

无标度系统存在于人类生活的各个方面，相关例证不胜枚举，本文难以尽述。比如一般文献（Egghe，2005；Rousseau et al.，2018）和互联网上的参考资料（Rousseau，1997；Faloutsos et al.，1999；Barabàsi et al.，2000）可以支撑我们的观点。

幂函数的无标度属性与所谓的分形直接相关，分形是几何的概念，其中每个无限部分都与整个对象相似（Mandelbrot，1977；Feder，1988）。这在上述描述的复杂系统无标度特性中有所反映。

因此，很明显，递减幂定律最适合（简单地）解释一般不平衡凸函数的不同方面，这一特性衍生了描述偏斜现象的简洁公式，这将会在最后一小节讨论。

2.4.4 凸文献计量函数的派生属性

凸减函数有许多特性，这里将重点讨论笔者认为最重要的集中度（不平衡）和影响力。

1. 集中度方面

如上所述，不平衡现象并不仅仅出现在文献计量学中。集中理论最初是在计量经济学中提及，并在文献计量学中得到进一步发展。当 $X=(x_1,x_2,\cdots,x_N)$ 是递减向量时，把各点连接起来形成洛伦兹曲线（Lorenz，1905；Egghe，2005；Rousseau et al.，2018）。

$$i/N, \sum_{j=1}^{i} a_j$$

式中，$i=1,2,\cdots,N$，$a_j = x_j / \left(\sum_{i=1}^{N} x_i \right)$。洛伦兹曲线的特性是：曲线越弯曲，$X$ 中的 x_i 就越不平衡。最初，在计量经济学中体现为转移原则，即当从穷人（小的 x_i）那里拿走一部分给富人（大的 x_i），即增加不平衡性，就相当于增大了洛伦兹曲线弧度（Egghe，2005）。

在连续的情况中，区间 $[0,T]$ 上的凸减函数 Z 的洛伦兹曲线可以表示为 $L(Z)$，等于（根据定义，与离散情况相比）

$$L(Z)\left(\frac{r}{T}\right) = \left(\int_0^r Z \right) / A$$

式中，$A = \int_0^T Z$，即项目的总数。当 Z 为正值且递减时，$L(Z)$ 凹性增加。由此可见，$L(Z)'''$（洛伦兹曲线 $L(Z)$ 的三阶导数）与 Z "成正比"。

因此，当且仅当 $L(Z)''' \geq 0$ 时，Z 是凸的。

这是凸型文献计量学在集中理论（通过洛伦兹曲线）中的一个特征。

基于洛伦兹曲线，可以构建满足转移原则的"良好"的集中度（不平衡度）测量指标。如变异系数（$V = \sigma/\mu$，即标准差除以文献计量向量 X 或等级-频率函数 Z 的平均值）和基于洛伦兹曲线下面积的基尼系数。

使用幂函数来研究集中度是相对容易的，可以得到幂函数的不等式 β（它与每个来源的项目平均数 $\mu = \dfrac{1}{1-\beta} = (\alpha-1)/(\alpha-2)$ 呈双射关系）（Egghe，2005）。例如，最多来源（即最高产生来源）的一小部分 x 产生的 $x^{1/\mu}$ 是来自幂函数的洛伦兹曲线方程 $y = x^{1/\mu}$（又是一个幂函数！）。这个结果表明，μ 越大，X（或 Z）中的文献计量学数据越不平衡。

2. 影响力方面

使用文献计量学向量 X 或 X 的连续模拟值 Z，最简单的测量方法是使用均数 μ（影响因子），在文献计量学中（在引文方面）称为影响因子（Garfield and Sher，1963）。由于 X 和 Z 是偏态的，为了描述"影响力"，使用离散类型的测量方法（后面将详述）更为有用：事实上，只使用 μ（"影响力"）并不能很好地描述偏态数据，因为不同的偏态可以有相同的平均数。如在一般的统计学中，使用百分位数并不能产生模型理论上的效果，因为百分位数只是用来处理原始数据。在模型理论背景下，标准差（σ）（上一小节中提到的）非常重要，可以用来衡量不平衡性（参照上面提到的变异系数 V），但不能衡量影响力（这里可以基于影响因子的概念直观地理解，后面还会进一步解释）。

2005 年，物理学家（非文献计量学家）Jorge Hirsch（乔治·赫希）实现了一个重大突破，提出了 h 指数：对于递减向量 $X = (x_1, x_2, \cdots)$，$i = h$ 是最高指数，这样 $x_i \geq i$（即当所有 $i > h$ 时，$x_i < i$）。这是一个了不起的定义，在这个定义中，我们看到的是（项目）递减（x_i）序列与（来源）递增（i）序列的"交点"。在连续性框架中，h 指数仅指 $r = h$，所以 $Z(r) = r$（即 Z 的固定点）。

在这种情况下，我们可以清楚地阐明幂函数的"力量"。如果有一个幂函数 $Z(r)$，使 $h = h(Z)$，那么 Z 的 h 指数就是

$$h = T^{1/\alpha}$$

式中，T 是来源的总数，α 是 Lotka 定律中出现的指数。等价的，可以使用 Z 公式中出现的指数 β，即

$$\beta = 1/(\alpha - 1), \text{ 或者 } 1/\alpha = \beta/(1+\beta)$$

这是文献计量现象一般理解中使用幂函数的典型例子。上述公式表明，h 指数在来源总数 T 中呈凹性（即速度不快）增长（$\alpha > 1$），但 h 不仅取决于 T（合乎逻辑的），还取决于幂函数指数 α 或 β，即取决于等级–频率函数 Z 的凸性程度（α）：h 随 β（它在 α 中减少）而增加（即呈凸性，对于 T 来说，不是太小而是固定不变，比线性快）。这里我们通过指数 β 来描述"凸性程度"，这是符合逻辑的。

关于 h 指数及其应用，请参考 Rousseau 等（2018）和 Egghe（2010）的文献综述。Egghe 和 Rousseau（2019）首次在幂函数数据内外描述了 h 指数的纯数学应用（类似于平均数）。

2.4.5 结束语

本小节阐述了离散型数据（文献计量向量 X）和连续型数据（如等级–频率函数 Z）中凸性的核心作用。

凸性与不平衡（相当于集中）或影响力不同，但因为它是向量 X 和函数 Z 的基本属性，所以也是描述这两种（或其他）现象的基本指标。

描述凸性文献计量现象的最简单方法是使用递减幂函数。它比较简单，可以研究离散型或连续型文献计量的基本属性（如不平衡或影响力）[这些属性在一般文献计量情况下很难（甚至不可能）研究]。

2.4.6 参考文献

Barabàsi, A-L, Albert, R & Jeong, H 2000, 'Scale-free characteristics of random networks: The topology of the world-wide-web', Physica A, vol. 281, no. 1-4, pp. 69-77.

Egghe, L 2005, Power Laws in the Information Production Process: Lotkaian Informetrics, Elsevier, Oxford.

Egghe, L 2010, 'The Hirsch-index and related impact measures', in B Cronin, Annual Review of Information Science and Technology, vol. 44, pp. 65-114.

Egghe, L & Rousseau, R 2019, 'Solution a minimum problem in $L^2[0,T]$, using generalized h- and g-indices', Journal of Informetrics, vol. 13, no. 3, pp. 785-792.

Faloutsos, M, Faloutsos, P & Faloutsos, C 1999, 'On power-law relationships of the internet topology', Proceedings of the Conference on Applications, Technologies, Architectures and Protocols for Computer Communication, pp. 251-262, ACM, New York.

Feder, J 1988, Fractals, Plenum, New York.

Garfield, E & Sher, IH 1963, 'New factors in the evaluation of scientific literature through citation indexing', American Documentation, vol. 14, no. 3, pp. 195-201.

Hirsch, JE 2005, 'An index to quantify an individual's scientific research output', Proceedings of the

National Academy of Sciences of the United States of America, vol. 102, no. 46, pp. 16569-16572.

Lorenz, MO 1905, 'Methods of measuring concentration of wealth', Journal of the American Statistical Association, vol. 9, pp. 209-219.

Lotka, AJ 1926, 'The frequency distribution of scientific productivity', Journal of the Washington Academy of Sciences, vol. 16, no. 12, pp. 317-323.

Luce, RD 1959, 'On the possible psychophysical laws', The Psychological Review, vol. 66, no. 2, pp. 81-95.

Mandelbrot, B 1977, The Fractal Geometry of Nature, Freeman, New York.

Roberts, FS 1979, Measurement Theory with Applications to Decisionmaking, Utility and the Social Sciences, Addison-Wesley, Reading (MA).

Rousseau, R 1997, 'Sitations: An exploratory study', Cybermetrics, vol. 1, no. 1, pp. 1-7.

Rousseau, R, Egghe, L & Guns, R 2018, Becoming Metric-Wise: A Bibliometric Guide for Researchers, Chandos (Elsevier), Cambridge (MA).

Zipf, GK 1949, Human Behavior and the Principle of Least Effort, Addison-Wesley, Cambridge (MA) (reprinted 1965, Hafner, New York).

2.5 人文、艺术和社会科学中的文献计量学

Michael Ochsner（迈克尔·奥克斯纳）[①]

摘要：文献计量学方法是在科学、技术、工程和医学学科中发展起来的，应用在许多评估中。近来，人文、艺术和社会科学(humanities, arts, and social sciences, HASS) 等领域也越来越多地用它进行评估。然而，文献计量学方法并不能反映 HASS 学科的研究情况，这使得文献计量学在 HASS 领域的使用困难重重。本节概述了 HASS 学科中使用评价性文献计量学遇到的问题、文献计量学分析的价值，讨论了文献计量学在知情同行评议中使用的潜力。

关键词：人文、艺术和社会科学，替代计量学，知情同行评议，覆盖率，引用实践，基于绩效的研究基金，语言，社会影响力

2.5.1 引言

在科学、技术、工程和医学学科中，文献计量学指标是评价研究工作的既定工具。与评价程序中占主导地位的各种形式的同行评议相比，文献计量学指标更客观、更有可比性、负担更轻、成本更低，而且对当前趋势的反应更快，并且有助于监测

[①] 瑞士苏黎世联邦理工大学人文、社会与政治科学系，瑞士洛桑大学社会科学专业知识中心，ochsner@gess.ethz.ch。https://doi.org/10.1515/9783110646610-013

一段时间内的研究情况，是科学管理者的重要指导工具（KNAW，2011）。文献计量学首先应用于科学、技术、工程和医学领域，但在过去 10 年中，HASS 学科也青睐于文献计量学评价。然而，在 HASS 学科中，参数导向的研究思路似乎行不通（KNAW，2011），有研究者（Nederhof，2006）认为，对这些学科的文献计量评估存在问题。因此，HASS 领域的学者们发起了一些自下而上的研究（Ochsner et al.，2017）。下面将叙述文献计量学在 HASS 学科中的应用问题，介绍文献计量学分析对 HASS 学科的价值，讨论文献计量学在知情同行评议中的潜力。

2.5.2　艺术和人文科学中的文献计量学问题

HASS 各学科使用文献计量学不仅受到本学科学者的质疑，也受到文献计量学家的质疑。下面，将简短概述文献计量学家发现的在 HASS 学科中使用文献计量学时遇到的技术问题，然后重点讨论 HASS 领域学者对基本问题的观点。

1. HASS 学科的文献计量学问题

Nederhof（2006）在其关于社会科学和人文科学中文献计量监测的开创性评论中指出，将科学、技术、工程和医学学科使用的文献计量学方法用于 HASS 学科产生的问题是由出版行为的五个主要差异导致的。这五个差异分别是：

（1）国家或地区导向。许多 HASS 学科关注的是特定地理区域内的问题，语言起着至关重要的作用（因为英语并不是所有学科的通用语言）。因此，大多数 HASS 领域的学者以 1 种以上的语言发表文章（Kulczycki et al.，2020），并将使用多种语言视为国际化的一种体现；此外，在不同的学科的国际语言是不同的，并不限于英语（Sivertsen，2016a）。

（2）科学、技术、工程和医学学科的文章主要发表在英文期刊上，这反映了一种层次分明的沟通结构，即大多数高引用率的文章发表在有限的一组重要期刊上（Bonaccorsi，2018；Nederhof，2006）。HASS 学科的出版类型多种多样；相比于专著或书籍，期刊文章产出并不多（Engels et al.，2018；Kulczycki et al.，2018）。主流的出版物数据库 Web of Science 和 Scopus 尽管在覆盖书籍方面做了相当大的努力，但依然有限。专著和书籍覆盖率低和技术上的缺陷阻碍了评价性文献计量学的应用（Gorraiz et al.，2013）。

（3）正如 Nederhof（2006）所言，文献计量学家观察到了不同的理论发展速度。文献计量学分析显示，HASS 出版物中包含大量引用时间超过 5 年、10 年甚至 15 年的文献，同时，文章的衰减（即 1 篇文章不再被引用）也会延迟（Cole，1983；Thompson，2002）。

（4）在科学、技术、工程和医学领域，研究项目和团队是科学研究的主要形式（Thompson，2002），而 HASS 学科的研究往往以单个学者为中心。虽然在 HASS 学科中，合著现象也在增加，但合著文章的作者数量仍然相对较少，而且往往每个人都会添加自己的观点和想法，所以单一作者发文依然很重要（Ossenblok et al.，2014）。

（5）由于 HASS 学科与社会有更直接的交流，它们面向公众发表的文献可能多于向本专业人士发表的文献（Nederhof，2006）。与工业界的专利或其他互动相反，与社会的互动并不产生引用，也就无法被文献计量学家使用。通常情况下，学术工作和非学术工作之间的界线也不明确（van Gestel and Lienhard，2019）。

这五个问题给标准的文献计量学应用带来困难，最主要的困难就是数据的覆盖率。在相关的科学引文数据库中，不仅是成果的覆盖率不足，而且在语言的覆盖率上也存在偏差（Hug and Brändle，2017；Sivertsen and Larsen，2012）；更糟糕的是，在 HASS 学科中内部覆盖率非常低，即数据库中检索到的文章引用其他文章的引用数很低，很少超过 50%，这说明许多相关文章没有被引用。此外，常用的文献计量学指标（如影响因子）也需要适应 HASS 学科较慢的文献衰减情况，两年的引文窗口对它们来说太短了（Nederhof，2006）。

如果覆盖率是 HASS 学科文献计量分析的主要问题，那么解决方案似乎相当简单：增加数据库覆盖率。许多国家已经采取这样的策略，并建立了包含所有学术出版物的国家级出版物数据库（Sivertsen and Larsen，2012；Sīle et al.，2018）。然而，不同的知识载体不仅影响到出版类型，而且会影响引用活动。在 HASS 领域，引文更加多样化，有时候也不明确（Bonaccorsi，2018）。因此，HASS 学者对使用文献计量学方法监测研究成果仍有争议，对文献计量学的使用持保留意见。

2. HASS 学者对文献计量学的看法

Hug 等（2014）将艺术和人文领域的学者们对研究活动定量评估的意见总结为四点：①文献计量学方法源自科学、技术、工程和医学领域，而科学、技术、工程和医学领域也是社会科学研究长期以来重点关注的领域。评价研究活动的方法移植起来并不容易。例如，语言和覆盖面问题不仅是技术层面的，而且反映了学术话语权在科学、技术、工程和医学领域以及 HASS 领域之间可能有所不同，在不同语言出版物的群体之间也可能有所不同，甚至导致（或反映）跨区域的学科内部的认识论差异（Bonaccorsi，2018；Keller and Poferl，2017）。尤其在艺术（Lewandowska and Smolarska，2019）方面，研究还不多（Lewandowska and Stano，2018）。科学、技术、工程和医学领域基本遵循知识的线性进步理念，而 HASS 学科则以解释为基础，知识的产生是互补的、分段的，甚至是相互替代的（Bonaccorsi，2018；Mallard et al.，2009）。因此，引文在这里的功能就不同于科学、技术、工程和医学领域，而且引文的数量取决于主题，并无实际意义（Bonaccorsi，2018），如关于莫扎特的研究肯定比关于一位不知名的地方作曲家的研究获得更多的引用。②人文领域学者认为，量化是一种不可接受的简化形式，所以态度上依旧比较保守（Hammarfelt and Haddow, 2018; KNAW, 2011），并且对数字的关注削弱了 HASS 研究重要的无形效益和社会效益（Hellström, 2010; McCarthy et al., 2004）。③HASS 领域的学者担心数字的还原论主义者会带来负面的引导效应，如偏爱引人关注的研究、形成引用联盟、导致研究目标转移、忽视社会互动或偶然性意义上的学术自由（van Gestel and Lienhard, 2019; Hellström, 2010）。引文和出版物数量并不能很好地衡量相关利益对象、研究活动或研究质量，这一点比想象的还要复杂（Ochsner et al., 2012）。④有不同的质量标准。在认识论多样性的背景下，对科学价值的单一衡量是非常值得怀疑的（Bonaccorsi, 2018; Ochsner et al., 2014）。

2.5.3 替代计量学是一个更好的选择？

鉴于文献计量学指标只是狭隘地专注于实践和传播研究的几种可能方式之一，学者们建议用社会网络方面的指标来替代，即所谓的替代计量学，如 Twitter 提及率、馆藏量（图书馆持有量）、阅读量或替代计量学"甜甜圈"（Altmetric doughnut; Konkiel, 2016; Zuccala et al., 2015）。然而，类似的问题依然存在：首先，不清楚这些指标衡量的是什么（Bornmann, 2016）；其次，存在严重的技术问题，如可靠性和可重复性（Gumpenberger et al., 2016）。

2.5.4 在评价程序中使用文献计量学

尽管科学界指出了文献计量学的一些问题，但在许多评价场合还在使用，包括 HASS 学科。Ochsner 等（2018）确定了五种国家评价体系类型，其中三种依赖文献计量学。以 7 个东欧国家为代表的一种类型对 HASS 学科来说特别值得关注，因为它没有考虑到 HASS 的特殊性，而是使用了英文出版物占比较多的国际引文数据库的数据。在其他一些情况下，通过使用国家出版数据库和（或）让科学界参与定义哪些产出或出版商比其他产出或出版商更权威，从而使文献计量学指标的使用适应社会科学和人文科学出版模式（Sivertsen, 2016b）。无论采用何种评价体系，HASS 学者呼吁转变评价视角，特别是对艺术成果的评价（Hellström, 2010），应从问责制转向研究的价值评价（Galleron et al., 2017）。

2.5.5 对学术行为的影响

HASS 领域的学者主要顾忌文献计量学的负面引导效应，特别是当这些方法不符合各自领域的研究实践时，所以对它的风险进行了广泛讨论。对 HASS 的负面影响已经显现：在高度重视期刊发表的背景下，某些研究方法比其他方法更受青睐（Lewandowska and Stano，2018），这使年轻学者感到紧张，因为他们被国家制度逼着发表英文期刊文章，可能在他们的研究领域里，专著更重要（Hammarfelt and de Rijcke，2015；Xu，2020）。Hammarfelt 和 de Rijcke（2015）的综述发现了目标偏差、战略行为、任务削减的证据，并关注到科学、技术、工程和医学领域与 HASS 领域的单学科性。负面效应不仅影响研究人员的行为变化，大学管理者也可能只是努力提高排名，而不是提高教学质量、履行教育使命（Johnston and Reeves，2017）。

2.5.6 一种"艺术和人文科学的文献计量学"

鉴于以上提到的所有问题，是否应该禁止在 HASS 学科中应用文献计量学？这样做就因噎废食了。文献计量学指标不仅仅用于评估目的，事实上，它们并不是为这种目的而开发的；相反，它们是研究如何开展研究的工具。因此，Hammarfelt（2016）建议开发一种"艺术和人文科学的文献计量学"。由于 HASS 领域和科学、技术、工程和医学领域的知识生产和传播存在差异，而文献计量学研究更多集中于科学、技术、工程和医学领域，所以还有很多东西有待研究。文献计量学可以帮助描述和理解不同（子）学科研究和传播的差异。尽管有人声称多语言或书籍的重要性将会消失（Thompson，2002），但基于文献计量学分析，我们对多语言的重要性（Kulczycki et al.，2020）和书籍持续存在的重要性（Engels et al.，2018）有了深入了解。

2.5.7 研究质量和文献计量学，知情同行评议的机遇

即使 HASS 中的研究质量非常复杂，无法通过发表数量和引用次数来充分体现（Ochsner et al.，2012），但文献计量学仍然可以增强评价程序。同行评审也存在问题，如主观性强、可靠性低。这些缺陷可以通过知情同行评议来弥补。在这种评议中，同行通过各种质量相关指标对成果质量进行判断。Ochsner 等（2014）的研究结果表明，这样的程序将在 HASS 学者中得到更多认可。

2.5.8 参考文献

Bonaccorsi, A 2018, 'Towards an epistemic approach to evaluation in SSH', in A Bonaccorsi (ed.), The Evaluation of Research in Social Sciences and Humanities: Lessons from the Italian Experience, pp. 1-29, Springer, Cham.

Bornmann, L 2016, 'What do altmetrics counts mean? A plea for content analyses', Journal of the Association for Information Science and Technology, vol. 67, no. 4, pp. 1016-1017.

Cole, S 1983, 'The hierarchy of the sciences?', American Journal of Sociology, vol. 89, no. 1, pp. 111-139.

Engels, TCE, Starcic, AI, Kulczycki, E, Pölönen, J & Sivertsen, G 2018, 'Are book publications disappearing from scholarly communication in the social sciences and humanities?', Aslib Journal of Information Management, vol. 70, no. 6, pp. 592-607.

Galleron, I, Ochsner, M, Spaapen, J & Williams, G 2017, 'Valorizing SS research: Towards a new approach to evaluate SSH research' value for society', fteval Journal for Research and Technology Policy Evaluation, vol. 44, pp. 35-41.

Gorraiz, J, Purnell, PJ & Glänzel, W 2013, 'Opportunities for and limitations of the Book Citation Index', Journal of the American Society for Information Science and Technology, vol. 64, no. 7, pp. 1388-1398.

Gumpenberger, C, Glänzel, W & Gorraiz, J 2016, 'The ecstasy and the agony of the altmetric score', Scientometrics, vol. 108, no. 2, pp. 977-982.

Hammarfelt, B 2016, 'Beyond coverage: Toward a bibliometrics for the humanities', in M Ochsner, SE Hug & H-D Daniel (eds.), Research Assessment in the Humanities. Towards Criteria and Procedures, pp. 115-131, Springer International Publishing, Cham.

Hammarfelt, B & de Rijcke, S 2015, 'Accountability in context: Effects of research evaluation systems on publication practices, disciplinary norms, and individual working routines in the faculty of Arts at Uppsala University', Research Evaluation, vol. 24, no. 1, pp. 63-77.

Hammarfelt, B & Haddow, G 2018, 'Conflicting measures and values: How humanities scholars in Australia and Sweden use and react to bibliometric indicators', Journal of the Association for Information Science and Technology, vol. 24, no. 2, pp. 924-935.

Hellström, T 2010, 'Evaluation of artistic research', Research Evaluation, vol. 19, no. 5, pp. 306-316.

Hug, SE & Brändle, MP 2017, 'The coverage of Microsoft Academic: Analyzing the publication output of a university', Scientometrics, vol. 113, no. 3, pp. 1551-1571.

Hug, SE, Ochsner, M & Daniel, H-D 2014, 'A framework to explore and develop criteria for assessing research quality in the humanities', International Journal of Education Law and Policy, vol. 10, no. 1, pp. 55-68.

Johnston, J & Reeves, A 2017, 'Assessing research performance in UK universities using the case of the economics and econometrics unit of assessment in the 1992—2014 research evaluation exercises', Research Evaluation, pp. 28-40.

Keller, R & Poferl, A 2017, 'Soziologische Wissenskulturen zwischen individualisierter Inspiration und prozeduraler Legitimation. Zur Entwicklung qualitativer und interpretativer Sozialforschung in der deutschen und französischen Soziologie seit den 1960er Jahren', Historical Social Research, vol. 42, no. 4, pp. 301-357.

KNAW 2011, Quality Indicators for Research in the Humanities, Royal Netherlads Academy of Arts and Sciences, Amsterdam.

Konkiel, S 2016, 'Altmetrics: Diversifying the understanding of influential scholarship', Palgrave Communications, vol. 2, no. 16057.

Kulczycki, E, Engels, TCE, Pölönen, J, Bruun, K, Duskova, M, Guns, R, Nowotniak, R, Petr, M,

Sivertsen, G, Starcic, AI & Zuccala, A 2018, 'Publication patterns in the social sciences and humanities: Evidence from eight European countries', Scientometrics, vol. 116, no. 1, pp. 463-486.

Kulczycki, E, Guns, R, Pölönen, J, Engels, TCE, Rozkosz, EA, Zuccala, AA, Bruun, K, Eskola, O, Starcic, AI, Petr, M & Sivertsen, G 2020, 'Multilingual publishing in the social sciences and humanities: A seven-country European study', Journal of the Association for Information Science and Technology, vol. 26, no. 1, p. 41.

Lewandowska, K & Smolarska, Z 2019, 'Striving for consensus: How panels evaluate artistic productions', Qualitative Sociology, vol. 70, no. 9, pp. 1-22.

Lewandowska, K & Stano, PM 2018, 'Evaluation of research in the arts: Evidence from Poland', Research Evaluation, vol. 27, no. 4, pp. 323-334.

Mallard, G, Lamont, M & Guetzkow, J 2009, 'Fairness as appropriateness: Negotiating epistemological differences in peer review', Science, Technology & Human Values, vol. 34, no. 5, pp. 573-606.

McCarthy, KF, Ondaatje, EH, Zakaras, L & Brooks, A 2004, Gifts of the Muse, Rand Corporation, Santa Monica.

Nederhof, AJ 2006, 'Bibliometric monitoring of research performance in the social sciences and the humanities: A review', Scientometrics, vol. 66, no. 1, pp. 81-100.

Ochsner, M, Hug, SE & Daniel, H-D 2012, 'Indicators for research quality in the humanities: opportunities and limitations', Bibliometrie - Praxis und Forschung, vol. 1, pp. 1-17.

Ochsner, M, Hug, SE & Daniel, H-D 2014, 'Setting the stage for the assessment of research quality in the humanities: Consolidating the results of four empirical studies', Zeitschrift für Erziehungswissenschaft, vol. 17, no. 6, pp. 111-132.

Ochsner, M, Hug, SE & Daniel, H-D (eds.) 2016, Research Assessment in the Humanities: Towards Criteria and Procedures, Springer International Publishing, Cham.

Ochsner, M, Hug, SE & Galleron, I 2017, 'The future of research assessment in the humanities: Bottom-up assessment procedures', Palgrave Communications, vol. 3, no. 17020.

Ochsner, M, Kulczycki, E & Gedutis, A 2018, 'The Diversity of European Research Evaluation Systems', in Proceedings of the 23rd International Conference on Science and Technology Indicators, CWTS, Leiden, pp. 1234-1241.

Ossenblok, TLB, Verleysen, FT & Engels, TCE 2014, 'Coauthorship of journal articles and book chapters in the social sciences and humanities (2000—2010)', Journal of the Association for Information Science and Technology, vol. 65, no. 5, pp. 882-897.

Sīle, L, Pölönen, J, Sivertsen, G, Guns, R, Engels, TCE, Arefiev, P, Duskova, M, Faurbæk, L, Holl, A, Kulczycki, E, Macan, B, Nelhans, G, Petr, M, Pisk, M, Soòs, S, Stojanovski, J, Stone, A, Šušol, J & Teitelbaum, R 2018, 'Comprehensiveness of national bibliographic databases for social sciences and humanities: Findings from a European survey', Research Evaluation, vol. 27, no. 4, pp. 310-322.

Sivertsen, G 2016a, 'Patterns of internationalization and criteria for research assessment in the social sciences and humanities', Scientometrics, vol. 107, no. 2, pp. 357-368.

Sivertsen, G 2016b, 'Publication-based funding: The Norwegian model', in M Ochsner, SE Hug &

H-D Daniel (eds.), Research Assessment in the Humanities: Towards Criteria and Procedures, pp. 79-90, Springer International Publishing, Cham.

Sivertsen, G & Larsen, B 2012, 'Comprehensive bibliographic coverage of the social sciences and humanities in a citation index: An empirical analysis of the potential', Scientometrics, vol. 91, no. 2, pp. 567-575.

Thompson, JW 2002, 'The death of the scholarly monograph in the humanities? Citation patterns in literary scholarship', Libri, vol. 52, no. 3, pp. 121-136.

van Gestel, R & Lienhard, A 2019, 'Conclusion and discussion', in R van Gestel & A Lienhard (eds.), Evaluating academic legal research in Europe. The advantage of lagging behind, pp. 422-459, Edward Elgar, Cheltenham.

Xu, X 2020, 'Performing under "the baton of administrative power"? Chinese academics' responses to incentives for international publications', Research Evaluation, vol. 29, no. 1, p. 87-99.

Zuccala, AA, Verleysen, FT, Cornacchia, R & Engels, TCE 2015, 'Altmetrics for the humanities', Aslib Journal of Information Management, vol. 67, no. 3, pp. 320-336.

2.6 同行评议和文献计量学之间的关系

Michael Ochsner（迈克尔·奥克斯纳）[①]

摘要： 作为学术质量控制基石的同行评议一直备受诟病，文献计量学作为一种主观性较弱、偏见更少的替代方法已得到发展并在评价程序中实施。本节将讨论同行评议和文献计量学之间的关系，阐明文献计量学还要依赖同行评议，依然存在类似同行评议的偏见。本节研究了三个与同行评议和文献计量学有关的例子，结果显示，与其把这两种评价方法对立起来，还不如在协作和结合上下功夫。

关键词： 开放科学，替代计量学，知情同行评议，偏见，引用实践，基于绩效的研究资助，预测效度，评定者间信度，研究质量

2.6.1 引言

同行评议通常被视为学术质量控制的基石，这一认识可以追溯到 18 世纪现代科学萌芽时期（Bornmann，2011）。然而，Kronick（1990）认为，这个时间还取决于同行评议的定义，同行评议自"人们开始识别和交流他们认为的新知识以来就已经存在。这是因为同行评议是建立共识过程的一个必要且不可分割的部分"（Kronick，1990，第 1321 页）。无论同行评议的确切起始时间是什么时候，同行评

[①] 瑞士苏黎世联邦理工大学人文、社会与政治科学系，瑞士洛桑社会科学专业知识中心，ochsner@gess.ethz.ch。

https://doi.org/10.1515/9783110646610-014

议都是拨款、选稿、学术招聘、机构评估、奖项评价、研究计划等的主要评价方法（Bornmann，2011；Daniel et al.，2007；Ochsner et al.，2020）。作为"守门人"（Lamont，2009）或"科学的守护者"（Daniel，1993），同行们保证了科学工作的高标准，使科学工作能够论功行赏。

尽管同行评议在学术生活中非常重要，但也经常受到批评，其使用也受到质疑。通常，人们认为同行评议存在主观偏见、有社会争议、减缓出版过程，建议使用更客观的文献计量学指标作为评价方法（Bornmann and Leydesdorff，2014）。尽管如此，同行评议仍然是所有科学工作评价中不可或缺的，即使在基于指标的方法中也是如此。这是因为不直接依赖同行评议的评价程序依然使用经过同行评议的科学成果数据作为评价的核心机制（Ochsner et al.，2020）。

下面将探讨同行评议和文献计量学之间的关系，对同行评议面临的几个问题和挑战进行简要概述，并阐释文献计量学对同行评议的依赖性。本节将阐明，文献计量学和同行评议不是相互对立的，而是相互补充的评价方法。

2.6.2 对同行评议的偏见

尽管自18世纪以来，同行评议一直是评估科学成果的最成熟的一种方法，但随着文献计量学和科学计量学的普及，尤其是在过去30年里，它还是受到了强烈的批评和压力（Bornmann and Leydesdorff，2014）。对同行评议的批评也并非无可辩驳。事实上，同行评议仍被视为评价科学价值的最合适形式。下面我们总结了论述同行评议偏见的文献，并随后提出了支持同行评议的观点。

1. 关于偏见的类型

文献中讨论了几种对同行评议过程的意见（Bornmann，2011；Lee et al.，2013）。①评定者间信度低。评定者间信度低是指外审对1篇稿件是否可以发表或1个项目是否值得资助有不同意见，这种分歧使程序变得不可靠（Bornmann and Daniel，2008）。②公平性不足。除稿件、项目或研究的价值外，其他标准可能会影响决定，如性别、作者或申请人所在机构的威望、他们的国家或他们（以前）的导师或文章的语言，这意味着以英语为母语的人被拒绝的次数较少（Cronin，2009；Wennerås and Wold，1997）。③预测效度低。即外审的判断与成果未来的增值之间相关性较小。例如，高引用论文的正面评价不一定比低引用论文的评价多（Gottfredson，1978），或者受资助项目和未受资助项目被引用之间不一定有差异（Melin and Danell，2006）。④效率低。由于评审和修改需要一定时间，同行评议效率也受到质疑。这可能会延迟研究成果发表，遏制创新，并给科学界带来很大负担（Cowen et al.，1987；Eysenck HJ and Eysenck SBG，1992）。⑤保守性偏见。同行评议更偏向于既定知识的认可，同行往往喜欢与自己相似的研究，而且专家的年龄往往大于作者（Lee et al.，2013）。⑥跨学科研究的价值被低估。专家可能更喜欢自己学科的研究，而对其他相关领域往往了解不多，从而削弱跨学科研究的价值（Langfeldt，2006）。⑦压力和挫败感。评审过程可能会给人带来压力和挫败感，尤其对新作者来说，这样可能会让人才对研究望而却步（Eysenck HJ and Eysenck SBG，1992）。女性更敏感，她们的工作似乎更容易受到评估者影响，这可能会损害她们研究者的形象（Lendák-Kabók and Ochsner，2020）。⑧积极结果偏见。评审会导致积极结果偏见，也就是说，只有发现某种结果才会发表，而如果未发现预期的结果就不会发表，从而导致有偏见的报告，即所谓的发表偏见（Lee et al.，2013）。

2. 关于偏见的问题

虽然批评是科学知识生产不可或缺的一部分，并有助于改善同行评议过程，但许多学者对有关同行评议的偏见提出了自己的看法。关于经常提到的同行评议的公平性问题，特别是对女性的歧视，许多研究无法重复这种带有偏见的结果（Friesen，1998；Mutz et al.，2012）。此外，至少对于著名期刊来说，被拒绝但在其他地方发表的稿件被引用次数比接受的稿件少（Bornmann et al.，2011），这种预测效度低的说法也受到质疑。Langfeldt 等（2015）指出，关于同行评议偏见的研究，特别是关于公平性和预测效度的研究，在没有明确界定预期研究结果的情况下，就进行了比较，如人们真的期望一个获得开放模式研究资助的人在获得资助后会得到相对更多的引用吗？难道不是因为这个人有更高的影响潜力而被选中吗？Ochsner（2020）更进一步对研究背后的方法论提出疑问。第一，较高的评定者间信度不一定是可取的，因为它可能只是选择了遵循相同范式的专家，从而拒绝了另一个范式的研究。如果不了解不同评级背后的原因，就不能解释为偏见。第二，高预测效度通常以引用次数来衡量，可能只说明了发表在特定期刊或获得了著名资助，提高了文章或学者的引用率。引用可以有许多不同的含义，所以引用率并不是一个好的成果评价指标，也不是有效的同行评议过程的衡量标准（Tahamtan and Bornmann，2018）。第三，如果在同行评议过程中可以发现偏见，这就不是同行评议本身的问题，而可能取决于同行评议的外部条件：如女性不太自信并提交较保守的申请书，或者知名机构的研究人员有更多时间写提案，并且在知名机构工作的男性更多，那么在这种条件下，即使同行评议者本身不会倾向于男性，结果也会对男性有利（Ceci and Williams，2011；Enserink，2015）。Lipworth 等（2011）甚至认为，决定总是在许多价值观念、有时是矛盾信息背景下做出的选择，社会性和主观性正是同行评议的本质，外审和编辑在这一过程中扮演了质量守门员这一社会角色（Eysenck HJ and Eysenck SBG，1992）。

更有趣的是，即使是对评审有偏见的作者，或几项研究同行评议的研究人员，在接受采访时都认为同行评议仍然是改进研究（无论是手稿还是研究方案）或对研究把关的最佳方式或坏处最少的方式（Cowen et al.，1987；Eysenck HJ and Eysenck SBG，1992；Lendák-Kabók and Ochsner，2020；Vanholsbeeck，2020）。

2.6.3 文献计量学与同行评议之间的联系

鉴于人们普遍认为文献计量学评估比同行评议的偏见少，尤其对于政策制定者（Taylor，2011），是最有价值的同行评议替代方法，所以我们要反思同行评议和文献计量学之间的联系。①对同行评议持批评态度的观点是建立在文献计量学基础之上的：引用量或与引用量的相关性被用来"验证"同行评议程序。然而，引用率是科学成果的良好衡量标准的说法并没有得到验证（Ochsner et al.，2012），类似的，因为同行评议的结果与文献计量学的结果不一致，所以认为文献计量学更合适。②很明显，同行评议和文献计量学之间存在着密切的联系。文献计量学分析的主要数据来源 Web of Science 和 Scopus，它们只收录经过同行评议的出版物。此外，依靠国家综合出版物数据库的基于绩效的研究资助模式只承认经过同行评议的出版物（Valleysen and Engels，2013）。③指标驱动的基于绩效的研究资助模式也可能涉及同行评议部分：同行决定哪些出版渠道是一级、哪些出版渠道是二级（Sivertsen，2016）。因此，文献计量学也拥有类似同行评议的偏见。

总之，问题不应该是文献计量学是否应该取代同行评议，而是如何为同行评议减压、如何改进同行评议过程和一般评价程序。文献计量学在这方面拥有不可替代的优势。同行评议在评价程序中可以扮演很多角色，以不同的形式出现，并且同行做出决定的出发点也各不相同（Ochsner，2020）。因此，应该更多地关注文献计量学和同行评审之间的相互关系。下面介绍三个值得进一步研究的案例。

1. 开放同行评议

随着开放科学成为主要的政策目标，新版本的同行评议和出版模式引起了人们的关注。不再以印刷形式出版的开放获取（open access）期刊在空间上没有了限制，那么就可以公开评审，并将评审关联到一篇文章的不同版本。已经确定了多种开放同行评议流程模型（Ross-Hellauer，2017）。这为文献计量指标带来了新的可能性，这些指标考虑了科学工作中迄今为止大多被忽视的方面：评审意见的撰写。最近，科睿唯安 Web of Science 旗下的 Publons 已经提出了一个新指标，即发表文章和评论提交的比例（publons.com）。也可能会出现其他指标。当然，它们也会出现与其他文献计量方法类似的问题，如覆盖率问题、学科差异和博弈风险。

2. 同行评议出版物的模糊性

同行评议是保障学术质量的重要基础，在评价中发挥着重要作用。文章是否经过同行评议往往是评审程序（如基于绩效的资助系统、招聘或拨款）中的一个标准，因此通常要求研究人员确保他们的文章经过同行评议。然而，也有专家对期刊或图书出版商采用同行评议持不同观点（Pölönen et al.，2020）。这对基于绩效评价体系的同行评议出版物有一定的影响，因此为同行评议出版物设立了一个标签（Valleysen and Engles，2013）。有趣的是，为同行评议设计的标签保证了文献计量学指标的质量。

3. 知情同行评议

同行评议不仅可以改善或创新文献计量学指标，文献计量学和科学计量学指标也可以改进同行评议。由于研究质量是一个复杂的概念，评审员在判断时经常会出现分歧，这不是因为他们对质量的某一方面有异议，而是因为他们对质量的关注点不同（Eysenck HJ and Eysenck SBG，1992）。此外，由于需要评审的任务较多，为研究质量的各个方面制定指标有助于给出合理的决定。因此，Ochsner 等（2014）建议为研究质量的不同方面制定指标，让评审员对每个方面进行评分，这样的程序使判断更可靠、更公平（Thorngate et al.，2009）。

2.6.4 结论

研究评价是一项复杂的工作，文献计量学和同行评议都有这样或那样的问题或缺陷，相互对立并非良策，竭尽全力研究它们之间的关系及如何将它们更好地结合才是正道。

2.6.5 参考文献

Bornmann, L 2011, 'Scientific peer review', Annual Review of Information Science and Technology, vol. 45, no. 1, pp. 199-245.

Bornmann, L & Daniel, H-D 2008, 'The effectiveness of the peer review process: Inter-referee agreement and predictive validity of manuscript refereeing at Angewandte Chemie', Angewandte Chemie International Edition, vol. 47, no. 38, pp. 7173-7178.

Bornmann, L & Leydesdorff, L 2014, 'Scientometrics in a changing research landscape', EMBO reports, vol. 15, no. 12, pp. 1228-1232.

Bornmann, L, Mutz, R, Marx, W, Schier, H & Daniel, H-D 2011, 'A multilevel modelling approach to investigating the predictive validity of editorial decisions: Do the editors of a high profile journal select manuscripts that are highly cited after publication?', Journal of The Royal Statistical

Society Series A-Statistics In Society, vol. 174, no. 4, pp. 857-879.

Ceci, SJ & Williams, WM 2011, 'Understanding current causes of women's underrepresentation in science', Proceedings of the National Academy of Sciences, vol. 108, no. 8, pp. 3157-3162.

Cowen, EL, Spinelli, A, Hightower, AD & Lotyczewski, BS 1987, 'Author reactions to the manuscript revision process', American Psychologist, vol. 42, no. 4, pp. 403-405.

Cronin, B 2009, 'Vernacular and vehicular language', Journal of the American Society for Information Science and Technology, vol. 60, no. 3, pp. 433.

Daniel, H-D 1993, Guardians of Science: Fairness and Reliability of Peer Review, VCH Verlagsgesellschaft.

Daniel, H-D, Mittag, S & Bornmann, L 2007, 'The potential and problems of peer evaluation in higher education and research', in A Cavalli (ed), Quality assessment for higher education in Europe, pp. 71-82, Portland Press, London.

Enserink, M 2015, 'Dutch sexism study comes under fire', Science, vol. 364, no. 6446.

Eysenck, HJ & Eysenck, SBG 1992, 'Peer review: Advice to referees and contributors', Personality and Individual Differences, vol. 13, no. 4, pp. 393-399.

Friesen, HG 1998, 'Equal opportunities in Canada', Nature, vol. 391, no. 6665, p. 326.

Gottfredson, SD 1978, 'Evaluating psychological research reports: Dimensions, reliability, and correlates of quality judgments.', American Psychologist, vol. 33, no. 10, pp. 920-934.

Kronick, DA 1990, 'Peer review in 18th-century scientific journalism', Journal of the American Medical Association, vol. 263, no. 10, pp. 1321-1322.

Lamont, M 2009, How Professors Think: Inside the Curious World of Academic Judgment, Harvard University Press.

Langfeldt, L 2006, 'The policy challenges of peer review: Managing bias, conflict of interests and interdisciplinary assessments', Research Evaluation, vol. 15, no. 1, pp. 31-41.

Langfeldt, L, Bloch, CW & Sivertsen, G 2015, 'Options and limitations in measuring the impact of research grants—evidence from Denmark and Norway', Research Evaluation, vol. 24, no. 3, pp. 256-270.

Lee, CJ, Sugimoto, CR, Zhang, G & Cronin, B 2013, 'Bias in peer review', Journal of the American Society for Information Science and Technology, vol. 64, no. 1, pp. 2-17.

Lendák-Kabók, K & Ochsner, M 2020, 'A gender and geopolitical perspective on peer review', in M Ochsner, N Kancewicz-Hoffman, M Hołowiecki & J Holm (eds.), Overview of peer review practices in the SSH. ENRESSH Report. European Network of Research Evaluation in the Social Sciences and Humanities, pp. 78-86.

Lipworth, WL, Kerridge, IH, Carter, SM & Little, M 2011, 'Journal peer review in context: A qualitative study of the social and subjective dimensions of manuscript review in biomedical publishing', Social Science & Medicine, vol. 72, no. 7, pp. 1056-1063.

Melin, G & Danell, R 2006, 'The top eight percent: Development of approved and rejected applicants for a prestigious grant in Sweden', Science and Public Policy, vol. 33, no. 10, pp. 702-712.

Mutz, R, Bornmann, L & Daniel, H-D 2012, 'Does gender matter in grant peer review?', Zeitschrift für Psychologie, vol. 220, no. 2, pp. 121-129.

Ochsner, M 2020, 'Place, role, form and significance of peer review in national research evaluation systems', in M Ochsner, N Kancewicz-Hoffman, M Hołowiecki & J Holm (eds.), Overview of peer review practices in the SSH. ENRESSH Report. European Network of Research Evaluation in the Social Sciences and Humanities, pp. 55-60.

Ochsner, M, Hug, SE & Daniel, H-D 2012, 'Indicators for research quality in the humanities: Opportunities and limitations', Bibliometrie - Praxis und Forschung, vol. 1, p. 4.

Ochsner, M, Hug, SE & Daniel, H-D 2014, 'Setting the stage for the assessment of research quality in the humanities: Consolidating the results of four empirical studies', Zeitschrift für Erziehungswissenschaft, vol. 17, no. 6, pp. 111-132.

Ochsner, M, Kancewicz-Hoffman, N, Holm, J & Hołowiecki, M 2020, 'Conclusions', in M Ochsner, N Kancewicz-Hoffman, M Hołowiecki & J Holm (eds.), Overview of Peer Review Practices in the SSH. ENRESSH Report. European Network of Research Evaluation in the Social Sciences and Humanities, pp. 99-100.

Pölönen, J, Engels, TCE & Guns, R 2020, 'Ambiguity in identification of peer-reviewed publications in the Finish and Flemish performance-based research funding systems', Science and Public Policy, vol. 47 no. 1, pp. 1-15.

Ross-Hellauer, T 2017, 'What is open peer review? A systematic review', F1000Research, vol. 6, no. 588.

Sivertsen, G 2016, 'Publication-based funding: The Norwegian model', in M Ochsner, SE Hug & H-D Daniel (eds.), Research Assessment in the Humanities. Towards Criteria and Procedures, pp. 79-90, Springer International Publishing, Cham.

Tahamtan, I & Bornmann, L 2018, 'Core elements in the process of citing publications: Conceptual overview of the literature', Journal of Informetrics, vol. 12, no. 1, pp. 203-216.

Taylor, J 2011, 'The assessment of research quality in UK universities: Peer review or metrics?', British Journal of Management, vol. 22, no. 2, pp. 202-217.

Thorngate, W, Dawes, RM & Foddy, M 2009, Judging Merit, Psychology Press, New York, NY.

Vanholsbeeck, M 2020, 'Peer review in the context of the new modes of knowledge production, dissemination and evaluation', in M Ochsner, N Kancewicz-Hoffman, M Hołowiecki & J Holm (eds.), Overview of Peer Review Practices in the SSH. ENRESSH Report. European Network of Research Evaluation in the Social Sciences and Humanities, pp. 87-93.

Verleysen, FT & Engels, TCE 2013, 'A label for peer-reviewed books', Journal of the American Society for Information Science and Technology, vol. 64, no. 2, pp. 428-430.

Wennerås, C & Wold, A 1997, 'Nepotism and sexism in peer-review', Nature, vol. 387, pp. 341-343.

第3章 经典指标[①]

3.1 衡量研究的影响——从学术交流到更广泛的影响

Wolfgang Glänzel[②]（沃尔夫冈·格伦泽尔），Pei-Shan Chi[③]（池佩珊）和 Koenraad Debackere[④]（科恩拉德·德贝克雷）

摘要：在过去20年里，文献计量学的发展有了重大的转变，对"科学传播"的量化和测度超越了学术范围，已扩展到它在科学和社会领域影响力的评价。本节总结了这一演变的背景及主要特征，并重点针对用于测量"更广泛影响"的一些新指标，讨论了其中潜在的实际性挑战。除批判性评论外，本节还列举了若干实例，以说明正确、合理使用这些新指标的巨大潜力和附加价值。

关键词：科学计量学2.0，使用量，下载量，捕获，社交媒体，引文影响，更广泛影响

3.1.1 引言

"科学计量学"被定义为"数学和统计学方法在图书与其他传播媒介中的应用"（Pritchard，1969），虽然其初衷并不是直接评估研究成效，但现在已成功开发提供用于量化监测和衡量科学产出的工具，尤其是关于科学本质及其发展的基础研究。从20世纪七八十年代开始，统计学方法就被用于测量和模拟当今科学传播的各种过程和具体现象。最近，开放科学、开放获取作为重要的平台和工具，替代计量学作为其可能的评价工具，自出现以来就受到极大关注，同时也拓宽了传统科学计量学的研究视角和领域。特别是社交网络，为学术研究和交流提供了一个额外的舆情信息维度。这些新资源扩展了传统的科学计量学，早期开发的"网络计量学"（Webometrics）（Almind and Ingwersen，1997）和"替代计量学"（Priem et al.，2010）就是为了分别评价互联网和社交网络上的非学术影响力。最重要的

[①] 译者：张慧，女，编审，司法鉴定科学研究院。
[②] 比利时鲁汶天主教大学研究监测中心和经济与商业学院，匈牙利科学院图书馆科学政策与科学计量学部，wolfgang.glanzel@kuleuven.be。
[③] 比利时鲁汶天主教大学研究监测中心，peishan.chi@kuleuven.be。
[④] 比利时鲁汶天主教大学研究监测中心和经济与商业学院，koenraad.debackere@kuleuven.be。
https://doi.org/10.1515/9783110646610-015

是，替代计量学明确提出了一个可观的前景，即为学术研究在学术领域以外更广泛的社会影响力提供评估工具。Priem 和 Hemminger（2010）对这一新概念加以概述，整理了一份相关服务的综合性列表，并对其用途、局限性和未来的挑战进行了批判性分析。他们还预测"科学计量学 2.0"模式这一新范式即将出现。人们对新指标的期望很高，对新指标的使用也满怀热情。但不幸的是，与大约 30 年前或更早指标出现时的情况相比，如今对新指标的使用缺乏严谨性（有时甚至是疏忽大意）。文献计量学家们对此已有讨论（Wouters and Costas, 2012; Gumpenberger et al., 2016），告诫人们在使用新指标时存在潜在的实际挑战和危险。在总结近期的讨论之前，我们先简要回顾一下科学计量学近来的发展，其可能会成为一门范围更广的学科，称为"科学计量学 2.0"，旨在衡量学术领域之外的科学传播、评价科学研究的更广泛影响。

3.1.2 科学计量学 1.0——从信息到评估

从历史的角度看，科学计量学体现了科学传播方法的发展情况，即定量的监测及衡量指标（度量）的发展。这些指标开发的初衷是应用于基础科学，因此最初是在科学信息的框架之内。随着时间的推移，人们在科研评价中对指标的需求不断增加，从而导致"视角转变"（perspective shift）（Glänzel, 2006）。由于科学文献数量呈指数级增长、学术交流日益复杂、同行评议制度出现危机，科学计量学在 20 世纪七八十年代迅速崛起，并找到了新的发展方向。如今，科学计量学指标主要应用于科研评价。这一转变产生的首要后果就是，科学计量学家和指标的使用者发现指标的使用场景和解释都发生了改变。科学计量学指标的使用场景扩展到其最初开发时使用的场景之外（参见"期刊影响因子"），对科学传播模式的测量（参见"作者自引"，author self-citations）也根据新的关注点而有了新的解释。因此，科学计量学的第一个局限性逐渐凸显，出现"不知情"使用，引起了研究人员和指标使用者的关注。这就是科学计量学 1.0 时代。

创建科学计量学 1.0 概念框架是为了对科学传播的研究影响力和基础科学领域有文献记录的学术交流进行建模和衡量，主要基于期刊文献，但从未被设计用于直接评估研究绩效，也并未试图用定量方法去纠正或代替定性方法。科学计量学作为真正意义上的跨学科领域，在社会学、经济学和其他相关领域的影响下，从信息科学的一个分支学科演变为评估科学活动的基准测试工具。除了信息科学和科学社会学，科学政策成为科学计量学发展的第三个驱动力。科学政策提供了一股强大的推动力，使得"小科学计量学"演化为"大科学计量学"（Glänzel and Schoepflin, 1994）。这意味着科学计量学的应用对象从与高校相关联的科学家个人或小团队主导的"小科学"，变为以团队协作、巨额预算、复杂合作及跨学科为特征的"大科学"。由于评估过程具有动态性特征，科学计量学的应用重点从宏观研究向下转移到中观甚至微观层面的研究。这种转变，以及从"科学信息"到"科研评价"的概念性转变，都需要在数据检索方面具有更高的精度。然而，适当的数据来源和所需的新方法在20世纪90年代都尚未完全到位，科学计量学的危机感由此而生。

3.1.3 科学计量学1.x——历史草图

随着科学计量学领域开疆扩土、日益成熟，在同时进行的学科建设方面出现了新的挑战：必须要向应用科学扩展，随后还要向社会科学、人文科学，以及技术领域扩展。Glänzel和Chi（2018）指出，文献计量学家在20世纪最后20年间观察到，在医学（Lewison，2000）或应用科学（van Els et al.，1989）等领域，科学传播和研究影响都无法通过在传统科学计量学框架内开发的方法和指标得以充分描述，更遑论社会科学和人文科学领域。有研究人员指出，在诸如人文科学和技术等相关领域，科学传播和影响的许多来源和对象有相当大一部分并不在有文献记录的期刊论文学术交流范围内，因此基于期刊引用计算信息的影响力和使用，都只能被视为不够充分的测量方式。当科学计量学家们的视野拓展到新的数据源（包括会议论文集和专著），并对基础研究以外的其他领域的研究绩效进行测量时，发现对于这些领域而言，上述框架明显太过狭窄。科学计量学家们就尝试通过扩大范围、改进方法来应对这一挑战以跟上科研评价的新发展。

随着数据源的扩展和科学计量学范围的局部扩大，形成了可被视为传统科学计量学概念的科学计量学1.x版本。它有两个主要特点：一是前文已提到过的"视角转变"，二是其应用日益集中在较低层次的聚合上，从宏观层面到中观层面，再逐渐到对科学家个人的评估（个人层面文献计量学的挑战，参见Wouters et al.，2013）。简而言之，变化不仅体现在目标样本类型的转变，还体现在科学计量分析的规模和范围。

科学计量学1.x的高级功能及其带来的挑战引发了若干问题，而新型数据源的开放和纳入已成为应对挑战的必要性先决条件。包括会议论文集、专著、国家数据库和网络在内的新型数据源被整合到文献计量学的传统基础当中，由此也出现了与数据相关的问题，其中包括与大数据相关的问题，如数据清理、姓名消歧以及应对冗余的需求等。因科学计量学范围扩大而产生的其他问题则更体现在概念和方法论上，因为它们与各个领域学术交流中的特定文化密切相关，特别是在与技术相关的科学、社会科学和人文科学领域，尤其是其基于特定出版物类型和渠道的特定主题的交流行为，以及引文在这些领域之间和内部可能具有的不同功能；此外还有中观和微观层面的特定问题，如个人合著、性别、开放获取形式出版等，都需要更高的数据处理质量和信息颗粒度。

毫无疑问，传统的科学计量学 1.x 模型具有不可否认的优势。首先，数据源是一个动态但封闭的领域，主要是特有的、多学科的文献数据库，如美国科学信息研究所的科学引文索引，以及后来的汤森路透公司的科学引文索引数据库（Web of Science），还有爱思唯尔公司的 Scopus。这些数据库在不断增长的同时，都形成了一个封闭的动态领域。之所以说系统是动态的但仍保持封闭，是因为所有引用计数都来自同一个数据库。任何与该数据库以外的对象和项目的链接，如参考文献中所谓的"非源"项目都被排除在分析之外，这有助于质量一致性指标的标准化和整合。同时，通过明确定义"曝光度"（exposure）和"学术影响力"（scholarly impact）指标，促进了科学计量结果的可比性。由于它仅限于衡量学术交流的效果，因此会进一步对该框架内的参与者、影响力和信息使用者（即学者本身）进行明确界定，从而有助于对获得的科学计量结果进行解释。由于大多数专属数据库都是开放的，科学计量结果具有高度的再现性（reproducibility）和可记录性（documentability）。当然，可复制性（replicability）的高低取决于记录和描述的透明度，即允许读者使用相同的数据来再现结果。其次，研究证明，科学计量结果在各种聚合级别都有效，并且在与同行评议体系结合时，在较低级别的聚合中，结果也是有效的。因此，在国际、国家、跨机构、机构内部等层面的分析，以及对研究人员个人和研究团队的分析，都可以在该模型内进行。最后，各种数理统计模型（包括出版活动、引文影响、作者合著、引文网络、文献增长与演变等）都可以很好地应用于实证结果。因此，只要添加一些新数据源，就可扩展到开放动态领域。这一点已经通过将数据库与外部数据源匹配得以实现，即使外部数据源的信息可能还不够充足。

例如，可以使用一些诸如 Medline 医学主题词的外部信息，通过创建相应的链接将各篇论文分配到基于期刊的 Web of Science 主题分类系统中的各个主题。通过添加科研院系级别的单位详情等外部信息，还可以提高作者及所属单位分配的准确性。对于在多个级别的姓名消歧，则需要将来自机构和个人简历的附加信息和数据库匹配，然后进行评估。与外部数据源的匹配，有助于对数据进行区域化处理，有助于将资助和研究成果联系起来以验证资助过程的效果，也有助于识别和联系科学领域及各自相关文献数据库之外的信息源和目标。如谈及一项医学研究的影响力，非常重要的一点是能出现在用于改善治疗的医学指南中，尽管这些医学指南在文献中并未被引用。此外，也应看到科学计量学 1.x 模型的局限性。Glänzel 和 Debackere（2003）对文献计量学的各种机遇和局限进行了讨论。大部分文献计量学研究本质都局限于方法或技术，仅涉及结果和指标的使用和应用。除此之外，最普遍最基本的局限也许是过度关注学术交流，因为许多计量结果应用于该体系之外，尽管基于网络的数据源已（至少是部分）超越这一框架（如 Google Scholar、网络计量学）。但是，Hoffman 等（2014）的一项小规模研究发现，在线交流活动与已有的影响力指标之间并没有相关性。

3.1.4 科学计量学 2.0——前景、挑战与局限性

最近提出了科学计量学 2.0 的概念，向衡量社会影响以及研究的"更广泛影响"迈出一大步，并且涵盖了"开放科学"，将"社交媒体指标"或"替代计量学指标"作为"科学计量学 2.0"基础的根基和组成部分（Priem and Hemminger，2010）。作为可能的来源，Priem 和 Hemminger（2010）建议将分享书签、参考文献管理软件、推荐系统、文章评论、微型博客、维基百科、博客，以及社交网络、视频和开放数据存储库等其他来源都一并纳入。

1. 前景

首先，科学计量学 2.0 最重要的一项不同是克服了科学计量学 1.x 模型的诸多局限性，即衡量学术交流和影响方面的限制。在科学计量学 2.0 更广泛的范围内，具体而言就是替代指标，已经涉及一些重要的功能和前景。因此，Sugimoto（2016）指出，越来越多的人要求研究对学术界以外的影响能得到呈现，并且在确定影响力时，建议给予以往代表性不足群体（如性别、种族、残疾、地理等层面）更多的发言权和投票权，从而使影响力的评价结构更加民主。只有意识到代表性不足群体与影响力之间的关系，才能以更民主的方式体现他们的存在，从而减少歧视。科学计量学 2.0 的另一个主要前景来自社交网络。基于网络的方法可以以社交媒体数据为研究基础，如关注社区、话题标签耦合分析、读者模式分析等（Wouters et al.，2019），也可以通过增加关系资本和社会资本视角，为科学影响力评估系统的多样化做出贡献（Hoffman et al.，2014）。

2. 挑战与局限性

关于文献计量学的前景，Wouters 和 Costas（2012）、Sugimoto（2016）、Gumpenberger（2016）等总结了诸多挑战和局限性，具体包括：

● 文献计量学 2.0 的分析通常在个人（微观）层面，这是其优势所在。但更高层次的分析是存在疑问的，因此其主要挑战之一就是大规模研究的有效性、可靠性和可行性。

● 大量假设尚未经过验证和测试，在线和电子交流方式（Web2.0 及更高版本？）发展迅速、变化莫测，这使得需要验证并实施的替代计量学跟上科学计量学的发展变得困难重重。事实上，有可能在实施时就已过时，因为社交成员和社交网络发展速度太快。

● 所涉及的数据需要拥有更高的透明度和清晰度，而目前这两方面都还没有对数据提供者提出明确界定。因此，如果要讨论影响力——是对谁的影响？在数

据提供者和用户使用方面存在哪些潜在的偏见？如果不加以厘清，各种措施的标准化和规范化将会难以想象。

- 数据质量：不仅要考虑和来源相关的输入和分配的可靠性，还要考虑结果的可靠性。例如，自动化流程可能会产生错误并影响到社交媒体指标。
- 与之前的科学计量学模型相比，替代计量学仍然缺乏数学背景和适当的模型，这阻碍了对指标的清晰解释。所使用的综合指标的构建具有随意性，从而导致诸多问题，使得这些指标更加难以解释和比较。替代计量学兴起的目标之一是克服基于引文的传统指标的缺陷，但是新的"一体化"指标却随之产生。我们应该抵制任何创建"一体化"指标的诱惑，尤其是用于排名的指标（所谓"旧习难改"，参见 Gumpenberger et al.，2016）。

3.1.5　科学计量学 2.0——方法

在下文中，我们将通过替代计量学的例子说明数据处理的具体要求和开放性概念在多个方面的影响。开放性概念往往缺乏严格的规则和审查，甚至交流过程中的使用方法和使用对象都知之甚少。我们将专注于替代计量学研究，因为它始终与传统文献计量学的结果相关联，并根据这些结果进行分析。

1. 替代计量学

作为扩展传统科学计量学概念和应用的一种替代方法，替代计量学指标根据社交媒体、在线新闻媒体、在线参考文献管理软件等多种在线研究结果来计算学术影响。Konkiel（2013）总结了分享、保存、评论、改编和社交使用五种替代指标。正如 Glänzel 和 Chi（2019）曾讨论的，Cave（2012）使用类似的方法，通过使用量（usage）、捕获量（captures）、提及数（mentions）、社交媒体（social media）和引用数（citations）五种方式对替代计量学指标进行分类。其中"使用量"包括诸如点击、下载、查看等，可以被视为有意图要使用但并非实际使用的量度（Gorraiz et al., 2014），因此几乎没有显示出任何动机。"捕获量"相对而言代表的内容更多一些，因为它表示重复性使用，如书签、收藏、读者或观众等。"提及数"是对新闻报道、维基百科链接或相关研究的博客文章等的衡量。"社交媒体"指标则包含很多种类，只是部分表达确认和简单的评论，具体包括引用该研究的推文、Facebook 上的点赞等。"引用数"代表的层次最高，可以认为是随着传统文献计量学逐渐延伸到学术交流范围之外，传统文献计量学框架内的"引文"概念也随之而延伸。它既包含了 Scopus 或专利引文等传统的引文索引，也包含了临床引用或政策引用之类有助于说明社会影响力的引文。这五个类别在 PlumX（2020）中被用作不同的影响测量维度，但对于更广泛的社会影响力而言，仍然只能涵盖一小部分（Lewison，2004，2008）。

关于传统的科学计量指标与替代计量学指标的关系，以往的研究大多发现，替代计量学指标与引用指标存在一定程度的相关性，表明这两种方法相关但不相同，从而支持"应将两者视为相互提供不同观点的互补来源"的假设（Zahedi et al.，2014；Costas et al.，2015；Gorraiz et al.，2018）。但替代计量学比传统的文献计量学更容易产生"通胀"效应（inflationary effects）（Persson et al.，2004），因为我们已经看到，轻而易举就能在几个月内达到十万用户的极端"使用量"。与传统引用相比，要解释替代计量学的衡量指标，其"语境"更为重要，因为这些数字很容易因其地域性特征而变得极端。另外，经常被讨论的"零膨胀数据"（zero-inflated data）现象也会强烈影响到替代计量学的数据（Bornmann and Haunschild，2018），即"零频率"（zero frequency）在不少替代计量学分布中的份额极大，与前面提到的巨大数字形成对比，似乎超越了传统的传播模式。造成这种影响的原因各不相同，但其中有些是可以解释的：论文在社交媒体平台上的覆盖率低（Zahedi et al.，2014）、显示度低、公共使用访问受限，或者数据不匹配。

2. 以往的研究结果及相关研究

下载量是最早用于补充引用指标的统计数据之一（Bollen et al.，2005），是用于衡量使用量的指标，更确切地说是衡量使用意图，而不是实际的使用量（Gorraiz et al.，2014）。尽管其可用性和解释性都很有限，但下载量提供了与使用过程相关的有趣信息。在之前一项研究中，（全文）下载过程通常能反映引用过程的特征，但反映的程度并不总是相同，且大多具有特定领域的"转换系数"（translation coefficient）（Glänzel and Heeffer，2014）。在初始阶段，下载频率比引用频率高出约两个数量级。Glänzel 和 Chi（2018）最近的一项研究强调，这意味着一次引用大致对应于一定数量的下载量。如果我们以爱思唯尔 2008 年在线出版的 80 000 篇文章为样本，跟进随后 5 年内的下载量和引用量，则每 1 次引用会对应 100 次左右的下载量（图 1）。

引用过程能反映下载量的增加，但根据我们的预期可能存在一定的"相移"（phase shift）。影响力和使用量之间已被证明有非常强的相关性，这也部分证实了之前其他人的研究结果（Moed，2005；Brody et al.，2006；Thelwall，2012）。最近 Chi 和 Glänzel（2018，2019）以及 Chi 等（2019）的研究可以进一步证实和深化这些结果。但是，下载量本质上并不像引文那样与文献的学术交流密切相关，因为只要有全文访问权限的人就都可以下载，但并不见得就会使用或把下载的信息加入到可能会发表的研究中。

Glänzel 和 Chi（2019）总结了以下发现：研发监测中心团队针对 Web of Science 使用的统计指标和其他 PlumX 指标做了进一步研究，结果也表明传统的概念和方

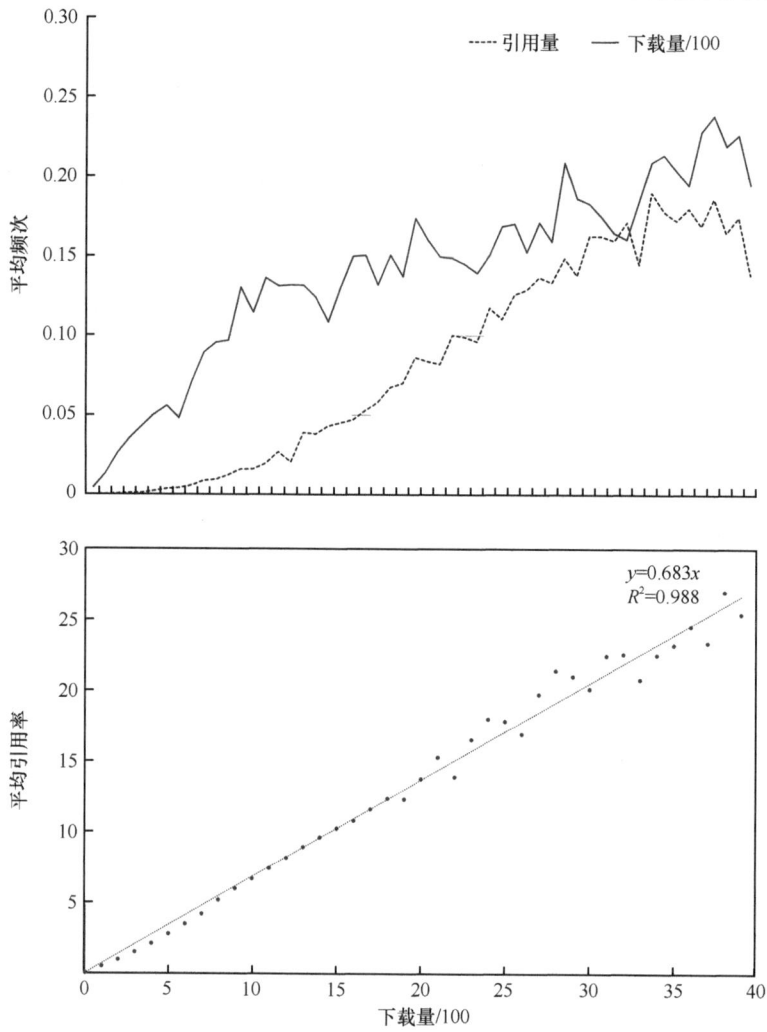

图1 根据 Glänzel 和 Heeffer（2014）的研究，Elsevier 的 80 000 篇文章在线出版 5 年后的下载量与引用量（上图）的月度变化情况以及作为下载量的函数的"有条件的平均引用率"（下图）

法可以集成到新指标中。"期刊使用指数"（journals usage index）（Chi and Glänzel，2018）的定义与加菲尔德影响因子（Garfield impact factor）类似，而事实证明相对引用指标的概念以及"特征量表与分数"（characteristic scales and scores，CSS；Glänzel and Schubert，1988；Chi and Glänzel，2018）也适用于新指标。简而言之，我们已经可以从之前的这些研究中得出一些具体的结论，最重要的是自然科学和人文社会科学领域基础研究模式之间存在差异。就 Web of Science 中期刊文章的应用统计而言，社会科学的"使用"影响力要高于"引用"影响力（Chi and Glänzel，2018，2019），这在我们的意料之中，因为人文社会科学领域的引用的确不如自然科学领域那样明显。更重要的是，我们发现一个有趣现象，"撰写"（authored）出来的书和"编辑"（edited）出来的书所反映的使用模式并不相同（Chi and Glänzel，2019）。图2展示了这两种不同文献类型图书出版物的"平均使用率"（mean usage rate，MUR）和"平均引用率"（mean citation rate，MCR）之间的相关性，这与2013年科睿唯安"图书引用指数"（Book Citation Index，BKCI）所反映的情况相同。

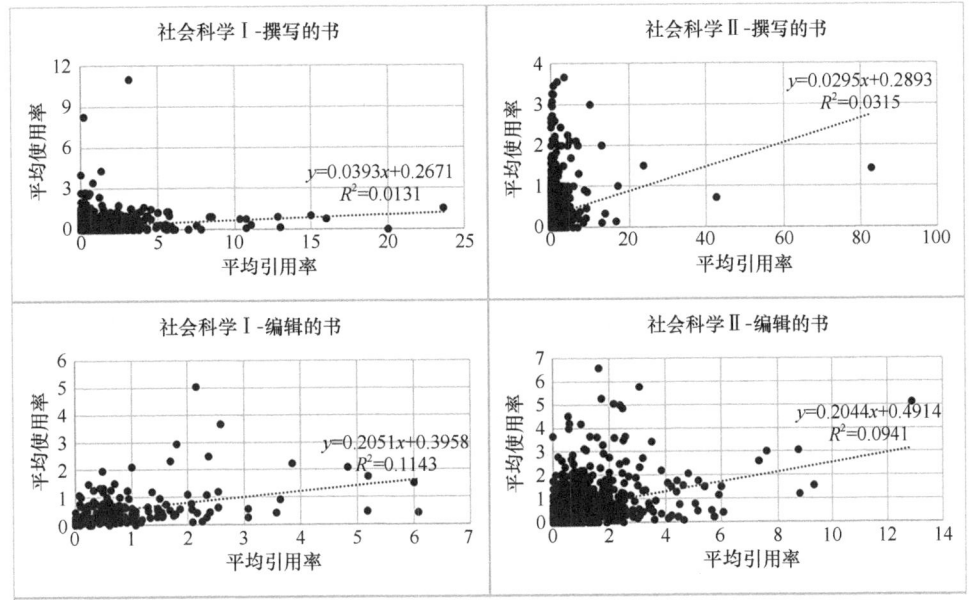

图2 根据Chi和Glänzel（2019）的研究，两种不同文献类型（撰写、编辑）的图书出版物在社会科学两个主要领域中的"平均使用率"和"平均引用率"散点图

3. 进一步的挑战和局限性

科学计量学2.0的一些假设（概念、方法等）尚未得到验证和测试。在概念方面，指标的开发者、指标的设计者以及使用者，都应保证其可复制性（replicability）、稳健性（robustness）、可通约性（commensurability），注意对指标的解释，避免指标设计的随意性（arbitrariness）。这种情况下，基于"替代指标"的前景，概念往往致力于提出一些批判性观点，包括解释影响力和指标，描述用户的身份、特征和角色。Bookstein（1997）分析了在科学计量学中锚定这种能力的问题，他指出了三个（不同于其他的）度量"难题"，它们对定量方法构成了挑战，并在新的替代计量学背景下变得更加关键，它们就是随机性（randomness）、模糊性（fuzziness）和歧义性（ambiguity）。

在方法方面，指标设计者和使用者应避免指标过于复杂（参见综合指标、一体化指标）、忽略基本数据及特征进行简化、变量选择和权重设置过于随意，以及倾向性错误。例如，在分析部分区分了使用量、捕获量、提及数、社交媒体和引用数等多个类别。此外，Moed（2015）给出了传统科学计量学背景下可接受的错误率。事实上，用户分类也非常容易出错。

而且，开放获取（即钻石开放获取、黄金开放获取、青铜/混合开放获取、绿色开放获取、黑色开放获取）[①]的增长效应还不能充分量化和衡量。在迄今为止已发表的研究中，部分结果互相矛盾（Eysenbach，2006；Davis et al.，2008）。"掠夺性开放获取"对未来出版文化可能的影响也尚未被充分了解（Xia et al.，2015）。

最近一项以"公共、环境与职业健康"类别文献为例的研究（Glänzel and Chi，2019），对替代计量学的属性提出了可能具有典型意义的见解。首先，这些属性决定了它们在评估语境中可能被应用的机会和局限性。在这项研究中最重要的发现是，一些措施缺乏一致性，这与我们之前已发表的文章结果相似（Chi et al.，2019；Chi and Glänzel，2019）。添加、删除或仅仅是更改存储库或数据库，都可能会导致巨大变化，并可能将局部或区域影响转变成全球性现象。SciELO 数据库就是其一个例证。如果仅计算下载量、提及数、点赞数、推特提及数和其他与社交媒体相关的量度，但是不了解这些行为背后的真正目的，肯定就无法提供可明确解释的（定量）证据。这些量度的重要性和稳健性还无法达到传统文献计量工具的标准，与学术交流指标相比，替代计量学指标的可解释性需要更多的背景分析。目前用来衡量研究的更广泛影响的替代计量学指标，仍然无法满足人们对其使用的巨大期望（有时甚至是盲目的热情）。

就科学政策而言，科学计量学中指标选用不当的问题已有很多报道，从不知情使用到过度选择和收集"最有利"的指标，再到明显故意滥用数据。不知情使用和误用并不总是因为超出了文献计量学研究的范围而产生的。关键是，文献计量学家们有时抵制不住诱惑，追赶潮流以满足客户或政策制定者的期望和需求。文献计量学方法和指标的各种不知情使用或误用，可能会使得文献计量学研究名誉扫地。因此，科学计量学 2.0（或文献计量研究的下一个领域）对作为一门学科的科学计量学及研究者提出了诸多挑战。对于含义和数学基础尚未被完全理解和充分验证的新指标，应该避免不适当使用的危险（Debackere et al.，2019）。

最后，我们要引用 van Noorden（2014，第 129 页）的声明："一些分析师认为，大型社交学术网站尽管拥有数百万用户，但其基本价值尚未得到证明。"因此，科学计量学 2.0 未来将会如何，还有待观察。

[①] 译者注：钻石开放获取指文章终版发表在完全开放获取的期刊（和）出版平台上，作者或其机构不需要支付文章处理费，其费用一般来自图书馆、科研机构或社团。黄金开放获取指文章终版发表在完全开放获取的期刊上，并可以通过出版平台免费下载全文，作者或其机构支付文章处理费。青铜/混合开放获取指文章终版发表在既有订阅又有开放模式的期刊上，对于支付文章处理费的文章在出版平台上可以免费下载全文。绿色开放获取指文章某一版（一般是接受后版本）存储在受信任科研机构管理的数据库中，可提供此版本全文免费下载。黑色开放获取是指来源于非出版平台的文章全文下载服务，如 ResearchGate、Sci-Hub。

3.1.6 致谢

本文综述了 Glänzel 和 Chi 于 2016 年发表在 ISSI Newsletter 上的文章，以及 2018 年在中国澳门举行的第 19 届 COLLNET 会议和 2019 年意大利罗马第 17 届 ISSI 会议上所做的报告。图 1 来自 Glänzel 和 Heeffer（2014），图 2 来自 Chi 和 Glänzel（2019），均已获得作者的使用授权许可。

3.1.7 参考文献

Almind, TC & Ingwersen, P 1997, 'Informetric analyses on the world wide web: Methodological approaches to 'webometrics'', Journal of Documentation, vol. 53, no. 4, pp. 404-426.

Bollen, J, de Sompel, HV, Smith, JA, Luce, R 2005, 'Toward alternative metrics of journal impact: A comparison of download and citation data', Information Processing & Management, vol. 41, no. 6, pp. 1419-1440.

Bookstein, A 1997, 'Informetric distributions. III. Ambiguity and randomness', JASIST, vol. 48, no. 1, pp. 2-10.

Bornmann, L & Haunschild, R 2018, 'Normalization of zero-inflated data: An empirical analysis of a new indicator family and its use with altmetrics data', Journal of Informetrics, vol. 12, no. 3, pp. 998-1011.

Brody, T, Harnad, S & Carr, L 2006, 'Earlier web usage statistics as predictors of later citation impact', JASIST, vol. 57, no. 8, pp. 1060-1072.

Cave, R 2012, 'Overview of the Altmetrics Landscape', in Proceedings of the Charleston Library Conference, pp. 349-356, Purdue University Press.

Chi, P-S & Glänzel, W 2018, 'Comparison of citation and usage indicators in research assessment in scientific disciplines and journals', Scientometrics, vol. 116, no. 1, pp. 537-554.

Chi, P-S & Glänzel, W 2019, 'Citation and usage indicators for monographic literature in the Book Citation Index in the social sciences', ISSI Newsletter, vol. 14, no. 4, pp. 80-86.

Chi, P-S, Gorraiz, J & Gläzel, W 2019, 'Comparing capture, usage and citation indicators: An alt-metric analysis of journal papers in chemistry disciplines', Scientometrics, vol. 120, no. 3, pp. 1461-1473.

Costas, R, Zahedi, Z & Wouters, P 2015, 'Do "altmetrics" correlate with citations? Extensive com-parison of altmetric indicators with citations from a multidisciplinary perspective', JASIST, vol. 66, no. 10, pp. 2003-2019.

Davis, PM, Lewenstein, BV, Simon, DH, Booth, JG, Connolly, MJL 2008, 'Open access publishing, article downloads, and citations: randomised controlled trial', BMJ vol. 337, no. 7665, article number: a568.

Debackere, K, Glänzel, W & Thijs, B 2019, 'Scientometrics shaping science policy and vice versa, the ECOOM case', in W Glänzel, HF Moed, U Schmoch & M Thelwall (eds.), Springer Handbook of Science and Technology Indicators, pp. 449-466, Springer Verlag.

Eysenbach, G 2006, 'Citation advantage of open access articles', PLOS Biology, vol. 4, no. 5, pp. 692-698, article number: e157.

Glänzel, W 2006, 'The 'perspective shift' in bibliometrics and its and its consequences. I. International Conference on Multidisciplinary Information Sciences and Technologies' (InScit2006), Mérida, Spain, October 25-28, 2006, http://de.slideshare.net/inscit2006/theperspective-shift-in-bibliometrics-and-its-consequences (July 15, 2020).

Glänzel, W & Chi, P-S 2016, 'Scientometrics 2.0 − and beyond? Background, promises, challenges and limitations', ISSI Newsletter, vol. 12, no. 3, pp. 33-36.

Glänzel, W & Chi, P-S 2018, 'Research beyond scholarly communication − The big challenge of scientometrics 2.0', Proceedings of the 19th COLLNET meeting, pp. 116-125, Macau, December 5-8, 2018.

Glänzel, W & Chi, P-S 2019, 'Research beyond scholarly communication − The big challenge of scientometrics 2.0', in G Catalano, C Daraio, M Gregori, H Moed & G Ruocco (eds.), Proceedings of the ISSI Conference 2019, pp. 424-436, Rome, Italy.

Glänzel, W & Debackere, K 2003, 'On the opportunities and limitations in using bibliometric indicators in a policy relevant context', in R Ball (ed.), Bibliometric Analysis in Science and Research: Applications, Benefits and Limitations, Jülich.

Glänzel, W & Heeffer, S 2014, 'Cross-national preferences and similarities in downloads and citations of scientific articles: A pilot study', in E Noyons (ed.), Context Counts: Pathways to Master Big and Little Data, pp. 207-215, Proceedings of the STI Conference 2014, Leiden University.

Glänzel, W, Schoepflin, U 1994, 'Little scientometrics, big scientometrics … and beyond', Scientometrics, vol. 30, no. 2-3, pp. 375-384.

Glänzel, W, Schubert, A 1988, 'Characteristic scores and scales in assessing citation impact', Journal of Information Science, vol. 14, no. 2, pp. 123-127.

Gorraiz, J, Blahous, B & Wieland, M 2018, 'Monitoring the broader impact of the journal publication output on country level: A case study for Austria', in M Erdt, A Sesagiri Raamkumar, E Rasmussen & YL Theng (eds.), Altmetrics for Research Outputs Measurement and Scholarly Information Management, AROSIM 2018, Communications in Computer and Information Science, vol. 856, Springer, Singapore.

Gorraiz, J, Gumpenberger, C & Schloegl, C 2014, 'Usage versus citation behaviours in four subject areas', Scientometrics, vol. 101, no. 2, pp. 1077-1095.

Gumpenberger, Ch, Gläzel, W & Gorraiz, J 2016, 'The ecstasy and the agony of the altmetric score', Scientometrics, vol. 108, no. 2, pp. 977-982, doi: https://doi.org/10.1007/s11192-016-1991-5.

Hoffman, ChP, Lutz, Ch & Meckel, M 2014, Impact Factor 2.0: Applying Social Network Analysis to Scientific Impact Assessment, SSRN.

Konkiel, S 2013, 'Altmetrics: a 21st Century Solution to Determining Research Quality', Online Searcher, vol. 37, no. 4, pp. 11-15.

Lewison, G 2000, 'Citations as a means to evaluate biomedical research', In: B. Cronin and H. Atkins (Eds.), The Web of Knowledge: A Festschrift in Honour of Dr. Eugene Garfield, Information Today, Inc., Medford, New Jersey. ASIST Monograph Series, pp. 361-372.

Lewison, G 2004, 'Citations to papers from other documents: Evaluation of the practical effects of biomedical research', in HF Moed et al. (eds.), Handbook of Quantitative Science and Technology Research, pp. 457-472.

Lewison, G 2008, 'The returns to society from medical research (in Spanish)', Medicina Clínica, vol. 131, Suppl. 5, pp. 42-47.

Moed, HF 2005, 'Statistical relationships between downloads and citations at the level of individual documents within a single journal', JASIST, vol. 56, no. 10, pp. 1088-1097.

Moed, HF, Halevi, G 2015, 'Multidimensional assessment of scholarly research impact', Journal of the Association for Information Science and Technology, vol. 66, no. 10, pp. 1988-2002.

Persson, O, Glänzel, W, Danell, R 2004, 'Inflationary bibliometric values: The role of scientific collaboration and the need for relative indicators in evaluative studies', Scientometrics, vol. 60, no. 3, pp. 421-432.

PlumX 2020, PlumX Metrics. Plum Analytics, https://plumanalytics.com/learn/about-metrics/ (July 15, 2020).

Priem, J 2014, 'Altmetrics', In B Cronin & CR Sugimoto (eds.), Beyond Bibliometrics: Harnessing multidimensional indicators of scholarly impact, MIT Press, Cambridge, MA, pp. 263-287.

Priem, J & Hemminger, BH 2010, 'Scientometrics 2.0: New metrics of scholarly impact on the social Web', First Monday, doi: https://doi.org/10.5210/fm.v15i7.2874.

Priem, J, Taraborelli, D, Groth, P & Neylon, C 2010, Altmetrics: A manifesto, http://altmetrics.org/manifesto/ (July 15, 2020).

Pritchard, A 1969, 'Statistical bibliography or bibliometrics?', Journal of Documentation, vol. 24, no. 4, pp. 348-349.

Sugimoto, C 2016, Unlocking social data for science indicators (White paper), NSF Workshop on Bibliometric Indicators, Arlington.

Thelwall, M 2012, 'Journal impact evaluation: a webometric perspective', Scientometrics, vol. 92, no. 2, pp. 429-441.

van Els, WP, Jansz, CNM, le Pair, C 1989, 'The citation gap between printed and instrumental output of technological research - The case of the electron-microscope', Scientometrics, vol. 17, no. 5-6, pp. 415-425.

van Noorden, R 2014, 'Online collaboration: Scientists and the social network', Nature, vol. 512, pp. 126-129.

Wouters, P & Costas, R 2012, Users, Narcissism and Control — Tracking the Impact of Scholarly Publications in the 21st Century, SURF.

Wouters, P, Glänzel, W, Gläser, J & Rafols, I 2013, 'The dilemmas of performance indicators of individual researchers — An urgent debate in bibliometrics', ISSI Newsletter, vol. 9, pp. 48-53.

Wouters, P., Zahedi, Z. & Costas, R 2019, 'Social media metrics for new research evaluation', in W Glänzel, H Moed, U Schmoch & M Thelwall (eds.), Handbook of Science and Technology Indicators, pp. 687-714, Springer Berlin-Heidelberg.

Xia, JF, Harmon, JL, Connolly, KG, Donnelly, RM, Anderson, MR, Howard, HA 2015, Who publishes in "predatory" journals? Journal of the Association for Information Science and

Technology, vol. 66, no. 7, pp. 1406-1417.

Zahedi, Z., Costas, R. & Wouters, P 2014, 'How well developed are altmetrics? A cross-disciplinary analysis of the presence of 'alternative metrics' in scientific publications', Scientometrics, vol. 101, no. 2, pp. 1491-1513.

3.2 从简单的出版物数据到复杂的指标：文献计量学与方法论正确性、显著性和经济必要性的困境

Dirk Tunger[1]（德克·通格），Heinz Ahn[2]（海因茨·安），Marcel Clermont[3]（马塞尔·克莱蒙），Johanna Krolak[4]（约翰娜·克罗拉克），Andreas Meier[5]（安德烈亚斯·迈尔）

摘要：由于竞争激烈，科研机构越来越多地开始采用商业管理理念和工具，类似于提倡对公共服务机构采取商业化运营方式的"新公共管理"改革。本节关注的问题是如何定义文献计量学指标，以满足科学和经济要求。为此，我们考虑了不同类型的文献计量学指标、各自的运作方式及其可能的应用。

关键词：绩效衡量，文献计量学指标，科学影响力，工商管理

科研机构日益发现自身面临着争夺最聪明的人才、最负盛名的研究项目和最具影响力的出版物的竞争。此外，"几乎所有企业、所有机构，都面临着对其下属团队或整个单位的绩效进行监控和评估的任务"（Wagner-Döbler，2003，第23页）。在这种情况下，科研院所面临的任务就是要做出既科学又经济有效的决策。本节关注如何定义文献计量学指标，从而满足科学和经济两方面的要求。为回答这一基本问题，我们重点关注如何从特定学科的出版和引文习惯中得出标准化指标，从而在跨越各个学科的科学共同体中进行复杂的跨学科比较。

由于上述竞争，科研机构开始越来越多地使用工商管理的理念和工具，类似于"新公共管理"改革，倡导以商业化方式运营公共服务机构。因此，绩效评估、科研机构间的影响力比较等要素被广泛使用——以确保资源配置既要"有效果"（effective），又要"有效率"（efficient）。如果一个机构的某项举措产生的变化符合预期目的，则这项举措就"有效果"。与之相对照，效率则涉及与该举措相关的

---

[1] 德国科隆应用技术大学，信息科学与传播研究学院，信息管理研究所；于利希研究中心，于利希项目管理中心，"分析、研究、战略"卓越中心，d.tunger@fz-juelich.de。
[2] 德国布伦瑞克工业大学，商学院，管理控制与会计研究所，hw.ahn@tu-braunschweig.de。
[3] 德国格拉-爱森纳赫双元制大学，经济学系，marcel.clermont@dhge.de。
[4] 于利希研究中心中央图书馆，j.krolak@fz-juelich.de。
[5] 于利希研究中心中央图书馆，a.meier@fz-juelich.de。
https://doi.org/10.1515/9783110646610-016

多个方面，具体可以分为目的、资源，以及作为未来状态的非预期特征的副作用（Weber，1976）。如果一个替代方案引起的变化能改进其中一个方面，同时又不会对其他方面产生负面影响，这一方案就被认为是"有效率"（Ahn，2003，第92页；关于文献计量学指标具体分析，参见Clermont，2016）。

在评估相关问题时，"效率评估"与"效果评估"存在两个方面的差异：①效果仅指一项分析中包含的目的（或与目的相关的目标），例如，研究的目的是产生公共知识（如出版物）；而就效率而言，则与目标、资源（如科学家）和副作用（如研究结果产生的风险）都相关。②效率评估必须始终考虑可替代的行动或者可比较的机构（如比较所有高等教育机构还是仅比较大学）。因此，评估一个科学机构对于其可用资源的使用是否有效率，以及使用的有效程度，都取决于所分析的服务绩效中包含哪些要素、有哪些与之相比较的单位（Ahn，2003，第99页）。

对于一项评估，哪些目标是重要的，这最终取决于个体观察者的偏好。因此原则上，观察者可以自行决定如何解释各个方面——它们是否能有效代表目的、资源、理想的或不理想的副作用（Ahn and Dyckhoff，2004，第517页）。因此，评估在本质上是主观的（Tappe，2014）。例如，外部资金代表一项研究的投入还是产出？这就是一个非常重要的讨论主题。为了揭示某项评估的主观性（受多种因素影响），就需要披露所有主观因素。这样可以为第三方创造透明度，并能防止针对已发布结果缺乏清晰性的批评，最终能让人们更加容易接受这些结果以及基于这些结果做出的所有决定（Ahn and Clermont，2018，第890页）。

在确定与目标相关的相对基准时，必须要考虑诸多要求。在实用层面上，主要包括数据的可用性和数据采集的经济可行性；在定性层面上，则包括基准的有效性和可靠性（Kromrey，2006，第179页）。

为了让文献计量分析的结果有效且可靠，有诸多解决方案可供考虑：首先，要检查分析所包括的学科的可比性。这通常会导致调查变得相对片面和局部，因为在这种情况下，只有个别学科的效果和效率会被调查（Clermont，2016）。其次，要仔细考虑所使用指标背后的概念。例如，对指标的定义和设计进行标准化或归一化处理，可以避免绝对数字[如文献数量（number of publications，P）或引用数量（number of citations，C）]和相对数字（如篇均引用数）的影响以确保跨学科可比性，而不是采用影响的百分比（如期刊或学科的归一化；Ball et al.，2009）。

研究成果主要以科学论文的形式传播（即论文就是主要产出），因此通常使用文献计量学指标来衡量研究效果和效率，从而可以量化研究成果及其对科学界的影响。单个指标的意义逊色于一组指标，使用发表和引用指标时应与其他指标联合使用。如上所述，不同学科的基本架构不同，在进行比较时必须考虑它们的出版文化。所包括的不仅有能体现巨大差异特征的基本指标，如发表数量和引用数量，还有发表类型和媒体、发表语言、合著者人数、发表与第一次引用的时间间隔等。

进行学科间比较时,还有一个问题就是论文和引文数据库的覆盖范围也不同。图 1 描述了不同学科覆盖范围的差异,它显示的是 Web of Science 中 1 年内的不同领域文献分布(出版年份:2018 年,文献类型:论文)。其做法是:首先将论文归类至不同领域,再使用 Archambault 等(2011)提出的分类标准进行后续聚合(subsequent aggregation)。与 Web of Science 分类相比,这样可以避免重叠和冗余。结果表明,大约 20%的论文属于临床医学领域,而数学领域的论文数量仅略高于医学领域论文数量的十分之一。

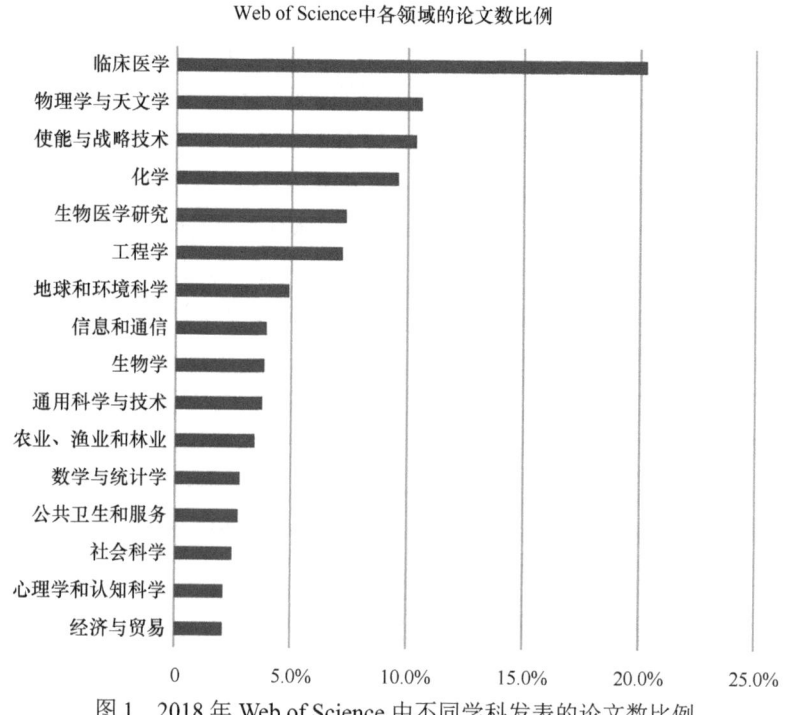

图 1　2018 年 Web of Science 中不同学科发表的论文数比例

在创建指标和指标测试时,只有考虑特定学科的差异,才能进行有效的比较。进行文献计量学分析的一项共识就是,单独使用文献计量学数据毫无意义。只有与其他评价单元进行比较,才能产生解释效力。但这正是问题所在:要找到两个完全相同、完全可比的评价单元几乎是不可能的。例如,明确具体学科之间的差异,正是这些差异让绝对数字或其他基本的文献计量学指标意义受限、无法使用。而这就是标准化文献计量学指标概念的意义所在:纳入基准(如所使用的期刊或相关科学领域的总数)创建一个参考体系,使科学产出和影响的分类更少依赖于特定的学科,这使得跨学科文献计量比较变得有意义。

关于引用,引用指标归一化都遵循相同的路径,通常可以分为后验归一化方法和先验归一化方法（Glänzel et al., 2011）。后验或"被引文献"归一化方法，首先计算给定数量文献的一般被引率，然后与相关学科中所有论文被引率的期望均值进行比较。如果比值大于 1，表示所调查的论文比同一学科中平均水平的论文更受欢迎；如果比值小于 1，则表示该论文的被引表现低于平均水平。后验归一化方法的缺点之一是，与特定学科的期望均值进行比较，需要对相关学科进行（有时是任意的）定义。因此，一旦作为其基础的分类发生变化，分析结果就会随之发生变化（Zitt et al., 2005）。典型的后验归一化指标包括"平均归一化引用分数"（mean normalized citation score, MNCS; van Raan et al., 2010a）、"归一化平均引用率"（normalized mean citation rate, NMCR; Schubert and Braun, 1986）以及"J 因子"（J-factor; Ball et al., 2009）。J 因子不是以学科分类为参考，而是以被调查机构的期刊集群作为参考，所以不存在以上缺点。

先验或"施引文献"归一化方法，则是通过在计算被引率之前对引用进行归一化处理来避免对学科定义的依赖。根据施引文献的参考文献列表长度（也就是该文引用了多少篇文献），对各个学科的不同引用频率进行均衡化处理（Waltman and van Eck, 2010a; Zitt, 2010）。这一方法是 Small 等（1985）在共引分析的背景下提出的"分数式计量"方法（fractional counting of citations）。对于特定学科的归一化，如果施引文献的参考文献列表较短，说明该学科的被引率较低，因此来自该施引文献的引用，其权重就要大于来自参考文献数量大（即高引用率）的论文的引用。与后验归一化方法相反，在先验归一化中，引用行为的差异是事先确定的，而不是使用期望值进行比较。先验归一化指标包括"读者因子"（audience factor, AE; Zitt, 2010; Zitt and Small, 2008）、"篇均来源期刊标准影响"（source normalized impact per paper, SNIP; Moed, 2010）、"分数式计量影响因子"（fractional counted impact factor; Leydesdorff and Opthof, 2010），以及"平均来源期刊归一化引用分值"（mean source normalized citation score, MSNCS; Waltman and van Eck, 2010b）。

上述归一化方法可以应用于不同学科，也可以用于比较不同期刊。就此而言，这些指标也被称为领域标准化指标或期刊标准化指标。表 1 根据这些标准列出了常用的指标，并标明了文献来源。关于这些指标更加详细和完整的列表可在 Krolak 等（2020）的文章中找到。其在线 Excel 文档地址为：http://hdl.handle.net/2128/24903（访问日期：2020 年 7 月 15 日）。

表 1　领域标准化指标和期刊标准化指标示例（Krolak et al., 2020）

基本指标		标准化指标			
		领域标准化指标		期刊标准化指标	
指标	作者	指标	作者	指标	作者
h 指数	Hirsch（2005）	NMCR-归一化平均引用率	Braun 和 Glänzel（1990）	AF-读者因子	Zitt 和 Small（2008）

续表

基本指标		标准化指标			
		领域标准化指标		期刊标准化指标	
指标	作者	指标	作者	指标	作者
P–文献数量		CPP/FCSm 篇均引用数/平均领域引用分数	de Bruin 等（1993）Moed 等（1995）	J 因子	Ball 等（2009）
C–引用数量		MNCS–平均归一化引用分数	van Raan 等（2010a）	SNIP–篇均来源期刊标准影响 SNIP 修订值	Moed（2010）Waltmann 等（2013）
CPP–篇均引用数				MSNCS–平均来源期刊归一化引用分值	Waltmann 和 van Eck（2013）

关于标准化指标的不同概念及其相关意义，在文献计量学界内部也存在不同意见。例如，Opthof（奥普索夫）/Leydesdorff（莱德斯多夫）与莱顿大学科学技术研究中心间就存在分歧。前者于 2010 年发文，批评莱顿大学科学技术研究中心制定的"皇冠指标"（crown indicator）存在缺陷，指出该指标先计算平均值再相除，而不是先相除再求平均值（Opthof and Leydesdorff，2010，第 423 页）。而莱顿大学科学技术研究中心的 van Raan 等（2010b）对此进行了反驳，他们认为这一批评基本上毫无根据，因为平均值的计算顺序与该指标的计算及重要性并无关系。

但莱顿大学科学技术研究中心接受了另一项批评——皇冠指标在标准化过程中没有赋予所有论文相同的权重，并随后很快就予以修订，作为"新皇冠指标"（new crown indicator）（Waltman et al.，2011a）加以介绍。莱顿大学科学技术研究中心的作者在进一步的实证研究中发现，皇冠指标和新皇冠指标在较高的聚合级别（机构或国家）上的差异非常小，但如果聚合级别较低（期刊或工作小组），两者差异就非常明显（Waltman et al.，2011b）。针对修订后的指标，Leydesdorff 和 Opthof（2011）认为，作为计算新皇冠指标依据的 Web of Science 主题分类的定义过于模糊。

最后还必须质疑一下，将任何一个指标称为"皇冠指标"是否有意义：同样是产生于莱顿大学科学技术研究中心的用于科研评价的《莱顿宣言》（Hicks et al.，2015）明确指出，文献计量结论不应以某个单一指标为基础。相反，应始终使用一组指标来进行评估。这最终表明，当前在影响衡量指标的文献计量学中并没有真正的标准，尽管在某些情况下，各种指标（包括复杂指标）的发展历史相当长久：Schubert 和 Glänzel（1983）率先开始研究标准化文献计量学指标，他们很早就将相对引用因子（相对引用率，relative citation rate，RCR）和期望值（平均期望引用率，mean expected citation rate，MECR；领域期望引用率，field expected citation rate，FECR）纳入期刊标准化或领域标准化研究。随后，产生的特征量表与分数分类结果补充了此类标准化文献计量学指标（Glänzel，2011）。用这种方法，可以根据论文的影响将其分成不同类别（如将论文从"非常低"到"非常高"分为四类），其优点是不需要求平均值。

总之，目前使用的标准化引用指标数量众多，这说明尽管引用分析可以从各个方面反映正式的科学传播，但并不存在一个可以完全确定科学工作质量的"超级指标"（Hornbostel，1997，第326页）。无论是哪个单个指标或排名，都无法全面刻画复杂的事物，只有使用一组不同的指标才有可能。这与前文所述的在文献计量研究中体现效果和（或）效率的经济要求是一致的，并再次说明了此类调查研究非常依赖语境，而且极具主观性。

但还是必须指出，正是由于这种复杂性，许多文献计量学指标都只保留了学术意义，仅有少数（往往过于简单的）指标得以实际应用。例如，Hirsch（2005）提出的原始 h 指数就在高校政策中被广泛使用。然而，人们并不知道，文献计量学界对该指数及其变体的批评从未停止过（Niederklapfer，2014；Bornmann et al.，2008；Bornmann and Daniel，2009）。

参考文献

Ahn, H 2003, Effektivitäts- und Effizienzsicherung: Controlling-Konzept und Balanced Scorecard, Frankfurt am Main et al.

Ahn, H & Clermont, M 2018, 'Performance management', in H Corsten, R Gössinger & T Spengler (Hrsg.), Handbuch Produktions- und Logistikmanagement in Wertschöpfungsnetzwerken, pp. 886-903.

Ahn, H & Dyckhoff, H 2004, 'Zum Kern des Controllings: Von der Rationalitätssicherung zur Effektivitäts- und Effizienzsicherung', in E Pietsch & G Scherm (Hrsg.), Controlling. Theorien und Konzeptionen, pp. 501-525.

Archambault, E, Beauchesne, OH, & Caruso, J 2011, 'Towards a multilingual, comprehensive and open scientific journal ontology', in Proceedings of the 13th International Conference of the International Society for Scientometrics and Informetrics, pp. 66-77.

Ball, R, Mittermaier, B & Tunger, D 2009, 'Creation of journal-based publication profiles of scientific institutions – A methodology for the interdisciplinary comparison of scientific research based on the J-factor', Scientometrics, vol. 81, pp. 381-392, doi: https://doi.org/10.1007/s11192-009-2120-5.

Bornmann, L & Daniel, HD 2009, 'The state of h index research: Is the h index the ideal way to measure research performance?', EMBO reports, vol. 10, no. 1, pp. 2-6, doi: https://doi.org/10.1038/embor.2008.233.

Bornmann, L, Mutz, R & Daniel, HD 2008, 'Are there better indices for evaluation purposes than the h index? A comparison of nine different variants of the h index using data from biomedicine', Journal of the American Society for Information Science and Technology, vol. 59, no. 5, pp. 830-837, doi: https://doi.org/10.1002/asi.20806.

Braun, T & Glänzel, W 1990, 'United Germany – The new scientific superpower', Scientometrics, vol. 19, no. 5-6, pp. 513-521.

Clermont, M 2016, 'Effectiveness and efficiency of research in Germany over time: An analysis of German business schools between 2001 and 2009', Scientometrics, vol. 108, no. 3, pp. 1347-1381.

de Bruin, RE, Kint, A, Luwel, M & Moed, HF 1993, 'A study of research evaluation and planning: The University of Ghent', Research Evaluation, vol. 3, no. 1, pp. 25-41.

Glänzel, W 2011, 'The application of characteristic scores and scales to the evaluation and ranking of scientific journals', Journal of Information Science, vol. 37, no. 1, pp. 40-48, doi: https://doi.org/10.1177/0165551510392316.

Glänzel, W, Schubert, A & Debackere, K 2011, 'A priori vs. a posteriori normalisation of citation indicators. The case of journal ranking', Scientometrics, vol. 87, no. 2, pp. 415-424, doi: https://doi.org/10.1007/s11192-011-0345-6.

Hirsch, JE 2005, 'An index to quantify an individual's scientific research output', Proceedings of the National Academy of Sciences of the United States of America, vol. 102, no. 46, pp. 16569-16572.

Hicks, D, Wouters, P & Rafols, I 2015, 'Bibliometrics: The Leiden Manifesto for research metrics', Nature, vol. 520, no. 7548, pp. 429-431, doi: https://doi.org/10.1038/520429a.

Hornbostel, S 1997, Wissenschaftsindikatoren – Bewertungen in der Wissenschaft, Westdeutscher Verlag, Opladen.

Krolak, J, Clermont, M & Tunger, D 2020, 'Collection of bibliometric indicators – consideration of established publication and citation indicators in terms of application, interpretation and consideration of advantages and disadvantages', http://hdl.handle.net/2128/24903 (July 15, 2020).

Kromrey, H 2006, Empirische Sozialforschung, 11, Auflage, Stuttgart.

Leydesdorff, L & Opthof, T 2010, 'Normalization at the field level: Fractional counting of citations', Journal of Informetrics, vol. 4, no. 4, pp. 644-646, doi: https://doi.org/10.1016/j.joi.2010.05.003.

Leydesdorff, L & Opthof, T 2011, 'Remaining problems with the "New Crown Indicator" (MNCS) of the CWTS', Journal of Informetrics, vol. 5, no. 1, doi: https://doi.org/10.1016/j.joi.2010.10.003.

Moed, HF 2010, 'Measuring contextual citation impact of scientific journals', Journal of Informetrics, vol. 4, no. 3, pp. 265-277, doi: https://doi.org/10.1016/j.joi.2010.01.00.

Moed, HF, de Bruin, RE & van Leeuwen, TN 1995, 'New bibliometric tools for the assessment of national research performance: Database description, overview of indicators and first applications', Scientometrics, vol. 33, no. 3, pp. 381-422.

Niederklapfer, T 2014, Der Hirsch-Index und seine Varianten, Masterthesis Universitätslehrgang Library and Information Studies MSc, Universität Innsbruck, http://diglib.uibk.ac.at/ulbtirolhs/download/pdf/216431?originalFilename=true (July 15, 2020).

Opthof, T & Leydesdorff, L 2010, 'Caveats for the journal and field normalizations in the CWTS ("Leiden") evaluations of research performance', Journal of Informetrics, vol. 4, no. 3, pp.

423-430, doi: https://doi.org/10.1016/j.joi.2010.02.003.

Schubert, A & Braun, T 1986, 'Relative indicators and relational charts for comparative assessment of publication output and citation impact', Scientometrics, vol. 9, no. 5-6, pp. 281-291, doi: https://doi.org/10.1007/BF02017249.

Schubert, A & Glänzel, W 1983, 'Statistical reliability of comparisons based on the citation impact of scientific publications', Scientometrics, vol. 5, no. 1, pp. 59-73, doi: https://doi.org/10.1007/BF02097178.

Small, H, Sweeney, E & Greenlee, E 1985, 'Clustering the science citation index using co-citations. II. Mapping science', Scientometrics, vol. 8, no. 5-6, pp. 321-340, doi: https://doi.org/10.1007/BF02018057.

Tappe, K 2014, 'Subjektivität in der Leistungsbeurteilung', Controlling, 26. Jg., pp. 509-512.

van Raan, AFJ, van Eck, NJ & Waltman, L 2010a, 'The new set of bibliometric indicators of CWTS. Book of Abstracts of the 11th International Conference on Science and Technology Indicators', pp. 291-293, Leiden, the Netherlands.

van Raan, AF, van Leeuwen, TN & Waltman, LJ 2010b, 'Rivals for the crown: Reply to Opthof and Leydesdorff', Journal of Informetrics, vol. 4, no. 3, pp. 431-435, doi: https://doi.org/10.1016/j.joi.2010.03.008.

Wagner-Döbler, R 2003, 'The system of research and development indicators: entry-points for information agents', in Bibliometric Analysis in Science and Research − Applications, Benefitsand Limitations, Forschungszentrum Jülich, Zentralbibliothek, p. 23.

Waltman, L & van Eck, NJ 2010a, 'A general source normalized approach to bibliometric research performance assessment', in Book of Abstracts of the 11th International Conference on Science and Technology Indicators, pp. 298-299, Leiden, the Netherlands.

Waltman, L & van Eck, NJ 2010b, 'The relation between eigenfactor, audience factor, and influence weight', Journal of the American Society for Information Science and Technology, vol. 61, no. 7, pp. 1476-1486, doi: https://doi.org/10.1002/asi.21354.

Waltman, L & van Eck, NJ 2013, 'A systematic empirical comparison of different approaches for normalizing citation impact indicators', paper presented at the Proceedings of SSI 2013−14th International Society of Scientometrics and Informetrics Conference.

Waltman, L, van Eck, NJ & van Raan, AF 2011a, 'Towards a new crown indicator: Some theoretical considerations', Journal of Informetrics, vol. 5, no. 1, pp. 37-47, doi: https://doi.org/10.1016/j.joi.2010.08.001.

Waltman, L, van Eck, NJ & van Raan, AF 2011b, 'Towards a new crown indicator: An empirical analysis', Scientometrics, vol. 87, no. 3, pp. 467-481, doi: https://doi.org/10.1007/s11192-011-0354-5.

Waltman, L, van Eck, NJ, van Leeuwen, TN & Visser, M 2013, 'Some modifications to the SNIP journal impact indicator', Journal of Informetrics, vol. 7, no. 2, pp. 272-285.

Weber, M 1976, Wirtschaft und Gesellschaft, 1, Halbband, 5, Aufl., Tübingen.

Zitt, M 2010, 'Citing-side normalization of journal impact: A robust variant of the Audience Factor', Journal of Informetrics, vol. 4, no. 3, pp. 392-406, doi: https://doi.org/10.1016/j.joi.2010.03.004.

Zitt, M, Ramanana-Rahary, S & Bassecoulard, E 2005, 'Relativity of citation performance and excellence measures: From cross-field to cross-scale effects of field-normalisation', Scientometrics, vol. 63, no. 2, pp. 373-401, doi: https://doi.org/10.1007/s11192-005-0218-y.

Zitt, M & Small, H 2008, 'Modifying the journal impact factor by fractional citation weighting: The audience factor', Journal of the American Society for Information Science and Technology, vol. 59, no. 11, pp. 1856-1860, doi: https://doi.org/10.1002/asi.20880.

3.3 期刊影响因子：历史悠久的文献计量学指标

Dirk Tunger[①]（德克·通格）

摘要：在科学领域，没有任何一个文献计量学指标像期刊影响因子那样广为人知、被讨论、被滥用、被憎恨，从而备受争议。虽然评价有褒有贬，但它仍是文献计量学指标发展的重要组成部分（Dong et al., 2005）。本节将简要概述期刊影响因子的发展过程和重要意义。

关键词：期刊影响因子，文献计量学指标，科学影响力，文献计量学方法，有意义的指标

3.3.1 作为科学引文索引一部分的期刊影响因子

一直以来各大图书馆的任务之一就是从所有科学期刊中选择一部分进行馆藏。这一点非常重要，不仅因为财政资源有限，还因为不同科学期刊的影响力也各不相同。科学引文索引（SCI）的发明者 Eugene Garfield 在创建之初就已经知道并利用了这一点，当时的 SCI 还是以书籍形式呈现。Garfield 指出，引文是科学论文中对先前出版的论文的引用参考，它标志着信息流，从而表明论文内容的相近程度。基于此，他提出了使用引文索引改进科学论文信息检索的设想。引文索引"是被引论文的有序列表，每篇论文都附有施引论文列表"（Garfield, 1984a, 第 528 页）。引文索引不仅列出了书目数据，还列出了文章中引用的脚注。这是阐明单篇科学论文之间联系的基础："任何来源的引用都可能随后成为参考文献引用"（Garfield, 1984a, 第 528 页）。因此，其目的是"找出引用了某一作者/文献的作者和文献"（Diodato, 1994, 第 35 页）。人们如果对特定研究问题感兴趣，去查看关于该问题的论文中的参考文献，只能找到早先出版的同一主题论文。但如果去查看引文索引，就可以找到更多同一主题的最新论文。

[①] 德国科隆应用技术大学，信息科学与传播研究学院，信息管理研究所；于利希研究中心，于利希项目管理中心，"分析、研究、战略"卓越中心，d.tunger@fz-juelich.de。
https://doi.org/10.1515/9783110646610-017

SCI 就是这种索引的一个例子。在 Garfield 最初创建 SCI 时，他还无法想象在线数据库的样子。最原始的索引是以书籍形式出版，由不同部分组成（Garfield，1984b，第 546-550 页）：一方面可以在每个作者的名字下找到一篇论文（来源索引），但这部分没有列出引文。此外，还可以在轮排主题索引中的关键词下面找到论文，主要组成部分是实际的"引文索引"，其他科学家在当年引用的所有往年论文都以第一作者姓名的形式列出，表明这些是被引论文。期刊影响因子也是 SCI 的一部分，是对所涵盖来源进行罗列和描述的书籍的一部分。

目前，SCI 已成为一个数据库，但包括影响因子在内的许多组件仍可追溯到书籍出版。由于其声誉和知名度，SCI 是目前最常用的文献计量评估来源之一。有人对 SCI 与 Scopus 加以比较，发现两者结果高度一致（Archambault et al.，2009；Ball and Tunger，2006），尽管 SCI 涵盖的期刊数量较多。这证实了 Garfield 的一个基本假设，即存在所谓的核心期刊：相对少数的期刊发表了关于某个主题的大部分文献，从而使仅查阅一部分科学文献就能覆盖相关领域论文成为可能，这也意味着并非所有期刊都具有相同的影响力。

期刊的影响力通常用影响因子来衡量。影响因子可以计算期刊论文的被引次数，是引用率的一种特殊形式，它反映了期刊文章的平均被引用次数，仅适用于期刊评价，并不适用于单篇论文评价。所以，不能通过累积期刊影响因子或类似方式构建一个指标去有效反映某篇论文或某个人的实际影响力。这里仅描述了其原理，并未包含任何实用性说明。

3.3.2 影响因子的计算

影响因子的具体计算如下：

影响因子是关于一本期刊连续两年（发表窗口期）发表的论文数量和这些论文在下一年（引用窗口期）被引用次数的指标，其计算公式如图 1 所示。

期刊影响因子计算

$$\text{期刊影响因子} = \frac{73\,952}{1\,717} = 43.070$$

期刊影响因子是如何计算的？

$$\text{JIF} = \frac{\text{截至2018年，2016年和2017年发表的文章的被引次数}(41\,183+32\,769)}{\text{2016年和2017年可被引文献数量}(880+837)} = \frac{73\,952}{1\,717}$$

图 1 *Nature* 的影响因子计算示例

图 1 显示了 *Nature* 影响因子的计算过程：根据 2016 年和 2017 年出版论文在 2018 年的被引情况，其影响因子为 43.070。2016 年和 2017 年分别出版了 880 篇、837 篇论文，在 2018 年的被引次数分别为 41 183 次、32 769 次。根据美国科学信息研究所的定义，只有研究论文、会议论文和综述文章是"可被引用项目"，而社论、读者来信、新闻和会议摘要都是"不可被引用项目"，不能用于分母计算。但在计算过程中，所有项目（的被引次数）都可以计入分子。影响因子 43.070 意味着，2016 年或 2017 年发表的每篇论文在 2018 年平均被引用了 43 次。但应该注意到这个分布实际上是偏态的：有些在 *Nature* 上发表的论文若干年后依然没有被引，而有些论文被引用的次数则远远超过平均水平。因此，影响因子只反映整本期刊的情况，不能反映单篇论文的情况。

出版商试图用高影响因子吸引作者，这就导致出版商试图干预影响因子。例如，在 Web of Science 中检索到 *Nature* 在 2016 年发表了 2807 篇文章。

那为何在图 1 的影响因子计算中，2016 年只有 880 篇论文被计算在内？这是由论文的文献类型确定的。文献类型一般包括社论、论文、新闻、读者来信、更正、书评、综述、传记、撤稿等。

Nature 在 2016 年出版的文章中只有 30%属于"论文"类型。超过 60%属于"社论""新闻""读者来信"或"更正"等其他类型。这是一个完全非典型的分布，同样是 2016 年，期刊 *Physical Review Letters* 出版的文章数量与 *Nature* 大致相等，但文献类型分布与 *Nature* 完全不同：*Physical Review Letters* 中约 95%属于"论文"类型，其余类型的文章数量几乎可以忽略不计，这才是一般期刊当中按文献类型划分文章的常见分布情况。

Nature 文献类型的非典型分布，对于计算影响因子有何优势？文献类型分为"可被引用项目"和"不可被引用项目"，只有标记为"论文"和"综述"的文献才会在图 1 的计算中被算作分母。

如果你自己来计算影响因子，2016 年 *Nature* 的可引用项目数达到 881 篇，这与期刊引用报告（JCR）中的数值（880）几乎相同。这 881 篇文献在 2018 年被引次数为 37 484 次，比 JCR 中计算影响因子时给出的被引次数（41 183）少了近 4000 次。其余的被引就来自那些"不可引用项目"，而这实际上是自相矛盾的。

Nature 在 2016 年出版的文章有超过 1900 篇属于"不可引用项目"，它们在 2018 年被引次数为 3751 次。这些就是为达到计算影响因子所依据的被引次数的缺失引用。如果查看 *Nature* 2016 年出版的所有文章的引文报告，就会发现被引用次数是如何相加的：*Nature* 2016 年出版的所有文章（2807 篇）的总被引次数达到 41 235 次，这与 JCR 中用于计算影响因子的值（41 183）相对应。由于有近 4000 次引用不是除以 2807 篇发表文章，而是除以 881 篇"可引用项目"，这使得 *Nature*

用于计算影响因子的被引次数平均到单篇文章就多出大约 3 次，也就是说，这 2 个出版年中，仅 1 年的分值就提高了 3 分多。

这样处理"可引用项目"和"不可引用项目"的原因可追溯到构建指标的年代，因为那时的计算能力明显弱于现在，所以通过减少发表文章数量可以缩短数据处理时间。但由于技术原因，"不可引用项目"的被引次数无法删除。现在，为了防止出版商为各自的期刊获取优势，就必须对这项计算进行调整。

3.3.3 对影响因子的其他批评

以下几点是对影响因子的其他批评：
- 可被出版商操纵

参见前面利用文献类型影响因子的例子。
- 只能衡量期刊

影响因子只能单纯衡量期刊，对单篇论文毫无意义。
- 与学科相关

与任何形式的引用率一样，影响因子是与具体学科相关的，不能进行跨学科比较。
- 出版窗口期和引用窗口期

出版窗口期和引用窗口期的时间长短不同，这会导致数据失真。与文献计量分析中常见的引用窗口期相比，影响因子的出版窗口期和引用窗口期都特别短，使得涉及的论文或引用数量较少。
- 表面上的准确度

期刊影响因子有 3 位小数[①]，这一准确度是很难持久的（如果数据处理过程中发生错误，数据库中的数据就会出错）。鉴于这一点，正如《莱顿宣言》所述，任何指标都不应假装拥有那些在现实中根本不存在的准确性（参见：本书中 Tunger 所著章节 5.5 "关于文献计量学中可及性、标准化、监管和验证的必要性：《莱顿宣言》及其他"；Hicks et al.，2015）。

3.3.4 累积影响因子

期刊影响因子只有在针对特定的某一本期刊的影响方面才有意义，它无法计算单篇文章或者在任何作者及机构的聚合级别的科学影响力。因此，在医学领域常用的所谓"累积影响因子"毫无科学意义。

影响因子不能相互累加，也不能反映科学家个人的影响力。科学文献计量学

---

① 译者注：从 2022 年《期刊引证报告》起，影响因子改为保留 1 位小数。

界一直试图消除科研管理中这种对影响因子的滥用，但到目前为止成效甚微。特别是在医学领域，还在反复使用累积影响因子。累积影响因子因不具有有效性而在科学界被禁止，然而这种误用还是持续存在，主要是因为缺少替代方案。这说明了非常重要的一点，就是如果文献计量学的用户也可以使用科学文献计量学领域里的技术，那么这一技术才有可能回归到有效的、正确的文献计量学指标上来。

3.3.5 影响因子的使用和现今意义

因为影响因子可用于了解期刊的影响力，所以可用于回答以下问题：
- 在某个主题领域里，哪些期刊的影响力最大？
- 图书馆是否为其用户提供了影响力最大的期刊？
- 单本期刊的影响力如何随时间变化？
- 某科研团体的论文发表在某领域影响力高还是低的期刊上？

3.3.6 展望：影响因子在今天是否还有意义？

影响因子是最早在科学领域系统和全面使用的指标之一。当 Eugene Garfield 推出影响因子时，SCI 收录的众多科学核心期刊第一次可以就影响力进行比较，从而可以根据期刊的影响力来判断其重要性、选择个人发表论文的出版媒体、订阅期刊等。即使受到严厉批评、存在错误而且容易被操纵，影响因子现在仍然是一项科学机制，仍在被出版商使用。这可能也说明缺少一个明确的科学管理替代方案。这里应该指出，文献计量学研究者分为两组人群：其中一组能够至少访问三大多学科数据库（Web of Science、Scopus 或 Dimensions）中的至少一个本地安装版本（参见：本书中 Tunger 所著章节 5.5 "关于文献计量学中可及性、标准化、监管和验证的必要性：《莱顿宣言》及其他"）。与另一组只能依赖数据库网络界面的人相比，这组可以直接访问本地安装引文索引数据库的人在计算指标和影响因子替代方案方面具有不同的可能性。

但这并非意味着没有其他选择。一个选项是西班牙的 Scimago 研究小组开发的 Scimago 期刊排名（Scimago journal rank，SJR）（SCImago，2020），其描述如下："SJR 指标是一项新推出的不受文献数量影响的科学期刊声望评价指标。这一指标不仅考虑到了施引期刊的声望，还通过采用施引期刊和被引期刊的共引分布向量之间的夹角的余弦值来考虑两本期刊的相近程度。为了消除期刊的规模效应，用累积的声望值除以期刊中可被引用文献的比值来消除此类指标的下降趋势，并由此赋予分数以意义"（Guerrero-Bote and Moya-Anegón，2012）。Scimago 期刊排名可在其网站上公开获取（SCImago，2020），Guerrero-Bote 和 Moya-Anegón（2012）还指出这一排名与期刊影响因子相关。但不同于期刊影响因子，Scimago 期刊排名不会对所有引用进行同等评估，而是对来自不同期刊的引用进行加权处理，可与 Google 网页排名相提并论。影响因子当然还会继续用于科学领域，但同时也希望人们能够理解，期刊的影响力是多维的（Haustein，2012）。这也说明，负责、谨慎地对待文献计量学指标至关重要，因为这些数字或指标一经传播，就很难消除。

3.3.7　参考文献

Archambault, E, Campbell, D, Gingras, Y & Larivière, V 2009, 'Comparing of science bibliometric statistics obtained from the web and Scopus', Journal of the American Society for Information Science and Technology, vol. 60, no. 7, pp. 1320-1326.

Ball, R & Tunger, D 2006, 'Science indicators revisited – Science Citation Index versus SCOPUS: A bibliometric comparison of both citation databases', Information Services and Use, vol. 26, no. 4, pp. 293-301.

Diodato, V 1994, Dictionary of Bibliometrics, Harworth Press, New York.

Dong, P, Loh, M & Mondry, A 2005, 'The "impact factor" revisited', Biomed Digit Libr, vol. 2, no. 7, https://doi.org/10.1186/1742-5581-2-7.

Garfield, E 1984a, 'Science citation index–A new dimension in indexing', Essays of an Information Scientist, vol. 7, pp. 525-535.

Garfield, E 1984b, 'Permuterm subject index: An autobiographical review', Essays of an Information Scientist, vol. 7, pp. 546-550.

Guerrero-Bote, VP & Moya-Anegón, F 2012, 'A further step forward in measuring journals' scientific prestige: The SJR2 indicator', Journal of Informetrics, vol. 6, no. 4, pp. 674-688.

Haustein, S 2012, Multidimensional Journal Evaluation: Analyzing Scientific Periodicals Beyond the Impact Factor, de Gruyter Saur, Berlin, Boston.

Hicks, D, Wouters, P, Waltman, L, de Rijcke, S & Rafols, I 2015, 'Bibliometrics: The Leiden Manifesto for research metrics', Nature, vol. 520, pp. 429-431, doi: https://doi.org/10.1038/520429a (last accessed 10.2.2020).

SCImago 2020, https://www.scimagojr.com (July 15, 2020).

3.4　h 指数

Grischa Fraumann[1]（格里沙·弗劳曼），Rüdiger Mutz[2]（吕迪格·穆茨）

　　摘要： h 指数是一种主流的文献计量学指标，广泛应用于学术界、科研管理

---

[1] 德国国家科技图书馆莱布尼茨科学与技术信息中心研发部研究助理，丹麦哥本哈根大学传播学系博士研究生，巴西圣保罗大学"科学与技术计量研究小组 CiMetrias"研究员，grischa.fraumann@tib.eu。
[2] 苏黎世大学高等教育与科学研究中心高级研究员，ruediger.mutz@uzh.ch。
https://doi.org/10.1515/9783110646610-018

和科研政策中。这一指数之所以被关注，是因为它具有计算简单等优点，但同时也因为在描述学者学术素质时会有消极影响而广受批评。"h"的意思是"高被引"（highly-cited）和"高成就"（high achievement），不应与其发明者的姓氏（Hirsch）相混淆。简而言之，h 指数将定量计算和影响力评估结合在一个指标中。为克服 h 指数的一些缺点，已有人提出一些替代方案。

关键词：h 指数，计量学，作者级别的指标，指数，生产力，出版物，引用影响

3.4.1 引言

h 指数由加州大学圣地亚哥分校的物理学家 Jorge Hirsch 提出，相关文章发表在《美国国家科学院院刊》（Hirsch，2005）上，定义为："如果一位科学家的 N_p 篇论文中有 h 篇论文，每篇至少被引用了 h 次，并且其他篇论文（N_p–h）每篇被引用次数≤h，则他的指数为 h"（Hirsch，2005）。"h"的意思是"高被引"和"高成就"，不应与其发明者的姓氏相混淆（Hirsch and Buela-Casal，2014；Schubert G and Schubert A，2019）。简而言之，h 指数"将定量计算和影响力评估结合在一个指标中"（Costas and Bordons，2007）。

虽然 h 指数在 2005 年就被提出并被认为是经典的文献计量学指标，但人们关于其在文献计量学和一般学术界的价值依然争论不休。正因为它很受欢迎，所以被认为是一项主流的文献计量学指标（Costas and Franssen，2018）。尽管人人皆知，但对它的评价也是正负参半。

指标的发展是从高级别实体（如国家、机构、期刊）向科研人员个体的文献计量学转变的一部分（Costas et al.，2010；Hicks et al.，2015），人们想通过定量指标衡量科研人员个人的研究成果。如何在个人层面进行分析，这是文献计量学中的一个问题，这个问题直到现在仍然悬而未决（Bornmann and Marx，2014）。h 指数因为计算相对简单而被广泛使用（Sugimoto and Larivière，2018），一经推出，一些期刊和新闻媒体就对其进行推广（Ball，2005）。自 2005 年 Hirsch 的论文发表以来，在 Scopus（2019 年 10 月 25 日检索）、Web of Science（2019 年 10 月 25 日检索）、The Lens（2019 年 9 月 23 日检索）中的被引次数分别为 4530 次、3999 次和 5240 次。由于有关 h 指数的文章数量众多（Waltman，2016），本节主要参考了一些综述文章（Costas and Bordons，2007），重点关注 h 指数研究的一些核心主题。

3.4.2 h 指数的历史

从 2005—2018 年 h 指数研究相关文章的数量分布，可以一窥其历史发展过程。

有学者基于文献数据库 The Lens（Jefferson et al., 2018）进行了文献计量学分析，以"h-index"在标题、摘要、关键词或研究领域中进行检索，时间限定为 2005 年 1 月 1 日（Hirsch 最初发布 h 指数的年份）到 2018 年 12 月 31 日（检索日期为 2019 年 9 月 22 日）。

共检索到文献 3817 篇，每年或多或少稳步增长，2010 年和 2014 年略有下降（图 1），2014 年到 2018 年每年发文量基本相同，年均 400 篇左右。

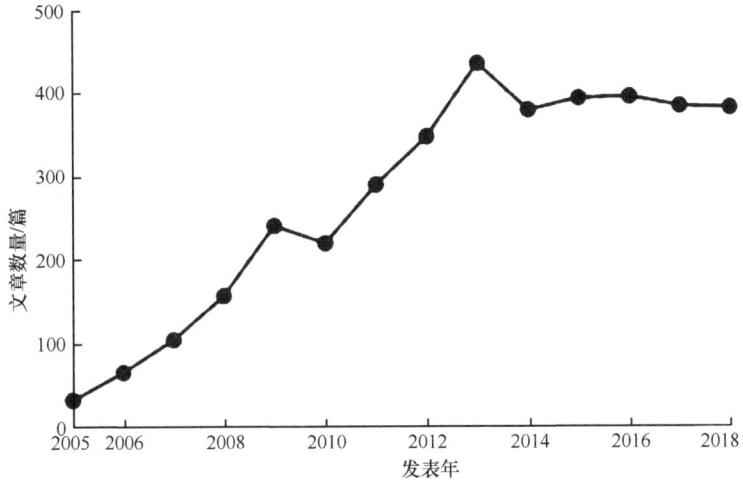

图 1　关于 h 指数的研究数量随时间变化情况

资料来源：The Lens

虽然 h 指数已应用于物理学、生物医学、信息科学和商业研究等多个学科（Costas and Bordons, 2007），但不建议使用 h 指数对学科进行比较（Hirsch, 2005；van Leeuwen, 2008），因为实际上各学科的文献引用实践各不相同。已有研究尝试扩大 h 指数应用范围，以对不同领域进行比较（Iglesias and Pecharromán, 2007）。

随着提供文献计量学数据的在线资源不断增加，计算和（或）显示 h 指数的可能性也发生了巨大变化（Costas and Franssen, 2018；Teixeira da Silva and Dobránszki, 2018）。例如，Google Scholar（Costas and Wouters, 2012；Sugimoto and Larivière, 2018）、Web of Science、Scopus 的个人页面中（Leydesdorff et al., 2019）都将 h 指数放在显著位置。

再例如，h 指数的适用范围还扩展到了期刊（Braun et al., 2006）和科研小组（van Raan, 2006）。有人开发了 h 指数的几种变体，来解决 h 指数的特定局限性（见第 3.4.4 节），其中 g 指数就是最为突出的一种（Egghe, 2006）。

3.4.3　h 指数的概念

为了加强对 h 指数基本概念的理解，Alonso 等（2009）对其进行了图形化推导。图 2 显示了一位研究人员的"排序–频率分布"（rank frequency distribution），其文章根据被引次数按降序排列，引用次数最多的排在第一名，其次是第二名，依此类推。h 指数对应于排序–频率分布线与 45°线的交点，即引文数量等于文章数量。对于这位科研人员，h 指数为 22。"h 核心"包括 22 篇对 h 指数有贡献的文献，这些文献被引次数至少为 22 次。高被引文章的被引用次数和 h 核心之外的文章都不在考虑之列。

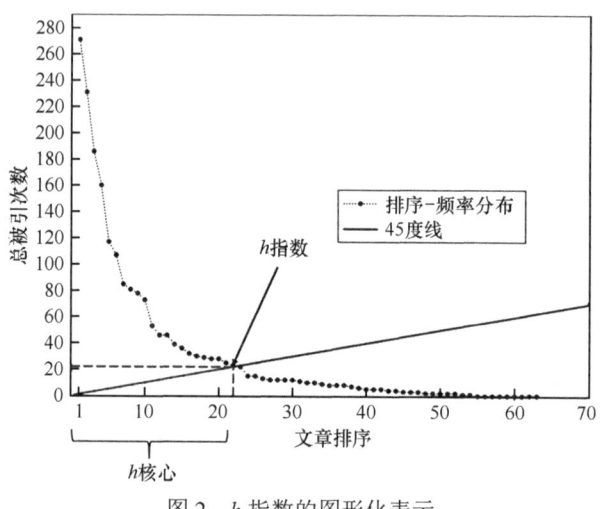

图 2　h 指数的图形化表示

有不少文章讨论了 h 指数的若干优点（Alonso et al., 2009; Bornmann and Daniel, 2005; Bornmann and Daniel, 2007; Costas and Bordons, 2007）。例如：①稳健性。它对低被引论文相当不敏感。②客观性。在决定基金资助或晋升决策时，可以和其他指标、专家评价一起使用。此外，据称这个指标的表现优于任何其他单一性指标。Hirsch 本人声称，h 指数对科研人员职业的预测能力要优于传统的引用指标（Alonso et al., 2009; Hirsch, 2007）。例如，Bornmann 和 Daniel（2005）发现，那些成功申请到博士后生物医学奖学金的人的 h 指数明显高于未成功申请的人。

3.4.4　h 指数的问题和替代方案

虽然 h 指数被医学等领域科研人员广泛使用（Cronin and Sugimoto, 2014），但它同时也受到了广泛批评（Bornmann et al., 2010; Hauschke, 2019; Waltman and van Eck, 2012）。h 指数可以被广泛地在线获取，这可能会在科研评价中出现问题，因为科研评价不应依赖于某项单一性指标（Costas and Bordons, 2007）。与之相反，也有人认为 h 指数的优势正在于这种简单性和客观性（Alonso et al., 2009）。然而，这也可能导致为提高 h 指数而产生的自引问题（Costas and Bordons, 2007）。例如，

h 指数可能由于马太效应而引发问题,这样一来,知名的科研人员可能会因其 h 指数而吸引到越来越多的引用(Alonso et al.,2009)。

Costas 和 Bordons(2007)指出了 h 指数的规模依赖性问题。例如:

科学家 A 发表了 10 篇文献,每篇被引 10 次,h 指数就为 10;而科学家 B 发表了 5 篇文献,每篇被引 200 次,h 指数却只有 5。科学家 B 比科学家 A 发表的论文数量少,但影响更大(单篇论文的被引率更高);而科学家 A 发表的论文数量多,但影响较小。尽管如此,如果根据 h 指数,科学家 A 看上去比科学家 B 要更加成功。

这个例子说明,与发文量较少但有一些高被引文章的科研人员相比,那些发文量大但文章被引情况一般的科研人员的 h 指数会更高(Costas and Franssen,2018)。

h 指数还受到科研人员职业生涯的长度或终生被引次数的影响(Alonso et al.,2009;Ball,2017;Bornmann and Marx,2011;Costas and Bordons,2007;Hicks et al.,2015)。h 指数将数量和影响力结合在一个指标或单个数字中(Hirsch,2005)。通俗地说,这个概念也可以称为"一体化"指标(Bornmann and Marx,2011),因为它既基于文献又基于被引次数,所以价值不会降低(Gingras,2016)。显然,这种对终生被引次数的关注对尚处于职业早期的研究人员不利。将两个概念合并为一个指标也受到了批评(Sugimoto and Larivière,2018)[即使 Hirsch 最初的提议是为了"在很大程度上简化科研人员科学成果的表征"(Alonso et al.,2009)]。Google Scholar 等平台还可能会操纵 h 指数(Costas and Wouters,2012;Gingras,2016)。此外,它也无法对负面引用和正面引用加以区分(Alonso et al.,2009),因为需要自然语言处理而很难实现这种区分(Teufel et al.,2006)。基于不同的文献数据库(Bar-Ilan,2008;Hicks et al.,2015)和学科(Hicks et al.,2015),同一名科研人员可能有不同的 h 指数。列出科研人员的 h 指数也许很不错,但如果在招聘和晋升决策中使用 h 指数可能就会出现问题(Hicks et al.,2015)。根据《莱顿宣言》(Hicks et al.,2015,准则 7)、《旧金山科研评价宣言》(Cagan,2013,准则 3)和《香港科研人员评估原则》(Moher et al.,2020,准则 1),对于研究人员个人的科研评价,应考虑广泛的文献计量学指标,而不仅仅是诸如 h 指数的单一性指标。一般而言,定量的科研评价应该支持而不是取代专家的定性判断(如同行评议等)(Hicks et al.,2015)。

有人研究了其他类型的指标,如 g 指数(Costas and Bordons,2008;Egghe,2006)、hg 指数、A 指数和 m 指数(Alonso et al.,2009),还有人用 Meta 分析研究 h 指数及其各种变体(如 g 指数)之间的相关性(Bornmann et al.,2011)。值得注意的是,2011 年一项 Meta 分析结果显示,h 指数的 37 个变体中除了"修正影响指数"(modified impact index,MII)和"m 指数"外,其余 35 个似乎都与 h

指数相重复（Bornmann et al.，2011）。这意味着大多数变体都与 h 指数高度相关（Bornmann et al.，2009c）。Bornmann 等（2008）将这些变体分为两组，即"核心文章的影响力"和"核心文章的数量"，"核心文章"（productive core）指获得最多引用的文章。还有研究（Bornmann et al.，2009b）表明，h 指数及其变体不需要与标准的文献计量学指标（如文献数量和总被引次数）做比较。一些学者建议不要再去开发 h 指数的新变体（Bornmann et al.，2009a），而要利用附加信息去补充或丰富 h 指数（Bornmann et al.，2010）。还有人认为，诸如上文提到的那些 h 指数的变体，其增强功能都只是徒有其表（Waltman，2016）。从文献计量学角度看，虽然学术界、科研管理和政策中经常使用 h 指数，但它似乎并没有什么分析的价值（Leydesdorff et al.，2019）。学术界也正在倡议纳入一些新指标（Hauschke et al.，2018），以克服文献计量学指标所衡量的内容与科研人员所看重的内容之间的评价差异（Heuritsch，2018；Wouters，2017）。

3.4.5 结论

本章概述了 h 指数，介绍了其应用情况，回顾了一些关于 h 指数的研究，并讨论了其优缺点。Hirsch 于 2005 年制定的这项"量化个人科研产出的指数"（Hirsch，2005），在多年后仍存在争议。关于 h 指数的文献数量庞大，因此它可能是文献计量学和科学计量学中被研究最多的主题之一，它对整个学术界产生了影响，甚至影响到科研管理和政策制定。近年来，已开发了多种 h 指数的变体，其中一项重大进步就是提供了更多信息和指标并对 h 指数适用的情境进行了阐释。h 指数确实具备一些优势，如其计算方法简单易行，且数据获取广泛、应用便利。然而，该指数也存在一些问题，比如它在科研评价中被孤立使用，可能导致不同学科领域间出现不恰当的比较；此外，有些人仅凭 h 指数就草率地对研究人员的工作质量做出评判。此外，Google Scholar 等一些文献数据库对 h 指数进行了重新编码（Sugimoto and Larivière，2018），并对其进行了标准化处理。未来关于 h 指数的争议将会持续存在，并且可能以负面评价为主。

3.4.6 参考文献

Alonso, S, Cabrerizo, FJ, Herrera-Viedma, E & Herrera, F 2009, 'h-index: A review focused in its variants, computation and standardization for different scientific fields', Journal of Informetrics, vol. 3, no. 2, pp. 273-289, https://doi.org/10.1016/j.joi.2009.04.001.

Ball, P 2005, 'Index aims for fair ranking of scientists', Nature, vol. 436, no. 7053, p. 900, https://doi.org/10.1038/436900a.

Ball, R 2017, An Introduction to Bibliometrics: New Development and Trends, Elsevier Science. 509, https://doi.org/10.1007/s11192-013-1161-y.

Bar-Ilan, J 2008, 'Which h-index? –A comparison of WoS, Scopus and Google Scholar', Scientometrics, vol. 74, no. 2, pp. 257-271, https://doi.org/10.1007/s11192-008-0216-y.

Bornmann, L & Daniel, H-D 2005, 'Does the h-index for ranking of scientists really work?', Scientometrics, vol. 65, no. 3, pp. 391-392, https://doi.org/10.1007/s11192-005-0281-4.

Bornmann, L & Daniel, H-D 2007, 'What do we know about the h-index?', Journal of the American Society for Information Science and Technology, vol. 58, no. 9, pp. 1381-1385, https://doi.org/10.1002/asi.20609.

Bornmann, L & Marx, W 2011, 'The h-index as a research performance indicator', European Science Editing, vol. 37, no. 3, pp. 77-80.

Bornmann, L & Marx, W 2014, 'How to evaluate individual researchers working in the natural and life sciences meaningfully? A proposal of methods based on percentiles of citations', Scientometrics, vol. 98, no. 1, pp. 487-509, https://doi.org/10.1007/s11192-013-1161-y.

Bornmann, L, Marx, M, Schier, H, Rahm, E, Thor, A & Daniel, H-D 2009a, 'Convergent validity of bibliometric Google Scholar data in the field of chemistry − Citation counts for papers that were accepted by Angewandte Chemie International Edition or rejected but published elsewhere, using Google Scholar, Science Citation Index, Scopus, and Chemical Abstracts', Journal of Informetrics, vol. 3, no. 1, pp. 27-35, https://doi.org/10.1016/j.joi.2008.11.001.

Bornmann, L, Mutz, R & Daniel, H-D 2008, 'Are there better indices for evaluation purposes than the h-index? A comparison of nine different variants of the h-index using data from biomedicine', Journal of the American Society for Information Science and Technology, vol. 59, no. 5, pp. 830-837, https://doi.org/10.1002/asi.20806.

Bornmann, L, Mutz, R & Daniel, H-D 2009b, 'Do we need the h-index and its variants in addition to standard bibliometric measures?', Journal of the American Society for Information Science and Technology, vol. 60, no. 6, pp. 1286-1289, https://doi.org/10.1002/asi.21016.

Bornmann, L, Mutz, R & Daniel, H-D 2010, 'The h-index research output measurement: Two approaches to enhance its accuracy', Journal of Informetrics, vol. 4, no. 3, pp. 407-414, accessed September 23, 2019, https://doi.org/10.1016/j.joi.2010.03.005.

Bornmann, L, Mutz, R, Daniel, H-D, Wallon, G & Ledin, A 2009c, 'Are there really two types of h-index Variants? A validation study by using molecular life sciences data', Research Evaluation, vol. 18, no. 3, pp. 185-190, https://doi.org/10.3152/095820209X466883.

Bornmann, L, Mutz, R, Hug, SE & Daniel, H-D 2011, 'A multilevel meta-analysis of studies reporting correlations between the h-index and 37 different h-index variants', Journal of Informetrics, vol. 5, no. 3, pp. 346-359, https://doi.org/10.1016/j.joi.2011.01.006.

Braun, T, Glänzel, W & Schubert, A 2006, 'A Hirsch-type index for journals', Scientometrics, vol. 69, no. 1, pp. 169-173, https://doi.org/10.1007/s11192-006-0147-4.

Cagan, R 2013, 'The San Francisco Declaration on research assessment', Disease Models & Mechanisms, vol. 6, no. 4, pp. 869-870, https://doi.org/10.1242/dmm.012955.

Costas, R & Bordons, M 2007, 'The h-index: Advantages, limitations and its relation with other bibliometric indicators at the micro level', Journal of Informetrics, vol. 1, no. 3, pp. 193-203, https://doi.org/10.1016/j.joi.2007.02.001.

Costas, R & Bordons, M 2008, 'Is g-index better than h-index? An exploratory study at the individual level', Scientometrics, vol. 77, no. 2, pp. 267-288, https://doi.org/10.1007/s11192- 007-1997-0.

Costas, R & Franssen, T 2018, 'Reflections around 'the cautionary use' of the h-index: Response to Teixeira Da Silva and Dobránszki', Scientometrics, vol. 115, no. 2, pp. 1125-1130, https://doi.org/10.1007/s11192-018-2683-0.

Costas, R & Wouters, P 2012, 'Users, Narcissism and Control – Tracking the Impact of Scholarly Publications in the 21st Century', SURFfoundation, Utrecht, http://research-acumen.eu/wp-content/uploads/Users-narcissism-and-control.pdf (July 15, 2020).

Costas, R, van Leeuwen, TN & Bordons, M 2010, 'A bibliometric classificatory approach for the study and assessment of research performance at the individual level: The effects of age on productivity and impact', Journal of the American Society for Information Science and Technology, vol. 46, no. 2, https://doi.org/10.1002/asi.21348.

Cronin, B & Sugimoto, CR 2014, Beyond Bibliometrics: Harnessing Multidimensional Indicators of Scholarly Impact, The MIT Press.

Egghe, L 2006, 'Theory and practise of the g-index', Scientometrics, vol. 69, no. 1, pp. 131-152, https://doi.org/10.1007/s11192-006-0144-7.

Gingras, Y 2016, Bibliometrics and Research Evaluation: Uses and Abuses, The MIT Press, Cambridge, Massachusetts.

Hauschke, C 2019, 'Problematische Aspekte bibliometrie-basierter Forschungsevaluierung', Informationspraxis, bd. 5, nr. 1, https://doi.org/10.11588/ip.2019.1.49609.

Hauschke, C, Cartellieri, S & Heller, L 2018, 'Reference implementation for open scientometric indicators (ROSI)', Research Ideas and Outcomes, vol. 4, p. 59, https://doi.org/10.3897/rio.4.e31656.

Heuritsch, J (January 22) 2018, 'Insights into the Effects of Indicators on Knowledge Production in Astronomy', http://arxiv.org/pdf/1801.08033v1 (July 15, 2020).

Hicks, D, Wouters, P, Waltman, L, de Rijcke, S & Ràfols, I 2015, 'Bibliometrics: The Leiden Manifesto for research metrics', Nature, vol. 520, no. 7548, pp. 429-431, https://doi.org/10.1038/520429a.

Hirsch, JE 2005, 'An index to quantify an individual's scientific research output', Proceedings of the National Academy of Sciences of the United States of America, vol. 102, no. 46, pp. 16569-16572, https://doi.org/10.1073/pnas.0507655102.

Hirsch, JE 2007, 'Does the h-index have predictive power?', Proceedings of the National Academy of Sciences of the United States of America, vol. 104, no. 49, pp. 19193-19198, https://doi.org/10.1073/pnas.0707962104.

Hirsch, JE & Buela-Casal, G 2014, 'The meaning of the h-index', International Journal of Clinical and Health Psychology, vol. 14, no. 2, pp. 161-164, https://doi.org/10.1016/S1697-2600(14)70050-X.

Iglesias, JE & Pecharromán, C 2007, 'Scaling the h-index for different scientific ISI fields', Scientometrics, vol. 73, no. 3, pp. 303-320, https://doi.org/10.1007/s11192-007-1805-x.

Jefferson, OA, Jaffe, A, Ashton, D, Warren, B, Koellhofer, D, Dulleck, U & Ballagh, A et al. 2018, 'Mapping the global influence of published research on industry and innovation', Nature Biotechnology, vol. 36, no. 1, pp. 31-39, https://doi.org/10.1038/nbt.4049.

Leydesdorff, L, Bornmann, L & Opthof, T 2019, '$h_α$: The Scientist as Chimpanzee or Bonobo', Scientometrics, vol. 118, no. 3, pp. 1163-1166, https://doi.org/10.1007/s11192-019-03004-3.

Moher, D, Bouter, L, Kleinert, S, Glasziou, P, Sham, MH, Barbour, V, Coriat, A-M, Foeger, N, & Dirnagl, U 2020, The Hong Kong Principles for assessing researchers: Fostering research integrity. PLOS Biology 18(7): e3000737. https://doi.org/10.1371/journal.pbio.3000737.

Schubert, G & Schubert, A 2019, 'The Eponymic Use of Jorge E. Hirsch's Name', ISSI #59, vol. 15, no. 3.

Sugimoto, CR & Larivière, V 2018, Measuring Research: What Everyone Needs to Know®, Oxford University Press, New York.

Teixeira da Silva, JA & Dobránszki, J 2018, 'Multiple versions of the h-Index: Cautionary use for formal academic purposes', Scientometrics, vol. 115, no. 2, pp. 1107-1113, https://doi.org/10.1007/s11192-018-2680-3.

Teufel, S, Siddharthan, A & Tidhar, D 2006, 'Automatic classification of citation function', in Proceedings of the 2006 Conference on Empirical Methods in Natural Language Processing, 103-10, EMNLP '06, Association for Computational Linguistics, Stroudsburg, PA, USA, http://dl.acm.org/citation.cfm?id=1610075.1610091 (July 15, 2020).

van Leeuwen, T 2008, 'Testing the validity of the Hirsch-index for research assessment purposes', Research Evaluation, vol. 17, no. 2, pp. 157-160, https://doi.org/10.3152/095820208X319175.

van Raan, AFJ 2006, 'Comparison of the Hirsch-index with standard bibliometric indicators and with peer judgment for 147 chemistry research groups', Scientometrics, vol. 67, no. 3, pp. 491-502, https://doi.org/10.1556/Scient.67.2006.3.10.

Waltman, L 2016, 'A review of the literature on citation impact indicators', Journal of Informetrics, vol. 10, no. 2, pp. 365-391, https://doi.org/10.1016/j.joi.2016.02.007.

Waltman, L & van Eck, NJ 2012, 'The inconsistency of the h-index', Journal of the American Society for Information Science and Technology, vol. 63, no. 2, pp. 406-415, https://doi.org/10.1002/asi.21678.

Wouters, P 2017, 'Bridging the evaluation gap', Engaging Science, Technology, and Society, vol. 3, p. 108, https://doi.org/10.17351/ests2017.115.

第4章 替代计量学（Altmetrics）[1]

4.1 未来已经开始：替代计量学在学术交流中的起源、分类和应用

Dirk Tunger[2]（德克·通格）和 Andreas Meier[3]（安德烈亚斯·迈尔）

摘要： 文献计量学还能充分反映科学出版物的影响吗？新的来源已经建立，在这些来源中还可以进行科学交流。这些信息源是否能够更快、更全面地生成科学产出的图景？本章将在文献计量学和与预测相关的过程的背景下，介绍替代计量学的目的、方法和可能性。

关键词： 替代计量学，预测过程，科学影响力，社交媒体

替代计量学方法是一个有争议的话题，涉及在学术社区和社会中传播的研究成果。"替代计量学"的引入是当前讨论的焦点，即经典文献计量学指标是否仍然反映了互联网时代研究工作的真正影响力。在讨论过程中，术语 altmetrics 被创造为替代计量学指标的统称，这些替代计量学指标解释了人们对传统同行评议方法之外的基于网络的交流的看法：

"我喜欢'Articlelevelmetrics（论文层面计量学）'这个术语，但它并不能衡量'多样性'。最近，我喜欢上了 altmetrics。"[4]

这些指标揭示了谁在新闻媒体、社交媒体、政策文件和其他网络资源中引用、讨论或分享科学出版物，以及谁关注科学系统内外的出版物（Tunger et al., 2017）。

4.1.1 替代计量学的研究

自 Priem 等（2010）引入术语"altmetrics"以来，替代计量学界已经对这个主题进行了十多年的研究。一方面，替代计量学的可见性和存在性令人印象深刻

---

[1] 译者：李姣姣，女，工程师，中国科学院科技战略咨询研究院博士研究生，中国信息与通信研究院。
[2] 科隆应用技术大学，信息科学与传播研究学院，信息管理研究所；于利希研究中心，于利希项目管理中心，"分析、研究、战略"卓越中心，d.tunger@fz-juelich.de。
[3] 于利希研究中心中央图书馆，a.meier@fz-juelich.de。
https://doi.org/10.1515/9783110646610-019
[4] 2010 年，Jason Priem（贾森·普里姆）在推特上谈到了"altmetrics"这个术语的起源。

（Haustein，2016a），原因包括：许多科学出版商将它们用作营销工具，已经发表了数百篇这一主题的文章，创办了专门的期刊，现在甚至有一个专门讨论替代计量学的会议。另一方面，这个术语没有统一的定义，因此，对于替代计量学指标究竟衡量什么，或者可以从结果中得出什么样的结论，尚未达成共识（Haustein，2016b；Franzen，2017；Butler et al.，2017）。

Altmetric 关注度得分（Altmetric attention score）以"甜甜圈"的形式（图1）表示，目前被许多科学出版商和机构用作营销工具（见4.1.5节"替代计量学在科研机构中的实际应用"）。Altmetric"甜甜圈"已经被多方使用，包括 *Nature*、*Science*、剑桥大学和苏黎世大学的知识库。Altmetric 关注度得分是基于一种算法，加权计算不同来源的科学产出所获得的评分。

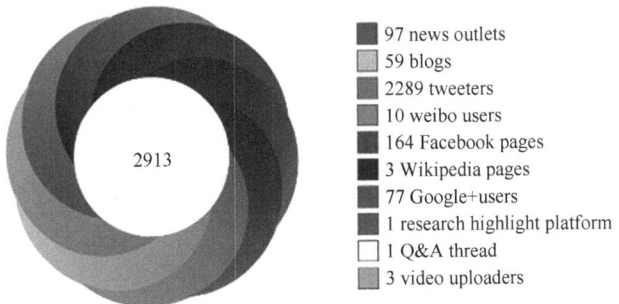

图 1　Altmetric"甜甜圈"及其组成示例

科学界对这一趋势持怀疑态度（Franzen，2017）。简单地将计数相加创建复合指标是"有问题的"（Tunger et al.，2017；European Commission，2017a）。Altmetric 关注度得分并不能代表科学产出的总体影响力，仅适合于那些引起媒体极大兴趣的出版物（Warren et al.，2016；European Commission，2017b）。

4.1.2　文献计量学和替代计量学的对立关系

尽管替代计量学起源于文献计量学，但是文献计量学与替代计量学之间存在某种对立关系。这两个学科都是为了达到相同的目的，即描绘科学影响力，但它们的基础不同。

就像映射一样，这两个领域通常是相互关联的，被视为非此即彼的选择。Bornmann 和 Haunschild（2016）调研了 Hicks 等于 2015 年在科研评价中制定的《莱顿宣言》在多大程度上适用于替代计量学，结果是，到目前为止还没有标准化指标，数据往往无法公开获取，也不透明，科学出版物的作者可以通过博弈操纵他们的指标。从这个意义上说，我们还远远不能将适用于文献计量学的规则应用于替代计量学（参见 3.2 节 Tunger 等的研究《从简单的出版物数据到复杂的指标：文献计量学与方法正确性、显著性和经济必要性的困境》）。"altmetrics"一词中的"metrics"也常常展示错误的预期，被误认为生成了"度量"或"统计"数据。但是，这并不适用于替代计量学，相反，替代计量确定绝对频率，并以 Altmetric "甜甜圈"的形式将它们关联起来。这可以为科学研究在社交媒体上的传播提供一个新的视角。2017 年，替代计量学专家组代表欧盟委员会在一份报告中指出替代计量学和文献计量学构成了"互补的评估方法"。替代计量学的明显优势是可以接触到更广泛的受众，而这些受众不一定是科学系统的一部分，而且信息的收集和处理速度比传统文献计量学要快得多。在科学系统中，替代计量学的重要性是完全不同于文献计量学的，这一点很明显地体现在一个简单的事实中，即传统的科学出版物（被文献计量学所使用）是科学奖励体系的中心。相比之下，通过社交媒体进行的交流并不是这个体系的一部分，这一差异使得替代计量学指标更加难以建立。

但也有相似之处，Eugene Garfield 将科学出版物的脚注作为新的、以前没有使用过的信息保存起来。人们很快发现，并不是每一种出版物都有相同的价值：许多论文发表在 Science 上，但并不是像 Bradford 多年前说过的那样，它们在期刊上的分布并不均匀。同样，论文的引用也不是均匀分布在不同的出版物上，而是存在不均衡现象。这就是引用在科学界成为一种流通手段的原因。

通过科学引文索引（SCI），科学家们首次可以系统地看到哪些科学家引用了他们的文章。人们认识到，科学影响力已不再仅仅由经典科学出版物决定，也由网络媒体对科学出版物的感知决定，这就导致了对文献计量学的补充需求。

替代计量学的影响力可视化速度比文献计量学（如 Mendeley Readerships）要快，并且在经典科学传播之上纳入了额外指标来源。因此，替代计量学现在也可以让科学家知道哪里引用了他们的著作，这一点上可以与 SCI 媲美。这些引用包括推文、转发、喜欢或提及。

对比一下 Web of Science 数据库和替代计量学中各领域文章的分布情况还是很有意义的（图 2）。2018 年 Web of Science 中的数字对象标识符（digital object identifier，DOI）分布数据是将出版物映射到各个领域之后，使用 Archambault 等（2011）引入的分类法进行聚合的结果。与 Web of Science 分类相比，此方法不会出现重叠和冗余。这里的领域是根据基础科学出版物划分的，可以在 Web of Science 和替代计量学之间比较。

例如，在替代计量学中，临床医学文章得到的反馈明显多于工程学论文。此现象非常清楚地揭示出文献计量学和替代计量学是两个不同的系统，即替代计量学并不是基于科学传播的规则，而是基于大众传播规则（Tunger et al.，2017）。

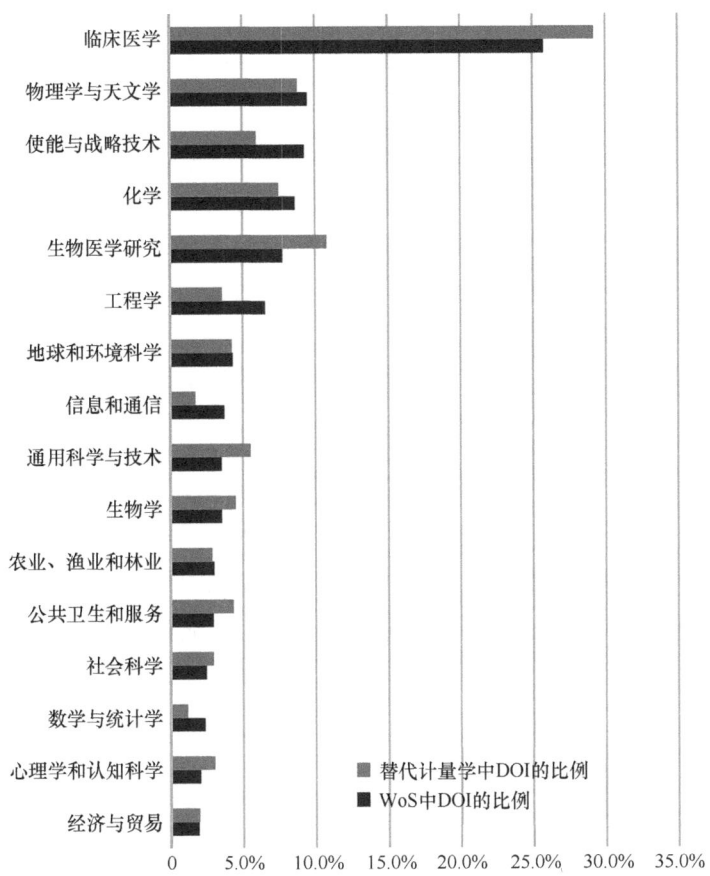

图 2　各领域在 Web of Science 和替代计量学中的发文量比例

4.1.3 关注最新科学

假设科学家发表文章不仅是为了促进科学发展，也是为了提高他们的声誉，那么他们不需要发表太多论文，只需要吸引尽可能多的关注，以便获得尽可能好的声誉。对任何科学家来说，如果他们的工作被注意到并被认为是相关的，进而被同行引用了，那么对他们来说都是一种赞美。

这一点既适用于传统的出版过程也适用于在线出版物："在媒体社会，一个人仅仅变得富有是不够的，还需要一个高光的形象"（Franck，1996）。Franck 称之为"注意力经济"。虽然这种方法不能立即应用到科学中，但许多科学家也试图在他们的专业团体中获得一定程度的知名度或声望，以加强他们自己的地位。这个概念可以用"可见性"来描述，就是说如果你想要表达什么，你就需要让别人看到。因此，社交媒体可以传达到科学界以外的受众。例如，通过在科学中使用社交媒体，社会和科学的距离越接近，Frank 的名言就越容易在科学上得到验证。

4.1.4 替代计量学可行性研究

在科学政策和科学管理中，以何种方式使用替代计量学，并且使用到何种程度才有意义呢？这也是于利希研究中心（Tunger et al., 2017）编制的替代计量学可行性研究的核心问题：①目前，以何种方式使用替代计量学？②可以从替代计量学中得到什么结论？③替代计量学的瓶颈在哪里？

可行性研究概述了四个不同的应用领域，并解释了各个领域替代计量学的应用情况。

1. 科技评估、绩效评估及社会影响力评估

在这些敏感领域，使用替代计量学时必须要小心，验证是必不可少的。在科学论述中，重要的是对数据异质性[①]和重要性的深入理解、要有有意义的指标体系和基准。在不久的将来，替代计量学将更多地成为评估科学绩效的有力补充，而不会是独立指标。此外，一些课题相比其他课题更受社会关注，但不一定会有大的社会影响力[②]。

2. 公共关系、知名度和活动推广

科学交流及其在公共领域的可见性在一定程度上是通过替代计量学来体现的。无论如何，应该注意到，从打赏频率和参与人数上看，社交媒体的活跃度呈上升趋势。因此，利用社交媒体平台主动吸引人们对研究的关注，就变得越来越重要，也越来越有影响力。

在此背景下，可以看到大学或欧盟委员会等机构在这方面的努力，它们战略性地将自己的出版物和出版活动与开放科学系统、扩大知识传播和应对社会挑战的方向保持一致。

3. 科学

将替代计量学应用于科学领域可以朝着与公共关系部分所述类似的方向发展：对于科学家来说，他们出版物的可见性至关重要。其他人以思想、陈述、计算、发现或结论的形式使用其科学成果所产生的声誉是科学体系的重要组成部分。

---

① 相比文献计量学，替代计量学有许多不同类型的数据源（如点赞、推文、帖子、新闻报道、政策文件中提及），并且都有相应的解释和含义。

② 在此背景下，值得注意的是新闻价值理论：它描述了为什么一些话题很可能被报道，而另一些话题不太可能成为大众媒体新闻报道的对象。该理论描述了新奇性、轰动性、有用性和显著性等因素，这些因素的不同权重会影响报道方式（Galtung and Ruge, 1965）。

不论是在其他科学出版物中，还是在网络交流、社交媒体、新闻稿件或政策文件中，只有当个人产出被使用时，才能为相关科学家创造持久的利益。

4. 图书馆

Gimpl（2017）深入讨论了图书馆中的替代计量学。学术图书馆通常是与科研机构联系的地方，在那里可以找到与出版数据和文献计量学有关的问题。图书馆工作人员清洗数据、编制出版物档案，并在评估范围内收集数据。因此，图书馆员可以被视为处理数据的专家，特别是与出版物、用户统计和库存管理相关的数据。某种程度上，这些数据就是替代计量学关键节点，因为这些数据阐明了出版物在社交媒体中的使用情况。因此，当在机构中讨论替代计量学问题时，图书馆直接参与其中是合理的（Gimpl，2017），类似于于利希研究中心的情况。

4.1.5 替代计量学在科研机构中的实际应用

德国于利希研究中心决定采用替代计量学指标。由 Altmetric 公司提供的 Altmetric Explorer（https://www.altmetric.com[2020-07-15]）在 2017 年获得许可，此后一直在校园内进行测试。为了简化于利希研究中心出版物的编纂，所有出版物的标识符都被发送至 Altmetric Explorer，并呈现于网站上。用户只需点击一下，就可以在整个 Altmetric 数据库和于利希研究中心出版物之间切换。于利希研究中心的 JuSER[①]出版物门户网站和 Altmetric 网站之间会不断地交换数据：所有在 JuSER 中新注册的出版物标识符都会按照元数据获取协议发送到 Altmetric Explorer，并立即在 Altmetric Explorer 上显示出来，这保证了于利希研究中心的最新出版物可以被标识出来。

Altmetric"甜甜圈"或徽章数据也会在于利希研究中心的 JuSER 出版物门户网站上自动更新。除了这些出版物的书目数据，还可以通过点击 Altmetric 徽章访问 Altmetric Explorer 以获得其他替代计量数据，比如可以在各个来源中详细查看最新的提及情况。

于利希研究中心的单位交流也使用替代计量学。新闻稿会发布在特别有价值的于利希研究中心出版物上，这样一来，以类似于 JuSER 出版物门户网站的方式将 Altmetric 徽章整合到新闻稿中，那么社交媒体对出版物的反应就可以看到了。

许多大学和机构，如赫尔辛基大学、苏黎世联邦理工大学和洛桑联邦理工大学，也在其网站和知识库中使用了替代计量学，这样使它们能够在传统的引用指

---

① http://juser.fz-juelich.de（July 15, 2020）。

标之外明确它们出版物的影响范围①。杜克大学的交流团队利用 Altmetric Explorer 快速确定在社交媒体上谈论大学出版物的方式、地点和时间②。剑桥大学使用替代计量学评估早期影响力，因为一篇论文的在线讨论更有可能发生在发表后的前几周，而传统的度量标准需要长时间的积累。另一个目标是"跟踪、关注特定项目、团体或部门"以及"确定关键影响因素"。也有可能"确定潜在的研究合作者"，并衡量其他形式科学出版物的影响，如报告或应用程序，这是传统文献计量学不可能做到的③。这也适用于尚未在特定领域立足的科学家。

4.1.6 替代计量学在预测过程中的应用

替代计量学除了应用于科学机构外，还可以作为其他应用的输入，如预测或路线图制定过程。数据描述了关注度的形式，也可以通过一段时间内的发展趋势得出相关结论。例如，政策文件是替代计量学的组成部分之一，也是 Altmetric 平台分析的文档类型之一。政策文件包括哪些议题？这可以通过分析政策文件中引用的学术论文的摘要来确定。为了改进术语的表达方式，除了这些摘要之外，还使用了受控词汇。这种方式也适用于学术论文、推特推文、新闻报道或其他来源的文章。通过这种方式，内容可以在替代计量学中可视化，并融合到预测过程中（Tunger，2019）。

4.1.7 结论

替代计量学还在不断发展和检验中（Tunger et al.，2020）。但我们不应忽视这样一个事实：作者在选择引用某篇科学论文时，实际上已经做出了相关性判断（具体体现在文献计量学中）。否则就无法解释为何科学论文的引用次数与其在 Mendeley 上的引用次数之间存在直接相关性，也无法解释具有知识重要性评估的出版物与文献计量学或替代计量学指标之间的相关性（Breuer et al.，2020）。即使经过很长一段时间，替代计量学可能都没有为定量科研评价做出贡献。然而，替代计量学在科学领域反映了非常重要的学术交流情况，并且正日益超越学术期刊。利用这一发展，并考虑创建激励机制以奖励使用新的交流形式，从而为科学创造附加值，是一种开拓性方法。哪些新的交流形式将在科学领域取得成功并与传统的出版形式并存，还有待厘清。如果通过加强激励措施鼓励社交媒体传播科学知

---

① https://www.altmetric.com/press/press-releases/european-institutions-increasingly-adopting-altmetrics-to-complement-existing-bibliometric-analysis/（July 15，2020）。

② https://www.altmetric.com/case-studies/duke-university/（July 15，2020）。

③ https://www.research-information.admin.cam.ac.uk/what-information-available/altmetric-institutions（July 15，2020）。

识，并将其纳入科学奖励体系，那么应用的范围就会更大。正如前文所述，在更多的应用领域中使用替代计量学将是有意义的。下一步可能会与科学界进行密集对话，以讨论在科学走向社会或全民科学的背景下，科学最适合使用哪种新的传播形式，科学与社会最适合的对话形式是什么。在未来这些形式的学术交流将既有价值，又在科学体系中占有一席之地。社交媒体将改变学术交流。我们称之为学术交流的数字化——我们认为未来会实现。

4.1.8 参考文献

Archambault, E, Beauchesne, OH, & Caruso, J 2011, 'Towards a multilingual, comprehensive and open scientific journal ontology', in Proceedings of the 13th International Conference of the International Society for Scientometrics and Informetrics, pp. 66-77.

Bornmann, L&Haunschild, R2016, 'To what extent does the Leiden manifesto also apply to altmetrics? A discussion of the manifesto against the background of research into altmetrics', Online Information Review,vol.40, no. 4, pp.529-543, https://doi.org/10.1108/OIR-09-2015-0314.

Breuer,T,Schaer,P&Tunger,D2020, 'Relations between relevance assessments, bibliometrics and altmetrics', in G Cabanac, I Frommholz & P Mayr (eds.), Proceedings of the 10th International Workshop on Bibliometric-enhanced Information Retrieval, S. 101-112, http://ceur-ws.org/Vol-2591/ (July 15, 2020).

Butler,JS, Kaye,ID, Sebastian, AS, Wagner,SC, Morrissey, PB, Schroeder,GD, Kepler,CK& Vaccaro, AR 2017, 'The evolution of current research impact metrics: From bibliometrics to altmetrics?', Clinical Spine Surgery,vol.30, no. 5.

European Commission 2017a, Next-generation metrics: Responsible metrics and evaluation for open science, https://doi.org/10.2777/337729.

European Commission 2017b, Mutual Learning Exercise: Open Science - Altmetrics and Rewards.

Franck, G 1996, 'Aufmerksamkeit - Die neue Währung', https://web.archive.org/web/20110501074409/http://www.heise.de/tp/artikel/2/2003/1.htm (July 15, 2020).

Franzen, M 2017, 'Digitale Resonanz. Neue Bewertungskulturen fordern die Wissenschaft heraus', WZB Mitteilungen, vol. 155, S. 30 - 33.

Galtung, J & Ruge, MH 1965, 'The structure of foreign news', Journal of Peace Research, vol. 2, no. 1, pp. 64 - 90, https://doi.org/10.1177/002234336500200104.

Gimpl, K 2017, Evaluation von ausgewählten Altmetrics-Diensten für den Einsatz an wissenschaftlichen Bibliotheken (engl. Evaluation of selected Altmetrics services for use in academic libraries); Master-Thesis MALIS (Master in Library and Information Science); Technische Hochschule Köln, Fakultät für Informations- und Kommunikationswissenschaften, urn:nbn:de:hbz:79pbc-opus-10341.

Haustein, S 2016a, 'Vier Tage für fünf Jahre Altmetrics', Bericht über die Konferenz 2AM und den Workshop altmetrics15. b.i.t. online, vol. 19, no. 1, pp. 110-112.

Haustein, S 2016b, 'Grand challenges in altmetrics: heterogeneity, data quality and dependencies',

Scientometrics, doi: https://doi.org/10.1007/s11192-016-1910-9.

Hicks, D, Wouters, P, Waltman, L, de Rijcke, S, and Rafols, I 2015, 'Bibliometrics: The Leiden Manifesto for research metrics', Nature, vol. 520, no. 7548, pp. 429-431, https://doi.org/10.1038/520429a.

Priem, J, Taraborelli, D, Groth, P & Neylon, C 2010, Altmetrics: A Manifesto, http://altmetrics.org/manifesto (July 15, 2020).

Tunger, D 2019, 'Altmetrics - on the way to the "economy of attention"? Feasibility study Altmetrics for the German Ministry of Science and Research (BMBF)', in 17th International Conference on Scientometrics & Informetrics, Rome, Italy, pp. 2262-2272, http://hdl.handle.net/2128/23974 (July 15, 2020).

Tunger, D, Ahn, H, Clermont, M, Krolak, J, Langner, J & Mittermaier, B 2020, 'Altmetrics as an indicator of performance measurement of universities? An analysis based on decision-theoretical concepts and empirical findings' (in preparation for submission to Scientometrics).

Tunger, D, Meier, A & Hartmann D 2017, Altmetrics Feasibility Study, http://juser.fz-juelich.de/record/851696 (July 15, 2020).

Warren, HR, Raison, N & Dasgupta, P 2016, 'The rise of altmetrics', Journal of the American Medical Association, vol. 317, no. 2, pp. 131-132.

4.2 替代计量学的历史、发展和概念前身

Clemens Blümel[①] （克莱门斯·布吕梅尔）和
Stephan Gauch[②] （斯特凡·高赫）

摘要：Blümel 和 Gauch 的贡献涉及替代计量学的历史，或者更准确地说，是与科学计量学（scientometrics）中的技术有关，这进一步促成了替代计量学概念和技术的形成。作者并没有从科学计量学历史的一般概述开始，而是将起点设在了 90 年代中期，即万维网（World Wide Web）的出现。通过进行文献计量分析，追踪当前与替代计量学相关的出版物的引用结构，能够识别出与社群话语权处理相关的三个阶段。第一阶段与在线使用统计学概念的诞生有关，即网络计量或网络计量学的诞生。第二阶段是"方法论审查"，科学计量学家通过关联研究或系统性问题识别，处理新指标相对于已有科学计量学实践中产生的问题。第三阶段是"概念审查"，科学计量学家重新组织和概念化这些指标。我们认为，替代计量学也正在经历以上阶段，从而使学科逻辑向其他领域和概念方法延伸。

关键词：文献计量学，自反性，替代计量学，网络计量学

[①] 德国高等教育与科学研究中心，研究系统和科学动力学部。
[②] 博士，柏林洪堡大学"反思性文献计量学——科学中量化价值顺序的反馈和实践"初级研究小组组长。
https://doi.org/10.1515/9783110646610-020

4.2.1 介绍

毫无疑问，替代计量学是科学计量学中的一个热门话题，相关的研究文章快速增长，为科学计量学领域的研究提供了新的理念、数据源和分析策略（Costas et al., 2014；Weller，2015）。本节讨论了该领域的历史、发展过程和未来趋势。接下来将展开阐述它的历史。基于 SCI、社会科学引文索引、艺术与人文科学引文索引和会议论文引文索引数据库，通过构建关键词检索式、遍历检索论文的引文树，最终选择 479 篇科学文章进行分析。通过使用文献计量学指标从各个领域获得相关历史信息，并通过采访选定的从业者、专家、支持者以及批评家进行补充。因此，必须将这一主题理解为非常具体的观点。我们还纳入了非替代计量学主题的文章，也就是说，在解析替代计量学历史时，关注了那些讨论了在替代计量学概念形成之前就已经存在的相关概念的论文，或者更准确地说，是用来塑造替代计量学概念的概念。

替代计量学的概念是在 2010 年左右出现的，当时信息科学家 Jason Priem 提出了这个术语，他的描述方式与之前的指标有所不同。尽管这个词在 2010 年被提出来，但这个领域的历史可以追溯到 20 世纪 90 年代。替代计量学重现了当时的一些讨论，就像知识生产存在着往复模式一样，这些知识描述了科学计量学的一些特点。因此，本章也将替代计量学的史前史作为该领域完整故事的一部分。跨越了几十年的论证模式可能不仅会预示未来趋势，而且有助于科学计量学知识生产的自我反思。

4.2.2 替代计量学的概念

当前关于替代计量学的争论起源于 Jason Priem，他在 2010 年提出了这个术语，并提出了与网络学术交流相关的多种度量标准。尽管这个术语在学术上有广泛的用途，但尚无一致的理解，因此也没有共同的定义。根据替代计量学数据的重要提供商 altmetric.com 网站的定义，替代计量学是"对传统的、基于引用指标的补充度量和定性数据"[①]。该网站上对替代计量学的另一种说法是"构建和研究基于社交网络的分析和提供学术信息的新指标"。根据 Weller（2015）的说法，替代计量学主要是"替代基于引用指标"的评估方法。替代计量学的出现催生了大量关于社交媒体中涉及学术研究的文献、构建了各种用于学术产出评估的新指标，并且都不是基于引文的分析。

1. 替代计量学概念的前身

为了理解替代计量学的现状及其在科学计量学领域中的地位，了解替代计量

---

① https://www.altmetric.com/about-altmetrics/what-are-altmetrics/（July 15，2020）。

学如何产生、来源于哪里以及进一步发展可能面临的机遇和挑战将大有裨益。随着网络的出现和网络服务的建立，信息界将网络作为相关的信息流新来源的想法也就不足为奇了。接下来将描述基于网络的信息科学的建立和发展道路。我们的重点不在方法的具体应用上[①]，而是该领域发展过程中涉及的概念性工作。应当指出的是，文献计量学和科学计量学在当时已被确立为一个综合性研究领域，其核心期刊包括《信息科学与技术协会期刊》（1950年创刊）和跨学科的《科学计量学》期刊（1979年创刊），它们都创刊相当长一段时间了。

2."使用"（Usage）作为相关的重要类别

第一阶段为替代计量学出现之前，可能发生在1995年之后，Bossy（博西）、Bray（布雷）和Ingwersen（英沃森）是该阶段被引用最多的作者。信息科学界接触并接受网络后产生了新术语，以标记基于网络交流的计量学，这就是第一个概念"网络计量学"（Bossy，1995）。Bossy（1995）早在1995年就宣布基于网络的指标是"科学计量学的新面孔"。他基于法国科学研究学者Latour和Callon的观点进行评估，认为"远程文件检索计数"或"客户超文本链接"可能会为新的评估形式奠定基础，因为它们代表了更接近实验室的论述和Latourian（拉图里安）的"科学行动"的观点（Latour and Woolgar，1987）。概念审查成为一件紧急的事情："我们必须决定哪些计数可以用作指标"（Bossy，1995）。人们试图建立一个与科学引文索引并行的网络基础设施，并将其称为开放文本索引（Open Text Index）（Bray，1996）。"网络计量学"这一术语的引入，提出了一种可以彻底改变学术信息的想法（Abraham，1997）。与此同时，Almind和Ingwersen（1996）在一篇会议论文中创造了"Internetometrics"这个词，一年后，他们将其重新定义为"Webometrics"（Almid and Ingwersen，1997）。1997年《网络计量学》（Cybermetrics）创刊，在第一期中，网络上的参考文献被描述为"共链"（Rousseau，1997）。

面对这些新机遇，网络检查和度量迫在眉睫（Bar-Ilan，1999；Ingwersen，1998；Snyder and Rosenbaum，1999）。此外，网络索引服务的质量也受到了质疑（Clarke and Willett，1997）。Lawrence（1998）认为，索引服务的应用和能力已无法满足文献计量学分析的各种类型。"多态提及"，即在多重语境中提及某一个体，有望成为基于网络的学术交流的一个显著特征（Cronin et al.，1998）。网络学术交流不局限于学术话语和正式交流，也反映了研究者之间的非正式交流。人们试图从文献计量学的领域中调整评价概念，如网络影响因子中的期刊影响因子（Ingwersen，1998）。这同样解释了探索性文献计量学的概念，如网络的耦合分析和共引分析（Kleinberg，1999）。

[①] 类似的脉络，Godin（2006）提供了文献计量学的概念史，重点介绍了为文献计量学制度化铺平道路的机构。

4.2.3 网络计量学和网络信息计量学中的反思与整合

2000 年开始，信息计量学（informetrics）进入了进一步讨论和概念反思阶段。这一时期还出现了"相关性研究"的热潮，旨在评估已建立的文献计量学和网络计量学指标和概念之间的统计相关性。这些研究也进一步厘清了文献计量学和网络计量学概念之间的关系。因此，讨论的焦点从新指标转移到每个指标的优缺点上。如果没有相关性或相关性较低，要么进一步从方法学上进行考查和纳入新的指标（或其中的新属性）；要么进一步探讨度量影响力不同表现形式的指标。这里的每个方向都有可能成为以后讨论的子主题。

Harter 和 Ford（2000）首先强调了基于网络的电子期刊影响力评估的系统性问题和挑战。Odlyzko（2002）认为，随着网络交流新形式的出现，传统的同行评议的需求将会减少，同样，新形式的讨论和交流也将打破传统方式。Cronin（2001）扩展了这一论点，他认为，尽管这些新的基于网络的评估形式潜力巨大，但对概念审查的必要性依然存在："毫无疑问，随着基于网络的新的计量形式被纳入文献计量学评估和科学传播的社会计量学论述中，结构效度问题将继续涌现"。

Bar-Ilan（2001）首次对网络上的数据收集问题进行了全面回顾，认为网络是一个易变的地方。他还认为，为了了解搜索引擎和工具为信息计量目标提供的资料是否充足，必须对它们的有效性进行评估。Priem 等（2002）分析了共引（co-citation）和共链（co-sitation）之间的差异性，并且认为，从概念上不应是等价的，类比时更需要谨慎。Vaughan 和 Shaw（2003）对文献和网络引用提出了类似的观点，他认为，用户动机和用户行为研究（Ke et al., 2002; Kim, 2000; Wilkinson et al., 2003）及内容分析（Thelwall, 2003）的出现是为了理解超链接行为。

在 2003 到 2006 年间，方法论研讨认为，应该通过网络计量学和网络信息计量学的前沿综述和框架概念研究，以确保覆盖面较广的规划导向（Thelwall et al., 2005）。反思概念，可以追溯到早期的网络测量概念[如网络影响因子（Noruzi, 2006）]，了解新的学术成果传播渠道使用情况的需要[如在线期刊（McDonald, 2007）或自我推广和可见度之间的关系（Dietrich, 2008）]，以及网络数据一定时间内的稳定性（Bar-Ilan and Peritz, 2004; Koehler, 2004）。

4.2.4 替代计量学的创立与发展

虽然许多人试图基于网络数据使用新的指标和方法分析和监测学术活动（Almind and Ingwersen, 1996, 1997; Bossy, 1995），但直到 2010 年，信息科学家 Jason Priem 才首次提出了"替代计量学"（Altmetrics）这一概念[①]。替代计量学宣言（altmetrics manifesto）发表之后，与数字学术活动或学者社交媒体使用相关的出版物显著增加（Fenner，2014；Gonzalez-Valiente et al.，2016；Priem，2013）。

1995 年至 21 世纪初的文献中，讨论的度量模式基本相似。替代计量学术语出现后，人们探索了许多不同的定量分析和数据源筛选方法。在学术出版领域，随着能够为期刊提供学术媒体应用数据的服务的兴起，文章水平指标（article level metrics）应运而生（Franzen，2015；Lin and Fenner，2013）。很快，其他一些数据提供者也积极响应，开始在社交媒体上发布学术文献（Adie and Roe，2013；Liu and Adie，2013）。随后，像 Twitter 和 Facebook 这些新的传播渠道也整合到定量评估中。

最初的探索阶段之后，仔细审查和交叉验证的研究增长迅猛。在审查研究中，主要有两类主题[②]：第一类是对社交媒体平台上提到的文章及其强度的"覆盖率研究"（coverage studies；Cacciatore et al.，2012；Haustein et al.，2014；Onyancha，2015）。第二类是交叉验证研究，使用替代计量学数据源与传统学术指标（如引用）进行比较。正如 Costas 等（2014）指出的，这些研究或多或少发现了它们之间的一些相关性，"表明这两种方法在某种程度上是相关的，但并不相同"。然而，这些研究在比较方式上有所不同。一些研究集中在一个特定的提供商，如 altmetric.com，以便将不同的社交媒体数据与其他文献计量信息进行比较（Chamberlain，2013；Costas et al.，2014；Das and Mishra，2014）。其他研究则集中于对单一（学术）社交媒体数据源的比较，如 Mendeley（Gunn，2013；Thelwall and Sud，2016），Facebook 或 Academia.edu（Thelwall and Kousha，2014），以探索媒体使用及其（学术）受众的重要特征和结构。最后，第三类研究比较了不同社交媒体或替代计量学数据源之间的关系或相关性（Gunn，2013；Li et al.，2012）。特别是在前两组中，当与引用的相关性得到证实后，普遍认为替代计量学数据和社交媒体应用具有一定的预测能力。但在其他研究中，替代计量学与传统引用之间的相关性并没有观察到，学者们认为，替代计量学反映的是社会影响力（Bornmann，2014，2016；Cress，2014）。

审查、交叉验证和指标构建研究的巨大需求最终迎来了第三阶段，在这一阶段，为了确保数据的一致性，对数据收集的不同方式进行了比较和系统分析。值得一提的是，这一阶段还出现了概念审查。由于不同数据来源之间存在差异，Haustein 等（2014）就提出，跟踪学术活动到底有什么意义。此时，由不同供应

[①] "我喜欢 articlelevelmetrics 这个词，但它并不意味着度量的多样性。最近，我很喜欢 altmetrics"。
[②] 应该是三类，从此段内容及后面的讨论和结论中可以看到。

商构建的指标也日益成为研究的话题（Gumpenberger et al., 2016）。我们认为，这种演变模式表明，替代计量学的讨论重复着历史上曾有的论证模式。当然，与之前的分析不同，这些重新定义学术影响力的活动是出现在与之前不同的环境中。

4.2.5 讨论和结论

在这节中，我们概述了替代计量学的历史和发展。通过将文献计量方法与定性分析相结合，能够确定主要的主题和论证模式，这些主题和论证模式根据学术网络指标探索中的智力发展可分为三个阶段。我们认为，随着术语探索、审查和概念化的出现，在前两个阶段出现的论证模式会在当前的替代计量学辩论中重新建立起来。然而，与前几十年不同的是，在科学计量学和信息计量学领域发展起来的计量方法在科学政策领域引起了更强烈的共鸣，在科学政策领域，社会影响力的概念得到了大力推广（Blümel and Gauch, 2017）。与此同时，已出现了新的提供商和平台，它们在学术社交媒体中集成了不同数据，并且通过有关替代计量学的学术辩论得到认可。因此，作为科学计量学和信息计量学的学者，我们应该更加谨慎地考虑使用哪些数据，以及这些数据的使用意味着什么。这不仅意味着在替代计量学领域，而且在一般科学计量学领域，都需要更强的概念化理论。由于科学计量学理论框架的连续性水平较低，所以对它的批评也就从未停止。随着替代计量方法的采用，这场由科学计量学界及其实践挑起的争论得以平息，并允许整合如媒体理论这样的新观点。这样的理论框架是建立在什么基础上的，它服务于什么样的目标？与网络计量学相比，替代计量学为何以及如何获得如此大的势能呢？这个问题似乎造就了科学计量学界对替代计量学的讨论。例如，要度量的"相关方面"是什么，即应如何组织指标的制定？是什么促进了指标的"负责任的使用"？科学计量学界在这方面扮演了什么角色？所有这些问题都有一个共同的概念，即科学计量学的自反性需要远远超出了方法论或数据质量的讨论。这样的框架将不得不偏离科学计量学稳定统一性的概念，从而促进差异化效果。相反，扭转这种观念，关注个人、学术界以及指标如何通过关系化过程实现其身份，即他们如何在意义和相关性的相互作用中寻求和整合差异来定义自己的身份，可能会更有成效。如果这种理论框架是这种自反性概念的基础，那么可以在量化和评估社会学以及批判和辩护社会学的最新发展中找到合适的替代方案。

4.2.6 参考文献

Abraham, R H 1997, 'Webometry: Measuring the complexity of the world wide web', World Futures, vol. 50, no.1-4, pp. 785 - 91, doi: https://doi.org/10.1080/02604027.1997.9972670.

Adie, E & Roe, W 2013, 'Altmetric: Enriching scholarly content with article-level discussion and metrics', Learned Publishing, vol. 26, no. 1, pp. 11-17, doi: https://doi.org/10.1087/20130103.

Almind, TC & Ingwersen, P 1996. Informetric analysis on the World Wide Web: A methodological approach to "internetometrics." Centre for Informetric Studies, Royal School of Library and Information Science, Copenhagen, Denmark. (CIS Report 2).

Almind, TC & Ingwersen, P 1997, 'Informetric analyses on the world wide web: Methodological approaches to 'webometrics", Journal of Documentation, vol. 53, no. 4, pp. 404-426, doi: https://doi.org/10.1108/EUM0000000007205.

Bar-Ilan, J 1999, 'Search engine results over time: A case study on search engine stability',Cybermetrics, vol. 2/3, no. 1.

Bar-Ilan, J 2001, 'Data collection methods on the Web for informetric purposes: A review and analysis', Scientometrics, vol. 50, no. 1, pp. 7-32.

Bar-Ilan, J & Peritz, BC 2004, 'Evolution, continuity, and disappearance of documents on a specific topic on the Web: A longitudinal study of informetrics', Journal of the American Society for Information Science and Technology, vol. 55, no. 11, pp. 980-990.

Blümel, C& Gauch, S 2017, The valuation of online science communication: A study into the scholarly discourses of Altmetrics and their reception, Berlin.

Bornmann, L 2014, 'Validity of altmetrics data for measuring societal impact: A study using data from Altmetric and F1000Prime', Journal of Informetrics, vol.8, no. 4, pp. 935-950, doi: https://doi.org/10.1016/j.joi.2014.09.007.

Bornmann, L 2016, 'Scientific revolution in scientometrics: The broadening of impact from citation to societal', in CR Sugimoto(ed.), Theories of Informetrics and Scholarly Communication: A Festschrift in Honor of Blaise Cronin, pp. 347-359, de Gruyter, Berlin.

Bossy, MJ 1995, 'The last of the litter: 'Netometrics'', Solaris, vol.2.

Bray, T 1996, 'Measuring the Web', Computer Networks and ISDN Systems, vol. 28, no. 7-11, pp. 993-1005, doi: https://doi.org/10.1016/0169- 7552(96)00061-X.

Cacciatore, MA, Anderson, AA, Choi, D-H, Brossard, D, Scheufele, DA, Liang, X, Ladwig, PJ, Xenos, M & Dudo A 2012, 'Coverage of emerging technologies: A comparison between print and online media', New Media & Society, vol.14, no. 6, pp. 1039-1059, doi: https://doi.org/10.1177/1461444812439061.

Chamberlain, S 2013, 'Consuming article-level metrics: Observations and lessons', Information Standards Quarterly, vol. 25, no. 2, p. 4, doi: https://doi.org/10.3789/isqv25no2.2013.02.

Clarke, SJ & Willett P 1997, 'Estimating the recall performance of Web search engines', Aslib Proceedings, vol. 49, no. 7, pp. 184-189, doi: https://doi.org/10.1108/eb051463.

Costas, R, Zahedi, Z & Wouters P 2014, 'Do "Altmetrics" correlate with Citations? Extensive comparison of altmetric indicators with citations from a multidisciplinary Perspective', Journal of the Association for Information Science and Technology, vol. 66, no. 10, pp. 2003-2019.

Cress, PE 2014, 'Using altmetrics and social media to supplement impact factor: Maximizing your article's academic and societal impact', Aesthetic Surgery Journal, vol. 34, no. 7, pp. 1123-1126, doi: https://doi.org/10.1177/1090820X14542973.

Cronin, B 2001, Bibliometrics and beyond: Some thoughts on web-based citation analysis. Journal of

Information Science, vol. 27, no.1, pp. 1-7.

Cronin, B, Snyder, HW, Rosenbaum, H, Martinson, A & Callahan E 1998, 'Invoked on the Web', Journal of the American Society for Information Science, vol. 49, no. 14, pp. 1319-1328, doi: https://doi.org/10.1002/(SICI)1097-4571(1998)49:14<1319:AID-ASI9>3.0.CO; 2-W.

Das, AK & Mishra S 2014, 'Genesis of altmetrics or article-level metrics for measuring efficacy of scholarly communications: Current perspectives', SSRN Electronic Journal, doi: https://doi.org/10.2139/ssrn.2499467.

Dietrich, JP 2008, 'Disentangling visibility and self-promotion bias in the arxiv: Astro-ph positional citation effect', Publications of the Astronomical Society of the Pacific, vol. 120, no. 869, pp. 801-804.

Fenner, M 2014 'Altmetrics and Other Novel Measures for Scientific Impact', in S Bartling & S Friesike (eds.), Opening Science, pp. 179-189, Springer International Publishing, Cham.

Franzen, M 2015. 'The Impact Factor had its day. Altmetrics and the Future of Science', Soziale Welt - Zeitschrift für Sozialwissenschaftliche Forschung und Praxis, vol. 66, no. 2,pp. 225-242.

Godin, B 2006, 'On the origins of bibliometrics', Scientometrics, vol. 68, no. 1, 109-133.

Gonzalez-Valiente, CL, Pacheco-Mendoza, J & Arencibia-Jorge, R 2016, 'A review of altmetrics as an emerging discipline for research evaluation', Learned Publishing, vol. 29, no. 4, pp. 229-238, doi: https://doi.org/10.1002/leap.1043.

Gumpenberger, C, Glanzel, W & Gorraiz J 2016, 'The ecstasy and the agony of the altmetric score', Scientometrics, no. 108, no. 2, pp. 977-982, doi: https://doi.org/10.1007/s11192-016-1991-5.

Gunn, W 2013, 'Social signals reflect academic impact: What it means when a scholar adds a paper to Mendeley', Information Standards Quarterly, vol. 25, no. 2.

Harter, SP & Ford, CH 2000, 'Web-based analysis of E-journal impact: Approaches, problems, and issues', Journal of the American Society for Information Science, vol.51, no. 13, pp.1159-1176.

Haustein, S, Peters, I, Bar-Ilan, J, Priem, J, Shema, H & Terliesner, J 2014, 'Coverage and adoption of altmetrics sources in the bibliometric community', Scientometrics, vol.101, no.2, pp.1145-1163, doi: https://doi.org/10.1007/s11192-013-1221-3.

Ingwersen, P 1998, 'The calculation of Web impact factors', Journal of Documentation, vol.54, no.2, pp.236-243, doi: https://doi.org/10.1108/EUM0000000007167.

Kim, J 2000, 'Motivations for hyperlinking in scholarly electronic articles: A qualitative study', Journal of the American Society for Information Science, vol. 51, no. 10, pp. 887-899.

Kleinberg, JM 1999, 'Authoritative sources in a hyperlinked environment', Journal of the ACM, vol. 46, no. 5, pp. 604-632, doi: https://doi.org/10.1145/324133.324140.

Koehler, W 2004, 'A longitudinal study of Web pages continued: A consideration of document persistence', Information Research, vol.9, no.2.

Latour, B & Woolgar, S 1987, Science in Action, Harvard University Press, Cambridge, Massachusetts.

Lawrence, S 1998, 'Searching the World Wide Web', Science, vol. 280, no. 5360, pp. 98-100, doi: https://doi.org/10.1126/science.280.5360.98.

Li, X, Thelwall, M & Giustini, D 2012, 'Validating online reference managers for scholarly impact measurement', Scientometrics, vol.91, no. 2, pp. 461-471, doi: https://doi.org/10.1007/s11192-011-0580-x.

Lin, J & Fenner, M 2013, 'Altmetrics in evolution: Defining and redefining the ontology of article-level metrics', ISQ, vol.25, pp. 20-26.

Liu, J & Adie, E 2013, 'Five challenges in altmetrics: A toolmaker's perspective', Bulletin for the American Society for Information Science and Technology, vol. 39, no. 4, pp. 31-34.

McDonald, J 2007, 'Understanding online journal usage: A statistical analysis of citation and use', Journal of the American Society for Information Science and Technology, vol. 58, no. 1, pp. 39-50.

Noruzi, A 2006, 'The Web impact factor: A critical review', The Electronic Library, vol. 24, no. 4, pp. 490-500.

Odlyzko, A 2002, 'The rapid evolution of scholarly communication', Learned Publishing, vol. 15, no. 1, pp. 7-19, doi: https://doi.org/10.1087/095315102753303634.

Onyancha, OB 2015, 'Social media and research: An assessment of the coverage of South African universities in ResearchGate, Web of Science and the Webometrics Ranking of World Universities', South African Journal of Libraries and Information Science, vol. 81, no. 1, pp. 8-20.

Priem, J 2013, 'Beyond the paper', Nature, vol. 495, pp. 437-440.

Prime, C, Bassecoulard, E & Zitt M 2002, 'Co-citations and co-sitations: A cautionary view on a analogy', Scientometrics, vol. 54, no. 2, pp. 291-308.

Rousseau, R 1997, 'Sitations: An exploratory study', Cybermetrics, vol.1, no.1-7.

Snyder, H & Rosenbaum, H 1999, 'Can search engines be used as tools for web-link analysis?: A critical view', Journal of Documentation, vol. 55, no. 4, pp. 375-384, doi: https://doi.org/10.1108/EUM0000000007151.

Thelwall, M 2003, 'What is this link doing here? Beginning a fine-grained process of identifying reasons for academic hyperlink creation', Information Research, vol. 8, no. 3.

Thelwall, M & Kousha, K 2014, 'Academia.edu: Social network or academic network?', Journal of the Association for Information Science and Technology, vol.65, no. 4, pp.721-731, doi: https://doi.org/10.1002/asi.23038.

Thelwall, M & Sud P 2016, 'Mendeley readership counts: An investigation of temporal and disciplinary differences', Journal of the Association for Information Science and Technology, vol. 67, no. 12, pp. 3036-3050, doi: https://doi.org/10.1002/asi.23559.

Thelwall, M, Vaughan, L & Björneborn L 2005, 'Webometrics', Annual Review of Information Science and Technology, vol. 39, pp. 81-135.

Vaughan, L & Shaw, X 2003, Bibliographic and Web citations: What is the difference? Journal of the American Society for Information Science and Technology, vol. 54, no.14, pp. 1313-1322.

Weller, K 2015, 'Social media and altmetrics: An overview of current alternative approaches to measuring scholarly impact', Incentives and Performance, 261-276.

Wilkinson, D, Harries, G, Thelwall, M & Price, L 2003, 'Motivations for academic Web site interlinking: Evidence for the Web as a novel source of information on informal scholarly communication', Journal of Information Science, vol. 29, no. 1, pp. 49-56.

4.3 社交媒体和替代计量学

Kaltrina Nuredini[①]（卡尔特里娜·努雷迪尼），Steffen Lemke[②]（斯特芬·莱姆克），Isabella Peters[③]（伊莎贝拉·彼得斯）

摘要：本节描述了社交媒体和替代计量学之间的关系，简要讨论了社交媒体平台如何创建替代计量学指标，以及为何这与"预设功能"（affordances）概念是一致的。由于替代计量学是基于社交媒体平台上用户活动产生的数据构建的，因此这些平台的功能对于替代计量学指标的开发非常重要。预设功能保证了平台存在的意义，并控制着与此类平台交互的用户行为。虽然社交媒体平台不一定是针对研究人员的，但这些平台的功能通常支持了研究企业。因此，本节还解释了研究人员的社交媒体参与度，如一些研究人员每天使用社交媒体平台的原因，同时也提供了三种解释替代计量学的分类方法。最后，通过关注社交媒体平台给替代计量学带来的挑战，讨论了影响替代计量学应用中的问题。

关键词：社交媒体，学术，学术成果，替代计量学，预设功能，异质性，替代计量学分类

4.3.1 介绍

替代计量学和社交媒体的发展是密不可分的。大多数替代计量学聚合器大量使用社交媒体平台提供的数据。"社交媒体"是一种基于网络的允许用户发布自己的内容、可以相互交流和建立自己人际关系网的平台，如社交网络系统、讨论板、多媒体平台、即时消息/聊天、博客、微博、播客、维基和标签系统（Peters and Heise，2014）。虽然这些平台不一定是针对研究人员，满足他们工作的需要，但这些平台的功能往往非常好地支持了研究企业，以至于König 和 Nentwich（2017）认为，社交媒体可能是一站式的科学工作环境。此外，社交媒体平台的用户数量也在不断增加，研究人员也越来越多地订阅这些平台，这反映出社交媒体满足了研究人员的需要。这和日益增长的对传统文献计量学和评估学术工作定量指标的批判[如2013 年形成的《旧金山科研评价宣言》[④]或替代计量学宣言[⑤]中所陈述的]是替代

[①] 德国莱布尼茨经济信息中心，kaltrina.nuredini@gmail.com。
[②] 德国莱布尼茨经济信息中心网络科学团队成员，S.Lemke@zbw.eu。
[③] 博士，教授，德国莱布尼茨经济信息中心和基尔大学，i.peters@zbw.eu。
https://doi.org/10.1515/9783110646610-021
[④] https://sfdora.org/（July 15，2020）。
[⑤] http://altmetrics.org/manifesto/（July 15，2020）。

计量学运动背后的两个主要驱动力。此外，随着时间推移，可用于替代计量学指标的数据逐渐增多，这与社交媒体平台快速开发高水平应用程序编程接口（API）密切相关。

社交媒体（Burgess et al.，2017）允许用户轻松地在网络上发布文本和其他媒体内容。替代计量学继承了这一特点，并有四个主要的支持论点（Wouters and Costas，2012）：①反馈的快速性；②社会影响力的反映；③学术成果和评估方法的多样性；④数据和获取的开放性。引用往往需要数年的积累（Brody et al.，2006），而社交媒体几乎可以随时为学术成果提供反馈，并以量化和总结的替代计量学指标展现出来。事实上，大多数替代计量学指标出现在学术成果发表后的几天内（Shuai et al.，2012）。在社交媒体平台上提供一个电子邮件地址就可以建立账户，这会吸引无数的用户使用社交媒体，参与学术研究。社交媒体在大多数时候也不仅限于学术用户[①]，因此，替代计量学有可能反映出学术界以外的用户参与度。社交媒体平台允许发布各种类型的研究成果，如演示幻灯片、代码、参考书目，因此相比传统的出版方式，服务商可以更好地展示学术成果。这些基于社交媒体的学术成果可以再次在社交媒体平台上分享、评论和互动，这就会产生新的替代计量学指标，以反映该学术成果的多种参与形式。因此，替代计量学反映了学术成果的多样性以及它们在社交媒体上留下的足迹。当然，这些多样化的基于社交媒体的出版内容使对学术信息进行高级筛选的系统需求量增加。Priem 等（2010）认为，替代计量学可以作为筛选器，帮助用户查找相关信息。最后，与传统的文献数据库（如 Web of Science 或 Scopus）不同，传统数据库必须购买，而大多数社交媒体数据可以通过公共 API 访问。因此，替代计量学的基础数据以及用于数据收集的方法对所有人开放，可由第三方审查。

社交媒体引发的学术成果出版和参与交流的根本性变化，以及由此产生的定量描述促使文献计量学界寻找合适的术语描述这些指标。Priem 和 Hemminger（2010）提出了"科学计量学 2.0"，而 Haustein 等（2016）则主张"社交媒体计量学"——这与"网络计量学"的概念相似（Thelwall et al.，2005）——以强调计量学的数据来源。"社交媒体计量学"之所以受到批判，是因为它不包括政策文件和报纸中提到的学术成果，并且其中一些替代计量学聚合指标只是为替代计量学设计的（Holmberg，2015）。其他术语包括"tweetations"，表明引用了 Twitter 数据（Eysenbach，2011）；"complimentrics"补充指标的替代名称，旨在补充传统的引用指标（Adie，2014）；"influmetrics"作为一种新形势的信息指标，仅衡量研究成果的影响（Bowman，2015，第17页）或"文章级别的度量"（Lin and Fenner，2013a）。然而，到目前为止最流行的术语是 Priem 在 2010 年提出的"altmetrics"

---

① Academia.edu 和 ResearchGate 是例外，因为它们需要学术机构的电子邮件地址。

（替代计量学），它强调的是，除了传统的引用之外，基于社交媒体的指标允许对学术研究进行替代评估。

社交媒体通过两种方式极大地推动了替代计量学的发展：①将社交媒体平台上对学术产出的量化参与作为替代计量学的一部分，如用户关于某篇文章的推文。这是"狭义的替代计量学"，只考虑了与传统出版学术成果之间的互动。②将社交媒体内容视为一种学术交流形式，通过替代计量学指标和其他文献计量学指标来度量，例如，1个数据集被1篇期刊文章引用并在Twitter上发布了，就是"广义的替代计量学"，它考虑了各种发布类型以及不同类型的指标。

为了详细阐述社交媒体和替代计量学之间的关系，我们将首先简要解释社交媒体平台的功能如何决定哪些内容可以纳入替代计量学指标或基于社交媒体的指标，以及为什么这与"预设功能"的概念相一致。接下来，我们将讨论研究人员如何以及出于什么原因在日常实践中使用社交媒体，并解释了使用社交媒体的意义。我们还会解释替代计量学的分类。本节最后总结了影响替代计量学广泛应用的问题，重点介绍了社交媒体平台给替代计量学带来的挑战。

4.3.2 社交媒体平台的预设功能与替代计量学之间的关系

"预设功能"这一概念经常用在设计和人机交互研究中（Gaver，1991），并描述了"允许人们做什么"（Bucher and Helmond，2017）。Bucher和Helmond（2017）很好地总结了这个概念的多种定义。例如，所有的定义都强调，社交媒体平台不仅仅只是允许用户进行特定操作（如发布状态更新），其预设功能还蕴含丰富的内涵，能够约束和控制平台上的行为，并且这些用于交流的功能最终都会影响用户如何使用平台以及如何与此类平台交互（Bowman，2015）。此外，使用者设想和期望的工作特性、设计者的想象，以及允许用户以特定方式参与平台功能的设计，都会对平台的使用产生影响。

替代计量学依靠社交媒体平台上用户行为的数据，因此，预设功能对于替代计量学的发展至关重要。社交媒体平台的生产者通过预设功能来决定用户交互可以或不可以采用什么形式，并最终决定哪些数据可以在替代计量学指标中分析和使用。例如，通过像PlumX或Altmetric.com这样的替代计量学聚合器可以查找学术出版物，以及这些学术出版物是否出现在推文中（即Twitter上的帖子）、是否受欢迎（如Facebook上的认可）或被引用（如在维基百科或政策文档中）的频率，这意味着Twitter或Facebook允许跟踪这种互动并允许第三方访问该数据。然而，如果用户参与的信息没有反映在社交媒体平台提供的信息中，替代计量学聚合器就不能聚合这些信息。考虑到当今社交媒体平台的算法结构，还有一些对用户隐藏的预设功能①，如信息显示方式（如排名）的影响因素，以及影响因素是否会发生，或会发生什么交互。

另外，用户以多种方式使用预设功能来表达他们的意图，甚至有可能使用预设功能实现平台设计者没有想到的作用（如研究人员把 Facebook 账号作为网址收藏夹使用，可以将帖子全部都设置为保密状态）。在解释替代计量学时，必须考虑这些动机，以及交互发生的不同环境或设备（如通过应用程序或桌面版本访问）。这与更传统的文献计量学研究类似，在分析和解释科学工作的影响力时也超越了纯数字。

在大多数情况下，替代计量学对商业数据和平台的高度依赖给研究带来了严峻的挑战，因为我们无法了解平台提供的所有预设功能、这些功能的工作机制，以及利益相关方的使用情况。因此，替代计量学的研究一定是不完整的，并且总有悬而未决的问题。

然而，这并不意味着替代计量学的研究不需要下功夫了解社交媒体或其他数据提供者的预设功能，以支持对替代计量学的理解和解释，这样才能发现预设功能提供的价值，才能了解数据产生的动机。这些问题将在下一小节中予以讨论。

4.3.3 研究者及其如何使用社交媒体

社交媒体帮助研究人员进行知识的合作生产和交流，也包括非学术领域的利益相关方，如政策制定者或公众（Nentwich and König, 2014）。Rowlands 等（2011）发现，近 50%的研究人员使用社交媒体交流、分享和传播学术信息，不同的研究成果（如文章、幻灯片、数据集、代码）也更透明。其中，Tenopir 等（2013）、Mehrazar 等（2018）、Priem 等（2012）也得到了类似的结果②，现总结如下。

使用社交媒体平台的学术研究人员通常来自欧洲和非洲，来自亚洲和北美（Rowlands et al., 2011）的较少，而且社交媒体的学术用户主要是男性（Sugimoto et al., 2017）。除研究人员外，高等教育机构、图书馆和出版商或期刊等组织也使用社交媒体平台。根据 Rowlands 等（2011）的研究成果，地球科学领域的研究人员在社交媒体上的活跃度最高，其次是环境科学、物理学、生命科学、神经科学、社会科学、数学和计算机科学等。除了学科之外，研究人员的经验或年龄也会影响社交媒体工具的使用。经验丰富的研究人员使用社交媒体平台（如 Twitter、LinkedIn）主要是为了与公众分享他们的研究成果，而年轻的研究人员经常使用社交媒体的问答功能（如 StackExchange, StackOverflow）检索信息，或使用代码

---

① 然而，有一些方法可以解决这个问题并增加透明度，如：美国国家信息标准协会（National Information Standards Organization, NISO）公布的《替代计量学数据质量行为准则》（Altmetrics Data Quality Code of Conduct）。

② 有关学术社交媒体使用的更详尽概述，请参阅 Sugimoto 等（2017）的研究。

发布平台（如 GitHub；Mehrazar et al.，2018）。

社交媒体的类型也会显著影响它们用于学术工作的目的。如与建立学术平台相比，与传播、消费、沟通和推广相关的平台得到了更广泛的应用（Sugimoto et al.，2017）。

Facebook、LinkedIn、Academy.edu 和 ResearchGate 在学术交流过程中有着广泛的应用。这些社交网络允许研究人员创建公共档案以及与其他用户建立联系，传播研究成果，并通过帖子跟踪研究成果。它们成为专业品牌宣传的重要工具（Sugimoto et al.，2017）。Facebook 在年轻研究人员中很受欢迎（Rowlands et al.，2011）。LinkedIn 是（老一辈）学者经常使用的平台（Rowlands et al.，2011）。ResearchGate 和 Academia.edu 是两个流行的学术网络，允许研究人员上传自己的学术作品和发现新的学术出版物。使用学术网络的另一个动机是追踪他们研究的影响力和他们感兴趣的研究（Melero，2015）。

Mendeley、Zotero、CiteULike 和 BibSonomy 是社交书签和文献管理系统（Sugimoto et al.，2017）。这些平台用于组织文献、分享、保存或收藏出版物。Mendeley 提供了替代计量学数据，所以对它的研究也比较多。如所有替代计量学聚合器使用的读者计数（Costas et al.，2015）就是由 Mendeley 提供的。它的核心用户是博士生，其次是硕士生（Costas et al.，2015；Nuredini and Peters，2015；Zahedi et al.，2013）。学生通常使用 Mendeley 检索文章，而教授则使用 Mendeley 发表研究成果（Mohammadi et al.，2016）。

Twitter 是一种被93%的研究人员使用的微型博客工具，是科学会议期间用于自我宣传、交流和讨论的重要平台（Rowlands et al.，2011）。尤其是有经验的研究人员，常使用 Twitter 进行学术信息传播（Bowman，2015）。研究人员利用 Twitter 提供的功能，如推文、转发和标签来传达科学信息（Letierce et al.，2010）。一些研究人员减少了使用简易信息聚合（Really Simple Syndication，RSS）源查找信息或撰写博客文章，而是通过发布推文快速分享信息。此外，他们还使用标签功能提醒其他 Twitter 上的同行用户关注和讨论。

WordPress 和 Blogger 是研究人员最常用的博客服务平台，他们将自己的科学观点写在博客上（Rowlands et al.，2011）。科学博客允许研究人员相互分享观点，并通过同行评议和讨论来检测在线发布的出版物质量（Shema et al.，2012）。

SlideShare、FigShare 和 GitHub 是社交数据共享服务平台，研究人员可以共享和重新使用幻灯片、代码、图形、信息图、会议海报等。YouTube 是用于视频分享的网站，而 TED 在线会议可用于学术交流活动（Sugimoto et al.，2017）。

所有这些不同群体的科研人员在社交媒体上的不同行为通常都表现出预设功能所激发的不同反应，从而导致替代计量学指标的多样（Holmberg，2015）。因此，为了更好地描述替代计量学，提出了几种分类方法以反映它们的多维度，使它们具有可比性，并有助于解释。

4.3.4 社交媒体和替代计量学的分类

这里列出三种分类方法：①基于替代计量学的数据来源分类；②基于替代计量学的学术参与程度分类；③基于替代计量学聚合器分类。

1. 基于替代计量学的数据来源分类

Wouters 等（2018）将用于替代计量学的社交媒体平台分为关注社交媒体的平台、关注学术的平台，或者两者兼而有之的平台（图1）。关注社交媒体的平台有 Twitter、Facebook、LinkedIn 和 StackExchange，用户之间能够互动、分享、交流等。关注学术的平台主要有 Scopus、Web of Science、Mendeley、F1000 Prime 推荐以及维基百科引文。ResearchGate 和 Academia.edu 可以被认为是社交媒体和学术关注的混合体。Wouters 等（2018）提出，除了传统的学术平台（如 Web of Science）之外，从关注学术的平台衍生出的替代计量学还可以用于科研评价。因此，它们遵循传统的文献和引文数据库的方法，通过评估来源和适当标注来确定哪些是可计数的（如只计算某些期刊的引用，而不计算其他期刊的）。

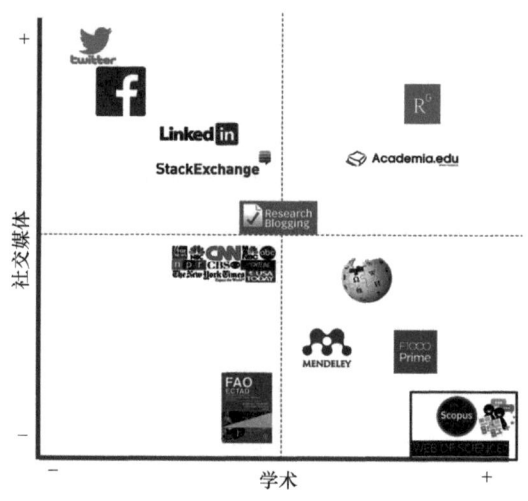

图1　用于收集替代计量学数据的平台分类（Wouters et al., 2018）

2. 基于替代计量学的学术参与程度分类

Haustein 等（2016）提出一个框架，用来解释社交媒体上用户和研究成果之间可能发生的不同程度的互动。该框架由三个活动部分组成：访问、评价和应用。访问可以获取诸如"浏览"或"下载"等活动的数据，反映对研究成果的兴趣。评价与预设功能有关，包括不同平台上对研究的"提及"或"评论"。应用可以获取研究的"采纳"或"应用"信息,并创建出新的研究成果,如使用数据集、代码等。另外一种基于不同参与度的替代计量学分类已在 PLOS(Public Library of Science,公共科学图书馆)ALM(Article-level metrics,文章层面计量指标)中应用。这种分析方法能反映指标之间的相关性,并可扩展到未来的指标中(Lin and Fenner,2013a)。

基于参与程度的替代计量学分类利用了学术成果所蕴含的某种固有"价值",从而产生有价值的参与程度层级。这种结构的前提是,与应用相比,访问需要的参与、智力投入或时间要少得多,因此,应该区别对待(Lemke et al.,2018)。这就是基于参与程度的分类,它主要考虑了社交媒体的预设功能。Wouters 等(2018)确定了替代计量学指标的内部异质性,在使用时应注意这个重要特征。Wouters 等考虑了来自相同平台的指标,但这些指标中通常包含着不同的行为。例如,推文和转发可能有不同的作用,价值也不同。Mendeley 或 F1000 Prime 推荐的替代计量学指标在概念上可能更接近引用或同行评议,而来自 Twitter 或 Facebook 的替代计量学指标则反映了另一种影响力(被认为是社会影响力)。Mendeley 的读者关系信息与引用呈正相关,这意味着这两个指标是相关的。另外,F1000 Prime 推荐也面临一些问题,如推荐的文章数量很少,且这些计量与引用之间的相关性很弱,这意味着他们之间可能没有相关性。

3. 基于替代计量学聚合器分类

该分类来源于实际应用,由旨在聚合替代计量学信息的企业提出。这些应用程序多采用多种方法反映替代计量学的多维性,因此联合了数据来源分类和参与程度分类方法。

ImpactStory 允许研究人员创建个人档案,并跟踪其学术成果的在线影响力(通过博客、维基百科、Mendeley 等)(Piwowar and Priem,2013)。ImpactStory 中,替代计量学分析按用户进行分类:①学者,以显示研究成果的科学影响力;②公众,以反映研究的社会影响力。根据这种分类,学者们在科学博客上讨论研究并阅读 pdf 文档,而公众用户则通常使用 Twitter 或 Facebook 阅读 HTML 文档。ImpactStory 进一步将替代计量学指标分为五个类别:浏览、保存、讨论、推荐和引用。

PLOS 深受 ImpactStory 分类的启发,对文章级别指标使用了类似的分类方案(Lin and Fenner,2013b)。根据 Fenner(2013),从 ImpactStory 中继承的五个类别代表了对各自研究文章的不同参与程度。ImpactStory 和 PLOS ALM 的社交媒体分类及其替代度量指标如图 2 所示。一些差异源于两种方法在概念上的细微差异,例如,在 ImpactStory 中,"维基百科提及"被归类为引用,而 PLOS 将其归类为讨论。

项目	学者	公众
ImpactStory		
浏览	提供 PDF 下载	提供 HTML 下载
保存	CiteULike，Mendeley	按需
讨论	科学博客，期刊评论	博客，推特，脸书
推荐	社论引用	文章
引用	引用，在全文中提及	维基百科提及
PLOS	对学者与公众没有区别	
浏览	PLOS 和 PubMed Central 采用 HTML 和 PDF 格式，PLOS 还提供 XML 格式	
保存	CiteULike，Mendeley	
讨论	NatureBlogs，ScienceSeeker，ResearchBlogging，PLOS 评论，维基百科，推特，脸书	
推荐	F1000 Prime（2020 年更名为"Faculty Opinions"）	
引用	CrossRef，PubMed Central，Web of Science，Scopus	

图 2 ImpactStory 和 PLOS 分类（Bornmann，2014，第 7 页）

PlumX 是另一个替代计量学提供商，与 PLOS 和 ImpactStory 一样，使用五种分类方法，分别是引用、使用、获取、提及和社交媒体，它们反映了关注研究成果的不同方式类型。PlumX 并没有表示这些类别之间存在任何层次关系。例如，获取被认为是反映未来引用情况的领先指标，而社交媒体是衡量"某一特定研究被推广得有多好"的好方法[①]。

Altmetrics.com 没有将所有替代计量学指标分配到类别，所以分类系统不太明确。它可能使用的是基于数据源的分类，并且与来自新闻、博客、政策文件、专利、同行评议和教学大纲的替代指标都不一样。但在 Altmetric.com 上，通过应用权重计算 Altmetric 关注度得分，就可以对替代计量学指标进行分类。个人的替代计量学得分可以依据数据源获得权重[②]（如"在新闻提及中"得 8 分，"在维基百科上被引用"得 3 分）。因此，不同的替代计量学指标基于其数据来源价值这个分类器被隐性分类。

4.3.5 替代计量学：社交媒体带来的挑战

替代计量学，是对文献引用的补充，并将作为评价的新指标使用（Priem et al.，2010；Wouters et al.，2018）。尽管替代计量学具有评估研究的潜力，但也确实存在一些挑战。我们将关注社交媒体平台的典型特征给替代计量学带来的挑战，而

---

① https://plumanalytics.com/learn/about-metrics/（July 15，2020）。
② https://www.altmetric.com/about-our-data/the-donut-and-score/（July 15，2020）。

不是描述替代计量学或替代计量学聚合器可能存在的问题。

在使用替代计量学时，数据质量是一个重要的标准（Haustein，2016）。在这里，社交媒体的 API 是个关键的瓶颈，因为社交媒体平台的所有者决定发布和传输哪些数据给替代计量学分析。不同的社交媒体公司设置了不同的访问权限，允许下载不同的社交媒体数据（如 Twitter Firehose，Twitter 数据流 API，Twitter 搜索 API）①。然而，通常不清楚哪些数据可以通过哪些 API 访问，以及是否有数据缺失（Morstatter et al.，2013；Zahedi et al.，2014）。

此外，用户及其使用习惯，将影响替代计量学的应用广度。第一个问题是如何识别社交媒体平台上的学术论文。识别是收集替代计量学数据的先决条件，通常通过学术论文附带的永久性标识符（如 DOI）进行识别。如果学术论文的元数据（通常是 DOI）既不可用也不正确，或者用户没有提供，或者是因为社交媒体平台没有正确处理它，那么可能就无法收集到替代计量学数据或收集到错误的数据。如果 1 篇文章没有 DOI，因为社交媒体平台无法仅根据其标题识别该文章，所以就无法找到该文章的相关替代计量学信息。这种现象通常在缺少元数据的 Mendeley 文章中最为明显（Zahedi et al.，2014；Nuredini and Peters，2015）。

替代计量学的第二个问题出现在社交媒体的预设功能使用中，尤其是进行科研评价时。随着时间的推移，用户可能会删除他们的社交媒体账户以及平台上所有活动的痕迹，或者从学术管理系统的账户中删除单篇学术文献，那么替代计量学可用的数据就会减少。在完全允许的情况下，对社交媒体这种预设功能的使用已经导致某些科研成果积累的替代计量学数据消失了。因为这些替代计量学指标需要不断更新相关数据，如果不是实时的，那么至少是定期更新，这对于所有替代计量学用户来说确实是一项费力、耗时的事情。

4.3.6 结论

不论是广义替代计量学还是狭义的替代计量学都会在网络上留下痕迹，通过对这些数据进一步分析，有助于理解研究人员和其他利益相关者是如何与学术成果互动的。替代计量学受益于社交媒体提供的快速发布过程、没有审查机制以及平台的公共 API。然而，用户行为会受到社交媒体平台所提供的预设功能的影响。因此，替代计量学只能反映平台上允许做的事情，而不一定是真正的用户意图。

为了帮助解释替代计量学，人们提出了几种分类方法对类似的替代计量学指

---

① Twitter 最近引入了一套新的 API：标准 API，高级 API，企业 API。

标进行分组。然而，由于不同社交媒体平台的预设功能不同、社交媒体平台之间的异质性以及使用社交媒体的用户不同，就像研究显示的那样，多数情况下替代计量学都无法准确描述聚合的用户行为的意义。

社交媒体给替代计量学带来的挑战，使其难以应用于科研评价。但尽管如此，由于替代计量学与社交媒体之间关系密切（即多样性、及时性、开放性），它仍具有补充传统文献计量学的一些潜力。可以肯定的是，社交媒体和替代计量学构成了一个动态体系，因为平台和功能会不断在未来被发明或消失。对用户、预设功能、平台和动机的持续调查，将确保研究人员能够识别那些充分发挥社交媒体和替代计量学潜力的平台，如信息过滤方面。

4.3.7 参考文献

Adie, E 2014, 'Taking the alternative mainstream', Profesional De La Informacion, vol. 23, no. 4, pp. 349-351.

Bornmann, L 2014, 'Do altmetrics point to the broader impact of research? An overview of benefits and disadvantages of altmetrics', Journal of informetrics, vol. 8, no. 4, pp. 895-903.

Bowman, TD 2015, Investigating the use of affordances and framing techniques by scholars to manage personal and professional impressions on Twitter, Dissertation, Indiana University, http://www.tdbowman.com/pdf/2015_07_TDBowman_Dissertation.pdf (July 15, 2020).

Brody, T, Harnad, S & Carr, L 2006, 'Earlier web usage statistics as predictors of later citation impact', Journal of the American Society for Information Science and Technology, vol. 57, no. 8, pp. 1060-1072.

Bucher, T & Helmond, A 2017, 'The affordances of social media platforms', in J Burgess, T Poell & A Marwick (eds.), The SAGE Handbook of Social Media, SAGE, London, New York.

Burgess, J, Marwick, A & Poell, T (eds.) 2017, The SAGE Handbook of Social Media, SAGE, London, New York.

Costas, R, Zahedi, Z & Wouters, P 2015, 'Do "altmetrics" correlate with citations? Extensive comparison of altmetric indicators with citations from a multidisciplinary perspective', Journal of the Association for Information Science and Technology, vol. 66, no. 10, pp. 2003-2019, doi: https://doi.org/10.1002/asi.2330.

Eysenbach, G 2011, 'Can tweets predict citations? Metrics of social impact based on Twitter and correlation with traditional metrics of scientific impact', Journal of medical Internet research, vol. 13, no. 4, p. e123, doi: https://doi.org/10.2196/jmir.2012.

Fenner, M 2013, 'What can article-level metrics do for you?', PLOS Biology, vol. 11, no. 10, p. e1001687, doi: https://doi.org/10.1371/journal.pbio.1001687.

Gaver, WW 1991, 'Technology affordances', in Proceedings of the SIGCHI Conference on Human Factors in Computing Systems, New Orleans, Louisiana, USA, pp. 79-84, doi: https://doi.org/10.1145/108844.108856.

Haustein, S 2016, 'Grand challenges in altmetrics: Heterogeneity, data quality and dependencies', Scientometrics, vol. 108, no. 1, pp. 413-423.

Haustein, S, Bowman, TD & Costas, R 2016, 'Interpreting "altmetrics": Viewing acts on social media through the lens of citation and social theories', in CR Sugimoto (ed.), Theories of Informetrics and Scholarly Communication. A Festschrift in Honor of Blaise Cronin, DeGruyter, Berlin.

Holmberg, K 2015, 'Classifying altmetrics by level of impact', in AA Salah, Y Tonta, AAA Salah, C Sugimoto & U Al, Proceedings of the 15th International Society of Scientometrics and Informetrics Conference, pp. 101-102, Istanbul, Turkey.

König, R, & Nentwich, M 2017, 'Soziale Medien in der Wissenschaft' in JH Schmidt & M Taddicken (eds.), Handbuch Soziale Medien, pp. 169-188, Springer, Wiesbaden.

Lemke, S, Mehrazar, M, Mazarakis, A & Peters, I 2018, 'Are there different types of online research impact?', in Proceedings of the Association for Information Science and Technology, vol. 55, no. 1, pp. 282-289.

Letierce, J, Passant, A, Breslin, JG & Decker, S 2010, 'Understanding how Twitter is used to spread scientific messages', in Proceedings of the WebSci10: Extending the Frontiers of Society Online, April 26-27, Raleigh, NC, US.

Lin J & Fenner, M 2013a, 'The many faces of article-level metrics', Bulletin of the American Society for Information Science and Technology, vol. 39, no. 4, pp. 27-30.

Lin J & Fenner, M 2013b, 'Altmetrics in evolution: Defining and redefining the ontology of article-level metrics', Information Standards Quarterly, vol. 25, no. 2, pp. 20-26, doi: https://doi.org/10.3789/isqv25no2.2013.04.

Mehrazar, M, Kling, CC, Lemke, S, Mazarakis, A & Peters, I 2018, 'Can We Count on Social Media Metrics? First Insights into the Active Scholarly Use of Social Media', arXiv preprint, arXiv: 1804.02751.

Melero, R 2015, 'Altmetrics-a complement to conventional metrics', Biochemia medica, vol. 25, no. 2, pp. 152-160.

Mohammadi, E, Thelwall, M & Kousha, K 2016, 'Can Mendeley bookmarks reflect readership? A survey of user motivations', Journal of the Association for Information Science and Technology, vol. 67, no. 5, pp. 1198-1209.

Morstatter, F, Pfeffer, J, Liu, H & Carley, KM 2013, 'Is the sample good enough? Comparing data from Twitter's streaming API with Twitter's firehose', in Seventh International AAAI Conference on Weblogs and Social Media, Cambridge, USA, July 8-10, 2013, pp. 400-408, https://www.aaai.org/ocs/index.php/ICWSM/ICWSM13/paper/view/6071/6379 (July 15, 2020).

Nentwich, M & König, R 2014, 'Academia goes Facebook? The potential of social network sites in the scholarly realm', in S Bartling & S Friesike (eds.), Opening Science, pp. 107-124, Springer, Cham.

Nuredini, K & Peters, I 2015, 'Economic and business studies journals and readership information from Mendeley', in Re: inventing Information Science in the Networked Society, Proceedings of the 14th International Symposium on Information Science, Zadar/Croatia, 19th-21st May 2015

(ISI 2015), Glückstad, vwh Verlag Werner Hülsbusch, pp. 380-392.

Peters, I, & Heise, C 2014, Soziale Netzwerke für Forschende: Eine Einführung. CoScience - Gemeinsam forschen und publizieren mit dem Netz, https://osl.tib.eu/w/Handbuch_Co Science/Online-Profil-_und_Netzwerk-Dienste (July 15, 2020).

Piwowar, H & Priem, J 2013, 'The power of altmetrics on a CV', Bulletin of the American Society for Information Science and Technology, vol. 39, no. 4, pp. 10-13.

Priem, J & Hemminger, BH 2010, 'Scientometrics 2.0: New metrics of scholarly impact on the social Web', First Monday, vol. 15, no. 7, https://firstmonday.org/ojs/index.php/fm/article/view/2874 (July 15, 2020).

Priem, J, Piwowar, HA & Hemminger, BM 2012, 'Altmetrics in the wild: Using social media to explore scholarly impact', arXiv preprint arXiv:1203.4745 (July 15, 2020).

Priem, J, Taraborelli, D, Groth, P & Neylon, C 2010, Altmetrics: A manifesto, http://altmetrics.org/manifesto (July 15, 2020).

Ronald, R & Fred, YY 2013, 'A multi-metric approach for research evaluation', Chinese Science Bulletin, vol. 58, no. 26, pp. 3288-3290.

Rowlands, I, Nicholas, D, Russell, B, Canty, N & Watkinson, A 2011, 'Social media use in the research workflow', Learned Publishing, vol. 24, no. 3, pp. 183-195.

Shema, H, Bar-Ilan, J & Thelwall, M 2012, 'Research blogs and the discussion of scholarly information', PLOS One, vol. 7, no. 5, p. e35869.

Shuai, X, Pepe, A & Bollen, J 2012, 'How the scientific community reacts to newly submitted preprints: Article downloads, twitter mentions, and citations', PLOS One, vol. 7, no. 11, p. e47523, https://journals.plos.org/plosone/article?id=10.1371/journal.pone.0047523 (July 15, 2020).

Sugimoto, CR, Work, S, Larivière, V & Haustein, S 2017, 'Scholarly use of social media and altmetrics: A review of the literature', Journal of the Association for Information Science and Technology, vol. 68, no. 9, pp. 2037-2062.

Tenopir, C, Volentine, R & King, DW 2013, 'Social media and scholarly reading', Online Information Review, vol. 37, no. 2, pp. 193-216.

Thelwall, M, Vaughan, L & Björneborn, L 2005, 'Webometrics', Annual Review of Information Science and Technology, vol. 39, no. 1, pp. 81-135.

Wouters, P & Costas, R 2012, 'Users, narcissism and control: Tracking the impact of scholarly publications in the 21st century', SURFfoundation, Utrecht, http://research-acumen.eu/wp-content/uploads/Users-narcissism-and-control.pdf (July 15, 2020).

Wouters, P, Zahedi, Z & Costas, R 2018, 'Social media metrics for new research evaluation', arXiv preprint arXiv:1806.10541.

Zahedi, Z, Costas, R & Wouters, PF 2013, 'What is the impact of the publications read by the different mendeley users? Could they help to identify alternative types of impact?', PLOS ALM Workshop, San Francisco.

Zahedi, Z, Haustein, S & Bowman, T 2014, 'Exploring data quality and retrieval strategies for Mendeley reader counts', in SIG/MET workshop, ASIS&T 2014 annual meeting, Seattle, www.asis.org/SIG/SIGMET/data/uploads/sigmet2014/zahedi.pdf.

4.4　Altmetric.com：简史

Ben McLeish[①]（本·麦克利什）

摘要：在替代计学宣言发表不久后，为了应对学术成果度量聚合服务的需求，一些小型公司应运而生。本文旨在探讨 Altmetric 服务公司的发展历程，Altmetric 是一家小型公司，现在已经成为 Digital Science（数字科学）的一部分。

关键词：替代计量学，历史，指标聚合，数据库，商业化

4.4.1　历史概述

浏览今天任何主要出版商的出版物，或使用在线部署的众多研究门户网站或使用图书馆搜索系统，您很可能会经常遇到无处不在的替代计量学徽章或"甜甜圈"图标。这个像是一个多彩的空心圆盘，在其空白的中心处显示着一个分数，用于展示一篇文章或其他研究成果如何被提及。如果一篇文章曾在新闻中出现，这个"甜甜圈"会显示为红色部分，或者如果某个项目仅在新闻中被独家提及，那么整个"甜甜圈"就会呈现红色。如果文章链接到 Twitter 上，这个可识别的类似 Twitter 的浅蓝色也会出现在"甜甜圈"上。总之，这个"甜甜圈"展示了您正在查看的项目所获得的不同类型的关注，可能涵盖了 18 种不同类型的关注，从博客、新闻、社交媒体，到维基百科的引用，甚至专利引用和政策文件中的提及。

替代计量学徽章在网络上的广泛分布已经使得 Altmetric 成为替代计量学指标的一个标志性代表，其目的在于推动学界和公众认识到，评估研究价值时不应仅仅局限于传统的引用次数，而应更广泛地考虑研究在社交媒体、新闻报道、在线讨论等非传统渠道所获得的关注和影响。考虑到这些徽章在全球范围内有数百万之多，展示了 Altmetric 从世界领先的新闻和讨论平台汇总的数千万引用资料，也许会误以为 Altmetric 公司一定是一家庞大的公司；事实上，截至 2019 年中期，该公司仅有 25 名员工。在 2011 年成立以及早期阶段，只有一名创始人（尤安·阿迪，Euan Adie）。在担任研究员时，Adie 已经开始为科学博客的聚合平台（Postgenomic.com）工作，该平台现在已经不复存在。但 Adie 认识到，研究人员应该能够获得他们研究成果带来的所有认可，而手动完成这项工作非常烦琐和耗时。因此，他决定将博客追踪的范围扩大，以更广泛的方式来监测、捕捉并存储关于研究的讨论记录，只要这些讨论合理且相关。

因此，该服务最初的任务是多样化地追踪博客，以更全面地检测、捕获和存

[①] dimensions.ai 和 altmetric.com 的参与与倡导总监，ben@altmetric.com。
https://doi.org/10.1515/9783110646610-022

储与研究相关的各种讨论场所的记录。正如 Adie 在公开演讲中所提出的替代计量概念一样，他认为研究人员应该能够在他们的工作受到关注时获得应有的荣誉。他开发了一个简单的书签小工具，可以轻松添加到浏览器的书签栏中，只需点击一下，就可以将 Altmetric "甜甜圈"显示在任何具有学术标识符（如 DOI）的项目页面上。点击"甜甜圈"，用户将被引导到标签式的"详细信息页面"视图，在这里，每一条推文、每一篇公开的 Facebook 页面帖子或政策文件都被组织并链接起来。比较分数显示了该项目的关注度与同一时间段的其他项目或来自同一出版物的项目的对比情况，或者实际上与在线关注的所有研究项目的语料库的对比情况，以及关注的性质如何。比较分数还显示了当前项目与其他项目的关注度得分，或来自同一出版物的项目的对比情况，或者关注度得分的数量和性质与在线发现的研究项目的完整语料库的对比情况。研究人员不再需要费力梳理引用其学术论文的推文，也不再需要从谷歌上搜索论文标题，以查看互联网上引用该论文的页面。现在，只要能通过链接找到原文，他们就可以轻松查看在线新闻或博客在何处引用了他们发表的文章，即使作者本人没有在报道中被提及，或相关关键词没有出现，或出版物本身没有被引用。不久之后，Adie 将这一概念和服务提交给了 Elsevier 的科学应用竞赛，并获得了一等奖。这个奖励为 Adie 提供了足够的资金来开发现在被称为 Altmetric Explorer 的应用程序（Adie and Roe，2013）。

Altmetric Explorer 为用户提供了一个关于研究所受到关注的全球视图，可按关注来源、时间范围和关键字进行搜索和过滤，从 2018 年起，可按研究所属机构、研究主题领域、资助者、出版商以及研究的开放获取状态进行搜索和过滤。此外，机构客户可以要求 Altmetric 公司将该机构的出版资料导入到 Altmetric Explorer 应用程序的私有实例中，包括该机构的层次结构，一直追踪到个别研究人员的出版足迹。这种导入操作是通过连接器在机构知识库或机构部署的当前研究信息系统之间实现的。对于没有此类研究基础设施的客户，也可以手动上传电子表格，这些电子表格将填充客户的 Altmetric Explorer 应用程序自定义视图。通过这种方式，客户不仅可以查看他们自己的出版物以及他们关注的研究的当前和历史趋势，还可以访问完整的数据库，将自己出版物所获得的关注和影响与不同时间段内其他机构的出版物进行比较，或根据自己的需求选择不同的过滤条件或分类方式来分析和对比研究。

4.4.2 追踪关注度的基本方法

事后看来，一个研究关注度的数据库，允许以关键词、日期、出版商或关注类型等方式总结性查看全球研究的关注度，是一个众所周知的想法。就像互联网搜索引擎一开始是对整个互联网进行索引，以提供一个基本的综合服务来匹配其主题一样，Altmetric 决定尝试汇编全球范围内所有研究的影响力和参与度，包括来自特定的出版商、机构、国家，还有希望访问的在线受众的潜在机构。

为了构建一个有意义的数据库以提升报告的可信度，就要对在线数据进行选择，如包括哪些以及排除哪些。关于在线互动最广泛和最频繁的数据之一是研究所使用的统计数据，Altmetric 公司从一开始就决定不纳入研究所的数据。原因有多方面，最为显著的是，虽然学术界多年来一直在努力标准化统计数据，并形成了 COUNTER（Counting Online Usage of Networked Electronic Resources，电子资源使用统计实施规范）框架（目前是第五版），但目前仍然无法创建和维护一个集中的、全球性的数据库来存储和更新所有出版物的使用统计数据。这点对于 Altmetric 公司的每个项目来说，都将是至关重要的。此外，机构知识库和第三方非出版商平台，如 ResearchGate、Academia.edu 和其他出版物存储库的出现，意味着数据分散在不同的平台，而任何替代计量学数据提供商都不能完全准确地把它们聚合起来。

进一步复杂化的问题是，除了原始出版商之外，由供应商汇总的内容数据库会使统计数据更加分散。这些平台通常受到原始出版商封锁期的影响。也就是说，如果替代计量学指标提供商只能从数据库提供商那里获取下载统计数据，但不能从原始出版商那里收集统计数据，那么将缺少大量可用的数据，而这些数据在出版早期通常被认为具有较高的使用率。由于 Altmetric 公司希望能够均匀和公平地度量关注源，因此决定不使用统计数据作为关注源。由于这些数据本质上也是匿名的，因此对受众提供的只是有限的信息。

早期数据源选择的另一个重要因素就是数据源是否对公众公开访问和接受公众审查，这显然影响到了数据源的选择。Altmetric 公司不会纳入封闭的、私人的或其他不可公开访问的数据源，原因有以下几个方面：①技术性。由于经济或政治原因，Twitter 的私人账户或不公开其简报的政治机构，从技术上来说，Altmetric 公司无法对这些访问受限的数据源进行审查。②Altmetric 公司希望确保提供的数据是"可审计的"。如果某研究获得了大量的关注，该用户应能够查看、审核或审查关注（来源），而不是仅是一个无法查看或访问的数字。这一点非常重要，不仅因为无法获得关注的来源会导致用户体验质量下降，还因为数据审核人员要判断潜在的积极或消极关注。Altmetric 公司只能告知用户某件事物受到的关注程度，并引导他们找到这种关注的来源。当涉及材料的语义含义时，将由用户自己进行整理和排序。

4.4.3　Altmetric 关注的数据来源

前面已经介绍了 Altmetric 公司中一些数据排除标准，现在说一下追踪的内容。截至撰稿时，Altmetric 公司会追踪 Twitter 平台上有关研究的所有公共链接、Facebook 页面上的公共帖子（不是来自个人用户）、3000 个独立的新闻网站、15 200 个博客、249 个 YouTube 频道（通过视频描述判断是否提及相关研究）以及英文、瑞典语和芬兰语版本的维基百科中对研究的引用、F1000 Prime 平台上对文章的推荐、来自世界各地 70 家政府组织的 50 万份政策文件中对研究的提及、4000 万项专利的引用、发表后同行评议平台 Publons 和 PubPeer 上的参考文献、Reddit 以及问答网站 Stackoverflow 和 StackExchange 上的帖子。

此外，还有一些过去曾跟踪过的内容，要么因技术限制而放弃，要么已经下线。比如，谷歌的"Google+"在 2019 年 4 月正式结束服务，LinkedIn、微博和 Pinterest 在 2015 年都由于技术原因无法继续追踪。这些服务的历史数据，依然会保存在 Altmetric 数据库中。

这些综合来源总计约 1.07 亿份参考文献，涉及 1300 万项研究。虽然 Altmetric 将 2012 年 1 月视为信息来源开始的日期，但它们实际上追溯到 20 世纪 40 年代末联合国粮食及农业组织的政策文件中引用的 1 个项目，该项目后来还被赋予了数字元数据（如 DOI）。因此，通过 Altmetric 公司的文本挖掘技术可以发现一些诸如此类的信息。这意味着，新机构使用 Altmetric 公司服务时，可以查看其研究成果受关注情况的完整视图。

4.4.4　Altmetric 关注度得分

这样一个庞大的数据集需要导航和指示器来提供上下文信息，否则就会在大量的数据点中错失有用的信息。为了解决这个问题，像 Altmetric 这样的大型数据库，其关键组成部分是综合评分系统，以对获取的每个项目进行相对关注度量化。它采用单一数字指示器的形式，即 Altmetric 关注度得分，放在各项目组成的"甜甜圈"的中心。每项研究成果都基于同一期刊、同一出版时间段这两个前置组合条件，根据它们与其他成果的相对关注程度进行排名，最后再与 Altmetric 成立以来获取的所有其他成果进行比较。

一般来说，分数越高，研究成果的关注度越高。评分是经过加权的，因此社交媒体帖子由于简短、制作迅速、易于转发，评分低于博客中的提及，后者需要更多的编辑投入和作者关系加持，并构成提及内容来源的更深一层的影响力。此外，在新闻网站出现的重要性甚至高于博客，因为这些网站往往是著名的研究性新闻聚合器，吸引了大量读者，是研究人员推广他们的研究成果，体现他们真正的价值的重要平台。

然而，并非 Altmetric 的所有资源都是以这种方式聚集的。在专利文献和政策文件中引用的研究多不公开，所以不能进行定量分析。相反，专利局会对专利被引评分，政府组织会统计政策使用情况。因此，世界卫生组织（World Health Organization，WHO）提出的 40 个参考指标，对政府机构本身来说并不会是基准得分的 40 倍，而是 3 倍。和 Altmetric 公司一样，政府机构仍然会收集每一次提及和链接（Davies，2015）。

4.4.5 短链接

跟踪学术关注链接是 Altmetric 获取研究参考文献的主要方法，除了新闻和政策来源，Altmetric 经过文本挖掘处理，可以检测文章标题、作者姓名、出版年份和期刊名称，并解析 DOI。链接跟踪的主要挑战在于，管理网络媒介中已知学术数据来源的图书馆（包括出版商网站、存储库来源列表、学术平台等）无须对链接进行处理，但在线媒体（如博客、Facebook、Twitter）倾向于使用短链接来缩短所有指向共享项目的链接，以满足平台自身用户访问和内容跟踪、分析的要求。因此，每一个与研究有关的链接都被编译成一个不能被识别的短链接。Facebook 使用前缀 fb.me，Twitter 使用 t.co，以此类推。为了解决这个问题，Altmetric 开发了一个简短的链接解析软件流程，内部称为"Embiggen"[①]，它将链接反向工程回其原始形式，然后捕获项目。截至 2019 年 7 月，撰写本文时，Altmetric 服务支持超过 8400 个独特的短链接服务。如果用户用短链接分享 1 篇研究，或者通过自动短链接服务分享，Altmetric 都可以跟踪它。

4.4.6 Altmetric 研究的数据集

下面将介绍 Altmetric 公司如何向研究界提供数据。尽管 Altmetric 的服务是以商业形式向各个领域提供的，并且从各个角度来看都非常成功，但从一开始，Altmetric 公司就坚守着一个严格且至关重要的使命，即将其数据提供给第三方和研究者，以促进和推动替代计量学作为一门学科本身的研究。由于我们拥有有关研究参与最大且最可审计的数据集，因此服务的价值从根本上与其为研究社区提供的服务密切相关。我们一直为有研究兴趣的个人和项目提供部分或全部数据；在 2018 年之前的几年里，这是根据请求提供的，而自 2018 年以来，Altmetric 公司提供了一个研究数据访问计划，其中包括一个研究人员填写的注册表。经过审核，我们会发放用于非商业研究项目和其他用途的数据无偿许可证。我们希望这些努力，以及该领域类似组织的努力，有助于巩固公众对研究的关注，了解在线互动方式，并能够改进和完善研究的传播方法，以更好地理解和教育那些并非直接从事学术领域的大多数民众。在一个对专家不信任、反科学偏见盛行、对环境和世界社会结构的政策产生直接影响的时代，这些努力或许与研究本身一样重要。

[①] Mucur P,'A Ruby library to expand shortened URLs',Github.com（2020-07-15）。

4.4.7 参考文献

Adie, E & Roe, W 2013, 'Altmetric: Enriching scholarly content with article-level discussion and metrics', Learned Publishing, vol. 12, no. 3, pp. 11-17.

Davies, F 2015, 'Numbers behind Numbers: The Altmetric Attention Score and Source Explained', https://www.altmetric.com/blog/scoreanddonut/ (July 15, 2020).

4.5 实践中的 PlumX 指标（Plum 分析）

Juan Gorraiz[①]（胡安·戈赖斯）和 Christian Gumpenberger[②]（克里斯蒂安·冈彭贝格）

摘要： 为了提供创新的研究支持服务，大学图书馆必然会使用（文献计量学）指标和替代计量学指标。这些新的指标除了应用于学术评估外，还应吸引研究人员推广他们的研究产出，提高成果的可见性，增加被引用的可能性。本文通过 PlumX 展示了替代计量学的两种实际应用：第一，在国家和机构层面监测替代计量学数据；第二，在文献计量报告中提供替代计量学指标作为补充数据，用于科研评价。

在第一种情况下，监测分析有助于揭示新趋势，并评估文献计量学的使用情况和文献计量学数据的可用和适用程度。文献计量学仍处于起步阶段，研究人员对它的接受和采用速度较慢，尤其是在人文学科领域。然而，我们的研究表明，奥地利学术界越来越多地使用社交媒体。

在第二种情况中，我们的研究证实，替代计量学提供了更多关于研究成果更广泛影响的附加信息。在全体教员中的应用仍然相对稀缺，附加价值有限，但随着对研究人员个体的评估需求不断增加，特别是在传统指标稀少且存在问题的学科中，这些指标可能特别有价值。然而，纳入研究总是需要事先得到研究者的同意，并提供有关已知缺陷和限制的具体说明。事实证明，PlumX 是一个非常有用的工具，得益于它的多维度特性，可以监测国家、机构或个人出版物产出的更广泛影响。

关键词： 替代计量学，PlumX，文献计量学，研究产出，监测，个人评估

4.5.1 引言

21 世纪初受到两个重大发展的影响（Gorraiz et al., 2017）。首先是互联网上

[①] 博士，维也纳大学文献计量学和出版战略系，juan.gorraiz@univie.ac.at。
[②] 维也纳大学文献计量学和出版战略系，christian.gumpenberger@univie.ac.at。
https://doi.org/10.1515/9783110646610-023

数字化信息的迅速推广，特别是电子期刊的普及（Kraemer，2006；Gorraiz et al.，2014），增加了数据跟踪的情况（如查看和下载），并且指标的使用也开始兴起，对图书馆馆藏中用于科学计量的引用指标形成有益补充（Glänzel and Gorraiz，2015）。其次是学术领域迎来了社交媒体时代和随后的 Web2.0 时代（Procter et al.，2010；Kietzmann et al.，2011；Wouters and Costas，2012；Haustein et al.，2014）。

目前，计量学指标和基于社交媒体的新指标与传统指标并存。Priem 等（2010）首次提出了术语"altmetrics"，扩大了指标范围，促进了对研究成果不同层面上的多样化评估。它们不是为了取代引用指标，而是为研究成果提供另一种更全面的分享方法，现在通常被称为"更广泛的影响"（Bornmann，2014）。

但是，用于评价的新指标依然存在争议和挑战，如数据收集的标准化、稳定性、可靠性、完整性、相关性、可扩展性和规范性等问题仍有待解决。到目前为止，有几项研究已经指明替代计量学真正测量什么的关键问题（Rasmussen and Andersen，2013；Haustein et al.，2016；Haustein，2016；Repiso et al.，2019；Gorraiz，2018）。最近，Bornmann 等（2019）使用两个参考数据集调查了替代计量学的有效性，结果显示，替代计量学指标可能反映了社会影响力的另一个方面（可以称为未知关注点），与审稿人感兴趣的研究和社会行动之间的因果关系不同。

此外，这些新指标不应仅限于评估目的，而应吸引研究人员推广其研究成果，提高成果可见度，并增加被引用的可能性。大学图书馆一定会接受这些新指标，并为学术界和研究管理局的不同目标群体提供定制的创新研究支持服务（Gumpenberger et al.，2012）。

替代计量学仍处于起步阶段，被研究者接受的速度很慢，尤其是在人文学科领域。主要是年轻和技术性研究人员对替代计量学感兴趣，需要相应的支持服务，以实现理想的应用。

目前有 Altmetric.com[①] 和 PlumX[②] 两家主要的替代计量学聚合器。

Altmetric.com 已经在出版界流行起来，并在许多电子期刊网站上得到了很好的应用，它还因其有争议的综合指标"Altmetric 关注度得分"而备受关注（Gumpenberger et al.，2016），更广为人知的是"甜甜圈"，它试图用一个数字来反映学术研究在数字世界中所受到的关注。

PlumX 被爱思唯尔收购后并入 Scopus 平台。通过区分引用、使用、捕获、提及和社交媒体五类指标，从而成为跟踪所有指标（从"替代指标"到"所有指标"）的理想工具。这种多维方法有很大的优势，因为所有数据都是单独提供的，任何人都可以根据自己的意愿进行解释。

---

① https://www.altmetric.com/（2020-07-15）。
② https://plumanalytics.com/（2020-07-15）。

Bar-Ilan 等（2019）的研究表明，这两个替代计量学聚合器显示的替代计量结果存在差异。

本文通过 PlumX 演示了替代计量学的两个实际应用：①在国家和机构层面监测替代计量学数据（区分微观、中观和宏观层面的分析）（Vinkler，1988）；②在文献计量报告中提供替代计量学指标，以作为补充数据，供个别研究人员使用。

读者将了解到 PlumX 可以在多大程度上对大学提供的合理的文献计量学分析做出有意义的贡献。

4.5.2 方法

在国家监测工作中，检索了过去四个完整出版年（2014 年、2015 年、2016 年、2017 年）中至少包含一次"奥地利"的 Web of Science 核心合集（WoS CC），并将其输入 PlumX altmetrics 仪表板。结果数据集包括根据其来源的所有度量的分数，并被分为使用、捕获、提及、社交媒体和引用五个维度。

为了分析知识领域之间的差异，Web of Science 核心合集中检索到的所有出版物都按照六个主要的"研究领域"重新分类：生命科学、物理科学、工程与技术、健康科学、社会科学和艺术与人文科学。

评估新指标的最相关指标是：

数据的可获得性=在 PlumX 中追踪的数据记录数量；

数据得分=PlumX 中至少有一个分数或标记的数据记录数（$\geqslant 1$）；

覆盖率=得分（%）=PlumX 中至少有一个得分的数据记录数（$\geqslant 1$）是关于搜索的 Web of Science 核心合集记录的数量；

强度=所有信号或得分的总和；

密度=所有信号或得分的总和与追踪的所有 Web of Science 记录数量的比率；

有效密度=所有信号或得分的总和与至少有一个分数追踪的所有 Web of Science 记录数量的比率（$\geqslant 1$）。

在对研究人员学术表现的全面评估中纳入替代计量学指标是一项常规且持续的任务。然而，是否需要替代计量学指标最终还在于被评估人意愿。除相应的可变时间间隔外，国家监测工作的程序与前面所述相同。结果部分演示了一个通用的示例。

最后，PlumX 被用作维也纳大学一位研究人员的案例研究，以证明其影响力已远超出了学术引用的范畴。2007—2019 年的替代计量学数据使用 APA（Associated Press Archives，美联社档案数据库）和 NEXIS（LexisNexis，全球商业和新闻数据库）大众媒体数据库检索的记录进行了补充。

4.5.3 结果

1. 第 1 部分——国家层面

我们的监测工作表明，通过 PlumX，每个维度的每个指标都可以追踪到大量不同的信号，然而，实际上只有极少数的信息达到一定程度的重要性。这些重要信息的出现要么只是偶然的，要么对某些特定出版物来说是非常具体的。此外，值得注意的是，收集到的信号或每个测量值的分数呈高度偏斜分布。

表 1 和表 2 反映了每个出版年度的不同指标值。表 1 显示，正如预期的那样，由于测量窗口较短，Mendeley 的读者数量、Scopus 的引用频次以及 EBSCO 中的所有三种数据都随着时间的推移而减少。根据每个研究领域的具体习惯，出版物需要几年的时间才能被引用或使用。对于具有新闻提及数据的出版物百分比和推文数量，可以观察到相反的现象。使用社交媒体的出版物比例从 2014 年的约 28% 稳步上升至 2017 年的约 42%。被新闻提及的出版物的百分比略有增加，仍低于 8%。结果表明了整个学术界对社交媒体的使用越来越多，而奥地利的 Twitter 使用量也在增加。

表 1 每个指标和工具的数字出版物的百分比

指标	2014 年	2015 年	2016 年	2017 年
Mendeley 读者	87.52%	86.64%	85.94%	84.21%
Scopus 引用	88.04%	85.64%	81.17%	74.60%
Wikipedia 引用	3.09%	2.80%	2.22%	1.96%
Twitter 推文	29.23%	33.57%	39.48%	44.21%
新闻提及	1.86%	3.85%	4.84%	5.93%
EBSCO 摘要浏览量	88.50%	82.98%	80.67%	71.52%
EBSCO 全文浏览量	27.15%	25.98%	17.26%	6.16%
EBSCO 导出保存量	58.26%	40.46%	32.23%	18.53%

表 2 每年各指标的有效密度

指标	2014 年	2015 年	2016 年	2017 年
Mendeley 读者	43.4	37.88	33.11	27.2
Scopus 引用	22	16.52	12.13	7.18
Wikipedia 引用	1.74	2.41	2.21	1.51
Twitter 推文	7.04	9.09	8.23	12.58
新闻提及	4.4	4.85	3.75	5.25
EBSCO 摘要浏览量	148.1	118.88	91.94	55.25
EBSCO 全文浏览量	77.07	54.04	54.65	81.92
EBSCO 导出保存量	13.36	13.7	10.23	6.3

此外，越来越多的出版物在发布后不久，甚至有时在正式发布之前就被推特推送或在相关推文中提及。

Twitter 推文的有效密度，随着时间的推移有所增加（根据减少的时间窗口），这一事实再次说明，在学术界中 Twitter 使用增加。但应注意到，2017 年的新闻提及有效密度升高，每篇文章在新闻中平均被提及约 5 次。以上值可以作为参考点，用于估计出版物对每个指标的响应是高还是低。

从中可以看出，使用性指标，特别是摘要浏览量和全文浏览量在所有指标中数值最高，其次是 Mendeley 读者数量。即使在引用量较少的年份，这些指标依然显著高于 Scopus 的引用频次。

表 3 和表 4 反映了 6 个领域的情况。表 3 显示了 2014 年、2015 年和 2016 年出版物的总覆盖率和每个维度的覆盖率。表 4 显示了每个领域每年出版物的绝对数和有效密度。这个案例中，由于每个工具收集的数据存在差异，因此使用每个维度中最具代表性的指标，而没有使用得数总和。使用了 Mendeley 的读者数量（捕获）、Scopus 的引用频次、Twitter（社交媒体）中的推文数量以及 EBSCO 中的摘要浏览量、PDF 浏览量和 HTML 浏览量。

表 3 每项指标、出版年份和 6 个领域的 PlumX 覆盖率

出版年份	学科领域	记录总量	有得分的记录百分比	有捕获频次得分的记录百分比	有引用频次得分的记录百分比	有 Twitter 推文得分的记录百分比	有提及得分的记录百分比	有使用性指标得分的记录百分比
2014	艺术与人文学科	143	91.60%	65.00%	35.70%	7.00%	2.10%	91.60%
	工程与技术	3163	97.70%	94.00%	88.50%	20.90%	5.20%	80.70%
	健康科学	4896	97.70%	95.00%	86.40%	37.10%	5.80%	94.10%
	生命科学	3493	98.90%	96.50%	92.50%	36.40%	6.10%	92.00%
	物理科学	3560	99.00%	94.20%	90.50%	14.70%	2.40%	86.00%
	社会科学	1260	95.20%	92.50%	79.20%	33.70%	4.90%	90.60%
	其他	1	100.00%	100.00%	100.00%	0.00%	0.00%	0.00%
	总计	16516	98.00%	94.50%	88.00%	28.50%	4.90%	89.00%
2015	艺术与人文学科	168	85.10%	61.90%	26.80%	7.10%	1.80%	79.20%
	工程与技术	3964	96.00%	90.30%	81.00%	23.80%	6.30%	69.20%
	健康科学	5288	97.30%	92.90%	82.50%	44.50%	6.90%	92.00%
	生命科学	3616	98.90%	96.20%	90.70%	45.90%	10.00%	91.80%
	物理科学	3820	97.90%	90.30%	85.90%	16.50%	3.10%	76.90%
	社会科学	1574	96.10%	91.40%	72.40%	33.20%	5.50%	88.10%
	其他	22	100.00%	95.50%	81.80%	0.00%	0.00%	86.40%
	总计	18452	97.30%	92.10%	83.10%	33.10%	6.40%	83.50%

续表

出版年份	学科领域	记录总量	有得分的记录百分比	有捕获频次得分的记录百分比	有引用频次得分的记录百分比	有Twitter推文得分的记录百分比	有提及得分的记录百分比	有使用性指标得分的记录百分比
2016	艺术与人文学科	218	85.80%	46.80%	16.10%	9.20%	2.80%	81.20%
	工程与技术	4529	94.70%	89.20%	65.20%	27.80%	6.80%	70.20%
	健康科学	5724	96.10%	88.60%	68.80%	50.50%	7.60%	88.00%
	生命科学	4103	98.30%	93.90%	78.20%	54.10%	10.60%	88.20%
	物理科学	3991	96.20%	86.50%	74.80%	19.90%	3.90%	72.20%
	社会科学	1696	92.50%	85.50%	57.40%	35.30%	4.50%	86.30%
	其他	122	91.00%	75.40%	24.60%	15.60%	0.80%	47.50%
	总计	20383	95.80%	88.60%	69.30%	38.30%	6.90%	80.50%

表4　在PlumX中追踪到的每个出版年份和6个领域中最具代表性指标的密度

出版年份	学科领域	Mendeley中阅读的记录数量	Mendeley读者密度	Scopus中引用频次的数量	Scopus引用密度	Twitter中的推文数量	Twitter推文密度	EBSCO中摘要的浏览数量	EBSCO摘要浏览密度
2014	艺术与人文学科	68	8.47	46	2.63	10	2.2	130	264.16
	工程与技术	2936	25.36	2706	13.32	563	21.06	2240	166.16
	健康科学	4554	20.99	4103	17.82	1588	7.34	4590	101.85
	生命科学	3346	29.65	3137	13.82	1182	8.72	3197	106.49
	物理科学	3261	13.07	3115	12.76	471	2.66	3038	61.21
	社会科学	1116	26.98	937	9.61	377	8.05	1140	524.16
2015	艺术与人文学科	71	5.61	43	2.44	12	2.92	133	195.46
	工程与技术	3546	19.2	3038	8.24	845	32.69	2715	126.63
	健康科学	4854	17.34	4168	11.61	2174	9.34	4848	84.52
	生命科学	3450	23.98	3137	8.96	1599	6.34	3299	105.19
	物理科学	3423	11.5	3095	8.46	584	5.07	2904	44.88
	社会科学	1385	18.57	1017	5.57	500	7.1	1377	320.83
2016	艺术与人文学科	66	3.09	32	1.31	16	8.13	177	101.19
	工程与技术	4009	14.61	2675	4.49	1176	15.34	3147	100.91
	健康科学	4978	12.66	3558	5.77	2782	9.39	4985	57.84
	生命科学	3820	17.31	2975	4.78	2168	9.34	3593	79.23
	物理科学	3434	9.11	2766	5.3	746	3.58	2827	38.27
	社会科学	1400	14.1	796	2.85	574	7.68	1454	234.86

综合以上结果，可知：

● Mendeley中各领域的读者人数反映了领域的覆盖率。

● 艺术与人文学科领域的覆盖率最低。然而，数据使用的百分比却高于其他4个维度。该领域未引用数据的百分比是其他4个领域的2倍或3倍。这是由于该学科的引用半衰期较长、参考密度特性较低导致的。

● 四大硬科学（工程与技术、健康科学、生命科学和物理科学）的指标数据在所有维度上都非常相似，健康科学的覆盖率最高。

● 社会科学在其他三个维度（捕获、引用和提及）中的百分比介于硬科学和艺术与人文科学之间。

● 在社交媒体方面，物理科学的覆盖率较低，而艺术与人文学科相对更低。

● 有效密度的结果与数据覆盖率的结果非常吻合。

● 所有有效密度都随着测量窗口的缩小而减小，除了 Twitter，所有领域的时间窗口都减小了，而 Twitter 的有效密度有所增加。唯一的例外是工程与技术领域，在 2015 年达到了最大值，这可能是由异常值所致。

● 艺术与人文和社会科学领域的使用密度较高，与其他硬科学相比，物理科学的使用密度较低。

● 监测结果显示，除文章和综述外，指南是所有措施中覆盖率和有效密度最高的文献类型。在 PlumX 中，会议记录很难被追踪到。值得注意的是，修正和撤回经常在新闻中被看到、转发、提及，尽管通常几乎不被引用。

● 在期刊方面，*PLOS One*、*Scientific Reports*、*Physical Review B*、*Nature Communications* 和 *Physical Review Letters* 在 PlumX 中被追踪的频率最高，这与 Web of Science 核心合集中的奥地利出版频率非常一致。对于计算机科学中的课堂讲稿（包括人工智能中的子系列课堂讲稿和生物信息学中的课堂讲稿），可以观察到大量的使用和引用，但在社交或大众媒体中的存在并不显著。作为旁注，在奥地利科学家最常用的期刊（*Wiener Klinische Wochenschrift*）中，只有不到 20%的出版物是用 PlumX 追踪的。这可能是由于该期刊尚未在其门户网站中包含新指标，这严重影响了其在网络上的知名度。另一个原因是工具本身追踪的数据不完整（Gumpenberger et al., 2016），尤其是通过 EBSCO 专门收集的使用数据。

2. 第 2 部分——个人层面

维也纳大学的个人评估包括与受评估研究者的面试，编制研究者出版成果的计量报告，与研究者讨论和验证所获得的结果以及进一步的可选分析。生成的计量报告会提供给研究人员本人，让他们了解其研究成果的量化分析结果。这些报告也作为进一步讨论和调整他们的出版策略的基础。这些报告最终旨在为知情同行评议实践提供依据。生成的计量报告最重要的特点是其多维性和个性化。它依赖于各种基本指标和更多控制参数，以增强可理解性。计量报告的结构通常包括以下部分：

● 活跃度，即按时间线统计的出版物数量，并区分文件类型，反映在使用的数据源中的生产力和覆盖度分析

- 可见度，即出版源评估（同行评议期刊中文章的数量、影响因子或替代期刊影响度量标准，如 SJR 和 SNIP），反映编辑障碍并揭示出版策略
- 影响力，即引用数量，包括几种引用指标，以反映在"发表或灭亡"的科学界中的引用影响
- 合作，即合著者/合作机构的数量，反映国内外网络焦点或范围，即学科内或者跨学科的研究
- 前沿水平，即根据引用分析确定知识基础

图 1 展示了一个个人档案（即报告的例子）。近年来，还引入了一个新的方面，即对发表成果在网络上被关注程度的衡量，包括在 PlumX 中获得的最重要的结果特征（见网络关注度）。

为此，已将所有可用的出版物识别符（DOI、ISBN 等）都纳入了 PlumX。

前面提到的与受评估研究人员的面谈已经涉及了与这个话题相关的一些重要问题：①你是否维护个人网站？在维基百科上有条目吗？有谷歌学术引用档案吗？②你是否使用参考文献管理系统？如果是，使用哪一个？你认为它有何帮助？③你是否积极参与邮件列表或博客？如果是，参与了哪些？④你是否使用其他社交媒体工具？如果是，使用了哪些？⑤你对使用指标（下载量）和替代计量学有何看法？⑥你是否会生成研究数据？如果是，你如何管理和存档它们？

对 PlumX 进行替代计量学分析后，将结果与科学家讨论，并从中挑选出最相关的特征写在报告中。

3. 第 3 部分——教师层面

到目前为止，由于引用窗口短，在社会科学和人文学科的一些子学科中几乎没有意义，最近几年来，学院研究成就主要是由 Q1 期刊的出版物数量决定的。人们希望替代计量学能够帮助展示学术引用领域之外的影响。为此，对选定的学院进行了案例研究，但至少在这个分析中没有明显感知到替代计量学的附加值。

我们的案例研究结果显示，包含数据的出版物比例低并且相关性低。除了引用和（始终不完整的）使用指标之外，只有读者数量和推文数量达到了一定的重要性。然而，根据被分析学院成员的意见，这两个指标缺乏适用于学术评估实践的价值。只有新闻提及被认为在某种程度上是一个有意义的指标。然而，通过将替代计量学结果与从大众媒体数据库（APA 和 NEXIS）获得的结果进行比较，很明显后者更侧重于研究人员的名字，而不是实际的研究成果本身。事实上，学院的一些研究人员在更广泛的媒体中表现得相当好，但这并不反映在替代计量学指标上，因为它们主要依赖于由 DOI 和其他与成果相关的永久标识符识别的特定研究成果。

图1 个人的文献计量学报告©

4.5.4 结论

Altmetrics 能够提供研究成果影响力的更广泛视角的补充信息。PlumX 已经被证明是一个非常有用的工具，无论是在国家级别、机构级别还是个人级别，都可以用来监测出版物产出的更广泛影响情况。它的多维度特征非常有用，应予以特别关注。

监测研究有助于揭示新趋势，并且允许人们评估替代计量学数据的可用性和适用性。我们的研究显示，在学术界，特别是在奥地利，社交媒体的使用正在增加。当然，希望有更多国家进行类似的研究，以便更好地理解这个趋势。

一般来说，可以区分两大类指标或度量方式：长期指标（引用）和短期指标（使用量、提及、社交媒体）。

在全院范围内应用替代计量学指标仍然是一种少见的做法，其增加的价值有限，但将其纳入个别研究人员评估的服务需求正在增加，这在传统指标稀缺和问题重重的学科中尤其有价值。然而，纳入总是需要预先得到研究人员的同意，并且告知他们已知缺陷和限制。

替代计量学数据的稳定性和可复制性是 PlumX（以及其他竞争对手的替代指标聚合工具）尚未解决的问题。在技术层面，在选择不同测量窗口的可能性方面还有改进的空间。定期监测工作目前只能基于存档已获得的结果，以及稍后与来自不同时间间隔的其他结果的比较。

4.5.5 参考文献

Bar-Ilan, J, Halevi, G & Milojević, S 2019, 'Differences between Altmetric Data Sources-A Case Study', Journal of Altmetrics, vol. 2, no. 1, pp. 1-8.

Bornmann, L 2014, 'Do altmetrics point to the broader impact of research? An overview of benefits and disadvantages of altmetrics', Journal of informetrics, vol. 8, no. 4, pp. 895-903.

Bornmann, L, Haunschild, R & Adams, J 2019, 'Do altmetrics assess societal impact in a comparable way to case studies? An empirical test of the convergent validity of altmetrics based on data from the UK research excellence framework (REF)', Journal of Informetrics, vol. 13, no. 1, pp. 325-340.

Glänzel, W & Gorraiz, J 2015, 'Usage metrics versus altmetrics: Confusing terminology?', Scientometrics, vol. 102, no. 3, pp. 2161-2164.

Gorraiz, J 2018, 'A Thousand and one reflections of the publications in the mirrors' labyrinth of the new metrics', El Professional Información, vol. 27, pp. 231-236, doi: https://doi.org/10.3145/epi.2018.mar.01.

Gorraiz, J, Gumpenberger, C & Schlögl, C 2014, 'Usage versus citation behaviours in four subject areas', Scientometrics, vol. 101, no. 2, pp. 1077-1095.

Gorraiz, J, Wieland, M & Gumpenberger, C 2017, 'To be visible, or not to be, that is the question', Int. J. Soc. Sci. Humanity, vol. 7, no. 7, pp. 467-471.

Gumpenberger, C, Glänzel, W & Gorraiz, J 2016, 'The ecstasy and the agony of the altmetric score', Scientometrics, vol. 108, no. 2, pp. 977-982.

Gumpenberger, C, Wieland, M & Gorraiz, J 2012, 'Bibliometric practices and activities at the University of Vienna', Library management, vol. 33, no. 3, pp. 174-183.

Haustein, S 2016, 'Grand challenges in altmetrics: heterogeneity, data quality and dependencies', Scientometrics, vol. 108, no. 1, pp. 413-423.

Haustein, S, Bowman, TD & Costas, R 2016, 'Interpreting "altmetrics": Viewing acts on social media through the lens of citation and social theories', in CR Sugimoto (ed.), Theories of Informetrics and Scholarly Communication: A Festschrift in Honor of Blaise Cronin, pp. 372-405, De Gruyter, Berlin, http://arxiv.org/abs/1502.05701 (July 15, 2020), doi: https://doi.org/10.1515/ 9783110308464-022.

Haustein, S, Peters, I, Bar-Ilan, J, Priem, J, Shema, H & Terliesner, J 2014, 'Coverage and adoption of altmetrics sources in the bibliometric community', Scientometrics, vol. 101, no. 2, pp. 1145-1163.

Kietzmann, JH, Hermkens, K, McCarthy, IP & Silvestre, BS 2011, 'Social media? Get serious! Understanding the functional building blocks of social media', Business horizons, vol. 54, no. 3, pp. 241-251.

Kraemer, A 2006, 'Ensuring consistent usage statistics, part 2: Working with use data for electronic journals', The Serials Librarian, vol. 50, no. 1-2, pp. 163-172.

Priem, J, Taraborelli, D, Groth, P & Neylon, C 2010, 'Altmetrics: a manifesto, 26 October 2010', accessed July 9, 2019, http://altmetrics.org/manifesto (July 15, 2020).

Procter, R, Williams, R, Stewart, J, Poschen, M, Snee, H, Voss, A & Asgari-Targhi, M 2010, 'Adoption and use of Web 2.0 in scholarly communications', Philosophical Transactions of the Royal Society A: Mathematical, Physical and Engineering Sciences, vol. 368, no. 1926, pp. 4039-4056.

Rasmussen, PG & Andersen, JP 2013, 'Altmetrics: an alternate perspective on research evaluation', Sciecom info, vol. 9, no. 2, https://journals.lub.lu.se/index.php/sciecominfo/article/view/ 7292/6102(July 15, 2020).

Repiso, R, Castillo, A & Torres-Salinas, D 2019, 'Altmetrics, alternative indicators for Web of Science Communication journals', accessed July 9, 2019, https://doi.org/10.1007/ s1192-019-03070.

Vinkler, P 1988, 'An attempt of surveying and classifying bibliometric indicators for scientometric purposes', Scientometrics, vol. 13, no. 5-6, pp. 239-259.

Wouters, P & Costas, R 2012, Users, narcissism and control: Tracking the impact of scholarly publications in the 21st century, SURFfoundation, Utrecht.

4.6 基于 PLOS 的论文层面计量指标

Steffen Lemke[①]（斯特芬·莱姆克），Kaltrina Nuredini[②]（卡尔特里娜·努雷迪尼）和 Isabella Peters[③]（伊莎贝拉·彼得斯）

摘要：自 2009 年以来，美国公共科学图书馆（PLOS）为其所有期刊提供了全面的论文层面的计量指标。这些 PLOS 论文层面计量指标（PLOS ALM）反映了单篇文章从科学界和其他在线方获得的关注，包括引用、社交媒体提及、使用统计、书签和推荐。从概念上讲，在 PLOS ALM 中，所有指标被分为浏览、保存、讨论、推荐、引用五个类别，分别反映了每篇文章不同层面上的影响力。

PLOS 提供了三种获得 PLOS ALM 数据的基本方式：通过文章登录界面获取可视化数据，通过 API 获取原始数据，通过报告工具 PLOS ALM Reports 获取数据。此外，用于收集 PLOS ALM 的开源应用程序（Lagotto）可以随时安装和定制，以灵活地从各种来源检索指标数据，从而创建 ALM 数据集。PLOS ALM 的另一个亮点在于，为那些希望建立自己已发表文献语料的 ALM 数据库用户提供了可能。

将 PLOS ALM 与其他提供商的指标（如 Altmetric.com、CrossRef 或 Plum Analytics）进行比较，发现不同提供商之间在概念和技术上的差异可能导致相同文章的指标值差异很大。因此，当同时使用不同数据来源的 ALM 时，必须更加谨慎。

关键词：公共科学图书馆，PLOS，Lagotto，论文层面计量指标，ALM，文献计量学，引用，使用指标，指标融合器

4.6.1 历史和背景

2003 年，美国公共科学图书馆的第一份期刊 *PLOS Biology* 出版，成为获取"最好的生物学研究"的开放获取刊物（Parthasarathy，2005，第 e296 页）。2004 年，它的姊妹期刊 *PLOS Medicine* 出版[④]。这些期刊出版后不久，两本期刊的编辑都反复表达了他们对汤森路透 ISI（现在属于科睿唯安）影响因子的担忧。影响因子作为一种衡量指标，指出了一种很有希望的替代方法，通过计算每篇文章被下载的

[①] 德国莱布尼茨经济信息中心，s.lemke@zbw.eu。
[②] 德国莱布尼茨经济信息中心，kaltrina.nuredini@gmail.com。
[③] 教授、博士，德国莱布尼茨经济信息中心和基尔大学，i.peters@zbw.eu。
https://doi.org/10.1515/9783110646610-024
[④] https://www.plos.org/history（2020-07-15）。

次数来衡量每一篇文章的阅读量（Parthasarathy，2005，第 e296 页；The PLOS Medicine Editors，2006，第 e291 页）。在 2009 年，通过引入 PLOS ALM，全面提供了 PLOS 期刊上所有出版物的论文层面的计量指标。论文层面计量指标（ALM）提供了一篇文章从科学界（Fenner，2013，第 1 页）以及其他在线各方获得的关注的覆盖率。这些度量包括不同的指标，如引用、社交媒体提及、使用统计、书签和推荐（Fenner，2013，第 1 页），并被认为是引用的扩展（见 4.6.3 "包含来源"部分）。

4.6.2 PLOS 论文层面计量指标的技术基础：Lagotto

PLOS ALM 的技术支撑被称为 Lagotto。Lagotto 于 2009 年 3 月启动，是由 PLOS 开发的开源应用程序，通过单独查询其 API，处理从各种在线来源收集的 PLOS ALM。其最新版本 5.0.1 于 2016 年 4 月 12 日发布，并获得麻省理工学院许可[1]。尽管该版本的发行暗示了未来进一步发布的计划，但在撰写本文时（2019 年 7 月），Lagotto 官方 GitHub 项目已有三年多未提交新代码，因此，预计不会定期发布新版本。

可以在线获取该软件及其安装、部署和设置的详细信息[2]。根据这些指导信息，感兴趣的用户可以安装（并定制）自己的 Lagotto 实例，以创建 ALM 的单个数据集。Lagotto 收集文章指标所需的最少输入指标是文章的 DOI、标题和出版日期。Lagotto 可以配置为从不同来源检索数据，其中一些来源可能对输入数据提出额外要求，例如 API 密钥或其他身份验证手段。每个数据源的数据检索由单个软件代理（其中有 50 多个）执行。因此，API 调用中引用文章的确切参数因来源而异；在大多数来源上，文章通过 DOI 或期刊登录页 URL 引用[参见 Zahedi 和 Costas（2018，第 2 页）的示例]。

在下文中，当提到 Lagotto 时，我们指的是 PLOS（以及其他用户）用来收集 ALM 的软件应用程序。另外，PLOS ALM 指的是由 PLOS 提供的特定的度量数据语料库以及直接相关服务。或者换一种说法：PLOS ALM 是一个公开的可访问的数据集，通过 Lagotto 的特定实例创建和更新，Lagotto 可以获取已在 PLOS 期刊（且仅限 PLOS 期刊）上发表的所有文章的度量数据。除了 PLOS，还有几个其他组织也使用 Lagotto 来开发它们自己的应用程序，如哥白尼出版社（Copernicus Publications）、公共知识项目（Public Knowledge Project）、数据计数项目（Making Data Count project）以及*metrics 项目。

---

[1] https://github.com/lagotto/lagotto/releases（2020-07-15）。
[2] http://alm.plos.org/docs，http://www.lagotto.io/（2020-07-15）。

4.6.3 包含来源

PLOS ALM 由各种数据源组成，这些数据源分为五个类别：浏览、保存、讨论、推荐、引用（图1）。在概念上，这些类别本身和彼此之间是一致的，以反映指标之间的共享相关性，并在引入未来指标方面具有可扩展性（Lin and Fenner，2013，第24页）。Lin 和 Fenner（2013，第24页）为 PLOS ALM 开发了这个分类系统，他们提到 ImpactStory[①]使用的度量本体论在当时具有很大的影响。ImpactStory 区分指标类型的概念包括五个与 PLOS ALM 使用的类别相同的标签类别，但沿着用户类型轴进一步划分所有类别，以区分公众和学者之间的关注（Piwowar，2012；Lin and Fenner，2013，第25页）

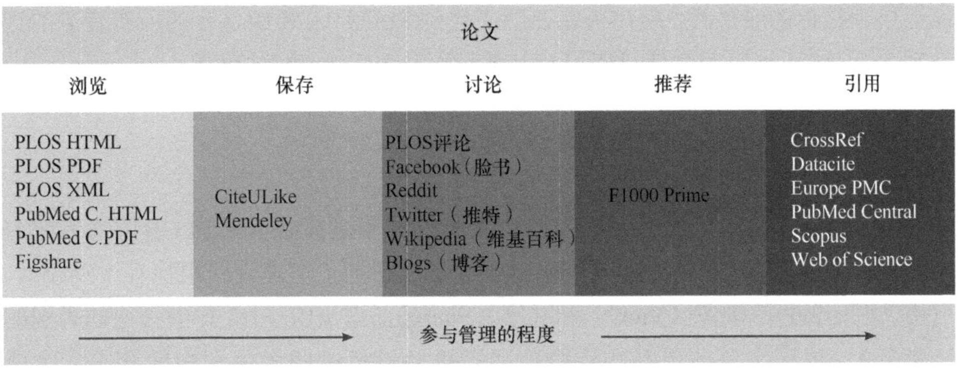

论文				
浏览	保存	讨论	推荐	引用
PLOS HTML PLOS PDF PLOS XML PubMed C. HTML PubMed C.PDF Figshare	CiteULike Mendeley	PLOS评论 Facebook（脸书） Reddit Twitter（推特） Wikipedia（维基百科） Blogs（博客）	F1000 Prime	CrossRef Datacite Europe PMC PubMed Central Scopus Web of Science

参与管理的程度

图1 包含的数据源

资料来源：Fenner（2013，第2页）和 PLOS（2019）

PLOS ALM 中包含的指标包括文献计量学指标（引用）、使用指标（浏览）和替代计量学指标（保存、讨论和推荐）。因此，与基于期刊的影响因子相比，PLOS ALM 不仅是单个研究文章更直接的影响指标，而且能够纳入引用以外的其他指标，这比单纯的文献计量学带来了更多好处。第一，在一篇文章发表后，所包含的基于网络的指标相比引用累积更快[见 Wouters 和 Costas（2012，第38页）]。第二，包含的使用统计数据可能更好地反映了在更实际的研究领域中的影响。第三，它们可能更擅长强调除引用以外的感兴趣的文章（Fenner，2013，第1页）。除了相对速度外，Chamberlain（2013，第5页）还提到，它们的高度开放性以及来源的多样性是 ALM 相对于基于期刊的指标的两个主要优势。

Fenner（2013，第1页）在2012年至2015年期间担任 PLOS ALM 项目的技术主管，他认为这五类指标代表了对相应文章的不同参与程度，如图1所示。甚至同一类别的不同指标也可能代表用户与学术文章交互的不同方式：而 HTML 视

[①] https://our-research.org/（2020-07-15）。

图可能反映文章的浏览、阅读和下载情况（可能反映了读者希望在未来更频繁地重读某篇文章的愿望）(Fenner，2013，第 1 页)。

以 *PLOS Biology* 期刊为例，几乎所有已发表的研究文章都会被浏览、下载、添加书签、至少被引用一次，而对于介于两者之间的类别（讨论和推荐），所占份额要小得多（Fenner，2013，第 2 页）。

需要注意的是，自 2009 年首次实施以来，并非 PLOS ALM 中包含的所有资源都可用，而是随着时间的推移而逐渐积累的。例如，PLOS 文章的推文收集仅从 2012 年 6 月 1 日开始，因此 PLOS ALM Twitter 计数不包含此日期之前的数据。此外，文章指标的更新频率因来源而异。根据 PLOS 的说法，对于其中一些来源，指标的变化和 PLOS ALM 中的相应更新可能存在长达一个月的滞后。因此，不能保证单个指标的时效性。现在可以在网上找到 PLOS ALM 中包含的所有资源的详细列表[①]。这五类资源的信息概况及其解释可从 Lagotto 网站获得。

4.6.4 文章登录页面上的 PLOS ALM

对于每篇 PLOS 文章，其论文级计量指标的概述都显示在 PLOS 生态系统内的登录页面上（图 2）。概述仅显示有限数量的指标，汇总为四组保存（Save）、引用（Citation）、浏览（View）和共享（Share）（这反映了图 1 中讨论的类别的一部分）。每篇文章的更多的详细信息可以通过点击四个类别中的其中一个或 "Metrics" 选项卡获得。

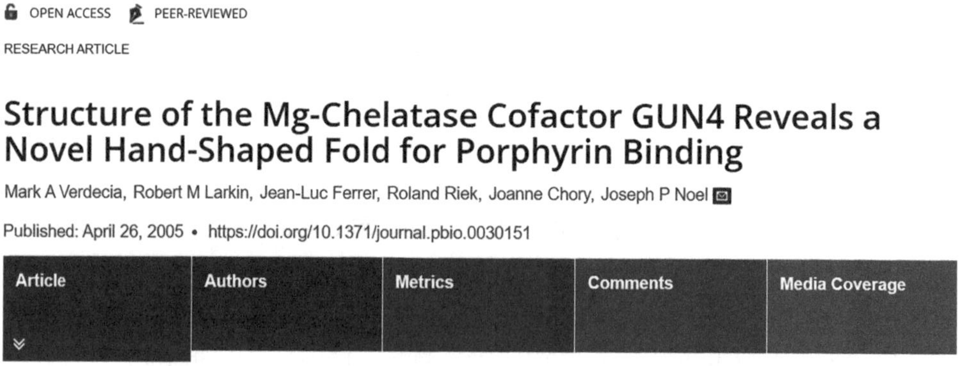

OPEN ACCESS PEER-REVIEWED
RESEARCH ARTICLE

Structure of the Mg-Chelatase Cofactor GUN4 Reveals a Novel Hand-Shaped Fold for Porphyrin Binding

Mark A Verdecia, Robert M Larkin, Jean-Luc Ferrer, Roland Riek, Joanne Chory, Joseph P Noel

Published: April 26, 2005 • https://doi.org/10.1371/journal.pbio.0030151

Article	Authors	Metrics	Comments	Media Coverage

图 2　摘自 PLOS 文章登录页面，其中包含汇总的论文级计量指标

Metrics 选项卡提供了按来源分类的文章浏览量和下载量的详细表格，以及文章发表以来浏览量累积的时间视图（图 3）。在某些情况下，将鼠标悬停在代表特定来源的图块上会揭示有关各个指标包含的更细粒度的信息，例如，对于

---

① http://alm.plos.org/docs/sources（2020-07-15）。

Mendeley 读者群，显示了个人和群组书签的单独共享情况。通过单击图块，用户可以检索计数引用所指向的各个对象。例如，单击 Scopus 会将用户引导至引用 Scopus 网站上相应文章的文档列表[①]。此功能并非对所有来源都可用。

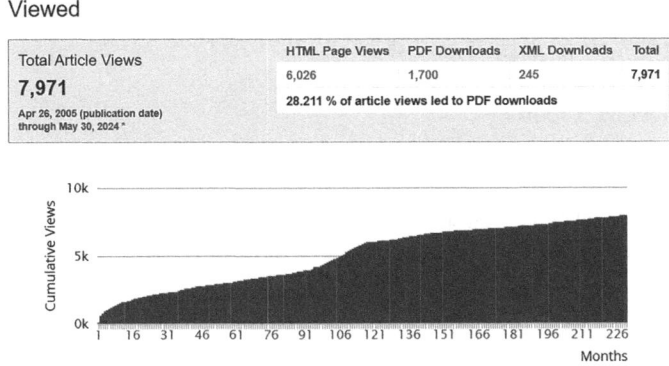

图 3 论文层面的计量指标

4.6.5 访问 PLOS ALM 的方式

除了 PLOS 文章的登录页面外，还有两种直接方法可以检索单个（或一组）文章的 PLOS ALM 数据：①PLOS ALM API，②PLOS ALM Reports。尽管数据的呈现方式存在差异，但这两种服务都访问相同的 PLOS ALM 数据共享语料库。PLOS ALM 数据的许可协议为知识共享零许可（Creative Commons Zero 1.0，简称 CC0）。

1. PLOS ALM API[②]

PLOS 为 ALM 数据提供开放的应用程序接口（API）。自 2015 年 1 月 Lagotto 3.12.7 版本发布以来，几乎所有与文章相关的数据都无须 API 密钥即可获得。API 密钥现在只用于验证具有管理员权限的用户，这些用户希望执行创建、删除或更新语料库中的文章等管理操作。

API 支持一次最多查询 50 篇文章，可以通过 API 调用中以逗号分隔的出版物标识符列表来指定。可接受的标识符类型包括 DOI、PubMed ID、PubMed Central ID、arXiv ID、Scopus ID、Web of Science ID、ARK（archival resource keys，存档资源密钥）和发布者 URL。如果查询中未指定标识符类型，则默认使用 PubMed ID。PLOS ALM API 不提供搜索功能；相反，需要提供一个标识符来引用文章和检索 ALM。

---

① https://www.scopus.com/home.uri（2020-07-17）。

② http://alm.plos.org/api（2020-07-17）。

API 返回值的默认格式是 JSON（JavaScript object notation，JavaScript 对象表示法）。PLOS 邀请软件开发人员使用从其 API 返回的数据，但要求他们指出所述数据来自 PLOS。过去，已经为编程语言 Python[①]和 R[②]发布了 PLOS API 的封装包（然而，最初的软件包维护人员对后者的支持已于 2018 年停止）。

PLOS ALM API 的文档可在线获取[③]。

2. PLOS ALM Reports

PLOS ALM Reports 是一种报告工具，用户无须参与编程即可检索当前的论文层面的计量指标，因为只需浏览一系列 HTML 表单即可创建报告。

与 API 不同，PLOS ALM Reports 提供了一种搜索功能，可用于向报告中添加与 PLOS 出版物语料库的指定查询相匹配的文章。与 API 中一样，文章也可以通过出版物标识符引用，但仅接受 DOI 和 PubMed ID。用户可以通过 CSV（comma-separated values，逗号分隔值）文件一次性添加最多 500 篇文章。一旦报告中包含的文章列表被提交，单个文章的指标就会显示在它们的元数据旁边。此外，还提供了三种类型的交互式可视化：气泡图反映文章的页面访问量、下载量、文章年龄以及一个额外的选择指标；反映文章使用情况、Scopus 引文和主题领域的旭日图；还有一张显示文章作者所属机构位置的地理地图。

报告仍然可以通过唯一的 URL 访问，其完整摘要可以以 CSV 格式下载，可视化内容可以 PNG 格式下载。此外，报告中包含的精选文章集可以通过下载它们的 DOI 列表保存，以供日后参考，该列表也可以 CSV 格式下载。

虽然上面解释的两个选项代表了直接访问 PLOS ALM 数据语料库的两种方式，但对于其中的一小部分特定子集，还有另一种"间接"的方式：从 PLOS ALM 获得的 PLOS-view 和 PubMed-view 计数也包含在 Plum Analytics 提供的度量套件中，它们构成了来自 Usage metrics[④]类别的全文视图的子类别的一部分。

4.6.6　PLOS ALM 与其他论文层面计量指标的比较

在过去的十年中，ALM 领域一直充满活力，一些竞争对手推出了自己的指标收集和聚合服务（Jobmann et al.，2014，第 2-16 页；Zahedi，2018，第 51-88 页）。除了 PLOS，Plum Analytics、Altmetric.com 和 CrossRef 等提供商都提供了自己的 ALM，共享一些通用数据源，同时还提供了一些独特的功能。

---

① https://github.com/lagotto/pyalm（2020-07-15）。
② https://github.com/lagotto/alm（2020-07-15）。
③ http://alm.plos.org/docs/api（2020-07-15）。
④ https://plumanalytics.com/learn/about-metrics/usage-metrics/（2020-07-15）。

即使对于同一类型的 ALM，一篇文章通常也存在几种不同的收集方式，所有这些方式都可能导致不同的结果。例如，尽管 Lagotto 使用 Twitter 搜索 API 来捕获推文中提及的科学文章，但也可以使用 Twitter 的实时流 API 或付费推文。此外，数据收集器关于在查询中包含哪些标识符、URL 或学术对象类型的决定都会影响它们的结果（Zahedi and Costas, 2018，第 11 页）。此外，文章层面计量指标的更新频率也取决于收集器，并且可能对文章在给定时间点的得分产生重大影响。除了技术上的考虑之外，有时还需要从概念上明确，什么样的情况应当被真正算作某个与度量指标相关的事件发生。例如，如果我们想计算文章在推文中被提及的次数，那么"推文转发"是否应该与原始推文一样被计数？或者，当计算 Mendeley 的读者数量时，是只应考虑个人用户的书签（就像 Altmetric.com 所做的那样），还是应该将群组书签也加入到总数中（就像 Lagotto 所做的那样）？

考虑到收集 ALM 可能性的差异，不同聚合器提供的度量数据之间存在不一致性，也就不足为奇了。考虑到这种不一致往往是经过深思熟虑的概念性或技术相关决策的结果，应该清楚的是，一个指标的相对高的覆盖率或强度并不一定意味着一个聚合器提供了一个更"全面"或"现实"的关于文章关注的图片。相反，供应商测量指标的不同方法只是意味着他们通常会为略有不同的问题提供答案，因此根据已有用例，他们的效用也会有所不同[①]。

Chamberlain（2013，第 7-9 页）着手评估了 PLOS ALM 与其他三个聚合器（Altmetric.com、Plum Analytics 和 ImpactStory）数据之间的一致性。他通过对比四种服务为包含 7 种不同 ALM 的 565 篇期刊文章的样本值，揭示了个体指标强度的差异，有时甚至是相当大的差异。尽管 PubMed Central 引用的结果在不同的供应商之间存在很大差异，但大多数基于社交媒体的指标（Facebook 和 Twitter 上的提及率，以及 Mendeley 网站上的读者数量）显示出的可变性较小。Chamberlain（2013，第 9 页）由此得出结论："普通用户，特别是那些进行论文层面指标研究的用户，在使用不同供应商的 ALM 数据时应该谨慎。"

Zahedi 和 Costas（2018）对 PLOS ALM（简称 Lagotto）与 Altmetric.com、Plum Analytics 和 CrossRef Event Data 进行了比较，对这四项服务（以及 Mendeley REST API）提供的针对 31 437 篇 PLOS One 文章的替代计量学指标数据进行了研究。使用皮尔逊相关性分析四个聚合器之间的一致程度，他们发现，Mendeley 的读者数量在所有的数据提供者配对中都是相对一致的（相关系数 r=0.87–0.99），其次 Twitter 计数，显示出适度到高度相关性（r=0.49–0.98）。聚合器报告的维基百科计数之间的相关性大多是弱到中等（r=0.28–0.87），而 Facebook 计数的总体成对相

[①] 2016 年，NISO 替代评估指标项目通过了一项"行为准则"，该准则应规定数据聚合商和提供商有义务通过披露其收集、聚合和更新数据的方法等来提高其指标的数据质量。CrossRef Event Data 提供了如何遵守本行为准则的示例：https://www.eventdata.crossref.org/guide/app-niso/（2020-07-15）。

关性最低（$r=0.11–0.39$）（Zahedi and Costas，2018，第 9-11 页）。

在文章覆盖率方面，与其他产品相比，PLOS ALM 在维基百科提及率、Twitter 提及率和 Mendeley 读者数量方面达到了较高的覆盖率，而在 Facebook 计数方面的覆盖率则相对较低（Zahedi and Costas，2018，第 5-6 页）。就报告的指标强度而言，以研究中包含的所有文章指标的平均计数值来衡量，PLOS ALM 在 Mendeley 读者数量方面达到所有提供商的最高平均分，在 Twitter 提及、Facebook 提及和维基百科提及的平均得分第二（Zahedi and Costas，2018，第 6 页）。如前所述，为指标提供更高覆盖度或强度的聚合器并不意味着比竞争对手"更好"，因为这些差异的原因可能是多方面的，Zahedi 和 Costas（2018，第 11-22 页）详细解释了他们在聚合器中发现的差异的可能原因。

4.6.7 致谢

本文得到了德国研究基金会资助的研究项目*metrics（项目号：314727790）的支持。我们要感谢 Astrid Orth 在本文写作过程中提供的宝贵反馈。此外，我们要感谢为 Lagotto 的开发和相关文档做出贡献的人，他们为本文提供了不可或缺的基础。

4.6.8 参考文献

Chamberlain, S 2013, 'Consuming article-level metrics: Observations and lessons', Information Standards Quarterly, vol. 25, no. 2, pp. 5-13, doi: https://doi.org/10.3789/isqv25no2.2013.02.

Fenner, M 2013, 'What can article-level metrics do for you?', PLOS Biology, vol. 11, no. 10, e1001687, doi: https://doi.org/10.1371/journal.pbio.1001687.

Jobmann A, Hoffmann, CP , Künne, S, Peters, I, Schmitz, J & Wollnik-Korn, G 2014, 'Altmetrics for large, multidisciplinary research groups: Comparison of current tools', Bibliometrie - Praxis und Forschung, vol. 3, https://doi.org/10.5283/bpf.205 and http://www.bibliometrie-pf.de/article/view/205/258 (July 15, 2020).

Lin, J & Fenner, M 2013, 'Altmetrics in evolution: Defining and redefining the ontology of article-level metrics', Information Standards Quarterly, vol. 25, no. 2, pp. 20-26, doi: https://doi.org/10.3789/isqv25no2.2013.04.

Parthasarathy, H 2005, 'Measures of impact', PLOS Biology, vol. 3, no. 8, pp. e296, doi: https://doi.org/ 10.1371/journal.pbio.0030296.

Piwowar, H 2012, A new framework for altmetrics. Impactstory blog [online], accessed July 4, 2019,http://blog.impactstory.org/31524247207/ (July 15, 2020).

PLOS 2019, Track Impact with ALMs [online], https://www.plos.org/article-level-metrics (July 15,2020).

The PLOS Medicine Editors 2006, 'The impact factor game', PLOS Medicine, vol. 3, no. 6, p. e291, doi: https://doi.org/10.1371/journal.pmed.0030291.

Wouters, P & Costas, R 2012, 'Users, narcissism and control: Tracking the impact of scholarly publications in the 21st century', SURFfoundation, Utrecht.

Zahedi, Z 2018, Understanding the Value of Social Media Metrics for Research Evaluation, Leiden, http://hdl.handle.net/1887/67131 (July 15, 2020).

Zahedi, Z & Costas, R 2018, 'General discussion of data quality challenges in social media metrics: Extensive comparison of four major altmetric data aggregators', PLOS One, vol. 13, no. 5, pp. 1-27, doi: https://doi.org/10.1371/journal.pone.0197326.

4.7 特征因子

Grischa Fraumann[①]（格里斯查·弗劳曼），Jennifer D'Souza[②]（珍妮弗·迪苏扎）和 Kim Holmberg[③]（金·霍尔伯格）

摘要：Eigenfactor™（特征因子）是一种期刊计量指标，由华盛顿大学的 Bergstrom（伯格斯特罗龙）及其同事开发。他们发明特征因子是为了回应人们对使用简单引用计数的批判。特征因子利用引用网络结构（即期刊之间的引用），并根据期刊在期刊网络中的位置确定期刊的重要性、影响力。重要性是根据期刊之间的引用次数来定义的。因此，特征因子算法基于特征向量中心性。尽管基于期刊的指标受到批判，但在广泛使用的《旧金山科研评价宣言》中也建议使用特征因子作为一种替代方案。

关键词：特征因子，替代计量学指标，指标，期刊，文献计量学，期刊影响因子，引用，评级

4.7.1 引言

本节概述了 Eigenfactor™，该指标由 Bergstrom（2007）和他在华盛顿大学的同事开发，作为对反对使用简单引用计数的批评的回应。他们还声称需要替代计量学指标（West et al.，2010），在这种情况下，不应将其与替代计量学混淆，后者是用于跟踪在线学术文章提及的指标（Priem et al.，2010）。

特征因子利用了引用网络结构，即期刊之间的引用（Bergstrom，2007）。引

[①] 德国国家科技图书馆莱布尼茨科学与技术信息中心研发部研究助理，丹麦哥本哈根大学传播学系博士研究生，巴西圣保罗大学"科学与技术计量研究小组 CiMetrias"研究员，gfr@hum.ku.dk。

[②] 德国国家科技图书馆莱布尼茨科学与技术信息中心数据科学与数字图书馆小组博士后研究员，Jennifer.DSouza@tib.eu。

[③] 芬兰图尔库大学教育社会学研究室高级研究员，kim.holmberg@abo.fi。

https://doi.org/10.1515/9783110646610-025

用数据来自《期刊引证报告》，这是科睿唯安的 Web of Science 的一部分（West et al.，2010）。特征因子被定义为基于流量的期刊排名，因为它模拟了研究人员使用引用链接搜索期刊的工作流程（Bohlin et al.，2016）。因此，特征因子指标反映了研究人员在随机浏览引用网络时访问特定期刊内容的可能性（Bohlin et al.，2016）。这些引用情况，例如期刊之间的引用关系，可以用于判断期刊影响力（Chang et al.，2013）、期刊在学术界的重要性（Bergstrom et al.，2008），甚至期刊影响力（Ball，2017），因为一些重要期刊会被重要期刊高被引（Bohlin et al.，2016）。特征因子算法（West et al.，2010）基于特征向量中心性，特征向量中心性是网络分析中常用于计算节点中心性的一个指标（Martin et al.，2014）。

  Bergstrom（2007）提出了一种与谷歌 PageRank 算法类似的期刊排名方法。谷歌根据不同网站之间的超链接数量对网站进行排名，但并非所有超链接都视为同等重要的，因为来自一个已经获得大量超链接网站的超链接比来自只有少量链接的网站的超链接更容易被点击。特征因子则通过期刊之间的引用以类似的方式对期刊进行排名。Bergstrom（2007）将这种方法描述为："通过引用期刊的影响力除以该期刊中出现的引用总数来衡量引用的重要性。"Bergstrom 还认为，这种方法纠正了期刊和学科之间的差异。特征因子衡量了一份期刊对学术文献的总影响，或者说，该期刊一年内发表的所有文章所提供的总价值（Bergstrom，2007）。此外，Bergstrom 还开发了一种文章影响力排名方法，它"与特征因子除以文章数量成正比"（Bergstrom，2007）。这个排名可以与期刊影响因子相媲美（Bergstrom et al.，2008）。

  Bergstrom（2007）还提出了一种衡量学术界以外研究影响的方法，是通过计算主要报纸的参考文献实现的，这些报纸包括《纽约时报》《卫报》《华尔街日报》《华盛顿邮报》《伦敦时报》《迈阿密先驱报》《金融时报》《世界报》《波士顿环球报》和《洛杉矶时报》。

4.7.2 特征因子在学术界的作用

  自 1665 年第一本科学期刊成立以来（Mack，2015），科学期刊已成为科学发现的重要传播渠道（Gingras，2016）。虽然在学科之间存在差异，如社会科学和人文学科在出版书籍方面有着更悠久的传统（Hicks，2005），但科学研究领域的期刊随处可见。随着万维网和互联网的出现，科学期刊作为传播和发行渠道的重要性已经降低。然而，科学期刊作为一种出版平台，自问世以来，并没有发生太大变化（Auer et al.，2018；Wouters et al.，2019）。例如，Auer 等（2018）指出，基于 PDF 的期刊出版物可以更改为可互操作的格式。这可以通过以 XML（结构化语言）提供文本来实现。这一举措的最终目标可能是将这些内容连接到一个全面的知识图中。还有更多举措正在探索通过应用区块链技术分散期刊出版系统的可能性（Blocher et al.，2019）。

长期以来，引用被认为是对早期工作价值的认可，例如，研究人员承认他们已经在引用的著作中发现了价值。因此，被引用已经成为学术奖励系统的一部分，高被引研究者被认为产生了更大的影响（Merton，1973）。然而，由于科学论文的发表过程可能需要数年时间，引用的积累需要很长时间。为了应对这种时间延迟，开发了基于期刊的度量标准（Fersht，2009）。基于期刊影响力指标的假设是，"较好的"期刊有一个更严格的同行评议过程，只有"最好的"研究才会发表在这些期刊上。因此，研究人员在哪些期刊上发表学术论文有时甚至被视为他们工作质量的指标（Chang et al.，2013），这反过来可能会对他们的学术生涯产生影响（Bohlin et al.，2016；Brembs et al.，2013），甚至可能产生可疑的经济回报（Quan et al.，2017）。此外，一些国家制定了国家期刊排名（Quan et al.，2017；Huang，2019），基于期刊的指标，如期刊影响因子，也可能受到少数高被引文章的严重影响（Seglen，1992）。例如，Lariviére和Sugimoto（2018）对期刊影响因子的评论进行了广泛的回顾，发现，期刊排名是一个备受争议的话题，因为它们可能也会影响科研评价（Tüselmann et al.，2015）。一方面，期刊排名通常也被研究人员接受为出版过程的一部分（Brembs et al.，2013）。另一方面，也有人认为，影响因子较高的期刊似乎比排名较低的期刊更容易发表欺诈性文章（Brembs et al.，2013；Fang and Casadevall，2011）。计量方法的发展是为了更好地分类和理解期刊系统（Garfield，1972），并且期刊度量标准已经发展起来，此外，基于期刊的指标可以更深入地了解期刊的相似性（D'Souza and Smalheiser，2014）。第一个试图根据被引用次数制定期刊客观标准的研究发表于1927年，研究对象是1926年美国主要的化学期刊。作者的结论是，大多数期刊的被引用数量相对较低（Gingras，2016）。

正如上面提到的，特征因子是作为华盛顿大学研究项目的一部分而开发的，这个概念可以在公共网站上找到，Bergstrom及其同事试图满足各种利益相关者的需求，如图书馆界的需求，以支持图书馆员的期刊订阅决策（Kurtz，2011）。特征因子的目的之一是帮助图书馆员在订阅期刊时确定最重要的期刊。随着期刊订阅价格的不断上涨，有必要了解哪些期刊是最重要的，哪些会被研究者使用。这也与期刊数量的不断增加的事实有关（Bohlin et al.，2016；van Gerestein，2015），如果没有排名和指标，似乎不可能进行全面的综述。尽管期刊的质量只能通过人类对已发表文章的阅读来客观评估（Bergstrom et al.，2008），但利用排名和指标对期刊进行分类仍然是一种常见做法（Bohlin et al.，2016）。

与其他基于期刊的指标相比，《旧金山科研评价宣言》（Cagan，2013）提出了特征因子作为替代方案。特征因子也支持开放引用倡议（Initiative for Open

Citations，I4OC）。特征因子在科学界和科研评价中被使用的确切程度尚不清楚。然而，有关招聘和晋升的研究揭示了这些度量指标在实际中的应用情况。例如，Alperin等（2018）发现，期刊影响因子等指标被加拿大和美国的招聘和晋升委员会用作衡量标准。期刊影响因子在国家研究系统的一些决策过程中被使用（Bohlin et al.，2016），它也被用来评估研究人员，而不只是评估期刊，这是一个极具争议的话题（Fersht，2009；West et al.，2010；Wouters et al.，2019）。

4.7.3 基于期刊指标的批判性观点及其与影响因子的比较

尽管特征因子具有上文所述的一些优势，就像任何指标一样，它也有局限性。期刊影响因子于1972年首次被描述，是最常见的期刊排名指标之一（Bohlin et al.，2016；Guédon et al.，2019），其定义为："某期刊在给定年份的影响因子衡量该年发表的文章对近期文章的平均引用次数"（Bohlin et al.，2016）。特征因子也被视为期刊影响因子的竞争对手（Reider，2017），也弥补了期刊影响因子的一些不足（Tüselmann et al.，2015）。对期刊影响因子的批评之一是所有的引用都被赋予相同的权重，而没有考虑它们的来源和被引用的期刊（Bohlin et al.，2016）。

特征因子和期刊影响因子之间的一个主要区别是，前者使用五年的时间窗口，后者使用两年的时间窗口来计算引用次数。更大的窗口应该考虑到在研究发表后出现的较晚阶段的引用（Bohlin et al.，2016）。虽然还引入了具有五年时间窗口的期刊影响因子，但与具有两年时间窗口的期刊影响因子相比，它似乎不太常见（Chang et al.，2013）。特征因子的另一个优点是排除了自引，从而消除了期刊机会主义自引中的分数膨胀（Bohlin et al.，2016；Chang et al.，2013）。

与使用任何其他文献计量学或科学计量学指标一样，特征因子不应孤立使用，而应辅以其他支持，如专家的定性判断，《莱顿宣言》也强调了这一点（Hicks et al.，2015）。最后，Bohlin等（2016）提出了评估期刊的指标的最重要的标准，即该方法在期刊选择方面的稳健性。

4.7.4 计算特征因子得分

特征因子得分旨在通过考虑新引用的来源来衡量一份期刊对科学界的重要性，反映了研究人员访问该期刊内容的频率。期刊的特征因子是通过一系列步骤（eigenfactor.org）得到的。具体如下：

第一步，从《期刊引证报告》（JCR）（clarivate.com[①]）中提取五年交叉引用

[①] 每年，很多科学和社会科学期刊被《期刊引证报告》收录。为了便于比较，2016年有7611种"源"期刊被编入索引，而2019年为11 877种。https://clarivate.com/webofsciencegroup/solutions/journal-citation-reports/（2020-07-21）

矩阵 Z。

$Z_{(ij,Y_6)}=Y_6$ 年期刊 j 在 Y_1-Y_5 五年间对期刊 i 中发表文章的引用

例如，根据 2019 年的 JCR，交叉矩阵 Z_{ij}=2019 年期刊 j 对 2014 年至 2018 年在期刊 i 上发表的文章的引用。五年引用窗口考虑到了某些领域的引用趋势没有像其他领域那样迅速，并且在文章发表几年后才开始。例如，一篇领先的细胞生物学期刊上的文章在发表后的头两年里，平均可能会被引用 10—30 次，而相比之下，一篇领先的数学期刊上的文章在同一时期平均会被引用 2 次。在这方面，只考虑论文发表后前两年的引用的方法（如期刊影响因子）可能会产生误导（如果不考虑学科差异）。

注意，在矩阵 Z 中，它的对角线元素被设置为 0，因此排除了期刊的自引用。这一做法旨在避免那些因采用机会主义自我引用策略而显得过度膨胀的期刊对评结果产生不恰当的影响。

第二步，矩阵 Z 通过求列和实现标准化（例如，每个期刊的总引用量），以获得每个期刊列相对于矩阵行表示的其他期刊的引用概率，得到的矩阵是列随机矩阵 H，如下：

$$H_{ij} = \frac{Z_{(ij,Y_6)}}{\sum_k Z_{(kj,Y_6)}}$$

然而，并非所有 H 中列出的期刊都被其他期刊引用。这些期刊在其对应的 j 列中都将有 0 个元素。对于这样的期刊，每个来源期刊 J 的条目 a_j 的文章向量 a 计算如下：

$$a_j = \frac{|J_{Y_1-Y_5}|}{\sum_k |K_{Y_1-Y_5}|}$$

其中，$|J_{Y_1-Y_5}|$ 是前五年发表在期刊 J 上的文章数量，分母是 JCR 中所有来源期刊在同时期内发表的文章数量，因此，所有没有引用关系的期刊都统一用 a 表示，之后，将矩阵 H 转换为 H'。

第三步，随机遍历矩阵 P 是按照 Google 的 PageRank 方法定义的，如下所示：

$$P = \alpha H' + (1-\alpha)\alpha.e^T$$

其中，e^T 是全为 1 的行向量，T 是转置函数，因此，$A=\alpha.e^T$ 是一个具有相同列的矩阵，每个列为向量 α。

根据随机过程的解释[①]，遍历矩阵 P 在期刊引用网络定义了一个随机游走，以概率 α 进行转移，转移的权重由 H 中的条目（即期刊引用概率）决定，或以概率 $(1-\alpha)$ 跳转到一个任意期刊，跳转的权重由 α 中的条目（即每个期刊发表文章

---

① 随机或随机过程被定义为在唯一时间实例上索引的随机变量的集合。

的比例）决定。需要注意的是，如果没有 α，遍历将仅限于具有高 H' 值的节点。因此，α 为实际数据中未包含的任意引用提供了调整空间。随机过程 P 对从期刊 J 到期刊 K 的每一个时刻进行建模，随机变量对应基于期刊之间的中间遍历的矩阵值。此外，由于 P 具有马尔可夫性质①，即遍历到 K 只依赖于知道它来自目前的期刊 J，而与之前的历史无关，因此 P 是一个马尔可夫随机过程。

第四步，即最后一步，计算各期刊的特征因子得分。在形式上，期刊 i 的特征因子得分 EF_i 被定义为期刊 i 从源期刊获得的总加权引用百分比。因此，特征因子得分向量为

$$EF = 100 \frac{H\pi^*}{\sum_i \left[H\pi^* \right]_i}$$

其中，向量 π^* 从随机遍历矩阵 P 中提取，作为主特征向量。在随机过程解释下，π^* 向量对应于在每个期刊上花费的时间最长（也称为稳态）分数，用 p 表示。在特征因子得分中，这被转换为衡量期刊对加权引用的影响。

4.7.5 结论

正如特征因子的发明者所定义："学术参考文献将期刊连接在一起，形成一个庞大的引用网络"（eigenfactor.org［July 21，2020］），考虑到随着时间推移期刊数量越来越大，我们对这些引用数据进行了测量和分析，以对期刊进行分类。

本文介绍了特征因子指标，也对这一指标在整个科学界中的作用进行了讨论。利用科睿唯安《期刊引证报告》中的引用数据，特征因子根据五年期间的引用次数对科学和社会科学期刊进行评级。该方法借鉴了谷歌 PageRank 获得的引用网络分析方法，排名靠前的期刊的引用对特征因子的贡献要大于排名靠后的期刊。不同的学科有不同的引用实践和引用发生的时间尺度，因此，具有五年引用窗口的特征因子克服了期刊影响因子的局限性。这是因为后一种具有更小的引用时间窗口的度量标准可能会错误地为具有更快的引用模式的学科的期刊分配更高的评级，而不是为所有学科及其独特的引用模式提供调整空间。

虽然度量指标可能有助于对大量数据进行分类和排序，但期刊重要性的概念也遭到了批评。例如，如果评价是基于指标而没有考虑到定性的专家判断，那么基于期刊的指标可能会对研究系统和研究人员个人产生意外的影响。也有一些举措试图将期刊之外的研究成果可视化，并承认几种形式的影响（Hauschke et al.，2018）。本文介绍了特征因子，并举例说明了特征因子在系统研究中的作用。

---

① 当马尔可夫性质应用于随机过程时，它限制了未来状态的条件概率分布仅依赖于当前状态，而不依赖于之前的整个状态序列，从而限制了所考虑的状态序列历史。

4.7.6 参考文献

Alperin, JP, Muñoz Nieves, C, Schimanski, L, Fischman, GE, Niles, MT & McKiernan, EC 2018, 'How significant are the public dimensions of faculty work in review, promotion, and tenure documents?', eLife, 8, pp. e42254. https://doi.org/10.7554/eLife.42254.

Auer, S, Kovtun, V, Prinz, M, Kasprzik, A, Stocker, M & Vidal, M E 2018, 'Towards a knowledge graph for science', in R Akerkar, M Ivanović, S-W Kim, Y Manolopoulos, R Rosati, M Savić, CBadica & M Radovanović (eds.), Proceedings of the 8th International Conference on Web Intelligence, Mining and Semantics-WIMS'18, New York, USA, pp. 1-6, ACM Press. https://doi.org/10.1145/3227609.3227689.

Ball, R 2017, An Introduction to Bibliometrics: New Development and Trends, Elsevier Science. https://doi.org/10.1016/C2016-0-03695-1.

Bergstrom, C 2007, 'Eigenfactor: Measuring the value and prestige of scholarly journals', College & Research Libraries News, vol. 68, no. 5, pp. 314-316. https://doi.org/10.5860/crln.68.5.7804.

Bergstrom, CT, West, JD & Wiseman, MA 2008, 'The Eigenfactor metrics', The Journal of Neuroscience: The Official Journal of the Society for Neuroscience, vol. 28, no. 45, pp. 11433-11434. https://doi.org/10.1523/JNEUROSCI.0003-08.2008.

Blocher, W, Sadeghi, AR & Sandner, P 2019, 'Blockchain and the future of publishing', in C Draude, M Lange & B Sick (eds.), INFORMATIK 2019: 50 Jahre Gesellschaft für Informatik-Informatik für Gesellschaft (Workshop-Beiträge), pp. 587-588, Gesellschaft für Informatike. V, Bonn. https://dx.doi.org/10.18420/inf2019_ws61.

Bohlin, L, Viamontes Esquivel, A, Lancichinetti, A & Rosvall, M 2016, 'Robustness of journal rankings by network flows with different amounts of memory', Journal of the Association for Information Science and Technology, vol. 67, no. 10, pp. 2527-2535. https://doi.org/10.1002/asi.23582.

Brembs, B, Button, K & Munafo`, M 2013, 'Deep impact: Unintended consequences of journal rank', Frontiers in Human Neuroscience, vol. 7, p. 291. https://doi.org/10.3389/fnhum.2013.00291.

Cagan, R 2013, 'The San Francisco declaration on research assessment', Disease Models & Mechanisms, vol. 6, no. 4, pp. 869-870. https://doi.org/10.1242/dmm.012955.

Chang, C-L, McAleer, M & Oxley, L 2013, 'Coercive journal self citations, impact factor, journal influence and article influence', Mathematics and Computers in Simulation, vol. 93, pp. 190-197. https://doi.org/10.1016/j.matcom.2013.04.006.

D'Souza, J & Smalheiser, NR 2014, 'Three journal similarity metrics and their application to biomedical journals', PlOS One, vol. 9, no. 12, p. e115681. https://doi.org/10.1371/journal.pone.0115681.

Fang, FC & Casadevall, A 2011, 'Retracted science and the retraction index', Infection and Immunity, vol. 79, no. 10, pp. 3855-3859. http://doi.org/10.1128/IAI.05661-11.

Fersht, A 2009, 'The most influential journals: Impact factor and Eigenfactor', Proceedings of the National Academy of Sciences of the United States of America, vol. 106, no. 17, pp. 6883-6884.

https://doi.org/10.1073/pnas.0903307106.

Garfield, E 1972, 'Citation analysis as a tool in journal evaluation', Science, vol. 178, no. 4060, pp. 471-479.

Gingras, Y 2016, Bibliometrics and Research Evaluation: Uses and Abuses. History and Foundations of Information Science, The MIT Press, Cambridge, Massachusetts. https://mit press.mit.edu/books/bibliometrics-and-research-evaluation.

Guédon, J-C, Jubb, M, Kramer, B, Laakso, M, Schmidt, B, Šimukovič, E, Hansen, J, Kiley, R, Kitson, A, van der Stelt, W, Markram, K & Patterson, M 2019, Future of Scholarly Publishing and Scholarly Communication: Report of the Expert Group to the European Commission, European Commission, Brussels. https://doi.org/10.2777/836532.

Hauschke, C, Cartellieri, S & Heller, L 2018, 'Reference implementation for open scientometric indicators (rosi)', Research Ideas and Outcomes, vol. 4, p. e31656. https://doi.org/10.3897/rio.4.e31656.

Hicks, D 2005, 'The four literatures of social science', in HF Moed, W Glänzel, & U Schmoch (eds.), Handbook of Quantitative Science and Technology Research, vol. 23, pp. 473-496, Kluwer Academic Publishers, Dordrecht. https://doi.org/10.1007/1-4020-2755-9_22.

Hicks, D, Wouters, P, Waltman, L, de Rijcke, S & Rafols, I 2015, 'Bibliometrics: The Leiden manifesto for research metrics', Nature, vol. 520, no. 7548, pp. 429-431. https://doi.org/10.1038/520429a.

Huang, Y 2019, 'Monitoring of research output in China', 3rd ENRESSH Training School, October 23, Poznań, Poland.

Kurtz, MJ 2011, 'The emerging scholarly brain', in A Accomazzi (ed.), Future Professional Communication in Astronomy II, Volume 1 of Astrophysics and Space Science Proceedings, pp. 23-35, Springer New York. https://doi.org/10.1007/978-1-4419-8369-5_3.

Larivière, V & Sugimoto, CR 2018, 'The journal impact factor: A brief history, critique, and discussion of adverse effects', CoRR abs/1801.08992. https://doi.org/10.1007/978-3-030-02511-3_1.

Mack, C 2015, '350 years of scientific journals', Journal of Micro/Nanolithography, MEMS, and MOEMS, vol. 14, no. 1. https://doi.org/10.1117/1.JMM.14.1.010101.

Martin, T, Zhang, X & Newman, MEJ 2014, 'Localization and centrality in networks', Physical Review, vol. 90, no. 5, p. 211. https://doi.org/10.1103/PhysRevE.90.052808.

Merton, RK 1973, The Sociology of Science: Theoretical and Empirical Investigations, University of Chicago Press. https://press.uchicago.edu/ucp/books/book/chicago/S/bo28451565.html.

Priem, J, Taraborelli, D, Groth, P & Neylon, C 2010, Altmetrics: A Manifesto. https://www.altmetrics.org/manifesto.

Quan, W, Chen, B & Shu, F 2017, 'Publish or impoverish: An investigation of the monetary reward system of science in China (1999-2016)', Aslib Journal of Information Management, vol. 69, no. 5, pp. 486-502. https://doi.org/10.1108/AJIM-01-2017-0014.

Reider, B 2017, 'Brace for impact', The American Journal of Sports Medicine, vol. 45, no. 10, pp. 2213-2216. https://doi.org/10.1177/0363546517721707.

Seglen, PO 1992, 'The skewness of science', Journal of the American Society for Information

Science, vol. 43, no. 9, pp. 628-638. https://doi.org/10.1002/(SICI)1097-4571(199210) 43:9 <628::AID-ASI5>3.0.CO;2-0.

Tüselmann, H, Sinkovics, RR & Pishchulov, G 2015, 'Towards a consolidation of worldwide journal rankings–a classification using random forests and aggregate rating via data envelopment analysis', Omega, vol. 51, pp. 11-23. https://doi.org/10.1016/j.omega.2014.08.002.

van Gerestein, D 2015, 'Quality open access market and other initiatives: a comparative analysis', LIBER Quarterly, vol. 24, no. 4, p. 162. http://doi.org/10.18352/lq.9911.

West, JD, Bergstrom, TC & Bergstrom, CT 2010, 'The Eigenfactor metrics: A network approach to assessing scholarly journals', College & Research Libraries, vol. 71, no. 3, pp. 236-244. https://doi.org/10.5860/0710236.

Wouters, P, Sugimoto, CR, Larivière, V, McVeigh, ME, Pulverer, B, de Rijcke, S & Waltman, L 2019, 'Rethinking impact factors: better ways to judge a journal', Nature, vol. 569, no. 7758, pp. 621-623. https://doi.org/10.1038/d41586-019-01643-3.

4.8 学术社交网络与文献计量学

Clemens Blümel[①]（克莱门斯·布吕梅尔）

摘要：本文讨论了学术社交网络站点（Academic Social Network Sites，ASNS）作为文献计量学和信息计量学研究者的资源。对于学术交流来说，ASNS 是一种相对新颖的媒介，但它们已经拥有了广泛的用户基础，并获得了新型信息聚合器（如 PlumX）、出版商和数据提供商的关注。本节在简要介绍 ASNS 的基本特征和服务的基础上，概述了现有关于 ASNS 及其用途的研究。特别地，本文讨论了如何构建依赖于 ASNS 数据的指标，以及在使用这些指标时出现的问题和挑战。笔者认为，为了理解 ASNS 使用的含义，需要做更多的概念性和理论性工作。

关键词：学术社交网络站点，数字化平台，学科差异性，替代计量学指标

4.8.1 引言

通过正式和非正式渠道交流思想一直是学术交流系统的一个关键要素，也是学者日常实践的一个重要组成部分（Kronick, 2001；Guedon, 2001）。随着互联网的出现，学者们迅速探索发现各种交流思想和材料的网站。如今，专门的学术社交网络站点（以下简称 ASNS）是科学家最常使用的在线平台之一（Jeng et al., 2015；Nández and Borrego, 2013；Ortega, 2015）。自这些网络出现以来，其中一些社交网络，如 ResearchGate，已经拥有大量用户（van Noorden, 2014），已成为

---

① 德国高等教育与科学研究中心，研究系统和科学动力学部。
https://doi.org/10.1515/9783110646610-026

新型学术传播形式的一部分（Görögh et al., 2017）。

由于其介于正式与非正式之间的地位，ASNS 不仅吸引了学术用户，也被视为有望推动学术交流系统的变革。例如，随着社交网站的出现，人们设想，学术交流将变得比目前的体制更具有协作性和包容性（Megwalu, 2015; Nielsen, 2012）。因此，对学术社交网络的用途和意义的研究往往集中在学术社交网络以何种方式、在何种程度上促进了合作活动，这也改变了当前对学术成果的评价文化。ASNS 的这一方面的变革也将在本节中讨论。

ASNS 已经引起了研究人员、研究管理人员和其他科学利益相关者的广泛关注，并且越来越多地在文献计量学界对其进行研究（Erdt et al., 2016），由 Altmetric.com 或 PlumX 等新型数据聚合器提供的过程生成数据的可用性刺激了致力于 ASNS 的文献计量研究。

文献计量学家特别研究了 ASNS 的特征和影响，个人（Nentwich and König, 2014）、机构（Mansour, 2015）、跨学科组织（Ortega, 2015）使用这些网站的策略，以及不同学术职位的使用情况（Nández and Borrego, 2013）。然而，在很大程度上，对 ASNS 的使用情况的研究是为了根据学术社交网络的数据生成、构建或评估新的指标（Copiello and Bonifaci, 2019; Orduna-Malea et al., 2017; Thelwall and Kousha, 2015），以作为替代计量学指标的一部分（Priem and Hemminger, 2010）。

在此背景下，本节概述了 ASNS 的文献计量学研究。基于这样的分析，本文试图得出关于 ASNS 更普遍的命题，以及它们在多大程度上改变了学术传播和声誉管理。本文的组织如下：首先，概述了不同形式的 ASNS 的现有服务。其次，阐释这些功能的使用情况。再次，将研究基于或与 ASNS 相关的新指标和衡量标准是如何构建的，以及这些指标在文献计量学家群体中的接受程度。最后，概述 ASNS 对当前学术交流的意义和对未来的展望。

4.8.2 社交网络在学术领域的前景

从互联网诞生之初，学者们就开始使用社交网络。他们利用现有的服务进行私人或专业的在线交流。Facebook 自 2004 年成立后，迅速成为研究人员最重要的网站之一，这不仅是因为它的全球影响力（Nentwich and König, 2014; Thelwall and Kousha, 2015），还因为它允许个人在专业和私人传播之间架起桥梁（Procter et al., 2010）。

然而，从 2008 年开始，出现了一些专门为学者提供新颖功能和服务的学术社交网络，其中，从用户数量来看，Academia.edu 和 ResearchGate 是目前最大的提供商。到目前为止，ResearchGate 已经拥有 1500 万名会员，Academia.edu 则拥有超过 7500 万名会员。此外，还有一些规模较小的学术社交网络，专注于学术知识生产的特定方面，除了基本服务之外，还提供社交网络功能，如 Mendeley、CiteUlike。鉴于其定制化的服务，学术社交网络似乎比 LinkedIn 和 Facebook 等更通用的社交网站更适合学术交流，尽管后者仍被广泛使用（van Noorden，2014）。因此，学者们现在有了各种各样的社交网络，他们可以从中进行选择，也可以使用这些社交网络与同龄人建立联系，并传播他们的研究成果：第一，仍然有像 LinkedIn 这样的大型通用网站；第二，有真正的学术社交网站；第三，还有一些具有其他功能的数字网站。毫不夸张地说，学术社交网络现在已经成为学术领域的一种专业实践。然而，是什么让 ASNS 变得独特，尤其是与商业和私人领域的通用社交网络相比？

4.8.3 学术领域内的社交网络的特征

为了解释 ASNS 是什么，首先需要了解在线社交网络的一般特点，以及它们通常向用户提供哪些服务。Boyd 和 Ellison（2007）概述了大多数社交网络提供的服务：①个人资料；②连接用户的服务；③与他人互动的服务。这些特点对于 ASNS 来说也同样重要。然而，ASNS 还提供了一些特别针对其学术受众的服务，这些服务使其与其他通用网站区别开来。

ASNS 的第一个显著特点是允许用户创建个性化的个人资料。这种服务受到学者的青睐（Nentwich and König，2014）。为了向他们所在的学术社群提供最新信息，研究人员使用社交网络分享更多关于他们作为学术个体的信息，强调他们感兴趣的主题和他们的研究目的。因此，ASNS 顺应了科学家自我市场化的大趋势（van Noorden，2014）。Nentwich 和 König（2014，第 113 页）将这种现象称为 ASNS 的"数字名片功能"。ASNS 的第二个显著特点是提供分享出版物的服务。学者可以很容易地上传他们的论文，并提供有关这些论文的信息。这是 ASNS 与更一般的社交网络的最大区别，因为 ASNS 上的出版物索引非常先进。

遵循开放获取的道路，许多学者被要求提供他们论文的访问权限。通过社交网络传播出版物被理解为遵守这些原则的一种方式。Piwowar 等（2017）的一项研究表明，ASNS 在提供绿色开放获取的网站中占有最大份额[①]。ASNS 的第三个特点是它们可以提供协作服务：有跟踪他人活动的工具以及针对学术需求量身定制的问答部分，也有针对特定研究或方法论主题建立小组或协作项目的服务（Jeng et al.，2015）。第四，ASNS 还允许将注意力集中在研究成果上。此功能特别适用于

[①] 然而，研究人员必须确保不会侵犯知识产权。最近，ASNS 开始与商业学术出版商产生交集。2017 年，ResearchGate 被 Elsevier 指控侵犯版权（Else，2018）。Academia.edu 也曾在 2013 年因类似原因收到停止服务的通知（Else，2018；Clarke，2013）。

ASNS：在线评价或认可行为，如浏览、喜欢或关注，可以使特定研究在社交网站上更加引人注目。与其他替代计量学指标的新数据源类似，这些是 ASNS 的特征之一，在文献计量学领域中最受关注（Bardakcı et al., 2018）。

4.8.4 ASNS 用户研究

1. ASNS 使用的强度和频率

正如前一小节所述，ASNS 提供了广泛的服务。然而，考虑到服务的多样性，尚不清楚这些在线网络是如何被使用和感知的。然而，ASNS 增加了学术团体之间的合作和包容性，尤其是年轻和缺乏经验的学者（Mansour, 2015）。为了确定这些服务在多大程度上影响了学者的交流行为和态度，对 ASNS 的研究侧重于通过大规模调查探究用户的特征、他们对 ASNS 的看法以及他们的行为模式（Procter et al., 2010; van Noorden, 2014; Nández and Borrego, 2013）。

2014 年《自然》杂志的一次大规模调查（van Noorden, 2014）发现，许多学者都知道 ASNS 中最大的提供者（ResearchGate、Academia.edu、Mendeley）。然而，第一次定量用户研究（Procter et al., 2010）表明，通过 ASNS 增加合作的期望似乎有些牵强：ASNS 上进行频繁和稳定的互动并不常见。相反，研究结果表明 ASNS 的使用不是很密集：根据 Procter 等（2010，第 4043 页）的说法，只有 13%注册这些网站的人可以被视为频繁用户（每周访问网站一次或更多）。

类似地，Nández 和 Borrego（2013，第 786 页）进行的一项研究发现，大多数受访者是被动地（35%）或偶尔（34%）使用 ASNS，而只有 18%的受访者属于频繁用户，他们每周（13%）或每天（5%）使用这些平台，并且使用方式更为互动和深入。这些观察结果与用户自己报告的使用动机似乎不符。因此，Nandez 和 Borrego 得出结论，用户声明的使用理由与他们实际的行为（如互动频率、文档上传等）之间存在"不一致性"。其他研究也支持了这一发现。Mansour（2015，第 540 页）对科威特一个图书馆和信息科学学院进行的小规模研究发现，用户使用 ASNS 的主要原因是为了"与他人交流"（占 95.2%），但实际的交流活跃度却只是中等水平。

与社交网络的出现有关的另一个预期是，社交网络可能会极大地促进年轻科学家参与学术期刊领域之外的学术交流。虽然总的来说，有一些迹象表明年轻的研究人员和博士生更频繁地使用新的传播渠道，对于 ASNS 的使用，结果喜忧参半：Mansour（2015，第 531 页）研究了图书馆和信息科学学院 ASNS 用户和非用户的教育水平，发现 ASNS 用户和非用户之间没有显著差异。van Noorden（2014）揭示，ASNS 主要在已建立联系的研究人员之间产生合作。然而，Megwalu（2015）发现 AcademiaI.edu 的注册用户大部分是研究生，而使用最频繁的用户是副教授和博士后。因此，没有明确的迹象表明 ASNS 会对现有的期刊界起到纠正作用；相反，就用户人口统计而言，它们似乎再现了现有的学术等级制度。

针对通过 ASNS 促进学者合作的研究，所得的调查结果令人失望。通过调查 Mendely 上的开放群体用户，Jeng 等（2015）发现很难激励学者使用这些协作工具。从性别角度来看，女性研究人员相较于男性似乎更易被鼓励使用这些平台（Megwalu，2015）。从目前为止进行的研究来看，对于许多受访者来说，仅仅出现在 ASNS 上就足够了，这一现象被 Nentwich 和 König（2014，第 113 页）称为"从众存在"，他们特别投入时间来提升自己的学术形象。因此，Bik 和 Goldstein（2013）认为，ASNS 可能被视为学术界争夺"未来认可"的网站。

2. ASNS 使用中的学科差异

然而，学者使用 ASNS 的强度不能一概而论。不同学科在使用这些站点时有显著差异。这种学科差异是文献计量学科研评价的一个重要维度（Ortega，2015，第 520 页）。这些差异往往限制了定量比较和指标开发[①]。因此，人们对社交网络的学科差异也进行了大量研究。正如 Ortega（2015，第 520 页）所概述的，ASNS 提供的"工具""需要进行分析，以验证它们是否代表整个学术团体，或者是否只有特定类型的学科在使用它们"。

在这些网站的选择和使用强度方面，学科差异尤其明显。调查和用户研究表明，两个最大的 ASNS 网站在用户的专业背景方面存在巨大差异。Academia.edu 的用户在很大程度上是来自社会科学和人文科学的学者（Megwalu，2015；Thelwall and Kousha，2014），ResearchGate 上的注册最初主要是生物医学研究人员和自然科学家（Thelwall and Kousha，2015）。

不同的研究表明，不仅在提供者的选择上存在学科差异，而且在使用强度上也存在差异。Ortega（2015）通过研究 ResearchGate、Academia.edu 和 Google Scholar Citations 上西班牙高等科研理事会的简介、隶属关系、共同作者、追随者数据和出版物列表，发现这些社交网站的使用存在学科差异[②]。他发现社会科学家和人文学者不仅在上述网站上出现得更多（第 524 页），而且他们也比来自生物医学的同行更活跃（第 525 页）。

Jamali 等（2016）认为，对 ASNS 声誉价值的不同期望可能解释了为什么社会学家比自然科学领域的同事更频繁地使用这些平台。此外，应用 Whitley 的相互依赖和任务不确定性框架，Megwalu（2015）认为，社会学家和语言学家在

[①] 例如，社会科学和人文学科的学者没有在期刊文献中发表类似程度的研究，从而限制了基于文献中索引的文献计量指标的应用性。

[②] 然而，Google Scholar Citations 在多大程度上可以被视为 ASNS 站点似乎值得怀疑，因为其缺少社交网站特征之一，即用户可以遍历链接并与之取得联系，它只是可以通过界面轻松访问施引出版物。

Academia.edu 上的存在和活动可能是因为这些学科的文化实践具有高度的研究主题多样性（第 198 页），所用方法的不确定性相对较低，确保社会学家可以相互提供建议。

4.8.5 指标开发

对 ASNS 的使用及其使用指标的文献计量学研究在很大程度上是由构建在线活动新指标的兴趣驱动的。ASNS 是学术在线活动的重要组成部分（Manca，2018），从这些平台获得的数据为"科学的社会性质"提供了新的视角（Ortega，2015，第 520 页）。因此，大多数关于 ASNS 的研究都致力于讨论、开发和评估基于 ASNS 数据的指标，或者更具体地说，基于 ASNS 提供商自己生成的特定指标（Copiello and Bonifaci，2019；Nicholas et al.，2016；Orduna-Malea et al.，2016；Orduna-Malea et al.，2017；Kraker and Lex，2015；Jordan，2015）。

一些研究人员讨论了 ASNS 数据作为衡量关注度或影响力的方法的适用性，特别是目前定义相当模糊的其他或新型影响（Priem and Hemminger，2010）。根据 Mendeley 的研究，Jeng 等（2015）发现 ASNS 与衡量学术活动、交流和支持过程相关，例如在问答论坛中回答问题。在 ASNS 指标的研究中，普遍寻求替代影响力指标，例如，Hoffmann 等（2016）认为网络中心性是衡量声誉的一个重要补充来源。然而，各种不均匀和分散分布的使用模式以及学科差异表明，学者应该谨慎使用 ASNS 数据进行科研评价。

更具争议的是 ASNS 提供商自身生成和聚合的指标的价值，这些指标旨在为声誉提供新的衡量标准。在 ASNS 领域的大多数研究都集中在探讨 ResearchGate Score 上，分析其优势与局限（Copiello and Bonifaci，2019；Orduna-Malea et al.，2017；Kraker and Lex，2015；Jordan，2015），特别是将其与学术界已知的现有指标进行比较，同时也基于开放科学领域内提出的指标开发原则进行分析（Priem and Hemminger，2010）。ResearchGate Score 是一个综合指标，用户可以将平台和支持服务产生的不同信息放在一起，将自己与平台上的其他人进行比较。但是，到目前为止，该分数的计算方式尚未公开。一些研究已经开始研究这个分数，以及它在衡量学术影响或声誉方面的适用性。Thelwall 和 Kousha（2015）发现，在机构层面上，与现有排名的相关性仅是适度的，可能更适用于作为社会资本和声誉资本分配的替代衡量标准。与此相反，Yu 等（2016）发现，基于机构和个人水平的排名之间存在高度相关性［数据来自英国的卓越研究框架（Research Excellence Framework，REF）］。其他关于这一分数的研究表明，它可能不适合作为"声誉衡量标准"。基于已有研究，Kraker 和 Lex（2015）认为，该评分的主要缺点是：

不透明，依赖有争议的期刊影响因子指标，以及该指标计算方式的波动性[①]。Jordan（2015）证实，基于期刊影响因子的指标似乎对 ResearchGate Score 有很大贡献，同时这些指标被认为不适合衡量平台上的个人贡献。因此，尽管 ResearchGate Score 的概念似乎具有创新性，但在当前，它在应用指标的同时隐藏了有关其计算的相关信息。

4.8.6　结论

ASNS 被认为是数字学术中一个特别引人注目的部分。由于有机会在同行之间建立联系（Procter et al., 2010），这些网站的注册人数稳步增长。然而，更重要的是，它们的建立伴随着一种期望，即弥合现有研究人员和年轻研究人员之间的差距，从更广泛的意义上说，有助于增加学术团体之间的合作。由于它们在正式和非正式学术交流中的特殊作用，这些网站被设想用来克服普通社交网站的一些局限性。文献计量学相关研究者已经表明这些期望可能被夸大了（Jeng et al., 2015；Nández and Borrego, 2013；Mansour, 2015），并且 ASNS 可能具有不同的功能，例如被认为是数字名片的功能（Nentwich and König, 2014）。然而，大多数研究都是为了探索 ASNS 作为衡量学术声誉的替代指标的潜力。本文旨在指出，一般来说，这种尝试迄今尚未成功。来自 ASNS 的过程生成数据既不能很好地代表非正式交流，也不能很好地代表正式交流（Orduna-Malea et al., 2017），因为人们对浏览量或下载量等在线行为知之甚少；由于不透明，一些 ASNS 本身提供的新指标也不能作为现有指标的替代品（Ortega, 2015；Kraker and Lex, 2015）。然而，对 ASNS 生成的数据的分析可以对科学的结构（Mansour, 2015）和动态（Megwalu, 2015）产生一些有趣的见解。为了理解 ASNS 使用的含义，需要做更多的概念性和理论性工作（Manca, 2018）。

4.8.7　参考文献

Bardakcı, S, Arslan Ö & Ünver, TK 2018, 'How scholars use academic social networking services', Information Development, vol. 34, no. 4, pp. 334-345, doi: https://doi.org/10.1177/0266666917712108.

Bik, HM & Goldstein, MC 2013, 'An introduction to social media for scientists', PLOS Biology, vol. 11, no. 4, e1001535.

Boyd, DM & Ellison, NB 2007, 'Social network sites: definition, history, and scholarship', Journal of Computer-Mediated Communication, vol. 13, no. 1, pp. 210-230.

[①] 例如，他们观察了他们个人资料的 ResearchGate Score 的变化，而数据却没有显著变化。

Bar-Ilan, J, Haustein, S, Peters, I, Priem, J, Shema, H & Terliesner, J 2012, 'Beyond citations: Scholars' visibility on the social web', Proceedings of the 17th international conference on science and technology indicators, vol. 52900, p. 14. Available from: http://arxiv.org/abs/1205.5611(August 26, 2019).

Clarke, M 2013, 'The End of an Era for Academia.Edu and Other Academic Networks?', https://scholarlykitchen.sspnet.org/2013/12/11/has-elsevier-signaled-a-new-era-for-academia-edu-and-other-professional-networks/（July 15, 2020).

Copiello, S & Bonifaci, P 2019, 'ResearchGate score, full-text research items, and full-text reads:A follow-up study', Scientometrics, vol. 119, no. 2, pp. 1255-1262, doi: https://doi.org/10.1007/s11192-019-03063- 6.

Else, H 2018, 'Major publishers sue ResearchGate over copyright infringement', Nature, vol. 112, p. 241. doi: https://doi.org/10.1038/d41586-018-06945-6.

Erdt, M, Nagarajan, A, Sin, S-CJ & Theng, Y-L 2016, 'Altmetrics: An analysis of the state-of-the-art in measuring research impact on social media', Scientometrics, vol. 109, no. 2, pp. 1117-1166, doi: https:/ /doi.org/10.1007/s11192-016-2077- 0.

Görögh, E, Sifacaki, E, Vignoli, M, Gauch, S, Blümel, C, Kraker, P , Hasani-Mavriqi, I, Luzi, D,Walker, M & Toli, E 2017, 'Opening up new channels for scholarly review, dissemination, and assessment', in L Morgan (ed.), The 13th International Symposium, pp. 1-11, ACM Publishers.

Guedon, J-C 2001, In Oldenburg's Long Shadow: Librarians, Research Scientists, Publishers and the Control of Scientific Publishing, ARL, Washington D.C.

Hoffmann, CP, Lutz, C & Meckel, M 2016, 'A Relational Altmetric? Network Centrality on ResearchGate as an Indicator of Scientific Impact', Journal of the Association for information Science and Technology, vol. 67, no. 4, pp. 765-775, doi: https://doi.org/10.1002/asi.23423.

Jamali, HR, Nicholas, D & Herman, E 2016, 'Scholarly reputation in the digital age and the role of emerging platforms and mechanisms', Research Evaluation, vol. 25, no. 1, pp. 37-49, doi: https:/ /doi.org/10.1093/reseval/rvv032.

Jeng, W, He, D & Jiang, J 2015, 'User participation in an academic social networking service: A survey of open group users on Mendeley', Journal of the Association for information Science and Technology, vol. 66, no. 5, pp. 890 - 904, doi: https:/ /doi.org/10.1002/asi.23225.

Jordan, K, 2015, 'Exploring the ResearchGate Score as an Academic Metric: Reflections and Implications for Practice, Quantifying and Analysing Scholarly Communication on the Web (ASCW'15)', http://ascw.know-center.tugraz.at/wp-content/uploads/2015/06/ASCW15_ jordan_ response_kraker-lex.pdf (July 15, 2020).

Kraker, P & Lex, E, eds. 2015, A critical look at the ResearchGate score as a measure of scientific reputation, in Proceedings of the quantifying and analysing scholarly communication on the web workshop (ASCW'15), Web Science Conference.

Kronick, D 2001, 'The commerce of letters: Networks and "invisible colleges" in seventeenth-and eighteenth-century Europe', Library Quarterly, vol. 71, pp. 28-43.

Manca, S 2018, 'ResearchGate and Academia.Edu as networked socio-technical systems for scholarly communication: A literature review', Research in Learning Technology, vol. 26, doi: https://doi.

org/10.25304/rlt.v26.2008.

Mansour, EAH 2015, 'The use of social networking sites (SNSs) by the faculty members of the school of library & information science, PAAET, Kuwait', The Electronic Library, vol. 33, no. 3, pp. 524-546, doi: https://doi.org/10.1108/EL-06-2013- 0110.

Megwalu, A 2015, 'Academic Social Networking: A Case Study on Users' Information Behavior', in Woodsworth A & Penniman D (eds.), Current Issues in Libraries, Information Science and Related Fields, vol. 39, pp. 185-214, Advances in Librarianship, Emerald Group Publishing Limited.

Nández, G & Borrego, Á 2013, 'Use of social networks for academic purposes: A case study', The Electronic Library, vol. 31, no. 6, pp. 781-791, doi: https://doi.org/10.1108/EL-03-2012- 0031.

Nentwich, M & König, R 2014, 'Academia Goes Facebook? The Potential of Social Network Sites in the Scholarly Realm', in S Bartling & S Friesike (eds.), Opening Science, e107- 24, Springer International Publishing, Cham.

Nicholas, D, Clark, D & Herman, E 2016, 'ResearchGate: Reputation uncovered', Learned Publishing, vol. 29, no. 3, pp. 173-82, doi: https://doi.org/10.1002/leap.1035.

Nielsen, M 2012, Reinventing Discovery: The New Era of Networked Science, Princeton, NJ: Princeton University Press.

Orduna-Malea, E, Martin-Martin, A & Lopez-Cozar, ED 2016, 'ResearchGate as a source for scientific evaluation: Revealing its bibliometric applications', Profesional De La Informacion, vol. 25, no. 2, pp. 303-310, doi: https://doi.org/10.3145/epi.2016.mar.18.

Orduna-Malea, E, Martín-Martín, A, Thelwall, M & Delgado López-Cózar, E 2017, 'Do ResearchGate Scores create ghost academic reputations?', Scientometrics, vol. 112, no. 1, pp. 443-460, doi: https://doi.org/10.1007/s11192-017-2396- 9.

Ortega, JL 2015, 'Disciplinary differences in the use of academic social networking sites', Online Information Review, vol. 39, no. 4, pp. 520-536.

Piwowar, H, Priem, J, Larivière, V , Alperin, JP , Matthias, L, Norlander, B, Farley, A, West, J & Haustein, S 2017, 'The state of OA: A large-scale analysis of the prevalence and impact of Open Access articles', PeerJ, vol. 6, p. e4375. doi: https://doi.org/10.7287/peerj.preprints.3119v1.

Priem, J & Hemminger, BM 2010, 'Scientometrics 2.0: Toward new metrics of scholarly impact on the social web', First Monday, vol. 15, no. 7.

Procter, R, Williams, R, Stewart, J, Poschen, M, Snee, H, Voss, A & Asgari-Targhi, M 2010, 'Adoption and use of Web 2.0 in scholarly communications', Philosophical Transactions of the Royal Society A: Mathematical, Physical, and Engineering Sciences, vol. 368, no. 1926, pp. 4039-4056, doi: https://doi.org/10.1098/rsta.2010.0155.

Thelwall, M & Kousha, K 2014, 'Academia.Edu: Social network or academic network?', Journal of the Association for information Science and Technology, vol. 65, no. 4, pp. 721-731, doi: https://doi.org/10.1002/asi.23038.

Thelwall, M & Kousha, K 2015, 'ResearchGate: Disseminating, communicating, and measuring scholarship?', Journal of the Association for information Science and Technology, vol. 66, no. 5, pp. 876-889, doi: https://doi.org/10.1002/ asi.23236.

van Noorden, R 2014, 'Online collaboration: Scientists and the social network', Nature, vol. 512, no. 7513, pp. 126-129. doi: https://doi.org/10.1038/512126a.

Yu, MC, Wu, YCJ, Alhalabi, W, Kao, HY & Wu, WH 2016, 'ResearchGate: An effective altmetric indicator for active researchers?', Computers in Human Behavior, vol. 55, no. 1001-1006, doi: https://doi.org/10.1016/j.chb.2015.11.007.

4.9 ResearchGate[①]和学术社交网络站点：新文献计量学的新环境？

Enrique Orduña-Malea（恩里克·奥尔杜纳·马莱亚）和 Emilio Delgado López-Cózar[②]（埃米利奥·德尔加多·洛佩斯–科萨尔）

摘要：本文的主要目的是确定 ResearchGate 作为学术社交网络的主要特征及其科研评价方面的潜力。为此，首先概述了学术社交网络的诞生背景，特别是 ResearchGate 的发展历程。接下来，对 ResearchGate 的相关研究进行了文献综述，总结了文献中讨论的主要议题。然后，对 ResearchGate 的一般特征进行识别和分类，包括所有度量指标和评价工具。最后，综合分析了 ResearchGate 作为文献计量工具的主要局限性和不足。研究结果显示 ResearchGate 作为数据库具有巨大潜力（文档覆盖范围广、活跃用户数量不断增加、度量标准种类多）。然而，由于一些缺点（无法复制指标或缺乏专业的搜索/导出功能），它目前还不能用于科研评价。这些限制主要来自 ResearchGate 的商业模式，一方面，是作为一种工具，以提高研究人员之间的全球联系，另一方面，作为一种营销工具，以传播与研究相关的广告和活动。

关键词：学术社交网络，文献计量学，科学计量学，书目数据库，在线学术简介，学术交流，科研评价，Altmetrics，社交媒体计量学，ResearchGate

4.9.1 学术社交网络的诞生

Boyd 和 Ellison（2007）将社交网站定义为"基于网络的服务，允许个人①在有限的系统中构建公开或半公开的个人资料；②清晰地列出与他们共享连接的其他用户的列表；③查看和浏览他们的联系人列表和系统内其他人的联系人列表"。

根据这个定义，1997 年推出的 SixDegrees（http://www.sixdegrees.com[July 15,

---

① 西班牙瓦伦西亚理工大学，enorma@upv.es。
② 西班牙格拉纳达大学，edelgado@ugr.es。
https://doi.org/10.1515/9783110646610-027

2020]），被普遍认为是第一个可识别的社交网络。尽管如此，Classmates（https://www.classmates.com[2020-07-15]）是一个创建于 1995 年的平台，旨在帮助用户找到幼儿园、小学、高中、大学、工作和美国军队中的同学和同事，是历史上最早的社交网络服务之一，其性质与后来的 Facebook 有一定的相似之处。

自 20 世纪 90 年代诞生以来，已相继推出了大量社交网络平台。其中一些迅速衰落，而另一些则幸存下来。随着时间的推移，社交网络的形态不断演变，与此同时，随着网络技术的发展，对社交网络的定义也随之发生了变化。

由此，Ellison 和 Boyd（2013）更新了他们的观点，将社交网站定义为"一个在线环境，用户除了创建个人档案和建立彼此之间的联系外，还可以在他们的联系人或整个社区中创作内容"。除了用户之间的连通性，这个定义强调了面向内容发布的社交平台观点，这正是学术社交网络的基本特征之一。

学术社交网络是一种特别适合学术社区的社交网络的子类。然而，这些在线平台并不仅仅局限于研究人员，而是针对更广泛的受众（主要是从业者和学生），连接全球学术界是这些社交网络平台对高等教育最重要的贡献。

受众和网络功能的结合催生了许多术语的出现。Ortega（2016）编制了一个非详尽的最常用术语列表（学术社交网站、学术社交网络站点、学术社交网络、学术社交网络服务、学术社交媒体）。

这些术语的混合给学术社交网络的主要目标蒙上了不确定性的阴影，促使 Jordan（2019）对学术社交网络是否主要面向社交网络或替代出版表示怀疑。Jordan（2019）将学术社交网络分为两大类：一类主要是为了促进个人资料创建和用户连接而开发的社交网络（如 academic.edu 和 ResearchGate）；另一类则主要关注发布和分享学术相关的内容（如 Mendeley）。然而，这两个类别之间的界限是模糊的，哪个先出现，是鸡（连通性）还是蛋（内容），这个问题并不那么容易回答。

综上所述，学术社交网络的定义如雨后春笋般涌现也就不足为奇了。迄今为止最完整的定义是 Ortega（2016）提供的。下面提出一个稍作调整的定义：

学术社交网络是一个有限的在线空间，允许用户创建和定制作者简介，发布和传播学术相关内容，通过各种各样的网络功能与其他用户联系，获取关于其成员在平台中的活动的一系列指标（包括介绍层面、内容层面和隶属关系层面）。

在三大学术社交网络中，Mendeley 占有一席之地，其独特之处在于它虽然配备了社交功能并允许用户创建带有度量指标的学术档案，但其核心功能依然是作为文献引用管理工具，而它作为学术档案展示的平台使用率仍然很低。所有与发布和传播研究成果及度量指标相关的功能都是后来新增的。这些附加功能是由其母公司爱思唯尔为了在学术档案领域与竞争对手一较高下而加入的，同时也是为了利用 Mendeley 已有的注册用户基础和该平台的广泛影响力。

接下来我们聚焦于剩下的两家学术社交网络巨头，ResearchGate 宣称拥有超过

1500万用户和高达1亿份文档（https://www.researchgate.net/press[2020-07-15]），而Academia.edu（https://www.academia.edu/about[2020-07-15]）则有超过7900万注册用户和约2200万份文档。ResearchGate在文档数量上的优势可能得益于其用户群体的多样性（例如，可能更多地吸引到了自然科学和工程学领域的用户，而Academia.edu用户更多集中在人文学科），以及该平台的自动索引功能。

Similarweb分析工具（https://www.similarweb.com[2020-07-15]）的数据显示，更多的学术文献以及免费功能的可用性，可能是ResearchGate（每月1.57亿用户）的网站流量高于Academia.edu（每月9600万用户）的原因，这也使得ResearchGate成为当今最受欢迎的学术社交网络之一。

本节将集中讨论ResearchGate。首先，对文献所涉及的主题进行简要的回顾。然后，识别和综合该平台的一般特征和文献计量特征。最后，讨论使用ResearchGate作为科研评价的数据来源。

4.9.2 ResearchGate:分享和发现全球研究

病毒学和计算机科学家Ijad Madisch（伊亚德·马迪什）博士在波士顿的麻省总医院从事一个跨学科项目时，在实验室遇到了问题。他试图寻找一位专家来帮助他，但遗憾的是，这一努力是徒劳的，正是在那时，他有了研究ResearchGate的想法。

2008年与Sören Hofmayer（索伦·霍夫迈尔）博士和Horst Fickenscher（霍斯特·菲肯舍尔）一起创立了ResearchGate，自2008年以来，该公司已经完成了多轮融资，投资者包括杆杆资本、创始人基金、比尔·盖茨、特纳亚资本、高盛投资合伙人、惠康信托和四河集团，在分析用户活动的基础上，制定明确的商业战略，专注于高针对性的广告。

十年后，关于ResearchGate的学术文献蓬勃发展，涵盖了广泛的互补主题。Jordan（2019）综合了学术社交网络的以下五大主题，尤其适用于ResearchGate：①开放获取出版；②用户交互；③用户视角；④平台人口统计和社会结构；⑤指标。

除了涵盖ResearchGate的学术社交网络的一般研究（Ovadia，2014；Bhardwaj，2017；Jordan and Weller，2018；Manca，2018），还有一些聚焦于该平台的具体问题的研究。其中主要涉及其作为一个资源库的用途（Borrego，2017；Jamali，2017；Lee et al.，2019），问答工具的操作（Li et al.，2015；Jeng et al.，2017），以及用户模式分析（Muscanell and Utz，2017；Liu and Fang，2018；Meier and Tunger，2018）。

其他研究侧重于平台人口统计（Ortega，2015a，2016，2017）和科研评价指标的使用（Kraker and Lex，2015；Orduna-Malea et al.，2016；Yu et al.，2016；

Orduna-Malea et al.，2017；Copiello and Bonifaci，2018；Delgado López-Cózar and Orduña-Malea，2019）。研究还对不同单元，如文章（Thelwall and Kousha，2017a，2017b）、作者（Mikki et al.，2015；Ortega，2015b；Orduna-Malea and Delgado López-Cózar，2017；Martín-Martín et al.，2018）和大学（Thelwall and Kousha，2015；Lepori et al.，2018；Yan and Zhang，2018；Yan et al.，2018）进行了定量分析。最后，文献还涉及了其在建立学术网络声誉方面的作用（Nicholas et al.，2016a；Nicholas et al.，2016b），以及使用游戏化技术来吸引用户（Hammarfelt et al.，2016）。

从 2015 年开始，直接（分析平台的不同方面）或间接（将平台作为解决其他目标的工具）与 ResearchGate 相关的文献高度集中。在 Scopus 数据库中搜索标题、摘要或关键字中包含"ResearchGate"的文献（检索式 1），截至 2019 年 3 月 20 日，从 2008 年至 2018 年共 362 篇文献，其中 2018 年发表的文献占 39.95%（159 篇）。当该查询扩展到包括其他术语（检索式 2）时，结果达到 557 个相关文档，收到 3470 次引用（表 1）。

表 1 关于 ResearchGate 的学术文献：在 Scopus 上发表的论文数和累计被引次数

出版年	检索式 1 发文量	检索式 1 累计引用频次	检索式 2 发文量	检索式 2 累计引用频次
2008	0	1	5	2
2009	0	2	4	16
2010	1	0	11	49
2011	1	2	17	65
2012	5	4	17	95
2013	5	7	21	105
2014	19	38	39	196
2015	44	106	62	311
2016	46	292	83	518
2017	82	549	108	837
2018	159	894	190	1276
合计	362	1895	557	3470

注：检索式 1，TITLE-ABS-KEY（"ResearchGate"）；检索式 2，TITLE-ABS-KEY（"academic social networks" or "academic social networking" or "academic social sites" or "ResearchGate" or "Academia.edu"）

通过检索式 2 共检索到 557 篇文献，这些文献提供了 ResearchGate 多年来感兴趣的主要主题的全景图。通过 VOSViewer 分析出现在标题、摘要和关键字中的术语，确定了 4 个不同的集群。第一个集群与社交媒体有关，第二个与数据库和书目评论有关，尤其是在医学领域，第三个与出版有关，而第四个代表杂项集合，主要是案例学习。

此外，通过 VOSViewer 构建了 557 篇文章的作者关键词共现图。图一方面显示与社交媒体相关的一组关键词（其他学术社交网络、指标、元研究等），另一方面显示与网页设计相关的另一组关键词（以人为本的设计、用户体验，设计教育等）。

4.9.3 ResearchGate 的一般特征

多年来，ResearchGate 提供的一般功能已经发生了变化，今天的平台与几年前的平台已大不相同。一些工具是新的（例如，创建项目、研究实验室或作者/文档研究兴趣度量），一些工具已被修改（例如，问答服务或统计历史显示），还有一些工具已消失（如影响点、作者技能的社会验证和文内评论工具）。

目前可用的所有功能都已按不同类别（账户、出版物、连接、信息和工作）进行了编译和分类。正如我们所见，ResearchGate 不仅是一个社交网络，也是学术相关专业人士沉浸式的工作环境（表 2）。

表 2　ResearchGate 按类别和应用级别的一般特征（截至 2019 年 5 月）

分类	等级	特征
账户	设置	账户
		广告
		与外部服务的链接
		通知
		隐私
		配置文件
		安全
	配置	授权状态
		个人信息导入导出
		个人信息
		用户偏好
出版物	作者属性	分类
		引用
		知识共享包容
		删除
		文件上传
		编辑
		图片上传
		隐私存储
		文献识别号（如 DOI）
		论文发表状态
		补充资源上传
	其他属性	评论
		下载
		阅读
		引用统计

续表

分类	等级	特征
连接	作者	回答
		作者提及
		作者提问
		作者建议
		合著者邀请
		作者团体（项目或实验）
		贡献者添加
		讨论
		关注
		隐私信息
		问题
		回复
	文档	论文请求
		反馈
		关注
		推荐
		共享
信息	作者和文档	作者更新
		个性化警报
		推荐系统
		统计成绩
		时间线
		每周报告
	项目	更新
	问答	每周问答摘要
	系统	搜索
工作	雇员	工作书签
		工作岗位
	雇主	广告展示
		招聘

4.9.4 ResearchGate 的文献计量特征

ResearchGate 的文献覆盖率（超过 1 亿）和用户覆盖率（超过 1500 万）使其成为文献计量研究的合适来源。

Ortega（2016）提供了一个关于 ResearchGate 报道的完整概述。关于文献，最常用的类型是期刊文章和会议论文，主要来自健康科学、物理科学和生命科学。

除此之外，用户个人资料还按学科（医学、生物学和工程学）、用户职位（博士生、教授和博士后研究员）和所属院校（截至 2015 年 6 月，覆盖的大学超过 44183 所）进行分类。

ResearchGate 提供了与数据库不同实体（如作者、文档、项目、机构）相关的各种指标，这使得该平台成为一个复杂而独特的指标展示平台，展示了用户对社交网络的使用以及他们对信息的消费。

表 3 提供了每个实体的详尽指标列表，其中针对 14 个不同的实体确定了 40 多个指标。

表 3　ResearchGate 中按实体类型分类的可用指标

指标	作者	出版物	请求	期刊	评论	项目	实验	院系	机构	问题	答案	讨论	回复	工作
答案											是			
文章影响力				是										
书签														X
引用	是	是												
引用半衰期				是										
评论		是												
特征因子				是										
外部 h 指数	是													
关注者	是	X				是				是		是		
关注	是													
中介指数				是										
会员						是	是	是						
非会员全文阅读		是												
非会员其他阅读		是												
非会员读取		是												
开放请求			是											
发表	是					是	是	是						
问题						是								
推荐	是	是		是	是					是	是	是	是	
参考文献						是								
回复					是					是		是		
研究兴趣	是	是												
研究兴趣百分位数（按发表日期）	是	是												
研究兴趣百分位数（领域）	是	是												

第 4 章 替代计量学（Altmetrics） ·211·

续表

指标	ResearchGate 实体											
	作者	出版物	请求	期刊	评论	项目	实验	院系	机构	问题	答案	讨论	回复	工作
研究兴趣百分位数（平台）	是	是											
接受的研究			是										
请求的研究			是										
发送的研究			是										
ResearchGate 期刊影响				是									
ResearchGate 会员总的全文阅读	是	是											
ResearchGate 会员其他的阅读	是	是											
ResearchGate 会员总阅读	是	是											
ResearchGate 会员选择性全文阅读	是	是											
ResearchGate 会员选择性其他阅读	是	是											
ResearchGate 选择性阅读	是	是											
ResearchGate Score	是							是					
ResearchGate Score 百分比	是												
共享	X				X	X			X	X	X	X	X
总的全文阅读	是	是（每周）											
总 h 指数	是												
总其他阅读	是												
总阅读	是	是			是	是（每周）	是（每周）	是	是				
更新				是									
浏览													是

正如我们在表 3 中看到的，在某些情况下，一个元素既可以是链接到一个实体（一个文档收到的评论）的度量指标，也可以是一个实体本身（一个评论可能收到许多回复）。

我们还可以发现一些特征（如关注一个文档或者与另一个用户共享一个文档），它们的相应指标是不公开的（在表 3 中标记为 X）。这可能是因为这些特征的使用率很低。例如，Ortega（2016）研究表明，只有 0.6%的取样文件受到了跟踪。

ResearchGate 除了这些指标之外还提供了其他功能，这些功能既适用于作者层面（与顶级合作者共享出版物，每篇文档被引用次数多的研究者，按国家和机构分列的每周阅读量），也适用于机构层面（前一周的顶级出版物、每周热门会员、前一周的阅读次数、按国别划分的阅读量最高的文献、顶级合作机构、ResearchGate Score 分布）。

4.9.5　ResearchGate 作为科研评价的数据来源

ResearchGate 提供的所有功能，以及用户人口统计、出版物覆盖率和基于引用的指标之外的可用指标，使该学术社交网络成为一个有趣的平台，可用于文献计量研究，在某些情况下甚至可用于科研评价。

ResearchGate 并不是一个文献计量工具，其运营方式和服务条款妨碍了其用于这些目的。表 4 总结了 ResearchGate 用于文献计量分析和科研评价的主要局限性。

表 4　ResearchGate 评估表

A. 覆盖情况		
透明度	平台覆盖率的官方数据不准确（"+100 万份文档"；"+1500 万用户"）	
	帮助台提供有关出版物、统计数据和分数的信息。然而，综合指标（尤其是 ResearchGate Score）并非完全透明，无法根据提供的信息进行计算。这个问题违反了《莱顿宣言》。此外，ResearchGate 没有声明平台是如何工作的，即其爬虫如何识别和下载文档。	
主列表	有出版物和简介目录可供使用。然而，它的详尽程度并没有明确指出。	
	https://www.researchgate.net/directory/publications	
	https://www.researchgate.net/directory/profiles（July 15, 2020）	
索引政策	手动程序：作者自己上传稿件。	
	自动化程序：ResearchGate 从存储库中收集数据，存储库中包含具有知识共享许可协议的出版物，包括 PubMed。未提供收集的存储库的主列表。	
版权内容	如果检测到出版商侵犯版权，ResearchGate 可以自动删除全文内容，而无须事先通知作者，例如在法庭上举报 ResearchGate 的特定出版商，如 Elsevier 或 Wiley。作者可以将知识共享协议添加到预印本中，以控制这些出版物的重复使用方式。	
引用文档	引用文档只能从引用文档页面直接访问（引用功能）。	
引用期刊	引用期刊只能从引用文档元数据直接访问。	
B. 搜索界面		
搜索选项	我的贡献搜索：	
	用户可以按文档类型（全部、全文、文章、书籍、章节、会议论文、数据、演示、海报等）进行筛选。	
	高级搜索不可用。用户只能在搜索框中输入自由文本。	
	一般搜索：	
	用户可以按实体（研究人员、项目、问题、出版物、工作、机构、部门）进行搜索。	
	高级搜索不可用。用户只能在搜索框中输入自由文本。	
搜索结果	我的贡献搜索和一般搜索：	
	每个结果都对应一张卡片，其中包括实体描述元数据、影响指标、连接功能和一个超链接，该超链接提供对实体页面的访问。	
	例如，实体"出版物"包括文档类型（文章、书籍章节、海报等）、是否属于某个项目、是否有全文、一些影响力指标（阅读量、被引次数）和社交按钮（推荐、跟随、共享）	

续表

结果页面	我的贡献搜索和一般搜索： 结果不会在结果页面中分割，相反，结果是动态的。初始页面的结果为 10 个。
排序选项	我的贡献搜索： 结果可以按标题、出版日期（最新和最早）和上传日期（最近添加）进行排序。 一般搜索： 默认选项似乎是根据在搜索框中输入的字符串（特别是与实体标题的一致性）来操作的。 没有对结果排序的其他选项。
语言	所有界面仅支持英语。
C. 数据质量	
重复文档	由于从存储库中自动捕获出版物，因此存在大量的重复文档。 ResearchGate 自动合并所有信息相同的项目（包括标题、出版日期、作者列表和期刊）。合并出版物可能需要花费 72 小时。但是，此操作只在文档已由作者上传的情况下才会发生。这意味着用户无法消除其配置文件中的大量现有副本。
书目数据	没有质量控制。完全取决于作者。对于从存储库中自动包含在作者概要文件中的文档，书目数据继承自存储库元数据。元数据一旦包含在作者概要文件中，作者就可以直接编辑元数据。
引用数据	已检测到引用中的错误，包括假阴性（缺少真实引用）和假阳性（包括不存在的引用）。 ResearchGate 官方声明，它们定期从不同来源导入引用数据。不幸的是，这些来源没有公布。此外，ResearchGate 指出，使用标准引用格式的引用通常会被准确提取。然而，在某些情况下，这可能很困难： 当引用的论文不在 ResearchGate 上时，引用的元数据不完整（如出版日期、期刊、摘要）； 通过扫描创建全文 PDF 时，意味着无法提取引用。
指标波动性	根据平台内引用文档的能力，引用数据可能会发生波动。因此，引用率可能会下降。 出版物合并或删除时，阅读量可能会波动。 由于其方法的持续变化，ResearchGate Score 以不可预测的方式波动。该值可能会下降，因为它会衡量配置文件在平台中相对于其余配置文件的声誉。
作者属性	只允许有一个附属机构。目前，向个人资料中添加多个从属关系的唯一方法是将它们列为研究经历的一部分。
D. 数据探索	
数据导出	没有可用 API。 甚至无法导出/下载/重用自己出版物的所有数据。 除非事先获得 ResearchGate 的明确书面许可，否则不允许出于任何目的使用机器人、爬行器、抓取器、数据挖掘工具、数据收集和提取工具或其他自动化手段访问。
E. 数据可视化	
数据获取	信息的可访问程度（主要是可用指标）根据与平台的关系而有所不同：注册/未注册用户、作者/非作者、关注者/非关注者，以及项目或实验室的成员/非成员。

4.9.6　最终评价

这项工作证明了 ResearchGate 作为数据库的潜力（文档覆盖率高，档案和活跃用户数量不断增加，以及作者、文章和机构层面的各种基于引用的指标和替代计量学指标）。

然而，由于一些不足（指标不可复现、未告知用户而对其功能或服务进行更改、缺乏专业的搜索和导出功能），ResearchGate 目前尚不适用于科研评价。这些限制主要源于 ResearchGate 的商业模式，一方面被用作增强研究人员之间全球联系的工具，另一方面被用作传播与研究相关的广告和活动的营销工具。

4.9.7 参考文献

Bhardwaj, RK 2017, 'Academic social networking sites: Comparative analysis of ResearchGate, Academia.edu, Mendeley and Zotero', Information and Learning Science, vol. 118, no. 5/6, pp. 298-316.

Borrego, Á 2017, 'Institutional repositories versus ResearchGate: The depositing habits of Spanish researchers', Learned Publishing, vol. 30, no. 3, pp. 185-192.

Boyd, DM & Ellison, NB 2007, 'Social network sites: definition, history, and scholarship', Journal of Computer-Mediated Communication, 13(1): 210-230.

Copiello, S & Bonifaci, P 2018, 'A few remarks on ResearchGate score and academic reputation', Scientometrics, vol. 114, no. 1, pp. 301-306.

Delgado López-Cózar, E & Orduña-Malea E 2019, Research interest score: el nuevo indicador bibliométrico que mide la influencia de las publicaciones de un autor en ResearchGate, https://doi.org/10.13140/RG.2. 2. 16342.50249.

Ellison, NB & Boyd, DM 2013. Sociality through Social Network Sites//Dutton, WH. The Oxford Handbook of Internet Studies. Oxford: Oxford University Press, pp. 151-172.

Hammarfelt, BMS, Rijcke, SD & Rushforth, AD 2016, 'Quantified academic selves: The gamification of science through social networking services', Information Research, vol.21, no. 2, p. eSM1.

Jamali, HR 2017, 'Copyright compliance and infringement in ResearchGate full-text journal articles', Scientometrics, vol. 112, no. 1, pp. 241-254.

Jeng, W, DesAutels, S, He, D & Li, L 2017, 'Information exchange on an academic social networking site: A multidiscipline comparison on Researchgate Q&A', Journal of the Association for Information Science and Technology, vol. 68, no. 3, pp. 638-652.

Jordan, K 2019, 'From social networks to publishing platforms: A review of the history and scholarship of academic social network sites', Frontiers in Digital Humanities, vol. 6, no. 5.

Jordan, K & Weller, M 2018, 'Academics and social networking sites: Benefits, problems and tensions in professional engagement with online networking', Journal of Interactive Media in Education, no.1.

Kraker, P & Lex, E 2015 (June), 'A critical look at the ResearchGate score as a measure of scientific reputation', in Proceedings of the quantifying and analysing scholarly communication on the web workshop (ASCW'15), Web Science Conference.

Lee, J, Oh, S, Dong, H, Wang, F & Burnett, G 2019, 'Motivations for self-archiving on an academic social networking site: A study on researchgate', Journal of the Association for Information Science and Technology, vol. 70, no. 6, pp. 563-574.

Lepori, B, Thelwall, M & Hoorani, BH 2018, 'Which US and European Higher Education Institutions are visible in ResearchGate and what affects their RG score?', Journal of Informetrics, vol, 12, no. 3, pp. 806-818.

Li, L, He, D, Jeng, W, Goodwin, S & Zhang, C 2015 (May), 'Answer quality characteristics and prediction on an academic Q&A Site: A case study on ResearchGate', in Proceedings of the 24th international conference on world wide web, pp. 1453-1458, ACM.

Liu, XZ & Fang, H 2018, 'Which academic papers do researchers tend to feature on ResearchGate?' Information Research, vol. 23, no. 1, http://www.informationr.net/ir/23-1/paper785.html (July 15, 2020).

Manca, S 2018, 'ResearchGate and Academia.edu as networked socio-technical systems for scholarly communication: A literature review', Research in Learning Technology, vol. 26.

Martín-Martín, A, Orduna-Malea, E & Delgado López-Cózar, E 2018, 'Author-level metrics in the new academic profile platforms: The online behaviour of the Bibliometrics community', Journal of Informetrics, vol. 12, no. 2, pp. 494-509.

Meier, A & Tunger, D 2018, 'Survey on opinions and usage patterns for the ResearchGate platform', PLOS One, vol. 13, no. 10, p. e0204945.

Mikki, S, Zygmuntowska, M, Gjesdal, ØL & Al Ruwehy, HA 2015, 'Digital presence of Norwegian scholars on academic network sites -where and who are they?', PLOS One, vol. 10, no. 11, p. e0142709.

Muscanell, N & Utz, S 2017, 'Social networking for scientists: An analysis on how and why academics use ResearchGate', Online Information Review, vol. 41, no. 5, pp. 744-759.

Nicholas, D, Clark, D & Herman, E 2016a, 'ResearchGate: Reputation uncovered', Learned Publishing, vol. 29, no. 3, pp. 173-182.

Nicholas, D, Herman, E & Clark, D 2016b, 'Scholarly reputation building: How does ResearchGate Fare?', International Journal of Knowledge Content Development & Technology, vol. 6, no. 2, p. 67.

Orduna-Malea, E & Delgado López-Cózar, E 2017, 'Performance behavior patterns in author-level metrics: A disciplinary comparison of Google Scholar Citations, ResearchGate, and ImpactStory', Frontiers in Research Metrics and Analytics, vol. 2, p. 14.

Orduna-Malea, E, Martin-Martin, A & Delgado López-Cózar, E 2016, 'ResearchGate as a source for scientific evaluation: Revealing its bibliometric applications', Profesional de la Informacion, vol. 25, no. 2, pp. 303-310.

Orduna-Malea, E, Martín-Martín, A, Thelwall, M & Delgado López-Cózar, E 2017, 'Do ResearchGate Scores create ghost academic reputations?', Scientometrics, vol. 112, no. 1, pp. 443-460.

Ortega, JL 2015a, 'Disciplinary differences in the use of academic social networking sites', Online Information Review, vol. 39, no. 4, pp. 520-536, doi: https://doi.org/10.1108/OIR-03-2015-0093.

Ortega, JL 2015b, 'Relationship between altmetric and bibliometric indicators across academic social sites: The case of CSIC's members', Journal of Informetrics, vol. 9, no. 1, pp. 39-49.

Ortega, JL 2016, Social Network Sites for Scientists: A Quantitative Survey, Chandos Publishing.

Ortega, JL 2017, 'Toward a homogenization of academic social sites: A longitudinal study of profiles in Academia.edu, Google Scholar Citations and ResearchGate,' Online Information Review, vol. 41, no. 6, pp. 812-825.

Ovadia, S 2014, 'ResearchGate and Academia.edu: Academic social networks', Behavioral & Social Sciences Librarian, vol. 33, no. 3, pp. 165-169.

Thellwall, M & Kousha, K 2015, 'ResearchGate: Disseminating, communicating, and measuring Scholarship?', Journal of the Association for Information Science and Technology, vol. 66, no. 5, pp. 876-889.

Thelwall, M & Kousha, K 2017a, 'ResearchGate articles: Age, discipline, audience size, and impact', Journal of the Association for Information Science and Technology, vol. 68, no. 2, pp. 468-479.

Thelwall, M & Kousha, K 2017b, 'ResearchGate versus Google Scholar: Which finds more early citations?', Scientometrics, vol. 112, no. 2, pp. 1125-1131.

Yan, W & Zhang, Y 2018, 'Research universities on the ResearchGate social networking site: An examination of institutional differences, research activity level, and social networks formed', Journal of Informetrics, vol. 12, no. 1, pp. 385-400.

Yan, W, Zhang, Y & Bromfield, W 2018, 'Analyzing the follower-followee ratio to determine user characteristics and institutional participation differences among research universities on ResearchGate', Scientometrics, vol. 115, no. 1, pp. 299-316.

Yu, MC, Wu, YCJ, Alhalabi, W, Kao, HY & Wu, WH 2016, 'ResearchGate: An effective altmetric indicator for active researchers?', Computers in Human Behavior, vol. 55, no. 1001-1006, doi: https://doi.org/10.1016/j.chb.2015.11.007.

4.10　Mendeley

Robin Haunschild[①]（罗宾·豪恩斯席尔德）

摘要： 参考文献管理器 Mendeley 成立于 2007 年，并于 2013 年被 Elsevier 收购。本文研究了参考文献管理器 Mendeley 作为引文数据库的使用情况。分析了将不同引用指标与 Mendeley 引用计数进行比较的文献。Mendeley 引用计数主要是一个替代计量引用指标，它从各种来源获取数据，除了涵盖广泛的期刊文章外，还考虑了书籍、书籍贡献和会议论文。尽管引用测量仍然是黄金标准，但来自 Mendeley 引用计数的信息越来越多地被考虑在内。

关键词： Mendeley，在线参考文献管理，科研评价，替代计量学，读者影响，直接影响，学术地位组

---

① 德国马克斯·普朗克固体研究所，R.Haunschild@fkf.mpg.de。
https://doi.org/10.1515/9783110646610-028

4.10.1 引言

Mendeley 是一个免费的参考文献管理器，除了在线版本外，还有客户端版本和移动端版本。Mendeley 可以用于阅读文献，并添加评论和注释，Mendeley 客户端可以从出版物的 PDF 文件中提取元数据。Mendeley 也可以提供有关出版物读者群的匿名数据，例如，出版物被阅读的频率；读者在（用户分配的）学术地位组、学科和国家之间的分布情况。然而，Mendeley 读者关于学术地位和学术学科的信息往往比读者所在国家的信息更容易获得（Haunschild et al., 2015a；Haunschild et al., 2015b）。Mendeley 除了参考文献管理功能，也是一个数据仓库和社交网络社区。下文中，仅将 Mendeley 作为在线参考文献管理软件进行介绍。

Mendeley 由三位德国博士生于 2007 年 11 月创立，以生物学家 Gregor Mendel（格雷戈尔·孟德尔）和化学家 Dmitri Mendeleyev（德米特里·门捷列夫）的名字命名。早在 2008 年，关于 Mendeley 的出版物就已经出现（Henning and Reichelt, 2008；Hull et al., 2008）。两份出版物都描述了 Mendeley 的核心特征。2013 年，Elsevier 收购了 Mendeley。

传统的文献计量学使用出版物的引用频次进行科研评价和影响评价。众所周知，引用需要一定的时间。通常，在引用出版物之前，必须执行几个步骤：①出版物必须被其他研究者阅读，且这些研究者基于所读的文献做自己的研究；②这些研究人员必须亲自撰写论文，并提交给合适的期刊；③在经过同行评议的成功审查之后，引用已有出版物必须编制索引。根据不同的学科领域，这些步骤可能需要几个月甚至几年的时间。由于 Mendeley 处于这一过程的早期阶段（阅读或引用出版物），许多文献计量学家希望通过 Mendeley 的读者数量分析来丰富和完善科研评价和影响力评价。Mohammadi 等（2016）进行的一项调查证实了这一希望，他们认为，"在所有学科的受访者中，约 85%的人将 Mendeley 的论文编入书签，并在其出版物中引用"（第 1202 页），"82%的 Mendeley 用户已经阅读或打算阅读他们个人图书馆中至少一半的书签出版物"（第 1203 页）。此外，D'Angelo 和 di Russo（2019）称，"在不同领域的出版物中，Mendeley 的读者数量和被引数量的分布具有一些共同的基本特征和相似性"（第 735-736 页）。

Mendeley 属于替代计量学的数据来源之一，但在以下几个方面不同于其他替代计量学数据来源。Mendeley 的读者数量比其他任何替代计量学指标来源的计数都要多（Zahedi et al., 2014；Repiso et al., 2019）。受众主要是学者（Bornmann and Haunschild, 2017；Haunschild et al., 2015a；Kousha and Thelwall, 2019；Bornmann and Haunschild, 2015）。与大多数（甚至所有）其他替代计量学指标相比，使用 Mendeley 阅读器计数测量的影响是相当容易理解的。这些差异表明，Mendeley 在替代计量学中占有独特的地位。

4.10.2 Mendeley 读者数据的来源和收集

Mendeley 读者信息可以从不同的来源收集：①直接从 Mendeley 获得（从 Web 界面或从应用程序编程接口，如：https://dev.mendeley.com/methods）；②替代计量聚合器，如 Altmetric.com（https://www.altmetric.com）、Plum Analytics 或 Impact Story 等。大多数被查询的出版物（超过 95%）是在 Mendeley 找到的，而 60%—90% 是在 PlumX 上找到的，而在 Altmetric.com 上找到的只有大约 40%。Altmetric.com 主要依赖某些社交媒体平台（如 Twitter 和 Facebook）作为数据来源。在这些主要来源中找到的出版物也在 Mendeley 进行了查询。由于 Tweets 或 Facebook 帖子中提及的出版物较少，来自 Altmetric.com 的 Mendeley 读者信息通常不完整。自 Elsevier 于 2017 年收购 PlumX（Michalek，2017）并因此同时拥有 Mendeley 和 PlumX 以来，PlumX 能够显著增加其对 Mendeley 读者信息的覆盖范围。

4.10.3 Mendeley 读者数量和引用数量之间的相关性

Li 等（2011）和 Li 等（2012）率先研究了在线文献管理软件在学术影响力评估中的适用性，他们以 2007 年发表在《自然》和《科学》杂志上的 1613 篇论文为样本，分析了 Mendeley 的读者数量和引用数量之间的相关性。他们发现这两个指标之间的斯皮尔曼相关系数在 0.54 和 0.60 之间，结果表明，Mendeley 读者数量传达了与引用数量相似的信息，但也包含部分不同信息。该结果是基于来自单一出版年份和两种不同期刊的非常小的数据集，但后续研究通过使用多个年份（Schlogl et al., 2014；Schlogl et al., 2013）、不同的期刊（Haustein et al., 2014；Haustein et al., 2013；Zahedi et al., 2014；Zahedi et al., 2013），医学相关学科的大量样本以及一个 Web of science 中完整年份的出版物验证了这一结果。

Bornmann（2015）的一项元分析显示，Mendeley 的读者数量和引用数量之间的相关性为 0.51，社会科学和人文学科的相关性较低（Mohammadi and Thelwall，2014）。总体而言，Mendeley 的读者数量和引用数量之间的相关性在出版时间较长的出版物中往往更高（Thelwall and Sud, 2016）。一种可能的解释是，Mendeley 的读者数量累积速度比引用数量累积速度快。因此，当一个出版物的生命周期即将结束，大多数引用和读者被积累时，可以预期最高的相关性。与 F1000 Prime 推荐分数的比较显示，出版物质量与 Mendeley 读者数量之间存在显著关系（Bornmann and Haunschild，2018）。

4.10.4 Mendeley 的读者数量的标准化

引用数量、Mendeley 读者数量在学科分布和出版年份之间显示出偏态分布

（Mohammadi et al.，2015；Bornmann and Haunschild，2017；Maflahi and Thelwall，2016）。此外，如果没有适当的参考框架，我们就无法判断 2013 年在《计算化学》杂志上发表的一篇论文有 50 位 Mendeley 读者是高于还是低于预期。因此，在比较不同科学领域和出版年份的 Mendeley 读者数量时，规范化程序是必不可少的，因此，在比较各个科学领域和出版年份的 Mendeley 读者数量时，标准化程序是必不可少的。

Haunschil 和 Bornmann（2016a），Haunschild 和 Bornmann（2016b），Bornmann 和 Haunschild（2016a），以及 Fairclough 和 Thelwall（2015）提出了基于均值的归一化方法，建议通过数据库提供者分配给出版物的规程来进行字段规范化。这与平均归一化引用分数的理念相似（Waltman et al.，2011a；Waltman et al.，2011b），即引用层面或被引论文层面的标准化。与引用层面指标（Waltman and van Eck，2013）类似，Mendeley 读者计数可以在读者层面标准化（Bornmann and Haunschild，2016a）。在这种情况下，使用来自 Mendeley 的用户分配学科进行规范化，不需要外部分类系统。除了归一化的目的外，还利用 Mendeley 阅读者的学科信息为期刊和大学构建覆盖图（Bornmann and Haunschild，2016b）。

学术地位信息可用于可视化、网络分析（Haunschild et al.，2015a）和针对特定社会群体的领域归一化影响力评估（Bornmann and Haunschild，2017）。Bornmann 和 Haunschild（2017）在一项探索性研究中测量了 Mendeley 读者对两个社会群体的影响：①教育部门；②本科生。结果表明，可以利用 Mendeley 读者信息进行面向目标的领域标准化影响力评估。使用这样的评估策略，可以判断论文质量的其他方面，而这些方面是无法通过使用引用数量衡量的，例如，学生对不同大学的出版物的接受程度如何？然而，明确地界定群组通常是有问题的。例如，教授应该包括在教育部门、另一个部门（如研究部门），还是两个部门都包括？

4.10.5 Mendeley 非期刊出版物影响评估的读者信息

期刊出版物通常被流行的引用索引覆盖，这与其他出版物类型不同，如书籍、书籍章节和会议论文。Mendeley 读者信息可用于评估索引稀疏的文档类型的影响力。

Kousha 和 Thelwall（2019）分析了论文的 Mendeley 读者数量，并将其与谷歌学术引用数量进行了比较。两个指标之间的相关性很低，这可能是因为总体计数较少。作者还分析了 Mendeley 读者群关于读者学术地位的信息，大约三分之二的读者来自学生（博士、博士后、研究生、硕士和学士）。这一比例与 Bornmann 和 Haunschild（2017）以及 Haunschild 等（2015a）在期刊出版物中发现的 Mendeley 读者分布非常吻合。这表明，在学术地位信息方面，期刊出版物和论文的 Mendeley 读者群分布类似。

Aduku 等（2016）研究称，在两个计算机学科的会议论文集中，Mendeley 的读者数量和引用数量之间存在中度至高度的相关性。然而，他们也表示，建筑和工程学科的相关性低，而在所有四个学科的期刊发表中发现中等到高度的相关性。这表明，在计算机科学领域，Mendeley 阅读器的使用可以支持会议论文的影响力评估，但对其在建筑和工程学科的会议论文中的应用提出了质疑。

4.10.6 总结

总之，科学文献中对 Mendeley 读者信息的许多不同方面进行了研究。关于 Mendeley 的研究大多是分析 Mendeley 的读者数量与引用数量之间的相关性。这表明科学界仍在评估 Mendeley 读者数量是否可以取代或补充引用数量科研评价。大多数研究都对这个问题给出了肯定的回答，至少在补充引用计数方面是这样的。尽管 Mendeley 有很多优势，但引用数量仍然是大规模影响力评估的黄金标准。与引用数量相比，当用户从他们的库中删除出版物时，Mendeley 的读者计数可能会减少。此外，应该记住的是，不是每个读者都会成为引用者。

4.10.7 参考文献

Aduku, KJ, Thelwall, M & Kousha, K 2016, 'Do Mendeley reader counts reflect the scholarly impact of conference papers? An investigation of Computer Science and Engineering fields', in I Rafols, J Molasgallart, E Castromartinez & R Woolley (eds.), 21st International Conference on Science and Technology Indicators, Univ Politecnica Valencia, Valencia.

Bar-Ilan, J, Halevi, G & Milojević, S 2019, 'Differences between Altmetric Data Sources -A Case Study', Journal of Altmetrics, vol.2, p.8.

Bornmann, L 2015, 'Alternative metrics in scientometrics: a meta-analysis of research into three altmetrics', Scientometrics, vol. 103, pp. 1123-1144.

Bornmann, L & Haunschild, R 2015, 'Which people use which scientific papers? An evaluation of data from F1000 and Mendeley', Journal of Informetrics, vol. 9, pp. 477-487.

Bornmann, L & Haunschild, R 2016a, 'Normalization of Mendeley reader impact on the reader-and paper-side: A comparison of the mean discipline normalized reader score (MDNRS) with the mean normalized reader score (MNRS) and bare reader counts', Journal of Informetrics, vol. 10, pp. 776-788.

Bornmann, L & Haunschild, R 2016b, 'Overlay maps based on Mendeley data: The use of altmetrics for readership networks', Journal of the Association for Information Science and Technology, vol. 67, pp. 3064-3072.

Bornmann, L & Haunschild, R 2017, 'Measuring field-normalized impact of papers on specific societal groups: An altmetrics study based on Mendeley Data', Research Evaluation, vol. 26, pp. 230-241.

Bornmann, L & Haunschild, R 2018, 'Do altmetrics correlate with the quality of papers? A large-scale empirical study based on F1000Prime data', PLOS One, vol. 13, p. 12.

D'Angelo, CA & di Russo, S 2019, 'Testing for universality of Mendeley readership distributions', Journal of Informetrics, vol. 13, pp. 726-737.

Elsevier 2013, Elsevier acquires Mendeley, an innovative, cloud-based research management and social collaboration platform, https://www.elsevier.com/about/press-releases/corporate/elsevier-acquires-mendeley,-an-innovative,-cloud-based-research-management-and-social-collaboration-platform (July 15, 2020).

Fairclough, R & Thelwall, M 2015, 'National research impact indicators from Mendeley readers', Journal of Informetrics, vol. 9, pp. 845-859.

Haunschild, R & Bornmann, L 2016a, 'Normalization of Mendeley reader counts for impact assessment', Journal of Informetrics, vol. 10, no.1, pp. 62-73.

Haunschild, R & Bornmann, L 2016b, 'Normalization of Mendeley reader impact on the reader-and paper-side', in I Rafols, J Molasgallart, E Castromartinez & R Woolley (eds.), 21st International Conference on Science and Technology Indicators, Univ Politecnica Valencia, Valencia.

Haunschild, R, Bornmann, L & Leydesdorff, L 2015a, 'Networks of reader and country status: An analysis of Mendeley reader statistics', Peerj Computer Science, vol.1, e32.

Haunschild, R, Stefaner, M & Bornmann, L 2015b, 'Who publishes, reads, and cites papers? An analysis of country information', in AA Salah, Y Tonta, C Sugimoto & U Al (eds.), Proceedings of Issi 2015 Istanbul: 15th International Society of Scientometrics and Informetrics Conference, Int Soc Scientometrics & Informetrics-Issi, Leuven.

Haustein, S, Peters, I, Bar-Ilan, J, Priem, J, Shema, H & Terliesner, J 2013, 'Coverage and adoption of altmetrics sources in the bibliometric community', in J Gorraiz, E Schiebel, C Gumpenberger, M Horlesberger & H Moed (eds.), 14th International Society of Scientometrics and Informetrics Conference, Int Soc Scientometrics & Informetrics-Issi, Leuven.

Haustein, S, Peters, I, Bar-Ilan, J, Priem, J, Shema, H & Terliesner, J 2014, 'Coverage and adoption of altmetrics sources in the bibliometric community', Scientometrics, vol. 101, pp. 1145-1163.

Henning, V & Reichelt, J 2008, 'Mendeley – A Last.fm For Research?', 2008 IEEE Fourth International Conference on eScience, pp. 327-328.

Hull, D, Pettifer, SR, Kell, DB 2008, 'Defrosting the Digital Library: Bibliographic Tools for the Next Generation Web', PLOS Computational Biology, vol.4, p.14.

Kousha, K & Thelwall, M 2019, 'Can Google Scholar and Mendeley help to assess the scholarly impacts of dissertations?' Journal of Informetrics, vol. 13, pp. 467-484.

Li, XM, Thelwall, M & Giustini, D 2011, 'Validating online reference managers for scholarly impact measurement', in E Noyons, P Ngulube & J Leta (eds.), Proceedings of ISSI 2011: The 13th Conference of the International Society for Scientometrics and Informetrics, Vols 1 and 2, Int Soc Scientometrics & Informetrics-Issi, Leuven.

Li, XM, Thelwall, M & Giustini, D 2012, 'Validating online reference managers for scholarly impact measurement', Scientometrics, vol. 91, pp. 461-471.

Maflahi, N & Thelwall, M 2016, 'When are readership counts as useful as citation counts? Scopus versus Mendeley for LIS journals', Journal of the Association for Information Science and

Technology, vol. 67, pp. 191-199.

Michalek, A 2017, Plum Analytics Joins Elsevier [Online], https://plumanalytics.com/plum-analytics-joins-elsevier (July 15, 2020).

Mohammadi, E & Thelwall, M 2014, 'Mendeley readership altmetrics for the social sciences and humanities: Research evaluation and knowledge flows', Journal of the Association for Information Science and Technology, vol. 65, pp. 1627-1638.

Mohammadi, E, Thelwall, M & Kousha, K 2016, 'Can Mendeley bookmarks reflect readership? A survey of user motivations', Journal of the Association for Information Science and Technology, vol. 67, pp. 1198-1209.

Mohammadi, E, Thelwall, M, Haustein, S & Lariviere, V 2015, 'Who reads research articles? An altmetrics analysis of Mendeley user categories', Journal of the Association for Information Science and Technology, vol. 66, pp. 1832-1846.

Repiso, R, Castillo-Esparcia, A & Torres-Salinas, D 2019, 'Altmetrics, alternative indicators for Web of Science Communication studies journals', Scientometrics, vol. 119, pp. 941-958.

Schlogl, C, Gorraiz, J, Gumpenberger, C, Jack, K & Kraker, P 2013, 'Download vs. citation vs. readership data: the case of an information systems journal', in J Gorraiz, E Schiebel, C Gumpenberger, M Horlesberger & H Moed (eds.), 14th International Society of Scientometrics and Informetrics Conference, Int Soc Scientometrics & Informetrics-Issi, Leuven.

Schlogl, C, Gorraiz, J, Gumpenberger, C, Jack, K & Kraker, P 2014, 'Comparison of downloads, citations and readership data for two information systems journals', Scientometrics, vol. 101, pp. 1113-1128.

Thelwall, M & Sud, P 2016, 'Mendeley readership counts: An investigation of temporal and disciplinary differences', Journal of the Association for Information Science and Technology, vol. 67, 3036-3050.

Thelwall, M & Wilson, P 2016, 'Mendeley Readership Altmetrics for Medical Articles: An Analysis of 45 Fields', Journal of the Association for Information Science and Technology, vol.67, pp. 1962-1972.

Waltman, L & van Eck, NJ 2013, 'Source normalized indicators of citation impact: An overview of different approaches and an empirical comparison', Scientometrics, vol. 96, pp. 699-716.

Waltman, L, van Eck, NJ, van Leeuwen, TN, Visser, MS & van Raan, AFJ 2011a, 'Towards a new crown indicator: an empirical analysis', Scientometrics, vol. 87, pp. 467-481.

Waltman, L, van Eck, NJ, van Leeuwen, TN, Visser, MS & van Raan, AFJ 2011b, 'Towards a new crown indicator: Some theoretical considerations', Journal of Informetrics, vol. 5, pp. 37-47.

Zahedi, Z, Costas, R & Wouters, P 2013, 'How well developed are altmetrics? Cross-disciplinary analysis of the presence of 'alternative metrics' in scientific publications (RIP)', in J Gorraiz, E Schiebel, C Gumpenberger, M Horlesberger & H Moed (eds.), 14th International Society of Scientometrics and Informetrics Conference, Int Soc Scientometrics & Informetrics-Issi, Leuven.

Zahedi, Z, Costas, R & Wouters, P 2014, 'How well developed are altmetrics? A cross-disciplinary analysis of the presence of 'alternative metrics' in scientific publications', Scientometrics, vol. 101, pp. 1491-1513.

第5章 文献计量学的应用、实践和特刊[①]

5.1 测度与指标生态学：资源配置中的文献计量学

Björn Hammarfelt[②]（比约恩·哈马菲尔特）和 Fredrik Åström[③]（弗雷德里克·奥斯特罗姆）

摘要：本文简要回顾了学术界是如何利用文献计量学指标来配置资源的，讨论了如何理解这些措施与不同评价体系之间的关系，并概述了包括个人层面在内的各种类型应用。此外，还注意到评价的激励作用和可能的不利影响。由于个人和研究领域对基于绩效的评价可能有不同的反应，因此强调了将指标的影响放在特定背景下研究的重要性。总之，最好将文献计量学方法理解为一种更大的"生态学"的一部分，在这种"生态学"中，不同类型的评价程序、资金安排和分配体系相互作用。

关键词：文献计量学，指标，资金，科研评价体系，绩效，影响

5.1.1 引言

对于公共资助机构而言，能够说明其资金的使用情况，并说明如何用绩效指标衡量其活动来证明其效率，已经变得越来越重要。在这种情况下，学术研究也不例外。学术界对问责制的要求越来越高，这与"审计社会"（Power，1997）和"评估社会"（Dahler-Larsen，2011）等标题下描述的一般社会趋势有关。从国家政府利用出版物和引用的统计数据来为研究和高等教育机构（higher education institutions，HEIs）分配资金，再到学者个人感到越来越大的出版压力，绩效指标对科学活动的监测渗透到整个学术体系。

许多作者将指标的使用与科学组织的更大发展联系起来，其中研究和高等教育的商业化最为突出（Mirowski，2011；Stephan，2012）。

在本文中，我们将简要介绍当代学术界在资源分配和职位分配方面是如何应用文献计量学的。对指标使用可能产生的影响进行了简短总结，本文最后概述了

[①] 译者：丁佐奇，女，编审，中国药科大学。
[②] 瑞典博罗斯大学图书馆与信息科学学院，bjorn.hammarfelt@hb.se。
[③] 瑞典隆德大学图书馆，fredrik.astrom@lub.lu.se。
https://doi.org/10.1515/9783110646610-029

关于科研评价和计量学指标使用的一些想法。

5.1.2 评价体系

公共资助的科学研究通常以项目资助评估的形式接受事前评估，或者通过国家或地方科研评价体系对结果和影响进行事后评价。项目资助决策往往（但并非总是）主要依赖于各种形式的同行评议，而事后评估则更多地涉及文献计量学。本文的其余部分主要侧重于各种形式的事后评估，但重要的是强调项目资金如何更普遍地组织研究（Franssen et al., 2018; Whitley et al., 2018）。

在关于事后评价体系的文献中，一个重要的区分是强大的科研评价体系和说服力较弱的科研评价体系之间的差异（Whitley, 2007）。强大的科研评价体系是定期进行并广泛宣传的制度化评估。此外，这种评价允许对相关机构进行排名，并影响有关资源分配的决策。总的来说，这些科研评价体系对大学管理方式有重大影响（Whitley, 2007）。说服力较弱的评价体系的组织更加不正式，并且评估结果很少公布。此外，评价的目的通常是改进机构，而不是达成一般性的判断和排名。一般来说，虽然薄弱的评价体系可能为变革提供激励，但这些变革可能是"渐进的而不是激进的"（Whitley, 2007, 第9页）。

也有人提出，强有力的评价体系对研究领域的影响因所涉领域的结构而异。例如，研究人员可以从不同的资助者那里获得资源、受众和个人声誉影响分散的领域不太可能受到深刻影响。相反，在科学精英对资源有相当大影响的领域，以及以前很少进行系统评估的领域，这种评价体系的影响会更大（Whitley, 2007, 第21页）。

5.1.3 基于绩效的研究资助

自20世纪80年代中期以来，许多国家都引入了以"基于绩效的研究资助体系"（PRFS）为代表的强大的科研评价体系，其中英国于1986年启动的科研评价活动通常被视为这一领域的先驱。后来，澳大利亚成为首批引入文献计量学方法进行资源分配的国家之一。从那时起，很多国家实施了类似的制度，使用或同时使用出版物数量和引用计数。这种体系的逻辑依据主要是奖励按照系统中规定的质量标准执行的机构（和个人）。

在一篇综述中，Hicks（2012）用五个标准对PRFS进行了定义：①研究是被评估的主要活动（因此，教学和其他活动被排除在外）；②评价研究产出（仅关注受到的资助或博士生人数的系统被排除在外）；③科研评价是事后进行的（而不是像项目资助那样事先进行）；④政府资金的分配必须以评估结果为依据；⑤PRFS在国家层面上应用。根据这一定义，Hicks（2012）发现有14个经济合作与发展组织（Organisation for Economic Co-operation and Development, OECD）国家已经实施或准备在 2010 年引入 PRFS。Zacharewicz 及其同事的一项研究（2019）发现，10 个欧盟成员国在其基于绩效的资助计划中以某种形式采用了文献计量学。

在国家层面使用文献计量学指标来分配资源也许是最显著和最有争议的用途。从 Butler（2003）对澳大利亚科研评价体系的批判性评估开始，这也是在后果和影响方面最常被研究的活动。此后，针对国家资源分配体系的影响，丹麦、挪威和佛兰德斯等地也进行了类似研究（Aagaard et al., 2015; Engels et al., 2012; Ingwersen and Larsen, 2014）。虽然已经发现出版模式发生了变化——特别是英语出版物数量增加方面——但仍然很难将 PRFS 的影响与其他影响研究实践的背景因素（如资金和国际化）分离开来。事实上，有人认为文献计量模型产生的影响不太可能体现在重新分配的确切资源上，而对研究人员声誉的影响才是更重要的（Hicks, 2012）。

5.1.4 应用层面：从宏观到个人使用

通常，就应用层面而言，文献计量学分析是通过分析单位的规模进行分类的。对个人或研究小组的分析被视为是微观层面的分析。如果分析单位是大学的一个系，则被认为是中观层面的分析。而如果该单位是高等教育机构，如大学，甚至更大的单位，如国家或其他地缘政治区域，则被认为是宏观层面的分析（Vinkler, 1988）。这种分类涵盖了所有类型的文献计量学分析，无论是用于评价研究项目的成果或是评价大学的绩效，还是用于在当地全体教职员工的部门之间或基于以往绩效的国家高等教育机构之间分配资金。

如上所述，文献计量学在国家层面的使用可能是最明显的，然而文献计量学指标同样也被应用于在大学内部分配资金。此类模式通常是国家评估模型的地方变体，已"渗透"到地方层面（Aagaard, 2015）。正如 Hammarfelt 及其同事（Hammarfelt et al., 2016）在他们对瑞典学术界的研究中所显示的那样，许多地方分配系统都具有类似的特征，但它们往往包含一些与众不同的特点，这使得每个系统都具有独特性。此外，规模较大的大学对每个院系采用不同的模型也是很常见的。在许多情况下，这些系统分配的是所有资金中相对较小的份额，其目的往往没有得到很好的描述。然而，当明确表明通过鼓励在某些备受推崇的渠道发表文章以提高竞争力和生产力时，这些体系的逻辑依据类似于国家层面确定的目标。

然而，值得注意的是，产出统计数据和指标，如出版物数量、引用次数以及各种期刊评级和排名，在做出有关任命和晋升决定时，常被用于对职业发展进行评估。尽管这些指标通常是非正式的，但与传统的同行评议一起，文献计量学指标的确在这些高风险情况下发挥着重要作用。因此，如果我们想要了解这些措施如何影响知识生产和研究组织形成，那么文献计量学指标的使用就显得尤为重要。

一般来说，研究人员对文献计量学指标和引用次数持矛盾态度（Aksnes and Rip, 2009），虽然许多人承认引用反映了研究的地位，但也有很多人担心这些指标不足以衡量社会相关性和科学影响力。这些文献计量学指标的有用性在不同领域之间也存在很大差异，社会科学和人文科学领域尤其难以评估。尽管如此，人们所熟知且广受批判的指标，如期刊影响因子和 h 指数，的确在许多学科的个体研究人员的评估中仍发挥着重要作用。但也有人表示了担忧，如在关于研究指标的《莱顿宣言》（Hicks et al., 2015）中就表达了关于在个人层面使用此类指标的顾虑。

以备受争议的期刊影响因子为例，很明显它已被用作科研评价的简化指标。正如 Rushforth 和 de Rijcke（2015）所提出的，期刊影响因子甚至在研究发表之前就被用来评价研究，因为它影响到生物医学研究团队的目标和战略。在影响因子高的期刊上发表文章，对研究小组的持续成功和研究人员个人的求职能力都至关重要。期刊影响因子的重要性在医学和自然科学领域最为显著，然而用于评估质量的其他"判断手段"——如期刊排名和评级——在经济学等其他学科中也发挥了类似的作用（Hammarfelt and Rushforth, 2017）。总体而言，在资金和职位方面将资源分配给个人时，指标的良好使用对于理解指标如何影响研究至关重要。这些措施与具体领域和地方的评价程序相结合，使它们更具说服力，因为它们已成为既定的科学评估规范的一部分。

5.1.5 评价的影响：转移、减少和博弈

最近一份关于文献计量学评价效果的综述概述了指标使用的几种可能后果（Rijcke et al., 2016）。第一，文献计量学指标的使用可能会导致目标转移，根据评估标准获得高分本身成为一个目标，而不是衡量某些目标是否达到的方法。第二，衡量研究质量的标准往往对计入的活动做出限制，这反过来可能导致研究人员减少这些工作。某些类型的工作（如图书出版、社会参与）可能会因为评估系统中不认为是有价值的活动而被放弃（例如，在医学领域的纯学术期刊上发表论文，而不是针对"从业者"的期刊）。在方法和传播渠道方面存在差异性的研究领域中，这种活动的减少尤其令人担忧。第三，高等教育机构也深受评估体系和指标的影响。国家层面的科研评价体系有助于建立"科学家的转移市场"，并形成大学的"冠军联盟"（Collini, 2012）。因此，大学越来越多地被迫参加评估体系和大学排名的制度效应，也促使这些组织进一步强调绩效衡量标准。除了这些较大的结构性影响外，从"切片式发表"（salami-publishing）和指标博弈到"引用卡特尔"，我们还看到了对指标使用的较低层次的反应（Martin, 2013）。这个问题的核心是关于作者身份的问题，在伦理和实践上成为作者意味着什么，以及对评价的日益重视如何影响跨学科作者的身份归属（Biagioli and Galison, 2014）。更

重要的是，系统的科研评价体系可能"阻碍科学家投资于长期的、高风险的、跨学科的研究，以及改变目前的正统观念"（Whitley，2007，第 8 页）。最后，评价体系的要求可能对社会科学和人文科学领域特别苛刻，而另一个被认为对这些措施特别敏感的群体是尚未在学术界站稳脚跟的年轻研究人员（Haddow and Hammarfelt，2019；Müller，2014）。

5.1.6 结论：研究的不确定性与学术评价的未来

研究本质上是一种不确定的活动，特别是在短期内，其结果和影响极难把握。此外，特别是在基于绩效的评价体系中，指标始终是更大背景下的一部分。事实上，它们可以被视为一个更大的"测度生态"和评价程序的一部分，或者正如Brandtner（2017）所认为的，它们可以被看作评价体系中的一部分。在这种情况下，研究人员需要在各种评价程序和指标相互作用的复杂环境中找到正确的方向（Åström and Hammarfelt，2019）。例如，一个系统中对项目的资助程度与基于文献计量学的强大科研评价体系结合可能会进一步加剧竞争，并最终降低承担的风险和减弱创新能力。许多领域的研究人员面临的一个具体压力是机构评估体系（如国家层面的 PRFS）与纪律严明的大学规范和实践的冲突，这些规范和实践在学术地位评价和研究资助评估方面发挥了作用。此外，研究人员或机构在这一领域的地位可能对基于指标的评估效果产生相当大的影响。例如，一位资深的教授与一位临时聘用的年轻博士后相比，评估的效果可能会完全不同。同样，一所知名大学可能更有能力忽视各种排名和衡量指标，而不太被认可的机构则缺乏回旋余地。总体而言，个人、组织和国家层面的评估，以及机构和声誉评估之间的相互作用，形成了学术评价的多面性和复杂性。

传统上，文献计量学方法不足以体现学术绩效的多面性。因此，展望未来，现有的标准和指标可能会受到挑战，并由其他类型的评估程序加以补充；在撰写本文时，瑞典和挪威都在讨论国家 PRFS 中停止使用文献计量学指标（Styr-och resursutredningen，2019；Svarstad，2019）。对社会影响力的日益重视以及开发评估研究如何影响社会发展的方法的呼声高涨，再加上面向"开放科学"运动的蓬勃兴起，这些都拓宽了评估方法和评估程序。所谓"替代指标"的发展，以及新的和部分更开放引文数据库的建立，可能会进一步推动（文献计量学）评价趋向更丰富、更复杂的领域。

5.1.7 致谢

本章得到了瑞典社会科学和人文学科基金会的支持（SGO14–1153–1）。

5.1.8 参考文献

Aagaard, K 2015, 'How incentives trickle down: Local use of a national bibliometric indicator system', Science and Public Policy, vol. 42, pp. 725-737.

Aagaard, K, Bloch, C & Schneider, JW 2015, 'Impacts of performance-based research funding systems: The case of the Norwegian Publication Indicator', Research Evaluation, vol. 24, pp. 106-117.

Aksnes, DW, Rip, A 2009, 'Researchers' perceptions of citations', Research Policy, vol. 38, pp. 895-905.

Åström, F & Hammarfelt, B 2019, 'Conceptualising dimensions of bibliometric assessment: From resource allocation systems to evaluative landscapes'. In G Catalano, C Daraio, M Gregori, H F Moed, G Ruocco (eds.), Proceedings of the 17th International Conference on Scientometrics and Informetrics (ISSI 2019), September 2-5, 2019, Rome, Italy, pp. 1256-1261.

Biagioli, M & Galison, P (eds.) 2014, Scientific Authorship: Credit and Intellectual Property in Science, Routledge, New York.

Brandtner, C 2017, 'Putting the world in orders: Plurality in organizational evaluation', Sociological Theory, vol. 35, pp. 200-227.

Butler, L 2003, 'Explaining Australia's increased share of ISI publications - the effects of a funding formula based on publication counts', Research Policy, vol. 32, pp. 143-155.

Collini, S 2012, What are universities for?, Penguin, London.

Dahler-Larsen, P 2011, The Evaluation Society, Stanford University Press, Stanford.

Engels, TC, Ossenblok, TL & Spruyt, EH 2012, 'Changing publication patterns in the social sciences and humanities, 2000-2009', Scientometrics vol. 93, pp. 373-390.

Franssen, T, Scholten, W, Hessels, LK & de Rijcke, S 2018, 'The drawbacks of project funding for epistemic innovation: Comparing institutional affordances and constraints of different types of research funding', Minerva, vol. 56, pp. 11-33.

Haddow, G & Hammarfelt, B 2019, 'Early career academics and evaluative metrics: Ambivalence, resistance and strategies', in F Cannizzo & N Osbaldiston (eds.), Social Structures of Global Academia, pp. 125-143, Routledge, London.

Hammarfelt, B & Rushforth, AD 2017, 'Indicators as judgment devices: An empirical study of citizen bibliometrics in research evaluation', Research Evaluation, vol. 26, pp. 169-180.

Hammarfelt, B, Nelhans, G, Eklund, P & Åström, F 2016, 'The heterogeneous landscape of bibliometric indicators: Evaluating models for allocating resources at Swedish universities', Research Evaluation, vol. 25, 292-305.

Hicks, D 2012, 'Performance-based university research funding systems', Research Policy, vol. 41, pp. 251-261.

Hicks, D, Wouters, P, Waltman, L, de Rijcke, S & Rafols, I 2015, 'Bibliometrics: The Leiden manifesto for research metrics', Nature, vol. 520, pp. 429-431.

Ingwersen, P & Larsen, B 2014, 'Influence of a performance indicator on Danish research production and citation impact 2000-12', Scientometrics, vol. 101, pp. 1325-1344.

Martin, BR 2013, 'Whither research integrity? Plagiarism, self-plagiarism and coercive citation in an age of research assessment', Research Policy, vol. 42, pp. 1005-1014.

Mirowski, P 2011, Science-mart, Harvard University Press, Cambridge, MA.

Müller, R 2014, 'Racing for what? Anticipation and acceleration in the work and career practices of academic life science postdocs', Forum Qualitative Sozialforschung / Forum: Qualitative Social Research, vol. 15.

Power, M 1997, The Audit Society: Rituals of Verification, Oxford University Press, Oxford.

Rijcke, S de, Wouters, PF, Rushforth, AD, Franssen, TP & Hammarfelt, B 2016, 'Evaluation practices and effects of indicator use - a literature review', Research Evaluation, vol. 25, pp. 161-169.

Rushforth, A & de Rijcke, S 2015, 'Accounting for impact? The journal impact factor and the making of biomedical research in the Netherlands', Minerva, vol. 53, pp. 117-139.

Stephan, PE 2012, How Economics Shapes Science, Harvard University Press, Cambridge, MA.

Styr-och resursutredningen 2019, En långsiktig, samordnad och dialogbaserad styrning avhögskolan, Utbildningsdepartementet, Stockholm.

Svarstad, J 2019, 'Publiseringsindikatoren: Kunnskapsdepartementet vurderer å fjerne belønning for publisering', Forskerforum, January 31, 2019, https://www.forskerforum.no/vurderer-afjerne-belonning-for-publisering (July 15, 2020).

Vinkler, P 1988, 'An attempt of surveying and classifying bibliometric indicators for scientometric purposes', Scientometrics, vol. 13, pp. 239-259.

Whitley, R 2007, 'Changing governance of the public sciences', in R Whitley & J Gläser (eds.), The Changing Governance of the Sciences, pp. 3-27, Springer, Heidelberg.

Whitley, R, Gläser, J & Laudel, G 2018, 'The impact of changing funding and authority relationships on scientific innovations', Minerva, vol. 56, pp. 109-134.

Zacharewicz, T, Lepori, B, Reale, E&Jonkers, K 2019, 'Performance-based funding in EU member states - a comparative assessment', Science and Public Policy, vol. 46, pp. 105-115.

5.2 定标比超法和排名

Ronald Rousseau[①]（罗纳德·鲁索）

摘要：本文对"定标比超法"和"排名"进行了简短综述。以大学排名及其基本理念为示例进行阐述。

关键词：文献计量学评价中的定标比超法，大学排名

[①] 比利时鲁汶天主教大学研发监测中心和管理、战略和创新系，ronald.rousseau@kuleuven.be 和比利时安特卫普大学社会科学学院，ronald.rousseau@uantwerpen.be。

https://doi.org/10.1515/9783110646610-030

5.2.1 引言：定标比超法和排名

1. 定标比超法

实际上，基准（benchmark）和定标比超法（benchmarking）这两个术语的含义略有不同，即：
  a：作为衡量或判断他人及其他事物的标准；
  b：一个可以进行测量的参考点；
  c：与测量值进行比较的参照组；
  d：作为评价或比较基础的标准化问题或测试，通常用于衡量计算机系统性能（Lewis and Crews, 1985）。

a 点和 b 点的区别在于，a 点指的是用于比较的东西，而 b 点指的是任何测量点：这可能是最好的衡量标准，即一种黄金标准，但也经常是最不能接受的测量点，或者介于两者之间的任何情况。

在企业管理中，对标往往意味着研究竞争对手的产品或业务实践，以提高自己公司的业绩。因此，定标比超法是全面质量管理的一个方面。从类似的角度来看，已有文章讨论了定标比超法作为图书馆管理工具在图书馆中的使用情况（Pritchard, 1995; Garrod and Kinnell, 1997）。由于本文旨在将其用于文献计量学范围内，我们将不再考虑"定标比超法"在计算机系统和企业管理中的含义，而是集中讨论定标比超法在文献计量中的使用。

2. 排名

根据 Glänzel 和 Debackere（2009）的研究，我们将排名定义为从给定集合 S 中按顺序对可比对象进行定位。在文献计量学中，对集合 S 中的对象进行排名通常基于指标值，或者基于与 S 中的对象相关联的指标值的组合。

5.2.2 在文献计量学研究中使用术语定标比超法

接下来我们将回顾在文献计量学背景下使用"定标比超法"的一些实例。我们首先观察到，对一个新课题的原始研究本身就构成了对该课题所有后续研究的基准（Porter and Rafols, 2009）。Manganote 等（2014）认为，研究影响力、国际化和领导力指标已经成为全球范围内关于大学研究质量和影响政策的讨论基准。显然，他们指的是定标比超法一词的含义。他们建议将机构层面的可视化地图作为机构战略的基准。这个建议来自 Rafols 等（2010），他们引入了叠加图，旨在通过定标比超法、调查协作活动及其时间变化等进行比较分析。我们回想一下，在叠加图中，原始科学地图（被称为底图）提供了每个感兴趣项目的位置，如一个研究单位的所有出版物，放置在底图的顶部（叠加）。Rafols 等（2010）指出，对于要在这两张地图中显示的数据，必须考虑：①这些地图应该显示输入、输出还是结果？②叠加数据是否应该标准化？

当涉及科研期刊时，"有影响因子"的期刊通常比"没有影响因子"的期刊更受青睐。实际上，这意味着收录在 Clarivate《期刊引证报告》（JCR）中的期刊构成了一个基准集。然而，正如有人所指出的，这套基准不适用于所有目的。尤其是社会科学和人文学科就存在一个问题，因为 JCR 显然偏向于英语出版物（Archambault et al.，2006）。为了消除这种偏见，许多国家，如中国、巴西、挪威和其他欧洲国家设计和构建了本地数据库和研究信息系统，通常为基于绩效的资助体系提供数据。《数据与信息科学期刊》（2018 年）专门就挪威模式及其对其他国家的影响出了一期特刊（Sivertsen，2018）。

Frenken 等（2017）明确指出，在许多情况下，全球定标比超法，即就整个世界而言，可能具有误导性。以大学为例，定标比超法在同等规模的大学之间最有意义，同时还需要辅以有关大学具体使命和方向的信息，以便进行更加具体和更有意义的大学同行群体比较。与此类似，Haddawy 等（2017）也指出，由于很少有大学能够在所有学科领域都表现出色，因此大学管理者选择战略投资领域时面临着艰难抉择。为了支持战略决策，大学需要足够精细的研究数据，以显示特定研究领域之间的差异，并确定重点或卓越领域。在文章中，他们提出了一个全球研究定标比超法系统（Global Research Benchmarking System，GRBS），该系统为 250 多个科技领域的国际基准大学研究绩效提供精细数据。作者将 GRBS 的结果与三个知名的排名系统[世界大学学术排名（Academic Ranking of World Universities，ARWU）、泰晤士高等教育世界大学排名（World University Ranking of the Times Higher Education，THE-WUR）和 QS 世界大学排名（QS World University Rankings，QS-WUR）]进行了比较，展示了 GRBS 是如何识别出被这些综合方法所忽视的大学内部的卓越领域。

Rousseau 等（2017）声称，在将评价小组与他们必需评价的群体进行比较时，必须考虑认知相似性的差别以达到最佳选择。作者提供了几种选择，并与未考虑认知差别的基准模型进行比较。比利时安特卫普大学的一项真实评估结果表明，基准模型得分最低，这表明在组成评价小组时考虑认知相似性很重要。

当谈到文章引用方面时，世界排名前 1%和前 10%的引用率最高的研究论文通常被认为是基准组（Tijssen et al.，2002）。

5.2.3 文献计量学排名

对研究对象进行排名可能被认为是人类的自然尝试。早在 19 世纪，现代科学计量学和科学学的先驱 de Candolle（1873）就发布了一份按每个国家居民的国际科学协会成员人数对各国进行排名的国家相对排名。我们注意到，排名是应该基于绝对数量（有利于大型实体）还是相对数量（如关于居民或科学家人数）的问题仍然存在。

关于"哪些单位可以在信息科学领域进行排名？"的问题，我们首先注意到，任何类型的项目，依据其任一组指标都会形成一个排名，而这个排名还会受到所使用数据库和可能采用的时间范围的影响。因此，我们不难发现诸如根据出版物数量的国家排名、基于影响因子的期刊排名（Garfield，1972）、基于 h 指数的科学家排名（Hirsch，2005）以及基于引用次数的文章排名（Garfield，1986；Sanz-Casado et al.，2016）这样的例子。

由于基于影响因子的期刊排名受到了许多批评（Vanclay，2012），人们提出了许多改进方法。从 Stringer 等（2008）的研究中可以发现一个有趣的现象，其主要研究思路是最大限度地提高定位高影响力研究的效率。

其他排名，如大学排名，通常基于由几个独立指标的加权平均值组成的综合指标。然而，除了基于指标的排名之外，还可以根据同行之间的共识构建排名（Aledo er al.，2018）。在资助研究项目的同行评议过程中，排名是必要的（Marsh et al.，2008）。接下来我们重点关注大学排名。

1. 大学排名

与大学评价相关的一个特殊现象是世界范围内大学排名的出现以及与之相关的世界一流大学现象（van Parijs，2009）。在全球范围内对大学和研究机构进行排名是一个相对较新的现象。此外，人们可能会问是否真的有可能衡量"大学的质量"。然而，如今这样的排名已经席卷了整个科学界。2003 年，中国上海交通大学高等教育研究院率先发布了这样的排名。很快，其他研究机构也纷纷效仿。这类排行榜产生了所谓的世界级大学，即那些在排行榜上名列前茅的大学。接下来，我们将简要讨论得出这些排名的方法，并介绍全球大学排名的 van Parijs 类型（van Parijs，2009）。在详细介绍之前，我们回顾一下每年发布的全球大学排名：

- 世界大学学术排名，非正式地称为上海排名。这是由上海交通大学高等教育研究院编制的排名。
- 泰晤士高等教育世界大学排名，前身为泰晤士高等教育增刊，于 2004 年至 2009 年 11 月与私营公司 QS Quacquarelli Symonds 合作编制。之后，开始与 Thomson Reuters 合作，但在 2015 年后与 Scopus 合作。该排名可在 https://www.timeshighereducation.com/world-university-rankings（July 15，2020）查询。Quacquarelli Symonds 现在有其自己的 QS 世界大学排名，可在 https://www.topuniversities.com/（July 15，2020）上查询。

- 莱顿排名（Leiden Ranking），自 2008 年起可在 https://www.leidenranking.com/ 上获得莱顿大学科学技术研究中心发布的世界大学排名。
- 自 2009 年以来，SCImago 机构排名（SCImago Institutions Ranking，SIR）加入了全球大学排名，详见 https://www.scimagojr.com/（July 15，2020）。这份报告已对 6400 多个研究机构和组织按不同方式进行了排名（2019 年数据）。它将研究绩效、创新和网络影响力考虑在内，并提供行业排名，如大学、医院、政府机构和私营机构排名。

最后，值得注意的是路透社的"全球最具创新力大学排名"（Ranking of World's Most Innovative Universities），是一种特殊类型的大学排名。

使用不同的标准会导致不同的排名。大多数大学排名使用综合指标：对不同的指标进行加权和相加，从而得出最终的排名。上海交通大学世界大学学术排名考虑了所有拥有顶尖研究人员（诺贝尔奖获得者、菲尔兹奖获得者或 Web of Science 数据库中具有高被引的研究人员）或在 Nature 或 Science 上发表论文的大学。该排名基于以下指标：教育质量，以获得诺贝尔奖或菲尔兹奖的校友人数衡量；教师质量，以获得诺贝尔奖或菲尔兹奖的大学成员人数和 21 个大领域的高被引研究人员人数来衡量；研究产出，以最近五年发表在 Science 和 Nature 期刊上的文章数量衡量，按作者顺序和 Web of Science 收录的出版物总数（文章类型）计算。对于专门研究社会科学或人文学科的机构，不考虑 Science 和 Nature 上的文章，该指标的权重分摊在其他指标中。

THE-WUR 采用了 13 项指标，分为教学、研究、引用、国际化和产业收入 5 类。QS-WUR 基于学术声誉、雇主声誉、师生比例、每名教师的引用次数、国际教师比例和国际学生比例 6 项指标。QS-WUR 为 48 个学科提供排名。此外，THE-WUR 还根据联合国的可持续发展目标对大学进行评价。校准指标提供了研究、社会影响和管理 3 个广泛领域的比较，其中包括了科研、社会服务和资源管理等方面的因素。

莱顿大学科学技术研究中心的莱顿排名侧重于研究，不包括教学或声誉。它们不提供综合指标，而是由用户自己选择最适合自己目的的指标。在 2019 年的版本中提供了研究影响力指标、研究协作指标、开放获取信息和与性别相关的信息四类指标。可以使用部分指标计算，也可以使用全部贡献指标计算。

与其他大学排名相比，莱顿排名提供了更先进的科学影响力指标和合作指标，并采用了更透明的方法。莱顿排名不依赖于声誉调查中获得的主观数据或大学自身提供的数据。此外，它避免将大学绩效的不同维度汇总为一个单一的总体指标。

SCImago 机构排名提供了一个综合指标，它结合了来自研究、创新和社会影响 3 个领域的 12 个指标。

一旦这些名单被公布，并开始引起科学家、研究决策者甚至报纸的关注，就会出现关于这些名单可行性的讨论：是否真的存在可以对大学进行有意义排名的指标？显然，没有任何一个单一的指标可以得出将大学教育和研究的各个方面都考虑在内的排名。因此，一个更好的问题可能是：哪些指标可能有助于准确衡量大学质量？应该使用哪种方法来实现此类排名的目标？这些目标究竟是什么？这种排名可能可行的想法本身可以被视为是大学和高等教育全球化的结果。我们注意到，这些问题也可以用于大多数其他项目的排名。

2. 大学排名的 van Parijs 类型学

van Parijs（2009）在一篇文章中对与大学排名相关的三种模型进行了区分。

A. 市场模型

根据这种模型，这类排名的目的是支持高等教育市场。这确实是世界大学学术排名的初衷。它的创建者想告诉中国学生哪些大学是出国留学的最佳选择。在这个模型中，大学根据学生的利益进行排名，学生被视为大学和高等教育机构提供教育服务的客户。市场模型的排名希望填补信息空白。显然，"一刀切"的方法永远不会成功。此问题的解决方案是交互式排名，客户（学生）可以调整不同指标的权重。对于一些学生来说，大学教育的价格必须得到最高的权重，而对于另一些学生来说，物理（或任何其他）系的地位必须得到最高的权重。当然，授课语言可能是用来排除某些大学的一个因素。所有这一切导致了一种被 van Parijs 称为"我的排名"的现象，即每个排名都对应着一定的个人偏好。

B. 锦标赛模型

在这个模型中，排名是每年"世界锦标赛"的结果。"世界上最好的大学"名列前茅。这种方法在本质上不同于市场模型。即使学生别无选择，这种模式仍然存在，因为大学领导者希望他们的大学成为世界上最好的大学。当然，在现实中，学生确实是有选择的（虽然是受限制的），锦标赛价值可以作为吸引潜在学生的卖点。显然，任何大学领导都不能忽视大学排名的这一功能。

C. 输入–输出模型

然而，那些负责为大学和高等教育机构提供资源的人需要另一种类型的排名。他不仅需要知道高校成果的绝对规模还需要了解它们利用资源产出成果的效率。并非所有的大学都是在平等的基础上起步的：有些大学有更多的工作人员；有些大学位于国家（或世界）更有吸引力的地方等。政策制定者想知道大学如何将资源转化为相关成就。从这个意义上说，将资金分配给表现最好的人将有助于更好地实现教育当局的目标。此外，如果一所大学的表现明显优于另一所大学，并且使用相同数量甚至更少的资源，那么就有充分的理由参照表现更好的大学的方法。

3. 排名与理想大学

构建（更好的）排名不仅是一个文献计量学问题，也是一个伦理问题。当大学政策制定者表述了他们对理想大学的看法时（他们的意见可能不同），可以根据对这个理想大学的不同看法对大学进行排名。此外，最好不要对整个大学进行排名，而是对学科、专业研究机构或部门进行排名（包括那些专门培养多学科研究的机构）。莱顿排名和 SCImago 排名实际上就是这样做的，其他大多数排名也是如此。

4. 对大学排名的批判

使用详细的排名可能会引发对差异的不同看法，而平等（的观念）可能占了上风。此外，这可能违反了《莱顿宣言》的原则之一，即提供错误的精确性（Hick et al., 2015）。Leydesdorff 等（2019）支持这一观点，他们认为在国家层面，三组以上（高、中、低等级）或四组大学之间的区分可能没有意义。因此，必须非常谨慎地使用完全有序的排名（如果有的话），并且优先选择包含不同级别的分类体系。例如，这可以通过基于 $h^{(3)}$ 指数的排名获得，正如 Fassin 和 Rousseau（2019）在期刊排名中采用的方法一样。使用数据包络分析（data envelopment analysis）提供了更完善的解决方案。这种方法通过考虑多个输入（如研究人员和经费投入的数量）和多个输出（如出版物和引用），来划分所研究对象的不同等级或水平（Yang et al., 2016）。

排名体系通常根据整体的机构绩效来选择大学，因此偏向于综合实力最强的大学。这种方法可能会错过那些整体排名不在全球前列的大学中的世界一流的项目或卓越中心。事实上，人们已经认识到各个机构内的研究人员和项目之间的绩效存在着巨大差异（Haddawy et al., 2017）。对世界大学学术排名的一个具体批评意见是，它严重依赖诺贝尔奖和校友中的诺贝尔奖得主，将诺贝尔奖作为卓越研究和教学的代表。由于诺贝尔奖通常是在研究人员职业生涯结束时颁发的，因此很明显，使用这些指标最多只能为大学绩效评估提供一个历史视角，而这些视角可能与当前绩效没有太大关系（Billaut et al., 2010；Enserink, 2007；van Raan, 2005）。也有人认为，使用这些指标往往会低估社会科学和人文学科以及其他未授予诺贝尔奖的领域（Billaut et al., 2010）。

5.2.4 讨论

因为数据库有许多瑕疵，在开始认真地排名或评分之前，必须进行彻底的数据清洗：作者和机构名称的拼写方式可能因文章而异，或者完全忽略了大学附属机构。一所大学的真实论文数量可能远高于通过简单搜索找到的论文数量。数据清洗过程中所涉及的工作、金钱和时间真的值得吗？

Aguillo 等（2010）试图比较一些排名。由于主要排名使用不同的标准，它们往往会有很大差异，可能只有少数顶尖大学（如哈佛大学）才能在每个排名中都保持顶尖大学的地位。然而，有人可能会说，我们不需要专门的排名就知道这些机构是顶尖大学。对于大多数其他大学来说，这些排名带来了巨大的复现性问题。

一些排名会定期更改其计算方法。例如，它们调整不同指标的权重。虽然方法论的改变并没有错，但前提是新方法确实得到了真正的改进，然而，随着时间的推移，它会使比较变得困难甚至不可能。

就排名预测而言，最重要的是研究人们感兴趣排名的动态性或稳定性（García-Zorita et al.，2018）。如果某个排名具有高度动态性，那么在某个特定年份获得更好的排名可能毫无意义。如果排名非常稳定，那么更好的排名可能非常有意义。

我们进一步注意到，与 Lotka、Zipf 和 Bradford 名字相关的所谓的文献计量法，都与基于排序数据的排序-频率形式有关，如给定时间内，根据作者发文数量的排序，或根据词语在文章中共现次数的排序（Egghe，2005）。

5.2.5 结论

数十年来，文献计量学家一直在研究期刊排名。然而，最近其他类型的排名脱颖而出，尤其是（世界）大学排名。尽管这种排名可能会被谴责为一种基于狭义参数的竞赛，使"大"变得"更大"，但事实并非一定如此。根据 van Parijs（2009）的说法，大学排名必须重新设计，以便为机构和政策制定者提供激励，以表彰那些产生最高的知识价值和社会价值的大学。同样，其他大多数排名也有类似的说法。

尽管大多数注意力仍然集中在大学整体排名上，但如今大多数此类排名提供者都更明智地提供了每个大领域的排名。

排名可能会导致竞争加剧，这反过来可能会导致研究人员回避研究真正困难的问题。就这种情况而言，专注于排名的政策可能会导致与最初意图相反的结果。

5.2.6 参考文献

Aguillo, Isidro F, Bar-Ilan, J, Levene, M & Ortega JL, 2010, 'Comparing university rankings', Scientometrics, vol. 85, no. 1, pp. 243-256.

Aledo, JA, Gámez, JA, Molina, D & Rosete, A 2018, 'Consensus-based journal rankings: A complementary tool for bibliometric evaluation', Journal of the Association for Information Science and Technology, vol. 69, no. 7, pp. 936-948.

Archambault, É, Vignola-Gagné, É, Côté, G, Larivière, V & Gingras, Y 2006, 'Benchmarking scientific output in the social sciences and humanities: The limits of existing databases', Scientometrics, vol. 68, no. 3, pp. 329-342.

Billaut, J-C, Bouyssou, D & Vincke, P 2010, 'Should you believe in the Shanghai Ranking? An MCDM view', Scientometrics, vol. 84, no. 1, pp. 237-263.

de Candolle, A 1873, Histoire des Sciences et des Savants depuis Deux Siècles, Georg, Genève.

Egghe, L 2005, Power Laws in the Information Production Process: Lotkaian Informetrics, Elsevier.

Enserink, M 2007, 'Who ranks the university rankers?', Science, vol. 317, no. 5841, pp. 1026-1028.

Fassin, Y & Rousseau, R 2019, 'The H(^{3}) - index of academic journals', Malaysian Journal of Library and Information Science, vol. 24, no. 2, pp. 41-53.

Frenken, K, Heimeriks, GJ & Hoekman, J 2017, 'What drives university research performance? An analysis using the CWTS Leiden Ranking data', Journal of Informetrics, vol. 11, no. 3, pp. 859-872.

García-Zorita, C, Rousseau, R, Marugan-Lazaro, S & Sanz-Casado, E 2018, 'Ranking dynamics and volatility', Journal of Informetrics, vol. 12, no. 3, pp. 567-578.

Garfield, E 1972, 'Citation analysis as a tool in journal evaluation - journals can be ranked by frequency and impact of citations for science policy studies', Science, vol. 178, no. 4060, pp. 471-479.

Garfield, E 1986, 'The 250 most-cited primary authors in the 1984 SCI. Part 1. names, ranks, and citation numbers', Current Contents, vol. 45, pp. 3-11.

Garrod, P & Kinnell, M 1997, 'Benchmarking development needs in the LIS sector', Journal of Information Science, vol. 23, no. 2, pp. 111-118.

Glänzel, W & Debackere, K 2009, 'On the "Multi-dimensionality" of ranking and the role of bibliometrics in university assessment', in C Dehon, D Jacobs & C Vermandele, Ranking Universities, pp. 65-75, Editions de l' Université de Bruxelles, Bruxelles, ISBN: 978-2-8004-1441-6.

Haddawy, P, Hassan, S-U, Abbey, CW & Beng Lee, I 2017, 'Uncovering fine-grained research excellence: The global research benchmarking system', Journal of Informetrics, vol. 11, no. 2, pp. 389-406.

Hicks, D, Wouters, P, Waltman, L, de Rijcke, S & Rafols, I 2015, 'The Leiden Manifesto for research metrics', Nature, vol. 520, no. 7548, pp. 429-431.

Hirsch, JE 2005, 'An index to quantify an individual's scientific research output', Proceedings of the National Academy of Sciences of the United States of America, vol. 102, no. 46, pp. 16569-16572.

Lewis, BC & Crews, AE 1985, 'The evolution of benchmarking as a computer performance evaluation technique', MIS Quarterly, vol. 9, no. 1, pp. 7-16.

Leydesdorff, L, Bornmann L & Mingers, J 2019, 'Statistical significance and effect sizes of differences among research universities at the level of nations and worldwide based on the Leiden Rankings', Journal of the Association for Information Science and Technology, vol. 70, no. 5, pp. 509-525.

Manganote, EJT, Araujo, MS & Schulz, PA 2014, 'Visualization of ranking data: Geographical signatures in international collaboration, leadership and research impact', Journal of Informetrics, vol. 8, no. 3, pp. 642-649.

Marsh, HW, Jayasinghe, UW & Bond, NW 2008, 'Improving the peer-review process for grant applications – reliability, validity, bias, and generalizability', American Psychologist, vol. 63, no. 3, pp. 160-168.

Porter, AL & Rafols, I 2009, 'Measuring and mapping six research fields over time', Scientometrics, vol. 81, no. 3, pp. 719-745.

Pritchard, SM 1995, 'Library Benchmarking: Old Wine in New Bottles?', Journal of Academic Libraries, November, pp. 491-495.

Rafols, I, Porter, AL & Leydesdorff, L 2010, 'Science overlay maps: A new tool for research policy and library management', Journal of the American Society for Information Science, vol. 61, no. 9, pp. 1871-1887.

Rousseau, R, Guns, R, Jakaria Rahman, AIM & Engels, TCE 2017, 'Measuring cognitive distance between publication portfolios', Journal of Informetrics, vol. 11, no. 2, pp. 583-594.

Sanz-Casado, E, García-Zorita, C & Rousseau, R 2016, 'Using H-cores to study the most-cited articles of the 21st century', Scientometrics, vol. 108, no. 1, pp. 243-261.

Sivertsen, G 2018 (guest editor), Special issue on applications of the norwegian model, Journal of Data and Information Science, vol. 3, no. 4.

Stringer, MJ, Sales-Pardo, M&Nunes Amaral, LA 2008, 'Effectiveness of journal ranking schemes as a tool for locating information', PLOS One, vol. 3, no. 2, e1683.

Tijssen, RJW, Visser, MS & van Leeuwen, TN 2002, 'Benchmarking international scientific excellence: Are highly cited research papers an appropriate frame of reference?', Scientometrics, vol. 54, no. 3, pp. 381-397.

van Parijs, P 2009, 'European higher education under the spell of university rankings', Ethical Perspectives, vol. 16, no. 2, pp.189-206.

van Raan, AFJ 2005, 'Fatal attraction: Conceptual and methodological problems in the ranking of universities by bibliometric methods', Scientometrics, vol. 62, no. 1, pp. 133-143.

Vanclay, JK 2012, 'Impact factor: Outdated artifact or stepping-stone to journal certification?', Scientometrics, vol. 92, no.2, pp. 211-238.

Waltman, L 2016, 'Conceptual difficulties in the use of statistical inference in citation analysis', Journal of Informetrics, vol. 10, no. 4, pp. 1249-1252.

Yang, G, Ahlgren, P, Yang, L, Rousseau, R & Ding, J 2016, 'Using multi-level frontiers in DEA models to grade countries/territories', Journal of Informetrics, vol. 10, no. 1, pp. 238-253.

5.3 技术趋势分析

Miloš Jovanović[①]（米洛什·约瓦诺维奇）

摘要：本节简要介绍了文献计量学背景下的技术趋势分析（technological trend analysis，TTA）历史及其方法，重点介绍了2005—2019年的文献，也包括

---

① 德国弗劳恩霍夫技术趋势分析研究所，Milos.Jovanovic@int.fraunhofer.de。
https://doi.org/10.1515/9783110646610-031

一些重要的早期文献，涉及定量 TTA（使用文献计量学和专利计量学）和定性 TTA（使用专家访谈、历史回顾或问卷调查），最后对方法进行了讨论并得出了结论。

关键词：文献计量学，科学计量学，技术趋势分析，技术预测，科技预测，专利计量学，专利分析，天际线扫描，可视化

5.3.1 引言

在技术趋势分析中有一句流行语："相对于过去，我对未来更感兴趣，因为未来是我打算生活的地方。"此引用的来源尚不明确，通常认为是出自 Albert Einstein（阿尔伯特·爱因斯坦），但此引用没有书面来源。然而，这句引用的内容总结了科学家们在 TTA 领域进行研究的原因：每个人都对未来感兴趣。TTA 有许多不同的方面，其中一些与文献计量学领域紧密交织。本节希望简要介绍文献计量学背景下的 TTA 历史及其方法，重点是 2005—2019 年的文献，也包括一些重要的早期文献。

首先，对 TTA 这一术语进行定义并对其背景进行介绍将有助于我们将其置于适当的语境中，并为其在文献计量学中的使用提供背景信息。历史上，TTA 通常被视为未来研究的一部分，其起源可以追溯到二战后期美国的军事领域。当时和今天一样，进行未来研究的原因是为未来的趋势尤其是未来的技术做好准备（Grüne, 2013）。在工业界中可以找到这样一个例子，产品开发商和制造商需要知道将它们的未来资源投资到何处以及如何规划新设施或购买哪些新设备。另一个例子是政府，它们需要知道如何向其研究机构分配资金。最极端的例子是，未能正确预测军事技术并事先进行适当的投资可能会对一个国家的安全产生严重影响（Kott and Perconti, 2018）。考虑到这一点，TTA 往往是一种战略决策支持的工具。

未来研究和 TTA 只是描述一个研究领域及其方法的两个例子，这些术语涉及总体趋势和未来。其他例子包括"技术/科技预测""技术监测"或"技术／天际线扫描"等。这些术语定义并不严格并且有一定的重叠。例如，"环境扫描"被定义为"收集微弱信号和趋势的系统过程[...]"，也称为"天际线扫描"（Centre for Strategic Futures & Civil Service College, 2012）。应用于技术时可以被描述为"技术预测"或"技术监测"。一个重要的区别是"扫描"（描述对新趋势或技术的搜索）和"监测"（描述对已经发现的趋势或技术进行监测以保持最新状态）之间的区别（Grüne, 2013）。

着眼于技术也意味着 TTA 没有评价研究本身。例如，目前大量文献计量学分析，着眼于单个期刊、作者、机构或国家的研究成果。TTA 通常是主题分析的一

种变体，其中每个主题通常由一项技术、一组技术或一个研究主题组成。然而，分析也可以涉及非技术主题。

因此，本文对 TTA 的一个简单而务实的定义是，TTA 是"对某种技术的过去和现在信息的分析，旨在通过使用定性和定量方法来确定该技术发展的过去、现在和未来趋势"。由于本文侧重于文献计量学背景下的 TTA，定义中的"信息"通常是指研究论文和专利的扩展。

当然，与其他研究领域相比，TTA 也面临着一定的挑战。例如，在没有能够真正显示未来的神奇水晶球的情况下，人们必须依靠在 TTA 中使用的不同方法。从一开始，就同时使用了定性和定量方法。下面将简要概述不同的方法，重点是定量文献计量学方法和研究。

5.3.2 定量技术趋势分析

1. 文献计量学技术趋势分析

绝大多数涉及定量 TTA 的研究都可以在文献计量学领域中找到。通常，它们是对不同技术定性研究的补充（Grüne，2013）。研究技术或一般科学主题的范围包括了历史视角（考虑过去的发展）到未来可能发展的展望，如通过过去推断（未来）。这些研究的来源通常是许多文献计量学研究中使用的数据库，即主要是 Web of Science 和 Scopus，有些还使用 Google Scholar、dimension.ai 或类似数据库。

并非所有研究都明确将它们的方法与 TTA 联系起来或使用该术语。上面提到的诸如"技术预测"之类的术语也经常使用。这些研究中使用的方法通常简称为"文献计量学"，并与"文本数据挖掘"或其他统计方法等更通用的方法相结合。除此之外，还提到了诸如"关键词共现分析"、引文和共引分析（被认为是文献计量学的一部分）以及不同种类的聚类方法，并将其应用于标题和出版物的作者、关键词分析中（Daim et al.，2006；Konstantinidis et al.，2017；Pinto et al.，2019）。为了更深入地研究文章的内容，基于语义的方法被用来更深入地理解需要分析的文本（Yang et al.，2015）。这些方法也可以看作是文本挖掘方法的一部分。在 TTA 中应用的另一种方法是尝试识别和推断出版物数据中的典型增长模式，一个通俗的例子是 Schmoch（2007）描述的"双繁荣周期"。简而言之，如果一项技术的高出版物数量紧随其后的是同样高数量的专利，则存在"双繁荣"。如果识别正确，这样的模式有助于更好地评价技术的未来发展[请参阅 Adamuthe 和 Thampi（2019）以获取趋势线分析的最新示例]。最后，在 TTA 的背景下，还使用了网络分析和不同类型的可视化[例如 Li 等（2018）的合著网络和共词网络或 Romero 和 Portillo-Salido（2019）的国家合著网络]。人们还可能注意到，由于计算能力的进步，在过去 15 年中新的可视化方法得到了很大改善。

最近，机器学习和使用大数据是对 TTA 方法的进一步补充[参见 Gao 等（2019）的例子]。

通过 TTA 研究的技术通常与其所采用的方法一样多样化，如钙钛矿太阳能电池技术（Li et al.，2019）、染料敏化太阳能电池（Gao et al.，2019）、健康物联网（Konstantinidis et al.，2017）、光学传感和成像技术及应用（Chen et al.，2018）、燃料电池、食品安全和光存储（Daim et al.，2006）、射频识别（Chao et al.，2007）、固体废物再利用和再循环（Li et al.，2018）、sigma-1 受体研究（Romero and Portillo-Salido，2019）、全球干细胞研究（Li et al.，2009）、石墨烯研究（Lv et al.，2011）、百草枯中毒研究（Zyoud，2018）或蛋白质组学（Tan et al.，2014）。

如上所述，趋势分析还可以处理非技术主题，如创业研究（Ferreira et al.，2019）或图书馆中的网络计量学（Udartseva，2018）。从文献计量学的角度来看，这些分析类似于 TTA，但推断基于不同的假设，通常没有纳入专利计量学分析。

2. 专利计量学技术分析

专利计量学分析在许多方面类似于文献计量学分析（对本文作者而言，它是文献计量学的一个子集；Jovanovic，2011，第 16 页）。它们之间主要的区别是使用专利而不是科技期刊论文作为分析的基础。当然，与研究论文相比，专利的内容是非常不同的。一篇研究论文希望报道新的发现或方法，而专利则希望保护一项发明的权利，并且可能是产品开发的先决条件。因此，进行专利计量学分析的原因通常是试图通过公司的专利情况或专利与研究之间的联系来衡量公司的成果，因为专利通常包括对其他专利和非专利文献的引用[参见 Sampat 和 Ziedonis（2005）的例子]。

上文已经提到了专利计量学中使用的一些方法，如文本挖掘、统计方法等[参见 Lee 等（2009）的例子]。在 Rodriguez Salvador 和 La Mancilla de Cruz（2018）的研究中可以找到专利计量学方法应用于 TTA 的一个例子，他们分析了"工业 4.0 背景下的增材制造专利"。

TTA 可以涉及文献计量学和专利计量学分析，Li 等（2019）和 Lv 等（2011）的研究中都有提及。

5.3.3 定性 TTA 与方法组合

定性 TTA 通常由技术专家进行，他们利用桌面研究来掌握他们希望分析的技术领域的专业知识。这种案头研究可以辅以其他定性方法，如专家访谈、历史回顾或问卷调查[如通过德尔菲（Delphi）研究，参见 Jiang 等（2017）关于使用这种方法的研究]。有关定性 TTA 方法的完整概述，请参阅 Grüne（2013）。

除了上述定量和定性 TTA 的示例外，还存在将两类分析方法结合起来的研究。例如，Zhang 等（2016）将主题分析和聚类与专业知识相结合，而 Chao 等（2007）将文献计量学分析和文献历史回顾相结合。根据人们可以在 TTA 上花费的时间和精力，作者认为将多种定量和定性方法相结合总比使用单一方法更好。

5.3.4 讨论和结论

有研究试图评估 TTA 的准确性，如回答预测是否经得起时间考验的问题。然而，它们不涉及已开发但未预测的技术[如 Kott 和 Perconti（2018）发现，在某些领域（如网络战）的预测具有很高的准确性]。但是，是否应该对技术预测的准确性进行事后评价，这个仍然是个悬而未决的问题。从作者的角度来看，反对这种做法的一个依据是，预测本身已经对未来产生了影响。可以找到支持这种做法的论据，如 Lerner 等（2015）分析了卫生部门的预测（由专家小组进行的预测，而不是通过文献计量学分析），并找到了提高预测质量的因素（如通过周期性修订预测报告）。

早期的出版物指出，必须承认纯粹的文献计量学和（或）专利计量学方法可能对 TTA 产生限制。如并非所有重要的研究机构或公司都会在期刊上发表它们的研究成果，有的甚至会保密。这总会导致过去和现在在技术研究方面的不完整设想。此外，文章的撰写和发表与其引用之间的时间滞后会导致设想模糊。因此，Watts 和 Porter（1997）主张将定性（如专家访谈）和定量方法结合起来。他们还指出，这种互补的方法"应该是标准做法"。如上所述，TTA 领域的大多数研究都选择了这种方法，Li 等（2019）完成的研究采用了这种方法。

总而言之，TTA 中采用的方法多种多样，并且经常以不同的方式组合使用，这与专家的建议一致。TTA 的主题涵盖从具体技术到各学科的研究主题。该领域非常活跃，几乎每个月都有研究发表，并且至少有两种期刊涉及这类研究，如"*Scientometrics*"（侧重于文献计量学和专利计量学方法）和"*Technological Forecasting and Social Change*"（侧重于技术）。TTA 代表了一组有价值的方法，可用于获取研究领域中技术（或更笼统地说，研究主题）情况的设想。可视化技术的最新进展改进了描述文献计量学和专利计量学分析结果的方式，从而提高了向更广泛的公众传达复杂结果的可能性。这适用于所有文献计量学和专利计量学分析，而不仅仅是在 TTA 领域进行的分析。此外，像机器学习等新方法的引入及其在"大数据"中的可能应用（尽管文献计量学中"大数据"的定义并不总是很明确）表明，TTA 正在以新的可能性发展。这些新方法将如何融入现有方法还有待观察，但它们的初步应用前景广阔。

5.3.5 参考文献

Adamuthe, AC & Thampi, GT 2019, 'Technology forecasting: A case study of computational technologies', Technological Forecasting and Social Change, vol. 143, pp. 181-189.

Centre for Strategic Futures & Civil Service College 2012, Foresight: A glossary [Online], Singapore, https://www.csf.gov.sg/media-centre/publications/foresight-glossary (July 15, 2020).

Chao, C-C, Yang, JM & Jen, WY 2007, 'Determining technology trends and forecasts of RFID by a historical review and bibliometric analysis from 1991 to 2005', Technovation, vol. 27, no. 5, pp. 268-279.

Chen, S, Wang, Y & Qiu, S 2018, 'Bibliometric trend analysis on global image processing research', Optical Sensing and Imaging Technologies and Applications, p. 134, SPIE, Beijing, China.

Daim, TU, Rueda, G, Martin, H & Gerdsri, P 2006, 'Forecasting emerging technologies: Use of bibliometrics and patent analysis', Technological Forecasting and Social Change, vol. 73, no. 8, pp. 981-1012.

Ferreira, JJM, Fernandes, CI & Kraus, S 2019, 'Entrepreneurship research: mapping intellectual structures and research trends', Review of Managerial Science, vol. 13, no. 1, pp. 181-205.

Gao, H, Gui, L & Luo, W 2019, 'Scientific literature based big data analysis for technology insight', Journal of Physics: Conference Series, vol. 1168, p. 32007.

Grüne, M 2013, 'Technologiefrühaufklärung im Verteidigungsbereich', in A Zweck & R Popp (eds.), Zukunftsforschung im Praxistest, pp. 195-230, Springer, Wiesbaden.

Jiang, R, Kleer, R & Piller, FT 2017, 'Predicting the future of additive manufacturing: A Delphi study on economic and societal implications of 3D printing for 2030', Technological Forecasting and Social Change, vol. 117, pp. 84-97.

Jovanovic, M 2011, Fußspuren in der Publikationslandschaft: Einordnung wissenschaftlicher Themen und Technologien in grundlagen-und anwendungsorientierte Forschung mithilfe bibliometrischer Methoden, Fraunhofer Verlag, Euskirchen.

Konstantinidis, ST, Billis, A, Wharrad, H & Bamidis, PD 2017, 'Internet of things in health trends through bibliometrics and text mining', in R Randell, R Cornet, C McCowan, N Peek & PJ Scott (eds.), Informatics for Health: Connected Citizen-led Wellness and Population Health, pp. 73-77, IOS Press, Amsterdam, Washington DC.

Kott, A & Perconti, P 2018, 'Long-term forecasts of military technologies for a 20-30 year horizon: An empirical assessment of accuracy', Technological Forecasting and Social Change, vol. 137, pp. 272-279.

Lee, S, Yoon, B & Park, Y 2009, 'An approach to discovering new technology opportunities: Keyword-based patent map approach', Technovation, vol. 29, no. 6-7, pp. 481-497.

Lerner, JC, Robertson, DC & Goldstein, SM 2015, 'Case studies on forecasting for innovative technologies: frequent revisions improve accuracy', Health affairs (Project Hope), vol. 34, no. 2, pp. 311-318.

Li, L-L, Ding, G, Feng, N, Wang, M-H & Ho, Y-S 2009, 'Global stem cell research trend:

Bibliometric analysis as a tool for mapping of trends from 1991 to 2006', Scientometrics, vol. 80, no. 1, pp. 39-58.

Li, N, Han, R & Lu, X 2018, 'Bibliometric analysis of research trends on solid waste reuse and recycling during 1992-2016', Resources, Conservation and Recycling, vol. 130, pp. 109-117.

Li, X, Xie, Q, Daim, T & Huang, L 2019, 'Forecasting technology trends using text mining of the gaps between science and technology: The case of perovskite solar cell technology', Technological Forecasting and Social Change, vol. 146, pp. 432-449.

Lv, PH, Wang, G-F, Wan, Y, Liu, J, Liu, Q & Ma, F-C 2011, 'Bibliometric trend analysis on global graphene research', Scientometrics, vol. 88, no. 2, pp. 399-419.

Pinto, M, Fernández-Pascual, R, Caballero-Mariscal, D, Sales, D, Guerrero, D & Uribe, A 2019, 'Scientific production on mobile information literacy in higher education: a bibliometric analysis (2006-2017)', Scientometrics, vol. 120, no. 1, pp. 57-85.

Rodriguez Salvador, M & La Mancilla de Cruz, J 2018, 'Presence of Industry 4.0 in additive manufacturing: Technological trend analysis', DynaII (Dyna Inegnieria e Industria), vol. 93, no. 1, pp. 597-601.

Romero, L & Portillo-Salido, E 2019, 'Trends in sigma-1 receptor research: A 25-year bibliometric analysis', Frontiers in pharmacology, vol. 10, p. 564.

Sampat, BN & Ziedonis, AA 2005, 'Patent citations and the economic value of patents', in HF Moed, W Glänzel & U Schmoch (eds.), Handbook of Quantitative Science and Technology Research, pp. 277-298, Kluwer Academic Publishers, Dordrecht.

Schmoch, U 2007, 'Double-boom cycles and the comeback of science-push and market-pull', Research Policy, vol. 36, no. 7, pp. 1000-1015.

Tan, J, Fu, HZ & Ho, Y-S 2014, 'A bibliometric analysis of research on proteomics in Science Citation Index Expanded', Scientometrics, vol. 98, no. 2, pp. 1473-1490.

Udartseva, OM 2018, 'An overview of webometrics in libraries: History and modern development tendencies', Scientific and Technical Information Processing, vol. 45, no. 3, pp. 174-181.

Watts, RJ & Porter, AL 1997, 'Innovation forecasting', Technological Forecasting and Social Change, no. 56, pp. 25-47.

Yang, C, Zhu, D & Zhang, G 2015, 'Semantic-based technology trend analysis', 2015 10th International Conference on Intelligent Systems and Knowledge Engineering (ISKE), pp. 222-228, IEEE, Taipei, Taiwan, China.

Zhang, Y, Zhang, G, Chen, H, Porter, AL, Zhu, D & Lu, J 2016, 'Topic analysis and forecasting for science, technology and innovation: Methodology with a case study focusing on big data research', Technological Forecasting and Social Change, vol. 105, pp. 179-191.

Zyoud, S'eH 2018, 'Investigating global trends in paraquat intoxication research from 1962 to 2015 using bibliometric analysis', American Journal of Industrial Medicine, vol. 61, no. 6, pp. 462-470.

5.4 研究合作和文献计量学效能

Tindaro Cicero[①]（廷达多·西塞罗）和
Marco Malgarini[②]（马尔科·马尔加里尼）

摘要：本文评价了研究合作对科学影响的效果，以领域加权引用影响（field weighted citation impact，FWCI）指标衡量。我们根据地理起源（国内、国际、机构）和研究人员的隶属关系（学术和企业合作）区分合作，并根据引文影响评价每个合作的重要性。我们的主要结果是，无论研究领域如何，国际合作都能显著提高科学影响力。另外，国内合作仅在某些领域对影响产生积极效果，而机构合作对科学绩效而言要么微不足道，要么是不利的（仅限于健康科学）。我们还发现企业合作具有相关性，并且随着其占全部出版物比例的提高，其影响也会增大。

关键词：学术合作，企业合作，科学影响，文献计量学，面板数据，可行广义最小二乘法

5.4.1 引言

研究合作可以根据其地理和组织特征进行分类（Sonnenwald，2007）：从地理角度来看，我们可以区分地方、国家和国际合作。另外，当大学或研究中心的学者在研究活动中与行业部门的专业人士互动时，就会出现跨部门合作；在此定义的基础上，我们区分了企业合作和学术合作，前者指与在企业部门工作的合著者进行的合作，后者则是指与在学术部门工作的合著者进行的合作。现代科学的跨学科和复杂性导致参与科学活动的研究人员之间的合作越来越多（Lee and Bozeman，2005）；然而，不同类型的合作可能对文献计量学效能产生不同的影响。国际合作有利于增加引用数量（Schmoch and Schubert，2008；Goldfinch et al.，2003）；此外，它们对出版物的质量有积极影响（Lissoni et al.，2011；He et al.，2009；Smeby and Try，2005），并且还与科学家未来的研究成果呈正相关（He et al.，2009）。因此，尤其是在硬科学领域，与其他国家的合作活动通常被认为是能产生成功的研究（Adams，2013；Frenken et al.，2010）。另一条研究线支持相反的因果关系：在这种情况下，研究生产力可能对国际合作产生积极影响（Kato and Ando，2013；Abramo et al.，2011）。

[①] 意大利高校及研究机构国家评估署，tindaro.cicero@anvur.it。
[②] 意大利高校及研究机构国家评估署，marco.malgarini@anvur.it。
https://doi.org/10.1515/9783110646610-032

从作者层面分析个人数据,由于某些科学领域进行国际合作的个人成本巨大,国内合作可能会影响研究生产力、损害国际合作(Abramo et al.,2017)。另外,跨部门合作可以刺激经济增长,促进研究产出;然而,这种合作可能更倾向于经验或实际应用方面,而不是科学的影响力方面,所以它们对研究的影响效果还不得而知(Mowery,2007)。无论如何,产学合作的原因有很多(Rybnicek and Königsgruber,2019);其中,基于学术研究贡献的新产品、新工艺的相关共享合作(Bekkers and Freitas,2008)占据了相当大的比例。本文旨在研究不同类型合作的近期演变,同时考虑到 2001—2018 年的数据(Cicero and Malgarini,2017),试图了解它们对研究的影响效果。在下文中,我们首先介绍数据集,然后运用一个简单的面板数据模型,将 35 个国家的特定行业领域加权引用影响与合作论文的比例相关联。对所得结果进行思考并得出分析结论。

5.4.2 研究合作的最新趋势

用于分析的数据来自 SCIVAL-Scopus 数据库,涉及 2001—2018 年六个 OECD 国家[①]和中国发表的文章、综述和会议论文。数据按照 OECD 制定的科学分类方法对科技领域(fields of science and technology,FoS)进行分类:更具体地说,我们专注于 STEM 领域,分为四个主要领域,即农业科学、工程与技术、医疗与健康科学和自然科学。我们首先根据研究合作的类型收集有关科学研究产出构成的信息:特别是,我们首先区分学术合作和企业合作,然后在地理基础上区分不同类型的合作,从而考虑了机构间合作、国内合作,以及国际合作。首先,从数据(图 1)上来看,2001 年至 2018 年期间,全球合作出版物的比例从 78.6%增加到 90.1%。在我们的分析中观察到两个亚洲国家的合作论文比例更高,美国和欧盟的增长也尤为强劲。事实上,2018 年中国 95%以上的科研成果是合作研究,而意大利和日本稍微落后(分别为 93%和 93.8%);另外,英国和欧盟 28 国的合作研究所占比例最低。更具体地说,在过去的 20 年间,国内合作和国际合作显著增加(Adams et al.,2007),而机构间合作(即同一大学/研究中心内的合作)一直在下降,但总体而言,这仍是在全球层面上最常用的合作研究形式(图 2)。从文献来看,近年来各种因素促进了国际合作,包括信息和通信技术的发展、运输成本的下降(Katz and Martin,1997)以及研究人员国际流动性的增加。

---

① 法国、德国、意大利、荷兰、英国、美国。

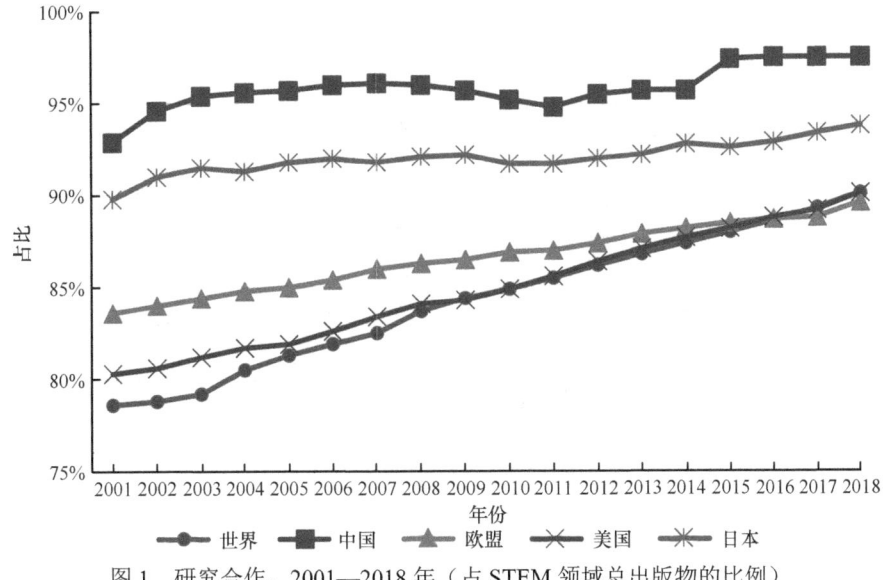

图 1　研究合作，2001—2018 年（占 STEM 领域总出版物的比例）

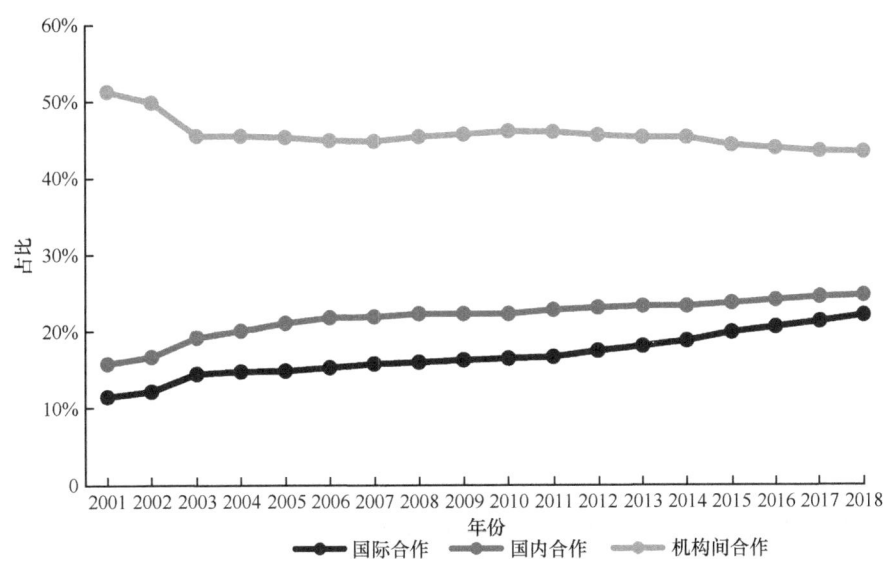

图 2　合作类型，2001—2018 年（占 STEM 领域总出版物的比例）

然而，各国之间的合作类型可能存在显著差异（图 3）：2018 年国际合作在英国和欧盟占据主导地位，在美国也是非常重要的合作方式，而在亚洲国家和世界范围内，机构间合作仍占主导地位。

最后，图 4 显示了近年来企业合作的演变情况：2001 年至 2007 年，从 2.1%显著增加到 2.7% 之后，它们再次开始下降，在 2018 年下降至 2.2%。然而，在国家层面上出现了显著差异：在 2018 年，日本的企业合作出版物占总出版物的 5.1%，美国占 4.1%，欧洲稳定在 3% 左右。中国（1.9%）和其他发展中国家（印度为 0.9%，

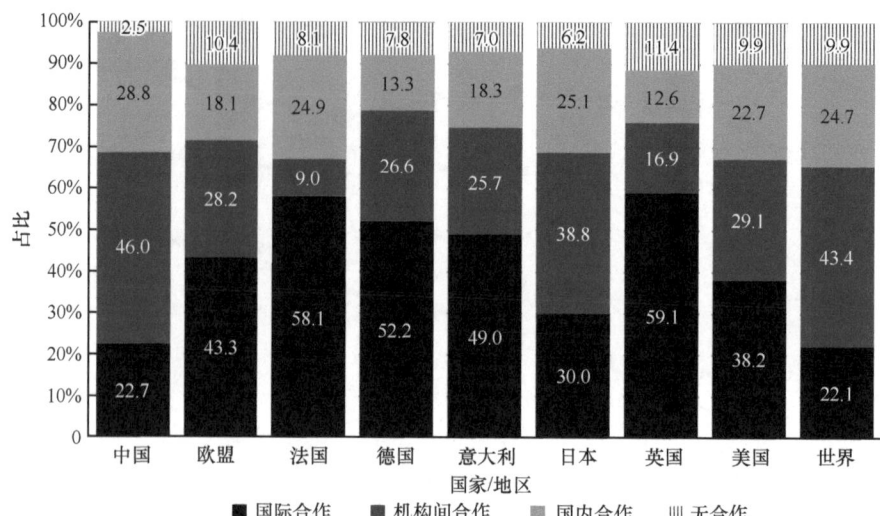

图 3 按国家/地区划分的合作类型，2018 年（占 STEM 领域总出版物的比例）

俄罗斯为 1.8%，巴西为 2%等）这一比例仍然很低。近年来，虽然产学合作的实际影响尚不明确，但旨在促进经济增长的技术转化政策确实促进了产学合作（Lillywhite et al., 2005）。

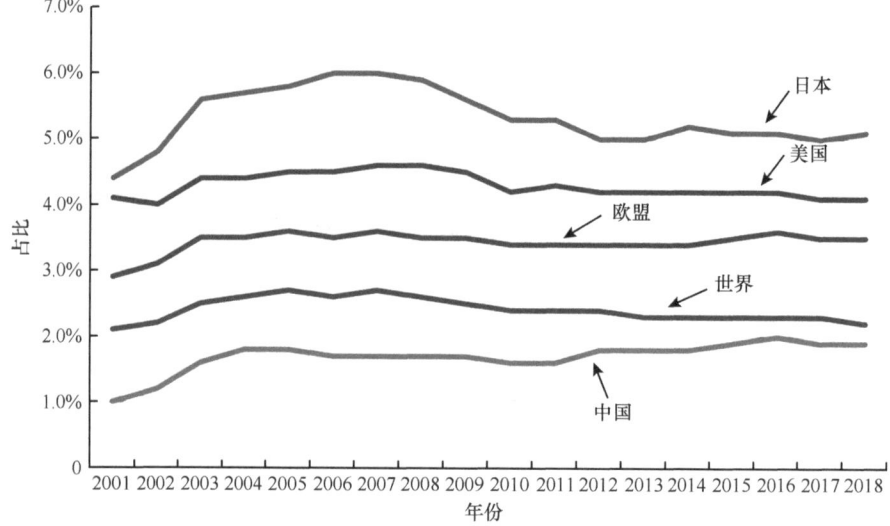

图 4 按国家/地区划分的企业合作，2001—2018 年（占 STEM 领域总出版物的比例）

5.4.3 合作研究和文献计量学影响

为了分析合作研究的文献计量学影响，我们通过领域加权引用影响（FWCI，Research Intelligence，2019）指标衡量了每个国家在不同的科学领域、不同年份的引用影响，该指标考虑了跨学科研究行为的差异。领域加权引用影响定义为出版物在特定数据库中获得的总引用与基于该主题领域平均水平的预期的总引用的比例。因此，大于1的领域加权引用影响表明该特定国家/领域/年份的出版物被引用次数超过基于类似出版物的世界平均水平的预期。近年来，几乎所有我们分析的国家，该指标都显示出积极的趋势；导致该趋势的一部分原因是科学影响力的实际增长，另一部分原因是Scopus数据库的总体扩展。我们的工作假设是领域加权引用影响受不同类型的合作影响。为此，我们可以从如下指定的固定效应回归模型开始：

$$\text{FWCI}_{ijt} = \alpha + \text{collaborations}_{ijt}^{z} \times \beta_{i,j}^{z} + \text{year}_t \times \gamma_t + v_{i,j} + \varepsilon_{i,j} \quad (1)$$

式中，α为常数项；$v_{i,j}$为国家和行业特定的固定效应；$\varepsilon_{i,j}$为误差项。合作包括上面介绍的各种形式的合作：更具体地说，我们首先评价了一个考虑学术合作和企业合作影响的模型，然后是第二个模型，其中包括机构间合作、国内合作和国际合作。在这两种情况下，与z特定的合作类型相关的β系数的符号和大小应被解释为相对于单作者论文的差异效应。固定效应模型消除了国家和行业独有的时间变量特征的影响；它们旨在允许研究预测因子（在我们的案例中，不同类型的合作）对结果（在我们的案例中，领域加权引用影响指标）的净影响。在否定了所有年份的系数共同为零的零假设之后，我们还添加了一组时间虚拟变量，以考虑在所研究的时期内观察到的引用影响的时间趋势。Hausman检验支持了固定效应与随机效应模型[1]。

在评价模型时，我们扩展了原始数据集，考虑了35个国家[2]，包括G7国家和大多数主要的新老工业国家。根据文献，我们确实希望一般研究合作，特别是国际合作，对研究影响能够产生积极效果，因为它们能够更多地访问科学出版物，并且可能会产生相较于单作者研究而言质量更高的研究成果。跨部门合作的影响原则上不那么明确，因为企业合作也可能被认为不利于某些领域的引用，因为这种合作不以追求科学影响为首要目标。

然而，模型1的固定效应评价的残差在各国之间是相关的（Pesaran检验）[3]；此外，整体评价受异方差性（Wald检验）[4]和一阶自相关（LM检验）[5]影响。为了克服上述问题，我们使用可行广义最小二乘法（Feasible Generalized Least Squares method，FGLS）拟合具有固定效应的面板数据线性模型。它允许控制样

---

[1] Hausman检验：卡方：122.62；概率＞卡方检验：0.000。
[2] 考虑的国家是：澳大利亚；奥地利；比利时；巴西；加拿大；中国；捷克共和国；丹麦；芬兰；法国；德国；希腊；匈牙利；印度；爱尔兰；以色列；意大利；日本；荷兰；新西兰；挪威；波兰；葡萄牙；罗马尼亚；俄罗斯；斯洛伐克；斯洛文尼亚；南非；韩国；西班牙；瑞典；瑞士；土耳其；英国；美国。
[3] Pesaran的横截面独立性检验：-2.353；概率：0.0186。
[4] Wald的异方差性检验：卡方检验：1028.49；概率＞卡方检验：0.000。
[5] LM检验：F(1,34): 20.853；概率＞F:0.000。

本内 AR（1）自相关的存在以及样本间的横截面相关性和异方差性的评价。表 1 显示了使用 FGLS 估计的模型 1 的结果，将企业合作和学术合作之间的比例视为预测变量，其中合作数据表示为总出版物的比例。从这个意义上说，更大的比例意味着企业与学术合作的权重更大。在回归模型中，这个比例可以解释为发表企业合作论文相对于学术合作论文在引用影响方面的差异效应的估计值。我们还添加了该比例的平方根[①]来评价更大的企业合作权重所产生的影响：该变量旨在获得可能的企业合作非线性效应，因为它们对标准化引用的影响可能因企业合作的权重而异。高比例的企业合作在所有领域都具有重要意义；值得注意的是，一方面，在工程领域，当企业合作的比例较低时，它们对影响力产生负面影响，而当企业合作在总出版物中占较高比例时，则会产生强烈的积极影响。另一方面，企业合作在健康科学领域的影响越强，企业合作的比例就越低。

表 1　学术和企业合作以及文献计量学效能

	总体	农业科学	工程与技术	健康科学	自然科学
观测值	630	630	630	630	630
国家	35	35	35	35	35
年份	18	18	18	18	18
企业/学术	1892	1.774**	−3.476***	5.072***	−0.544
（企业/学术）^0.5	2.463***	2.594***	4.006***	1.294***	3.143***
常数	0.544***	0.718***	0.573	1.751***	−0.746***

***表示 p 值<0.01；**表示 p 值<0.10

表 2 显示了 2001—2018 年，根据地理位置考虑不同类型合作的评价结果；同样，使用 FGLS 在总体水平和每个科学领域进行评价。此外，在这种情况下，合作数据表示为占总出版物的比例；各种合作类型的系数可以解释为发表合作论文对单作者论文出版物引用影响的差异效应的差异值。从总体上看，只有国际合作对科学影响力有显著的积极影响，而机构间合作则有消极影响。国内合作的作用并不显著。每个科学领域都出现了类似的结果：国际合作总是产生显著的积极影响。在个别科学部门层面，国内合作在农业科学和自然科学方面具有微弱的正向作用；而在健康科学领域，其作用为负。机构间合作仅在健康科学领域具有显著的负向影响；在其他领域，没有观察到明显的影响。

表 2　研究合作以及文献计量学效能

	总体	农业科学	工程与技术	健康科学	自然科学
观测值	630	630	630	630	630
国家	35	35	35	35	35

---

① 我们考虑平方根而不是指数，因为比率是介于 0 和 1 之间的数字。

续表

	总体	农业科学	工程与技术	健康科学	自然科学
年份	18	18	18	18	18
国际合作	0.021***	0.022***	0.019****	0.008**	0.0208***
机构间合作	−0.011***	−0.002	0.004	−0.034***	0.004
国内合作	0.002	0.006**	0.005	−0.014**	0.006**
常数	0.613***	0.130***	0.468	−2.107***	0.174

***表示 p 值<0.01；**表示 p 值<0.05

5.4.4 结论

我们的结果证实了国际合作对国家层面科学影响的宝贵作用。统计方法、数据集和小国的存在是所获得结果的决定因素，并可能影响协变量的统计意义。然而，国内合作和机构间合作的作用相对边缘。与开展研发活动的行业合作，在 STEM 的每个领域都有不同程度的影响。

5.4.5 参考文献

Abramo, G, D'Angelo, AC & Murgia, G 2017, 'The relationship among research productivity, research collaboration, and their determinants', Journal of Informetrics, vol. 11, no. 4, pp. 1016-1030.

Abramo, G, D'Angelo, CA & Solazzi, M 2011, 'The relationship between scientists' research performance and the degree of internationalization of their research', Scientometrics, vol. 86, no. 3, pp. 629-643.

Adams, J 2013, 'Collaborations: the fourth age of research', Nature, vol. 497, no. 7451, pp. 557-560.

Adams, J, Gurney, K & Marshall, S 2007, Patterns of international collaboration for the UK and leading partners. Report commissioned by the UK Office of Science and Innovation, Evidence Ltd., June.

Bekkers, R & Freitas, IMB 2008, 'Analysing knowledge transfer channels between universities and industry: To what degree do sectors also matter?', Research policy, vol. 37, no. 10, pp. 1837-1853.

Cicero T & Malgarini, M 2017, 'The effect of research collaboration on citation impact: A dynamic panel data analysis', Science, Technology and Innovation (STI) Conference, Paris, September 6, 2017.

Frenken, K, Ponds, R & Van Oort, F 2010, 'The citation impact of research collaboration in science-based industries: A spatial-institutional analysis', Papers in Regional Science, vol. 89, no. 2, pp. 351-371.

Goldfinch, S, Dale, T & DeRouen Jr., K 2003, 'Science from the periphery: 25 collaboration, networks and 'periphery effects' in the citation of New Zealand Crown Research Institutes articles, 1995-2000', Scientometrics, vol. 57, no. 3, pp. 321-337.

Hausman, JA 1978, 'Specification tests in econometrics', Econometrica: Journal of the econometric society, pp. 1251-1271.

He, ZL, Geng, XS & Campbell-Hunt, C 2009, 'Research collaboration and research output: A longitudinal study of 65 biomedical scientists in a New Zealand university', Research Policy, vol. 38, no. 2, pp. 306-317.

Kato, M & Ando, A 2013, 'The relationship between research performance and international collaboration in chemistry', Scientometrics, vol. 97, no. 3, pp. 535-553.

Katz, JS & Martin, BR 1997, 'What is research collaboration?', Research Policy, vol. 26, no. 1, pp. 1-18.

Lee, S & Bozeman, B 2005, 'The impact of research collaboration on scientific productivity', Social Studies of Science, vol. 35, no. 5, pp. 673-702, https://doi.org/10.1177/ 0306312705052359.

Lillywhite, JM, Jawkes, J & Libbin, J 2005, 'Measuring net benefit resulting from university-industry collaboration: An example from the New Mexico Chile task force', Western Economics Forum, 4.

Lissoni, F, Mairesse, J, Montobbio, F & Pezzoni, M 2011, 'Scientific productivity and academic promotion: A study on French and Italian physicists', Industrial and Corporate Change, vol. 20, no. 1, pp. 253-294.

Mowery, DC 2007, 'University-industry research collaboration and technology transfer in the United States since 1980', How universities promote economic growth, 163.

Pesaran, MH 2007, 'A simple panel unit root test in the presence of cross-section dependence', Journal of Applied Econometrics, 22, no. 2, pp. 265-312.

Research Intelligence 2019, Research Metrics Guidebook, Elsevier.

Rybnicek, R & Königsgruber, R 2019, 'What makes industry-university collaboration succeed? A systematic review of the literature', Journal of Business Economics, vol. 89, no. 2, pp. 221-250.

Schmoch, U & Schubert, T 2008, 'Are international co-publications an indicator for quality of scientific research?', Scientometrics, vol. 74, no. 3, pp. 361-377.

Smeby, J & Try, S 2005, 'Departmental contexts and faculty research activity in Norway', Research in Higher Education, vol. 46, no. 6, pp. 593-619.

Sonnenwald, DH 2007, 'Scientific collaboration', in B Cronin (ed.), Annual Review of Information Science and Technology, vol. 41, pp. 643-681, Information Today, Medford, NJ.

5.5 关于文献计量学中可及性、标准化、监管和验证的必要性:《莱顿宣言》及其他

Dirk Tunger[①]（德克·通格）

摘要:《莱顿宣言》提出了许多观点，这些观点在过去几年里已经成为文献计

---

① 德国科隆应用技术大学，信息科学与传播研究学院，信息管理研究所；于利希研究中心，于利希项目管理中心，卓越"分析、研究、战略"中心，d.tunger@fz-juelich.de。
https://doi.org/10.1515/9783110646610-033

量学领域的主流观点，并被总结、归纳、出版。我们详细分析了该宣言的10个要点，并将其置于文献计量学的整体背景中进行了讨论。

关键词：《莱顿宣言》，文献计量学界，标准化，文献计量学方法，方法讨论

多年来，文献计量学分析在科学领域的重要性日益增加，不仅科学学科核心期刊上的出版物数量在增加，而且使用文献计量学的科学出版物数量也在增加（Tunger and Wilhelm，2013）。文献计量学分析被广泛应用于多个方面，例如，它们被用于描述科学的发展趋势、科学机构的定标比超法测度过程、第三方资金的分配以及科学家的任命程序。有大量可能的指标描述了个体科学家、机构、国家、出版商或期刊的出版行为和出版物的接收情况。除了绝对的出版和引用数字之外，最突出的例子是 h 指数，期刊影响因子（参见本书3.3节，"期刊影响因子：历史悠久的文献计量学指标"）以及通常由几个指标综合得出的排名位置。

"文献计量学分析将在未来几年成为科学评价的重要组成部分"（Ball and Tunger，2005，第51页）。这一陈述相对准确地描述了近年来文献计量学和文献计量学界在科学体系中的重要发展。乍看之下，它似乎有些野心勃勃，但这一点在许多地方已经得到证实：如科学会议或出版物对文献计量学方法和结果的兴趣，德国联邦教研部的评价指南以及文献计量学界的发展状况（Tunger and Wilhelm，2013）。

谁来进行文献计量学分析？可以说，文献计量学是一门跨学科的学科。数学家、社会学家和自然科学家加入了信息科学家的行列，他们将文献计量学发展为图书馆的一个业务领域（Ball and Tunger，2006）。

如今，信息专家正关注世界范围内从科学及其成果中获得的海量数据。作为信息专业人员，他们基本上能够处理这些大数据并从中提取可靠信息（Ball and Tunger，2006，第565页）。

在2000年左右，当出版数据可以大量获得时，文献计量学得到了极大发展。Web of Science 以前仅提供 CD-ROM 版本（但与之前的书籍版本相比已经有了重大改进），现在可以提供统一收费的可授权互联网版本。与2000年之前在线数据库按使用时间和下载数据量计费相比，在线版本能够在网页上无限制地进行研究和下载数据，并且无须额外费用。这导致从2000年开始使用文献计量学作为方法的出版物呈指数级增长，而文献计量学界核心期刊中的纯科学出版物仅呈现轻微的线性增长，与 Web of Science 上出版物总量的发展大致成正比（Tunger and Wilhelm，2013，第94页）。

本节旨在概述文献计量学的发展，以便更好地了解由此产生的标准化和监管需求。2000年之后，文献计量学的使用进入了一个重要的繁荣阶段——与以绩效为导向和采用定标比超法的新公共管理并行发展，同时也影响了科学领域——在一定程度上导致人们对文献计量学失去信心，文献计量学声名狼藉（Bild der

Wissenschaft, 1993; Weingart and Winterhager, 1984)。

结果是, 文献计量学界进行了很长时间的讨论, 重点是应用文献计量学分析的框架条件、应该遵守哪些限制以及如何处理指标(参见 3.2 节"从简单的出版物数据到复杂的指标: 文献计量学与方法论正确性、显著性和经济必要性的困境")。

最终导致文献计量学界分歧的一个主要原因是数据访问问题。只有少数群体能够访问本地安装的一个、两个或全部三个主要引文数据库(Web of Science、Scopus 或 Dimensions), 从而得以无限制地访问文献计量数据。在在线版本中, 你可以无条件地进行研究和下载数据, 并且无须额外费用。但这又不是无限制的, 大多数讨论文献计量学的组织都必须忍受网页访问的限制: Web of Science 允许每次下载 500 篇出版物, Scopus 允许每次下载几千篇出版物。这足以满足文献学应用, 但对于文献计量学应用来说却是不够的。特别是对于复杂的文献计量学指标的计算, 如领域或期刊归一化计算, 网页界面是不够的, 因为所需的数据集数以百万计。

在概述文献计量学界发展和接受文献计量学分析的背景下, 文献计量界的科学家多年来形成了各种观点, 后来被总结为《莱顿宣言》(Hicks et al., 2015), 本文作者对此作出如下评论和解释。

1. 定量评价应支持定性评价、专家评价

文献计量学可以作为和专家讨论、深入研究特定问题的一种手段, 也可以与其他数据信息结合使用。

2. 根据机构、团体或研究人员的研究任务衡量绩效

所使用的指标应与科学家拟解决的目标相匹配, 并能够达到目的。

3. 保护具有本地相关性的卓越研究

特别是在人文和社会科学领域, 期刊出版物(尤其是英文版)就显得不那么重要。由于涉及的主题往往具有地方特色(如德国大城市的城镇研究), 根据文献计量学指标研究与读者相关性不大的主题的期刊就毫无意义。

4. 保持数据收集和分析过程的公开、透明和简单

对于文献计量学评价, 重要的是其实现过程是可理解的, 并且遵循科学原则。这就是上述所提及的问题所在: 由于文献计量学界中只有极少数科学家可以访问本地安装的 Web of Science, 因此只有极少数科学家能够使用有意义的标准化指标来验证评价。

5. 允许被评价者验证数据和分析。

为了能够检查基础数据集的完整性及准确性, 应在发表或传播结果之前告知

科学家或被调研单位，并允许他们检查数据。

6. 考虑出版和引用实践中不同领域的差异

在所有文献计量学评价中，应始终考虑特定领域的出版物和引用习惯。这里的一个重要问题是，所选数据库是否收录了所研究领域足够多的期刊。

7. 对个别研究人员的评价应基于对其成果组合的定性判断

对个人的文献计量学评价必须非常小心：由于文献数量较少，针对个人的评价结果往往波动较大。

纳入的期刊数量应设置最低数量，否则统计结果就会不准确。还应该指出的是，由于个人履历的不同、在科学体系中的职位不同以及各研究机构的实践不同，所以发文频次也不一样，产生的影响也完全不同。譬如，在某些机构中，研究所的负责人几乎出现在每篇文章中，而在其他机构中则不然。

8. 避免错位的具体性和错误的精确度

将期刊影响因子精确到小数点后三位就是无稽之谈（Clarivate，2019；Tunger，3.3 节"期刊影响因子：历史悠久的文献计量学指标"）。Web of Science 数据库中存在太多错误，在提交文献计量学分析结果时需要做出相应的说明。

9. 认识到评价和指标的系统性影响

切勿用定量评价激励非预期效果，不可以以自身为对照评价自身。因此，定量评价的最佳方法就是始终使用一组指标，而不强调单个指标的作用。因此不存在听起来很诱人的皇冠指标（Hornbostel，1997）。

10. 定期检查并更新指标

随着机遇和科学政策的变化，科学指标体系也在发生变化。应始终调整和更新自己的评价和使用的指标，以便能够始终反映最新技术水平。

《莱顿宣言》提出了许多观点，这些观点多年来已经成为文献计量学界的主流意见，并经总结、归纳后发表。《莱顿宣言》中有一个观点没有考虑到，即文献计量学并不能衡量研究质量，只能衡量科学界基础出版物的可见度、认知度或反响。

实践表明，可以度量的只是可见度和可以度量的反响。这也是因为这些术语比"质量"这一概念术语更容易理解，"质量"还必须考虑到教学、第三方资助、获得的荣誉和其他方面（Hornbostel，1997，第 180 页；Moed，2002，第 731 页）。现有数据库中的错误以及指标的表现（在出现错误的情况下）也不容忽视（Schmidt，2018）。

对于许多大众化报纸来说，科学作品的质量和认知度之间没有区别，但是当人们想到遗传学家 Hwang 在 Science 期刊上的文章（Hwang et al.，2004，第 1669-1674 页；Hwang et al.，2005，第 1777-1783 页）后来因造假被撤回时（Hwang，2006a，第 335 页；Hwang，2006b，第 335 页），就会认为即使被经常引用的原创作品，也不可能理所当然地推断其是高质量作品。当 Ohly 被问道："衡量的是科学的质量还是仅仅衡量科学的可见度和反响？"时，他也认识到了这一点（Ohly，2004，第 106 页）。在信息科学中，"认知度"这一术语更为恰当，这也是于利希研究中心在与科学家讨论时得出的经验。正如在私人交谈中经常提到的那样，"认知度"这一术语也更容易被科学家所接受。

Hornbostel 认为，无法用 1 个指标去度量研究质量，在科学工作质量这个问题上，没有"超级指标"（Hornbostel，1997，第 326 页）。

在《莱顿宣言》中还有一些方面可以更深入地讨论：如对影响因子的讨论，部分情况下影响因子被错误地作为个人或机构影响指标（所谓的累积影响因子）。影响因子根本不针对个人和机构，所以无法用影响因子去评价他们。影响因子是纯粹的期刊衡量指标，仅适用于衡量期刊的影响水平。

不论如何，《莱顿宣言》向着正确的方向迈出了一步，即在可接受的最低范围内达成一致，并把它作为自己指标研究工作的基础。这个问题还要深入讨论，以为文献计量学界制订更多的标准，而不至于总是问使用"哪个 h 指数"（Bar-Ilan，2007）。因此，在发展中期，应该讨论和制订真正的文献计量学标准，如科研评价中指标的选择标准，以及数据基础及其修正标准。为了实现这一目标，下一步重要的是允许文献计量学界的更多人或机构至少访问一个本地安装的大型文献和引文数据库。

参考文献

Ball, R & Tunger, D 2005, Bibliometrische Analysen-Daten, Fakten und Methoden: Grundwissen Bibliometrie für Wissenschaftler, Wissenschaftsmanager, Forschungseinrichtungen und Hochschulen (engl.: Bibliometric Analysis – Data, Facts and Methods: Basic Knowledge about Bibliometrics for Scientists, Science Managers, Research Institutions and Universities), Eigenverlag Forschungszentrum Jülich GmbH, Jülich, ISBN: 978-3-89336-383-4.

Ball, R & Tunger, D 2006, 'Bibliometric analysis - A new business area for information professionals in libraries? Support for scientific research by perception and trend analysis', Scientometrics, vol. 66, no. 3, pp. 561-577.

Bar-Ilan, J 2007, 'Which h-index? – A comparison of WoS, Scopus and Google Scholar', Scientometrics, vol. 74, no. 2, pp. 257-271.

Bild der Wissenschaft 1993, 'Der Forschungsindex. Eine Messlatte für die Wissenschaft (engl.: The research index. A yardstick for science)', no. 5, pp. 32-39.

Clarivate 2019, A closer look at the Journal Impact Factor numerator. Hrsg. Von Clarivate Analytics, https://clarivate.com/blog/science-researchconnect/closer-look-journal-impact-factor-numer ator/ (July 15, 2020).

Hicks, D, Wouters, P, Waltman, L, de Rijcke, S & Rafols, I 2015, 'Bibliometrics: The Leiden Manifesto for research metrics', Nature, vol. 520, pp. 429-431, accessed August 6, 2019, doi: https://doi.org/10.1038/520429a.

Hornbostel, S 1997, Wissenschaftsindikatoren - Bewertungen in der Wissenschaft (engl.: Science Indicators − Assessments in Science), Opladen, Westdeutscher Verlag.

Hwang, WS 2006a, 'Patient-specific embryonic stem cells derived from human SCNT blastocysts (Retraction of Vol. 308, pp. 1777-1783)', Science, vol. 311, no. 5759, p. 335.

Hwang, WS 2006b, 'Evidence of a pluripotent human embryonic stem cell line derived from a cloned blastocyst (Retraction of Vol. 303, pp. 1669-1674)', Science, vol. 311, no. 5759, p. 335.

Hwang, W, Roh, S, Lee, B, Kang, S, Kwon, D, Kim, S, Kim, S, Park, S, Kwon, H, Lee, C, Lee, J, Kim, J, Ahn, C, Paek, S, Chang, S, Koo, J, Yoon, H, Hwang, J, Hwang, Y, Park, Y, Oh, S, Kim, H, Park, J, Moon S & Schatten, G 2005, 'Patient-specific embryonic stem cells derived from human SCNT blastocysts', Science, vol 308, no. 5729, pp. 1777-1783.

Hwang, W, Ryu, Y, Park, J, Park, E, Lee, E, Koo, J, Jeon, H, Lee, B, Kang, S, Kim, S, Ahn, C, Hwang, J, Park, K, Cibelli, J & Moon, S 2004, 'Evidence of a pluripotent human embryonic stem cell line derived from a cloned blastocyst', Science, vol. 303, no. 5664, pp 1669-1674.

Moed, HF 2002, 'The impact-factors debate: The ISI's uses and limits − Towards a critical, informative, accurate and policy-relevant bibliometrics', Nature, vol. 415, pp. 731-732.

Ohly, P 2004, Bibliometrie in der Postmoderne. Wissensorganisation und Verantwortung: Gesellschaftliche, ökonomische und technische Aspekte (engl.: Bibliometrics in Postmodernism. Knowledge organisation and responsibility: social, economic and technical aspects.), Proceedings of the 9th Conference of the German Section of the International Society for Knowledge Organization, Duisburg, pp. 103-114.

Schmidt, F 2018, Fehlerabschätzungen bei bibliometrischen Analysen (engl.: Error estimation in bibliometric analyses), Master thesis for the academic degree 'Master of Library and Information Science' at Technische Hochschule Köln, https://publiscologne.thkoeln.de/front door/index/ index/start/6/rows/10/sortfield/score/sortorder/desc/searchtype/simple/query/felix/docI/1312 (July 15, 2020).

Tunger, D & Wilhelm, J 2013, 'The bibliometric community as reflected by its own methodology', Journal of Scientometric Research, vol. 2, pp. 92-101.

Weingart, P & Winterhager, M 1984, Die Vermessung der Forschung-Theorie und Praxis der Wissenschaftsindikatoren (engl. The Measurement of Research-Theory and practice of science indicators), Campus Verlag, Frankfurt am Main.

5.6 性别与文献计量学：综述

Tahereh Dehdarirad[①]（德赫·达里拉德）

摘要：本文综述了与性别相关的主要文献计量学指标，以及影响男女学者研究效率和影响力的潜在因素。文献研究的主要指标为出版物数量、被引次数、自引次数、期刊影响因子、h 指数、作者地位和合作模式。本文还从社交媒体指标的角度对学者文献的可见度进行了评价。潜在因素对生产力有复杂而不确定的影响。根据个人因素和结构因素，文献被分为两组。

关键词：学术界，文献计量学，文献计量学指标，影响因素，性别差异

5.6.1 简介

性别不平等是现代社会的一个长期特征。这是一个阻碍发展、生产力和经济增长的全球性问题（World Bank，2012；Bandiera and Natraj，2013；Thelwall et al.，2019）。尽管在减少性别不平等方面取得了一定的进展，但变化可能是缓慢的，并受国家和研究领域等因素的影响（LERU，2012）。在学术界，研究人员的性别比例仍然不平衡。2015 年，欧盟只有三分之一的研究人员是女性。女性担任高级学术职位的人数也不多；2017 年，女性仅占研究组织董事会成员的 27%（European Commission，2019）。

这些性别差异促使许多研究使用不同的文献计量学指标从多个角度考察科学技术领域性别不平等问题。各种各样的研究试图找出造成这些不平等的根源，特别是在科学表现和影响力方面。研究女性对科学和高等教育的贡献可以洞察科学活动中的性别差异以及由此导致的性别失衡（Leahey，2006），这可以帮助我们理解这些不平等背后的因素（Fox，2005）。

从不同学科、不同时期、不同的国家和国际背景角度，对文献进行全面综述。本文有两个主要目标：

（1）了解当前研究中有关性别的主要文献计量学指标。
（2）了解影响女性和男性学者研究生产力和影响力的潜在因素和变量。

5.6.2 研究方法

为了达到这两个目标，通过检索在线数据库，如 Google Scholar、Medline、

[①] 瑞典查尔姆斯理工大学科学交流与学习系，ahereh.Dehdarirad@chalmers.se。
https://doi.org/10.1515/9783110646610-034

Springer、PubMed、Science Direct、Scopus、Web of Science，手工检索未编入文献数据库的相关会议[如国际科学计量学与信息计量学大会（International Conference on Scientometrics & Informetrics，ISSI）、国际科学技术指标大会（International Conference on Science and Technology Indicators，STI）以及北欧研讨会]的论文集，获得了与文献计量学指标和性别相关的科学论文。此外，为了获得该主题领域的最新研究趋势，本文还检查了最新论文的参考文献。虽然这篇综述希望尽可能全面，但仍不免遗漏一些研究。

表 1 列出了性别和文献计量学指标（第一目标）的关键术语。在检索策略中使用了通配符和截断符。此外，检索时未限制出版时间。

表 1　与性别相关的文献计量学指标研究和在搜索查询中最常使用的关键词

指标	检索关键词
性别	Gender（性别），women（女性），men（男性），female（女性），male（男性），sex（性别），gender equality（性别平等），gender difference（性别差异），gender equity（性别平等）
文献计量学	Bibliometrics（文献计量学），scientometrics（科学计量学），informetrics（信息计量学），webometrics（网络计量学）
研究生产力	Scientific（科学），productivity（生产力），publication productivity（出版生产力），number of publications（出版物数量），productivity puzzle（生产力谜题），research productivity（研究生产力），publication（出版物）
研究影响和关注度（传统指标）	normalized，field weighted（标准化，领域加权），Citation（引用），Impact factor（影响因子），h-index（h-指数），self-citation（自引）
社交媒体关注度（替代计量学指标）	Social media（社交媒体），Altmetrics（替代计量学），alternative metrics（替代计量学指标）
合作	national/international/cross-gender（国家级/国际/跨性别），collaboration（合作），co-authorship（合著），number of collaborators（合作者数量），homophily in collaboration（合作同质性）
作者位置和作者署名顺序	Authorship（作者），author（ship）order（position）（作者顺序），first（第一），last（最后），corresponding author-ship（通讯作者）

对于第二个目标，根据 Zainab（1999）和 Abramo 等（2009a）的研究结果，将影响因素分为个人因素和结构因素两大类。表 2 总结了与文献相关的每组因素中研究的主要变量。

表 2　与性别和文献计量学相关的两类主要因素及其对应变量的研究

个人因素	结构因素
学术年龄和生理年龄	
排名	
学科	氛围（文化）
有无孩子和孩子的数量	工作量（教学任务量）
婚姻状况	资源获取和基金支持
学者专业化水平和论文研究主题	

5.6.3 关于性别的文献计量学指标研究

本小节提供了与性别有关的文献计量学指标的文献综述。

1. 出版物数量

Cole 和 Zuckerman（1984）将出版物数量描述为生产力谜题（productivity puzzle），但一般认为：与男性相比，女性的发文率较低（Cole and Zuckerman，1984；Xie and Shauman，1998；Prpić，2002；Sax et al.，2002；Bordons et al.，2003；Fox，2005；Gallivan and Benbunan-Fich，2006；Mauleón and Bordons，2006；Symonds et al.，2006；Abramo et al.，2009a，2009b；Puuska，2010；D'Amico et al.，2011；Larivière et al.，2013；Rørstad and Aksnes，2015；Cameron et al.，2016；Bendels et al.，2018）。少数研究发现，在发文量方面，男性和女性之间没有显著的差异（Gupta et al.，1999；Lewison，2001；Bordons et al.，2003；Tower et al.，2007；Mauleón et al.，2008；Borrego et al.，2010；Sotudeh and Khoshian，2014）。一些研究表明，随着时间的推移，这种差距似乎会减少或消失（Abramo et al.，2009b；van Arensbergen et al.，2012）。

2. 研究影响力和关注度

在不同的研究中，使用不同的指标，如被引次数、自引行为、期刊影响因子、h 指数、社交媒体指标和合作模式，对女性和男性学者的研究影响力和关注度进行评估。

1）被引次数

在被引次数方面，不同国家、不同领域的文献表现出了不同的结果。

一些研究表明，女性的出版物被引用的比例低于男性。Hunter 和 Leahey（2010）对预聘和长聘语言学家和社会学家的样本进行了研究，发现女性在被引次数方面处于劣势，即使在排除了孩子带来的影响后也没有差异（even after controlling for children）。一项针对不同领域 8500 名挪威研究人员的大规模研究结果显示，女性研究人员的论文被引次数少于男性（Aksnes et al.，2011）。Pudovkin 等（2012）对德国风湿病研究中心研究人员的 313 篇论文进行了研究，结果发现，男性科学家比女性科学家的发文量更高，被引次数也更高。对一些著名地理期刊的研究结果也表明，男性单独或合作撰写的文章被引率最高（Rigg et al.，2012）。在国际关系领域，Maliniak 等（2013）发现，排除发表年份和地点、任期地位、隶属机构等因素后，女性的文章被引用的系统性程度低于男性，这是因为女性通常比男性更少自引，而在国际关系学者中，男性占比较大，他们往往更多引用男性而非女性的论文。在一项大规模的全球跨学科研究中，Larivière 等（2013）发现，当女性处于第一或末位作者位置时，论文被引用的次数比男性处于这些位置时要少。Caplar 等（2017）对 1950 年至 2015 年期间五种主要天文学期刊上发表的 20 万篇论文进行了研究，结果表明，男性首次发表的文章比女性获得了更多的引用。最近一项对自然指数（Nature Index）中列出的 54 种期刊上的一组文章的研究结果表明，由女性关键作者（第一作者或末位作者）撰写的文章被引次数低于由男性关键作者撰写的文章（Bendels et al.，2018）。

相反，一些研究人员发现，女性每篇论文被引次数高于男性。Long（1992）及其研究团队对美国生化学家生产力的开创性研究得出结论，女性的平均被引次数高于男性。Borrego 等（2010）在一项对西班牙大学 721 名博士（1990—2002 年）的研究中发现，即使排除自引，女性博士论文的被引次数也明显更高。在另一项针对德国风湿病研究所研究人员的研究中，Kretschmer 等（2012）将工作人员分为"高端（明星）"科学家（占总人数的 25%）和互补型科学家（占总人数的 75%）。结果显示，在互补型科学家组中，女性研究人员的表现略好于男性，但明星科学家组中并非如此。一项针对管理领域全球 26 783 篇论文样本的研究发现，引文影响力的边际差异有利于女性学者。女性也比男性更有可能发表高被引前 10%的论文（Nielsen，2017）。最近一项针对核心神经外科期刊发表论文的研究表明，女性神经外科科学家在科学生产力方面的成果略少。然而，女性在引用方面稍微突出（Sotudeh et al.，2018）。Card 等（2019）对 53 种经济学期刊的研究表明，女性作者的论文的被引量比内容明显相似的男性作者论文多 25%。

此外，一些研究发现男性和女性的被引率没有差异。在图书馆与信息科学领域，Peñas 和 Willett（2006）发现，男性学者平均发文量明显多于女性作者，但在被引次数上没有显著差异。Symond 等（2006）对英国和澳大利亚大学生态学和进化生物学领域的 168 名生命科学家的论文进行了研究，发现男性和女性科学家的每篇论文被引次数的中位数没有差异。一项关于外科研究的结果发现，在每份出版物的平均被引次数上没有显著的性别差异（Housri et al.，2008）。Copenheaver 等（2010）研究了树木年代学家被引率的性别差异，发现性别对论文被引概率没有影响。他们认为，女性树木年代学家的高产出以及与男性同事合作撰写文章，让男性学者意识到她们的工作，从而消除了引用的性别偏见。对 1983—2008 年发表在《和平研究杂志》（Journal of Peace Research）上的文章进行系统评估发现，在被引次数方面没有性别偏见的证据（Østby et al.，2013）。Sotudeh 和 Khoshian（2014）在纳米科学领域的研究表明，男性和女性研究人员的平均影响力没有显著差异。

2）自引

关于自引的文献普遍认为，女性自我引用的倾向较低。一项对 1980 年至 2006

年间 12 种国际关系期刊的研究发现，女性引用自己研究的频率明显低于男性（Maliniak et al.，2013）。Ghiasi 等（2016a）对来自不同学科的 12 725 171 篇论文进行了研究，发现男性自引比例高于女性。男性也倾向于对自己的出版物给予更多的引用。通过对 1512 位生态学领域的学者发表的论文进行研究，女性的自我引用占其总引用的 8.5%，而男性的自我引用占其总引用的 10.5%。自引的差异导致男性的 h 指数得分更高（Cameron et al.，2016）。King 等（2017）利用 1779 年至 2011 年 JSTOR 的 150 万篇研究论文的数据集发现，总体而言，男性引用自己的论文比女性多 56%，在过去 20 年里，男性自引比女性多 70%。

然而，也有一些研究没有发现自引的性别差异。一项对 5 种考古学期刊论文的研究发现，男性自引的频率略高于女性。然而，这一趋势在统计学上并不显著，因此作者认为，在自引方面没有性别差异（Hutson，2006）。一项对 PubMed 160 万篇论文的研究结果表明，在众多影响因素中，性别对自引概率的影响最小，多产作者的自引与性别关系不大（Mishra et al.，2018）。

3）期刊影响因子

关于期刊影响因子的研究结果各异。一些研究强调了女性和男性发表论文的期刊具有相似性（Lewison，2001；Bordon et al.，2003；Mauleón et al.，2008；Barrios et al.，2013；Dehdarirad and Nasini，2017），另一些研究结果显示，男性发表文章的期刊有更高的影响因子（Nielsen，2016；Mihaljević-Brandt et al.，2016；Bendel et al.，2018）。Nielsen（2016）在对奥尔胡斯大学各个领域的 3293 名男性和女性研究人员的研究中发现，除自然科学外，男性倾向于在影响因子高的期刊上发表文章，而女性则不然。Mihaljević-Brandt 等（2016）分析了 1970—2010 年约 15 万名数学家的学术成果，发现女性作者在顶级期刊上发表的论文明显少于男性。Mayer 和 Rathmann（2018）分析了德国所有心理学正教授的论文，发现平均而言，男性在顶级期刊上发表的文章比女性多 0.9 篇。Bendels 等（2018）对自然指数中列出的 54 种期刊的 293 557 篇研究文章进行了研究，发现期刊的 5 年影响因子与第一和最后一名作者中的女性代表之间存在很大的负相关。Bonham 和 Stefan（2017）分析了来自 PubMed 和 arXiv 数据库的生物学和计算生物学的出版物，发现影响因子和生物学数据集中的女性作者比例之间存在显著的负相关。相比之下，在计算生物学领域中没有发现显著的相关性。

也有研究表明，女性倾向于在更有影响力的期刊上发表文章。对 333 名西班牙科学家（1996—2000 年）在材料科学领域发表的文章进行分析后发现，女性在影响因子更高的期刊上发表的文章比同等级别的男性多（Mauleón and Bordons，2006）。在一项关于外科出版物的研究中，Housri 等（2008）发现，女性发表论文的期刊的平均影响因子明显高于男性。Borrego 等（2010）研究了西班牙 731 名博士学位获得者的科学产出，发现女性博士学位获得者发表论文的期刊影响因子中位数显著高于男性博士学位获得者发表论文的期刊。同样，Ghiasi 等（2016b）在对女性工程师的研究中发现，女性在期刊上发表的论文影响因子高于男性同行。

4）h 指数

不同领域的一些研究结果表明，女性的 h 指数总体上低于男性。Eloy 等（2013）研究了美国耳鼻喉专业人员发表的论文，发现男性的 h 指数明显高于女性。Holliday 等（2014）在美国放射肿瘤学教师中进行的研究显示，男性的 h 指数总体上高于女性同行。Carter 等（2017）在社会科学领域的研究表明，男性的 h 指数高于女性。McDermott 等（2018）分析了 1712 名来自美国顶级神经学项目的神经学家的出版物，发现在根据从医学院毕业后的年数进行修正后，男性的 Scopus h 指数高于女性。

一些研究没有发现总体上的性别差异（Diamond et al.，2016）或在考虑了自引和非研究活跃年份等变量后没有发现差异（Cameron et al.，2016）。一些关于 h 指数性别差异的研究也基于学者的学术等级来考察这些差异。

5）社交媒体指标

一些研究探讨了社交媒体指标中的性别差异，但这些研究似乎没有得到确切的结论。一些研究发现，女性在网络引用（Web citations；Kretschmer and Aguillo，2005），Mendeley 平均读者数（Bar-Ilan and van der Weijden，2015；Sotudeh et al.，2018），某些学科领域在 Academia.Edu 上的个人主页浏览量计数更高，或者是推特（Paul-Hus et al.，2015；Sotudeh et al.，2018）、博客和新闻网站（Paul-Hus et al.，2015）上获得更高的关注度。相反，另一些研究显示，在 Mendeley 的平均读者数中，一些男性作者的受关注度更高（Sotudeh et al.，2016），甚至在博客网站、新闻网站、脸书或领英上，女性与男性作者的受关注度相近（Sotudeh et al.，2018）。Thelwall（2018）研究发现，不同国家女性学者的读者数量是不同的。例如，女性撰写的研究在印度的 Mendeley 读者数较少，但在西班牙、土耳其、英国和美国的读者较多。

6）合作模式

关于科学合作中性别差异的文献主要集中在性别对合作和合作者数量的影响、跨性别合作与合作中的同质性和国际合作三个主题上。

A. 性别对合作和合作者数量的影响

文献研究普遍认为，男性比女性展开的合作更多（Bozeman and Corley，2004；Lee and Bozeman，2005；Özel et al.，2014）。此外，女性的合作者往往比男性的少（Bozeman and Corley，2004；Lee and Bozeman，2005）。Özel 等（2014）在一

项关于土耳其社会科学出版物的研究中发现，男性作者通常比女性更热衷于合作。通过分析美国研究型大学 6 个 STEM 学科的 3980 名教师发表的论文，Zeng 等（2016）发现，女性教师在其职业生涯中的合著者数量明显少于男性，他们认为这种差异与女性较低的发文率和较短的职业生涯有关。Ductor 等（2018）分析了 EconLit 数据库中 1970—2011 年发表的 1627 种经济学期刊上的文章，发现女性的合作者更少。

但另外一些研究发现，女性更有可能进行合作（Bozeman and Gaughan, 2011; Abramo et al., 2013）。Bozeman 和 Gaughan（2011）利用 2004—2005 年在美国进行的一项由美国国家科学基金会资助的针对学术研究人员开展的调查的数据发现，男性和女性在研究合作方面的差异相对较小。他们还发现，女性有更多的合作者，尤其是在控制结构因素和氛围因素后。同样，在一项对 11 个学科领域的意大利教授的科学出版物的研究中，Abramo 等（2013）发现，女性研究人员通常比男性更有可能合作。他们认为，这一发现与女性合著论文的比例更高有关。

相比之下，一些研究表明，在合作或合作者数量上没有性别差异（Hunter and Leahey, 2008; Savic et al., 2018）。Hunter 和 Leahey（2008）在研究了 1935—2005 年两种主流的社会学期刊上的文章后发现，在合作率方面没有显著的性别差异，这可能与女性在这一领域的进步有关。Savic 等（2018）分析了塞尔维亚诺维萨德大学理学院聘用的研究人员的出版物，发现女性和男性研究人员的合作者数量相似。

B. 跨性别合作与合作中的同质性

就合作中的同质性而言，一些研究表明，女性比男性参与更多的同性合作。此外，女性的女性合作者比男性合作者多（McDowell and Smith, 1992; Bozeman and Corley, 2004; Boschini and Sjögren, 2007）。McDowell 和 Smith（1992）的一项研究调查了 1969 年至 1986 年间美国 20 所顶尖大学的 178 名博士的论文情况。他们发现，女性拥有女性合著者的可能性是男性的五倍以上。Bozeman 和 Corley（2004）研究了来自美国学术研究中心的 451 名科学家和工程师的数据，发现女性科学家的女性合作者比例（36%）高于男性（24%）。然而，他们发现，根据职位的不同，存在很大的差异，非终身职位的女性与女性合作的比例为 84%，而终身职位的女性合作比例为 34%。Boschini 和 Sjögren（2007）在对三种经济学期刊上发表的文章进行分析后发现，女性拥有女性合著者的可能性是男性的两倍多。最近在犯罪学和司法领域的一项研究结果也表明，女性更有可能与其他女性作者一起发表文章（Crow and Smykla, 2015）。1974 年至 2014 年在同一领域进行的另一项研究结果也表明，女性更有可能与其他女性一起发表论文（Zettler et al., 2017）。

相比之下，其他研究发现女性参与跨性别合作的倾向更高（Fisher et al., 1998;

Zawacki-Richter and von Prümmer，2010），而男性更倾向于和同性合作（Fisher et al.，1998；Farrell and Smyth，2014；Araújo et al.，2017）。Fisher 等（1998）在对三种政治学领先期刊的研究中发现，女性发表的文章中有一半以上是跨性别合作的结果。相比之下，男性似乎更倾向于自己写文章或与其他男性合作。Zawacki-Richter 和 von Prümmer（2010）对发表在五种著名远程教育期刊上的论文的研究结果表明，与男性相比，更多的女性与异性成员合作。Farrell 和 Smyth（2014）对澳大利亚八校联盟（Group of Eight，Go8）法律评论方面的文章进行了研究，他们发现男性与其他男性合作的频率远远高于女性与其他女性合作的频率。他们推测，原因之一可能是在男性占主导地位的职业中存在着"老同学关系网"，而女性很难进入这些关系网。Araújo 等（2017）通过分析巴西不同领域的 27 万多名科学家的独特数据集，发现男性更愿意与其他男性合作，女性对于与任何性别合作持开放态度。

相反，一些研究发现，女性和男性学者在跨性别合作（Holman and Morandin，2019）或与男性合作（Ghiasi et al.，2016b）方面有类似的倾向。例如，Holman 和 Morandin（2019）对 PubMed 和 arXiv 上收录的 915 万篇文章的研究结果表明，在生命科学领域，女性和男性研究人员都优先与同性同事合作。Ghiasi 等（2016b）发现，由于工程领域是由男性主导，工程师无论性别，一般都倾向于与男性合作。

C. 国际合作

关于国际合作方面的性别差异，已发表的数据表明，女性的国际合作率平均低于男性。这一发现在不同的国家是一致的，如美国（Frehill and Zippel，2011）、加拿大（Larivière et al.，2011）、意大利（Abramo et al.，2013）和挪威（Aksnes et al.，2019）。同样，Elsevier（2017）在全球层面的文献计量分析结果表明，女性比男性更少参与国际合作。相比之下，欧盟委员会的数据报告（2015）结果显示，在国际合作中，性别差异很小，女性与国际合著者发表文章的倾向与男性几乎相同。

3. 作者位置和作者署名顺序

一些研究发现，女性在第一作者和最后一位作者中所占的比例偏低。Larivière 等（2013）对来自不同学科的科学出版物进行了全球范围的分析，发现女性作为第一作者的比例偏低。此外，每有一篇女性作为第一作者的文章，就有近 2 篇（1.93 篇）是男性作为第一作者。Edwards 等（2018）研究了 2012 年至 2016 年提交给《进化生物学杂志》（*Journal of Evolutionary Biology*）的稿件，发现女性作者在第一作者和最后作者的比例较低，他们认为这与女性比男性较低的发表率有关。Aakhus 等（2018）对 2005 年至 2014 年在具有高影响因子的临床和基础科学期刊上发表的文章进行了研究，发现在临床医学期刊上发表的文章中，女性担任第一作者的可能性低于男性。

另一组研究发现，女性更有可能以第一作者的身份出现，而较少以最后一位作者的身份出现，这与资历有关。Shah 等（2013）分析了 2000 年至 2009 年发表的临床眼科文献，发现女性作为第一作者和最后作者的比例呈上升趋势。然而，与女性作为第一作者相比，女性作为最后作者的数量较少。Liang 等（2015）研究了 1993 年至 2013 年著名期刊《放射学》（*Radiology*）上的女性作者，他们发现女性仍然是少数，尤其是在最后一位作者的位置上。此外，当比较女性在不同作者位置上的代表性时，女性作为最后一位作者的比例在这一统计周期始终显著低于作为第一作者的比例。Schisterman 等（2017）在对 2008 年至 2012 年的流行病学领域进行的一项研究发现，女性更有可能成为第一作者，但不太可能成为最后一位作者。Fox 等（2018）在研究 2009 年至 2015 年生态学领域的两个数据集时也报道了类似的结果。在对自 2002 年以来发表在 PubMed 和 arXiv 索引的 915 万篇 STEMM 学术论文的分析中，Holman 等（2018）发现，几乎在所有学科中，女性作为最后一位作者的比例都明显偏低，而作为第一作者的比例很高。在内科（Gayet-Ageron et al.，2019）、当代心理学（González-Álvarez and Cervera-Crespo，2019）和精神病学（Hart et al.，2019）领域也发现了类似的结果。

尽管存在性别差异，但一些研究发现，随着时间的推移，性别差异有所改善，担任主要作者位置的女性有所增加。West 等（2013）对 1990—2012 年发表的 JSTOR 论文进行了研究，发现在 1990 年之前，女性作为第一作者的比例显著偏低。然而，自 1990 年以来，这一差距已经缩小。Wininger 等（2017）分析了《骨与矿物质研究杂志》（*Journal of Bone and Mineral Research*）1986 年至 2015 年发表的文章，发现随着时间的推移，女性作为第一作者的比例显著增加，从 1986 年的 35.8% 上升到 2015 年的 47.7%。Seetharam 等（2018）研究了《骨科研究杂志》（*Journal of Orthopaedic Research*，JOR）的作者模式，发现在 1983 年至 2015 年间，女性作为第一作者和通讯作者的比例都有所增加。他们的结论是，这可能是由于进入该领域的女性人数增加，以及在 JOR 编辑委员会和领导职位上的女性比例增加。Aguilar 等（2019）分析了 1986 年至 2016 年在《生物医学工程年鉴》（*Annals of Biomedical Engineering*）上发表的论文，发现女性作为第一作者和通讯作者的比例都有所增加，甚至几乎持平。

5.6.4 影响因素

在不控制所有相关变量的情况下分析科学生产力的性别差异可能会导致有偏见的结果，因为其中一些潜在变量可能是所观测的差异的原因（Mayer and Rathmann，2018）。因此，一些研究在控制不同因素的情况下，分析了出版产出和影响中的性别差异。这些因素可以分为两个不同的组，个人因素和结构（或环境）因素。下文将提供这些研究的概述，以及影响出版和影响力的主要因素。然而，需要指出的是，主要将重点放在与科学生产力有关的因素上。

1. 个人因素

在个人因素方面，文献主要集中在年龄、排名、学科、是否有孩子、婚姻状况等方面。

A. 学术年龄与生理年龄

考虑到职业生涯长度，Long（1992）和 Symonds 等（2006）发现，在职业生涯的前十年，女性发表的论文少于男性，但在职业生涯的后期，女性发表的论文数量与男性研究人员相当。在德国，女性和男性研究人员之间的出版生产力和引文影响的差异对于高级研究员[①]来说也小于初级研究员[②]和职业生涯中期[③]的研究员（Pan and Kalinaki, 2015）。在对泰国和马来西亚主要研究机构的年轻研究人员进行的一项调查中，Beaudry 和 St-Pierre（2016）发现，年轻女性在职业生涯早期发表的文章较少，但随着年龄的增长，她们的发表率更高。在一项对约 15 万名数学家的学术成果进行的研究中，Mihaljević-Brandt 等（2016）发现，女性在职业生涯初期发表的论文少于男性。他们的研究结果显示，在最初的 5 年和 10 年里，男性比女性平均多发表了 9% 和 13% 的论文。

相比之下，一些研究人员在职业生涯早期没有发现性别差异（van Arensbergen et al., 2012），而另一些研究人员在职业生涯后期发现了性别差异（Mauleón et al., 2008; van den Besselaar and Sandström, 2016）。在对西班牙国家研究委员会（Spanish National Research Council, CSIC）生命科学家的研究中，Mauleón 等（2008）发现，具有中级资历的女性（工作年限为 11—20 年和 21—30 年）的生产力低于男性同行。在对 852 名荷兰社会科学家的研究中，van Arensbergen 等（2012）发现，在年轻研究人员中，男性与女性之间的科学生产力差异很小，甚至不存在。van den Besselaar 和 Sandström（2016）使用相同的样本比较了女性学者和男性学者在 10 年时间内（从他们完成博士学位的第 3 年开始）的表现水平。他们发现，男性研究人员在这一时期的工作效率更高，而且在这 10 年的时间里，工作效率的差距越来越大。在生理年龄方面，Zoega（2017）研究了冰岛大学的研究成果数据，发现男性在三四十岁时发表的论文往往比女性多，而在五六十岁时发表的论文相对较少。

B. 排名

在学术排名方面，许多研究一致认为，随着职业发展，男女之间的表现差距

---

① 自其第一篇出版物出版以来超过 10 年的学者。
② 自其第一篇出版物出版以来小于 5 年的学者。
③ 自其第一篇出版物出版以来在 5 至 10 年间的学者。

似乎在缩小。Eloy 等（2013）对美国耳鼻喉科的研究表明，女性在职业生涯早期的研究产出低于男性，但在之后，女性的研究产出与男性相当或超过男性。Holliday 等（2014）研究了美国学术机构中放射肿瘤学家的性别差异，发现与女性相比，男性有更多的出版物和更高的 h 指数中位数。然而，在控制了排名之后，这些差异基本上不显著，其结果是，取得高级职称的女性的生产力指标与男性同行相当。一项在美国妇科肿瘤学教师中进行的研究结果表明，在助理教授级别，男性的 h 指数明显更高。然而，在更高的专业水平上未发现这种差异（Hill et al., 2015）。Diamond 等（2016）发现，担任高级教师职位的女性胃肠病学家的工作效率与男性同行一样高。同样，McDermott 等（2018）对美国顶级神经学项目的教师进行的一项研究发现，在所有学术级别中，男性发表的文章都比女性多，但发表数量的差距随着学术级别的上升而缩小。

与之前提到的研究不同，有些研究报告称，女性在职业生涯早期阶段的表现更好（Battaglia et al., 2019），或者在高级职称上存在更大的性别差异（Valsangkar et al., 2016; Carter et al., 2017）。例如，在急诊影像学领域的一项研究中，Battaglia 等（2019）发现，助理教授级别的女性学术生产力明显高于男性。Valsangkar 等（2016）发现，在科学或研究部门的所有学术级别中，女性外科教师的出版物和引用数量低于男性。这种差异在高级学术机构中更为明显。同样，在一项对美国博士项目社会工作专业教师的研究中，Carter 等（2017）发现，以 h 指数衡量生产力时，性别差异在正教授水平上最大，在副教授水平上最小（女性的 h 指数得分与男性接近）。

其他一些研究报告显示，与学术等级有关的结果喜忧参半。Carleton 等（2012）发现，在《临床心理学》（*Clinical Psychology*）杂志上，助理和正教授级别的男性发表的文章明显多于女性，但副教授级别则没有显示出这种差异。Choi 等（2009）在美国学术机构的放射肿瘤学教师的研究中发现，女性放射肿瘤学家的 h 指数总体较低。然而，当按学术等级分层时，性别差异消失了。同样，Tomei 等（2014）对神经外科医生出版物的研究发现，助理教授、副教授和正教授级别的 h 指数没有统计学差异。

C. 学科

一些研究以学者的学术等级和学科为基础，考察了生产力的性别差异。

对挪威大学研究人员发表率在各学科中性别和学术等级上的差异进行研究，结果显示，每个学科的结果不尽相同（Rørstad and Aksnes, 2015）；在自然科学、工程技术和社会科学领域，女性科学家的平均发表率往往低于男性；在医学领域，女性正教授和副教授的工作效率略高于男性；而在人文学科领域，男教授和男博士生的发表率更高。Abramo 等（2009b）对 33 000 名来自技术和科学学科的意大利科学家进行了研究，结果发现，男性总体上比女性表现得更好。然而，在物理和化学领域，女性正教授和副教授发表的论文多于男性；在地球科学领域，女助理教授的产出比男性高。van Arensbergen 等（2012）按学科比较发表率时发现，在经济学中，荷兰青年学者男女之间存在绩效差异；而在心理学中，这种差异没有统计学意义。类似地，在一项对英国社会科学家同行评议文章的研究中，Bird（2011）发现，在女性学者比例相对较高的某些学科，如社会政策和心理学，出版生产力与男性几乎相等。有研究显示，一个学科内的女性人数可能很重要，因为女性的"临界数量"（critical mass）可能促进职业发展，包括出版生产力。Duch 等（2012）对七个 STEM 学科进行的大规模研究表明，对于研究支出较高的学科，如分子生物学，女性发表论文的比例一直显著低于男性。然而，在工业工程中，没有观察到性别之间的显著差异。Holman 和 Stuart-Fox（2018）对大量 STEM 学科文章的样本进行了研究，发现在 STEM 领域，尤其是外科、计算机科学、物理和数学领域，作者身份的性别差异似乎依然存在。然而，在社会科学和语言病理学领域，女性发表的论文占比超过 50%。

D. 有无孩子和孩子的数量

关于孩子和作为父母身份的研究人员，一些作者认为，孩子对出版生产力有不利影响。正如 Hargens 等（1978）在对美国化学家的研究中指出的那样，抚养孩子可能会减少写论文的时间，这可能会降低工作效率或知名度。Carr 等（1998）在一项对美国医学院全职学术教师的研究中发现，与有孩子的男性相比，有孩子的女性发表的文章较少。然而，没有孩子的教师在性别上没有显著差异。Hunter 和 Leahey（2010）分析了孩子对美国研究型大学的语言学和社会学男女学者的整个职业生涯的影响，结果表明，有孩子是这些学科中生产力性别差异的部分原因，并且与典型的家庭分工有关。Beaudry 和 St-Pierre（2016）发现，与有孩子的男性相比，有孩子的女性工作效率更低。

一些研究发现，当考虑到孩子的年龄时，孩子可能会也可能不会降低研究效率（Kyvik，1990；Kyvik and Teigen，1996；Stack，2004；Fox，2005；Abramo et al.，2009b；Krapf et al.，2014）。这是因为不同年龄的孩子对父母关注的需求程度不同（Hunter and Leahy，2010）。在所有学术领域的样本中，Kyvik（1990）发现有孩子的女性比没有孩子的女性更有生产力，但是孩子的年龄对生产力有影响。与男性相比，有年幼孩子的女性的生产力低于男性，但孩子在 10 岁或 10 岁以上的女性在相同的家庭状况和学术地位下，与男性具有一样的生产力（Kyvik，1990；Kyvik and Teigen，1996）。作者认为，女性可能比男性在学龄前和学龄早期的孩子身上承担更多的责任。同样，在科学（包括社会科学）和工程专业的博士生样本中，Stack（2004）发现，有学龄前儿童的女性科学家的工作效率低于其他科学家，即使与有其他年龄段多个孩子的女性相比也是如此。作者认为，这是由于年幼的儿童需要父母更多的关注。

与之前的研究相反，Fox（2005）发现，有学龄前孩子的女性工程师和科学家比没有孩子的同行或有学龄孩子的女性工作效率更高。Fox 认为有学龄前孩子的女科学家能更好地分配她们用于研究的时间。Krapf 等（2017）对在 RePEc（经济学研究论文）数据库中注册的近 1 万名经济学家进行了关于怀孕和生育对研究生产力影响的研究，结果显示，至少有两个孩子的母亲平均比只有一个孩子的母亲工作效率更高，而且一般来说，有两个孩子的母亲比没有孩子的女性工作效率更高，他们认为这与有计划的生育有关。

E. 婚姻状况

关于婚姻状况，研究的结果有好有坏。Luukkonen-Gronow 和 Stolte-Heiskanen（1983）和 Long（1992）的研究都发现婚姻对男女学者科学和学术表现的积极影响。然而，其他研究报告称，婚姻只对女性学者有积极影响（Aiston and Jung，2015；Juraqulova et al.，2015）。Juraqulova 等（2015）发现，与男性同行相比，从事 STEM 和非 STEM 领域研究的女性认为，由于结婚，她们的工作效率更高。

然而，其他一些研究发现，对男性学者而言，婚姻能提升其科学影响力（Prpić，2002；Hancock and Baum，2010）。Prpić（2002）对克罗地亚 840 名年轻科学家进行了研究，结果表明，结婚的男性工作效率更高。同样，在对 80 个国家的大约 5000 名助理教授的调查中，Hancock 和 Baum（2010）发现，婚姻给男性带来的生产力提升比女性更大。Sax 等（2002）对美国 8544 名全职教师的研究结果表明，婚姻状况似乎对女性的研究生产力水平没有影响。

F. 学者专业化水平与论文研究主题

一些研究表明，研究主题的选择和专业化水平可能会导致男女研究人员的绩效差异（Pan and Kalinaki，2015）。由于女性专业化程度低于男性，且选择的研究主题不同，她们的工作效率可能较低（Leahey，2006；Pan and Kalinaki，2015）。然而，Abramo 等（2018）建议在得出这个结论时要谨慎，因为在不同的领域和学科，男性和女性专业化水平和选题存在差异。Abramo 等（2017）发现，男性比女性更倾向于多样化的研究活动，不过这只是从较高的出版数量上得出的结果。当限定了个人出版数量，只有数学和生物学这两个学科存在较显著的性别差异。

2. 结构或环境因素

这些因素指的是那些在大学环境中影响男女学者职业生涯成败的实践、政策和条件（National Academy of Sciences，2007；Robinson，2012），包括组织文化、工作量、教学负担以及资源和资金的获取。

A. 组织文化

Smeby 和 Try（2005）认为，组织文化对发表的科学文章数量有很大的影响。人们普遍认为，良好的科学环境会刺激生产力（Aksnes，2012）。在科学文献中，有一些证据表明，存在一种男性主导的文化规范使女性处于不利地位，尤其是在某些学术领域（Wolffensperger，1993；Willemsen，2002；Riley et al.，2006；Bagilhole et al.，2008）。例如，美国国家科学院、工程院和医学院的一份报告（2006）认为，STEMM[①]领域的女性数量少不是因为女性不愿涉足，而是由于组织文化系统阻碍了女性的职业发展。学术界和工业界的工程文化似乎都偏爱男性。Bagilhole 等（2008）在他们关于英国科学、工程和技术（SET）文化的文献综述中指出，SET 文化使女性难以在职业生涯中取得成功。作者认为，这是因为缺乏适当的政策来支持职业母亲（working mothers），而 SET 的成功是用传统的男性标准来衡量的。Thelwall 等（2019）认为，STEM 领域的性别不平衡可能是由令人不快的男性文化造成的。由于缺乏支持性文化，女性更倾向于教学而不是研究。这导致女性的生产力较低，获得的学术认可度也较低（Buckley et al.，2000；Ioannidou and Rosania，2015）。Riley 等（2006）认为，《心理学期刊》（*Psychologist Journal*）中女性作者数量较少的原因是学术界和心理学界中的性别歧视文化。Astegiano 等（2019）的 Meta 分析发现，文化是影响性别生产力差异的因素之一。

B. 工作量（教学负担）

某些研究一致认为，女性教师比男性教师在教学上花费更多的时间（Gander，1999）。教学和服务活动往往被看作"女性化"的工作（Social Sciences Feminist Network Research Interest Group，2017）。Xie 和 Shauman（2003）发现，尽管男女教学负荷的差异在减小，但女性仍然比男性更喜欢教学活动，投入研究的时间更少。Russell（1991）对美国 450 所学院和大学的 11 013 名全职和兼职教师进行了调查，发现男性平均花在研究活动上的时间比例更高，而女性花在教学和服务活动上的时间比例更高。同样，英国大学教师协会（Association of University Teachers，2004）的一项研究认为，"制度化的性别歧视"使女性的科研工作难以得到学术界的认可。一项针对美国 50 所大学 3080 名生命科学专业教师的调查显示，与男性相比，女性正教授总体上工作时间更长，在行政和专业活动上投入的时间明显更多，而在科研上投入的时间少于男性（DesRoches et al.，2010）。Olinto 和 Leta（2011）在巴西大学的研究表明，女性接受的教学任务较多，从而挤占了科研时间。一项针对英国大学科学学科员工的调查显示，与男性学者相比，女性学者在教学和公众任务参与上投入的时间更多，而在研究上投入的时间则较少（Aldercotte et al.，2017）。Albert 等（2016）认为，女性的教学和公共活动增多可能会削弱她们的科研生产力。

C. 资源获取和基金支持

资金和资源为研究和出版提供了必要的支持，所以对男性和女性都很重要

---

① STEMM 是指科学、技术、工程、数学和医学。

（Husu and de Cheveigné，2010），而资源的分配情况影响着出版模式（Duch et al.，2012）。美国国家科学院 2010 年的一份报告显示，在 1980 年至 2010 年间，获得机构资源支持的科学与工程专业女性教师有机会提高研究生产力。Ceci 和 Williams（2011）指出，当机构类型、获得的资金和资源、任期、教学任务等基本一致时，男性和女性之间的产出差异不大。Duch 等（2012）在一项针对美国顶尖研究机构七个 STEM 领域的研究中指出，女性学者发表率较低的原因可能是女性获得的机构支持和资源水平较低。在健康科学领域的一项研究结果表明，没有获得足够的公共资金资助可能会对女性的相对引用率产生轻微的负面影响（Beaudry and Larivière，2016）。

关于资金和性别问题，一些研究报告称，男性获得了更多的资金（Stack，2004；Head et al.，2013；Eloy et al.，2013），并且更容易获得资金资助（Bailyn，2008；van der Lee and Ellemers，2015）。但是，当控制了与资助成功相关的因素时，如学科、机构（Hosek et al.，2005）、学术等级（Waisbren et al.，2008；Svider et al.，2014）以及女性申请者的比例（Pohlhaus et al.，2011）时，在成功获得资助方面并没有发现性别差异。Ranga 等（2012）关于资金和性别的文献综述表明，研究通常涉及某些问题，包括申请资助的趋势、申请资助的数量、资助金额等。这些领域的大多数研究都认为，女性获得资助的可能性较小（Hosek et al.，2005；Pohlhaus et al.，2011；Boyle et al.，2015），即使获得，其金额也较少（Blake and la Valle，2000；Waisbren et al.，2008；Bedi et al.，2012）。

5.6.5 结论

本文从两方面综述了性别与文献计量学的相关文献：一是文献计量学指标；二是导致这些文献计量指标中存在性别差异的原因，特别关注了科学生产力和影响力。

在指标方面，文献中研究最多的指标是发表量、被引量、自引量、期刊影响因子、h 指数、作者地位和合作模式。另外，还从社交媒体指标的角度研究了学者的知名度，结果发现，h 指数是一个常用指标，主要在医学和生命科学（肿瘤学、神经病学、外科、急诊放射学、耳鼻喉科等）领域，用于评估生产力和男女学者的影响力。

从发表数量和作者数量上看，文献一致认为，女性学者的科学生产力较低。在 STEM 领域性别差异似乎更加明显，可能与 STEM 学科的男性文化以及对女性较少的支持和资助有关（Duch et al.，2012；Thelwall et al.，2019）。性别之间的生产力差距似乎随着职业发展和晋升而缩小。研究发现，在女性学者比例相对较高的某些学科，如社会政策和心理学，男女之间的出版生产力基本一致。一个学科中女性的数量可能很重要，因为女性的"临界数量"可能会促进女性的职业发展，包括她们的出版生产力（Bird，2011）。此外，在研究支出较高的学科，如分子生物学，女性发表的论文则明显少于男性（Duch et al.，2012）。

从引文来看，有些学科偏向于男性，如语言学、社会学、地理学、国际关系、天文学；有些学科性别差异不大，如图书馆与信息科学、纳米科学、外科、生命科学、树木年代学；还有一些学科偏向于女性，如生物化学、管理、经济学、神经外科。在女性较多的社会科学、生命科学等学科中，女性作者的文章被引用次数与男性相似或更高。这可能意味着在以男性科研为核心的领域，"马太效应"正在减少（Dion et al.，2018）。但是，某一领域的女性学者比例与被引用次数之间似乎没有相关性。这是因为还有很多其他因素，如男性较强的自引倾向可能是原因之一（Maliniak et al.，2013；Ghiasi et al.，2016a）。自引的差异使男性的 h 指数更高（Cameron et al.，2016）。Dion 等（2018）将引用中的性别差异与"玛蒂尔德效应"(Matilde effect)和引用实践中的隐性偏见联系在一起。根据 Dion 等（2018）的研究，女性的研究可能在性别多样性较高的学科中被引用的频率更高，但男性的研究可能依然被视为更重要。

各种因素对生产力和影响力的影响是复杂和不确定的。正如在这篇文献综述中所讨论的，有许多交互因素导致研究生产力性别差异，如个人（个体）和结构（环境）因素。

总体来说，通过研究性别和文献计量学文献，本文综述了科学生产力和影响力方面的性别差异。这一点很重要，因为性别差异可能会导致男女学者在职业发展过程中的性别失衡。Thelwall（2018）指出，科研影响力是性别差异的一个重要维度。如果女性撰写的研究被低估，那么女性的职业发展机会就更少。事实上，性别生产率差距经常被用作女性代表不足的重要原因（Astegiano et al.，2019）。在几乎每一个学科和机构类型中，科研影响力和出版生产力是任期、晋升和薪酬的决定性因素（Hancock and Baum，2010）。

这篇综述概述了引起性别差异的因素。在不控制相关变量的情况下，分析科学生产力和影响力的性别差异可能会导致结果、决策偏倚，这一点很重要。因此，这项研究可以提高有关各方对这一问题的认识，并以此为起点为克服性别差异提供行动参考。

5.6.6 参考文献

Aakhus, E, Mitra, N, Lautenbach, E & Joffe, S 2018, 'Gender and byline placement of co-first authors in clinical and basic science journals with high impact factors', Jama, vol. 319, pp. 610-611.

Abramo, G, D'Angelo, CA & Caprasecca, A 2009a, 'The contribution of star scientists to overall sex differences in research productivity', Scientometrics, vol. 81, p. 137.

Abramo, G, D'Angelo, CA & Caprasecca, A 2009b, 'Gender differences in research productivity: A bibliometric analysis of the Italian academic system', Scientometrics, vol. 79, pp. 517-539.

Abramo, G, D'Angelo, CA & Di Costa, F 2017, 'Specialization versus diversification in research activities: the extent, intensity and relatedness of field diversification by individual scientists', Scientometrics, vol. 112, pp. 1403-1418.

Abramo, G, D'Angelo, CA & Di Costa, F 2018, 'The effects of gender, age and academic rank on research diversification', Scientometrics, vol. 114, pp. 373-387.

Abramo, G., D'Angelo, CA & Murgia, G 2013, 'Gender differences in research collaboration', Journal of Informetrics, vol. 7, pp. 811-822.

Aguilar, IN, Ganesh, V, Mannfeld, R, Gorden, R, Hatch, JM, Lunsford, S, Whipple, EC, Loder, RT & Kacena, MA 2019,'Authorship Trends Over the Past 30-Years in the Annals of Biomedical Engineering', Annals of Biomedical Engineering, vol. 47, pp. 1171-1180.

Aiston, SJ & Jung, J 2015, 'Women academics and research productivity: an international comparison', Gender and Education, vol. 27, pp. 205-220.

Aksnes, DW 2012, Review of literature on scientists' research productivity, Kungl. Ingenjörsvetenskapsakademien, Stockholm.

Aksnes, DW, Piro, FN & Rørstad, K 2019, 'Gender gaps in international research collaboration: A bibliometric approach', Scientometrics, vol. 120, pp. 747-774.

Aksnes, DW, Rorstad, K, Piro, F & Sivertsen, G 2011, 'Are female researchers less cited? A large-scale study of Norwegian scientists', Journal of the American Society for Information Science and Technology, vol. 62, pp. 628-636.

Albert, C, Davia, MA & Legazpe, N 2016, 'Determinants of Research Productivity in Spanish Academia', European Journal of Education, vol. 51, pp. 535-549.

Aldercotte, A, Guyan, K, Lawson, J, Neave, S & Altorjai, S 2017, ASSET 2016: experiences of gender equality in STEMM academia and their intersections with ethnicity, sexual orientation, disability and age, Equality Challenge Unit (ECU), London.

Araújo, EB, Araújo, NAM, Moreira, AA, Herrmann, HJ & Andrade, JS, Jr 2017, 'Gender differences in scientific collaborations: Women are more egalitarian than men', PLOS One, vol.12, e0176791.

Association of University Teachers 2004, The Unequal: Academy UK Academic Staff 1995/6 to 2002/3, AUT, London.

Astegiano, J, Sebastián-González, E & de Toledo Castanho, C 2019, 'Unravelling the gender productivity gap in science: a meta-analytical review', Royal Society Open Science, vol. 6, 181566.

Bagilhole, B, Powell, A, Barnard, S & Dainty, A 2008, Researching Cultures in Science, Engineering and Technology: An analysis of current and past literature. Research Report Series for UKRC No.7. Engineering and Technology, Bradford, UK, Resource Centre for Women in Science.

Bailyn, L 2008, 'Comment on "gender differences in research grant applications and funding outcomes for medical school faculty"', Journal Women's Health (Larchmt), vol. 17, pp.

303-304.

Bandiera, O & Natraj, A 2013, 'Does Gender Inequality Hinder Development and Economic Growth? Evidence and Policy Implications', The World Bank, Washington, DC.

Bar-Ilan, J & van der Weijden, I 2015, 'Altmetric gender bias?-An exploratory study', International Journal of Computer Science: Theory and Application, vol. 4, pp. 16-22.

Barrios, M, Villarroya, A & Borrego, Á 2013, 'Scientific production in psychology: a gender analysis', Scientometrics, vol. 95, pp. 15-23.

Battaglia, F, Shah, S, Jalal, S, Khurshid, K, Verma, N, Nicolaou, S, Reddy, S, John, S & Khosa, F 2019, 'Gender disparity in academic emergency radiology', Emerg Radiol, vol. 26, pp. 21-28.

Beaudry, C & Larivière, V 2016, 'Which gender gap? Factors affecting researchers' scientific impact in science and medicine', Research Policy, vol. 45, pp. 1790-1817.

Beaudry, C & St-Pierre, C 2016, What factors influence scientific and technological output: The case of Thailand and Malaysia, 21st International Conference on Science and Technology Indicators-STI 2016, Editorial Universitat Politecnica de Valencia, Valencia, Spain.

Bedi, G, van Dam, NT & Munafo, M 2012, 'Gender inequality in awarded research grants', The Lancet, vol. 380, p. 474.

Bendels, MHK, Müller, R, Brueggmann, D & Groneberg, DA 2018, 'Gender disparities in high-quality research revealed by Nature Index journals', PLOS One, vol. 13, e0189136.

Bird, KS 2011, 'Do women publish fewer journal articles than men? Sex differences in publication productivity in the social sciences', British Journal of Sociology of Education, vol.32. pp. 921-937.

Blake, M & la Valle, I 2000, 'Who applies for research funding?: Key factors shaping funding application behaviour among women and men in British higher education institutions', National Centre for Social Research, London.

Bonham, KS & Stefan, MI 2017, 'Women are underrepresented in computational biology: An analysis of the scholarly literature in biology, computer science and computational biology', PLOS Computational Biology, vol. 13, e1005134.

Bordons, M, Morillo, F, Fernández, MT & Gómez, I 2003, 'One step further in the production of bibliometric indicators at the micro level: Differences by gender and professional category of scientists', Scientometrics, vol. 57, pp. 159-173.

Borrego, Á, Barrios, M, Villarroya, A & Ollé, C 2010, 'Scientific output and impact of postdoctoral scientists: a gender perspective', Scientometrics, vol. 83, pp. 93-101.

Boschini, A & Sjögren, A 2007, 'Is team formation gender neutral? Evidence from coauthorship patterns', Journal of Labor Economics, vol. 25, pp. 325-365.

Boyle, PJ, Smith, LK, Cooper, NJ, Williams, KS & O'Connor, H 2015, 'Gender balance: Women are funded more fairly in social science', Nature, vol. 525, pp. 181-183.

Bozeman, B & Corley, E 2004, 'Scientists' collaboration strategies: Implications for scientific and technical human capital', Research Policy, vol. 33, pp. 599-616.

Bozeman, B & Gaughan, M 2011, 'How do men and women differ in research collaborations? An analysis of the collaborative motives and strategies of academic researchers', Research Policy, vol. 40, pp. 1393-1402.

Buckley, LM, Sanders, K, Shih, M & Hampton, CL 2000, 'Attitudes of clinical faculty about career progress, career success and recognition, and commitment to academic medicine. Results of a survey', Arch Intern Med, vol. 160, pp. 2625-2629.

Cameron, EZ, White, AM & Gray, ME 2016, 'Solving the productivity and impact puzzle: Do men outperform women, or are metrics biased?', BioScience, vol. 66, pp. 245-252.

Caplar, N, Tacchella, S & Birrer, S 2017, 'Quantitative evaluation of gender bias in astronomical publications from citation counts', Nature Astronomy, vol. 1, 0141.

Card, D, Dellavigna, S, Funk, P & Iriberri, N 2019, Are Referees and Editors in Economics Gender Neutral? NBER, US.

Carleton, RN, Parkerson, HA & Horswill, SC 2012, 'Assessing the publication productivity of clinical psychology professors in Canadian Psychological Association-accredited Canadian psychology departments', Canadian Psychology/Psychologie canadienne, vol. 53, pp. 226-237.

Carr, PL, Ash, AS, Friedman, RH, Scaramucci, A, Barnett, RC, Szalacha, L, Palepu, A & Moskowitz, MA 1998,'Relation of family responsibilities and gender to the productivity and career satisfaction of medical faculty', Ann Intern Med, vol. 129, pp. 532-538.

Carter, TE, Smith, TE & Osteen, PJ 2017,'Gender comparisons of social work faculty using h-index scores', Scientometrics, vol. 111, pp. 1547-1557.

Ceci, SJ & Williams, WM 2011,'Understanding current causes of women's underrepresentation in science', Proceedings of the National Academy of Sciences, vol. 108, pp. 3157-3162.

Choi, M, Fuller, CD & Thomas Jr., CR 2009, 'Estimation of citation-based scholarly activity among radiation oncology faculty at domestic residency-training institutions: 1996-2007', International Journal of Radiation Oncology - Biology – Physics, vol. 74, pp. 172-178.

Cole, JR & Zuckerman, H 1984, 'The Productivity Puzzle: Persistence and Change in Patterns of Publication of Men and Women Scientists', Advances in Motivation and Achievement, vol. 2 ,pp. 217-258.

Copenheaver, CA, Goldbeck, K & Cherubini, P 2010, 'Lack of gender bias in citation rates of publications by dendrochronologists: What is unique about this discipline?', Tree-Ring Research, vol. 66, pp. 127-133.

Crow, MS & Smykla, JO 2015, 'An examination of author characteristics in national and regional criminology and criminal justice journals, 2008−2010: Are female scholars changing the nature of publishing in criminology and criminal justice?', American Journal of Criminal Justice, vol. 40, pp. 441-455.

D'Amico, R, Vermigli, P & Canetto, SS 2011, 'Publication productivity and career advancement by female and male psychology faculty: The case of Italy', Journal of Diversity in Higher Education, vol. 4, pp. 175-184.

Dehdarirad, T & Nasini, S 2017, 'Research impact in co-authorship networks: A two-mode analysis', Journal of Informetrics, vol. 11, pp. 371-388.

DesRoches, CM, Zinner, DE, Rao, SR, Iezzoni, LI & Campbell, EG 2010, 'Activities, productivity, and compensation of men and women in the life sciences', Academic Medicine, vol. 85, no. 4, pp. 631-639.

Diamond, SJ, Thomas Jr., CR Desai, S, Holliday, EB, Jagsi, R, Schmitt, C & Enestvedt, BK 2016,'Gender differences in publication productivity, academic rank, and career duration among U.S. academic gastroenterology faculty', Academic Medicine, vol. 91, pp. 1158-1163.

Dion, ML, Sumner, JL & Mitchell, SM 2018, 'Gendered citation patterns across political science and social science methodology fields', Political Analysis, vol. 26, pp. 312-327.

Duch, J, Zeng, XHT, Sales-Pardo, M, Radicchi, F, Otis, S, Woodruff, TK & Nunes Amaral, LA 2012, 'The possible role of resource requirements and academic career-choice risk on gender differences in publication rate and impact', PLOS One, vol. 7, e51332.

Ductor, L, Goyal, S & Prummer, A 2018, Gender & Collaboration. Faculty of Economics, University of Cambridge.

Edwards, HA, Schroeder, J & Dugdale, HL 2018,'Gender differences in authorships are not associated with publication bias in an evolutionary journal', PLOS One, vol. 13, e0201725.

Eloy, JA, Svider, P , Chandrasekhar, SS, Husain, Q, Mauro, KM, Setzen, M & Baredes, S 2013,'Gender disparities in scholarly productivity within academic otolaryngology departments', Otolaryngol Head Neck Surg, vol. 148, pp. 215-222.

Elsevier 2017, Gender in the Global Research Landscape, https://www.elsevier.com/research-intelligence/campaigns/gender-17 (July 15, 2020).

European Commission 2015,She Figures 2015. Gender in Research and Innovation Statistics and Indicators, Directorate-General for Research and Innovation, Brussels.

European Commission 2019, She Figures 2018, Directorate-General for Research and Innovation, Brussels.

Farrell, J & Smyth, R 2014,'Trends in co-authorship in the Australian group of eight law reviews', Monash University Law Review, vol. 39.

Fisher, BS, Cobane, CT, Thomas, MVV & Cullen, FT 1998,'How Many Authors Does It Take to Publish an Article? Trends and Patterns in Political Science', PS: Political Science and Politics, vol. 31, pp. 847-856.

Fox, CW, Ritchey, JP & Paine, CET 2018,'Patterns of authorship in ecology and evolution: First, last, and corresponding authorship vary with gender and geography', Ecology and Evolution, vol. 8, pp. 11492-11507.

Fox, MF 2005,'Gender, family characteristics, and publication productivity among scientists', Social Studies of Science, pp. 35131-35150.

Frehill, LM & Zippel, K 2011, 'Gender and international collaborations of academic scientists and engineers: Findings from the survey of doctorate recipients, 2006', Journal of the Washington Academy of Sciences, vol.97, pp.49-69.

Gallivan, MJ & Benbunan-Fich, R 2006, 'Examining the relationship between gender and the research productivity of IS faculty', ACM SIGMIS CPR conference on computer personnel research: Forty four years of computer personnel research: achievements, challenges & the future, California, USA.

Gander, JP 1999,'Faculty gender effects on academic research and teaching', Research in Higher

Education, vol.40, pp.174-184.

Gayet-Ageron, A, Poncet, A & Perneger, T 2019, 'Comparison of the contributions of female and male authors to medical research in 2000 and 2015: a cross-sectional study', BMJ Open, vol. 9, e024436.

Ghiasi, G, Larivière, V & Sugimoto, CR 2016a, 'Gender Differences in Synchronous and Diachronous Self-citations', in I Ràfols, J Molas-Gallart, E Castro-Martínez & R Woolley (eds.), The 21st International Conference on Science and Technology Indicators, Universitat Politècnica de València, Valencia, Spain.

Ghiasi, G, Larivière, V & Sugimoto, CR 2016b, 'On the compliance of women engineers with a gendered scientific system', PLOS One, vol. 10, e0145931.

González-Álvarez, J & Cervera-Crespo, T 2019, 'Contemporary psychology and women: A gender analysis of the scientific production', International Journal of Psychology, vol. 54, pp. 135-143.

Gupta, BM, Kumar, S & Aggarwal, BS 1999, 'A comparision of productivity of male and female scientists of CSIR', Scientometrics, vol. 45, pp. 269-289, doi: https://doi.org/10.1007/bf02458437.

Hancock, KJ & Baum, M 2010, 'Women and Academic Publishing: Preliminary Results from a Survey of the ISA Membership', International Studies Association annual convention, New Orleans.

Hargens, LL, Mccann, JC & Reskin, BF 1978, 'Productivity and reproductivity: Fertility and professional achievement among research scientists', Social Forces, vol. 57, pp. 154-163.

Hart, KL, Frangou, S & Perlis, RH 2019, 'Gender Trends in Authorship in Psychiatry Journals From 2008 to 2018', Biological psychiatry, vol. 86, no. 8, pp. 639-646.

Head, MG, Fitchett, JR, Cooke, MK, Wurie, FB & Atun, R 2013, 'Sex discrepancies in infectious disease research funding 1997-2010: a systematic analysis', The Lancet, vol. 382, S44.

Hill, EK, Blake, RA, Emerson, JB, Svider, P, Eloy, JA, Raker, C, Robison, K & Stuckey, A 2015, 'Gender differences in scholarly productivity within academic gynecologic oncology departments', Obstetrics and Gynecology, vol. 126, pp. 1279-1284.

Holliday, EB, Jagsi, R, Wilson, LD, Choi, M, Thomas Jr., & Fuller, CD 2014, 'Gender differences in publication productivity, academic position, career duration, and funding among U.S. academic radiation oncology faculty', Academic Medicine, vol. 89, pp. 767-773.

Holman, L & Morandin, C 2019, 'Researchers collaborate with same-gendered colleagues more often than expected across the life sciences', PLOS One, vol.14, e0216128.

Holman, L, Stuart-Fox, D & Hauser, CE 2018, 'The gender gap in science: How long until women are equally represented?', PLOS Biology, vol. 16, e2004956.

Hosek, SD, Cox, AG, Ghosh-Dastidar, B, Kofner, A, Ramphal, NR, Scott, J & Berry, SH 2005, Gender Differences in Major Federal External Grant Programs, RAND Corporation, Santa Monica, CA, https://www.rand.org/pubs/technical_reports/TR307.html (July 15, 2020).

Housri, N, Cheung, MC, Koniaris, LG & Zimmers, TA 2008, 'Scientific impact of women in academic surgery', Journal of Surgical Research, vol. 148, pp. 13-16.

Hunter, L A & Leahey, E 2008, 'Collaborative research in sociology: Trends and contributing factors',

The American Sociologist, vol. 39, pp. 290-306.

Hunter, LA & Leahey, E 2010,'Parenting and research productivity: New evidence and methods', Social Studies of Science, vol. 40, pp. 433-451.

Husu, L & de Cheveigné, S 2010,'Gender and gatekeeping of excellence in research funding: European perspectives', in B Riegraf, E Kirsch-Auwärter & U Müller (eds.), Gender Change in Academia, Verlag für Sozialwissenschaften.

Hutson, SR 2006,'Self-citation in archaeology: Age, gender, prestige, and the self', Journal of Archaeological Method and Theory, vol. 13, pp. 1-18.

Ioannidou, E & Rosania, A 2015,'Under-representation of women on dental journal editorial boards', PLOS One, vol. 10, e0116630.

Juraqulova, ZH, Byington, TC & Kmec, JA 2015, 'The impacts of marriage on perceived academic career success: Differences by gender and discipline', International Journal of Gender, Science and Technology, vol. 7, no. 3.

King, MM, Bergstrom, CT, Correll, SJ, Jacquet, J & West, JD 2017, 'Men set their own cites high: Gender and self-citation across fields and over time', Socius, vol. 3, 2378023117738903.

Krapf, M, Ursprung, HW & Zimmermann, C 2014, 'Parenthood and Productivity of Highly Skilled Labor: Evidence from the Groves of Academe', CESifo Working Paper Series No. 4641.

Krapf, M, Ursprung, HW & Zimmermann, C 2017, 'Parenthood and productivity of highly skilled labor: Evidence from the groves of academe', Journal of Economic Behavior & Organization, vol. 140, pp. 147-175.

Kretschmer, H & Aguillo, IF 2005,'New indicators for gender studies in Web networks', Information Processing & Management, vol. 41, pp. 1481-1494.

Kretschmer, H, Pudovkin, A & Stegmann J 2012,'Research evaluation. Part II: Gender effects of evaluation: are men more productive and more cited than women?', Scientometrics, vol.93, pp. 17-30.

Kyvik, S 1990,'Motherhood and scientific productivity', Social Studies of Science, vol.20, pp. 149-160.

Kyvik, S & Teigen, M 1996,'Child care, research collaboration, and gender differences in scientific productivity', Science, Technology, & Human Values, vol. 21, pp. 54-71.

Larivière, V, Ni, C, Gingras, Y, Cronin, B & Sugimoto, CR 2013,'Bibliometrics: Global gender disparities in science', Nature, vol. 504, pp. 211-213.

Larivière, V, Vignola-Gagné, E, Villeneuve, C, Gélinas, P & Gingras, Y 2011,'Sex differences in research funding, productivity and impact: An analysis of Québec university professors', Scientometrics, vol. 87, pp. 483-498.

League of European Research Universities (LERU) 2012, Women, research and universities: excellence without gender bias Universities, League of European Research, Leuven, Belgium.

Leahey, E 2006,'Gender differences in productivity: Research specialization as a missing link', Gender & Society, vol. 20, pp. 754-780, doi: https://doi.org/10.1177/0891243206293030.

Lee, S & Bozeman, B 2005,'The impact of research collaboration on scientific productivity', Social Studies of Science, vol. 35, pp. 673-702.

Lewison, G 2001,'The quantity and quality of female researchers: A bibliometric study of Iceland', Scientometrics, vol. 52, pp. 29-43.

Liang, T, Zhang, C, Khara, RM & Harris, AC, 2015,'Assessing the gap in female authorship in radiology: Trends over the past two decades', Journal of the American College of Radiology, vol. 12, pp. 735-741.

Long, JS 1992,'Measures of sex differences in scientific productivity', Social Forces, vol. 71, pp. 159-178.

Luukkonen-Gronow, T & Stolte-Heiskanen, V 1983,'Myths and realities of role incompatibility of women scientists', Acta Sociologica, vol. 26, pp. 267-280.

Maliniak, D, Powers, R & Walter, BF 2013,'The gender citation gap in international relations', International Organization, vol. 67, pp. 889-922.

Mauleón, E & Bordons, M 2006,'Productivity, impact and publication habits by gender in the area of Materials Science', Scientometrics, vol. 66, pp. 199-218.

Mauleón, E, Bordons, M & Oppenheim, C 2008,'The effect of gender on research staff success in life sciences in the Spanish National Research Council', Research Evaluation, vol.17, pp. 213-225.

Mayer, SJ & Rathmann, JMK 2018, 'How does research productivity relate to gender? Analyzing gender differences for multiple publication dimensions', Scientometrics, vol.117, pp. 1663-1693.

McDermott, M, Gelb, DJ, Wilson, K, Pawloski, M, Burke, JF, Shelgikar, AV & London, ZN 2018, 'Sex differences in academic rank and publication rate at top-ranked US neurology programs', JAMA Neurol, vol. 75, pp. 956-961.

McDowell, JM & Smith, JK 1992, 'The effect of gender-sorting on propensity to coauthor: Implications for academic promotion', Economic Inquiry, vol. 30, pp. 68-82.

Mihaljević-Brandt, H, Santamaría, L & Tullney, M 2016, 'The effect of gender in the publication patterns in mathematics', PLOS One, vol. 11, e0165367.

Mishra, S, Fegley, BD, Diesner, J & Torvik, VI 2018,'Self-citation is the hallmark of productive authors, of any gender', PLOS One, vol. 13, e0195773.

National Academy Of Sciences 2007, Beyond Bias and Barriers: Fulfilling and Potential of Women in Academic Science and Engineering, National Academies Press, Washington DC.

Nielsen, MW 2016,'Gender inequality and research performance: Moving beyond individual-meritocratic explanations of academic advancement', Studies in Higher Education, vol. 41, pp. 2044-2060.

Nielsen, MW 2017, 'Gender and citation impact in management research', Journal of Informetrics, vol. 11, pp. 1213-1228.

Olinto, G & Leta, J 2011,'Gender (im)balances in teaching and research activities in Brazil', Conference of the international society for scientometrics and informetrics, University of Zululand, South Africa, Durban.

Østby, G, Strand, H, Nordås, R. & Gleditsch, NP 2013, 'Gender Gap or Gender Bias in Peace Research? Publication Patterns and Citation Rates for Journal of Peace Research, 1983-2008', International Studies Perspectives, vol. 14, no. 14, pp. 493-506.

Özel, B, Kretschmer, H & Kretschmer, T 2014,'Co-authorship pair distribution patterns by gender',

Scientometrics, vol. 98, pp. 703-723.

Pan, L & Kalinaki, E 2015, Mapping Gender in the German Research Arena, Elsevier, https://www.elsevier.com/research-intelligence/resource-library/gender-2015 (July 15, 2020).

Paul-Hus, A, Sugimoto, CR, Haustein, S & Larivière, V 2015,'Is there a gender gap in social media metrics?', ISSI 2015—15th International Conference of the International Society for Scientometrics and Informetrics, Bogazici University Printhouse, Istanbul.

Peñas, CS & Willett, P 2006,'Brief communication: Gender differences in publication and citation counts in librarianship and information science research', Journal of Information Science, vol. 32, pp. 480-485.

Pohlhaus, JR, Jiang, H, Wagner, RM, Schaffer, WT & Pinn, VW 2011, 'Sex differences in application, success, and funding rates for NIH extramural programs', Academic Medicine, vol. 86, pp. 759-767.

Prpić, K 2002,'Gender and productivity differentials in science', Scientometrics, vol. 55, pp. 27-58, doi: https://doi.org/10.1023/A:1016046819457.

Pudovkin, A, Kretschmer, H, Stegmann, J & Garfield, E 2012,'Research evaluation. Part I: Productivity and citedness of a German medical research institution', Scientometrics, vol. 93, pp. 3-16.

Puuska, H-M 2010, 'Effects of scholar's gender and professional position on publishing productivity in different publication types. Analysis of a Finnish university', Scientometrics, vol. 82, pp. 419-437.

Ranga, M, Gupta, N & Etzkowitz, H 2012, 'Gender effects in research funding', Deutsche Forschungsgemeinschaft, Bonn.

Rigg, LS, McCarragher, S & Krmenec, A 2012,'Authorship, collaboration, and gender: Fifteen years of publication productivity in selected geography journals', The Professional Geographer, vol. 64, pp. 491-502.

Riley, S, Frith, H, Archer, L & Veseley, L 2006,'Institutional sexism in academia', The Psychologist, vol. 19, pp. 94-97.

Robinson, KA 2012,Institutional Factors Contributing to the Under-representation of African American Women in Higher Education: Perceptions of Women in Leadership Positions, Doctoral thesis, Georgia Southern University.

Rørstad, K & Aksnes, DW 2015,'Publication rate expressed by age, gender and academic position—A large-scale analysis of Norwegian academic staff', Journal of Informetrics, vol.9, pp. 317-333.

Russell, SH 1991,'The status of women and minorities in higher education: Findings from the 1988 national survey of postsecondary faculty', CUPA Journal, vol. 42, pp. 1-11.

Savic, M, Ivanovic, M, Radovanovic, M & Surla, BD 2018, 'Gender-based analysis of intra-institutional research productivity and collaboration', Fundamenta Informaticae, vol. 162, pp. 237-258.

Sax, LJ, Hagedorn, LS, Arredondo, M & Dicrisi, FA 2002, 'Faculty research productivity: Exploring the role of gender and family-related factors', Research in Higher Education, vol.43, pp. 423-446.

Schisterman, EF, Swanson, CW, Lu, YL & Mumford, SL 2017, 'The changing face of epidemiology: Gender disparities in citations?', Epidemiology, vol. 28, pp. 159-168.

Seetharam, A, Ali, MT, Wang, CY, Schultz, KE, Fischer, JP, Lunsford, S, Whipple, EC, Loder, RT & Kacena, MA 2018, 'Authorship trends in the Journal of Orthopaedic Research: A bibliometric analysis', Journal of Orthopaedic Research, vol. 36, pp. 3071-3080.

Shah, DN, Huang, J, Ying, GS, Pietrobon, R & O'Brien, JM 2013, 'Trends in female representation in published ophthalmology literature, 2000-2009', Digital Journal of Ophthalmology, vol. 19, pp. 50-55.

Smeby, J-C & Try, S 2005, 'Departmental contexts and faculty research activity in Norway', Research in Higher Education, vol. 46, pp. 593-619.

Social Sciences Feminist Network Research Interest Group 2017, 'The burden of invisible work in academia social inequalities and time use in five university departments', Humboldt Journal of Social Relations, vol. 39, pp. 228-245.

Sotudeh, H & Khoshian, N 2014, 'Gender differences in science: The case of scientific productivity in Nano Science & Technology during 2005-2007', Scientometrics, vol. 98, pp. 457-472.

Sotudeh, H, Dehdarirad, T & Freer, J 2018, 'Gender differences in scientific productivity and visibility in core neurosurgery journals: Citations and social media metrics', Research Evaluation, vol. 27, pp. 262-269.

Sotudeh, H, Dehdarirad, T & Pooladian, A 2016, 'Scientific productivity and the impact of neurosurgery scientists in WOS and Mendeley: A gender study', in I Rafols (ed.), 21st International Conference on Science and Technology Indicators, pp. 470-473, Universitat Politecnica de Valencia, Valencia.

Stack, S 2004, 'Gender, children and research productivity', Research in Higher Education, vol. 45, pp. 891-920.

Svider, PF, D'aguillo, CM, White, PE, Pashkova, AA, Bhagat, N, Langer, PD & Eloy, JA 2014, 'Gender differences in successful National Institutes of Health funding in ophthalmology', Journal of Surgical Education, vol. 71, pp. 680-688.

Symonds, MRE, Gemmell, NJ, Braisher, TL, Gorringe, KL & Elgar, MA 2006, 'Gender differences in publication output: Towards an unbiased metric of research performance', PLOS One, vol.1, e127.

Thelwall, M 2018, 'Do females create higher impact research? Scopus citations and Mendeley readers for articles from five countries', Journal of Informetrics, vol. 12, pp. 1031-1041.

Thelwall, M & Kousha, K 2014, 'Academia.edu: Social network or academic network?', Journal of the Association for Information Science and Technology, vol.65, pp.721-731.

Thelwall, M, Bailey, C, Tobin, C & Bradshaw, N-A 2019, 'Gender differences in research areas, methods and topics: Can people and thing orientations explain the results?', Journal of Informetrics, vol. 13, pp. 149-169.

Tomei, KL, Nahass, MM, Husain, Q, Agarwal, N, Patel, SK, Svider, PF, Eloy, JA & Liu, JK 2014, 'A gender-based comparison of academic rank and scholarly productivity in academic neurological surgery', Journal of Clinical Neuroscience, vol. 21, pp. 1102-1105.

Tower, G, Plummer, J & Ridgewell, B 2007,'A multidisciplinary study of gender-based research productivity in the worlds best journals', Journal of Diversity Management, vol.12, pp. 23-32, doi: https://doi.org/10.19030/jdm.v2i4.5020.

Valsangkar, N, Fecher, AM, Rozycki, GS, Blanton, C, Bell, TM, Freischlag, J, Ahuja, N, Zimmers, TA & Koniaris, LG 2016,'Understanding the barriers to hiring and promoting women in surgical subspecialties', Journal of the American College of Surgeons, vol. 223, pp. 387-398.e2.

van Arensbergen, P, van der Weijden, I & van den Besselaar, P 2012,'Gender differences in scientific productivity: A persisting phenomenon?', Scientometrics, vol. 93, pp. 857-868.

van den Besselaar, P & Sandström, U 2016, 'Gender differences in research performance and its impact on careers: A longitudinal case study', Scientometrics, vol. 106, pp. 143-162.

van der Lee, R & Ellemers, N 2015, 'Gender contributes to personal research funding success in The Netherlands', Proceedings of the National Academy of Sciences, vol. 112, pp. 12349-12353.

Waisbren, SE, Bowles, H, Hasan, T, Zou, KH, Emans, SJ, Goldberg, C, Gould, S, Levine, D, Lieberman, E, Loeken, M, Longtine, J, Nadelson, C, Patenaude, AF, Quinn, D, Randolph, AG, Solet, JM, Ullrich, N, Walensky, R, Weitzman, P & Christou, H 2008, 'Gender differences in research grant applications and funding outcomes for medical school faculty', Journal Women's Health (Larchmt), vol. 17, pp. 207-214.

West, JD, Jacquet, J, King, MM, Correll, SJ & Bergstrom, CT 2013, 'The Role of Gender in Scholarly Authorship', PLOS One, vol. 8, e66212.

Willemsen, TM 2002, 'Gender typing of the successful manager—a stereotype reconsidered', Sex Roles, vol. 46, pp. 385-391.

Wininger, AE, Fischer, JP, Likine, EF, Gudeman, AS, Brinker, AR, Ryu, J, Maupin, KA, Lunsford, S,Whipple, EC, Loder, RT & Kacena, MA 2017,'Bibliometric analysis of female authorship trends and collaboration dynamics over JBMR's 30-Year history', Journal of Bone and Mineral Research, vol. 32, pp. 2405-2414.

Wolffensperger, J 1993,'Science is truly a male world: The interconnectedness of knowledge, gender and power within university education', Gender and Education, vol. 5, pp. 37-54.

World Bank 2012, The World Development Report 2012: Gender Equality and Development, The World Bank, Washington, DC.

Xie, Y & Shauman, KA 1998, 'Sex differences in research productivity: New evidence about an old puzzle', American Sociological Review, vol. 63, pp. 847-870.

Xie, Y & Shauman, KA 2003, Women in Science: Career Processes and Outcomes, Harvard University Press, Cambridge.

Zainab, AN 1999,'Personal, academic and departmental correlates of research productivity: A review of literature', Malaysian Journal of Library & Information Science, vol.4, pp. 73-110.

Zawacki-Richter, O & von Prümmer, C 2010, 'Gender and collaboration patterns in distance education research', Open Learning: The Journal of Open, Distance and e-Learning, vol. 25, pp. 95-114.

Zeng, XHT, Duch, J, Sales-Pardo, M, Moreira, JAG, Radicchi, F, Ribeiro, HV, Woodruff, TK & Amaral, LAN 2016, 'Differences in collaboration patterns across discipline, career stage, and gender', PLOS Biology, vol. 14, e1002573.

Zettler, HR, Cardwell, SM & Craig, JM 2017, 'The gendering effects of co-authorship in criminology & criminal justice research', Criminal Justice Studies, vol. 30, pp. 30-44.

Zoega, G 2017, 'Does research activity decline with age?', Icelandic Review of Politics and Administration, vol. 3, pp. 103-118.

5.7 研究指标的可视化

Hélène Draux[①]（埃莱娜·德罗）

摘要：研究指标与统计和网络分析密切相关，从可视化中获益良多。在介绍常用的可视化方法之前，本文简要介绍了一些可视化方法（设计或颜色选择）的指导原则。我们先介绍图表选择器，一开始是选择所需的分析类型，然后考虑数据特征。这包括统计中常见的静态或交互式图表，以及能表示学术对象（出版物、大学、研究人员、资助者等）之间联系的高级图表。流程图（如热图、弦图和网络图）有助于全面了解问题，并深入挖掘问题。最后提到了文献计量学可视化中最常用的工具和软件。

关键词：可视化，图表，文献计量学，设计

5.7.1 简介

研究指标用于研究评估和评价，旨在衡量研究的影响。另外，图表揭示了数据的情况（Tufte，2001）。Kirk（2016）将可视化定义为"有利于理解数据的表示和呈现"。因此，可视化在多种环境中被用于显示背景信息、支持问题回答、辅助决策、分析和发现模式或辅助交流。这些多重目的意味着相同的数据可以根据其用途以不同的方式可视化。在文献计量学中，核心数据用以衡量研究项目、大学、研究领域或研究人员本身。指标的可视化主要依赖于定量数据。

研究指标可视化最常见的对象是与项目、学术成果（如出版物、授权、专利）和人员相关的元数据和研究指标。这些研究项目大多通过引用或所有权（研究人员的出版物）联系在一起。定量数据可以与学术成果相关的文本信息（如标题和摘要）相互补充。

静态图提供了数据的预组合视图（有时是因为呈现的需要），而交互式可视化可以使用户自己探索数据。交互式可视化的优点是不仅可以从多个维度提供更广泛的视角，而且还为从新用户到对数据熟悉的老用户等不同层次的用户提供接口，

[①] Digital Science 公司数据研究科学家，h.draux@digital-science.com。
https://doi.org/10.1515/9783110646610-035

选择他们想看到的内容。与通常预期不同，交互式可视化并不局限于网络，还可以通过 html 文件传递给用户，并通过网络浏览器查看，数据可以存储在本地，也可以存储在云端。也就是说，静态图也可以描述多维数据，稍后将介绍这一点。格式的选择（静态或交互）在很大程度上取决于发布模式和使用目的。

在创建图形可视化时应考虑以下步骤：

（1）考虑可视化的目的：例如，可视化可以显示研究背景、支持问题回答、辅助决策、分析和发现模式或传达消息。可视化的目的对选择合适的可视化起决定性作用。

（2）考虑读者的理解程度：他们对该领域知识或可视化效果的了解程度。这对于可视化显示的信息量和可视化所需的复杂程度是至关重要的。

（3）数据的可用性和质量：大多数数据都是不完美的，文献计量数据也不例外，存在缺失或需要解释的数据。理解它是很重要的，如果可能的话，可使用相关的解释来注释数据。

（4）选择静态或交互：取决于发布的格式，这会限制可能的可视化效果。静态图形更适合印刷或展示，而交互式图形更适合互联网或数字化。

大部分研究指标的可视化类似于定量数据可视化，因此本文首先介绍可视化类型，从经典方式入手，随后介绍了一些更高级的可视化方式。在介绍了可视化类型后，进一步介绍了可视化工具和软件。

5.7.2 设计

设计是可视化中最重要的一步，以下是来自数据可视化领域经典著作中的一些影响深远的数据可视化设计理念。

1. 原则

Tufte（2001）制定了一些图形显示规则，它们是清晰、精确和高效数据可视化的指南：

- 显示数据
- 引导读者思考实质内容，而不是方法论、平面设计、平面制作技术或其他东西
- 避免扭曲数据
- 在一个小空间里呈现许多数字
- 使大数据集连贯
- 鼓励比较不同的数据
- 用精细的结构概述数据细节的不同层次

- 目的合理而清晰：描述、探索、制表或修饰
- 与数据统计、语言描述紧密相连成整体

Cairo（2016）进一步将这些指南提炼为五项原则：真实性（truthful）、实用性（functional）、美观性（beautiful）、洞察性（insightful）和启发性（enlightening）。

Tufte（2001）还自创了一些术语来描述图形显示的原则和出现的问题，如"图形垃圾"（chart junk）、"数据墨水比例"（data-ink ratio）。"图形垃圾"是指图形中对信息表达无用的部分，并且会干扰人们对图形的理解。这与"数据墨水比例"有关，"数据墨水比例"是指数据呈现部分和整体图形的墨水比例。尽可能低的数据-墨水比例更能清晰地呈现信息，从而得到极简形式的图形。

2. 颜色

图中的颜色应代表数据的某些维度，所以要避免画面杂乱。颜色的选择本身就是一门艺术，指南可以帮助选择颜色，至少可以从中得到启发。Brewer（1994）编写的指南使用最广泛，它被许多数据可视化软件包设为默认的配色方案，在 http://colorbrewer2.org（July 15，2020）上也可以找到。

5.7.3 可视化类型

1. 可视化的基本方式

不论是静态的可视化还是交互的可视化，都需要选择一个图来呈现数据。选择什么样的图取决于数据和需要呈现的信息。Abela（2006）在 ExtremePresentation 上设计了一个有用的工具——图表选择器（chart chooser），如图1所示，它将可视化图分为比较（comparison）、关系（relationship）、分布（distribution）和结构（composition）四类。

2. 高级可视化

如果你经过深思熟虑，知道展示的目的是什么，并且考虑了数据的特点，那么图表选择器作为一种分层决策工具是非常适合的。根据作者需要，可以使用图表选择器非常简单地进行选择和讨论（FlowingData，2009）。例如，要对数据进行"比较"，数据具有"时间"序列特性，并且是"多个类别"，那么就建议创建多重折线图，它适用于多个项目之间两个变量的比较，如比较多家研究机构、多本期刊等在不同时间的文章数量。这种图表也叫意大利面图，但需注意的是，过多的线条和相似的颜色有可能会造成阅读困难。如一篇经同行评议过的文章中的图，过多的线条和相似的颜色使比较变得困难。

在这种情况下，Tufte（1990）引入多面板（类似于分面图），通过增加维度解决这个问题。它为每个项目（机构、期刊等）显示相同的图表。

5.7.4 关系的呈现

呈现数据关系的图表没有显示在图表选择器（图 1）中，但数据的本质是相互联系的，如出版物会引用其他出版物、政策文件或专利，出版物会得到基金资助，会在社交媒体上提及。因此，关系的可视化可以呈现更多的内容，使得可以从这些网络中提取其他指标来更深入地理解一种现象。流程图和网络图是传达项目之间联系的有效方式。

1. 流程图

流程图可以显示多个项目（如文章、临床试验或专利）之间的联系。通常适用于汇总的数据，如一组出版物的数量（某大学或某研究领域）。流程图可以展示过程，如项目指向哪里或从哪里发出。

最适合定量研究的流程图是桑基图（Sankey diagrams）和冲积图（alluvial diagrams）。桑基图展示了网络中节点间的信息流动，线宽代表流动的信息量（Börner，2015）。冲积图是桑基图的一种特殊类型，它显示随时间的变化，如每个节点代表一年。

弦图通过呈现项目之间及其分组之间的连接来展示关系（Kirk，2016）。弦图的优点是它可以显示项目及其分组之间的关系。Quang 等（2019）使用这一方法来显示聚类之间的引用关系。

2. 热图

另一种表示两个类别之间定量关系的图形是热图（heatmap），它可以比较两个类别的值，通常使用色阶表示，还可以用数字注释。来自 Chinchilla-Rodríguez 等（2019）的热图，以第一作者的国家为行，其他作者的国家为列，相交单元格中为引用量的平均归一化值。

3. 网络

文献计量学中主要有两种类型的网络：文章背景（作者或参考文献）网络和文章内容（通常是标题和摘要，但有时仅限于标题，或扩展为全文）网络。文献计量学网络通常用于社交网络或主题映射。社交网络主要是探索作者之间的关系模式，如合著网络。主题映射基于相似度试图识别研究主题或学科。这可以通过引文分析实现，1 篇文章和它引用的另一篇文章大概属于相同主题，或者通过自然语言处理分析来实现，使用相同语言的文章大概属于相同的主题。

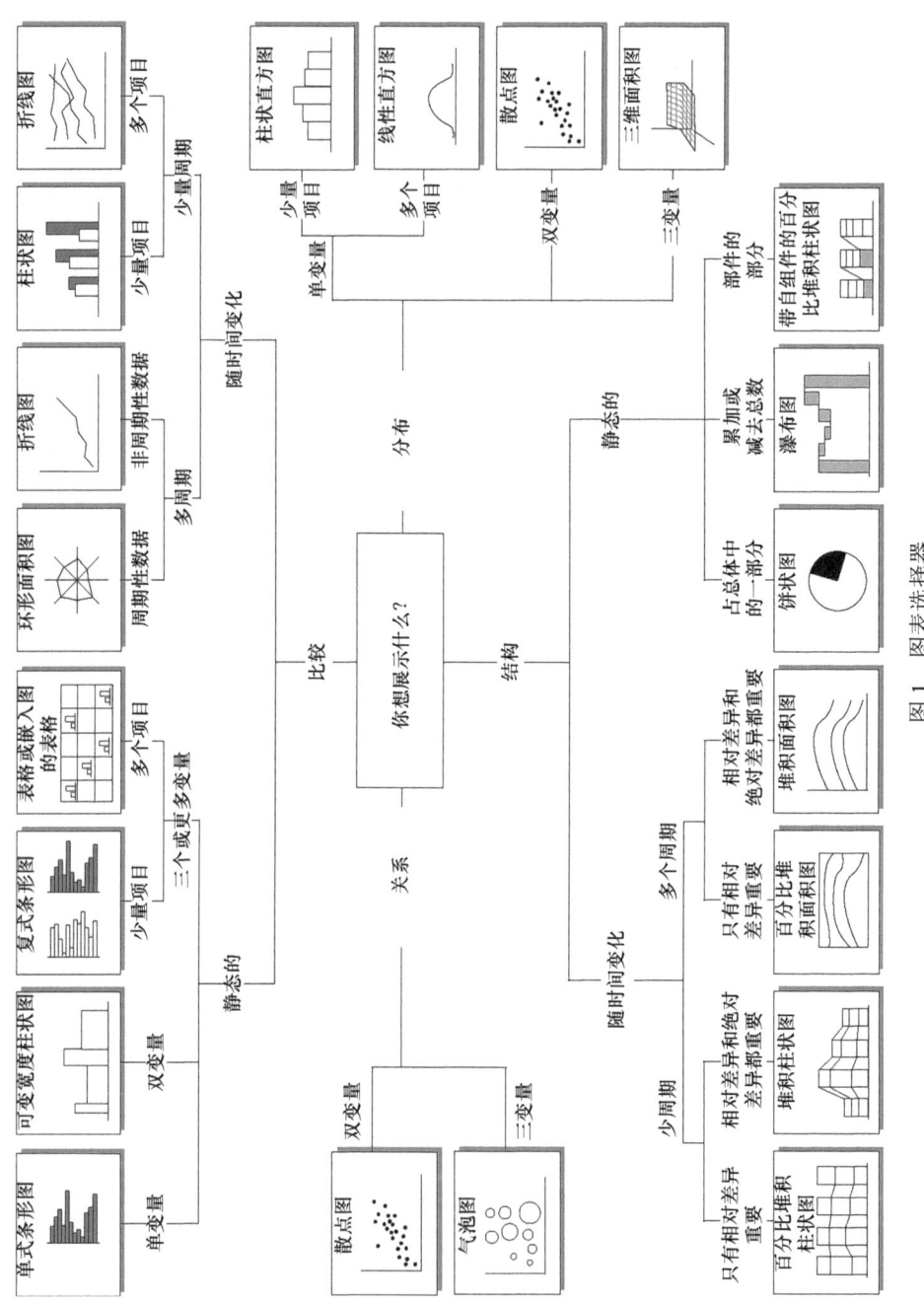

图 1 图表选择器

Yan 和 Ding（2012）区分了六种文献计量网络：引文网络、合著网络、共引网络、文献耦合网络、共词网络和专题网络。这些网络使用的节点和关系见表1。

表1　文献计量学网络类型

	节点	关系
引文网络	文章	引用
合著网络	作者	共同发表
共引网络	文章	被同一篇文章引用
文献耦合网络	文章	引用同一文章
共词网络	单词	在同一文章中出现
专题网络	文章	相同主题

网络是使用一组关系（链接）、各自的权重（链接的强度）和节点来构建的。构建完成后，就会显示相似性集群：或者是社会集群，或者是对一组大学或领域提供深入探索的集群。

Porter 和 Watts（2019）创建了一个大学的静态网络，并提供了一个交互版本（https://wdaull.ds-innovation-experiments.com/[2020年7月15日]）。静态版是由小的多面板网络图组成，用不同的颜色表示各个研究领域。静态图显示了两所大学的合作网络：对于每所大学来说，包括外部合作和内部合作两部分。从网络的概略图看，很显然，康奈尔大学的医学和环境科学外部合作频繁，而弗吉尼亚理工大学的外部合作较为稀疏，大部分由医学、环境科学和物理科学组成。他们的设计使大学的可视化对比成为可能，而且在线工具还可以用户能够深入探索网络背后的数据。

5.7.5　可视化格式

1. 静态图

静态图仅表示数据的一种状态：用户只能阅读图表作者所选择展示的内容。这样做的好处是，作者可以专注于要传递的信息，以在多种场景分享，比如印刷版或在线版。由于静态图限制了可以共享的信息量，所以很难呈现比较复杂的情况。

2. 交互图

交互图可以让作者显示更多的数据，此时用户不是被动地接受信息，而是可以选择、平移、缩放和过滤信息。尽管优势明显，但需要依赖软件（如浏览器，可能需要网络连接以及正确的插件、软件和环境）和相应的技能来探索可视化内容。

5.7.6 工具和软件

1. 基本的静态图

虽然 Excel 能够生成图表选择器上的大部分图形,但它不能生成高级图形,而且通常很难自定义基本细节和生成高清晰度的图形。而 Python 或 R 具有可重复性和微调性,文献计量学家经常使用。虽然学习起来有点困难,但应用是无止境的。最常用的图形库是 R 语言的 ggplot2 库和 Python 的 matplotlib 和 seaborn 库。

2. 交互图

制作交互图有很多开源工具,其中最广泛使用的是 d3.js 及其衍生库。它是用 JavaScript 编写的,因此可以在任何浏览器中使用,不受是否在线限制。尽管 d3.js 具有很强的可定制化性能,但其操作也很复杂。因此,基于 d3.js 开发了许多库,有些在 JavaScript 中,有些在 Python 中,如 plot.ly。

3. 网络图

Gephi 或 Cytoscape 是用于一般目的的开源软件,可以使用 Python 或 R 处理的数据。更专业的软件,如 CiteSpace、VOSviewer 和 CitNetExplorer,也可以创建文献计量网络。van Eck 和 Waltman (2014) 在"可视化文献计量网络"部分回顾了后两种方法。尽管技术含量很高,但使用从 Crossref、Dimensions、Europe PMC、OpenCitations、Semantic Scholar 和 Wikidata 导出的数据,可以很容易地在 VOSViewer 中创建网络 (CWTS, 2019)。

静态格式的网络很难处理。为了便于理解,它们需要仔细标注,但正因为如此,它们更常被用作交流工具,而不是调查工具。交互格式让使用者可以自由探索,如可以很容易地将 Gephi 图导出到 JavaScript 库中。

5.7.7 结论

文献计量学主要集中在统计和网络分析领域。因此,大多数可视化的内容都来自这些领域。本文简要回顾了数据可视化基础,这些基础经常被忽视,但对有效的视觉交流至关重要。根据本文回顾的数据可视化文章,在已发表的科学文章中似乎有一种使用更高级图表和交互式网络图的趋势。

5.7.8 参考文献

Abela, A 2006, 'Choosing a good chart-The Extreme Presentation(tm) Method', https://extreme presentation.typepad.com/blog/2006/09/choosing_a_good.html (July 15, 2020).

Börner, K 2015, Atlas of Knowledge: Anyone Can Map, MIT Press, Cambridge, Massachusetts.

Brewer, CA 1994, 'Color use guidelines for mapping and visualization', Modern Cartography Series, vol. 2, pp. 123-147.

Cairo, A 2016, The Truthful Art: Data, Charts, and Maps for Communication, New Riders.

Chinchilla-Rodríguez, Z, Sugimoto, CR, & Larivière, V 2019, 'Follow the leader: On the relationship between leadership and scholarly impact in international collaborations', PLOS One, vol.14, e0218309, https://doi.org/10.1371/journal.pone.0218309.

CWTS 2019, 'VOSviewer supports large number of new data sources', CWTS, https://www.cwts.nl:443/blog?article=n-r2v284 (July 15, 2020).

Filardo, G, da Graca, B, Sass, DM, Pollock, BD, Smith, EB, & Martinez, MA-M 2016, 'Trends and comparison of female first authorship in high impact medical journals: Observational study (1994-2014)', BMJ, i847, https://doi.org/10.1136/bmj.i847.

FlowingData 2009, Flow Chart Shows You What Chart to Use, FlowingData, accessed September 26, 2019, https://flowingdata.com/2009/01/15/flow-chart-shows-you-what-chart-to-use/ (July 15, 2020).

Kirk, A 2016, Data Visualization: A Handbook for Data Driven Design, First edition, SAGE Publications Ltd., Los Angeles.

Porter, S & Watts, J 2019, What Does a University Look Like?, https://doi.org/10.6084/m9.figshare.9742055.v2.

Quang, MN, Rogers, T, Hofman, J & Lanham, AB 2019, 'New framework for automated article selection applied to a literature review of Enhanced Biological Phosphorus Removal', PLOS One, vol. 14, e0216126, https://doi.org/10.1371/journal.pone.0216126.

Tufte, ER 1990, Envisioning Information, Graphics Press USA.

Tufte, ER 2001, The Visual Display of Quantitative Information, Graphics Press USA.

van Eck, NJ & Waltman, L 2014, 'Visualizing bibliometric networks', in Y Ding, R Rousseau & D Wolfram (eds.), Measuring Scholarly Impact: Methods and Practice, pp. 285-320, Springer International Publishing, Cham, https://doi.org/10.1007/978-3-319-10377-8_13.

Yan, E & Ding, Y 2012, 'Scholarly network similarities: How bibliographic coupling networks, citation networks, cocitation networks, topical networks, coauthorship networks, and coword networks relate to each other', Journal of the American Society for Information Science and Technology, vol. 63, pp. 1313-1326, https://doi.org/10.1002/asi.22680.

5.8　研究的区域分布：空间极化问题

Marion Maisonobe（玛丽昂·梅索诺贝）[①]

摘要：本文从三个方面展开，包括展示当代世界科研活动在不同尺度上的空间组织方式，介绍衡量其空间分布的不同手段和可用数据集，解释科研活动极化

---

① 法国国家科学研究中心，法国社会科学高等研究学院地理城市研究联合实验室，marion.maisonobe@cnrs.fr。

程度的原因。本文对文献进行了批判性回顾，强调了空间极化是科研活动的必然特征。首先，本文证明，与大多数预期相反，自 20 世纪下半叶以来，这种极化在全球范围内有所减弱。其次，以欧洲研究的区域分布为例，重点介绍了研究这种分布及其演变的各种手段和信息来源。最后，本文突出了科研活动被忽视的一个方面：机构地理学（作者所属机构）并不反映实际研究所在的地点，尤其是在野外实地研究的情况下。此外，还提出了一些未来研究方向。

关键词：科学地理学，空间科学计量学，区域经济学，城市地理学，空间极化

5.8.1 引言

来自不同领域的学者带着不同的研究问题，正在致力于科学产出地理学的研究。我们目前观察到三个主要原因和三类学者对此感兴趣。

第一个原因与监测科学活动的指标研究以及将科学政策与科学的空间组织联系起来的意愿有关。这一领域主要吸引了科学计量学家，尤其是空间科学计量学家的关注。除了构建指标外，还旨在更好地理解"科学的增长"，因为它是通过不断增加的学术论文来衡量的。

第二个原因与试图将领域发展、创新和经济增长的指标与科研活动（研发投资和研究产出）相关的指标联系起来有关。这一领域主要吸引了专攻区域经济学的学者的关注，他们渴望了解将知识转化为创新的机制，这些创新可以通过新产品的商业化或通过人们对生活和信仰的根本性变化来产生价值。

第三个原因与理解空间机制的意愿有关，空间机制通过物质基础设施（公路、铁路等）和非物质知识信息的交流沟通导致了现代人和活动的分布。想要理解特定地域安排的意愿也属于这一研究方向：特定国家系统、宏观区域和语言区域的空间动态。这主要吸引了地理学领域的学者，同时也包括历史学家和社会学家。

从历史上看，Joseph Ben-David（约瑟夫·本·大卫）是第一批试图通过分析 19 世纪中期至 70 年代早期世界科学重心从德国转移到美国的过程来阐述解释科学产出地理变化理论的学者之一。Ben-David 不仅对科学学感兴趣，而且对高等教育系统和科学研究组织之间的联系感兴趣，这解释了为什么他有时把他关注的国家称为"学习中心"（centers of learning）或"科学中心"（scientific centers）（Ben-David, 1991）。他的工作属于制度主义科学社会学（institutionalist sociology of science）的研究领域，但该领域在 20 世纪 70 年代失去了影响力。后来，大多数关注世界层面科学产出的研究都是由科学计量学家利用 Web of Science 数据库来分析科学的发展。因此，当今科学产出的空间分布及其全球演化的确切问题更多地与空间科学计量学有关，这一点可以从本文看出。

本文首先回顾了现代空间分布研究的文献，然后介绍了我们小组通过 Web of Science 分析在这方面取得的科研成果，与区域经济学和城市地理学中关于这一主题的几本已发表的著作以及关于研究的空间组织的政治论述存在显著差异。除了我的小组的成果之外，本文还以欧洲研究的区域分布为例，阐释了利用文献资源可测量的内容及其测量手段的局限性。最后，我始终认为应使用新资源来研究科学地理学，不仅要考虑到科学机构的地理分布，还要包括可以确定科研活动具体地点的信息源。为此，列举了斯瓦尔巴科研（Research in Svalbard，RIS）数据库的例子，它可以精确地定位研究人员在北极地区进行实地研究的地点。

5.8.2 研究领域的空间极化

1. 21 世纪前研究领域的空间极化

正如我们今天所了解的那样，直到 20 世纪中叶，研究活动才在极少数地方出现。Jean Gottman（让·戈特曼）在 1973 年诺贝尔奖座谈会上做了题为《一项国际科学政策的需求》（The need of an international policy for the sciences）的演讲，其中总结到"1945 年以后科学和技术高度集中在极少数国家和中心，而现有的秩序正在受到破坏。如果在过去 20 年里有任何国际科学政策在发挥作用的话，那肯定是地理上的去中心化。这种影响已经初露端倪，其中之一就是需要更多的公共纽带"（Gottmann，1973）。研究的空间扩散可能与 20 世纪下半叶发展高等教育系统和对科学进行投资的国家数目增加有关。Herbert Inhaber（赫伯特·英哈伯）1977 年发表在《研究政策》（Research Policy）上的一篇文章《科学集中的变化》（Changes in centralization of science）（Inhaber，1977）中也提到了这种现象在国家之间的影响。Inhaber 检索了美国科学信息研究所数据库中科学家的单位信息，他认为：如果考虑到 1967 年至 1972 年集中趋势的相对变化，几乎所有被考虑的国家的集中度都出现了明显下降。对大多数国家来说，每年的变化大约为 2%。Inhaber 认为，一旦一个国家达到科学的起飞点（take off point），对小型的科学家集聚性团队的依赖就会减少，科学家就会分散。参考 1990 年联合国教科文组织的数据，随着各国科学家的空间分布越来越分散，Thomas Schott（托马斯·肖特）发现越来越多的国家参与科学研究的情况：最近几十年，几乎在所有地方，研究和开发支出的绝对数额都有所增加，在大多数地方，研究和开发支出占国内生产总值的百分比也有所增加。从事研究和开发的科学家和工程师无论在绝对数量还是占各自国家人口的比例上，几乎所有地方都有所增加。这些措施表明，近几十年来，几乎每个国家的科学活动都在增长（Schott，1991）。尽管取得了一些进展，Schott 坚持认为，以每个国家的全球高标准出版物份额的增长来衡量（1973 年至 1986 年间，最富有的国家为+1.61，而最贫穷的国家为+0.96，共产主义国家为–2.58），科学活动越来越集中在最富有的国家。如果我们进一步研究 Schott 计算的数据细节（表1），我们可以观察到，实际上，在"自由民主国家"中，只有日本和"西欧其他国家"的全球出版份额出现了相当大的增长。但当按国家的人口增长来标准化时，情况完全不同，结果显示，在 1973 年至 1986 年间，最富有国家的科学活动在国内的扩散比最贫穷国家扩散得快。就像后面小节显示的那样，在 2000 年以后空间极化研究的文献中，数据标准化和聚集的问题继续在"空间极化"定义中起重要作用，也进一步解释了为何即使实证分析也可能在这一问题上存在分歧。

表 1 1973 年至 1986 年科学论文产出的变化（Schott，1991）

科学界	科学论文的百分比			论文百分比和人口百分比的比例		
	1973 年	1986 年	变化值	1973 年	1986 年	变化值
自由民主国家或地区：	81.77	83.38	+1.61	4.29	4.90	+0.61
美国	38.23	36.53	−1.70	7.12	7.49	+0.37
加拿大	4.39	4.38	−0.01	7.84	8.45	+0.61
日本	5.26	7.92	+2.66	1.92	3.23	+1.31
英国	9.21	7.97	−1.24	6.46	6.95	+0.49
西德	6.04	5.99	−0.05	3.85	4.87	+1.02
法国	5.56	4.99	−0.57	4.21	4.45	+0.24
西欧其他国家	9.74	12.17	+2.44	1.67	2.34	+0.67
澳大利亚，新西兰	2.38	2.41	+0.03	5.75	6.18	+0.43
以色列	0.96	1.02	+0.06	11.53	11.75	+0.22
社会主义国家或地区：	13.18	10.59	−2.58	1.25	1.14	−0.11
苏联	9.00	7.39	−1.60	1.15	1.07	−0.09
东欧	4.18	3.20	−0.98	1.54	1.38	−0.16
贫穷国家或地区：	5.06	6.02	+0.96	0.07	0.08	+0.01
北非，中东	0.43	0.56	+0.14	0.12	0.13	+0.01
南非	0.45	0.53	+0.08	0.73	0.79	+0.06
非洲其他国家	0.35	0.31	−0.04	0.05	0.04	−0.01
印度	2.53	2.35	−0.19	0.17	0.15	−0.02
亚洲其他国家	0.33	1.07	+0.74	0.01	0.03	+0.02
拉丁美洲	0.97	1.20	+0.23	0.13	0.15	+0.02

注：每个国家和地区的作者在一年内发表的论文占全球论文总数的百分比。变化值是 1973 年和 1986 年的差
资料来源：
论文数量：国家科学基金会 SP #1 科学文献指标数据库（National Science Foundations SP #1 Science Literature Indicators Database），指标 Ib（1973 年期刊数据集），来自 CHI Research，来源于 SCI。
人口：数据软盘上经压缩的世界数据表格[World Tables Compressed Data Diskettes（DEK）]，op. cit[①]；1975 年人口统计年鉴（New York: United Nations, 1979）和 1987 年人口统计年鉴. op. cit。

---

① "op. cit." 是拉丁短语"opus citatum"的缩写，意为"the work cited"或"the cited work"。在学术写作中，这个短语用来指代之前引用过但未在当前脚注或参考文献列表中完整重复的文献来源。

2. 21世纪后研究领域的空间极化

2005年，Evan Schofer（埃文·舍弗）和John W. Meyer（约翰·W. 迈耶）在《美国社会学评论》(*American Sociological Review*)上发表了关于"20世纪高等教育的全球扩张"的研究成果（Schofer and Meyer, 2005），结果表明，在20世纪，世界各地接受高等教育的人数不断增加，大学体系也得到发展。他们分析了导致"新社会模式"的制度化过程，包括科学化、民主化和人权的扩张、发展规划的兴起以及世界政治格局的形成。作者认为，研究结果是高度扩展的，本质上可以反映全球的高等教育体系情况。然而，如果学术界都认为全球的学生、大学和研发机构数量在不断增长，那么研究产出的地理格局变化就值得进一步商榷。

有学者认为，研究是一种内在集中的活动，随着时间的推移，其极化程度越来越大。现实中世界人口分布与研究产出、影响分布之间的差距也支持这一假设。例如，在21世纪初，Michael Batty（迈克尔·巴蒂）通过美国科学信息研究所涵盖14个科学领域前100名左右高被引个人组成的高被引（HighlyCited）数据库，计算了这些个人的空间集中度，这项研究揭示的集中模式非常明显：1222名科学家来自27个国家的232个地区的429家机构。这些科学家中几乎有一半来自5个国家的50个机构，其中大多数在美国（Batty, 2003）。2005年，Richard Florida（理查德·佛罗里达）也通过这个数据库观察到：科学进步比专利产出更加集中。大多数研究集中在少数几个国家，而且主要集中在美国和欧洲的少数几个城市。中国和印度的城市几乎没有记录。就全球创新而言，也许世界上只有几十个地方真正在尖端领域展开竞争（Florida, 2005）。在这两种情况下，对高被引科学家的空间分布的分析多仅局限于一定年份，不能反映空间的变化趋势。Florida采用动态方法来研究这一现象，结果发现，从20世纪90年代开始，创造性人才越来越集中在能够连接全球城市体系的热点地区。这一理论借鉴了区域经济学原理，热点地区强大的生产力优势、经济规模，以及它们带来的知识溢出，使得创新活动倾向于聚集在这些地方。2010年，Matthiessen等采用文献计量方法更精确地分析了研究产出的地理分布，涵盖了世界上出版最多的城市地区（Matthiessen et al., 2010）。他们观察到，欧洲和北美的研究地位受到了来自这些大陆之外的新的高产出中心的挑战，这表明世界范围内的研究中心的地理扩张。然而，在研究1996年至2006年《科学引文索引》（SCI）论文数量演变时，他们指出："总增长率为28%，排名前30位城市的增长率为34%，这表明了一个集中化过程。"2013年，Grossetti等探讨了同样的问题，但提供了更符合2000年前观察结果的分析（Grossetti et al., 2013）。他们的研究囊括了SCI-Expanded扩展版，SCIE中的所有出版地，而不是大多数出版地，结果显示占世界出版物80%的国家数量在1978年是7个，1988年是10个（包括苏联),1998年是13个(统一的德国、俄罗斯,和其他从苏联分离出来的国家),2008年是16个。世界范围内,大多数国家和国家之间,科研成果分布呈现去中心化趋势(表2)。

表2 1987年至2007年世界文献发表数量最多的前30个国家的演变(Grossetti et al.,2013)

国家/地区	1987年发表文章全球占比	1997年发表文章全球占比	2007年发表文章全球占比	1987年排名	1997年排名	2007年排名
美国	34.3	29.8	24.5	1	1	1
中国	0.9	2.4	8.6	18	12	2
日本	7.3	9.0	7.8	4	2	3
德国	7.4	7.4	5.9	3	3	4
英国	7.8	7.4	5.4	2	4	5
法国	5.3	5.5	4.3	5	5	6
意大利	2.5	3.4	3.5	9	8	7
加拿大	4.3	3.7	3.4	7	6	8
印度	2.6	2.2	3.0	8	11	9
西班牙	1.3	2.3	2.7	13	9	10
韩国	0.1	1.1	2.7	42	16	11
俄罗斯	5.1	3.5	2.2	6	7	12
澳大利亚	2.1	2.2	2.1	10	10	13
巴西	0.5	0.9	2.1	27	21	14
荷兰	1.8	2.0	1.7	11	13	15
土耳其	0.1	0.5	1.6	44	26	16
中国台湾	0.3	1.0	1.6	33	18	17
波兰	1.0	0.9	1.4	17	20	18
瑞典	1.6	1.6	1.2	12	14	19
瑞士	1.2	1.3	1.2	14	15	20
比利时	0.9	1.0	0.9	19	17	21
伊朗	0.0	0.1	0.8	73	51	22
以色列	1.0	0.9	0.8	16	19	23
希腊	0.3	0.5	0.7	31	28	24
奥地利	0.6	0.7	0.6	23	24	25
丹麦	0.8	0.7	0.6	20	22	26
芬兰	0.6	0.7	0.6	21	23	27
墨西哥	0.2	0.4	0.6	35	32	28
捷克共和国	0.5	0.4	0.5	24	29	29
新加坡	0.1	0.3	0.5	45	35	30

注:以3年移动平均数计算文献发表量占比

其次,他们的研究结果显示在1997年和2007年,排名前30的25个城市的全球出版物比例下降了3.7个百分点。2007年挺进前30名(1997年不在前30名)

的新城市比例上升了 1.1 个百分点，2007 年跌出前 30 的 5 个城市（1997 年为前 30 名）占比同期下降了 0.7 个百分点。由此可见，在 21 世纪的头十年，同时经历了两个相反的过程，即包括中国在内的全球"新玩家"的崛起，以及自 20 世纪 70 年代以来各国科学产出空间分散的延续。因此，这项工作质疑了本质上两极化的研究活动的同质化现象。有研究表明，在 21 世纪 10 年代就开始去中心化，这从合作空间分布（Maisonobe et al.，2016）、引用（Maisonobe et al.，2017）、世界前 10%被引文献（Maisonobe et al.，2018）的计量分析中也可以看到。虽然上面全球性和综合性分析显示了去中心化过程，但区域经济学和城市地理学的一系列研究显示，科学活动的空间中心化仍然呈现持续或加剧的过程。下一节我们将尝试揭开这种现象的面纱。

5.8.3 如何测量中心化或去中心化过程？

1. 不同的方法和尺度，导致不同的研究结果？

Frick 和 Rodríguez-Pose（2018）在衡量城市人口集中度时指出，有多种重要的方法可以计算空间极化程度及其演变。对于空间集中度研究，或依赖于基尼指数（Gini index）的演化（Dolores León et al.，2011；Zitt et al.，1999），或依赖于顶级研究中心科研强度占比（Grossetti et al.，2013；Maisonobe et al.，2018），或依赖于城市标度律中的标度系数（称为"β"）（Nomaler et al.，2014；Pumain et al.，2006）。此外，越来越多的研究依赖网络分析指标度量知识交流的空间分布以及研发网络中某些地方的中心性演变（Bergé et al.，2017；Hong，2008），分析的地域和规模在不同的研究中也有所不同。

在所有这些文献中，城市标度研究是最强调研究活动的集中性和都市性质的。不同于度量活动空间集中度的其他方法，城市标度律度量城市集中度时会考虑城市人口相关的活动分布，因此在城市中活动是分散的。除了作为集中度指标外，标度系数还可以度量所研究活动集中在城市的哪一个层次。因此，这种方法有助于更好地理解不同国家的分布模式。Grossetti 等（2013）的研究结果显示，地理学研究依赖于历史进程和历史上的规划选择，而这些影响今天依然存在。这可能解释了在城市标度研究中，为什么研究活动对城市层次的调整程度（回归模型的 R^2 值）通常低于销售和公共管理工作，或总体就业的调整程度。Arcaute 等（2015）研究了英格兰和威尔士的专利空间分布，发现：除了经济中心，人们还会遇到知识中心，它们呈现出类似龙王（dragon-king-like）的特质（具有强大的影响力与控制力），而且与规模不一定相关。这些中心是路径依赖的结果，产生了在所有城市中都不存在的新兴属性，专利就是一个例子。最引人注目的是英国剑桥在专利申请方面的主导地位。尽管它们与城市等级的拟合程度较差，尽管测量标度系数的空间边界和可用的方法多种多样，但研发活动通常更倾向集中于人口最多的地区（β 指数大于1）。对于研发活动分布与城市人口之间存在超线性关系，有两种相反的解释。Bettencourt 等（2007）基于 Florida 理论，认为人口最多地方的网络互动也会不断增加，从而产生超线性扩展。Pumain 等（2006）提供了一个解释城市标度律的演化理论。他们认为，以超线性扩展为特征的人类部门在其出现时就是集中在城市等级体系顶端的创新部门。随着它们在城市层级中的扩散，扩展规律会从线性逐渐转变为亚线性（当该活动变得常见时），然后再转化为次线性（当活动变得成熟时）。

第二种解释似乎能够解释第二部分叙述的研究逐渐去中心化现象。过去，大学和研究中心在很多地方都很少。随着去中心化政策的出台和学生的增多，这些机构越来越普遍，拥有的城市也越来越多。正是这些机构在空间上的分散导致了研究成果在世界范围内的去中心化。

然而，应注意到最近的两个反例，它们研究显示用城市扩张来测量研究活动的空间极化具有局限性。首先，Arcaute 等（2015）的研究表明，2000—2011 年专利分布的 β 指数对划定城市边界的定义非常敏感，而且对于英格兰和威尔士来说，其与城市人口的关系呈线性或超线性。其次，Leitão 等（2016）讨论了普通最小二乘法（ordinary least square method，OLS）回归在城市标度律中的经典使用，并在多个数据集上使用不同的回归方法，表明英国（2000—2011 年）和 OECD 的专利（2008 年）数量与人口分布的关系呈线性。他们的研究结果对那些认为研发活动自然倾向于集中在人口最密集地区的研究提出质疑。

集中指数、地域和空间极化的测量方法会导致观测结果不同，因此我们认为，考虑地理变化和避免泛化是很重要的。事实上，现有文献表明，在一些国家，研发活动仍然集中在人口最多的地区，而其他国家的研究系统则不那么集中。还有充分的证据表明，自 20 世纪中叶以来，在全球范围内，参与研发活动的国家和城市数量有所增加。下节以欧洲为重点，展示了方法选择对观察结果的影响。

2. 欧洲研究的区域分布

基于 Web of Science 数据库的归一化文献发表量以及欧盟统计局的人口、总体就业和研发数据，考察了 2001 年至 2012 年间欧洲研究地域的演变。欧盟统计局的研发数据包括研发支出、研发就业和向欧洲专利局提交的专利申请。本文的目标是比较不同指标和不同方法对结果的影响。为了关联文献数据与欧盟统计局的人口统计数据，并比较它们及其他研发指标的空间极化，本文主要在地域统计单位命名法（Nomenclature of Territorial Units for Statistics 2，NUTS 2）水平（对应于国家次区域）汇总发表的数据。因此，与以前的世界科学地理研究相比，本文在较窄的空间范围内进行分析。

我们选择从 2001 年开始分析，因为在该年之前欧盟统计局的数据库中缺失了大量数据,并在 2012 年停止分析,因为在这个日期之后,专利数据已经停止更新。此外,2013 年之后,法国和波兰等国的改革改变了研发数据收集的行政级别,在时间序列中造成了不连续性,使其难以在 NUTS 2 级别上跟踪 2001 年至 2020 年的地理演变。根据《弗拉斯卡蒂手册》的建议,收集研发数据的频率因国家而异。如图 1 所示,某些国家,如德国,仅每两年收集一次这些数据。因此,当一个区域的缺失值个数小于 11 时,使用插值方法来估计缺失值。

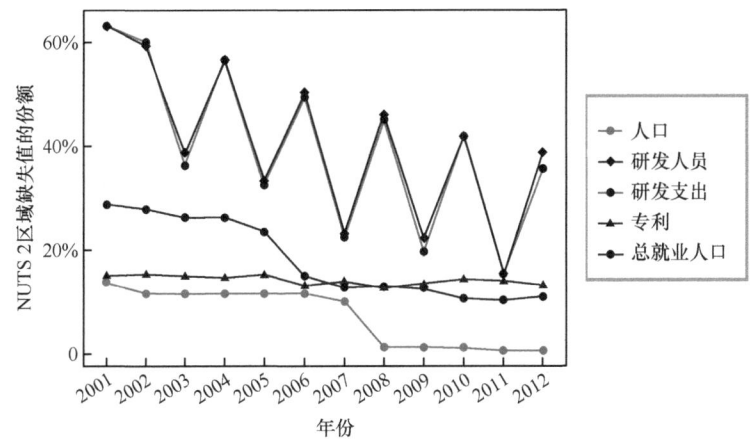

图 1 欧盟统计局数据在 NUTS 2 的缺失值份额
欧盟统计局数据:区域人口;研发人员;专利数;研发支出;就业人员

为了分析欧盟 28 国范围内的所有国家以及冰岛、挪威和瑞士,本文选择进行其他特定的调整。从图 1 可以看出,NUTS 2 级存在大量缺失值,一些国家仅在国家层面报告欧盟统计局的数据,如瑞士和丹麦(2007 年以前)。在某些地区,只有中等水平的数据(NUTS1),如立陶宛、斯洛文尼亚、比利时和芬兰南部地区,也包括德国的萨克森和巴伐利亚地区,以及英国的苏格兰和英格兰西北部。为了使伦敦地区和布达佩斯地区与其他首都地区相比较,我们还选择考虑这些特定地区的 NUTS1 水平。

通过以上调整和插值,补齐了所有缺失值,分析范围达到 241 个区域。

本分析分为三步进行。第一步,评估三个研发指标(研发人员、研发支出和专利申请)以及文献数据的空间分布标度系数(β)演化。本文将就业数据的空间分布(所有人类活动部门的总和)作为一个参考指标,因为我们预计就业集中度要低于研发活动。第二步,将以上分析结果与基尼系数和欧洲排名前 30 个地区的百分比演变进行比较。第三步,为了评估标度系数,本文使用经典的普通最小二乘法对纳入的变量与地区人口进行回归分析。

不出所料,就业表现出线性缩放机制(β=1),而研发活动似乎更集中在欧洲规模人口最多的地区(β>1)。然而,研发人员和文献发表的标度系数在所研究的时间段内呈下降趋势[图 2(a)]。虽然在此期间,研发支出和专利的标度系数有所升高，但所有指标的拟合优度（R^2）都不超过 50%［图 2（b）］，意味着这些指标与人口数据之间拟合欠佳。当根据 Finance 和 Swerts 对标度系数的解释（Finance and Swerts，2020），考虑 95%置信区间（图 3）时，这些年的变化无法解释空间极化的演变。

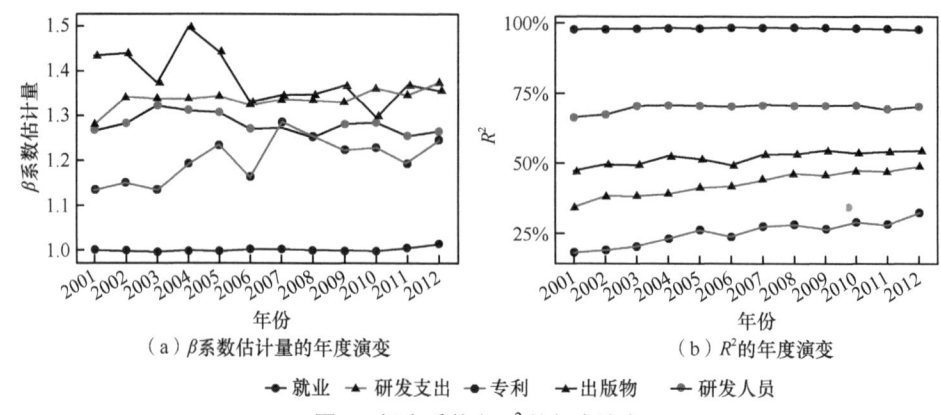

（a）β 系数估计量的年度演变　　　　（b）R^2 的年度演变

→就业　→研发支出　→专利　→出版物　→研发人员

图 2　标度系数和 R^2 的年度演变

OLS 回归模型：$\log(Y)=\alpha+\beta\log(N)+e$，式中，$N$ 为欧盟统计局公布的国家人口数

欧盟统计局数据：研发人员；专利；研发支出；就业人口

纳入的欧洲国家：欧盟 28 国和挪威、冰岛、瑞士。区域范围数据：来自 2013 年版的 NUST 2。UKI、UKD、UKM、DED、DE2、BE1、BE2、BE3、FI1、HU1、LT0、SI0、CH0、DK0 等地区使用欧盟统计局相应的上一层级数据

缺失值采用插值法补齐

出版物数据来源：Web of Science/OST-HCERES（研究论文、综述、来信）

城市区域的层级划分参考 Maisonobe 等（2018）

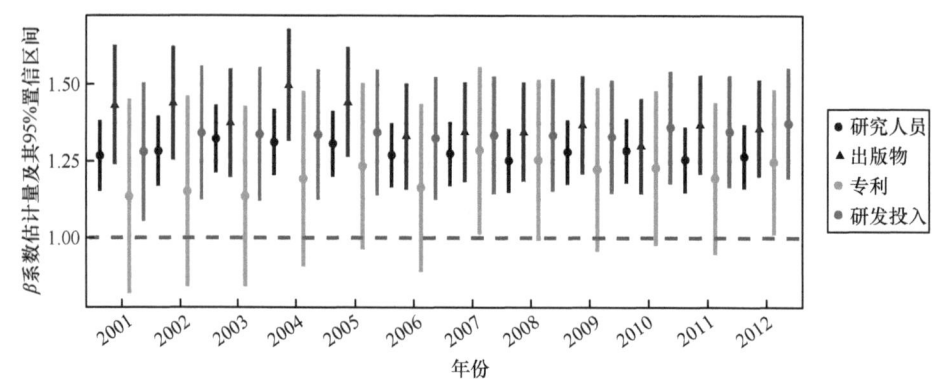

图 3　欧洲地区标度参数和 R^2 的年度演变

N=欧洲统计局的区域人员（demo_r_d2jan）

β 值通过最小二乘回归法计算，公式为 $\log(Y)=\alpha+\beta\log(N)+e$

出版物数据来源：Web of Science/OST-HCERES（研究论文、综述、来信）

缺失值采用插值法补齐

纳入的欧洲国家：欧盟 28 国和挪威、冰岛、瑞士

区域范围数据：来自 2013 年版的 NUST 2。UKI、UKD、UKM、DED、DE2、BE1、BE2、BF3、FI1、HU1、LT0、SI0、CH0、DK0 等地区使用欧盟续计局的相应上一层级数据

虽然能观察到的变化有限，但除了参考指标（总就业人数）外，所有指标的

基尼系数[图4(a)]和经居民人口加权的基尼系数[图4(b)]都呈集中下降趋势。该结果表明,欧洲地区在研发活动方面存在更大的趋同性,这与 Zitt 等(1999)对20世纪90年代、Dolores León 等(2011)对2000年代基于基尼系数演变观察的结果一致。虽然研发产出似乎仍然比研发人员更加集中,但这一差距在这段时间内似乎正在缩小,尤其是在出版物方面。2008年以后,欧洲各国实施卓越政策,使得研究资金越来越集中在某些领域,这就解释了研发支出的集中度在此后一直保持稳定。

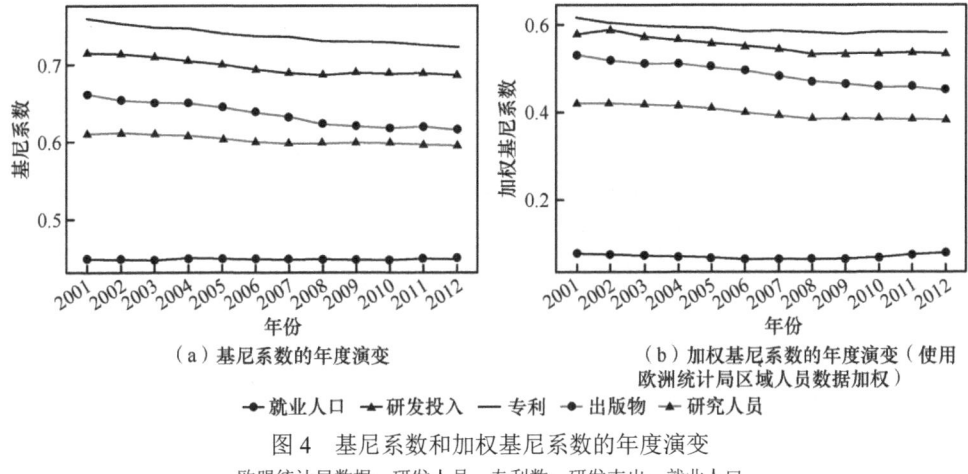

(a) 基尼系数的年度演变　　　　　(b) 加权基尼系数的年度演变(使用欧洲统计局区域人员数据加权)

→ 就业人口　→ 研发投入　— 专利　→ 出版物　→ 研究人员

图4　基尼系数和加权基尼系数的年度演变

欧盟统计局数据:研发人员;专利数;研发支出;就业人口
纳入的欧洲国家:欧盟28国和挪威、冰岛、瑞士

区域范围数据:来自2013年版的 NUST 2。UKI、UKD、UKM、DED、DE2、BE1、BE2、BE3、FI1、HU1、LT0、SI0、CH0、DK0 等地区使用欧盟统计局相应的上一层级数据。缺失值采用插值法补齐

出版物数据来源:Web of Science/OST-HCERES(研究论文、综述、来信)
城市区域的层级划分:参考 Maisonobe 等(2018)

　　由于这些政策往往会加剧科学家之间的地域不平等,近年来一些作者已经指出了它们的影响。事实上,如果研发活动逐渐分散,那么资金分配也会分散开来,这一点是非常重要的(Aagaard et al.,2019;Langfeldt et al.,2015;Larivière et al.,2010)。本文研究显示,欧洲排名前30个地区的研发支出和研发人员的占比在分布上存在巨大差异[图5(a)]。这30个地区集中了大约60%的研发总支出,但仅有50%左右的研发人员。即使考虑了研发活动占比和人口占比之间的比率[图5(b)],也不能忽视这个差异的重要性。

　　通过比较基尼系数与前30个地区的占比演变,得到了相同的结果。即使使用区域人口对这些指标进行加权和归一化也不会改变观察结果。此外,标度系数的演化表现不一样。专利和研发支出的标度系数比出版物的小,这与基尼系数和排名靠前地区占比的比较结果相反。由于这两个指标的拟合优度很低,有可能需要另外的模型以更好地表示它们的分布,从而更好地描述它们的空间极化现象(Leitão et al.,

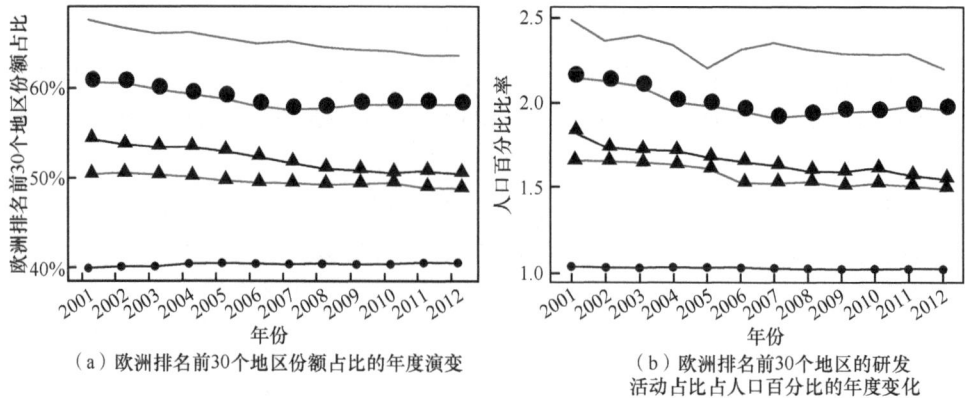

图 5　欧洲排名前 30 个地区的活动份额和比率的年度演变
欧盟统计局数据：研发人员；专利数；研发支出；就业人口
纳入的欧洲国家：欧盟 28 国和挪威、冰岛、瑞士
区域范围数据：来自 2013 年版的 NUST 2。UKI、UKD、UKM、DED、DE2、BE1、BE2、BE3、FI1、HU1、LT0、SI0、CH0、DK0 等地区使用欧盟统计局相应的上一层级数据。缺失值采用插值法补齐
出版物数据来源：Web of Science/OST-HCERES（研究论文、综述、来信）

2016）。也可以使用其他回归方法解释零值，这将有助于研发活动分布的长期分析（Finance and Cottineau, 2018）。还要提一句，由于标度方法适合在城市层面上进行分析，所以选择区域来进行层级比较还值得商榷。总而言之，虽然标度法非常有效，特别是在评价特定的国家系统层面上，但它需要精确的数据进行更细致的分析，并要非常谨慎地解释分析结果。

尽管存在一些局限和不足，但这三种方法的研究结果表明，在欧盟 28 国水平上，研发活动的地理集中度高于活跃人口集中度。基尼系数和活动占比的方法表明，在该期间结束时集中度较低的区域之间逐渐趋同。特别是，出版活动与研究人员分布之间的差距趋于缩小。可以通过 https://framagit.org/MarionMai/the-regional-distribution-of-research-in-europe 下载本部分的分析方法和数据集（2020 年 7 月 15 日）。

5.8.4　科学地理分布新展望

1. 超越机构地理限制

前面重点介绍了一些衡量研究活动极化程度的方法和指标。因地域不同，可使用的数据也不同。以文献计量来源为例，如使用 Web of Science 或 Scopus 衡量出版活动时，存在与数据库完整性和覆盖范围随时间变化相关的代表性偏差（Basu, 2010; Zitt et al., 2003）。在行政数据方面，虽然鼓励 OECD 国家遵循《弗拉斯卡蒂手册》的建议，但在数据收集速度和领土划分方面仍有很大差异，这使

国家之间的比较变得非常复杂。笔者认为，未来的科学文献的地理分布应更系统地考虑和讨论这些局限性。为了提高这一新兴领域研究的可重复性，我们团队共享了在世界水平上分析城市地区的数据集，并推出了一款名为 NETSCITY 的地理空间应用程序，该应用程序可以任何文献数据集进行地理编码、聚类，并在城市区域和国家层面进行制图（Maisonobe et al., 2019）。

但当同时研究科研人员和生产力分布时，现有的数据只反映了在报道中提到的活动地点的机构地理位置：研究人员所在实验室的位置，如公司研究，可能就是公司总部的位置。由法国奥克西塔尼亚地区资助的一项实地研究表明，费雅克大学理工学院工作的研究人员将其实验室总部所在的图卢兹作为研究完成地（Chauvac and Naverau, 2019）。此外，科学活动的一些重要部分不是在实验室内进行的。例如，应用科学需要进行实地考察；历史、考古和人文学科需要进行档案研究和（或）发掘工作；许多科学家，无论他们的学科是什么，都赞同文学静修和暑期学校对写作及思想交流的好处（译者按：科学家的文献有可能是在文学静修或暑期学校完成的，地址中有可能写了这些地方）。因此，通过行政数据和作者隶属关系获得的地理位置只能部分反映研究的实际分布情况。

尽管如此，当将 2000 年代至少在 Web of Science 上发表过一篇文章的作者，根据其所写的机构在地图上标记出所有地点时，我们可以看到，一些非常偏远的地区也在上面。出现这种情况是因为某些科学家写的是他们进行研究的实际地点，但通常不是这样的，特别是在大学之间为了世界排名而互相竞争的情况下（写大学的名字更多）。作者的机构可能不是反映实际研究地点的最佳指标，那么就需要使用其他方法，如使用文献标题、摘要甚至全文中提到的地点名称。此外，还可以参考其他资源，如记录科学家实地活动的数据库。下面介绍一下斯瓦尔巴科研数据库。

2. 斯瓦尔巴科研数据库案例

斯瓦尔巴群岛正好位于北极，属挪威管辖，是 11 个国家的 13 个科学考察站的所在地，每年接收大量进行测绘和观察的科考人员（Strouk, 2020）。在这一地区进行的许多研究都与全球变暖及其对动物、植物、永久冻土和冰川的影响有关。近年来，随着这些主题的重要性不断增长，在斯瓦尔巴群岛进行研究的人员数量也不断增加。为了方便管理，并确保所有人员的安全，挪威建立了一套监测系统。到新奥勒松（Ny-Ålesund）站的研究人员必须事先在斯瓦尔巴科研（RIS）平台上登记将开展的项目、工作地点的 GPS 坐标、访问的次数和时间区间。访问斯瓦尔巴群岛其他地方的研究人员也要求在 RIS 上注册、登记其项目内容，所以 RIS 成了协调类似项目、在类似项目之间找到交叉点的工具。但也要注意，数据库并没有涵盖在该地区进行的所有项目。不过，这个想法很有建树，足以让人们对地理学研究较少涉及的方向有一个概括了解。

5.8.5 结论

通过文献研究，我们看到两种截然相反的现象：一方面，自 20 世纪中期以来，国家之间和国家内部科研活动的空间去极化仍在持续；另一方面，科研活动具有大都市化和自然集中的趋势。研究表明，受区域经济学启发，后者主要是对某特定时间区间的观察，而不是纵向分析。为了解决这些方法之间显而易见的矛盾，我们建议科研活动空间集中度的度量应使用不同方法和不同指标。使用多种方法分析欧洲数据的研究表明，即使在科研体系成熟的欧洲，2001 年至 2012 年间，在欧洲层面上科研活动已有轻微的（编者按：向大都市集中）转移。因此，虽然大学和研究中心不像一些社区服务那样分散，并且在一些城市、地区和国家还会持续高度发展，但它们的两极分化不像以前那样严重了。除了方法，还讨论了数据的可访问性、数据的空间分辨率水平及其完整性问题。特别是最后，我们展示了为科研地理学研究提供更多信息源的情形。因此，建议突破基于机构数据和公共统计数据的传统地图方法，不仅要调查科研机构的地理分布，还要调查实际做实验地方的地理分布，这些地方可能远离市中心，非常偏僻。

5.8.6 参考文献

Aagaard, K, Kladakis, A & Nielsen, MW 2019, 'Concentration or dispersal of research funding?', Quantitative Science Studies, vol. 1, no. 1, pp. 117-149, doi: https://doi.org/10.1162/qss_a_00002.

Arcaute, E, Hatna, E, Ferguson, P et al. 2015, 'Constructing cities, deconstructing scaling laws', Journal of The Royal Society Interface, vol. 12, no. 102, doi: https://doi.org/10.1098/rsif.2014.0745.

Basu, A 2010, 'Does a country's scientific 'productivity' depend critically on the number of country journals indexed?', Scientometrics, vol. 82, no. 3, pp. 507-516, doi: https://doi.org/10.1007/s11192-010-0186-8.

Batty, M 2003, 'The geography of scientific citation', Environment and Planning A35, pp. 761-770, doi: https://doi.org/10.1068/a3505com.

Ben-David, J 1991, Scientific Growth: Essays on the Social Organization and Ethos of Science, in G Freudenthal (ed.), Los Angeles: Univ. of California Press.

Bergé, LR, Wanzenböck, I & Scherngell, T 2017, 'Centrality of regions in R&D networks: A new measurement approach using the concept of bridging paths', Regional Studies, vol. 51, no. 8, pp. 1165-1178, doi: https://doi.org/10.1080/00343404.2016.1269885.

Bettencourt, LMA, Lobo, J, Helbing, D et al. 2007, 'Growth, innovation, scaling, and the pace of life in cities', Proceedings of the National Academy of Sciences, vol. 104, no. 17, p. 7301, doi: https://doi.org/10.1073/pnas.0610172104.

Chauvac, N & Naverau, B 2019, Localisation Géographique de la Production Scientifique en Occitanie, Rapport intermédiaire, Toulouse, CCRRDT OCCITANIE.

Dolores León, M, Fernández, AM & Flores, E 2011, 'Scientific and technological knowledge of universities in the EU-15: Implications for convergence', European Planning Studies, vol. 19, no. 4, pp. 683-703, doi: https://doi.org/10.1080/09654313.2011.548468.

Finance, O & Cottineau, C 2018, 'Are the absent always wrong? Dealing with zero values in urban scaling', Environment and Planning B: Urban Analytics and City Science, vol. 46, no. 9, pp. 1663-1677, doi: https://doi.org/10.1177/2399808318785634.

Finance, O & Swerts, E 2020, 'Scaling laws in urban geography. Linkages with urban theories, challenges and limitations', in D Pumain (ed.), Theories and Models of Urbanization: Geography, Economics and Computing Sciences, pp. 67-96, Springer International Publishing, Cham, doi: https://doi.org/10.1007/978-3-030-36656-8_5.

Florida, RL 2005, 'The world is spiky', The Atlantic, vol. 296, no. 3, pp. 48-51.

Frick, SA & Rodríguez-Pose, A 2018, 'Change in urban concentration and economic growth', World Development, vol 105, pp. 156-170, doi: https://doi.org/10.1016/j.worlddev.2017.12.034.

Gottmann, J 1973, 'The need of an international policy for the sciences', in Nobel Symposium No. 26, pp. 7-13, Oslo.

Grossetti, M, Eckert, D, Gingras, Y et al. 2013, 'Cities and the geographical deconcentration of scientific activity: A multilevel analysis of publications (1987-2007)', Urban Studies, doi: https://doi.org/10.1177/0042098013506047.

Hong, W 2008, 'Decline of the center: The decentralizing process of knowledge transfer of Chinese universities from 1985 to 2004', Research Policy, vol. 37, no. 4, pp. 580-595, doi: https://doi.org/10.1016/j.respol.2007.12.008.

Inhaber, H 1977, 'Changes in centralization of science', Research Policy, vol.6, pp.178-193, doi: https://doi.org/10.1016/0048-7333(77)90024-5.

Langfeldt, L, Benner, M, Siverstsen, G et al. 2015, 'Excellence and growth dynamics: A comparative study of the Matthew effect', Science and Public Policy, vol. 42, no. 5, pp. 661-675.

Larivière, V, Macaluso, B, Archambault, É et al. 2010, 'Which scientific elites? On the concentration of research funds, publications and citations', Research Evaluation, vol. 19, no. 1, pp. 45-53, doi: https://doi.org/10.3152/095820210X492495.

Leitão, JC, Miotto, JM, Gerlach, M & Altmann, EG 2016, 'Is this scaling nonlinear?', Royal Society Open Science, vol. 3, no. 7, 150649, https://doi.org/10.1098/rsos.150649.

Maisonobe, M, Grossetti, M, Milard, B et al. 2016, 'The global evolution of scientific collaboration networks between cities (1999-2014): Multiple scales', Revue française de sociologie, vol. 57, no. 3, pp. 417-441, doi: https://doi.org/10.3917/rfs.573.0417.

Maisonobe, M, Grossetti, M, Milard, B et al. 2017, 'The global geography of scientific visibility: A deconcentration process (1999-2011)', Scientometrics, vol. 113, no. 1, pp. 479-493.

Maisonobe, M, Jégou, L & Cabanac, G 2018, 'Peripheral forces', Nature Index, no. 563, S18-S19.

Maisonobe, M, Jégou, L, Yakimovich, N et al. 2019, 'NETSCITY: A geospatial application to analyse and map world scale production and collaboration data between cities', in ISSI'19: 17th International Conference on Scientometrics and Informetrics, Rome.

Matthiessen, CW, Schwarz, AW & Find, S 2010, 'World cities of scientific knowledge: Systems, networks and potential dynamics. An analysis based on bibliometric indicators', Urban Studies, vol. 47, no. 9, pp. 1879-1897, doi: https://doi.org/10.1177/0042098010372683.

Nomaler, Ö, Frenken, K & Heimeriks, G 2014, 'On Scaling of Scientific Knowledge Production in U.S. Metropolitan Areas', PLOS One, vol. 9, no. 10: e110805, doi: https://doi.org/10.1371/journal.pone.0110805.

Pumain, D, Paulus, F, Vacchiani-Marcuzzo, C et al. 2006, 'An evolutionary theory for interpreting urban scaling laws', Cybergeo: European Journal of Geography, no. 343, doi: https://doi-org.inshs.bib.cnrs.fr/10.4000/cybergeo.2519.

Schofer, E & Meyer, JW 2005, 'The worldwide expansion of higher education in the twentieth century', American Sociological Review, vol. 70, no. 6, pp. 898-920, doi: https://doi.org/10.1177/000312240507000602.

Schott, T 1991, 'The world scientific community: Globality and globalisation', Minerva, vol. 29, no. 4, pp. 440-462.

Strouk, M, 2020, 'Science en puissances: la recherche scientifique, porte d'entrée vers la gouvernance arctique pour les États observateurs', Études internationales, vol. 51, no. 1, 59-87.

Zitt, M, Barré, R, Sigogneau, A et al. 1999, 'Territorial concentration and evolution of science and technology activities in the European Union: a descriptive analysis', Research Policy, vol. 28, no. 5, pp. 545-562, doi: https://doi.org/10.1016/S0048-7333(99)00012-8.

Zitt, M, Ramanana-Rahary, S & Bassecoulard, E 2003, 'Correcting glasses help fair comparisons in international science landscape: Country indicators as a function of ISI database delineation', Scientometrics, vol. 56, no. 2, pp. 259-282.

5.9 文献计量学和合著

Dorte Drongstrup[①]（多特·德龙斯特鲁普）

摘要：本文回顾了合著和文献计量学的关系，介绍了文献计量学研究中合著的含义，合著与研究生产力的关系，以及合著如何受到方法论决策的影响以及是否提高产出。本文还展示了决定作者顺序的各个方面和作者顺序可以在多大程度上解释研究者对出版物的贡献，探讨了合著贡献分配和计算方法。

关键词：文献计量学，合著，计算方法，合著贡献

5.9.1 文献计量学和合著

在文献计量学研究中，研究者和出版物之间的纽带是作者身份。研究人员作为作者需要对出版物的所有内容负责，并因其对研究的贡献而获得作者声誉。有

---

① 南丹麦大学图书馆馆员，dh@bib.sdu.dk。
https://doi.org/10.1515/9783110646610-037

些人把作者声誉称为"王国货币"①（Wilcox，1998；Biagioli，1999），因为它帮助研究人员建立声誉，从而转化为额外的福祉，如工作保障（任期）、晋升、更高的工资、研究基金（Haeussler and Sauermann，2013；Merton，1973）。

对于独立署名作者，研究人员和研究、责任、署名之间的关系并不复杂，按上面的理解也是正确的。然而，当涉及共同作者时，这种关系就变得比较模糊，尤其是当作者数量增加时，使得在评估谁应该拥有出版物署名权和对出版物负责时变得越来越困难。此外，多项研究表明，不同领域的合著者标准存在差异（Du and Tang，2013；Geelhoed et al.，2007；Lariviere et al.，2016；Birnholtz，2006）。对研究的贡献程度，在物理学上可能会署名共同作者，在经济学上只有致谢，在政治学上可能不会署名（Henriksen，2018a；Birnholtz，2006；Lariviere et al.，2016）。

为了确保各学科和研究小组之间对合著者的要求保持一致，已经出台了作者署名和负责任研究行为的准则。然而，这些指南通常有一个漏洞，即要求所有作者都应做出实质性的贡献（ICMJE，2010；CSE，2012），而没有进一步定义实质性或显著性贡献是什么。进一步研究显示，这些指南往往被忽视或被选择性解读（Smith et al.，2019；Pignatelli et al.，2005）。

缺乏统一的合著署名标准也意味着，在不同学科和研究小组之间合著署名所代表的合作程度存在很大差异（Katz and Martin，1997；Laudel，2001；Biagioli，1999）。然而，在基于文献计量学的研究中，将合著作为研究合作的一种方法是常见的做法。但在文献计量学研究中，由于不同学科中合著者代表的合作程度不同，且署名标准有差异，使用合著署名研究合作关系时应谨慎（Ponomariov and Boardman，2016）。

5.9.2 合著和产出

对合著者的研究表明，在过去一个世纪里，大多数学科领域的平均作者数量都有所上升（Henriksen，2016；Lariviere et al.，2015；Price，1963；Wuchty et al.，2007）。这种情况让一些研究者认为将来独立作者署名文章将会消失（Price，1963；Greene，2007）。然而，Abt（2007）强调，虽然在科学领域，独立署名作者的数量呈指数级下降，但其完全消失的可能性不大。

在自然科学领域，如生命、健康和自然科学，共同署名是常态，并且已经存在一段时间了（Geminiani et al.，2014；Baek et al.，2015；Baerlocher et al.，2009；Cronin et al.，2004；Pritychenko，2016）。在社会科学领域，共同署名的意愿因学科而异，所以情况不是很明朗（Ossenblok et al.，2014；Endersby，1996；Hollis，

---

① "a coin of realm"，直译为"王国货币"，意为研究领域最重要的东西。

2001；Tewksbury and Mustaine，2011；Henriksen，2018b）。

直到现在，网络分析都是探索不同研究领域共同署名情况的有用工具，它还可以检验研究人员选择独立署名或共同署名的程度。例如，Uddin 等（2012）调查了关于"钢结构"相关论文的合著作者网络，发现独立署名呈下降趋势。因此，大多数作者喜欢共同署名，或者是独立署名与共同署名相混合。在政治学中，署名情况在各学科不尽相同，在某些领域，大多数依然是独立署名，而在其他领域，则显示出与物理学类似的共同署名趋势（Metz and Jäckle，2017）。

关于共同署名能否提高研究人员的工作效率的争论异常激烈。从发表论文的数量来看，共同署名的研究人员通常具有更高的产出（Cainelli et al.，2012；Sugimoto and Cronin，2012）。但是，如果将每篇文章按署名作者数量均分，那么单个研究人员的产出并不会随着作者平均数量的增加而增加（Pritychenko，2016；Plume and van Weijen，2014；McKercher and Tung，2016）。因此，正如"作者声誉"一节将要强调的，如何计算和评价研究产出和表现，并没有想象的那样简单。

5.9.3 作者声誉

1. 作者顺序

当出版物有两个或两个以上作者署名时，就必须决定署名次序。那么，作者顺序应该如何安排呢？这并非易事，有时还会在研究人员之间造成紧张气氛。总的来说，研究人员有不同的方式来决定作者的顺序，通常取决于他们所在领域的文化。最常见的是按贡献大小决定作者的顺序，即根据他们对论文的贡献决定作者排序。第一作者通常是最重要的贡献者，他们通常负责大部分的写作和实证工作，而最后一个作者则是研究设计、监督和提供资金。中间作者倾向于做更多的实证工作，而不是写作和概念化研究（Sauermann and Haeussler，2017；Baerlocher et al.，2007）。因此，Lariviere 等（2016）将其描述为作者顺序与贡献程度之间的"U"形关系。

另一种常用的作者顺序方法是按字母顺序排序，但根据 Waltman（2012）的数据，2011 年在 Web of Science（SCIE，SSCI，AHCI）收录的所有出版物中，只有 4%按字母顺序排序的方法，在过去的几十年里，这一比例还一直在减少。数学、经济学和高能物理学等领域以使用字母排序而闻名，超过 50%的出版物按字母顺序出版（Waltman，2012；Henriksen，2019）。字母顺序排序是基于每个人都有贡献的概念，出版是所有作者贡献的结果。然而，在具体贡献方面有很大的不同。

数学和经济学领域的出版物通常只有 2—3 个作者，而且作者通常参与研究的所有方面。因此，研究人员之间的分工程度很低。对经济学家来说，使用字母顺序排序是防止"搭便车"和防止分歧的一种方法（Henriksen，2019）。数学领域的情况在一定程度上解释了 Hardy-Littlewood（哈代-李特尔伍德）规则，该规则规定，即使贡献比例不同，它仍然是合作作品（Teixeira da Silva and Dobránszki，2016）。在数学的大多数领域，联合研究是一种不能单独归因于个人的想法和技能的合作模式（AMS，2004）。

高能物理学领域夸张的地方在于作者署名可能比他们实际发表的文章长（Castelvecchi，2015），而且它的平均作者人数为 18 人（Waltman，2012）。高能物理学研究人员一直处于大规模合作研究的前沿（Birnholtz，2006）。2017 年，来自 70 多个国家、超过 17 500 人参与了欧洲核子研究中心（CERN，2017）的研究项目。这些庞大的合作项目涉及众多研究人员和技术人员，从一开始就决定，所有参与者都应该为其成果获得荣誉，这些成果需要数年的时间来创建、分析和发布。因此，高能物理学研究需要智力和劳动两方面的贡献（Biagioli，2003）。这些庞大的作者群体也使得分配声誉变得困难，也很难评估具体是谁完成了不同的研究任务。

决定作者顺序的不太流行的方法是抛硬币（Miller and Ballard，1992）、布朗尼烘烤比赛（Brownie bake-off）（Young HJ and Young TP，1992）或其他富有想象力的方法。然而，使用这类作者顺序方法的研究人员通常会包括一份作者顺序的免责声明，该免责声明有十分重要的意义。这些关于作者顺序的不同方法和文化意味着在文献计量分析中很难知道一些作者是否应该比其他作者获得更多的声誉。即使询问每个作者，也可能会对贡献有不同的解释（Vinkler，1993）。

2. 方法论问题：如何确定合著出版物的署名

研究合著的一个中心问题是如何为合著的出版物分配声誉并衡量产出？在文献计量学中，由于不同的方法各有优缺点，因此一直存在着争论。到目前为止，还没有达成共识（Gauffriau et al.，2007；Larsen，2008）。所有作者都应该得到完整的声誉（整体计算，whole count），还是应该分别计算声誉（分割计算，fractional count），还是应该只有第一作者得到声誉（直接计算，straight count）？

当使用直接计算时，所有声誉都分配给第一作者，而没有给联合署名者。这种方法强调了第一作者的贡献，而忽略了其余的作者，从而会带来很大的问题，即缺乏对大多数作者的认同（Lange，2001）。因此直接计算是当今最不受欢迎的方法。但是，1962 年 Eugene Garfield 在创建 SCI 之初，如果研究人员的确或可能无法获得实体出版物时，这是唯一可行的方法。在 SCI 记录中只包括第一作者的决定是出于实际和经济方面的考虑，Garfield 后来告诫使用直接计算可能存在偏差（Garfield，1977）。创建引文索引是为了通过查看谁引用和谁被引用来检索类似研究。为了创建这个链接，每本书目海报上只包含一些必要信息，以能够查到参考文献和引用文章（Wouters，1999）。如此，所有的引用有可能全分配给第一作者。

常见的做法是整体计算，它将全部功劳归于所有作者。三个作者完成的论文的每个作者得到的分数和他们单独写的一样多。因此，无论作者的数量或在作者顺序如何，都将得到平等的声誉。这种方法鼓励共同创作，因为每个人都将获得声誉（Gauffriau et al., 2008）。但是，这也会产生增加非贡献研究人员的负面动机，因为每个作者得到的声誉是一样的。这种倾向通常被称为名誉作者或客座作者，将在"贡献"一节中进一步讨论。使用这种计算方法的另一个问题是，可能会高估研究人员的产出或绩效，从而产生通胀偏差（Piro et al., 2013；Gauffriau et al., 2008；Hagen, 2008）。

通过分割、调整或完全归一化计算，为每个作者赋予一定的声誉分数（Gauffriau et al., 2008；Cronin and Overfelt, 1994；Lee and Bozeman, 2005），也就是说，论文上署名的三个作者每个作者都将获得三分之一的声誉。与整体计算一样，其理念是每个人对研究的贡献是相等的，所以每个人都应该得到相同的声誉。此外，传统观念认为，每位作者都具有平等的贡献，也就是说，在共同署名的情况下，他们都为文章贡献了一部分。然而，如"作者顺序"部分提到的，共同署名作者的贡献程度并不相同。因此忽略作者的贡献程度，统一给予每位作者同等的声誉，会产生均衡偏差（Hagen, 2009；Hagen, 2008；Hodge et al., 1981）。

为了避免均衡偏差，人们使用谐波计数（harmonic counting）进行计算。谐波计数根据作者顺序为作者赋值。Hodge 等（1981）提出以下公式，式中 ith 表示第 i 位作者，N 表示作者数：

$$第i位作者的贡献 = \frac{\frac{1}{i}}{1+\frac{1}{2}+\cdots+\frac{1}{N}}$$

这意味着第一作者获得了大部分声誉，而接下来的作者得到了递减的声誉。因此，对于一篇三人署名的文章，第一作者将获得 55%的声誉，第二作者将获得 27%的声誉，第三作者将获得 18%的声誉。然而，正如"作者顺序"部分提到的，在某些学科中，第一作者和最后一位作者贡献最大。在这些情况下，Hagen（2008）建议使用近似相等的方式，这样第一作者和最后一位作者的分数相等。不过，这种计算方法需要了解作者顺序是如何确定的。例如，署名两位作者的出版物将有 67%的功劳归于第一作者，只有 33%归于第二作者，尽管他们的贡献可能是相等的。因此，无论采用哪种计算方法，都应注意可能存在的不同计算偏差。

5.9.4 贡献

就解释共同署名作者对研究的贡献问题，有人建议放弃作者署名制度，采用贡献模型进行解释（Bates et al.，2004；Rennie，1997；Davey Smith et al.，2018；Smith，2012）。因此，一个贡献模型将包括每个贡献者在论文创作中的角色。特别是在健康、生命和物理科学领域，这样可以更好地囊括论文创作过程中做出各种大量贡献的研究人员（Davey Smith et al.，2018）。

稍逊色一点的，可以在论文后附上贡献声明，说明每个署名作者在研究中的贡献。然而，很少有期刊采用这种做法（Lariviere et al.，2016，Wager，2007）。对这些贡献声明的研究表明，共同署名作者的贡献类型区别很大（Bates et al.，2004；Marusic et al.，2006），在某些领域，还与作者顺序有关（Lariviere et al.，2016；Sauermann and Haeussler，2017）。有甚者认为，提供贡献声明的程序似乎也会影响每个共同署名作者贡献的多少和类型（Bates et al.，2004）。贡献声明是一种改进，它使得为研究论文做出贡献的人及如何做出贡献变得更加透明，但一些声明中缺少详情，加上学科惯例，这意味着需要对贡献声明进行更多的研究。此外，目前还不能从大型引文或书目数据库中直接获取贡献声明。

5.9.5 结论

共同署名在许多学科中已成为常态，一些资助机构和政策制定者将其视为提高研究质量和可见度的成功标准。然而，正如本文所述，考核或评估合著作者的产出和表现没有那么简单。因此，在对合著作者文章进行文献计量分析时，应考虑不同计算方法的局限性及笔者的建议和思考。

5.9.6 参考文献

Abt, HA 2007, 'The future of single-authored papers', Scientometrics, vol. 73, pp. 353-358.

AMS 2004, The Culture of Research and Scholarship in Mathematics: Joint Research and Its Publication[online], American Mathematic Society, http://www.ams.org/profession/leaders/culture/CultureStatement04.pdf (July 15, 2020).

Baek, S, Yoon, DY, Cho, YK, Yun, EJ, Seo, YL, Lim, KJ & Choi, CS 2015, 'Trend toward an increase in authorship for leading radiology journals', American Journal of Roentgenology, vol. 205, pp. 924-928.

Baerlocher, MO, Gautam, T, Newton, M & Tomlinson, G 2009, 'Changing author counts in five major general medicine journals: Effect of author contribution forms', Journal of Clinical Epidemiology, vol. 62, pp. 875-877.

Baerlocher, MO, Newton, M, Gautam, T, Tomlinson, G & Detsky, AS 2007, 'The meaning of author order in medical research', Journal of Investigative Medicine, vol. 55, pp. 174-180.

Bates, T, Anic, A, Marusic, M & Marusic, A 2004, 'Authorship criteria and disclosure of contributions-Comparison of 3 general medical journals with different author contribution forms', Jama-Journal of the American Medical Association, vol. 292, pp. 86-88.

Biagioli, M 1999, 'Aporias of Scientific Authorship: Credit and Responsibility in Contemporary Biomedicine', in M. Bagioli (ed.), The science studies reader, Routledge, New York.

Biagioli, M 2003, 'Rights or rewards? Changing frameworks of scientific authorship', in M Biagioli & P Galison (eds.), Scientific Authorship: Credit and Intellectual Property in Science, Routledge, New York.

Birnholtz, JP 2006, 'What does it mean to be an author? The intersection of credit, contribution, and collaboration in science', Journal of the American Society for Information Science and Technology, vol. 57, pp. 1758-1770.

Cainelli, G, Maggioni, MA, Uberti, TE & de Felice, A 2012, 'Co-authorship and productivity among Italian economists', Applied Economics Letters, vol. 19, pp. 1609-1613.

Castelvecchi, D 2015, 'Physics paper sets record with more than 5000 authors', Nature.

CERN 2017, Our People[online], CERN, accessed June 4, 2019, https://home.cern/about/who-we-are/our-people (July 15, 2020).

Cronin, B & Overfelt, K 1994, 'Citation-based auditing of academic performance', Journal of the American Society for Information Science, vol. 45, pp. 61-72.

Cronin, B, Shaw, D & Barre, KL 2004, 'Visible, less visible, and invisible work: Patterns of collaboration in 20th century chemistry', Journal of the American Society for Information Science and Technology, vol. 55, pp. 160-168.

CSE 2012, White Paper on Publication Ethics. CSE's White Paper on Promoting Integrity in Scientific Journal Publications[online], Council of Science Editors, accessed July 12, 2019, http://www.councilscienceeditors.org/i4a/pages/index.cfm?pageid=3331 (July 15, 2020).

Davey Smith, G, Munafò, M & Kivimäki, M 2018, 'Swap outdated authorship listings for contributorship credit', Nature, vol. 561, p. 464.

Du, J & Tang, XL 2013, 'Perceptions of author order versus contribution among researchers with different professional ranks and the potential of harmonic counts for encouraging ethical co-authorship practices', Scientometrics, vol. 96, pp. 277-295.

Endersby, JW 1996, 'Collaborative research in the social sciences: Multiple authorship and publication credit', Social Science Quarterly, vol. 77, pp. 375-392.

Garfield, E 1977, 'The 250 most-cited primary authors, 1961-1975. Part III. Each author's most-cited publication', Current Contents, vol. 51, pp. 5-20.

Gauffriau, M, Larsen, PO, Maye, I, Roulin-Perriard, A & von Ins, M 2007, 40 years discussion on the counting of publications, Proceedings of ISSI 2007: 11th International Conference of the International Society for Scientometrics and Informetrics.

Gauffriau, M, Larsen, PO, Maye, I, Roulin-Perriard, A & von Ins, M 2008, 'Comparisons of results of publication counting using different methods', Scientometrics, vol.77, pp.147-176.

Geelhoed, RJ, Phillips, JC, Fischer, AR, Shpungin, E & Gong, YJ 2007, 'Authorship decision making: An empirical investigation', Ethics & Behavior, vol. 17, pp. 95-115.

Geminiani, A, Ercoli, C, Feng, CY & Caton, JG 2014, 'Bibliometrics study on authorship trends in periodontal literature from 1995 to 2010', Journal of Periodontology, vol. 85, E136-E143.

Greene, M 2007, 'The demise of the lone author', Nature, vol. 450, p. 1165.

Haeussler, C & Sauermann, H 2013, 'Credit where credit is due? The impact of project contributions and social factors on authorship and inventorship', Research Policy, vol. 42, pp. 688-703.

Hagen, NT 2008, 'Harmonic allocation of authorship credit: Source-level correction of bibliometric bias assures accurate publication and citation analysis', PLOS One, vol. 3, no. 12, e4021.

Hagen, NT 2009, 'Credit for coauthors', Science, vol. 323, p. 583.

Henriksen, D 2016, 'The rise in co-authorship in the social sciences (1980–2013)', Scientometrics, vol. 107, pp. 455-476.

Henriksen, D 2018a, Research Collaboration and Co-authorship in the Social Sciences, Ph.D. Dissertation, Aarhus University.

Henriksen, D 2018b, 'What factors are associated with increasing co-authorship in the social sciences? A case study of Danish Economics and Political Science', Scientometrics, vol.114, pp. 1395-1421.

Henriksen, D 2019, 'Alphabetic or contributor author order. what is the norm in Danish economics and political science and why?', Journal of the Association for Information Science and Technology, vol. 70, pp. 607-618.

Hodge, SE, Greenberg, DA & Challice, CE 1981, 'Publication credit', Science, vol. 213, pp. 950-952.

Hollis, A 2001, 'Co-authorship and the output of academic economists', Labour Economics, vol.8, pp. 503-530.

ICMJE 2010, 'Uniform Requirements for Manuscripts Submitted to Biomedical Journals: Writing and Editing for Biomedical Publication', Publication Ethics: Sponsorship, Authorship, and Accountability, International Committee of Medical Journal Editors.

Katz, JS & Martin, BR 1997, 'What is research collaboration?', Research Policy, vol. 26, pp. 1-18.

Lange, LL 2001,'Citation counts of multi-authored papers-first-named authors and further authors', Scientometrics, vol. 52, pp. 457-470.

Lariviere, V, Desrochers, N, Macaluso, B, Mongeon, P, Paul-Hus, A & Sugimoto, CR 2016, 'Contributorship and division of labor in knowledge production', Social Studies of Science, vol. 46, pp. 417-435.

Lariviere, V, Gingras, Y, Sugimoto, CR & Tsou, A 2015, 'Team size matters: Collaboration and scientific impact since 1900', Journal of the Association for Information Science and Technology, vol. 66, pp. 1323-1332.

Larsen, PO 2008, 'The state of the art in publication counting', Scientometrics, vol. 77, p. 235.

Laudel, G 2001, 'Collaboration, creativity and rewards: Why and how scientists collaborate', International Journal of Technology Management, vol.22, pp. 762-781.

Lee, S & Bozeman, B 2005, 'The impact of research collaboration on scientific productivity', Social Studies of Science, vol. 35, 673-702.

Marusic, A, Bates, T, Anic, A & Marusic, M 2006, 'How the structure of contribution disclosure statements affects validity of authorship: A randomized study in a general medical journal', Current Medical Research and Opinion, vol. 22, pp. 1035-1044.

McKercher, B & Tung, V 2016, 'The rise of fractional authors', Annals of Tourism Research, vol. 61, pp. 213-215.

Merton, RK 1973, The Sociology of Science: Theoretical and Empirical Investigations, The University of Chicago Press, Chicago.

Metz, T & Jäckle, S 2017, 'Patterns of publishing in political science journals: An overview of our profession using bibliographic data and a co-authorship network', PS: Political Science & Politics, vol. 50, pp. 157-165.

Miller, SD & Ballard, WB 1992, 'In my experience: Analysis of an effort to increase moose calf survivorship by increased hunting of brown bears in South-Central Alaska', Wildlife Society Bulletin (1973−2006), vol. 20, pp. 445-454.

Ossenblok, TLB, Verleysen, FT & Engels, TCE 2014, 'Coauthorship of journal articles and book chapters in the social sciences and humanities (2000−2010)', Journal of the Association for Information Science and Technology, vol. 65, pp. 882-897.

Pignatelli, B, Maisonneuve, H & Chapuis, F 2005, 'Authorship ignorance: Views of researchers in French clinical settings', Journal of Medical Ethics, vol. 31, pp. 578-581.

Piro, FN, Aksnes, DW & Rørstad, K 2013, 'A macro analysis of productivity differences across fields: Challenges in the measurement of scientific publishing', Journal of the American Society for Information Science and Technology, vol. 64, pp. 307-320.

Plume, A & van Weijen, D 2014, 'Publish or perish? The rise of the fractional author', Research Trends, pp. 1-3.

Ponomariov, B & Boardman, C 2016, 'What is co-authorship?', Scientometrics, vol. 109, pp. 1939-1963.

Price, DJDS 1963, Little Science, Big Science, Columbia University Press, New York and London.

Pritychenko, B 2016, 'Fractional authorship in nuclear physics', Scientometrics, vol.106, pp. 461-468.

Rennie, D 1997, 'Authorship credits', Lancet, vol. 350, p. 1035.

Sauermann, H & Haeussler, C 2017, 'Authorship and contribution disclosures', Science Advances, vol. 3, no. 11.

Smith, E, Williams-Jones, B, Master, Z, Larivière, V, Sugimoto, CR, Paul-Hus, A, Shi, M, Diller, E, Caudle, K & Resnik, DB 2019, 'Researchers' Perceptions of Ethical Authorship Distribution in Collaborative Research Teams', Science and Engineering Ethics, pp. 1-28.

Smith, R 2012,'Let's simply scrap authorship and move to contributorship', BMJ (Online), 344.

Sugimoto, CR & Cronin, B 2012,'Biobibliometric Profiling: An Examination of Multifaceted Approaches to Scholarship', Journal of the American Society for Information Science and Technology, vol. 63, pp. 450-468.

Teixeira da Silva, JA & Dobránszki, J 2016, 'Multiple Authorship in Scientific Manuscripts: Ethical Challenges, Ghost and Guest/Gift Authorship, and the Cultural/Disciplinary Perspective', Science and Engineering Ethics, vol. 22, pp. 1457-1472.

Tewksbury, R & Mustaine, EE 2011, 'How many authors does it take to write an article? An assessment of criminology and criminal justice research article author composition', Journal of Criminal Justice Education, vol. 22, pp. 12-23.

Uddin, S, Hossain, L, Abbasi, A & Rasmussen, K 2012, 'Trend and efficiency analysis of co-authorship network', Scientometrics, vol. 90, no. 2, pp. 687-699.

Vinkler, P 1993, 'Research contribution, authorship and team cooperativeness', Scientometrics, vol. 26, pp. 213-230.

Wager, E 2007, 'Do medical journals provide clear and consistent guidelines on authorship?', MedGenMed: Medscape general medicine, vol.9, no. 3, p.16.

Waltman, L 2012, 'An empirical analysis of the use of alphabetical authorship in scientific publishing', Journal of Informetrics, vol. 6, pp. 700-711.

Wilcox, LJ 1998, 'Authorship-The coin of the realm, the source of complaints', Jama-Journal of the American Medical Association, vol. 280, pp. 216-217.

Wouters, PF 1999, The citation culture, Universiteit van Amsterdam.

Wuchty, S, Jones, BF & Uzzi, B 2007, 'The increasing dominance of teams in production of knowledge', science, vol. 316, pp. 1036-1039.

Young, HJ & Young, TP 1992, 'Alternative outcomes of natural and experimental high pollen loads', Ecology, vol. 73, pp. 639-647.

第 6 章 文献计量学数据库[1]

6.1 Web of Science、Scopus 及其他引文数据库

Ingrid Bauer（英格丽德·鲍尔）[2]

摘要：本节概述了目前市面上的主流数据库，包括 Web of Science、Scopus、Google Scholar 和 Dimensions，这些数据库使文献计量分析成为可能。本节介绍了这些数据库的历史背景、运营商信息、覆盖面（理论基础研究）、出版物的选择流程，以及由数据库开发和采用的重要指标。本节大部分信息来源于数据库本身及其网页。虽然本节并非从科学层面深入分析上述数据库，但提供了相关的实用信息。

关键词：Web of Science，Scopus，Google Scholar，Dimensions

几十年来，SCI 一直是市场上唯一能够进行文献计量分析的数据库。它起源于科学信息研究所（ISI）的创始人 Eugene Garfield，并于 20 世纪 90 年代发展成为 Web of Science。直到多年以后，才出现另外两个具有竞争力的数据库——Scopus 和 Google Scholar。前者是 Elsevier 的产品，后者则从名字上就可以看出属于 Google。这两个数据库都是在 2004 年推出的（Hane，2004）。从那时起，Scopus 已经找到了自己的定位——成为公认的引文分析产品。而 Google Scholar 由于其政策原因，已经变成了更重要的搜索引擎，并具备一些额外的功能以供科学家展示自己的研究成果。

其他公司（如微软）也开始发展相关业务，研发了名为 Microsoft Academic Search 的学术搜索引擎。该引擎于 2012 年停止服务，但在 2016 年以 Microsoft Academic 被重新推出（Harzing，2016）。此外，一些与学科相关的数据库也开始增加文献计量功能，如数学领域的 zbMATH 数据库（由 FIZ Karlsruhe 负责运营，是 Zentralblatt MATH 的一部分）、医学/制药研究领域的 PubMed，以及面向科学家和科研人员的社交网站 ResearchGate（Ortega，2016）。

Web of Science 和 Scopus 的强有力竞争者"Dimensions"于 2018 年问世（Harzing，2019）。作为新的学术搜索数据库，Dimensions 专注于学术界关心的

---

[1] 译者：黎世莹，女，副编审，司法鉴定科学研究院。
[2] 奥地利维也纳工业大学。

更广泛的实例，包括获批的基金资助、专利和临床试验，以及出版物和替代计量学相关的数据。Dimensions 声称其超越了标准的出版物–引用生态系统，能够让用户对某项研究的背景有更为全面的了解。主流引文数据库的关键信息见表1。

表 1 主流引文数据库的关键信息

数据库名	创建年份	是否免费	隶属公司	网址
Web of Science	1964	否	Clarivate Analytics	webofknowledge.com
Scopus	2004	否	Elsevier	scopus.com
Google Scholar	2004	是	Google	scholar.google.com
Dimensions	2018	是（随政策变化）	Digital Science	dimensions.ai

6.1.1 Web of Science

Eugen Garfield（1925年出生于美国纽约，2017年逝世）在1963年就发布了科学引文索引（SCI）。当时SCI只关注自然科学和医学领域，收录约613种期刊（Garfield and Sher，1963，第195页；Garfield，1964）。

Eugen Garfield 可以说是迄今为止文献计量学界最为杰出的代表，Cronin 和 Atkins（2000）赞誉他为"引文索引界无可争议的元老"，他拥有化学和图书馆学学术背景。

需要指出的是，Garfield 最初从事大量引文分析工作的意图并非为了评价研究成果本身，而是为了评估出刊载特定科学领域重要成果的最优秀期刊。Eugen Garfield 当时在制药领域工作，极其不希望浪费太多钱购买"错误的"期刊。

1．数据库历史发展

Garfield 于1960年成立了美国科学信息研究所，该研究所位于美国宾夕法尼亚州的费城。在他1955年提出科学引文索引这一概念的9年后（Garfield，1955，第68页），第一个科学引文索引于1963年问世。1973年，社会科学引文索引诞生。为了涵盖各种研究领域，美国科学信息研究所在1975年又启动开发了艺术与人文科学引文索引。1992年，67岁的 Garfield 将美国科学信息研究所卖给了总部位于多伦多的加拿大跨国传媒集团汤姆森。

汤姆森在2008年收购了 Reuters 集团（一家总部位于伦敦的英国跨国媒体和金融信息公司），组成 Thomson Reuters（汤森路透）集团。2016年10月，汤森路透知识产权和科学业务独立了出来，也就是现在的 Clarivate Analytics（科睿唯安）。2015年，一个新的引文索引被其纳入，即新兴来源引文索引（ESCI）（Web of Science，2020）。此外，在 Garfield 遗志的引领下，美国科学信息研究所于2018年重组，成为分析专家的家园，并不断随着技术进步而与时俱进。

2. 覆盖范围

截至 2019 年,包括 SCI、SSCI、AHCI 和 ESCI 在内的 Web of Science 核心库(Web of Science,2020)(作为平台上的首要资源,也是各类研究领域科学和学术研究的重要引文索引)收录的期刊数量显著增加(表 2、表 3)。

表 2　Web of Science 核心库的重要信息

	创建年份	创建当年收录期刊数/本	2000 年收录期刊数/本	2019 年收录期刊数/本
科学引文索引(SCI,2015 年推出扩展版 SCIE)	1963	613	6200	9200
社会科学引文索引(SSCI)	1973	约 1400	1700	3400
艺术与人文科学引文索引(AHCI)	1978	约 1000	1000	1800
新兴来源引文索引(ESCI)	2015	3000	—	7800

表 3　Web of Science 核心库数据源

范围	SCIE	SSCI	AHCI	ESCI
期刊数/本	9200	3400	1800	7800
记录/条	5300 万	940 万	490 万	300 万
被引文献/条	11.8 亿	1.22 亿	3300 万	7400 万

1964 年,推出了科学引文索引的扩展版 SCIE,截至 2019 年收录了 1900 年至今覆盖 178 个科学学科(包括物理学、化学、数学、工程学、计算机科学、自然科学等)的 9200 余种具有影响力的期刊。

SSCI 收录了 1900 年至今覆盖 58 个社会科学学科(包括人类学、法律、哲学、政治学、心理学、城市研究、妇女研究等)的 3400 余种期刊。

AHCI 收录了 1975 年至今覆盖 28 个艺术和人文学科(包括考古学、建筑学、艺术、古典文学、历史、语言和语言学、文学和诗歌、音乐、戏剧和电影、宗教等)的 1800 余种期刊。

ESCI 的建立旨在扩大 Web of Science 中的出版物范围,以囊括具有区域重要性和新兴科学领域的高质量同行评议出版物。ESCI 中的期刊已经通过了初步的编辑评估,可后续被考虑纳入 SCIE、SSCI 和 AHCI。这些期刊都通过了严格的评估程序和遴选标准。ESCI 属于多学科索引,其收录的期刊可追溯到 2005 年。

Web of Science 除了对期刊进行评估外,书籍和会议记录也开始被纳入其中,相应的引文索引应运而生:书籍引文索引(Book Citation Index,BKCI)至今已收录超过 10 万本编辑选定的书籍(自 2005 年起每年增加约 1 万本);会议记录引文索引收录了 1990 年至今超过 20 万本会议记录。

此外,Web of Science 还提供了各种研究领域的索引(如 Biological Abstracts、Zoological Records、医学领域的 Medline、生命科学领域的 BIOSIS 引文索引等),

以及全球各大具有地域特点的数据库，如俄罗斯科学引文索引（由俄罗斯科学院提供）、韩国期刊数据库（由韩国科学院提供）、中国科学引文数据库（由中国科学院提供）。

截至 2019 年 8 月，Web of Science 核心库（SCIE、SSCI、AHCI、ESCI、BKCI 和 CPCI）共收录：

- 全球范围内出版的约 22 000 种同行评议学术期刊（包括约 5000 本开放获取期刊）
- 超过 20 万份会议记录
- 超过 10 万本编辑选择书籍
- 约 7500 万条记录和 14 亿条引文

3. 遴选过程

为了被其中某个数据库收录，新刊必须经过一个涉及多方面内容的遴选过程（图 1）。Web of Science 根据 28 条标准对期刊进行评估。遴选程序由 Web of Science 的内部专家编辑执行，他们与出版社或研究机构没有任何关系，因此消除了潜在的偏见或利益冲突。三个核心指数（SCIE、SSCI 和 AHCI）的期刊收录率为 10%～12%。

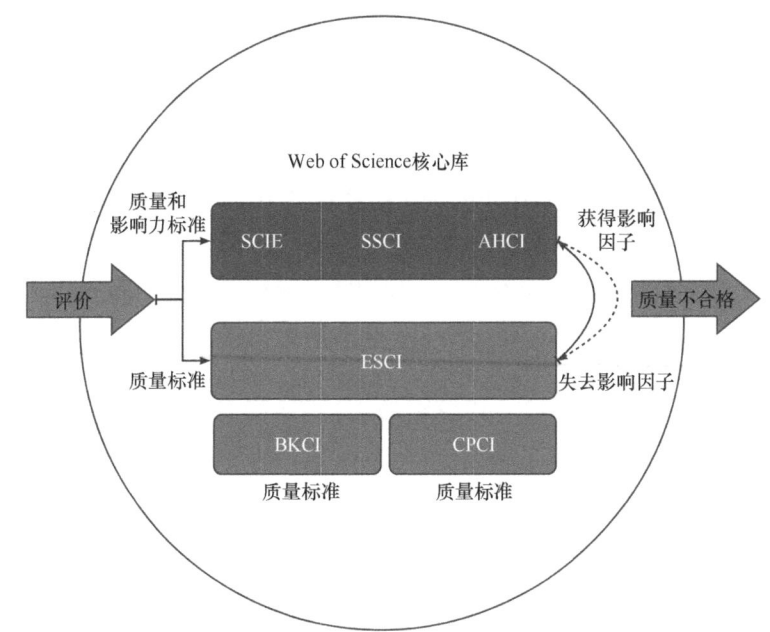

图 1　新刊遴选过程（Web of Science，2020）

4. 评估标准

Web of Science 提供的《期刊引证报告》会对作者、机构和领域表现等方面进行描述。

Web of Science 将引文跟踪、引文计数、作者或机构的 h 指数作为评估标准（InCites Benchmarking & Analytics，2020），对科研人员或机构进行评估。通过引文比较，《期刊引证报告》提供每个科研人员或机构的"热点"和"高被引"文章。

"热点"文章指"在发表后很快被认可，并被快速和大量引用的文章"。这些文章通常是其所在领域的关键论文。

"高被引论文"是指那些多年来持续受到引用，其研究方法在学术界广泛传播并已被证实有效的特定研究领域内的核心论文。

作为描述期刊特征的指标，期刊影响因子和期刊四分位排名也可通过完整的《期刊引证报告》获得。期刊影响因子是指某一特定年份的引文与其前两年出版的可引对象的关系，并基于这两年的项目（如文章）数量计算得出。此外，《期刊引证报告》还提供关于期刊影响因子的变化趋势和引文分布的信息。

除了经典的期刊影响因子外，考虑到不同研究领域的出版和引用习惯的差异，还有一些其他指标，如 5 年影响因子、即时性指数（评估科研论文的时效性）、期刊被引半衰期因子和各种标准化因子。Web of Science 还整合了"特征因子得分"（Eigenfactor Metrics，2020）——一个用来评估学术期刊重要性的指标，由华盛顿大学的一个研究小组开发（他们还开发了"文章影响力"指标）。特征因子得分可在其网页上免费获得（http://www.eigenfactor.org/[2020 年 7 月 15 日]）。

6.1.2 Scopus

Scopus 是 Elsevier 于 2004 年推出的摘要和引文数据库。Elsevier 公司是全球主要的科学、技术和医学信息供应商之一。该公司成立于 1880 年，总部位于荷兰阿姆斯特丹，以其公司标志而闻名：一棵被藤蔓缠绕的树和 Non Solus 字样（其拉丁语义是"不孤独"）。Elzevier 家族与出版业的历史渊源可追溯到 16 世纪。1931 年，Elsevier 开始涉足国际科学出版业务，并在 1947 年推出了首本英文期刊 *Biochemica et Biophysica Acta*（Reed Elsevier，2020）。1992 年，Elsevier 与 Reed 公司合并，更名为 Reed Elsevier。

现在，Elsevier 隶属 RELX 旗下的 RELX's Scientific 部门。RELX 集团由负责出版科学、技术和医学材料以及法律教科书的公司组成，总部设在伦敦。除了 Scopus 以外，Science Direct 和 Mendeley 也是 RELX Scientific 的一部分。

1. 遴选过程

自 2005 年成立初期，为了防止出现任何失信行为，Scopus 就设立了内容遴选与咨询委员会（Content Selection & Advisory Board，CSAB），以推动实施公开透明的收录政策。由于隶属于 Elsevier——科学期刊的主要国际出版商之一，因此 Scopus 与 Web of Science 有明显的区别。为了显示其透明度，Scopus 的网页上可以检索到 Scopus 内容遴选与咨询委员会的成员名单。每年仅 500—600 本期刊被该委员会接收并录入数据库，其内部程序类似于 Web of Science。当期刊失去影响力后会被降级，这也与 Web of Science 类似。

2. 覆盖范围

Scopus 对已被分配 ISSN 的连续出版物（包括期刊、行业期刊、丛书和会议资料）、非连续出版物来源（例如，除非为报告，否则具有 ISBN 的书籍）以及专利进行索引。与 Web of Science 不同，Scopus 只有一个数据库。

目前，Scopus 收录了近 25 000 种出版物，包括来自 5000 多家出版商约 23 500 种同行评议的高质量学术期刊（其中有 4000 多种是完全开放获取期刊）和 740 多本丛书。此外，还收录了近 20 万本书籍，且每年新增约 2 万本（书籍和章节均可被检索）。

Scopus 以两种不同的方式收录会议资料，作为常规期刊的特刊或作为专门的会议资料进行收录。Scopus 数据库中超过 10%的内容由会议论文组成（来自全球 10 万多个会议活动的逾 830 万篇论文），其中 230 万篇发表在期刊、丛书和其他出版物上，其余的多以会议记录的形式发表。

此外，Scopus 还收录了来自 5 个专利局（世界知识产权组织、欧洲专利局、美国专利商标局、日本专利局、英国知识产权局）的超过 3900 万条专利记录。

3. 评估标准

Scopus 通过引文概述追踪系统，基于各种标准对作者进行分析，最终给出包含或不包含自引的 h 指数，作为针对机构科研人员的评估指标。

Scopus 采用 CiteScore 指标、SCImago 期刊排名和篇均来源期刊标准影响因子（SNIP）（Roldan-Valadez et al.，n.d.）作为描述期刊特征的指标。CiteScore 指"修正期刊影响因子"。与 Web of Science 不同的是，Scopus 的评估基于连续三年发表的文献数量在第四年的被引次数，即期刊最近 4 年（含计算年度）的被引次数除以该期刊近四年发表的文章数。

SNIP 衡量的是期刊实际收到的引文数与该期刊所属学科领域预期收到的引文数之比。该指标由荷兰莱顿大学科学技术研究中心计算得出（CWTS，2020）。Scopus 的另一个指标是 SCImago 期刊排名，用于评估期刊的加权引用次数。SCImago 期刊排名既考虑了期刊的引文数量，也考虑了这些引文所在期刊的重要性或影响力。

在文章层面，Scopus 提供来自 PlumX Metrics（Torres-Salinas et al.，2017；PlumX

Metrics，2020）的论文级计量指标数据，它提供了关于一篇具体文章的影响力信息。它的应用名为"Plum Print"，显示"Usage"——传播方式（如点击、下载、浏览）、"Captures"——捕捉方式（如书签、代码分支、收藏夹）、"Mentions"——推荐形式（如博客文章、评论、综述）、"Social media"——媒体反响（推文、Facebook点赞等），以及具体文章的"Citations"——引用数量。

6.1.3　Google Scholar

Google Scholar 是一个可免费访问的网络搜索引擎，它对各类出版格式和学科的学术文献的全文或元数据进行索引。在 2004 年 11 月发布的测试版中，Google Scholar 的索引包括大多数经同行评议的在线学术期刊和书籍、会议论文、论文和学位论文、预印本、摘要、技术报告，以及法院意见和专利等其他学术文献。

1. 遴选过程

Web of Science 和 Scopus 都特别强调其对收录各类学术文献的排他性和遴选程序。Google Scholar 则采取了不同的策略，即每位学者都可独立创建和修改自己的"学者引文档案"。此外，最重要的区别是，该服务由 Google Scholar 免费提供。

2. 覆盖范围

Google Scholar 涵盖了期刊文章、技术报告、预印本、论文、书籍和其他文件的全文，包括被认为具备学术性质的特定网页。不过，经常被文献计量学界诟病的是 Google Scholar 并不公布所抓取的期刊或收录的出版商名单，而且其更新频率也不明确。科研人员甚至在大约十年前就证明，Google Scholar 上的引文计数可以被操纵，如其收录了用 SCIgen 创建的完全无意义的文章（Beel and Gipp，2010）。尽管 Google Scholar 值得与基于 Scopus 和 Web of Science 的文献计量分析进行比较，但由于上述种种原因，特别是 Google Scholar 不显示也不输出 DOI，使得它作为文献计量分析基础仍然存在不确定性。

3. 特点和指标

随着时间的推移，Google Scholar 逐渐增加了许多功能，并于 2006 年推出了书目管理数据库，如 EndNote；2012 年推出了个人"学者引文档案"，作者可以自行提供、编辑个人文献计量学指标的相关信息，如 h 指数和 i10 指数（Google Scholar 的一个特定指标，提供了关于公开出版物数量的信息）。

6.1.4　Dimensions

Dimensions 数据库创立于 2018 年，旨在为数据的使用及其复杂性带来更多的透明度。

文献计量学界首要的局限性是现有的数据库仅试图通过出版物和引用数据来了解研究现状，另一大局限性是未能详尽披露其所应用的数据。这些局限性让100多个合作伙伴（资助机构、科研机构等）参与开发这一全新的数据库，该数据库不仅包含出版物，还涵盖了资助、临床试验、专利、政策文件和数据集。

Dimensions 由总部位于英国伦敦的技术公司 Digital Science 运营，该公司成立于 2010 年，隶属于 Holtzbrinck 出版集团。该集团是一家总部设在斯图加特的私营企业，拥有 Altmetric、Figshare、全球研究标识符数据库（Global Research Identifier Database，GRID）、ReadCube 等，在全球还拥有多家出版公司。

1. 覆盖范围

Dimensions 提供的数据包括约 520 万项基金资助、1.1 亿种出版物、55 万项临床试验、4000 万项专利和 47 万份政策文件。此外，还包括约 1.1 亿个替代计量数据集。

目前为止，Dimensions 针对科研人员的个人访问是免费的，但 Dimensions 提供的其他版本产品 Dimensions Analytics、Dimensions Plus 和 Dimensions Profiles 需要付费。

2. 评估标准

Dimensions 免费版提供的引文信息包括反映全文内容的简短摘要、总引用次数和最新引用。

Dimensions 应用相对引用率（relative citation ratio，RCR）对文章进行评估，它代表一篇著作的引用率与该研究领域其他著作引用率相比的相对引用表现。RCR 高于 1.0 表明引用率高于平均水平。此外，还有领域引用率（field citation ratio，FCR），它表示一篇著作在主题领域中与其出版年份相似的著作相比的相对引用表现。

Dimensions 针对文章的指标有 Altmetric 关注度得分，该指标是对所有在线关注度的加权计数。

在作者层面，Dimensions 可以通过 RCR、FCR、Altmetric 关注度得分、引用和相关性对作者进行排名，这样可以呈现每个作者的重要出版物。

6.1.5 参考文献

Beel, J & Gipp, B 2010, 'Academic search engine spam and Google Scholar's resilience against it', The Journal of Electronic Publishing, vol. 13, no. 3.

Cronin, B & Atkins, H B 2000, 'The scholar's spoor', in B Cronin & H B Atkins (eds.), The Web of

Knowledge: A Festschrift in Honor of Eugene Garfield, pp. 1-7, Information Today, Medford, N.Y.

CWTS n. d., Welcome to CWTS Journal Indicators, [online], https://www.journalindicators.com/ (July 15, 2020).

Declan, B 2004, 'Science searches shift up a gear as Google starts Scholar engine', Nature, vol. 432, no. 7016, p. 423.

Eigenfactor Metrics n. d., Eigenfactor [online], http://www.eigenfactor.org/ (July 15, 2020).

Garfield, E 1955, 'The preparation of printed indexes by automatic punched-card techniques', American Documentation (pre-1986), vol. 6, no. 2, p. 68.

Garfield, E 1964, 'Citation indexing: A natural science literature retrieval system for the social sciences', The American Behavioral Scientist (pre-1986), vol. 7, no. 10, pp. 58-61.

Garfield, E & Sher, I 1963, 'New factors in the evaluation of scientific literature through citation indexing', American Documentation (pre-1986), vol. 14, no. 3, p. 195.

Hane, P J 2004, Elsevier Announces Scopus Service, http://newsbreaks.infotoday.com/nbreader.asp?ArticleID=16494 (July 15, 2020).

Harzing, A 2016, 'Microsoft Academic (Search): A Phoenix arisen from the ashes?', Scientometrics, vol. 108, no. 3, pp. 1637-1647.

Harzing, A 2019, 'Two new kids on the block: How do Crossref and Dimensions compare with Google Scholar, Microsoft Academic, Scopus and the Web of Science?', Scientometrics, vol. 120, no. 1, pp. 341-349.

How Scopus works n. d., Elsevier [online], https://www.elsevier.com/solutions/scopus/how-scopusworks (July 15, 2020).

InCites Benchmarking & Analytics: Alphabetical List of InCites Metrics n. d., Clarivate, http://clarivate.libguides.com/incites_ba/alpha-indicators (July 15, 2020).

Lodewijk Elzevir n. d., Wikipedia [online], https://en.wikipedia.org/wiki/Lodewijk_Elzevir (July 15, 2020).

Ortega, JL 2016, 'Social Network Sites for Scientists: A Quantitative Survey (Chandos information professional series)', Elsevier Science, Kent.

PlumX Metrics n. d., Plumanalytics [online], https://plumanalytics.com/learn/about-metrics/ (July 15, 2020).

Publications n. d., Dimensions [online], https://app.dimensions.ai/discover/publication (July 15, 2020).

Reed Elsevier n. d., Internet Archive, https://web.archive.org/web/20081204103242/http://www.ulib.niu.edu/publishers/ReedElsevier.htm (July 15, 2020).

Roldan-Valadez, E, Salazar-Ruiz, S, Ibarra-Contreras, Y & Rios, R n.d., 'Current concepts on bibliometrics: A brief review about impact factor, Eigenfactor score, CiteScore, SCImago Journal Rank, Source-Normalised Impact per Paper, H -index, and alternative metrics', Irish Journal of Medical Science (1971-), vol. 188, no. 3, pp. 939-951.

Scopus Content Selection and Advisory Board n. d., Elsevier [online], https://www.elsevier.com/solutions/scopus/how-scopus-works/content/scopus-content-selection-and-advisory-board (July 15, 2020).

Torres-Salinas, D, Gumpenberger, Ch & Gorraiz, J 2017, 'PlumX As a Potential Tool to Assess the

Macroscopic Multidimensional Impact of Books', Frontiers in Research Metrics and Analytics, 2, Frontiers in Research Metrics and Analytics, July 1, 2017.

Web of Science n. d., Emerging Sources Citation Index [online], https://clarivate.com/webofsciencegroup/ solutions/webofscience-esci/ (July 15, 2020).

Web of Science n. d., Web of Science Core Collection [online], https://clarivate.com/webofsciencegroup/ solutions/web-of-science/ (July 15, 2020).

Web of Science 2020, Web of Science Journal Evaluation Process and Selection Criteria [online], https://clarivate.com/webofsciencegroup/journal-evaluation-process-and-selection-criteria/ (July 15, 2020).

6.2 Dimensions 扩展库：丰富文献计量学家的工具箱

Juergen Wastl（于尔根·瓦斯特尔）[①]

摘要：Dimensions 由 Digital Science 与 100 多个全球领先的科研机构合作开发。Dimensions 是一个独特的平台，它整合了出版物、数据集、资助、专利、临床试验和政策文件相关数据。该数据库覆盖了更为广泛的全球科学领域，使科研人员、基金资助者、科研机构和出版商能够更全面地发现、分析和掌握科研的生命周期。

本节介绍了 Dimensions 平台的开发、部署情况和功能，重点关注文献计量学应用以及可用于学术研究和其他领域研究成果的问题集，同时收集了能为未来的策略提供参考的见解。

关键词：链接数据集，互通性，研究轨迹，研究分类系统，科研评价，机器学习，相对引用率，研究领域，评估单位，可持续发展目标

6.2.1 简介

Dimensions 于 2018 年 1 月 16 日建立，已成为文献计量分析领域的新兴数据库（Digital Science，2018）。由 Dimensions 可见，Digital Science 及其旗下公司推出的产品在各方面都有别于科学计量学领域的其他数据供应商和服务。Digital Science 旨在采用不同的方法和思路开发 Dimensions。在构思初期阶段，科研人员、机构、资助机构和图书馆等相关用户群体就被邀请参与了对 Dimensions 结构和功能的开发，以确保该产品能够满足上述机构及其参与者的需求：超过 100 个机构与 Digital Science 合作，共同制定需要遵循的规范（Hook et al.，2018）。

推出该类以文献计量学研究为重点的新兴数据库有多种原因。从根本上说，Dimensions 项目组认为，关键是要打破用于文献计量学研究的出版物和引文数

[①] Digital Science 学术关系和咨询部负责人，j.wastl@digital-science.com。
https://doi.org/10.1515/ 9783110646610-039

的不可获取性。不可获取性阻碍甚至抑制了对科研本身的研究。随着在提供出版物和引文数据方面投入的日益增加，Digital Science 公司凭借 Dimensions 创造了一个强大的工具，它被越来越多的人认为是一个有价值的、高质量的、可用于文献计量学研究的免费替代方案。为进一步扩大其使用范围，Dimensions 和 ISSI 在2019 年 9 月宣布为其成员提供免费服务（Dimensions，2019）。因此，Digital Science 也将遵循 ISSI 对个人访问权限的建议，降低 Digital Science 对访问决策过程的参与度。

Dimensions 也是近期成立的"元研究所"（Research on Research Institute，RoRI）的组成部分。该研究所于 2019 年 9 月 30 日启用（Digital Science，2019），其创始伙伴惠康基金会、谢菲尔德大学、莱顿大学科学技术研究中心和 Digital Science 公司汇集资源以推动并重振对科研本身的研究。

尽管 Dimensions 建立的时间很短，但文献计量学界已经发布了有关文献计量学数据源的比较，特别是对其覆盖面和全面性的比较（Harzing，2019；Orduña-Malea and López-Cózar，2018），还包括批判性评估，如出版物类型规范化等的评论文章（Thelwall，2018）。Dimensions 数据的广度和深度可以使文献计量学研究不仅仅局限于出版物、引文数据和分析，而且可使用其他数据源开展大规模的分析，如应用 Dimensions 的资助项目数据库对精神卫生相关研究开展项目资助情况分析（Woelbert et al.，2019）。

由于 Dimensions 是一个不局限于出版物和引文的多种数据源集合，因此，它能提供更丰富全面的研究内容和背景（Bode et al.，2018），并且涵盖了研究过程的特定领域，为分析科研在整个研究轨迹或生命周期中产生的影响铺平了道路（图 1 展示了 Dimensions 的数据源架构）。

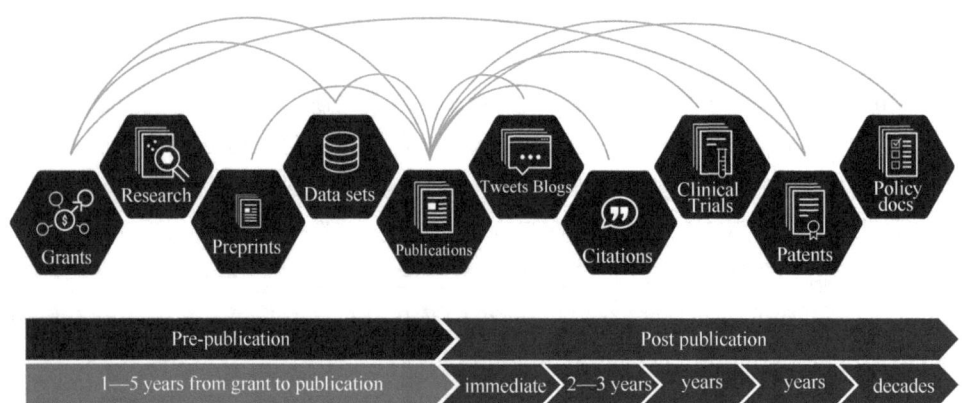

图 1　研究轨迹

Grants：资助；Research：研究；Preprints：预印本；Data sets：数据集；Publications：出版物；Tweets Blogs：博客推送；Citations：引用；Clinical Trials：临床试验；Patents：专利；Policy docs：政策文件；Pre-publication：预出版；Post publication：传统出版；1-5 years from grant to publication：从授权到发表的 1—5 年；immediate：立即；2-3 years：2—3 年；years：年；decades：数十年

我们还需在此强调构成 Dimensions 概念的另一个方面，即 Dimensions 是作为一个充分考虑到用户需求的平台开发的，而不是作为一个预定义的数据集，其目的是使用户能够就基础数据的使用做出自己的决定。它提供了所有可用的内容，而没有对某些数据是否要被纳入或排除进行任何预先设置。用户可以自行筛选 Dimensions 提供的数据集，以便进行相关分析，如对出版物和引用数据进行分析。

6.2.2 Dimensions 数据的挑战、共享和背景

Dimensions 涵盖了全球科学领域的相关出版物、资助项目、专利、临床试验和政策文件数据。为了实现这一目标，需要克服多方面的挑战。Dimensions 通过在共享平台中提供数据，实现不同数据集之间的互通性和连接性，以满足发现、分析和进一步了解研究生命周期的多方面需求。

为了汇集并提供全面的数据集，Digital Science 通过以下方式尽可能"接近源头"获取数据：直接与出版商和资助机构合作，并与 100 多家出版商达成协议，用可搜索的全文数据补充出版记录；专利数据直接来源于如美国专利商标局等国家专利机构，这些机构是全球专利数据的权威提供方；Digital Science 利用 CrossRef 等符合行业标准的开放数据源，对数据源进行补充。Dimensions 中的每条数据记录都有一个详细的记录页面，可链接到数据的原始记录。

截至 2020 年 2 月，Dimensions 包含六个主要的数据源模块。

（1）出版物：元数据主体包含了超过 1.05 亿条记录，涵盖论文、预印本、书籍、章节、专著及其他，涉及 7600 万条全文索引。Dimensions 公司没有采取筛选性的方式对特定的期刊进行索引，而是采取包容性的方式对多个来源的记录进行索引，然后提供工具让用户自行限制检索范围。由于这种包容性的方式，Dimensions 的数据集是全球性的，涵盖了世界上几乎所有地区的研究学科，包括出版商分配有 DOI 的文章（覆盖大多数主要出版商的完整数字化存档，例如，Royal Society 的数据可追溯至 1665 年，Springer Nature 可追溯至 1832 年，Elsevier 可追溯至 1823 年）。

（2）数据集：超过 140 万个来自 figshare 的数据集，包括在 figshare 上直接上传的，以及其他由 Dryad、Zenodo、Pangea 和 figshare 托管的资料库。数据集指在资源库中所分享的项目，但不包括海报、图像和软件。数据集在建立后，随着每天的更新，所覆盖的资料库将不断增加。

（3）资助项目：包括来自近 40 个国家的 430 多个资助者近 500 万条赠款记录，科研资金总额超过 1.6 万亿美元。资助数据来自一些公共资源，包括英国的 Gateway to Research 和 Europe PMC 平台，以及直接由资助机构提供的数据。

（4）专利：超过 3900 万条来自 15 个司法管辖区的记录，包括美国专利商标

局、欧洲专利局、世界知识产权组织、德国、澳大利亚、英国、加拿大、俄罗斯、法国、印度、荷兰、中国香港、新西兰、瑞士和爱尔兰。其他司法管辖区专利记录正在增加中。

（5）临床试验：来自 11 个注册处的近 50 万项临床试验，涵盖美国、英国、澳大利亚、新西兰、伊朗、日本、印度、荷兰、德国、中国、韩国和欧盟。

（6）政策文件：来自 70 多个机构超过 43 000 份全文索引的灰色文献报告，包括英国政府、世界卫生组织、联合国粮食及农业组织等。政策文件数据索引的构建旨在改变或以其他方式影响准则、政策或实践。

Dimensions 数据库是全球性的，涵盖了世界上几乎所有地区的所有学科。作为数据处理渠道的一部分，非英语记录会被翻译成英语。例如，在 Dimensions 中，日本的基金资助项目会有原始日文摘要和英文翻译（由软件自动翻译）。

6.2.3　Dimensions 数据的增强版

Dimensions 公司在收集、汇编和管理数据以及扩充数据库等方面投入了大量资金。在文献计量分析方面，Dimensions 通过扩充数据和关联记录，拓宽科研视野，探索分析价值。

基于庞大的数据网，Digital Science 实现了机构数据和科研人员消歧的标准化，从而能够提供更为强大、丰富的元数据。

为明确机构的归属，Digital Science 公司还建立了 GRID 系统，旨在同一内容源和不同内容源之间创建具有一致性的标准化机构视图。该系统可以免费下载和使用（https://www.grid.ac/）。

Dimensions 采用了基于隶属关系、合著关系、引文格式以及学科领域特征的算法，对姓名进行消歧，以识别和区分科研人员。

所有这些改进使用户能够更为有效地掌握和比较信息，以便对其进行快速分析。所有的内容类型——出版物、基金资助、政策文件和专利——都共享同一套数据源，这有助于分析人员能够专注于从数据中获得灵感，而不是浪费精力去调整不同的数据源。

Dimensions 的核心是对参考文献进行识别，并将不同的内容来源相互关联，以便用户充分厘清研究背景（如将出版物与基金资助联系起来）。Dimensions 总共识别了超过 13 亿条文件记录之间的直接联系，仅出版记录就超过 10 亿条。由于整合了更多的内容（如数据集及其与出版物的链接），这个数字还在不断增长。

Dimensions 通过使用人工智能技术（如机器学习），进一步丰富了数据，使信息在搜索和分析中发挥最大效用。

通过从出版物全文中提取基金和致谢信息，Dimensions 公司可以针对性地回答资助者的问题、满足其需求，特别是对资助项目和研究主题的匹配程度、科研产出和影响力的评估。另一个对资助者和科研人员都非常重要的领域是对科研及其成果的分类应用。迄今为止，Dimensions已利用自然语言处理、机器学习和人工智能等实现了以下几种主流分类方案。

● 研究领域（Fields of Research）（澳大利亚和新西兰标准研究分类体系，Australian and New Zealand Standard Research Classification，ANZSRC）

● 研究、病症和疾病分类（Research, Condition, and Disease Categorization）

● 健康类别——健康研究分类系统（Health Category – Health Research Classification System）

● 研究活动代码——健康研究分类系统（Research Activity Codes – Health Research Classification System）

● 综合性研究领域（Broad Research Areas）（ANZSRC）

● 健康研究领域（Health Research Areas）

● ICRP（International Cancer Research Partnership，国际癌症研究合作伙伴）癌症分类体系（Cancer Types）

● ICRP通用科学大纲（Common Scientific Outline，CSO）

● 评估单位（英国高校科研评估体系框架，也称为"卓越研究框架"，Research Excellence Framework 2021，UK REF2021）

● 可持续发展目标

上述分类被应用于文章层面。最新增加的分类方案是基于可持续发展目标（联合国可持续发展议程定义的17个目标）和英国卓越研究框架，所有研究领域都分布在34个学科中，每个学科被称为"评估单元"。除了在英国REF中的特殊用途外，这一最新增加的分类方案的影响力和使用案例将超过国家级评估（Porter et al.，2019），并为包罗万象的学科分类方案开辟新的途径。

6.2.4 Dimensions的用户界面

Dimensions以各种方式满足用户需求。网站用户界面（user interface，UI）具备检索、筛选功能，并提供"分析视图"（analytical views）：在限定标题和摘要内容后可进行检索，也可以对完整数据（即约7600万份出版物的全文）或直接通过DOI（对出版物）进行检索。另外，还可以对复制粘贴的摘要或其他文本进行相似性检索。该检索类型基于摘要或正文的内容，从中提取关键词和关键信息，并以此创建检索概念，最后应用该检索概念在数据库中检索出相似文档。

限制筛选条件或进行组合检索可缩小检索范围。大部分筛选功能适用于各类数据源（如国家、类别），而有些筛选则是针对特定来源的（出版物的类型、开放获取与否，以及源标题）。用户可以切换到"分析视图"，在检索过程的任何阶段对检索结果和趋势进行快速分析。

- 出版物：类别、指标概述、科研人员、来源标题、资助者、科研机构、地点
- 项目：类别、指标概述、科研人员、资助者、科研机构、地点
- 专利：类别、指标概述、资助者、受让人、地点
- 临床试验：类别、指标概述、资助者、赞助商、地点
- 政策文件：类别、指标概述、出版机构
- 对科研机构或资助者的科研足迹进行两两比较（基于任何类别方案）

Dimensions 用户可以导出并保存检索结果，以便后续使用，还可为已保存的检索结果创建电子邮件提醒。此外，用户可以通过界面上的筛选条件限制检索结果。检索结果可便捷地以 CSV 或 Excel 格式导出（一次最多导出 5 万条记录），出版记录也可以预先格式化导出，以便应用于 VOSviewer 等文献计量分析工具（CWTS，2019）。

专用实例中的其他工作流程工具可满足用户的具体需求，如科研资助者可以利用审稿人识别功能，并获得编码支持，对资助项目和其他文本进行即时的自动分类。

除了 Dimensions 的网站用户界面外，Digital Science 还提供了 Dimensions API，通过查询在 https://docs.dimensions.ai/dsl/ 上记录的特定领域的语言，以实现对 Dimensions 数据的程序化访问。API 使得对 Dimensions 数据的访问更为灵活高效，避免了网站界面的局限性。API 有两种形式——分析 API（Analytics API）和指标 API（Metrics API），前者用于在 Dimensions 数据库中进行程序化检索，后者用于检索文献计量学研究工作的引用指标（免费用于非商业用途）。

6.2.5 评估标准：出版物的影响力及其评估指标

Dimensions 的建立旨在确保评估指标的多样性，向学界提供数据以及更多开放性的、可重复的共享指标，而非脱离共享理念只为建立新的评估指标（Hook et al.，2018）。为了在 Dimensions 提供评估指标及其相关数据，Digital Science 在保持评估指标与数据紧密联系的同时，让文献计量学界得以在 Dimensions 数据平台上开展创新指标的研究。Digital Science 避免强制推行新的指标，而是提供文章层面的指标，而非期刊影响因子。

在对出版物的评估方面，Digital Science 推导出了全新的引文图，覆盖了出版物之间超过 10 亿个链接。由该出版物引文图可见，Dimensions 包含了引用、最近引用、相对引用率和领域引用率（按领域和年份标准化的引文）等各种出版物指标，以及 Altmetric 关注度得分（表示某篇文章在线关注的总体水平的综合指标，见 4.4 节）。上述指标均默认显示在 Dimensions 的用户界面上。

Digital Science 支持对新指标的开发，如美国国家卫生研究院开发的相对引用率（Hutchins et al.，2016），该指标随后被 Dimensions 应用。自推出以来，Dimensions 在筛选和显示指标方面进行了多项改进，并计划在未来的版本中增添更多内容。

Dimensions 平台正被广泛应用，其用户群体也在不断扩大。Dimensions 的数据目前是构成自然指数的基础，凸显了各机构和国家在自然科学领域所开展的研究。在自然指数的年度名单中，自然科学领域的文章来源于 Dimensions 平台在 2018 年追踪的 388 万篇文章（Armitage，2019）。

6.2.6 总结

Dimensions 数据库是一个新兴的学术数据库，它的与众不同之处在于通过提供资助项目、专利、临床试验、政策文件和替代计量等信息，覆盖了更为广泛的科研生命周期，让用户对某项研究的背景有了更为深入且全面的了解，这点大大超出了常规的出版-引用生态系统。

6.2.7 参考文献

Armitage, C 2019, 'In rankings, size is not the whole story', Nature, vol. 570, S1, https://www.nature.com/articles/d41586-019-01919- 8 (July 15, 2020).

Bode, C, Herzog, C, Hook, D, McGrath, R 2018, A Guide to the Dimensions Data Approach, https://doi.org/10.6084/m9.figshare.5783094.v7.

CWTS 2019, VOSviewer supports large number of new data sources [WWW Document], CWTS, https://www.cwts.nl:443/blog?article=n-r2v284 (July 15, 2020).

Digital Science 2018, Digital Science Launches Dimensions: a Next-generation Research and Discovery Platform Linking 124 Million Documents, Providing Free Search and Citation Data Across 86 Million Articles [press release], January 15, https://www.digital-science.com/press-releases/digital-science-launches-dimensions-next-generation-research-discovery-platform-linking-124-million-documents-providing-free-search-citation-data-across-86-million-articles/ (July 15, 2020).

Digital Science 2019, Research on Research Institute (RoRI) launches to enable more strategic, open, diverse, and inclusive research [press release], September 30, https://www.digital-science.com/press-releases/research-on-research-institute-launches/ (July 15, 2020).

Dimensions 2019, 'Dimensions and the International Society for Scientometrics and Informetrics join forces to provide ISSI members with free access to Dimensions and Altmetric Data', Dimensions News, September 3, https://www.dimensions.ai/news/dimensions-issi-partnership/(July 15, 2020).

Harzing, AW 2019, 'Two new kids on the block: How do Crossref and Dimensions compare with Google Scholar, Microsoft Academic, Scopus and the Web of Science?', Scientometrics, vol. 120, pp. 341–349, https://doi.org/10.1007/s11192–019–03114-y.

Hook, DW, Porter, SJ & Herzog, C 2018, Dimensions: Building Context for Search and Evaluation, https://doi.org/10.3389/frma.2018.00023.

Hutchins BI, Yuan X, Anderson, JM & Santangelo, GM 2016, 'Relative citation ratio (RCR): A new metric that uses citation rates to measure influence at the article level', PLOS Biol, vol. 14, no. 9, e1002541, https://doi.org/10.1371/journal.pbio.100254.

Orduña-Malea, E & López-Cózar, D E 2018, 'Dimensions: re-discovering the ecosystem of scientific information', El Profesional de la Información, vol. 27, no. 2, pp. 420-431, https://doi.org/10.3145/epi.2018.mar.21.

Porter, S, Watts, J, Wastl, J & Draux, H 2019, What Does Research Look Like Based on REF 2021 UoAs?, https://doi.org/10.6084/m9.figshare.9926492.v1.

Thelwall, M 2018, 'Dimensions: a competitor to scopus and the web of science?' J. Informetr., vol. 12, pp. 430-435, https://doi.org/10.1016/j.joi.2018.03.006.

Woelbert, E, Kirtley, A, Balmer, N & Dix, S 2019, 'How much is spent on mental health research: developing a system for categorising grant funding in the UK', The Lancet Psychiatry, vol. 6, pp. 445-452, https://doi.org/10.1016/S2215-0366(19)30033-1.

6.3 伊斯兰世界科学引文中心的建设与应用

Jafar Mehrad[①]（贾法尔·梅赫拉德），Mohammad Reza Ghane[②]（穆罕默德·礼萨·加内）

摘要： 国家引文索引系统与全球系统一样，对各国的研究政策制定者、科研人员和期刊来说都非常重要。对国家高等教育机构的科学活动开展评估有助于使决策过程更加切合实际。在本节中，我们将介绍伊斯兰世界科学引文中心（Islamic World Science Citation Center，ISC）及其历史构建过程与应用，并对全球视野下的国家科研表现评估工具做一概述，内容涉及 ISC 的历史背景、政策、部门和产品。

关键词： 伊斯兰世界科学引文中心，国家引文索引系统

6.3.1 简介

规范的科研管理离不开对科研本身和科研人员的表现进行系统的评估。评估能够有效激励决策者对全球和地方科研的产出、质量以及影响力提升的投入。20 世纪 60 年代初和 21 世纪初，科学计量学在国际上分别经历了 Clarivate Analytics

---

① 图书情报学教授，伊朗设拉子大学教育与心理学院知识与信息科学系，mehrad@ricest.ac.ir。
② 图书情报学副教授，伊朗设拉子大学 RICeST 评估与馆藏发展研究部，ghane@ricest.ac.ir。
https://doi.org/10.1515/9783110646610-040

（前身为美国科学信息研究所）和 Scopus 时期。目前，"许多国家正越来越重视科研评估，并逐步制定国家和院校层面的评估程序"（Key Perspectives Ltd.，2009，第 5 页）。尽管全球科研评估系统（如 Clarivate Analytics 和 Scopus）很有价值，但政策制定者仍然有访问本地系统的需要。本地系统能帮助管理者参照基于本国科研人员行为制定出的内部指标来管理科研绩效评估程序、评估科研成果（Tret'yakova，2015，第 231 页）。值得注意的是，建立国家评估系统并不意味着要绕过国际系统，后者可作为补充工具对内部和外部的科研绩效进行客观、准确的评估。国家级数据库有中国科技论文与引文数据库（China Scientific and Technical Papers and Citation Database）、SciELO 引文索引、俄罗斯科学引文索引和韩国期刊数据库。美国科学信息研究所 Web of Knowledge 作为国家引文索引系统同样显示了其项目价值。

为建立国家引文索引，至今已实施过很多举措。从历史上看，国家引文索引系统的建立可以追溯到 1987 年，当时中国科技论文与引文数据库开始使用 S&T 期刊来评估中国科学家的科研表现。中国有多个国家引文索引系统（Moskaleva et al.，2018，第 450 页），用于评价国家科研表现。中国科学引文数据库（Chinese Science Citation Database，CSCD）建立于 1989 年，用于评价自然科学领域的科研产出（Jin and Wang，1999，第 325 页）。随后，中国社会科学引文索引（Chinese Social Sciences Citation Index，CSSCI）建立并用于评估社会科学领域的期刊。在 2002 年，中国人文社会科学引文数据库（Chinese Humanities and Social Sciences Citation Database，CHSSCD）建立（Su et al.，2014，第 1568 页）。日本国立情报学研究所（National Institute of Informatics，NII），前身为国家科学信息系统中心（National Center for Science Information Systems，NACSIS），于 1995 年开始建设日本论文引文数据库（Citation Database for Japanese Papers，CJP），并于 2000 年 1 月开始提供服务（Negishi et al.，2004，第 333 页）。21 世纪初，在全球范围内出现了建立国家引文索引的趋势。伊朗是一个在国际上发表科研论文的先驱国家（Moed，2016，第 309 页）。为此，伊朗实施了一个旨在设计和建立国家引文索引的项目。该项目推动了伊斯兰世界科学引文中心（Islamic World Science Citation Center，ISC）的建立，我们将在本节详细介绍。2002 年，为评估伊朗科研人员的科研产出，ISC 应运而生。随后，在 2005 年，推出俄罗斯科学引文索引（Russian Index of Science Citation，RISC）（Moskaleva et al.，2018，第 450 页）。政府为 RISC 投入资金支持。通过该国家引文索引可查阅俄罗斯学术期刊的内容及其参考文献，提高了基于文献计量学指标的科研水平。现在，通过与 Clarivate Analytics 的协议，俄罗斯高等教育机构的科研成果不仅可以在本地获得，还可以在国际上访问。RISC 是科学网平台的一部分。在欧洲，塞尔维亚引文索引（Serbian Citation Index，SCIndeks）是期刊本地评估的先例，于 21 世纪初期发布，但并不成功。SCIndeks

旨在通过公众对内容的访问，提高本地期刊的知名度和质量（Pajić，2015，第 604 页）。由于 2014 年的一项财政决定，作为引文分析系统最重要的部分——大部分在线数据的可访问性于 2015 年被暂停（Pajić，2015，第 605 页）。之后，印度引文索引（Indian Citation Index，ICI）在新德里创建，并于 2009 年启用。ICI 的第一个目标是提升整个印度科研人员和高等教育机构的科研成果的可见度；第二个目标是提供免费获取期刊内容服务；第三个目标是评估科学、社会科学、艺术和人文领域期刊的论文质量（Yadav B and Yadav M，2014，第 21 页）。目前，ICI 涵盖了 1173 种印度重要的学术期刊，以及 14 067 190 条参考文献。东盟引文索引（ASEAN Citation Index，ACI）于 2011 年收录了东盟成员国（即文莱、柬埔寨、印度尼西亚、老挝、马来西亚、缅甸、菲律宾、新加坡、泰国和越南）出版的学术期刊，由泰国高等教育委员会办公室（Thai's Office of the Higher Education Commission，OHEC）提供财政支持（Sombatsompop et al.，2011，第 217 页）。

各个国家的科研人员都在为提高本国科研成果在全球的可见度而做出贡献（Popovic et al.，2011，第 44 页）。因此，科研人员认为在国际上的科研贡献并不能反映一个国家真正的科研表现，对科研贡献的整体评价应包括国际和国内两方面。但是，目前尚不存在这种程度的全面性数据库。因此，国家引文索引可能是唯一能为决策者提供参考，使其得以在全球评估系统的基础上开展全面的科研分析。为实现这一目的，伊朗的科研政策制定者邀请了 RICeST 的主席 Jafar Mehrad 教授参与国家科研评价计划的制定和实施。RICeST 与科研技术部（Ministry of Science，Research and Technology，MSRT）本着协作的精神，共同开发新的解决方案。经过每位团队成员的通力合作，最终实现了 ISC 的建立和运行。本节将重点介绍 ISC 的发展及其产品。

6.3.2 ISC 的历史背景

1. 基本信息

自 2001 年以来，MSRT 一直致力于开发一种将定性分析和定量分析相结合的本土化工具，以评估伊朗科研人员和高等教育机构的科研产出。值得注意的是，学术图书馆的期刊购买政策直接受到经济形势的影响。2001 年前后油价下跌，这促使 MSRT 决定集中采购一批学术期刊。MRST 采用"大宗交易"模式为所有高校提供学术期刊借阅服务。文献传递服务（Document Delivery Service，DDS）满足了科研人员获取三大机构科研信息的需求，该三大机构分别为德黑兰大学、塔比阿特莫达勒斯大学和 RICeST。尽管这些重点机构尽了最大的努力，但由于高校无法负担期刊价格，该服务已中止。高校图书馆开始根据期刊影响因子（JIF）遴选期刊。而为了围绕核心期刊做出更好的馆藏管理决定，机构的期刊采购也特别关注 JIF（Mehrad，2014，第 1 页）。这使得在传统模式的基础上，馆藏发展的决策产生了转折点。对科学计量学指标的应用在科研政策制定者中成了新趋势。同时，Jafar Mehrad 教授（RICeST 主席）和 Roya Maqsoudi（罗亚·马库苏迪）（高级研究员）在 RICeST 的帮助下设立了一个研究项目。该项目旨在根据科学计量学指标对伊朗的科技期刊进行评估（Mehrad and Naseri，2010，第 6 页）。项目管理者希望为所有国内期刊提供平等的机会，类似于美国科学信息研究所（现为科睿唯安）。该项目在 2002 年获 RICeST 科学委员会的批准，随后，执行团队成员开始了系统设计。在开展这项工作的同时，RICeST 还建立了一个广泛而多样的支持框架，以满足执行团队的需求。RICeST 主席为开发这一国家引文索引付出了巨大的努力。为此，他开始了与 MSRT 的新一轮谈判。双方最终达成协议，将采取各种措施努力推动国内科研评价体系的发展。系统设计和数据收集很快得到了同步发展。在早期阶段，ISC 于 2001 年和 2002 年分别收录了 70 种和 81 种期刊。如今，ISC 涵盖了 1825 种伊朗同行评议期刊，以及 3400 种伊斯兰合作组织（Organization of Islamic Cooperation，OIC）成员国的期刊。在 2002 年至 2019 年，ISC 已收录超过 150 万条记录，包括逾 4000 万条参考文献，被引 100 万次。

ISC 立足于长远发展，并以适当的方式进行规划。为此，MSRT 的政策是在国家和国际层面实现 ISC 的目标。OIC 是 ISC 的目标之一。1969 年 9 月 25 日，OIC 在摩洛哥拉巴特成立，覆盖了横跨四大洲的 57 个国家（更多信息见 https://www.oic-oci.org/page/?p_id=52&p_ref=26&lan=en [2020 年 7 月 15 日]）。2006 年 11 月 19 日至 21 日在科威特举行的第三届伊斯兰高等教育和科学研究部长会议议程上有几个关于 OIC 国家科学问题的重要议题，如由伊朗提出的"OIC 成员国的科学和技术"和"世界大学排名及其对 OIC 成员国大学的影响"（SESRIC，2006）。根据规定，伊朗与位于摩洛哥拉巴特的伊斯兰教育、科学及文化组织（Islamic Educational, Scientific and Cultural Organization）将合作推进两项提议，并于 2008 年 10 月 6 日至 8 日在阿塞拜疆共和国巴库举办的第四届伊斯兰高等教育和科学研究会议上予以发布（Mehrad，2014，第 4 页）。在这次会议上，伊朗科研技术部批准成立伊斯兰世界科学引文中心（ISC），并制定和批准了其章程和组织构架（Mehrad，2014，第 4 页）。ISC 由 RICeST 创建，并成为一个独立组织，根据科学计量指标评估 OIC 的科研成果。根据 ISC 的章程，由指导委员会负责对 OIC 的 57 个伊斯兰国家的科研表现进行规划和评估。为实现其目标，ISC 执行委员会成员第一次会议于 2009 年 4 月 25 日（星期六）举行。来自伊拉克（代表阿拉伯国家）、苏丹（代表非洲国家）、马来西亚（代表东南亚国家）、伊斯兰教科文组织以及伊朗科研技术部的各代表团出席了在 RICeST 举行的会议。

为了向 OIC 成员国介绍 ISC，ISC 执行委员会决定在伊朗和其他 56 个伊斯兰国家举行会议。第一次会议于 2008 年 12 月 20 日至 21 日在德黑兰举行。来自摩洛哥、伊拉克、黎巴嫩、马来西亚、孟加拉国、叙利亚、阿曼、科威特、苏丹、巴基斯坦、科特迪瓦和突尼斯的代表参加了这次为期两天的会议（Mehrad，2014，第 7 页）。为了在马来西亚的主持下成功举行一次更大规模的会议，2009 年在设拉子举行了一次会前会议。该会议被称为 ISC 第二次会议。第三次会议面向东南亚的伊斯兰国家，于 2009 年 6 月 6 日至 7 日在马来西亚举行。与会者包括来自马来西亚、文莱、马尔代夫、孟加拉国等的代表团，以及来自马来西亚的图书情报学专家和图书管理员。议程上有几个重要流程。其中，主席的特别报告是开幕式议程中的重要流程。随后的议程是向东南亚的伊斯兰国家介绍 ISC 及其目标、政策、责任和产品，旨在加强与 ISC 的沟通，提高执行委员会的工作效率，促进彼此间的密切合作。第四次研讨会是以新闻节为契机举办的。这次活动于 2010 年 10 月 26 日至 28 日在德黑兰举行，伊朗文化和伊斯兰指导部共同主办了这次研讨会。与会者包括来自伊斯兰国家的 ISC 代表，以及来自伊朗和未参加前几次研讨会国家的大学校长和科技期刊编辑。其中，OIC 成员国的与会者分别来自巴基斯坦、马来西亚、阿塞拜疆、伊拉克、吉尔吉斯斯坦、科威特、苏丹、约旦、叙利亚、土耳其、阿富汗、阿曼和埃及。第五届伊斯兰高等教育和科学研究部长会议于 2010 年 10 月 18 日至 21 日在马来西亚吉隆坡举行，主题是"提高学术、研究和创新质量，实现伊斯兰社会繁荣"。在这次会议上，国际科学委员会报告了其过去两年的工作。会议宣言中赞扬了"ISC 在提供当前和过去科学计量学和书目数据库、提供成员国科技期刊（包括以本国语言出版的期刊）的引文索引和分析方面发挥的作用，并建议学术期刊的出版机构与 ISC 协作，使科研成果在国际上获得更好的认可"（《吉隆坡宣言》——ISESCO，2010，第 5 页）。ISC 在上述活动中得到了发展。ISC 的一系列研讨会和会议在介绍其服务和产品的同时，鼓励出版物和国家机构将科研成果录入该引文系统。因此，截至 2013 年 4 月，ISC 共注册和收录了约 1119 本阿拉伯文、1056 本英文、887 本波斯文和 403 本其他语言的科技期刊。值得注意的是，基于不断严格的遴选标准，全年都有期刊被收录和剔除。这些会议和研讨会在介绍 ISC 产品方面取得了巨大的成功，ISC 作为一个引文系统，可以对同行评议的期刊论文、科研人员进行评估，并最终用于评估伊朗和其他伊斯兰国家科研人员的学术表现。ISC 提供了一个 XML 系统，加快了数据的上传，使其更为便捷。XML 系统成功地促进了期刊的提交。除 OIC 成员国外，印度、德国、英国和波兰等非伊斯兰国家也表示希望向 ISC 提交其出版物。这些措施快速提高了 ISC 的认可度，并促进了它的发展和影响力的提升。因此，ISC 成为不单单以 OIC 国家，而是以伊斯兰国家为核心的国际引文系统。近来，不同国家的科技期刊都与 ISC 建立了良好的合作关系。

2. ISC 的政策

ISC 负责收录、处理本地和所有 OIC 的核心期刊。为此，需要制定一套收录政策来解决期刊的遴选、获取、评估和维护等问题，其主要目标是向 ISC 提供信息以评估 OIC 期刊。在早期阶段，ISC 的工作重点是将本地期刊录入引文数据库。最常见的问题是对 OIC 期刊的遴选和获取，这是一个耗时的过程，且该问题至今仍存在。在伊朗，MSRT 用一套成熟的标准来管理期刊的评估和遴选，这套标准已应用多年。随着时间的推移，科学（S）、技术（T）、医学（M）和人文（H）领域的认证期刊数量在不断增加（图1）。

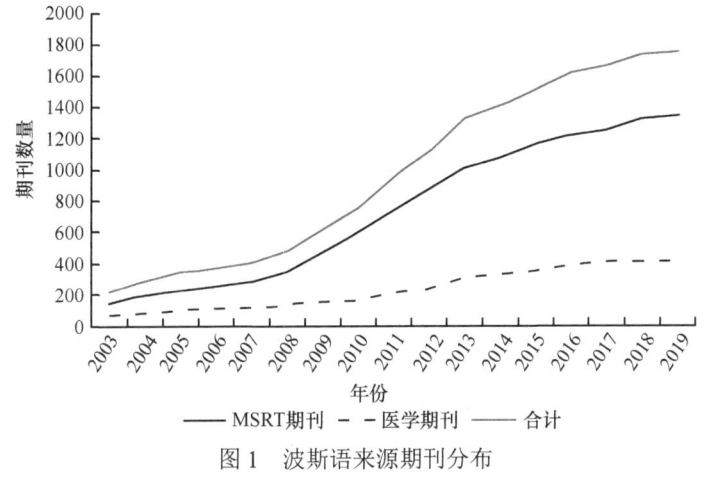

图1 波斯语来源期刊分布

ISC 总共涵盖了 1756 种伊朗的科学、技术、医学和人文（STM&H）期刊。在 17 年间，ISC 收录的期刊从 221 种增加到 1756 种，年复合增长率为 12.97%，但其他 OIC 成员国的同行评议期刊无该类确切信息。因此，为了遴选和获取其他 56 个 OIC 国家的期刊，ISC 从 2005 年起聘请了一位负责人来收集阿拉伯文、英文和法文学术期刊。我们目睹了阿拉伯文期刊从 4 种到 263 种的显著增长。在 2006 至 2016 年，期刊的平均年增长率为 46.31%。在此期间，英文期刊的地位也在不断提高。ISC 的收录过程显示，2006 年有 36 种英文期刊被收录，这个数字一直在快速增加，在 2016 年达到 1834 种。11 年的平均年增长率为 42.95%。图 2 显示了更多的细分情况。

在 2002 年，OIC 成员国的来源期刊有 15 种被美国科学信息研究所的 JCR 收录，占期刊总数（7530 种）的 0.2%。目前，JCR 涵盖了 12 298 种期刊，其中 OIC 期刊占 1.4%（171 种）。ISC 的上述数据与最新数据均值得关注。ISC 总共收录了 3400 种期刊，其中，英文期刊占比 54%，波斯文期刊次之，占 38.3%，阿拉伯文期刊位居第三，占 7.7%。与美国科学信息研究所相比，ISC 收录的 OIC 期刊远多于 JCR。上述事实和数字证明，Web of Science 和 Scopus 等国际引文索引中的所

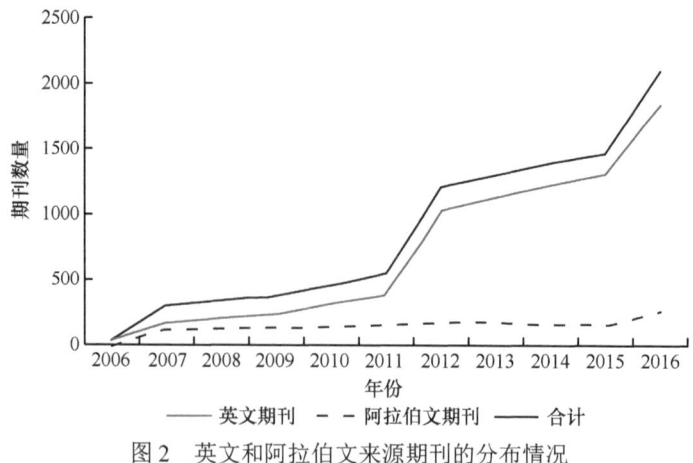

图 2　英文和阿拉伯文来源期刊的分布情况

有索引并不能反映一个国家或一个地区科研表现的全貌。本地的科研评估系统应使科研评估尽可能地具有包容性，并能弥补国际引文索引系统在收录"非英语国家"期刊方面的不足（Jin and Wang，1999，第 325-326 页）。

收录政策是保证 ISC 可持续发展的一部分。ISC 很快凭借其专业性与影响力，突破了伊斯兰合作组织成员国的地域局限，成为一款淡化国家边界、具有广泛普适性的期刊评估工具。基于此，ISC 面向全球期刊开放遴选通道，积极吸纳世界各地的优质学术资源。如今，越来越多来自不同国家的同行评议期刊被纳入 ISC 收录体系，其中不乏来自印度、德国、英国和波兰等国的优秀期刊。

6.3.3　ISC 的组织构架

提高科研绩效评估标准的一致性是 ISC 科研处副处长的工作目标。ISC 由引文编程部（Department of Citation Programming）、资源分析部（Department of Analysis of Resources）、引文分析部（Department of Citation Analysis）和高校排名部（Department of Universities Ranking）四个部门组成。

1. 引文编程部

引文编程部是该项目的主要部门。ISC 正努力制订能够实现其目标的计划。围绕这一目标，项目规划应支持 OIC 成员国所有核心期刊的索引编制、评估和监测。

2. 资源分析部

合适的期刊遴选政策能够确保指标被正确选择，并在实践中被合理应用。ISC 的核心目标是扩大收录范围，并据此建立事项的优先级，逐步收录来自 57 个 OIC 成员国的期刊。为此，来源期刊由不同学科专业的图书馆员根据遴选标准进行审查，包括对来源期刊的识别、遴选、获取和评估。ISC 的产品包括英文期刊引证报告（English Journal Citation Reports，EJCR）、伊斯兰国家 SCI 和 ISC 主期刊列表、英文最新目次（English Current Contents，ECC）、期刊绩效指标、XML 系统。资源分析部还建立了波斯文、阿拉伯文和英文部门以满足基本功能需求。各部门的研究专家通过不断监督遴选过程对确定为学科核心的来源期刊进行评估，并密切关注为支持新兴研究领域而创建的新期刊，同时剔除不符合 ISC 遴选政策标准的期刊。

3. 引文分析部

引文分析部的任务是持续识别和评估伊朗认可的期刊。来自 OIC 成员国和其他国家的期刊必须经专家审核。引文分析部的透明遴选过程使专家能够决定期刊是否有资格被 ISC 收录。通过定量和定性评估标准，期刊被分为主期刊、候补期刊和核心期刊。主期刊包括所有被 ISC 收录的波斯文、英文、阿拉伯文和法文期刊，并给出期刊影响因子。向 ISC 提交期刊后，需经过遴选。如果期刊的学术可信度、出版商的声誉、作者和编委会的国际化程度、目录和引用信息、出版周期、编委会引用率、在线内容的有效性，以及同行评议过程等符合标准，并严格遵守期刊政策和发行范围，即可被收录，否则该期刊将从 ISC 数据库中被剔除。

4. 高校排名部

高校排名部为高校申请人、国内和国际政策制定者提供了重要信息（Çakır et al.，2015，第 814 页）。学生根据高校排名寻找适合自己的国内外高等教育机构。政策制定者采用高校排名信息评估高校的科研表现（Bornmann and Glänzel，2018，第 1101 页），以实现机构间的科研实力比较。在地方层面，所有高校都应对标最优质的教育院校。为了解伊朗的高等教育质量，ISC 从 2010 年开始对伊朗高等教育机构进行了评估和排名。评估过程基于 5 个一般标准和 26 个指标。5 个标准分别是研究（占 58%）、教育（占 15%）、国际声誉（占 9%）、设施（占 2%），以及社会、经济和工业活动（占 16%）。OIC 的任务同样包括评估其高校的教育水平。ISC 对伊朗高等教育机构进行地方层面的排名，对 57 个 ISC 成员国进行国际层面的排名。为此，伊朗高等教育机构排名于 2010 年启动，首个地方排名于 2012 年发布，ISC 的伊斯兰国家高校和科研机构排名于 2013 年发布。地方排名将组织机构分为综合性大学、应用类大学、科研机构、艺术类大学和医学院校。根据上述标准，这些高校和科研机构在各自类别中被评估和排名。对于 ISC 的高校表现，该系统提供了有关农业科学、工程技术、医疗和健康科学、自然科学和社会科学的排名。还可根据地区（即亚洲地区、中非、东欧、中东、北非和南部非洲）或国家在系统中搜索高校排名。更多信息可通过 ISC 排名网站获得。

6.3.4 ISC 的产品

ISC 拥有数千种学术期刊，为评估高校、科研人员、国家和期刊的表现提供数据库。ISC 的产品包括英文期刊引证报告、伊斯兰国家科学引文索引和 ISC 主期刊列表、英文最新目次和期刊绩效指标。

1. 英文期刊引证报告

在经过严格的遴选后，英文期刊引证报告对 ISC 的期刊进行评价和比较。英文期刊引证报告为图书馆员、科研人员、出版商和政策制定者提供期刊评估指标，如 JIF、即时指数和期刊四分位排名（根据期刊质量），以及包括刊名、总被引次数、期刊载文量在内的其他指标。英文期刊引证报告共有主期刊、候补期刊和核心期刊三个类别。每本期刊都会被归到某一类别。主期刊即 ISC 数据库收录的所有期刊，必须获得评分后才能被列入主期刊列表。定期评估将决定期刊的命运。候补期刊指质量快速发展的期刊。将根据候补期刊的国际影响力、出版商知名度、编辑专业程度、出版连续性、是否具备 XML 系统、自引率和 JIF 四分位排名等指标进行重新评估，以确定其是否符合被收录为核心期刊的标准。核心期刊指不同学科领域的顶级期刊，它们经过了 ISC 内部编辑专家团队的全面评估。ISC 核心期刊集采用一套评估标准，确保了期刊在科学内容方面的高质量，使用户能够放心地进行检索，并了解各学科领域的深层引用关系。在这方面，研究课题的前瞻性、研究结果的适用性、可读性和科学性、方法和数据的准确性、讨论的逻辑性、结论的严谨性等指标都是选择出版物时需要考量的因素。被 ISC 收录的核心期刊每年都会被重新评估，如果不满足必要条件，则转入候补期刊或主期刊列表。

2. 伊斯兰国家科学引文索引

伊斯兰国家科学引文索引（简称 ISC SCI）是 ISC 的另一个十分有价值的产品，它基于其收录的逾 3286 种 STM&H 期刊信息，对高校、科研人员和源期刊进行评估。这是一个基于 57 个 OIC 成员国发表的科学文献的检索评估工具。Eugene Garfield 创建了 SCI，并由美国科学信息研究所在 1964 年推出，成为"促进科学文献传播和检索的工具"（Garfield, 2007，第 65 页）。但它有语种限制（van Leeuwen et al., 2001，第 336 页），忽略了包括 OIC 成员国在内的一些国家的优秀期刊。ISC 收录了来自 57 个 OIC 国家的 1 300 000 多篇期刊文章。ISC SCI 被用于评估 OIC 成员的科学生产力，并与现有的引文索引系统（如美国科学信息研究所的 SCI 和 Scopus）配合使用。因此，各国政策制定者都可以凭借该系统有效地评估高校的国内科研表现。ISC SCI 的高级搜索功能允许用户使用布尔和邻近运算符进行查询，并缩小搜索范围。在图 3 中可以看到字段标签。当使用全字段限制搜索时，检索结果只包含在搜索字段内输入的搜索词。全字段检索允许搜索系统中任意位置的关键词。当用户不清楚准确的标题时，关键词搜索不失为一种精确替代。键入姓名可帮助用户检索作者。使用相同的方法可以对地址和源期刊进行检索。

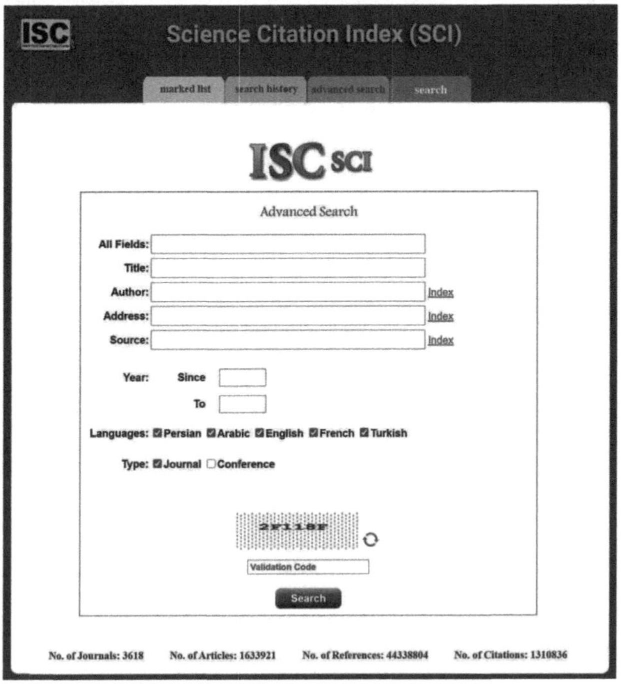

图3　伊斯兰国家科学引文索引的高级搜索界面

ISC SCI 为作者、高等教育机构和期刊来源提供分析服务。对期刊来源进行索引，假设目标期刊为 *International Journal of Information Science and Management*（图4），系统将检索该刊所有年份的已发表文献，但用户可以通过"Since"和"To"框将其搜索细化到具体的年份范围。

在上述条件下，搜索结果显示该期刊来源共有319条记录（图5）。用户可以在搜索结果的顶部按"Relevance"（相关性）、"Recent Articles"（最新文章）、"Most Cited"（高被引文章）、"Former Articles"（往期文章）和"References"（参考文献）对结果进行排序。

用户可点击页面底部的"Analyze"（分析）图标对结果进行分析（图6）。点击该图标，用户可以按"Institution"（机构）、"Publication Year"（出版年份）、"Author"（作者）、"Source"（来源）、"Main Subjects"（主要学科）和"Sub Subjects"（次要学科）等项目分析研究成果（图7）。

在另一次搜索中，我们查找来自"University of Malaya"（马来亚大学）的出版物，这是马来西亚排名靠前的大学之一。使用地址检索，选中"University of

Malaya"（图8）。结果检索到4736条记录，再按"Most Cited"（高被引文章）进行排序（图9）。

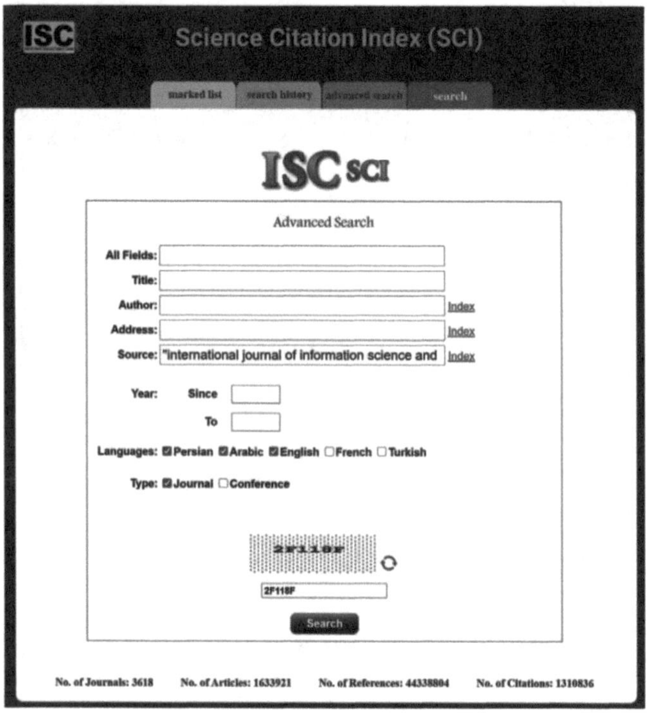

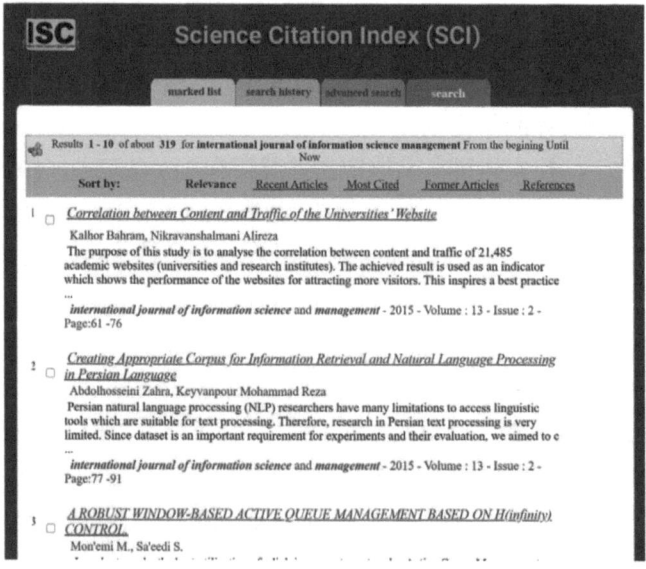

图4　期刊来源搜索

图5　搜索结果

第 6 章 文献计量学数据库

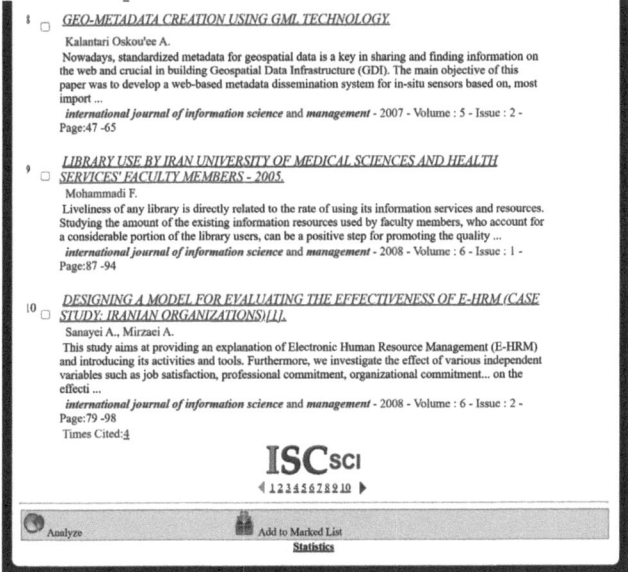

图 6　页面底部的"Analyze"图标

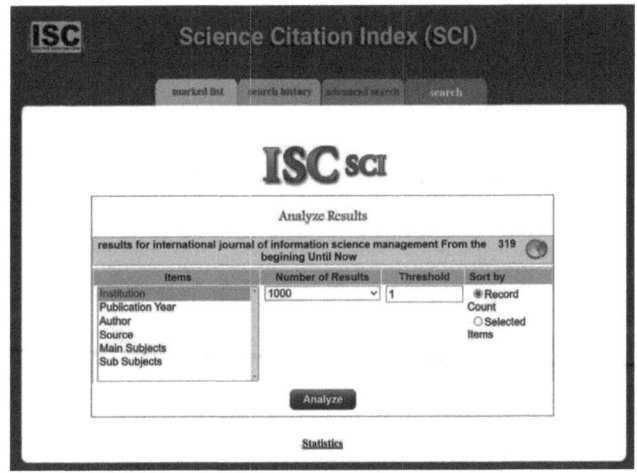

图 7　使用不同的项目来分析结果

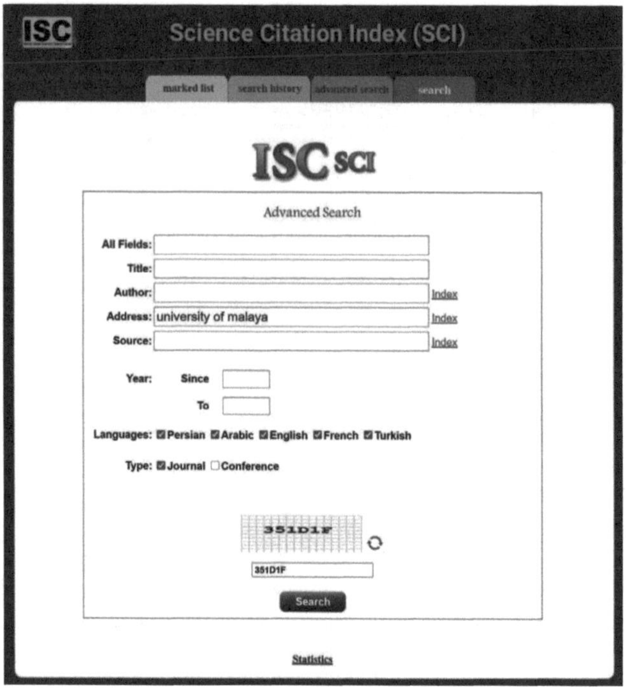

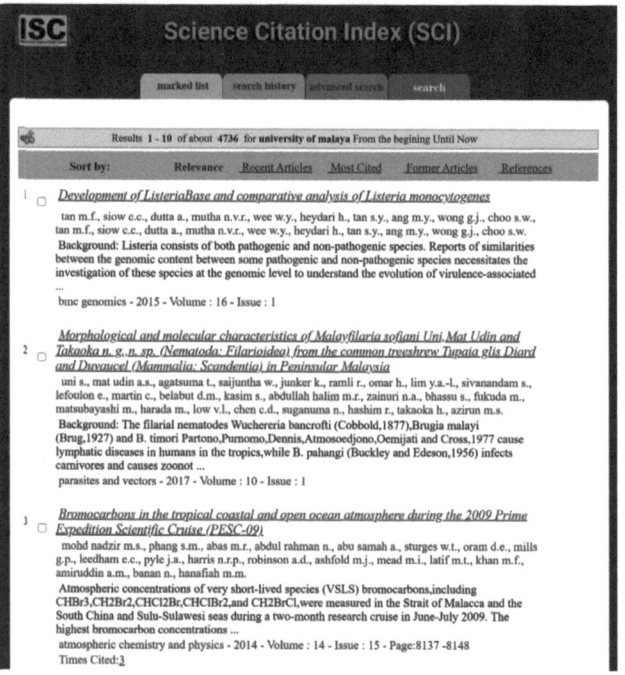

图 8　通过地址索引搜索某大学的出版物

图 9　隶属于"University of Malaya"（马来亚大学）的出版物，按被引次数从高到低的顺序排列

在使用"Main Subjects"(主要学科)对研究成果进行分析后,不同学科领域的占比见图10。

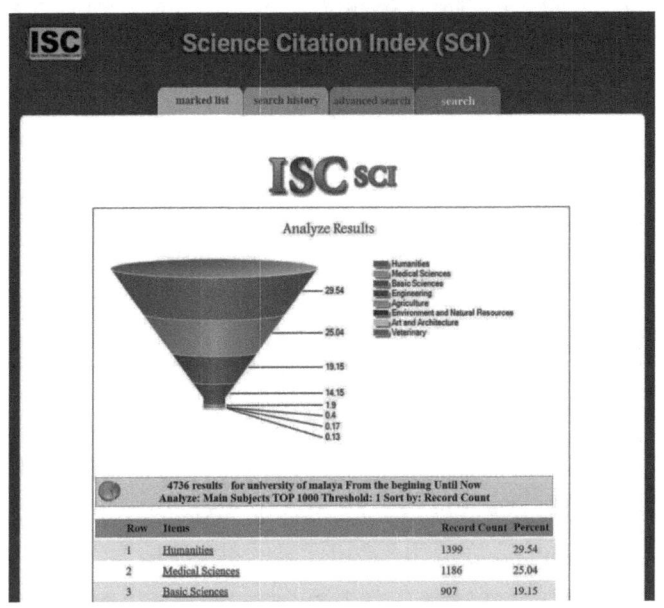

图10 "University of Malaya"(马来亚大学)出版物的主要学科

3. 英文最新目次

最新科学成果被快速传播是提升其影响力的关键因素。英文最新目次帮助科学家和科研人员充分了解感兴趣的研究领域的发展(Current Contents,1993,第173页)。英文最新目次是一种新知通报服务,提供文献数据库中最新发表的期刊文章目次列表(tables of contents,ToC)和书目信息。英文最新目次是ISC的产品,提供8个主要学科领域,即农业、艺术和建筑、基础科学、工程学、环境和自然资源、人文、医学和兽医学的主要期刊的完整ToC、摘要和书目信息的访问。使用与SCI相连的英文最新目次可以节省检索时间,并能在知名期刊上轻松获得核心研究(Mehrad,2014,第28页)。

4. 期刊绩效指标

ISC的期刊绩效指标根据8个指标对期刊绩效进行分析评估,包括引文影响力、被引文献的引文影响力、引文总数、文章总数、被引文百分比、ISC期刊相对引文影响力、ISC文献百分比,以及不同的时间范围内被引文献占ISC所有被引文献的百分比(图11)。

期刊绩效指标提供8个学科类别的期刊分析,即农学、艺术和建筑学、基础科学、工程学、环境和自然资源、人文、医学和兽医学。用户可以选择某一指标

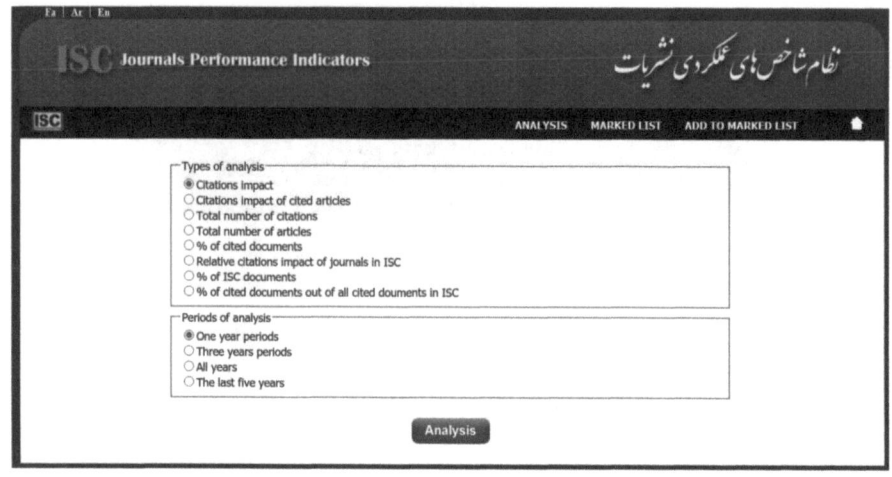

图 11　ISC 期刊绩效指标

来比较期刊的表现，并将检索结果限制在自定义的年份范围内。如图 12 所示，选择土耳其的两本期刊 *The Turkish Journal of Pediatrics* 和 *Turkish Journal of Anesthesiology and Reanimation*，用"被引文献的引文影响力"来比较两者的表现。

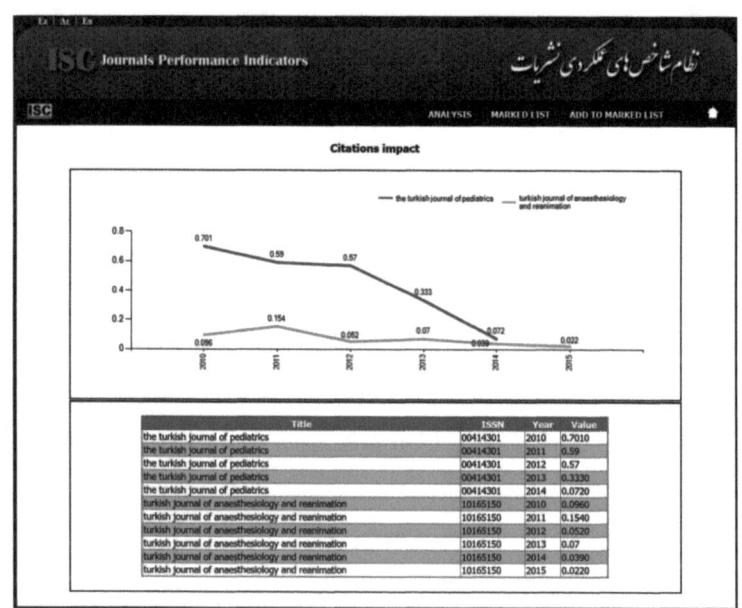

图 12　根据被引文献的引文影响力对两本土耳其期刊进行比较

5. ISC 主期刊列表

用户能够通过 ISC 主期刊列表检索 ISC 收录的所有期刊名，并在自己的科研领域下找到目标期刊。还可以输入 ISSN、期刊的完整标题或部分标题对期刊进行检索。主期刊列表由期刊评价专家团队严格编审，既涵盖 ISC 认证期刊，也包含被剔除的期刊名录。

6. ISC 会议注册系统

学术会议论文与顶级期刊论文同样重要。一些会议论文会被发表在同行评议的期刊上，如三个 ISSI 两年一度的会议上逾四分之一的演讲在知名期刊上发表后得到了引用（Aleixandre-Benavent et al., 2009, 第 417 页）。ISC 注重会议的质量，其会议注册系统会对承办的会议以及向 ISC 数据库提交的会议论文进行严格评估，会议组织者、参与者（Stević et al., 2019, 第 2 页）以及赞助机构的声誉非常重要。目前，共有 2720 个注册会议。这些会议涉及七个学科领域，包括 1477 个人文学科会议、859 个工程学会议、515 个农学会议、493 个基础科学会议、299 个艺术和建筑学会议、135 个医学会议和 50 个兽医学会议。主要学科类别相关的会议总数为 3828 个，这与注册会议的数量之间的差异是不同主题在每次会议上设置不同造成的。ISC 会议注册系统显示了 213 个子类别，点击子类别图标即出现子类别列表。用户可以通过会议名称、组织者、主类别、子类别、会议 URL 和指定代码进行搜索，还可以通过近期添加、会议日期和会议名称对结果进行排序。ISC 根据规定对注册会议进行评估，涵盖所有经过认可的会议，并全面收录相应的会议论文。

7. 高校排名

高校和科研政策制定者都期望了解国际、区域和地方各级高校的排名。因此，各级高校排名系统的建立和运作获得了不同利益相关者的支持（Çakır et al., 2015, 第 814 页）。对于伊朗的政策制定者和高校管理者来说亦是如此。为此，ISC 在 2010 年首次建立并发布了基于 5 个标准和 26 个指标的本地排名（伊朗的高校和科研机构排名）。值得注意的是，这些数据集是从 Web of Science 和 ISC 中获取的，时间跨度为 5 年。为此，高校管理者不得不通过调查问卷的形式对此进行了自我声明，囊括的标准有科研、教育、国际声誉、设施以及社会经济和产业活动。

三年后，区域性高校排名，即伊斯兰国家高校和科研机构排名，于 2013 年发布。该区域排名覆盖 OIC 成员国，并根据科研、教育、国际活动和创新标准等 12 个指标对高校进行评估。其中，2018 年的排名包括了 187 所高校，这些高校在排名年的前四年中至少在 Web of Science 上索引了 800 篇文献，并在美国专利商标局注册了相关科研产出。

ISC 世界大学排名是 ISC 排名系统的第三个排名。在过去四年中，有资格接受评估的高校至少有 1500 篇文献被 Web of Science 收录。根据评估标准，2018 年的排名中有 1603 所大学上榜。该排名的标准和指标与伊斯兰国家高校和科研机构的排名相同。

6.3.5 结论

高等教育机构的科研表现对于决策者评估机构内和机构间的科研水平至关重要。标杆管理将推动高等院校服务的进一步完善。如果没有政府或机构标准，政策制定者、高校管理者、科研人员、科技期刊负责人和用户可能就无法获得准确信息。对于国际层面的科研表现来说，语种限制是全球大学排名的主要缺陷之一（van Raan，2005，第139页），这就是建立、运行和发展国家评价系统的动力。建立国家评价系统的另一个原因是为了提供地区指标（Çakır et al.，2015，第814页），这些指标与全球评价系统一起对高等院校的综合表现进行描述，并促进其发展。值得注意的是，国家评价系统被首先建立，随后国际评价系统开始用于评估高校、科研人员和期刊（Alaşehir et al.，2014，第174页）。而对于学术表现的评估，面临着如何处理语言的问题。国际引文索引系统涵盖了英文期刊。从1900年到2019年11月4日，Web of Science 中所有文献的总量为 66 375 914 篇。其中，由英文撰写的约占 91.7%，其他语言的文献数量约占 8.3%。这些数字证明，美国科学信息研究所至少存在语种限制的问题。另一个数字显示，波斯语和阿拉伯语的文献分别为 394 篇和 895 篇。伊朗在 Web of Science 索引的文献数量上是排名前 20 的国家，其重要科研成果基本由非波斯语撰写，即大部分是用英文撰写。但这并非伊朗科研人员的全部科学成果。大约有 1700 种知名期刊发表了伊朗的研究成果；其中 42 种期刊被美国科学信息研究所的 JCR 收录。那么，其余以波斯文发表的期刊文章呢？其他 OIC 成员国，甚至非英语国家亦是如此。在这种情况下，国际引文索引系统是评价一个国家科学表现的必要理由，但不是充分理由。上述事实迫使科研政策制定者计划建立并运行一个国家引文系统，即 ISC。除了建立一个全球性工具，以提供用于评估所有利益相关方科研水平的数据文件外，ISC 在开展国家和地区科研成果相关文献计量学研究方面也发挥了至关重要的作用。来自 57 个伊斯兰国家的科研人员无疑将为全球科学界做出自己的贡献。他们各自国家的科研贡献是一个综合性的知识源，应加以监测。这就是 ISC 创建和启动的原因。ISC 正在迅速成长，并密切监测伊斯兰国家的科研产出。由于 ISC 在伊斯兰国家中的成功建立和发展，世界上的非伊斯兰国家也希望其同行评议的期刊被 ISC 所收录。ISC 与全球引文数据库和高校排名一起，全面评估了科研人员基于其母语的学术水平。通过覆盖 OIC 成员国的国家引文数据，ISC 成为一个能够评估各国学术成果的独特工具，从而提升了高校的学术影响力。ISC 具有双重用途，它还能对科研人员和期刊进行引文分析，并采用 ISC 的 JCR 和 SCI 中的指标对高校进行排名。

6.3.6 参考文献

Alaşehir, O, Çakır, MP, Acartürk, C, Baykal, N & Akbulut, U 2014, 'URAP-TR: a national ranking for Turkish universities based on academic performance', Scientometrics, vol. 101, no. 1, pp. 159-178.

Aleixandre-Benavent, R, González-Alcaide, G, Miguel-Dasit, A, Navarro-Molina, C & Valderrama-Zurián, J 2009, 'Full-text publications in peer-reviewed journals derived from presentations at three ISSI conferences', Scientometrics, vol. 80, no. 2, pp. 407-418.

Bornmann, L & Glänzel, W 2018, 'Which differences can be expected when two universities in the Leiden Ranking are compared? Some benchmarks for institutional research evaluations', Scientometrics, vol. 115, no. 2, pp. 1101-1105.

"Current Contents" 1993, Historical Social Research / Historische Sozialforschung, vol. 18, no. 1, pp. 173-175, http://www.jstor.org/stable/20755730 (July 15, 2020).

Çakır, MP, Acartürk, C, Alaşehir, O & Çilingir, C 2015, 'A comparative analysis of global and national university ranking systems', Scientometrics, vol. 103, no. 3, pp. 813-848.

Garfield, E 2007, 'The evolution of the science citation index', International Microbiology, vol. 10, no. 1, pp. 65-69.

ISESCO 2010, Kuala Lumpur Declaration, https://www.isesco.org.ma/wp-content/uploads/2015/05/Declaration-Kuala-lumpur-Ang.pdf (July 15, 2020).

Jin, B & Wang, B 1999, 'Chinese Science Citation Database: its construction and application', Scientometrics, vol. 45, no. 2, pp. 325-332.

Key Perspectives Ltd. 2009, 'A Comparative Review of Research Assessment Regimes in Five Countries and the Role of Libraries in the Research Assessment Process. Report commissioned by OCLC Research', http://www.oclc.org/research/publications/library/2009/2009-09.pdf (July 15, 2020).

Mehrad, J 2014, The introduction to Islamic World Science Citation Center, Takht-E-jamshid Publishing, Shiraz.

Mehrad, J & Naseri, M 2010, 'The Islamic World Science Citation Center: A new scientometrics system for evaluating research performance in OIC region', International Journal of Information Science and Management (IJISM), vol. 8, no. 2, pp. 1-10.

Moed, HF 2016, 'Iran's scientific dominance and the emergence of South-East Asian countries as scientific collaborators in the Persian Gulf Region', Scientometrics, vol. 108, no. 1, pp. 305-314.

Moskaleva, O, Pislyakov, V, Sterligov, I, Akoev, M & Shabanova, S 2018, 'Russian index of Science citation: Overview and review', Scientometrics, vol. 116, no. 1, pp. 449-462.

Negishi, M, Sun, Y & Shigi, K 2004, 'Citation database for Japanese Papers: A new bibliometric tool for Japanese academic society', Scientometrics, vol. 60, no. 3, pp. 333-351.

Pajić, D 2015, 'The Serbian citation index: Contest and collapse', in Proceedings of ISSI conference 2015, pp. 604-605.

Popovic, A, Antonic, S & Stolic, D 2011, 'The role of national citation index in the evaluation of national science', in C Billenness et al. (eds), 3rd International Conference The Future of Information Sciences (INFuture) November 9-11, pp. 43-49, University of Zagreb, Zagreb.

SESRIC n. d., The Third Islamic Conference of Ministers of Higher Education and Scientific Research 2006, http://www.sesric.org/event-detail.php?id=32 (July 15, 2020).

Sombatsompop, N, Premkamolnetr, N, Markpin, T, Ittiritmeechai, S, Wongkaew, C, Yochai, W, Ratchatahirun, P & Beng, LI 2011, 'Viewpoints on synergising ASEAN academic visibilities through research collaboration and the establishment of an ASEAN Citation Index Database 1', Asia Pacific Viewpoint, vol. 52, no. 2, pp. 207-218.

Stević, Ž, Đalić, I, Pamučar, D, Nunić, Z, Vesković, S, Vasiljević, M & Tanackov, I 2019, 'A new hybrid model for quality assessment of scientific conferences based on Rough BWM and SERVQUAL', Scientometrics, vol. 119, no. 1, pp. 1-30.

Su, X, Deng, S & Shen, S 2014, 'The design and application value of the Chinese Social Science Citation Index', Scientometrics, vol. 98, no. 3, pp. 1567-1582.

Tret'yakova, OG 2015, 'Development of national citation index as a condition for the formation of a system to evaluate scientific research performance', Economic and social changes: facts, trends, forecast, no. 1, pp. 230-245.

van Leeuwen, TN, Moed, HF, Tijssen, RJ, Visser, MS & van Raan, AF 2001, 'Language biases in the coverage of the Science Citation Index and its consequences for international comparisons of national research performance', Scientometrics, vol. 51, no. 1, pp. 335-346.

van Raan, AF 2005, 'Fatal attraction: Conceptual and methodological problems in the ranking of universities by bibliometric methods', Scientometrics, vol. 62, no. 1, pp. 133-143.

Yadav, B & Yadav, M 2014, 'Resources, facilities and services of the Indian citation index (ICI)', Library Hi Tech News, vol. 31, no. 4, pp. 21-29.

6.4 机构资源库与文献计量学

Valeria Aman[①]（瓦莱里娅·阿曼）

摘要： 机构资源库，即机构的信息系统，大大拓展了专业领域获取学术资料的途径。资源库为实现其所在机构的任务和目标提供核心服务，可视作科研活动的数字化体现。然而，机构资源库仅是学术出版的补充，并非主体。一个完善的机构资源库需能提供可被检索和引用的学术成果。本节描述了机构资源库的出现、在学术交流中的作用及其对图书馆员职业定位的改变；着重讨论了研究机构资源库基于现有的评估标准，对科研绩效进行监测的表现。常见的资源库评估指标有项目数量、下载、上传和引用指标。这些指标要么是由平台生成的，要么是相互关联的数据库引文检索的结果。作为一种科研评估手段，近几十年来，机构资源

---

① 德国高等教育与科学研究中心有限公司第二部门，"研究系统和科学动态"柏林办事处，aman@dzhw.eu。https://doi.org/10.1515/9783110646610-041

库和文献计量学的作用及任务已被重新定义。由于没有既定的绩效评估标准，资源库管理者应该谨慎地解释各项指标。

关键词：替代计量学，引文影响力，机构资源库，图书馆员，开放获取，科研评估，使用情况统计

自互联网问世以来，学术界认识到信息和通信技术是分享成果、帮助传统出版业走出低谷的有效手段（Ramalho Correia and de Castro Neto，2002）。随之建立了资源库，以存储学术数据和文档。机构资源库（institutional repositories，IR）是数字资源库的一个子集，其收集对象是学术机构而非学科的研究成果（Arlitsch and O'Brien，2012）。IR 革新了学术交流的模式，提高了机构科研产出的影响力（Crow，2002）。IR 的任务是无障碍地传播科研成果，并提供出版目录。一项来自英国的前期研究表明，IR 在评估科研产出方面发挥了关键作用，并能影响大学排名（Key Perspectives Ltd.，2009）。IR 拥有书目和管理信息（出版物的作者或隶属的科研单位）两种类型的元数据，这引起了文献计量学界的研究兴趣。虽然一些 IR 最初是传播科研成果的临时工具，但基于文献计量学分析，许多资源库已成为评估机构科研表现的有效工具（Iriarte et al.，2011）。本节介绍了 IR 的兴起、在学术交流中的作用，以及对图书馆员职业的影响，并通过讨论资源库提供的评估指标，重点检验 IR 作为科研绩效监测工具的效能。

6.4.1 IR 在学术交流中的作用

最早取得成功的资源库是为支持学术交流而开发的电子预印本服务，这些服务在已有共享预印本或工作文件的学科中得到了应用，如高能物理学、计算机科学和经济学（Day，2004）。arXiv 是世界上最早和最受欢迎的预印本储存库之一，其最初是为高能物理学的预印本交流而设立的。自 1991 年成立以来，arXiv 帮助物理学家、数学家、生物学家和计算机科学家在正式的同行评议之前能够自由地分享他们的论文。研究机构通过建立资料库，收集、管理、传播和保存科研人员的数字资料，以此对学科资源进行补充（Crow，2002）。与预印本资源库相比，IR 的范围要广泛得多，它收集所有类型的数字资料，包括科研和教学资料、学生论文、毕业论文、机构及其科研人员的研究数据。IR 即机构的信息系统，它大大拓展了专业领域获取学术资料的途径。这些资源库存储描述性元数据，并能通过网络服务器进行访问。IR 常被视为传统出版的挑战或补充。一方面，IR 可以提供传统出版的所有功能（注册、认证、传播和存档），使机构回归学术出版的角色（Davis and Connolly，2007）。另一方面，IR 的作用是传播所谓的"灰色文献"，即报告、工作文件、可视化图像及其他被传统出版商忽视的资料。因此，IR 为现有的学术出版模式提供了有价值的补充，也是对学术期刊体系中系统性问题的战略性回应。

IR 的主要任务之一是增加可获取文献的数量，其使命是实现开放获取，并能被互联网搜索引擎收集和索引。IR 包含大量未在其他地方发表的"灰色文献"，在 Google Scholar 中的索引率很高。因此，对 IR 来说，最好的搜索引擎是 Google Scholar（Arlitsch and O'Brien, 2012）。开放获取知识库注册系统（Registry of Open Access Repositories, ROAR）是一个国际数据库，可对 IR 的设立、位置、发展及内容进行索引。OpenDOAR 是一个可靠的全球开放获取资源库目录，可以根据一系列特征，如位置、软件或内容对资源库进行搜索。OpenDOAR 的统计功能可以显示每个国家的资源库数量、最常见的内容语言或 IR 软件平台。截至成书时，收录了逾 4000 个资源库，其中大部分位于美国，其次是英国和德国。其中，DSpace（43%）和 EPrints（13%）是最受欢迎的两大软件平台，与其他众多软件平台不同之处在于，两者皆是开源的，且均创建于 21 世纪初。DSpace 是由麻省理工学院图书馆与惠普公司合作开发，用于收集、描述和保存数字内容，只需最低限度的配置即可下载和安装（Smith et al., 2004）。自 2002 年创建以来，DSpace 已在一些社区被广泛应用。

6.4.2 从图书馆员到 IR 管理者

IR 是为了促进学术研究的开放性而设立的，但仍然被认为属于图书馆学的范畴（Thomas, 2007）。多年来，图书馆员在学术出版中发挥了更为积极的作用，负责 IR 及其管理软件的开发和应用。随着机构系统评估需求和科研经费投入的增加，高校图书馆为图书馆员的职业发展提供了新的可能性。图书馆员们开始从事文献计量学研究，以重新定义职业角色并赋予其在大学机构中的专业地位（Åström et al., 2011）。随着图书馆学和情报学的学者对文献计量学发展的推动，高校图书馆和图书馆员日益受到重视，这绝非偶然，而是大势所趋。图书馆员负责处理书目数据和电子数据库，而科研管理者和科研人员都没有处理上述数据的技术和工具（Ball and Tunger, 2006）。此外，图书馆员可为科研评价提供重要的即时数据，使其在高校的组织结构中具备不容忽视的地位（Åström and Hansson, 2012）。为了维持这一核心地位，馆员需要不断证明其资源库的价值，为此，他们收集并负责解释由平台提供的或内部创建的指标，并基于这些指标为其所在高校或科研机构提供评估服务。为对科研成果进行评估，图书馆员除了提供文献全文外，还需提供作为资源库的科研产出者和受众的科研人员的准确元数据（Day, 2004）。提供 IR 服务的图书馆员的职业在最近几年有所变化，如今需要具备 IT 技能、版权规定和信息安全方面的专业知识。因此，这一职业应被称为 IR 管理者。

6.4.3 科研评估相关 IR 和文献计量法

最常用的资源库指标有条目数量、下载量和上传量,以及基于引文的指标。大多数指标由平台生成,或由相互关联的数据库产生,如引文检索情况。IR 中的条目数量能够反映机构的科研产出。如将条目数量进一步分类,可获得院系、学科领域或其他方面的概况。还可通过分析作者或所属部门的出版频率来评估其科研产出。条目的上传量即特定时间段内上传到资源库的条目数量,可反映任意时间段资源库的收录情况。这一指标可用来评估机构的整体科研产出,还可按机构或出版物类型进行细分,以满足用户的检索需求。上传量反映了 IR 的活跃度和增长的连续性(Bruns and Inefuku,2015)。

下载量显示了文档在资源库中被使用的情况,有助于激励作者和资源库管理者继续存储新的文档,并吸引新用户的加入。作者可能对自己出版物的下载量更感兴趣,而其他用户(如教师、图书馆、高校管理部门)则对聚合数据或下载量最高的出版物清单感兴趣。下载量显示出文档的访问量和可见度,并可反映引用率(Antelman,2004;Gargouri et al.,2010),是 IR 平台普遍会提供的一项基本评估指标。下载量如果能够准确评估人类而非机器程序的访问量,则可作为一项有意义的评估指标。

资源库管理者可通过收集第三方来源(如网络分析、引文数据库和替代计量学等)的指标丰富 IR 平台报告。为将 IR 与外部数据库相关联,需将书目元数据与标识符(如 Web of Science 的 UT、PubMed Central 的 PMID[①]、Scopus 的 DOI 等)联系起来(Iriarte et al.,2011)。大多数资源库平台提供指标工具,以评估资源库的数据增长和访问情况。Google Analytics 作为最受欢迎的网络分析系统,被用来追踪资源库的访问量、用户特征、用户行为和社交媒体的使用情况(Bruns and Inefuku,2015)。网络分析可以反映访客的特征和行为,引用则显示了其使用情况。如果主管机构订阅了 SciVerse Scopus API,资源库即可获得引用指标数据(Konkiel and Scherer,2013)。一些 IR 提供检索服务来帮助搜寻被引用最多的出版物。早期的研究表明,将科研论文存储于机构资源库中可提高引用率(Hajjem et al.,2006)。这可能会促使科研机构负责人订购上述科研基础设施,以提高机构和科研人员的声誉(Organ,2006)。

如今,大多数平台提供基于社交媒体在线活动的替代计量学指标。这些量化指标对现有的使用统计数据作了补充,为作者、资源库管理者和高校管理者呈现了一个更为广泛的科研产出影响力视角,使其能够从中受益(Konkiel and Scherer,2013)。除了最受欢迎的替代计量学服务(Altmetrics、ImpactStory 或

---

① PubMed Unique Identifier 的缩写,意为 PubMed 唯一标识符。

Plum Analytics），还可通过使用网络服务 API 和开源工具来挖掘资源库内容进行替代计量学研究，如 PLOS 的文章计量包（如前所述）。通过评估"灰色文献"的影响力，而不仅仅是传统的出版物，替代计量学可以帮助研究者记录其全部科研成果的影响力，并精准把握读者群体。资源库管理者可以利用替代计量学指标收集常用统计之外的数据，以提供和宣传机构科研成果的价值。引用指标和替代计量学的整合使作者和读者能够在同一平台看到他们学术工作的影响力，这种便利性可进一步激励作者和读者使用 IR。

上述指标均可根据出版物类型或作者职位进行归一化处理，以产生有价值的指标，并且这些指标在与利益相关方交流时非常重要。对高校管理部门而言，IR 需要证明其值得机构配给的资金和人力资源（Bruns and Inefuku，2015）。对资源库管理者而言，IR 需要其值得他们花费时间来收集和提供出版物访问服务。对评估标准的收集可以使用户对科研水平有一个基准性判断，因此，提供评估标准报告可吸引用户更多地使用资源库服务。原型网络服务"资源库分析和评估指标门户"（Repository Analytics & Metrics Portal，RAMP）旨在提高 IR 分析的准确性，为 IR 管理员提供持续的访问权以获得准确的文档下载量，实现跨机构汇集 IR 指标以统一评估标准（Baughman et al.，2018）。

6.4.4 结论

IR 为实现其所在机构的任务和目标提供核心服务，可视作科研活动的数字化体现。IR 扩大了研究成果的获取途径，从而削弱了期刊的垄断。然而，国际出版应被视为学术出版的补充，而非主要途径。一个完善的机构资源库应能提供充足的、可被检索和引用的学术著作。但一些研究机构的参与程度较低，只收集了研究所的部分科研产出（Foster and Gibbons，2005）。有的 IR 未包含大部分基础科研论文，这就引发了关于 IR 目的的疑问（Arlitsch and O'Brien，2012）。此外，由于互联网搜索引擎 Google Scholar 的元数据需求与 IR 的不同，爬虫软件在尝试访问 IR 时会遇到问题。因此，使用 Google Scholar 的学者将无法访问 IR 中的某些内容（Arlitsch and O'Brien，2012）。IR 可以反映科研活动的科学、社会和经济相关性，并能够提高机构的知名度和地位。在过去，图书馆员的服务职能是向学者提供信息，但现在他们负责通过制定指标来评估学者的科研表现（Åström et al.，2011）。这一转变使得资源库管理者必须争取资金，并通过制定性能指标来验证 IR 的功能。因此，机构资源库和文献计量学作为一种科研评估方法，在最近几十年里重新定义了其角色和任务。如今，IR 为评估高校科研成果提供了有效的指标。它要求资源库能够实现机构间的可比性，其应用程序能提供基本检验标准并体现文本价值（Cassella，2010；Thomas，2007）。需要注意的是，由于没有既定的性能评估标准，IR 管理者应该谨慎地解释指标。基于 IR 数据的文献计量分析有其优势，即科学家、图书馆员和其他行政人员目标一致并共同努力，以保证 IR 的准确性和前瞻性。此外，评估标准和报告的反馈可以促进资源库的建立和完善。另一个支持调整评估指标的观点认为，IR 的价值不在于上传或下载的具体数量，而在于对学术交流的变革（Bruns and Inefuku, 2015）。

6.4.5 参考文献

Antelman, K 2004, 'Do open access articles have a greater research impact?', College & Research Libraries News, vol. 65, no. 5, pp. 372-382.

Arlitsch, K & O'Brien, PS 2012, 'Invisible institutional repositories: Addressing the low indexing ratios of IRs in Google', Library Hitech, vol. 30, no. 1, pp. 60-81.

Åström, F & Hansson, J 2012, 'How implementation of bibliometric practice affects the role of academic libraries', Journal of Librarianship and Information Science, vol. 45, no. 4, pp. 316-322.

Åström, F, Hansson, J & Olsson, M 2011, Bibliometrics and the Changing Role of the University Libraries, http://www.diva-portal.org/smash/get/diva2:461857/FULLTEXT01.%20pdf (July 15, 2020).

Ball, R & Tunger, D 2006, 'Bibliometric analysis – A new business area for information professionals in libraries? Support for scientific research by perception and trend analysis', Scientometrics, vol. 66, no. 3, pp. 561-577.

Baughman, S, Roebuck, G & Arlitsch, K 2018, 'Reporting practices of institutional repositories: Analysis of responses from two surveys', Journal of Library Administration, vol. 58, no. 1, pp. 65-80.

Bruns, T & Inefuku, HW 2015, 'Purposeful metrics: Matching institutional repository metrics to purpose and audience', in Making Institutional Repositories Work, pp. 213-234.

Cassella, M 2010, 'Institutional repositories: An internal and external perspective on the value of IRs for researchers' communities', LIBER Quarterly, vol. 20, no. 2, pp. 210-225.

Crow, R 2002, 'The case for institutional repositories: A SPARC position paper', ARL Bimonthly Report, vol. 223, pp. 1-37.

Davis, PM & Connolly, MJL 2007, 'Institutional repositories: Evaluating the reasons for non-use of Cornell University's installation of DSpace', D-Lib Magazine, vol. 13, no. 3/4.

Day, M 2004, Institutional repositories and research assessment, pp. 1-29, University of Bath, UKOLN.

Foster, NF & Gibbons, S 2005, 'Understanding faculty to improve content recruitment for institutional repositories', D-Lib Magazine, vol. 11, no. 1.

Gargouri, Y, Hajjem, C, Larivière, V, Gingras, Y, Carr, L, Brody, T & Harnad, S 2010, 'Self-selected or mandated, open access increases citation impact for higher quality research', PLOS One, vol. 5, no. 10.

Hajjem, C, Harnad, S & Gingras, Y 2006, 'Ten-Year Cross-Disciplinary Comparison of the Growth of Open Access and How it Increases Research Citation Impact', https://arxiv.org/abs/cs/0606079v2 (July 15, 2020).

Iriarte, P, de Kaenel, I, Krause, JB & Magnenat, N 2011, 'Exploiting and improving institutional repositories for bibliometrics', https://archive-ouverte.unige.ch/unige:23065 (July 15, 2020).

Key Perspectives Ltd. 2009, 'A Comparative Review of Research Assessment Regimes in Five Countries and the Role of Libraries in the Research Assessment Process', Report commissioned by OCLC Research.

Konkiel, S & Scherer, D 2013, 'New opportunities for repositories in the age of altmetrics', Bulletin of the American Society for Information Science and Technology, vol. 39, no. 4, pp. 22-26.

Organ, MK 2006, 'Download statistics – what do they tell us? The example of research online, the open access institutional repository at the University of Wollongong, Australia', D-Lib Magazine, vol. 12, no. 11.

Ramalho Correia, AM & de Castro Neto, M 2002, 'The role of eprint archives in the access to, and dissemination of, scientific grey literature: LIZA – A case study by the National Library of Portugal', Journal of Information Science, vol. 28, no. 3, pp. 231-241.

Smith, M, Rodgers, R, Walker, J & Tansley, R 2004, 'DSpace: A Year in the Life of an Open Source Digital Repository System', in ECDL 2004: Research and Advanced Technology for Digital Libraries, pp. 38-44.

Thomas, G 2007, 'Evaluating the impact of the institutional repository, or positioning innovation between a rock and a hard place', New Review of Information Networking, vol. 13, no. 2, pp. 133-146.

第 7 章 教育与培训[①]

7.1 文献计量学继续教育机构

Simone Fühles-Ubach[②]（西蒙娜·菲勒斯-乌巴赫）
和 Miriam Albers[③]（米丽娅姆·阿尔贝斯）

摘要：本节论述了文献计量学在继续教育中的意义，尽管文献计量学不是新兴话题，但在不断发展中也产生了新的需求。随着社交网络和其他在线媒体的出现，替代计量学扩大了文献计量学的研究领域，也增加了该领域继续教育的需求。本节还介绍了一项胜任力模型，可区分不同程度的文献计量学任务——入门级、核心级和专业级，并将文献计量工作分配给不同研究层级的图书馆员。本节还介绍了在文献计量学领域提供继续教育的主要机构——欧洲科学计量学暑期学校（European Summer School for Scientometrics，ESSS），由于德语国家关于文献计量学主题的继续教育课程较少，所以设立了这所学校。

关键词：继续教育，进修教育，文献计量学资格认证，替代计量学，欧洲科学计量学暑期学校

7.1.1 引言——研究问题

科研机构的图书馆员是处理大量各种数据的专家，他们了解各学科的出版文化，并在各自机构中独立担任职务。出于以上原因，他们有资格进行文献计量学分析，并为所在机构的科研人员提供相应服务。当然，进行上述分析的先决条件除了数据库权限（如 Web of Science 或 Scopus）外，还需要训练有素的人员（Gimpl，2017，第 24 页）。然而，德语国家大学的课程设置调研表明，无论是学士学位还是硕士学位，都缺乏系统的文献计量学课程模块或相应内容。这个问题并不只限于德语国家，在英国举办的一次文献计量学会议中，Cox 等（2017）询问与会者是否在学习经历中获得了足够的文献计量学知识，只有 29% 的人给出了肯定的回答。因此，文献计量学领域的继续教育非常必要，现有知识体系的更新不能仅限

[①] 译者：吕叶辉，男，副教授，上海健康医学院。
[②] 德国科隆应用技术大学信息科学研究所，统计学和图书管理学教授，simone.fuehles-ubach@th-koeln.de。
[③] 德国科隆生命科学信息中心，组织发展部研究助理，miriam.albers@th-koeln.de。
https://doi.org/10.1515/9783110646610-042

于对学科新发展的了解（如替代计量学），还需要在职业实践中解决基础知识不足问题。2016 年的一项研究表明（Plewka and Wähler，2017，第 172 页），德国图书馆的培训课程设置中缺乏文献计量学课程，只有两门信息计量学课程，这也证实了继续教育的重要性。本文主要讨论了德语国家在文献计量学这一拓展学科领域开展继续教育的可能性。

7.1.2 定义

下一节会讨论文献计量学在课程设置中的作用，但本节主要关注文献计量学在继续教育中的意义。根据德国教育委员会在 1970 年给出的定义（该定义现在依然有效），继续教育是"完成第一阶段的教育后，有组织地以各种方式开展的重新学习或继续学习"（Deutscher Bildungsrat，1970，第 197 页）。继续教育包括学历教育和职业教育两个层面的含义。前者指的是成人继续教育，自 1999 年博洛尼亚改革以来，德国各州的许多高等教育机构都将其作为一个与本科课程并行的单独领域（Richter，2019）。后者涉及各职业协会机构，其使命之一就是支持终身学习和继续教育。

7.1.3 新发展带来新需求

文献计量学并不是一个新兴话题，但其含义却存在较大波动。作为对出版文献的统计分析方法，文献计量学自 20 世纪 20 年代以来已历经百年发展（Gingras，2014）。在 20 世纪 60 年代，随着 ISI 引文指数的发展，文献计量学在世界范围内被人们所熟知（Thelwall，2008）。千禧年以来，随着文献计量工具和指标（期刊影响因子和 h 指数）的发展和互联网的传播，文献计量学研究领域进一步得到拓展。随着社交网络和其他在线媒体的出现，替代计量学应运而生，而且自 2010 年由 Priem 及其同事引入该术语以来，文献计量学的研究领域再次得到极大拓展（Priem et al.，2010）。替代计量学想要解决的问题是哪些科学论文在网络媒体上被讨论得最多，因此会比期刊上的被引次数反映得更加及时。被引通常需要一定的时间积累。Altmetric 关注度得分指的是新闻界、社交网络、战略性文件、指导性文件以及其他在线来源对科学出版物的引用、讨论或传播的频率（Tunger et al.，2017）。年轻科学家对这类指标更感兴趣，因其在较短科研生涯中发表的文献数量有限。因此，这些"新"指标，如 Google Scholar 和 ResearchGate 提供的计量指标，特别受欢迎。这些新的发展拓展了文献计量学的研究领域，也带来新的需求，处理和满足这些需求对青年学者而言具有特殊的现实意义。

7.1.4 文献计量学继续教育的胜任力模型

Cox 等（2017）通过问卷调查，要求与会者将文献计量学的任务评为入门级、核心级或专业级。结果表明，图书馆目前服务的重点在于向学生提供信息素养，而没有提供如个人或机构开展的学术研究质量评估服务。他们引用了瑞典的一项研究（Anström and Hannson，2013），该研究认为图书馆员在文献计量学领域面临的主要问题包括：对高级统计分析的不确定性、对科学家评估产生的不适感以及与效率较低部门相关联的风险。

对于在应用科学大学（可能是多年前）获得文凭或学士学位的并在上级行政机构任职的图书馆员而言，上述问题是至关重要的。一般而言，需要"知己知彼"，能够对自己的研究成果进行分析，似乎是对他人开展文献计量评估的重要前提。然而，应用科学大学毕业的图书馆员可能不具备这些能力，因为该类大学通常是在20世纪70年代由工程学院转型成立的，10—20年前科研任务才变得更为重要。当然，现在的大学毕业生无疑与科研更近，这也意味着图书馆评估学术研究质量的（文献计量学）任务更接近高级别服务。

7.1.5　不同层次的胜任力——入门级、核心级、专业级

在这种情况下，也有新的问题产生：是否有必要以更具区分性的方式去审视文献计量学的研究任务，因为除了对个人和集体的研究成果进行评估外，还有很多其他领域的研究任务可纳入文献计量学范畴。这也是Cox等（2017）所做研究的出发点，他们与图书馆员一起，开发了一个文献计量学相关任务的胜任力模型，结果表明有入门级、核心级和专业级三个级别的任务。在该模型中，入门级的文献计量学任务范围很小（99项任务清单中的17项），主要涉及基本概念的解释、重要计量指标（特别是期刊计量指标）的计算和职业行为的方方面面。这个级别的文献计量学任务，尚未涉及之前提到的"知己知彼"的问题，即使图书馆员本身并没有丰富的科研经验也可胜任。接近一半的任务（99项任务清单中的48项）在此胜任力模型中被标记为核心级，其中大部分的任务围绕着"提高认识和规范使用"主题展开。核心级的任务还包括出版建议、期刊选阅、申请基金资助、图书馆文献资源建设，以及建议选取合适的计量工具，并解释不同工具结果之间的差异等。计量指标相关任务也属核心级，因其涉及对研究机构和科研人员的学术业绩进行评估。另有约三分之一的任务被归为专业级，其中也包括一些技术性很强的任务，但更多的是咨询或政策领域的任务，以及从管理或人事角度出发的对研究机构和人员的评估任务。

7.1.6　欧洲科学计量学暑期学校

由于缺乏相关的科学计量学教育（尤其是在德语国家），以及人才培养需求不断增加（特别是研究质量管理人员），奥地利维也纳大学、德国高等教育与科学研究中心以及比利时鲁汶天主教大学于2010年合作成立了欧洲科学计量学暑期学

校。自 2017 年起，西班牙格拉纳达大学的 EC3metrics 小组也成为欧洲科学计量学暑期学校的官方合作伙伴，这表明其他国家的文献计量学继续教育需求也在增长，合作的范围也在扩大。欧洲科学计量学暑期学校的办事处设在维也纳，2019年的欧洲科学计量学暑期学校培训也在维也纳举行。暑期学校为期 5 天，每年在维也纳、柏林和鲁汶之间交替举办，培训主题从入门到进阶不等，目标群体包括科研政策和管理方面的决策者、科学家和图书馆员，同时也对欧洲和其他地区的感兴趣人群开放。欧洲科学计量学暑期学校目前有 5 个著名的合作伙伴，分别是 Web of Science Group、Elsevier、Digital Science、Science-Metrix 和 1Science。在不久的将来，欧洲学分互认体系（European Credit Transfer and Accumulation System，ECTS）也将授予该类继续教育课程学分。

7.1.7 信息库和研究方法

为了进一步分析继续教育机构，我们查找了德语区提供文献计量学培训的其他机构，系统地研究了德国、瑞士和奥地利所有为学术型图书馆员提供相关培训的机构。此外，我们还在知名搜索引擎上进行了相关搜索。同时，我们还通过电子邮件联系了相关机构（这些机构的网站上没有查询到文献计量学相关培训信息），从而进一步了解该机构当前正在或计划开展的文献计量学培训。

与大学相比，继续教育机构的标准化程度较低，缺乏对相关培训的系统性描述。此外，在许多继续教育机构的网站上，只能浏览到本年度的培训活动，而不能查看之前举办的或下一年度计划举办的活动。因此，本文只能基于继续教育机构在 2019 年年中提供的培训活动，在有限的范围内进行分析和比较。

7.1.8 研究结果

在 2019 年，除了一个英语学术年会和 2019 年的欧洲专家评估服务（European Expert Evaluation Services，EEES）培训之外，还有其他提供德语为主的文献计量学培训的继续教育机构，包括德国科隆应用技术大学图书馆和信息科学继续教育中心（TH Köln，2018，第 20 页；TH Köln，2019，第 21 页）、德国柏林自由大学继续教育中心（FU Berlin，2019，第 26 页）、黑森州图书馆员培训中心（HeBIS-Verbundzentrale，2019）和奥地利图书馆协会（Vereinigung Österreichischer Bibliothekarinnen and Bibliothekare，VÖB）（Universitäts-und Landesbibliothek Tirol，2019）；另外，德国巴伐利亚州立图书馆在 2017 年举办过一次文献计量学研讨会（Bayerische Staatsbibliothek，2019）；瑞士图书馆员培训中心"Bibliosuisse"在 2016 年也举办了两次面向初学者的研讨会，由图书馆的博士科学家授课（一次为德语，一次为法语），但与其他培训活动相比，参与人数较少（7 人和 8 人）。

本文还就相关专业机构是否提供文献计量学继续教育培训进行检索，结果表明下列 7 个机构——信息与图书馆行业联合会（Berufsverband Information Bibliothek，BIB）、EKZ 图书馆服务集团（the ekz-Bibliotheksservices）、德国下萨克森州图书馆员培训中心、图书馆馆员协会（Verein Deutscher Bibliothekarinnen und Bibliothekare，VDB）、奥地利图书馆协会（Büchereiverband Österreich，BVÖ）和瑞士图书馆员培训中心"Bibliosuisse"在 2019 年都没有开展文献计量学相关的培训活动。EKZ 图书服务集团指出，文献计量学相关话题对其核心目标群体，也就是公共图书馆而言，并不重要。

由表 1 可见，培训师都是拥有博士学位的科学家。进一步研究后发现，除一名培训师（Jovanović 博士）外，其余培训师都在学术图书馆工作，即便没有图书馆学的博士学位，也在此领域深耕已久。因此，图书馆等相关机构提供的文献计量学培训活动是由高级研究人员提供的，这也与胜任力模型的结论相符。

表1　德语国家文献计量学继续教育培训机构及培训内容一览表

培训机构/培训师	培训名称	培训时长	培训费用	培训目标群体	培训内容[A]
科隆应用技术大学/XX 博士（男）[B]	文献计量学 I	1 天	65 欧元	学术或公共图书馆信息部门员工	- 基础知识 - 数据库 - 文献计量学指标 - 实际应用
科隆应用技术大学/XX 博士（男）	文献计量学 II	1 天	165 欧元	学术或公共图书馆信息部门员工——参加过 I 期培训的优先	- 宏观层面的分析 - 专题层面的分析 - 复杂计量指标的演示、评估和计算 - 简单作者和机构合作网络的可视化分析 - 专利信息计量学介绍
柏林自由大学/YY 博士（男）	文献计量学实际应用入门：文献计量学可以和应该做什么？	2 天	220 欧元	对文献计量学感兴趣的学术图书馆员工、学科馆员和管理人员	- 基础知识 - 数据库 - 文献计量学指标 - 使用关键图表衡量影响力 - 图书馆中的文献计量学及其实际应用 - 开放获取、替代计量学和科研数据管理 - 未来网络
黑森州图书馆员培训中心/YY 博士（男）	文献计量学研讨会	1 天	50 欧元	对文献计量学感兴趣并已付诸实践的科研人员、图书馆员和其他人员	- 基础知识 - 数据库 - 图书馆中的文献计量学及其实际应用 - 数据采集和数据可视化工具 - 未来网络 - 开放获取和科研数据管理

续表

培训机构/培训师	培训名称	培训时长	培训费用	培训目标群体	培训内容 A
奥地利图书馆协会/ZZ 博士（男）	文献计量学和科学计量学	4 天	550 欧元（预估）	参加过"图书信息研究"基础科研的人员；学术或公共图书馆的员工	- 科研成果的定量评估 - 引文分析 - 影响因子 - 数据挖掘 C
巴伐利亚州立图书馆/AB 女士，CD 博士（女）	文献计量学研讨会	1 天 D	60 欧	希望深入了解文献计量学并提供文献计量学相关服务的图书馆员	- 基础知识 - 学术身份管理（作者简介） - 经典文献计量学指标 - 替代计量学 - 重要观点 - 图书馆中的文献计量学

A 以简明关键词的形式对培训内容进行了精简、修饰和概括
B 出于数据保护的原因对培训师进行了匿名处理，相同的字母代表是同一人员
C 对培训内容进行了概括，便于区分常规数据处理
D 此研讨会仅在 2017 年举办过一次

但是，上述培训课程的一般条件差异较大，培训时长在 1—4 天，费用在 50—550 欧元，培训目标群体有或无相关经验均可，可以来自学术图书馆，也可以来自公共图书馆。由于描述上的差异，培训内容只能在有限范围内进行比较。然而，几乎每个培训课程都包括了诸如文献计量学基础知识、数据库（如 Web of Science）和基本计量指标（如影响因子或 h 指数）在内的相关主题，这些内容与胜任力模型中的入门级任务相对应。

此外，上述培训课程的内容也各有差异。一方面，培训内容聚焦图书馆服务的文献计量方法应用，也尝试解决出版系统的相关难题，如开放获取、开放科研数据、建立更大交流平台。另一方面，培训内容聚焦一些专业课题，如数据可视化、专利信息计量学和数据挖掘等。值得注意的是，无论是以交流学习为目的的研讨会，还是继续教育的课程，培训内容往往取决于培训的名称和培训者的背景。

互联网上的独立搜索结果表明，除了面向图书馆员的继续教育培训外，也有为科学家提供的相关培训活动，其中有一部分就是由图书馆员主持的。举例而言，德国慕尼黑工业大学图书馆为博士生和科学家提供了时长 4 个小时，主题为"研究的影响力和可视化——文献计量学、科学交流和出版策略"的相关课程（Universitätsbibliothek der Technischen Universität München，2019）。德国比勒费尔德大学图书馆也在时长一个半小时的文献计量学课程中，介绍了该图书馆的服务和开放权限的文献计量学数据库（Universität Bielefeld，2019）。

7.1.9 小结

由于德语国家文献计量学主题的继续教育课程较少而被设立的欧洲科学计

量学暑期学校，虽已运行实施多年，但相关挑战依然存在。在科隆、柏林或法兰克福（黑森州图书馆员培训中心），图书馆员有可能参加不同侧重点的继续教育课程。但是，相对有限的课程也表明，面向图书馆员的继续教育培训仍然相对缺乏。尽管进行了广泛、系统和探索性的网络搜索，但相对有限的文献计量学培训课程数量仍然是本项研究的一项制约因素，在未来研究中，有必要划分目标群体、培训内容和培训地点，以持续查看、比较和评估文献计量学继续教育课程的提供情况。

7.1.10 参考文献

Anström, F & Hannsson, J 2013, 'How implementation of bibliometric practice affects the role of academic libraries', Journal of Librarianship and Information Science, vol. 45, no. 4, pp. 316-322.

Bayerische Staatsbibliothek 2019, Workshop: Bibliometrie 28.09.2017, https://www.bsb-muenchen.de/nc/babcaldetail/?tx_cal_controller%5Bview%5D=event&tx_cal_controller%5Btype%5D=tx_cal_phpicalendar&tx_cal_controller%5Buid%5D=214&tx_cal_controller%5Byear%5D=2017&tx_cal_controller%5Bmonth%5D=09&tx_cal_controller%5Bday%5D=28&cHash=2ea384368fffbc56bd851665353fd518 (July 15, 2020).

Cox, A, Gadd, E, Petersohn, S & Sbaffi, L 2017, 'Competencies for bibliometrics', Journal of Librarianship and Information Science, vol. 1, doi: https://doi.org/10.1177/0961000617728111, https://journals.sagepub.com/doi/pdf/10.1177/0961000617728111.

Deutscher Bildungsrat 1970, Strukturplan für das Bildungswesen, Stuttgart.

FU Berlin 2019, Bibliotheksweiterbildung: Weiterbildungsprogramm in Öffentlichen und Wissenschaftlichen Bibliotheken. Januar bis Dezember 2019/89. Program, https://ssl2.cms.fu-berlin.de/fu-berlin/sites/weiterbildung/PM_weiterbildungsprogramm/pdf/bib/bib.pdf (July 15, 2020).

Gimpl, K 2017, Evaluation von ausgewählten Altmetrics-Diensten für den Einsatz an wissenschaftlichen Bibliotheken, Master-Thesis, Köln, https://publiscologne.th-koeln.de/frontdoor/deliver/index/docId/1034/file/MAT_Gimpl_Kerstin.pdf (July 15, 2020).

Gingras, Y 2014, Bibliometrics and Research Evaluation: Uses and Abuses, MIT Press, Cambridge MA.

HeBis-Verbundzentrale 2019, Workshop Bibliometrie, https://www.hebis.de/de/1gs_fortbildung/kursangebot/2019_09_Bibliometrie.php (July 15, 2020).

Plewka, M & Wähler, L 2017, Vergleich der Fortbildungsanbieter im Bibliotheksbereich in Deutschland und dem Vereinigten Königreich unter Berücksichtigung der unterschiedlichen Bibliothekssysteme in Hinblick auf Organisation, Angebot und Zugang, Bachelorarbeit, Technische Hochschule Köln.

Priem, J, Taraborelli, D, Groth, P & Neylon, C 2010, Altmetrics: A manifesto, http://altmetrics.org/manifesto (July 15, 2020).

Richter, C 2019, Wandel der wissenschaftlichen Weiterbildung im Zuge der Digitalisierung, Bachelorarbeit, Technische Hochschule Köln.

Thelwall, M 2008, 'Bibliometrics to webometrics', Journal of Information Science, vol. 34, no. 4, pp. 605-621.

TH Köln 2018, Weiterbildungsprogramm für Beschäftigte in Bibliotheken und Informationseinrichtungen. 1.Halbjahr 2019, accessed July 18, 2019, https://www.th-koeln.de/ mam/downloads/deutsch/ weiterbildung/zbiw/angebote/zbiw_programmheft_1_2019_web.pdf (July 15, 2020).

TH Köln 2019, Weiterbildungsprogramm für Beschäftigte in Bibliotheken und Informationseinrichtungen. 2.Halbjahr 2019, accessed July 18, 2019, https://www.th-koeln.de/mam/downloads/ deutsch/weiterbildung/zbiw/angebote/zbiw_programmheft_2_2019_web.pdf (July 15, 2020).

Tunger, D, Meier, A & Hartmann, D 2017, Machbarkeitsstudie Altmetrics, http://hdl.handle.net/ 2128/16419 (July 15, 2020).

Universität Bielefeld 2019, Fortbildungen für Forschende und Lehrende: Bibliometrie, 2019, https://www.uni-bielefeld.de/pep/fortbildung/ub/bibliometrie.html (July 15, 2020).

Universitätsbibliothek der Technischen Universität München 2019, Sichtbarkeit und Impact von Forschung - Bibliometrie, wissenschaftliche Kommunikation und Publikationsstrategien, 2019, https://www.ub.tum.de/kurs/sichtbarkeit-und-impact-von-forschung (July 15, 2020).

Universitäts- und Landesbibliothek Tirol 2019, Seminarprogramm 4 L: 5. Bibliometrie und Szientometrie, accessed July 18, 2019, http://www.bibliotheksausbildung.at/weiterbildung/ seminarprogramm-4 l.html#bibliometrie (July 15, 2020).

University of Vienna 2019a, Programme Leuven 2019, https://www.scientometrics-school.eu/ programme.html (July 15, 2020).

University of Vienna 2019b, History, 2019, https://www.scientometrics-school.eu/about.html (July 15, 2020).

7.2 文献计量学课程设置（课程中的文献计量学）

Simone Fühles-Ubach[①]（西蒙娜·菲勒斯—乌巴赫），Miriam Albers[②]（米丽娅姆·阿尔贝斯），Mandy Neumann[③]（曼迪·诺伊曼）

摘要：德语国家的图书情报学院校是否在新兴的文献计量学领域提供了充足的培训？该领域是否与学术和科学图书馆馆员的核心工作有关？本节通过回顾德语国家大学相关专业的课程设置来回答上述问题。对34门课程所含模块的评估表明，文献计量学及科学计量学或信息学等相关主题，通常未被纳入图书馆学常规课程中。文献计量学作为专业知识，在目前的学业设置中，不仅讲得少，而且也比较靠后。本节讨论了在专业课程设置中增加文献计量学内容的必要性。

---

① 德国科隆应用技术大学信息科学研究所，统计学和图书管理学教授，simone.fuehles-ubach@th-koeln.de。
② 德国科隆生命科学信息中心，组织发展部研究助理，miriam.albers@th-koeln.de。
③ 软件开发人员，曾学过计算语言学，mandyneumann@gmx.net。

https://doi.org/10.1515/9783110646610-043

关键词：图书情报学院校，课程设置，科学计量学，信息计量学，课程，模块

7.2.1 引言——研究问题

21 世纪初，就有大量的出版物讨论过文献计量学的应用，因此将其描述为图书馆的一项服务似乎也不恰当。2015 年，Warmbrunn 甚至将图书馆描述为文献计量学分析方法的"天然之选"（nature contact，Warmbrunn，2015，第 19-4 页）。但是，无论是在图书馆员的观念中，还是在顾客的需求中，文献计量学都未被明确视作图书馆的一项常规服务。在 2017 年，Nowak 和 Schneckenleithner 对德语国家图书馆领域的招聘信息进行了分析，结果表明，对文献计量学的要求是"实际上没有需求"（Nowak and Schneckenleithner，2017，第 63 页）。为了明确文献计量学是否在图书馆中普遍存在、是否在信息研究中不可或缺，本节对德语国家（德国、奥地利和瑞士）信息科学和图书馆学领域所有研究课程的模块进行了评估。

7.2.2 定义——我们在讨论什么

文献计量学在本质上是使用统计方法对各种信息传播媒介进行分析。文献计量学被定义为"对科学家（正式）书面成果及其认知的度量"（Ball，2014，第 3 页）。为了避免因定义或术语不同而将基本相似的内容排除在外，信息计量学、科学计量学、网络计量学和替代计量学等上位或相关术语也应纳入考虑范围（图 1）。

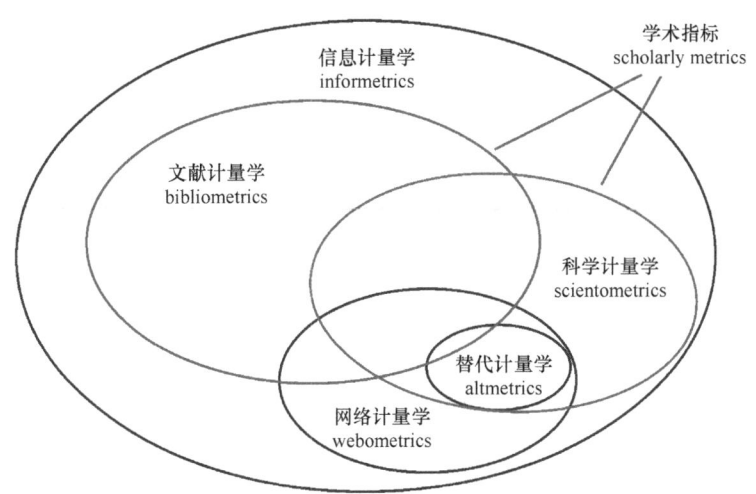

图 1 替代计量学在计量学中的范畴（Haustein，2016，第 416 页）

文献计量学和信息计量学作为通用术语，和下面提到的术语一起，都是指对信息的度量和分析。当限于科学信息时，就使用科学计量学一词。当涉及网页分

析时，就使用网络计量学一词（Jovanović，2012，第 72 页）。

Haustein（2016）将替代计量学归为网络计量学的一部分，并指出该领域目前仍缺乏统一的定义，有了明确的定义，才能就替代计量学的度量范围及得出的结论达成共识。替代计量学记录了科学成果在网络资源中的产出，如来自新闻门户或社交媒体上的参考文献。由欧盟委员会委任的替代计量学专家组在一份报告中指出，经典的文献计量学与替代计量学应该创建"互补的评估方法"。该专家组认为替代计量学除科学家外可以纳入更多的受众，比起传统计量学，还可以更快地收集信息，这一点很有潜力（European Commission，2017）。

7.2.3 信息库和研究方法

我们的研究基于一个内部数据库（Berufsverband Information Bibliothek e.V., n.d.），其中包含了德语国家（德国、奥地利和瑞士）过去和现在（在可公开获取的范围内）信息科学和图书馆学相关专业的课程模块。我们通过核对大学信息科学协会（Hochschulverband Informationswissenschaft）提供的名单，辅以上述数据库包含的信息和人工筛查，明确专业课程所含的模块。具体而言，在上述名单中的专业课程中，只要有任意一个与图书馆学相关的模块，就会纳入研究；实际上，全部的图书馆学专业课程和大多数的信息科学专业课程都被纳入了研究范围。接下来，我们建立了具有对应关系表的 MySQL 数据库，以保存专业课程（大学名称和类型、专业名称、简介和重点）和单个课程模块（标题、描述、工作量）的相关信息。具体的数据收集方法是从现有 PDF 文件中复制信息，并将其粘贴到一个自行开发的网络应用程序的相应字段中，以简化插入数据库的过程。为了方便数据查询，还在数据库顶层建立了 Solr 索引，可以在此界面通过关键词查询来搜索相关文本数据。到目前为止，该数据库包含了 20 所不同大学、46 个专业课程、2000 多个课程模块的数据。

尽管在数据库中经常可以查到之前开设的专业课程的模块，但在本研究中只对当前开设的专业进行评估，因为我们的重点是专业课程中文献计量学的现状而不是发展过程。

为此，本文通过 6 个检索词（"bibliometr*""informetr*OR infometr*""s*ientometr*""altmetr*""webometr*""metri*"）在 19 所德语国家大学开设的 34 门相关专业课程的书目中进行检索。其中德国 14 所，分别是柏林洪堡大学、达姆施塔特应用技术大学、杜塞尔多夫大学、汉堡大学、汉诺威应用技术大学、希尔德斯海姆大学、科隆应用技术大学、康斯坦茨大学、莱比锡应用技术大学、马尔堡档案学院、波茨坦大学、雷根斯堡大学、斯图加特传媒学院、维尔道应用科学技术大学，瑞士 4 所，分别是伯尔尼大学、库尔技术与经济学院、瑞士西部高等专业学院（日内瓦）、苏黎世大学，奥地利 1 所，因斯布鲁克大学。共有 9

所综合性大学和 10 所应用科学大学。

7.2.4 研究结果

检索词与课程模块设置的匹配情况如下："bibliometr*" 9 条、"informetr*OR infometr*" 7 条[①]、"s*ientometr*" 7 条[②]、"altmetr*" 5 条、"webometr*" 1 条、"metri*" 8 条，不同的术语可能会检索到相同的课程，合并后在课程题目或课程描述中共检索到 20 条（表 1）。在汉堡大学、汉诺威应用技术大学、希尔德斯海姆大学、莱比锡应用技术大学、马尔堡档案学院、雷根斯堡大学、斯图加特传媒学院、维尔道应用科学技术大学、伯尔尼大学和瑞士西部高等专业学院（日内瓦）的专业课程中未检索到相关模块。另外，在汉诺威应用技术大学，"bibliometr*"（文献计量学）一词可在 2009 年及以前的课程模块中检索到。

表 1 德国、奥地利和瑞士地区大学课程中文献计量学模块概览

地区	大学类型	专业名称	学士	硕士	模块名称	开设学期	ECTS学分	开设年度	匹配检索词
柏林	综合性大学	信息科学		√	文献计量学、信息计量和科学计量学	2	10	2018	Bibliometr*, Informetr*, s*ientometr*, webometr*
库尔/瑞士	应用科学大学	信息科学		√	信息学主题	2	15	2019	Bibliometr*, Infometr*
达姆施塔特	应用科学大学	信息科学	√		应用程序开发	3	5	2018	metri*
		信息科学	√		网络分析（网络管制）	3	5	2018	metri*
		信息科学	√		方法研讨会：智能商务 1.0 和 2.0	4	5	2018	metri*
		信息科学		√	信息计量学	1	5	2018	Informetr*, s*ientometr*
		信息科学		√	替代计量学、社交网络分析和文献计量学	2	10	2018	Bibliometr*, Informetr*, s*ientometr*, altmetr*, metri*
		信息科学		√	网络分析	2	10	2018	metri*
杜塞尔多夫	综合性大学	信息科学	√		信息计量学[A]	4	14	2013[B]	Informetr*, s*ientometr*
因斯布鲁克/瑞士	综合性大学	图书学与信息科学		√	信息计量学和科学计量学	4	?	2019	Bibliometr*, s*ientometr*

---

① "Infometry" 仅在库尔技术与经济学院检索使用。
② "Scientometrie" 仅在柏林洪堡大学检索使用。

地区	大学类型	专业名称	学士	硕士	模块名称	开设学期	ECTS 学分	开设年度	匹配检索词
科隆	应用科学大学	图书馆学与数字通信	√		信息服务	4	6	2019	Bibliometr*
					金融、信息和社区发展	6	6	2019	Bibliometr*
		数据与信息科学	√		信息计量学、文献计量学、科学计量学与实证研究方法	6	6	2019	Bibliometr*, Informetr*, s*ientometr*, altmetr*
康斯坦茨	综合性大学	信息工程	√		多媒体数据库系统	5	9	2017	metri*
		计算机和信息科学		√	多媒体数据库系统	1	9	2015	metri*
波茨坦	应用科学大学	图书馆学	√		研究方法	3	5	2018	Bibliometr*, Informetr*, altmetr*, metri*
		图书馆学	√		信息资源和服务-2	3	5	2018	altmetr*
		图书馆学	√		电子出版	3	5	2018	metri*
		图书馆学	√		信息行为和科学社会学	6	7	2018	s*ientometr*
苏黎世/瑞士	综合性大学	图书馆学与信息科学		√	情境图书馆学 C: 界面和结构伙伴关系	2	8	2017	Bibliometr*, altmetr*

A 包括一次讲座、一次辅导和两次研讨会
B 该课程模块于 2022 年取消
C 该术语涵盖的背景内容较多

在其他一些大学，如柏林洪堡大学，也未在当前开设的专业中检索到相关课程模块。因此，在 19 所大学开设的 34 门图书馆学相关专业的课程中，只有 12 门（35%）将广义上的文献计量学内容纳入课程模块。需要指出的是，早在 2008 年，文献计量学相关内容还是柏林洪堡大学相关专业课程的一部分。

对模块检索结果细分，检索词"metri*"共匹配到 9 条记录，其中 2 条记录（表 1 中用灰色底纹标出）是计算机科学领域的网络计量学课程，1 条是波茨坦大学的"电子出版"（Electronic Publishing）专业的课程模块，1 条是达姆施塔特应用技术大学硕士专业中的"替代计量学、社交网络分析和文献计量学"（Altmetrics，Social Network Analysis and Bibliometrics）课程模块。如果剔除以上内容，就只有 10 门（29%）课程和 15 个课程模块符合检索要求，表明文献计量学不是图书情报学相关专业课程体系中的必需内容。在 15 个课程模块中，有 7 个模块的标题包含了相关术语，通常是文献计量学或信息计量学；其余模块标题[如"信息服务"（Information Services）等]则表明计量学内容只是该课程的一部分内容，而这些复杂的内容是否能够在有限的框架内传授给学生，使其能够独立在研究或计算中运用文献计量学，是值得思考的。因此，学生需要在工作中接受继续教育去学习文献计量学相关知识。

在 15 个课程模块中，有 8 个模块隶属 5 个不同的本科专业，7 个模块隶属 5 个不同的硕士专业，分布比例出奇地一致。当然，学士和硕士课程设置中相关模块的权重和学期安排具有明显差异。在硕士专业中，文献计量学相关模块基本被安排在第二学期，而且权重很高，平均有 9.67 个 ECTS 学分；而在本科专业中，相关模块大致被安排在第四学期，仅有 6.75 个 ECTS 学分。当然，学分权重的差异可能与硕士阶段总体学时和课程设置较少有关。另外，在本科专业中，有 5 个课程模块（62.5%）的检索词不是在标题中匹配的，而是在描述中出现，从侧面表明本科教育阶段对文献计量学知识的要求甚浅。

由上可知，文献计量学相关内容似乎不属于基础知识的范畴，需要前置课程的学习。类似的结果在其他学科领域也有发现，Albers 在 2017 年的一项研究表明，"开放获取"相关内容在硕士阶段更偏向管理主题，而在本科阶段更偏向行政主题（Albers，2017，第 144 页）。

文献计量学相关课程模块的设置也有地理分布差异，北部城市（汉堡、汉诺威）和南部城市（斯图加特、慕尼黑）的大学未有相关模块；而达姆施塔特应用技术大学"信息科学"硕士课程和波茨坦大学"图书馆学"本科课程中则集中了多个文献计量学相关模块。如果不了解相关大学的课程改革进程，就无法明确上述分布差异的原因。

根据表 1 所示，各德语国家大学在文献计量学领域设置的课程模块差异很大，也有很多开设图书馆学与信息科学专业的大学没有在表中列出，因为没有在其课程体系中检索到文献计量学相关模块。在开设文献计量学课程模块的大学中，应用科学大学的数量高于综合性大学，但在表 1 列出的大学中，有 5 所综合性大学和 4 所应用科学大学。

本科阶段有 12 个课程模块包含了文献计量学相关内容，而仅有 8 个硕士专业课程包含了此内容。尽管本科的多于硕士，但其地位和分布具有差异。这也进一步表明了文献计量学相关内容是一种高级能力，仅在本科培养阶段的后期或硕士学位课程中涉及。上述情况并非德语国家大学特有，英国的一项调查研究结果显示，65% 的图书馆学专业的学生表示其课程体系中或学习内容中并未要求文献计量学相关知识（Cox et al., 2017）。

当然，在课程模块中未匹配到检索词的大学，也并非表明文献计量学内容完全没有被纳入人才培养方案或课程体系，但至少能说明其作用和地位是次要的。上述结果可能与文献计量学主要在学术性和研究性图书馆中应用，而在公共图书馆中应用甚少有关。可能由于公共图书馆员的日常工作与文献计量学无关，因此在学习阶段中没有或较少开设文献计量学相关课程，或仅作为选修课或子项目被提及。鉴于以上事实，文献计量学在德语国家大学图书馆学和信息科学专业的全面覆盖或者说制定文献计量学课程设置标准也就无从提及了。

7.2.5 小结

文献计量学在不同的德语国家大学的课程设置中地位差异较大。在硕士课程中，文献计量学内容出现频率更高，而在一些本科专业课程模块中并无相关主题。另外，在本研究涉及的大学中，尽管把文献计量学设置为选修课或子项目，但仍缺乏完整、系统的文献计量学课程体系。当然，如果科学研究和元数据管理在未来变得更重要，如果替代计量学指标应用更加广泛、概念更加明确，大学层面的文献计量学课程设置可能会随之变化，也会成为未来科学研究中的重要领域。

7.2.6 参考文献

Albers, M 2017, Das Zeitschriftenmanagement Wissenschaftlicher Bibliotheken und die Implikation der Open-Access-Initiative, Dissertation, Berlin, doi: http://dx.doi.org/10.18452/18521.

Ball, R 2014, Bibliometrie. Einfach - verständlich - nachvollziehbar, De Gruyter Saur, Berlin.

Berufsverband Information Bibliothek e.V. n.d., Liste der Hochschulen [Online]. DAPS - Datenbank der Ausbildungsstätten, Praktikumsstätten und Studienmöglichkeiten im Bereich Archiv, Bibliothek, Dokumentation, http://marvin.bibliothek.uni-augsburg.de/cgi-bin/daps2.pl?in stliste= hochschule, archived at https://web.archive.org/web/20190329123634/http://marvin. bibliothek. uni-augsburg.de/cgi-bin/daps2.pl?instliste=hochschule (July 15, 2020).

Cox, A, Gadd, E, Petersohn, S & Sbaffi, L 2017, 'Competencies for bibliometrics', Journal of Librarians hip and Information Science, vol. 1, doi: https://doi.org/10.1177/0961000617728111, https://journals.sagepub.com/doi/pdf/10.1177/0961000617728111.

European Commission 2017, Next-generation metrics: Responsible metrics and evaluation for open science, doi: https://doi.org/10.2777/337729.

Haustein, S 2016, 'Grand challenges in altmetrics: Heterogeneity, data quality and dependencies', in Scientometrics, no. 108, S. 413-423, https://link.springer.com/content/pdf/10.1007%2Fs11192-016-1910-9.pdf (July 15, 2020).

Hochschulverband Informationswissenschaft n.d., Institutionen [online], accessed July 29, 2019, http://www.informationswissenschaft.org/institutionen/, archived at https://web.archive.org/web/20190329123838/http:/www.informationswissenschaft.org/institutionen/ (July 15, 2020).

Jovanović, M 2012, 'Eine kleine Frühgeschichte der Bibliometrie', in Information. Wissenschaft & Praxis, Jg. 63, no. 2, S. 71-80.

Nowak, M & Schneckenleithner, C 2017, 'Wohin mit den InformationsexpertInnen? Ergebnisse einer Erhebung zur Berufssituation der Absolventinnen des Grundlehrgangs Library and Information Studies', in Mitteilungen der VÖB, Jg. 70, no. 1, S. 42-63.

Tunger, D, Meier, A & Hartmann, D 2017, Machbarkeitsstudie Altmetrics, http://hdl.handle.net/

2128/16419 (July 15, 2020).

Warmbrunn, J 2015, 'Was ist Bibliometrie und was haben Bibliothekare damit zu tun?', in Bibliometrie –Praxis und Forschung, no. 4, S. 19-1-19-4.

7.3 "称职的文献计量学者"——学术文献实践概论

Sabrina Petersohn[①]（萨布丽娜·彼得松）

摘要：在使用文献计量学评估研究时，常反复强调规范的计量指标和专业行为准则的重要性，因此有必要调研哪些资质和能力能够帮助学者熟练应用文献计量方法和指标。本文以能力研究为出发点，通过回顾选定的文献合集，重点描述进行文献计量学评估研究时的专业胜任力。文献回顾主要聚焦于介绍文献计量学理论和方法的专著、手册和计量学者的文章，并向科学计量学研究领域外的其他学者和从业人员展示其应用。本文的研究目标有二：首先，从专业胜任力的角度出发，依据主要的能力维度对文献进行结构化分析，旨在为评价和政策导向的文献计量学背景下不断增长且日益多样的文献研究提供参考框架；其次，本文对"称职的文献计量学者"的特征进行了简要的理论思考。

关键词：评估性文献计量学，专业胜任力，能力维度，学术图书馆，研究管理，专业知识

7.3.1 前言

尽管文献计量学指标在科研评价中的应用及其性质存在争议，但"计量学潮"并未退去（Glänzel and Schoepflin，1994；Ràfols，2019）。在科研评价的大背景下，对规范的计量指标和专业行为准则的呼声日益高涨，因此有必要调查哪些资质和能力能够帮助学者熟练应用文献计量学方法和指标（Glänzel and Schoepflin，1994；Wilsdon et al.，2015；Zhao，2016）。

本文以能力研究为出发点，通过回顾选定的文献合集，重点描述了文献计量学科研评价时的专业胜任力。本次回顾主要聚焦于手册、专著以及学术文章和从业者文章，这些文献介绍了文献计量学的理论和方法论，并向学者和从业者（主要是科学计量学研究领域之外的人员）展示了其应用。本文的目标有两个：首先，根据主要能力维度对文献进行结构化梳理，为研究在评估和政策背景下日益增多且日益多样化的文献计量学文献提供了一个参考框架；其次，对"称职的文献计量学家"的特征进行了简要的理论思考。

[①] 博士，德国高等教育与科学研究中心研究助理，petersohn@dzhw.eu。
https://doi.org/10.1515/9783110646610-044

本文结构如下：首先，对文献计量学科研评价的专业胜任力提出一个惯用定义，并描述其主要能力维度。其次，本文回顾了与文献计量学胜任力有关的文献，包括面向不同读者的专著、手册和编著卷，以及主要面向学术图书馆员和研究管理人员的出版物等。最后，从职业社会学和建构主义的角度讨论了"称职的文献计量学者"这一概念。

7.3.2 文献计量学在评估研究中的专业胜任力——胜任力研究分析

对胜任力这一模糊而复杂的概念进行定义和讨论，不是本文的主要目的（感兴趣的读者可阅读拓展文献——Mulder and Winterton，2017）。在本文中，专业胜任力（professional competence）被定义为在某一职业、岗位、工作、角色或情境下完成任务和解决问题所需的一组通用能力或资质。具体的胜任力是广义胜任力中的一个组成要素，是知识、技能和态度的有机融合和贯通（Mulder，2014）。

在 Cheetham 和 Chivers（1996）提出的胜任力模型中，区分了三个能力维度，均与文献计量学的科研评价任务相关。

（1）认知能力包括正式或隐性的理论、概念、专业知识和技术知识，还包括基于工作情境的知识应用。举例而言，本领域的专业知识就包括文献计量学数理统计基础、引文概念、作者影响力分析和文献计量学分析方法（如共引分析）等。

（2）职能能力包括某一职业或专业所特有的任务和功能，也包括组织、策划、监测、评估、实施等通用技能，还包括语言、计算或信息技术能力。在文献计量学领域，典型的能力和任务包括从数据库检索和下载文献、合作模式可视化分析、运用影响因子对出版策略提出建议等。

（3）道德能力包括个人和职业价值观和态度，如在工作中做出正确判断的能力、对他人需求的敏感度、以客户为中心、持续学习及帮助新人成长等。《莱顿宣言》和《Metric Tide 报告》制定了规范使用文献计量学指标的原则（Hicks et al.，2015；Wilsdon et al.，2015）。

专业胜任力取决于学历教育和非学历资格认证学习、培训过程中的不断积累（Eraut，1998；Weinert，2001）。评估性文献计量学资格认证的形式包括大型暑期学校，如欧洲科学计量学暑期学校，还包括由先进的文献计量学研究机构[如莱顿科技研究中心和计量学工具供应商提供的研讨会和培训课程（见 7.1 节）]。

本文筛选文献时采用了多种策略，包括检索信息计量学和科学计量学领域开创性学者出版的权威书籍（Martin et al.，2012），还包括对以下学者和参考文献的滚雪球式检索——Aström 和 Hansson（2013）、Ball 和 Tunger（2006）、Corrall 等（2013）、Cox 等（2019）、Gumpenberger 等（2012）、Petersohn（2016）以及 Schneijderberg 和 Merkator（2013）。本文进行综述时有所选择，侧重于评估性文献计量学有关的理论、方法和应用。

7.3.3 评估性文献计量学编纂知识库：专著和编著卷

本节通过回顾评估性文献计量学领域主要作者的专著、手册和编著卷，重点介绍了代表核心认知能力的文献。

本文分析了 10 本专著（Andrés，2009；Ball，2018；de Bellis，2009；Gingras，2016；Moed，2005；Moed，2017；Rousseau et al.，2018；Sugimoto and Larivière，2018；Todeschini and Baccini，2016；Vinkler，2010）和 8 本编著卷（Cronin and Atkins，2000；Cronin and Sugimoto，2014；Cronin and Sugimoto，2015；Ding et al.，2016；Glänzel et al.，2019；Moed et al.，2004；Sugimoto，2016；van Raan，1988），其内容各有侧重，有代表学科前沿的经典专著，有百科全书式的索引集，为该领域著名学者编著的纪念论文集，有对文献计量学研究方法和技术的介绍，还有观点鲜明的论文。仅有 de Bellis（2009）、Sugimoto（2016）、Cronin 和 Atkins（2000）等少数著作是面向一般公众读者，绝大多数文献都有明确的受众群体，包括研究管理者、政策制定者、相关从业者、图书馆员和信息专业人士等，以及受文献计量学科研评价影响的各学科学者，当然还包括图书情报学领域的专家学者。

与编纂该领域核心知识的权威出版物一致，上述文献均传达了卓越的认知能力。这些文献所涵盖的第二个能力维度是道德能力。在知识层面，这些反映前沿进展的著作有利于学者跟上学科发展，进行最新的专业实践。更重要的是，能帮助学者明辨文献计量学数据、方法和指标的局限性和适用性，进而培养专业行为准则，负责任地运用计量学。

上述文献在胜任力分析方面的学术贡献可分为四个系列，每个系列都对认知能力和道德能力有不同的侧重。

（1）"批判–反思"系列：这一组囊括了 Cronin 和 Sugimoto（2014）、Cronin 和 Sugimoto（2015）、de Bellis（2009）、Gingras（2016）、Moed（2005）、Moed（2017）、Sugimoto（2016）以及 Sugimoto 和 Larivière（2018）的专著。尽管上述文献各有侧重，但共同宗旨是通过聚焦和强调概念问题、有效性和准确性问题，以及误用或滥用指标及排名的可能性问题，告诫相关人员不要毫无疑义地依赖文献计量学作为科学政策工具，因此在评估性文献计量学领域促进了道德能力的发展。

（2）"经典手册"系列：这一组汇集了 Cronin 和 Atkins（2000）、Glänzel 等（2019）、Moed 等（2004）、van Raan（1988）以及 Todeschini 和 Baccini（2016）的著作，其通过介绍文献计量学的理论、方法和应用方面的最新进展，以及科学政策背景下的科学计量学，来培养相关人员的认知能力。此类书籍还涉及道德能力的培养，在帮助读者接触前沿的同时，了解文献计量学数据、方法和指标的局限性。

（3）"应用型"系列：主要为 Andrés（2009）、Ball（2018）和 Vinkler（2010）的专著，旨在为开展文献计量学研究的读者提供参考。具体内容涵盖文献计量学基础知识和发展概况，计量分析类型、方法和核心指标等。此类书籍偏重应用实践，也不乏概念性或技术性知识概述，帮助读者以知识应用为导向，牢记进行文献计量学分析所需的基本道德能力。

（4）"技术−方法论"系列：汇集了 Ding 等（2016）和 Rousseau 等（2018）的著作，这些书籍的重点集中在文献计量学的数理统计基础和评价技术，以及对当前技术和方法的概述，诸如统计方法、数据处理、可视化技术、网络工具及分析等。在四类书籍中，此类书籍强调了正式、抽象和高技术性的认知能力，但也有面向高级用户实践的概念性和程序性知识。Ding 等（2016）的编著卷是一个例外，该书聚焦基于软件分析的引文/合作网络、主题模型建立、知识图谱绘制等技术和方法，也强调职能能力。

7.3.4 学术图书馆的文献计量学任务、功能和角色

图书馆员在文献计量学实践和服务领域是最多产的作者群体，在本文纳入的14篇学术论文和7篇技术实践均出自该群体，内容多与文献计量学作用和功能有关。从文献归属地来看，全球各地的图书馆都在提供或尝试提供文献计量学实践和服务。具体来说，文献来自欧洲（奥地利、德国、爱尔兰、波兰、瑞典和英国）、美国、加拿大、新西兰、澳大利亚、南非和中国，其中美国和澳大利亚分别有 7 篇和 3 篇论文，占据了较高的比例。

大多数文献是对各自图书馆提供的文献计量学服务的描述（Ball and Tunger，2006；Bladek，2014；Braun，2017；Byrne，2019；Drummond and Wartho，2009；Gumpenberger et al.，2012；Gutzman et al.，2018；Hendrix，2010；Leiss and Gregory，2016；Onyancha，2018；Qiu et al.，2018；Ye，2019）。有 6 篇文献是相关调查报告（Åström and Hansson，2013；Corrall et al.，2013；Haddow and Mamtora，2017；Malone and Burke，2016；Miles et al.，2018；Ryś and Chadaj，2016）。有 3 篇文献提出了在科研改革的背景下，通过文献计量学和替代计量学加强图书馆研究地位的观点（Herther，2009；MacColl，2010；Tattersall，2017）。

在此文献子集中，文献计量学科研评价任务所需的三个维度的专业胜任力均有涉及。但与上节不同，本节文献在认知能力方面体现在细节和具体的专业知识上。同时，半数的文章都强调了图书情报学领域的认知能力和职能能力（数据库的处理、信息检索、分类知识和技能等）有助于文献计量学服务的发展（Åström and

Hansson, 2013; Ball and Tunger, 2006; Bladek, 2014; Braun, 2017; Gumpenberger et al., 2012; Gutzman et al., 2018; Leiss and Gregory, 2016; Miles et al., 2018; Onyancha, 2018)。

在本节文献中，大多数文章主要在任务层面描述了职能能力，而 Byrne（2019）和 Bladek（2014）的论文则是在技能层面进行描述。这些论文就如何建立文献计量学能力提升计划、如何引入机构的文献计量学服务提出了建议，强调了对策划、谈判和实践技能的需求，还对协作能力做了重点说明。也有几篇文献指出，学术图书馆需要与大学的其他部门，尤其是科研办公室或质量规划处开展合作，图书馆员也需与科研行政和管理部门合作，提供文献计量学服务（Corral et al., 2013; Leiss and Gregory, 2016）。

虽然本节文献的重点在于通过介绍文献计量学任务和功能来描述职能能力，但在道德能力方面也有很多值得学习之处。从职业发展的角度出发，大多数文献都赞同将文献计量学活动作为加强图书馆在校园中的地位和提高图书馆员职业生存能力的一种手段。也有学者批判性地讨论了引进和实施文献计量学服务相关的挑战（Braun, 2017; Hendrix, 2010），以及图书馆作为中立服务供应者的风险（Åström and Hansson; 2013）。研究结果显示，图书馆员承认缺乏文献计量学能力（特别是数理统计方面），这体现了图书馆学的一项职业价值观，即强调终身学习和继续教育（Byrne, 2019; Corrall et al., 2013; Haddow and Mamtora, 2017; Onyancha, 2018）。尽管本节主要关注的是专业发展的需求，但在上一节中提到的负责任地使用计量学指标的反思性趋势也在本节部分文献中被学术图书馆员延续，体现在较为隐性的道德能力层面（Bladek, 2014; Braun, 2017; Haddow and Mamtora, 2017; Gutzman et al., 2018; Leiss and Gregory, 2016; Miles et al., 2018）。

7.3.5 科研行政管理中的文献计量学任务、功能和作用

与科研行政管理相关的论文较多，广泛涉及工作角色、任务、专业知识以及相关能力的描述等方面（Hockey and Allen-Collinson, 2009; Schneijderberg and Merkator, 2013; Schneijderberg, 2015），但没有提及评估性文献计量学服务方面。当然，也有学者认为科研质量控制和评估领域对胜任力有新的需求（Krücken et al., 2013）。

两项关于"终端用户群体"使用文献计量学和替代计量学工具的调查报告和一项从业者对文献计量学能力的评估调查结果显示，虽然调查对象主要是图书馆员和信息专业人员，但约有三分之一的问卷回收自科研管理人员，揭示了科研行政管理从业者在评估性文献计量学中的参与情况（Cox et al., 2019; Gadd and

Rowlands，2018；Gadd，2019）。

由于科研行政管理方面的文献中对文献计量学职能和任务的研究很少，只检索到两篇相关论文，它们提示了一些与职能能力和道德能力有关的线索。帝国理工学院进行的一项研究大致介绍了评估性文献计量学的职能能力，其报告指出，英国科研管理人员的主要任务是管理和提升科研绩效，包括使用计量指标衡量科研成果和产出（Green et al.，n.d.）。此外，科研数据需要通过科研信息系统进行分析处理，国际合作的需求也促进了文献计量学指标的使用，这些都使科研行政管理者的角色任务、行为和职责发生改变。

瑞典的一项研究调查了科研绩效衡量是如何影响科研管理人员工作方式的，结果表明，绩效衡量指标的主要功能是优化科研决策，促成优先事项，进而促进机构治理。该研究还指出尽管文献计量学指标非常有价值，但也应只作为"工具"使用，故而在阐明科研行政管理人员职业价值的基础上，也凸显了道德能力。

7.3.6 "称职的文献计量学者"——一个结论性的理论反思

能力维度是"基于实体研究"视角下的专业胜任力分析的典范，其关注的是完成工作任务所需的独特、正式、隐性的知识以及技能和态度的综合体系（Sandberg and Pinnington，2009）。

当然，也可以从不同的视角研究文献计量学专业知识和能力的构成。Leydesdorff 等（2016）、Hammarfelt 和 Rushforth（2017）从建构主义的视角出发，认为涉及指标和数据来源的文献计量学专业知识并不包括专家（数据处理师、文献计量学者）采用的先验原则集，也不包括客观的技术程序。相反，指标和数据是社会构建的边界对象，在具体的学科和机构环境使用中，被不断地修改和重新构建，也会根据各种用户群体被赋予不同的意义和功能。根据这些作者的观点，"业余"和"专业"文献计量学之间的差别，或者从"新手"到"专家"的能力等级划分，都是不成立的。

第二种视角来自职业社会学，评估性文献计量学能力可被视为专业知识的一个特定水平或界定阶段，而获取专业地位可能是文献计量学专家组织（Petersohn and Heinze，2018）、学术图书馆员（Petersohn，2016）和研究计量学的相关从业者的愿望。此观点基于以下假设："与具体工作任务相关联的抽象知识，或与职能能力相关联的认知能力，以特定的方式被视作具体专业的职业胜任力（详见 2.2 节）"。但是，这种主张必须在不同的社会舞台上合法化和得到维护，才能有效地被接受。

可以得出结论，成为一名"称职的文献计量学者"不只是获得评估性文献计量学三个方面的专业胜任力。两种理论观点都从"解释—关系"视角说明，胜任力是建立在基于情境的专业判断、专业分界和对工作的理解基础上的不稳定结构。（Lindberg and Rantatalo，2015；Sandberg and Pinnington，2009）。

7.3.7 参考文献

Andrés, A 2009, Measuring Academic Research: How to Undertake a Bibliometric Study, Chandos Publishing.

Åström, F & Hansson, J 2013, 'How implementation of bibliometric practice affects the role of academic libraries', Journal of Librarianship and information Science, vol. 45, pp. 316-322.

Ball, R 2018, An Introduction to Bibliometrics: New Development and Trends, Chandos Publishing.

Ball, R & Tunger, D 2006, 'Bibliometric analysis-A new business area for information professionals in libraries?' Scientometrics, vol. 66, pp. 561-577.

Bladek, M 2014, 'Bibilometrics services and the academic library: Meeting the emerging needs of the campus community', College & undergraduate libraries, vol. 21, pp. 330-344.

Braun, S 2017, 'Supporting research impact metrics in academic libraries: A case study', portal:Libraries and the Academy, vol. 17, pp. 111-127.

Byrne, J 2019, Building a Future-Ready Workforce-Embedding Bibliometric Capabilities at UNSW Library.

Cheetham, G & Chivers, G 1996, 'Towards a holistic model of professional competence', Journal of European industrial training, vol. 20, pp. 20-30.

Corrall, S, Kennan, MA & Afzal, W 2013, 'Bibliometrics and research data management services: Emerging trends in library support for research', Library Trends, vol. 61, pp. 636-674.

Cox, A, Gadd, E, Petersohn, S & Sbaffi, L 2019, 'Competencies for bibliometrics', Journal of Librarianship and Information Science, vol. 51, pp. 746-762.

Cronin, B & Atkins, HB 2000, The web of knowledge: A festschrift in honor of Eugene Garfield, Information Today.

Cronin, B & Sugimoto, CR 2014, Beyond Bibliometrics: Harnessing Multidimensional Indicators of Scholarly Impact, MIT Press, Cambridge, Massachusetts; London, England.

Cronin, B & Sugimoto, CR 2015, Scholarly metrics under the microscope, Information Today Inc/ASIST, Medford, NJ.

de Bellis, N 2009, Bibliometrics and Citation Analysis: From the Science Citation Index to Cybermetrics, Scarecrow Press, Plymouth.

Ding, Y, Rousseau, R & Wolfram, D 2016, Measuring Scholarly Impact: Methods and Practice, Springer, Cham.

Drummond, R & Wartho, R 2009, 'RIMS: the research impact measurement service at the University of New South Wales', Australian Academic & Research Libraries, vol. 40, pp. 76-87.

Eraut, M 1998, 'Concepts of competence', Journal of Interprofessional Care, vol. 12, pp. 127-139.

Gadd, E 2019, 'Influencing the changing world of research evaluation', Insights, vol. 32.

Gadd, E & Rowlands, I 2018, 'How can bibliometric and altmetric suppliers improve? Messages from the end-user community', Insights, vol. 31.

Gingras, Y 2016, Bibliometrics and Research Evaluation: Uses and Abuses, MIT Press, Cambridge, Massachusetts; London, England.

Glänzel, W & Schoepflin, U 1994, 'Little scientometrics, big scientometrics ... and beyond', Scientometrics, vol. 30, pp. 375-384.

Glänzel, W, Moed, HF, Schmoch, U & Thelwall, M 2019, Springer Handbook of Science and Technology Indicators, Springer International Publishing.

Green, J, Mcardle, I, Rutherford, S, Turner, T, van Baren, J, Fowler, N, Govaert, P & Weertman, N n.d., Developing tools to inform the management of research and translating existing good practice, JISC Imperial College London.

Gumpenberger, C, Wieland, M & Gorraiz, J 2012, 'Bibliometric practices and activities at the University of Vienna', Library management, vol. 33, pp. 174-183.

Gutzman, KE, Bales, ME, Belter, CW, Chambers, T, Chan, L, Holmes, KL, Lu, Y-L, Palmer, LA, Reznik-Zellen, RC, Sarli, CC, Suiter, AM & Wheeler, TR 2018, 'Research evaluation support services in biomedical libraries', Journal of the Medical Library Association, vol. 106, pp. 1-14.

Haddow, G & Mamtora, J 2017, 'Research support in Australian academic libraries: Services, resources, and relationships', New Review of Academic Librarianship, vol. 23, pp. 89-109.

Hammarfelt, B & Rushforth, AD 2017, 'Indicators as judgment devices: An empirical study of citizen bibliometrics in research evaluation', Research Evaluation, vol. 26, pp. 169-180.

Hendrix, D 2010, 'Tenure metrics: Bibliometric education and services for academic faculty', Medical Reference Services Quarterly, vol. 29, pp. 183-189.

Herther, NK 2009, 'Research evaluation and citation analysis: Key issues and implications,' The Electronic Library, vol. 27, pp. 361-375.

Hicks, D, Wouters, P, Waltman, L, de Rijcke, S & Rafols, I 2015, 'The Leiden Manifesto for research metrics', Nature, vol. 520, pp. 429-431.

Hockey, J & Allen-Collinson, J 2009, 'Occupational knowledge and practice amongst UK university research administrators', Higher Education Quarterly, vol. 63, pp. 141-159.

Krücken, G, Blümel, A & Kloke, K 2013, 'The managerial turn in higher education? On the interplay of organizational and occupational change in German academia', Minerva, vol. 51, pp. 417-442.

Leiss, C & Gregory, K 2016, 'Visibility and impact of research: Bibliometric services for university management and researchers', Proceedings of the IAUTL Conferences.

Leydesdorff, L, Wouters, P & Bornmann, L 2016, 'Professional and citizen bibliometrics: Complementarities and ambivalences in the development and use of indicators-a state-of-the-art report', Scientometrics, vol. 109, pp. 2129-2150.

Lindberg, O & Rantatalo, O 2015, 'Competence in professional practice: A practice theory analysis of police and doctors', Human relations, vol. 68, pp. 561-582.

MacColl, J 2010, 'Library roles in university research assessment', Liber quarterly.

Malone, T & Burke, S 2016, 'Academic librarians' knowledge of bibliometrics and altmetrics', Evidence Based Library and Information Practice, vol. 11, pp. 34-49.

Martin, BR, Nightingale, P & Yegros-Yegros, A 2012, 'Science and technology studies: Exploring the knowledge base', Research Policy, vol. 41, pp. 1182-1204.

Miles, R, Konkiel, S & Sutton, S 2018, 'Scholarly communication librarians' relationship with research impact indicators: An analysis of a national survey of academic librarians in the United States', Journal of Librarianship and Scholarly Communication, vol. 6.

Moed, HF 2005, Citation Analysis in Research Evaluation, Springer, Dordrecht.

Moed, HF 2017, Applied Evaluative Informetrics, Springer, Cham.

Moed, HF, Glänzel, W & Schmoch, U (eds.) 2004, Handbook of Quantitative Science and Technology Research. The Use of Publication and Patent Statistics in Studies of S&T Systems, Kluwer, Dordrecht.

Mulder, M 2014, 'Conceptions of professional competence', in S Billett, C Harteis & H Gruber (eds.), International Handbook of Research in Professional and Practice-based Learning, Springer, Dordrecht.

Mulder, M & Winterton, J 2017, 'Introduction', in M Mulder (ed.), Competence-based Vocational and Professional Education: Bridging the Worlds of Work and Education, Springer International Publishing, Cham.

Onyancha, OB 2018, 'Navigating the rising metrics tide in the 21st century: which way for academic librarians in support of researchers in sub-Saharan Africa?', South African Journal of Libraries and Information Science, vol. 84, pp. 1-13.

Petersohn, S 2016, 'Professional competencies and jurisdictional claims in evaluative bibliometrics: The educational mandate of academic librarians', Education for Information, vol. 32, pp. 165-193.

Petersohn, S & Heinze, T 2018, 'Professionalization of bibliometric research assessment. Insights from the history of the Leiden Centre for Science and Technology Studies (CWTS)', Science and Public Policy, vol. 45(4), pp. 565-578.

Qiu, L, Zhou, E, Yu, T & Smyth, N 2018, Technology transformations in research evaluation metrics data: Library reference services and research intelligence in China.

Ràfols, I 2019, 'S&T indicators in the wild: Contextualization and participation for responsible metrics', Research Evaluation, vol. 28, pp. 7-22.

Rousseau, R, Egghe, L & Guns, R 2018, Becoming metric-wise: A bibliometric guide for researchers, Chandos Publishing.

Ryś, D & Chadaj, A 2016, 'Bibliometrics and academic staff assessment in Polish university libraries-current trends', Liber Quarterly, vol. 26.

Sandberg, J & Pinnington, AH 2009, 'Professional competence as ways of being: An existential ontological perspective', Journal of management studies, vol. 46, pp. 1138-1170.

Schneijderberg, C 2015, 'Work jurisdiction of new higher education professionals', in UC Teichler & K William (eds.), Forming, Recruiting and Managing the Academic Profession, Springer, Heidelberg, New York, Dordrecht, London.

Schneijderberg, C & Merkator, N 2013, 'The new higher education professionals', in BM Kehm & U Teichler (eds.), The Academic Profession in Europe: New Tasks and New Challenges, Springer, Dordrecht.

Söerlind, J & Geschwind, L 2019, 'Making sense of academic work: The influence of performance measurement in Swedish universities', Policy Reviews in Higher Education, vol. 3, pp. 75-93.

Sugimoto, CR 2016, Theories of Informetrics and Scholarly Communication, Walter de Gruyter GmbH, Berlin, Boston.

Sugimoto, CR & Larivière, V 2018, 'Measuring Research: What Everyone Needs to Know', Oxford University Press, New York.

Tattersall, A 2017, 'Supporting the research feedback loop: Why and how library and information professionals should engage with altmetrics to support research', Performance Measurement and Metrics, vol. 18, pp. 28-37.

Todeschini, R & Baccini, A 2016, Handbook of Bibliometric Indicators: Quantitative Tools for Studying and Evaluating Research, John Wiley & Sons.

van Raan, AFJ (ed.) 1988, Handbook of Quantitative Studies of Science and Technology, Elsevier, Amsterdam.

Vinkler, P. 2010. The Evaluation of Research by Scientometric Indicators, Chandos Publishing.

Weinert, FE 2001, 'Concept of competence: A conceptual clarification', in DS Rychen & LH Salganik (eds.), Defining and Selecting Key Competencies, Hogrefe & Huber Publishers, Ashland, OH, US.

Wilsdon, J, Allen, L, Belfiore, E, Campbell, P, Curry, S, Hill, S, Jones, R, Kain, R, Kerridge, S, Thelwall, M, Tinkler, J, Viney, I, Wouters, P, Hill, J & Johnson, B 2015, The Metric Tide: Report of the Independent Review of the Role of Metrics in Research Assessment and Management, HEFCE, London.

Ye, L 2019, 'Chinese academic library research evaluation services', Journal of Library Administration, vol. 59, pp. 97-128.

Zhao, D 2016, 'Bibliometrics education', Education for Information, vol. 32, pp. 121-124.

第 8 章 文献计量学的未来[①]

8.1 文献计量学的未来：文献计量学将走向何方？

Rafael Ball[②]（拉斐尔·巴尔）

摘要：文献计量学是研究多种形式和格式科研成果的体系，在研究和分析科研成果未来样态及其成因中发挥着媒介和支撑的作用。通过媒介和支撑方式，文献计量学在讨论科学及其成果中愈发规范。学术传播（方式）的发展直接决定了文献计量学的未来走向，同时文献计量学本身也通过广泛的度量标准规范了自身的发展方向和优先级。基于分析论，收集和分析规模更大、更多样化的数据将更具可能性。用户画像数据将会是文献计量学的一个补充，甚至有人想象，单一的"科学家得分"可能会让文献计量学达到巅峰。当然，这是否可取就是另一个问题了。

关键词：文献计量学的未来，替代计量学，社会评分，用户画像数据，科学分析，判断，理由

文献计量学一直以来都与学术传播的发展密切相关；作为发展的一部分，这也决定了它的未来和布局。

文献计量学的起源可以追溯到对日益增多和广泛分布的内容的归纳和总结这些基本问题上。几乎在学术界获得解放的一瞬间，研究院、大学和学术界纷纷建立，出版物数量也在一定范围内激增，从而引发了对摘要和参考文献的需求，文献计量学作为一种自我参照系统而建立（Mabe and Mayur，2001）。但文献计量学相较参考文献研究更为深入，参考文献对出版物内容进行定性总结，而文献计量学方法则是对以引文形式出现的观点和再应用进行统计。现在这些定量方法直接反映了相关文章的重要性。在这种（统计）信息的帮助下，科学家们能够决定哪些是他们需要优先阅读的内容、哪些是他们可以忽略的内容。而在最初，文献计量分析旨在帮助图书馆员选择和获取相关文献，即是一种馆藏管理工具（Garfield，1955）。

现在认为，文献计量学的大多数结果包含针对论文及其作者的学术价值的（评

[①] 译者：史格非，副编审/副主任法医师；余海星，女，西安交通大学硕士研究生。
[②] 博士，苏黎世联邦理工大学图书馆馆长，rafael.ball@library.ethz.ch。
https://doi.org/10.1515/9783110646610-045

价）信息，但最初并非如此。

虽然有一定的时间差，但文献计量学基本是与学术交流同步发展的。文献计量学是检验各种形式和格式的学术成果并从中提取重要信息的研究体系（de Solla Price，1976）。特别是在批评过度出版（"要么发表，要么灭亡"）的背景下，文献计量学通过发挥媒介和桥梁作用，研究和分析未来学术成果可能和应以什么形式发展。换而言之，文献计量学不再仅仅是学术成果发表后的分析工具，在对大众学术及其（发表）成果的争辩中也越来越起到了标准化作用。

因此，文献计量学的未来取决于学术传播及其形式和格式的发展，为了能够恰当地表述相关出版物的观点和意图，就要发展合适的方法和指标，这是由文献计量学的被动（和从属）属性决定的。

然而，正如前面提到的，在未来学术交流形式的讨论中，文献计量学也在讨论之列，不仅包括新技术的机遇和挑战及其认识论价值，还包括如何处理大量学术成果的具体问题。

但我们也不能沾沾自喜。

学术界正处于第三范式转变末期，情况瞬息万变（Ball，2018）。

自20世纪90年代中期以来，随着数字化和互联网的诞生，一方面社交媒体的兴起每天影响着大众、企业和学术交流，另一方面学术交流领域已经发生了前所未有的量变，甚至质变。

在此之前，学术成果交流的格式和形式在技术或视觉上的变化微乎其微。

20世纪下半叶学术产出骤增，以电子形式撰写论文和书籍手稿成为可能，以及传播的即时性和自由性使学术产出出现了井喷式增长。此外，数字发行的出现在一定程度上淘汰了诸如期刊、论文和书籍等的传统发行模式。在数字时代，出版社不用再等一期杂志完成后再出版，而是按作者或者审稿人上传文档的日期出版。

当社交媒体，如Facebook、Instagram和Twitter等主要媒体公司取得决定性突破时，社交媒体提供了另一个新机会："社交网络已成为大量统计数据的主要来源。庞大的数据有助于信息的系统获取，并用于收集、评估和解释社会统计数据"（Reichert，2003，第68页）。

因此，出现了一种新的传播和交流学术内容的大众媒介。通过这些新媒介，相关内容在上传和传播的同时也被感知、传递和评价（引用、点赞、转发）。这使得对学术成果主题的领悟达到一个新维度：文献计量学在20世纪90年代之前仅依托于印刷出版物的引用，现在也必须更多地考虑新媒体形式以及其特有的评估、感知系统。

文献计量学现在也开发和使用了相应的新方法、新工具和新指标（Bar-Ilan et al.，2012；Bornmann，2016；Cronin and Sugimoto，2014；Fenner，2014；Haustein et al.，2014），它们可作为经典指标的补充，在学术出版物的接收声明中也提到这些交流形式。

21世纪20年代的学术交流维度和方向日益更新,这不仅与作为标准的多媒体性和互联网技术的并行性等技术可能性有关,而且与开放获取和开放科学等科学政策有关。

开放获取意味着每个人都可以免费获取学术信息。例如,以重要期刊、出版社及其系列产品的相关品牌形式存在的排他性正变得越来越无关紧要。此外,开放科学运动则着眼于更进一步的目标,那就是整个学术界的过程和程序应该是自由的、公开的。理想情况下,作为一个公共平台,每个人都可以查看和跟踪研究、预期研究结果。不用说,传统的出版形式也从根本上受到了仔细审视。在此之前,公众作为"非正式部分"被排除在学术内部交流之外,学术就仅仅局限于自己的学术圈(而且有充分的理由)。只有在将结果以论文、书籍或会议论文的形式发表后,范围才扩大到学术圈外,交流从非正式过渡到正式形式(Ball,2014,第16页)。

如果开放科学能够像人们想象的那样逐步实现[①],将学术分为圈内圈外就不再有意义,区分"未发表"和"发表"也无济于事。与此同时,"临时性质"的内部讨论不再适用,同样地,原先在内部框架中展示和探讨错误、疑惑、迷茫和猜测的机会也就不复存在了。

动态文件作为开放科学结果"发表"的可能格式(根据定义,将不再区分发表和未发表),可以想象为一份不完整的文件,它处于"永久测试"状态,可以称为"流式PDF";换句话说,在这样的平台上,研究结果不仅对每个人公开透明,而且研究自始至终的所有过程文件都可以公开阅读和评论。就像维基百科上的文章一样,研究成果也会被持续更新和完善。在这种情况下,"感知度量"在理解文献计量学中发挥的作用将非常有限,最多只能对平台上的操作及其访问情况进行统计。

关注点和重要性之间的差异带来了另一个问题。在市场营销不断升级同时具有侵略性和微妙性的时代,科学家们的行动也越来越具有战略性。他们选用能够获得最大收益并能够测量他们受关注程度的方法推销他们的研究成果,这样就形成了一个自我延续的系统。因此,选择"合适"的研究主题("主流研究")固然重要,通过多样化的方法和"技巧"来增加关注度同样重要(Ball,2007)。

虽然现在数据无处不在,并且可量化的参数也转化为数字,但这些易于比较的数据并不是数字时代的产物。自数字化以来,极短时间内就产生了大量的数据,量化也成为几乎无可比拟的核心话题。因此,人们重视政治、经济或学术行为的实际效果,而忽略了实际结果、质量、程序和判断,这并非偶然。通常是求之于上,得之于中(Ball,2016)。这对学术界来说是一个很大的问题,因为学术界希

[①] 开放科学就是"尽你所能让公众实时免费获得你的所有研究的科学研究方式"(Poynder,2010)。总而言之,开放科学将成为欧盟研究和创新资助的核心要素(Kroes,2013)。

望自己的工作朝着客观和获得真相的方向发展，而不是顺应外部环境的发展。

因此，文献计量学的发展依赖于学术交流形式和格式的发展，反过来也通过广泛的度量指标帮助学术界（规范地）确定其发展方向和优先级，还通过排名评估人、机构、地区和国家。

在科学家个人及机构的数字化实践影响下，文献计量学对学术发展的重要性日益凸显。

在线出版物，如博客、论坛、Twitter、Facebook 和其他社交媒体、门户网站上具有流式内容（liquid content）的文章需要新指标来衡量学术成就、产出以及个人和机构的表现。此外，随着互联网上免费出版和信息的增加（开放获取，开放科学），免费获取大量学术数据的可能性成为现实，文献计量学可以考虑应用大数据进行分析。评估中会使用所有可用的结构化和非结构化数据进行分析。因此，如果学术界将所有的研究成果以各种形式储存在网上，并且可以无障碍地访问开放数据，那么依靠大规模数据库的文献计量学垄断时代就要寿终正寝了。

个人表现评估的另一个步骤还倾向于综合数据采集及其评价。在深入分析的驱使下，这一步皆在获取和分析日益庞大、日益多样化的数据。随着大数据的涌现，人们发现了前所未有的新天地：

我们每个人的数据（包括私人领域的数据）被暴露得越来越多，顾客和公民毫无隐私，这已经是不争的事实（Bachmann et al.，2014，第 21-22 页）。

因此，如果评估了所有可能的数据，透明无隐私的科学家也是可能的（开放科学是否真的意味着完全透明，还是仅仅容忍透明无隐私，还有待商榷）。这些可能的数据包括未加密的电子邮件，短信，社交网络上的文章，个人资料，搜索引擎上的搜索请求，互联网搜索，出版物，演示文稿，来自订购、购买和支付过程的数据，预订（旅行、机票）的邮寄跟踪，各种下载形式，实验仪器的数据，学习门户网站的数据，APP 上的跟踪数据，智能手机数据，各种传感器数据，通信信息，导航设备上的数据，车辆上的电子设备数据/传感器数据，个人传感器数据，云端数据，家庭基础设施中的数据，联网 PC 基础设施中的数据，支付方式/经济数据（如银行中的数据、打折信息和信用卡中的数据），征信公司的数据，银行账户数据，注册办公室的数据，税务机关和健康保险公司的数据（Bachmann et al.，2014，第 21-22 页）。

以上用户画像数据将是文献计量学的巨大补充。如果除了科学家的出版物数据外，还能获取到大量（个人和机构）信息，并且这些信息可以通过搜索算法进行整理和评估，那么很快，所有这些数据就能为科学家个人的产出和表现提供线索。

市场上已经有一系列的分析工具，如 PLUM Analytics[①]、Figshare3、InCites4

[①] Plum Analytics: https://plumanalytics.com/（July 15，2020）。

或 SciVal[①]，它们采用综合管理方法，为学术界的决策者和研究人员提供绩效、财务、个人和出版数据的综合评价。

基于引用和出版物的经典文献计量学数据将只是对个人和机构进行全面数据评估时的一小部分而已。

未来，科学家和研究机构不仅会通过一系列评分来更全面地刻画其学术表现，还会通过这些评分来反映其感知、行为、举止、表现和（主观）信度[perception, behaviour, demeanour, appearance and (subjective) credibility]。不管你喜不喜欢，它都符合21世纪数字互联网时代的评估方式和可能性。在中国，已经开始进行个人数据分析，并同时用作评价依据（Marr，2019）。经济表现评估中，特别是在信用评价方面，长期使用了一个评分来评价，学术界可以借鉴这种做法。

h指数是衡量一个科学家论文重要性的简单指标，但它已经过时了，现在可以用"科学家评分"替代，科学家评分考虑并结合了一个科学家所有可用的网络数据。

然而，将复杂的、定性的学术成果转化为少数几个关键数据，可能会引发对学术界及其形象带来质疑。与经济活动不同，成功的经济活动可以仅使用营业额、市场份额和利润来反映，而成功的学术活动则反映在知识的发现、创造力的展现和真理的揭示上。科学和经济对成功的定义有着本质的不同。

如果仅将科学家、知识管理和研究赞助商集中到几个关键数字和文献计量分数[只衡量感知（perception），而从不衡量质量]，那么各方将会迅速调整策略，使之匹配所使用指标和这些指标各自的价值判断。这种趋势导致在招聘选人和研究经费的分配过度依赖学术成果的广泛量化和职业规划中少数指标的集中使用。学术界对感知指标的过度关注，不仅偏离了自身的内在逻辑，而且除了前面提到的"好看的效果"之外，还将焦点集中在"主流话题"和容易传播的内容上。虽然通过社交媒体影响力、链接数、点赞数和下载量等发展而来的替代指标很可能会削弱数据库提供者的垄断地位，但没有从根本上改变认知问题和质量问题。

学术界基于数字化的评价体系发展源于全球学术界（阶段性或实际）的竞争，但也受到世界范围内科学家数量增长、学科多样化、学科数量增加和出版物数量暴涨的影响。

现在，如果没有量化支持系统，决策者（通常是科学家自己）几乎无法控制学术产出的数量和复杂性。任何一个把研究结果分解（或已经分解）到"最后一个可发表单位"的研究人员都不应该对出版物泛滥、期刊价格上涨、定量系统在知识管理和研究中使用，甚至批判性判断力的丧失和技术官僚主义盛行感到惊讶。将学术成果量化和学术质量简化为评级和排名中几个关键数字，学术界对其批评甚多，但根本上还应从自身找问题。

---

① Elsevier: http://www.elsevier.com/online-tools/research-intelligence/products-and-services/scival（July 15, 2020）。

参考文献

Bachmann, R., Kemper, G., & Gerzer, T 2014, 'Big Data – Fluch oder Segen?: Unternehmen im Spiegel gesellschaftlichen Wandels. Heidelberg, München, Landsberg, Frechen, Hamburg: mitp.

Ball, R 2007, 'Scholarly communication in transition: The use of question marks in the titles of scientific articles in medicine, life sciences and physics 1966–2005', Scientometrics, vol. 79, no. 3, pp. 667-679. doi: https://doi.org/10.1007/s11192-007-1984-5.

Ball, R 2014, 'Rafael Ball. Bibliometrie. Einfach - verständlich – nachvollziehbar', Berlin/Boston: Walter de Gryter GmbH.

Ball, R 2016, 'Scientific profiling instead of bibliometrics: Key performance indicators of the future', Infozine Special Issue, S1, pp. 17-19.

Ball, R 2018, 'The departure from the linear text', Toruńskie Studia Bibliologiczne, vol. 20, no. 1, pp. 11-41.

Bar-Ilan, J., Haustein, S., Peters, I., Priem, J., Shema, H. & Terliesner, J 2012, 'Beyond citations: Scholars' visibility on the social web', Proceedings of the 17th international conference on science and technology indicators, vol. 52900, pp. 14. Available from: http://arxiv.org/abs/1205.5611. [26 August 2019].

Bornmann, L 2016, 'Scientific revolution in scientometrics: The broadening of impact from citation to societal', In C. R. Sugimoto (Ed.), Theories of Informetrics and Scholarly Communication (pp. 347-359). Berlin: Walter de Gruyter GmbH.

Cronin, B., & Sugimoto, C. R 2014, 'Beyond Bibliometrics: Harnessing Multidimensional Indicators of Scholarly Impact', Cambridge: The MIT Press.

de Solla Price, D 1976, 'General theory of bibliometric and other cumulative advantage processes', Journal of the American Society for Information Science, vol. 27, no. 5-6, pp. 292-306.

Elsevier 2019, 'About SciVal', Retrieved August 30, 2019, from https://www.elsevier.com/solutions/scival.

Fenner, M 2014, 'Altmetrics and other novel measures for scientific impact', In S. Bartling, & S. Friesike (Eds.), Opening Science. The Evolving Guide on How the Internet is Changing Research, Collaboration and Scholarly Publishing (pp. 179-189). Cham: Springer International Publishing. Retrieved from https://link.springer.com/book/10.1007/978-3-319-00026-8#editorsandaffiliations.

Figshare. (n.d.). Figshare home page. Retrieved August 30, 2019, from https://figshare.com/.

Garfield, E 1955, 'Citation indexes for science: A new dimension in documentation through association of ideas', Science, vol. 122, no. 3159, pp. 108-111.

Haustein, S., Peters, I., Bar-Ilan, J., Priem, J., Shema, H., & Terliesner, J 2014, 'Coverage and adoption of altmetrics sources in the bibliometric community', Scientometrics, vol. 101, no. 2, pp. 1145-1163. Retrieved from https://doi.org/10.1007/s11192-013-1221-3.

Kroes, N 2013, 'Opening up scientific data', Launch of the Research Data Alliance/Stockholm 18 March 2013, speech. Available from: https://europa.eu/rapid/press-release_SPEECH-13-236_en.htm. [26 August 2019].

Mabe, M., & Mayur, A 2001, 'Growth dynamics of scholarly and scientific journals', Scientometrics, vol. 51 no. 1, pp. 147-162.

Marr, B 2019, 'Chinese Social Credit Score: Utopian Big Data Bliss Or Black Mirror On Steroids?', Forbes. Retrieved August 30, 2019, from https://www.forbes.com/sites/bernardmarr/2019/01/21/chinese-social-credit-score-utopian-big-data-bliss-or-black-mirror-on-steroids#2959d7365cc6.

Plum Analytics 2019, 'Plum Analytics', Retrieved August 30, 2019, from https://plumanalytics.com/.

Poynder, R 2010, 'Interview with Jean-Claude Bradley. The impact of Open Notebook Science', Information today, vol. 27, no. 8. Available from: http://www.infotoday.com/IT/sep10/Poynder.shtml. [26 August 2019].

Reichert, R 2003, 'Die Macht der Vielen. Über den neuen Kult der digitalen Vernetzung', Bielefeld: Transcript.

Web of Science Group 2019, 'InCites. An objective analysis of people, programs and peers', Retrieved August 30, 2019, from http://researchanalytics.thomsonreuters.com/incites/.

8.2 开放科学与度量的未来

Tamara Heck（塔玛拉·赫克）[①]

摘要：科学计量学在开放科学的发展中扮演着重要角色。科学计量学能够显示研究的动态变化、反映开放科学计划的影响力。反过来，科学计量学中的指标会影响研究人员的研究，也会让开放科学易于大范围接受。本节讨论了开放科学的计划和目标、政策的建立以及对研究人员研究的影响。同时还会讨论评估和激励开放科学的计量指标。最后一部分会讨论度量分析的开放性。

关键词：开放科学，开放度量，激励，研究行为，开放获取，开放实践，责任指标

8.2.1 引言

"开放科学"涵盖了从科学领域的数字化转型到改变整个研究过程的科学革命的实际操作和规范。它是一个总括性术语，包括了开放获取科技出版物、开放数据、开放同行评议、开放教育和全民科学（开放参与）等。但对研究人员具体的开放科学行为还没有一个明确的定义。除了一些研究领域使用单方面开放科学这种自下而上的方式外，像欧盟委员会（European Commission，2016）这种自上而下的方式将更有助于推动开放科学大讨论，并增加开放科学在研究人员、基础设施提供商（如图书馆）、政治家、经济利益方和大众中的关注度。

[①] 德国国际教育研究所教育信息中心和莱布尼茨教育研究与信息学院博士后。
https://doi.org/10.1515/ 9783110646610-046

数字技术的发展促使研究模式发生了转变。这些技术为研究人员交流、研究成果传播，以及同事之间的合作提供了新途径、新方法。伴随着这些变化，出现了新的研究和评价方法。研究人员开始使用 Web 2.0 数字化基础设施，产生越来越多与科学家及其研究相关的数据，为科学计量学家和服务提供商开发了解科学家行为和研究影响力的指标提供了可能（Priem and Hemminger, 2010; Priem et al., 2010）。

在大多数情况下，科学计量学家遵循的原则是计算"最容易测量的数据"（Wilsdon et al. 2017，第 13 页）。因此，在替代计量学分支下就产生了各种新的计量指标以代替传统文献计量学中的相应指标。在衡量网络上的研究活动时，也出现了一些问题，如这些测量指标是否适合衡量开放科学实践及是否会产生开放科学预期想要产生的影响力。

文献计量学并不只是度量研究实践的指标，相反，它们还影响着研究实践。因此，度量标准可以在广泛采用开放科学方面发挥重要作用。以上都是目前讨论的主流观点。

8.2.2 开放科学的目的

开放科学的目的是实现研究过程可视化。发起人经常通过研究者圈子可视化的方式来显示研究过程，如 Kramer 和 Bosman（2017）所做的。该过程包括通过分享、传播、记录以促进研究成果的发现，通过开放获取出版物、开放许可以公开写作和出版进程，以及通过开放同行评议和预注册研究以公开评估过程。这些方式与研究实践和方法一样，是多方面的。科学 2.0 作为开放科学运动的术语，旨在通过使用数字工具使科研过程更加开放。一项大规模调查已证明，这些工具和在线服务是可行的（Kramer and Bosman, 2016）。总而言之，开放科学可以看作是研究者从"'尽可能快地发表'到'尽可能早地分享知识'"的转变（European Commission, 2016，第 34 页）。

开放科学被认为有助于应对当前的研究挑战即 Franzen（2016）所称的"研究可信度危机"。与研究质量相关的是研究可重复性、有效性和全面性。将数据、方法和结果——包括未证实结果或阴性结果[①]——公开使其可以被其他研究者获得，将有助于提高研究质量，从而提高其在学术界和社会上的可信度。

Fecher 和 Friesike（2014）描述了开放科学的五个重要内容，分别是开放知识、开放基础设施、全民参与、高效的知识创新和评估科学影响力的新指标。这展示了开放科学的多维性、复杂性，以及各方面之间的关联性。基础设施的完善和研

---

① 编者注：一般指未出现实验设计所要达到的预期结果或出现相反的结果。

究人员的知识创新对新计量方法的建立起决定性作用。

8.2.3 开放科学倡议

值得注意的是，第二次科学革命的出现是基于第一次科学革命的发展，即 17 世纪研究型期刊出版体系的建立。许多倡议起初都是为了促进期刊文章的开放获取而提出的，这导致了多样化开放获取模式并存，同时期刊出版商也积极参与进来[1]。此外，开放获取的理念还扩展到了数据、源代码、方法等研究成果，以及同行评议等过程。

欧盟委员会的倡议（European Commission，2016）包括科研数据开放科学云[2]、促进开放科学原则应用和提供咨询建议的开放科学政策平台[3]以及跟踪开放科学趋势的开放科学监测器[4]。OpenAIRE[5]是一个欧盟资助的项目，目的是为出版的开放获取提供建议，同时也参与开放科学活动，如同行学习。FOSTER 专注于开放科学的教学和学习，以及提高研究人员、图书馆员和其他利益相关者对开放科学的认识。同样，2018 年推出的开放科学 MOOC[6]提供了十个学习模块，包括开放学习和开放教育资源的使用等。相关的支持合作伙伴包括大学图书馆、开放研究的基础设施提供者、开放获取出版商和支持这些观点的团体。

聚焦于欧盟，Go FAIR[7]是一项由德国、荷兰和法国资助的项目，旨在支持科研数据服务项目的发展。该项目遵循科研数据四项原则，即可查找性、可获取性、互操作性和可重用性（Wilkinson et al.，2016）。

除了这些大型项目，许多小型研究团体也提高了对开放科学的认识。相关发起人开始进一步计划世界范围内的活动和团体事宜——截至 2019 年夏天，由研究机构办公室或研究人员团体在部门层面发起的活动超过 55 项，但这些研究仅聚焦于单一地点（如一个城市或一个国家）或单一学科的开放科学研究。

8.2.4 开放科学政策

制定开放科学研究政策的目的是确定促进开放科学的准则和策略，通常由政

---

[1] https://open-access.net（July 15，2020）。
[2] https://ec.europa.eu/research/openscience/index.cfm?pg=open-science-cloud（July 15，2020）。
[3] https://ec.europa.eu/research/openscience/index.cfm?pg=open-science-policy-platform（July 15,2020）。
[4] https://ec.europa.eu/info/research-and-innovation/strategy/goals-research-and-innovation-policy/open-science/open-science-monitor_en（July 15，2020）。
[5] https://www.openaire.eu/（July 15，2020）。
[6] https://opensciencemooc.eu/（July 15，2020）。
[7] https://www.go-fair.org/go-fair-initiative/（July 15，2020）。

府、研究机构、研究资助机构或出版商制定。由于目前开放科学的含义及内容尚不清晰（Franzen，2016），现在的政策侧重于开放科学的子主题内容，主要包括数据、出版物。SPARC 分析报告显示，科研数据政策和有意向建立此类政策的声明有所增加（SPARC，2018）。其中 5 个欧盟国家制定了开放科学政策，使得拥有国家层面政策的欧盟国家增加到 13 个。然而，有研究表明，商业出版商并没有普遍采用开放获取数据政策（Blahous et al.，2015；Ellison et al.，2019）。

政策包括两种模式，一种是只涵盖关于开放数据的指导规范，另一种还涵盖了出版、基础设施和软件的开放获取准则。例如，Nosek 等（2015）提出了一种政策模型，供期刊出版商制定激励措施，从而使得研究人员的工作更加透明，该模型包括数据共享、方法（如代码）共享、预注册和促进重复研究等一系列措施。政策类型包括国家计划、白皮书和法律（法国、立陶宛）。因而，其指导方针分为高度强制型和鼓励型（SPARC，2018）。国家层面的政策由高层设计，通常涉及各部委和国家研究资助者。政策作为"系统性激励"（Friesike and Schildhauer，2015）可促进开放科学实践。然而，研究机构的多样性以及它们对科研数据管理和质量保证的不同要求，使得政策制定者很难在国家层面上推行单一化的政策解决方案。

8.2.5 开放科学实践

研究实践与开放科学倡议和政策之间还存在一定距离。数据共享取决于研究者的个人性格（Linek et al.，2017）及其在学科内的学术声誉（Kim，2018）。对研究人员的访谈可以更深入地了解他们对开放科学的态度：开放基础设施的技术挑战、数据共享规范的模糊性以及研究者个人对其研究影响力和声誉的考虑是主要的影响因素（Levin and Leonelli，2017）。此外，不同的研究价值观和伦理考虑同样也是反对开放的影响因素，如研究人员担心开放会损害他们的研究完整性。Levin 和 Leonelli（2017）强调，目前的政策仅建立了对开放科学的规范性认识，没有反映研究的异质性及其情境因素。这引发了一个关键问题：研究人员未来将如何实践开放研究，或者更具体地说，在各自研究情境与科学价值观的指引下，他们能否真正实现开放实践（Reichmann，2017）。基于此，我们需要更多地了解开放科学倡议的效果以及影响研究行为的因素。

8.2.6 计量学——评估和激励

开放科学运动中计量学研究具有两方面的作用：一是作为衡量标准，是评估研究的工具；二是作为科学体系的一部分，可用作开放科学的激励措施。

衡量标准和影响因素都是科研评价的一部分，但它们的目标和用途各不相同。例如，它们在研究中均具有（规范）认识、监管或公共导向的功能，但不同点是侧重于研究的输入还是输出过程（Hornbostel，2016）。因此，我们必须区分要收集的数据和对数据的解释，后者常用于评估研究绩效和资助情况。研究核心数据集是德国为衡量研究成果而收集数据的一种方法，但它并没有提出具体的指标（Biesenbender and Hornbostel，2016）。澳大利亚有关开放获取的科研评价报告①中，收集了关于开放获取的研究成果并把它们作为评估开放获取趋势的指标。最近，英国卓越科研评价框架②甚至规定，期刊文章和会议记录强制开放获取。当把计量标准的控制功能（controlling function）用于研究经费监管时，如开放获取出版物，就意味着需要应用新的计量指标和方法评估开放科学政策的执行情况。因此，计量标准在开放科学的目标实现中可发挥控制功能。

比如，具有认知功能（epistemological function）的文献计量方法常被用来评测国家或学科层面上开放获取出版物的增长情况。Piwowar 等（2018）的研究表明，开放获取出版物的总体比例呈增长趋势，但在各学科之间存在差异。Bosman 和 Kramer（2018）综述了现有研究，提出了跟踪开放获取成果的方法。该方法试图通过应用不同的数据源，即传统的数据源，如科学网和 Scopus，以及新的数据服务，如从相关网络资源中收集数据的 oaDOI③，以实现跟踪开放获取成果的目的。

考虑到开放科学的多维性，替代计量学可纳入新指标来衡量研究成果的影响力。新指标也存在多样性。首先，除在科学出版物上发表署名文章外，研究人员还有新的选择和行为方式，如在社交媒体平台上进行研究交流（包括已发表的，也包括未发表的）、对同事的研究进行评论。其次，任何与研究者工作有关的活动都是可以被测量的，如他们的阅读、喜好、下载、评论等活动。因此，替代计量学拥有评价任何在线用户或社团社会影响力的潜力，即开放研究的参与程度（open research participation）。事实上，开放研究参与程度的定义依然不清晰，因而在评价研究的社会影响力时应该保持审慎态度（Tunger et al.，2018）。首先，"开放"的含义不明确。因此，在线研究活动仍应限制在研究群体中，并未对公众开放。其次，"研究参与程度"假设研究者认为在线行为对研究是"有意义的"。但研究者对"有意义"和"有价值"的理解千差万别（Levin and Leonelli，2017），因此该假设并不能绝对成立。一项研究开放同行评议的结果显示，研究者对开放性和开放实践的描述不一致，他们更倾向于不同形式的开放（Ross-Hellauer et al.，2017）。若要通过计量指标有效监测开放科学进展，并将测量结果用于评估开放程度，学界首先必须就两大核心问题达成一致：计量的内容以及研究行为的价值。

---

① https://www.arc.gov.au/excellence-research-australia（July 15，2020）。
② https://www.ref.ac.uk/（July 15，2020）。
③ https://oadoi.org/（July 15，2020）。

为了建立这种计量标准和指标，欧盟开放科学监测联盟合作伙伴应运而生（Open Science Monitor Consortium Partners，2019）。

计量标准一方面是科研评价工具，另一方面是对研究人员的观点和行为进行考量的工具。计量标准是引导研究实践的一种有效方式，更直接地说，它能改变研究行为。与上面提到的政策和指导方针类似，研究人员按照计量指标行事以提高知名度，也按同样的指标进行同行评议。他们的声誉依赖于科学传播系统（scientific communication system，Heise，2017，第 68 页），而科学传播系统又依赖于发表量、被引情况等传统指标和社交媒体行为（如阅读量和下载量）等替代指标。因此，公认指标的应用对研究人员的开放科学实践具有积极的促进作用。如允许引用共享科研数据或使用开放研究材料，那么研究人员的声誉可通过熟知的引用指标得以提高。此外，科学传播系统还可以为共享开放数据设置线上奖章以激发大家对开放科学的了解（Rowhani-Farid et al.，2017）。

然而，指标可能具有误导性。研究表明，通过操纵数字来提高声誉是很容易实现的（Tunger et al.，2018；Orduna-Malea et al.，2016）。此外，计量标准诱使大学和研究机构建立一种"过度管理、审计驱动的文化"，导致研究者过分关注可以计量的东西，从而减少了研究的多样性，研究人员追求的目标将会出现偏差（Wilsdon et al.，2017，第 6 页）。

8.2.7 开放计量势在必行

由于计量指标的误用和错误解释，计量学在开放科学领域备受关注。Ràfols（2019，第 7 页）强调，"……目前使用定量证据的问题（在于……）STI（science, technology and innovation，科学、技术和创新）指标仅在 STI 管理下发挥作用"，而这一点即将发生变化。目前，研究和社会所接受的规范和价值观发生了变化，开放科学变得愈发重要。资助者和政策制定者自上而下地要求开放科学，研究团体和倡议者自下而上地需要开放科学。更重要的是，如今的研究需要实现其社会目标和影响力。未来的计量标准应根据这一背景和用途来制定，而非仅仅是孤立的工具（Ràfols，2019），它们应随着规范的变化而变化。因此，我们需要扩大数据来源，并且让更多的人参与到计量标准的制定中来，并开放计量过程，以提高人们对计量标准带来的障碍和选择空间的认识（Ràfols，2019）。

开放计量需要公开使用的数据、对象，以及分析用的算法（Herb，2016）。如支持研究活动分析的 Impactstory 等基础设施应向任何希望重复计量结果的人开放计量过程（Konkiel et al.，2014）。例如，《莱顿宣言》把这些主张总结为十项原则，以保证科研评价的公开、透明和公平（Hicks et al.，2015）。其中强调了两个方面：一是注意评价背景；二是需要同时考虑定量指标和专家的定性评价。

欧盟替代计量学专家组（Wilsdon et al., 2017）采纳了研究人员及倡议者［如《旧金山科研评估宣言》[①]］提出的负责任地使用研究指标的主张，该倡议的支持者旨在研究期刊影响力对研究基金和职称晋升评估的影响。开放科学方面，他们建议制定开放科学发展的测评指标，但要同时意识到单一指标的局限性和偏倚性。

总而言之，计量指标的应用伴随着风险和挑战，如使用了不合适的数据，或者引发不适当的行为（如指标博弈）。因此，计量指标的使用应有原则，其中一个关键因素是计量指标本身的开放性和透明度。

就开放科学而言，计量指标有促进人们认识和接受开放科学的潜力。一方面，这些指标如果设立得当，可以为开放科学提供证据支持，并具有改善这些支持证据的潜力；另一方面，计量可以通过激励措施塑造研究行为和传播方式。

一个有待解决的问题是，我们究竟应该先明确开放科学的定义、希望促进哪些行为，然后明确如何合理地评测，还是优先开发出更强大、更开放的计量指标体系，以便于评测开放科学，以及作为激励措施在研究人员中推广开放科学实践。目前，我们通过研究这两种方法，进而了解了它们彼此的依赖作用和影响机制。关于计量学和开放科学的讨论有一个重要的共同点：需要理解计量学和开放科学的意义，以及我们的预期收益和它们的潜在缺陷。这意味着我们需要就科学价值，以及希望在未来如何开展和评估研究进行更深入的讨论。

8.2.8　参考文献

Bartling, S & Friesike, S 2014, 'Towards Another Scientific Revolution' in S Bartling & S Friesike (eds.), Opening Science, pp. 3-15, Springer, New York.

Biesenbender, S & Hornbostel, S 2016, 'The Research Core Dataset for the German science system. Developing standards for an integrated management of research information', Scientometrics, vol. 108, no. 1, pp. 401-412.

Blahous, B, Gorraiz, J, Gumpenberger, C, Lehne, O, Stein, B & Ulrych, U 2015, 'Forschungsdatenpolicies in wissenschaftlichen Zeitschriften - Eine empirische Untersuchung', Zeitschrift für Bibliothekswesen und Bibliographie, vol. 62, no. 1, pp. 12-24.

Bosman, J & Kramer, B 2018, 'Open access levels: A quantitative exploration using Web of Science and oaDOI data', PeerJ Preprints No. e3520v1.

Ellison, TS, Koder, T, Schmidt, L, Williams, A & Winchester, CC 2019, 'Open access policies of leading medical journals. A cross-sectional study', BMJ open, vol. 9, no. 6, e028655.

European Commission 2016, Open Innovation, Open Science, Open to the World − a vision for Europe, http://publications.europa.eu/resource/cellar/3213b335-1cbc-11e6-ba9a-01aa75ed71a1. 0001.02/DOC_2 (July 15, 2020).

[①] https://sfdora.org/ （July 15, 2020）。

European Union 2016, Open Innovation, Open Science, Open to the World. A vision for Europe, Publications Office of the European Union, Luxembourg, https://publications.europa.eu/de/publication-detail/-/publication/3213b335-1cbc-11e6-ba9a-01aa75ed71a1/language-en (July 15, 2020).

Fecher, B & Friesike, S 2014, 'Open science: One term, five schools of thought' in S Bartling & S Friesike (eds.), Opening Science, pp. 17-47, Springer, New York.

Franzen, M 2016, 'Open Science als wissenschaftspolitische Problemlösungsformel?' in D Simon, A Knie, S Hornbostel & K Zimmermann (eds.), Handbuch Wissenschaftspolitik, Springer Fachmedien, Wiesbaden.

Friesike, S & Schildhauer, T 2015, 'Open science: Many good resolutions, very few incentives, yet' in IM Welpe, J Wollersheim, S Ringelhan & M Osterloh (eds.), Incentives and performance. Governance of research organizations, pp. 277-289, Springer International Publishing, Cham, s.l.

Heise, C 2017, Von Open Access zu Open Science: Zum Wandel digitaler Kulturen der wissenschaftlichen Kommunikation, meson press, Lüneburg, Germany.

Herb, U 2016, 'Impactmessung, transparenz & open science', Young Information Scientist, pp. 59-72, http://eprints.rclis.org/29991/1/YIS_1_2016_59_Herb.pdf (July 15, 2020).

Hicks, D, Wouters, P, Waltman, L, Rijcke, S de & Rafols, I 2015, 'Bibliometrics: The Leiden Manifesto for research metrics', Nature, vol. 520, no. 7548, pp. 429-431.

Hornbostel, S 2016, '(Forschungs-)Evaluation' in D Simon, A Knie, S Hornbostel & K Zimmermann (eds.), Handbuch Wissenschaftspolitik, Springer Fachmedien, Wiesbaden.

Kim, Y 2018, 'Reputation, trust, and norms as mechanisms leading to academic reciprocity in data sharing: An empirical test of theory of collective action', Proceedings of ASIS&T AM 2018, pp. 244-253.

Konkiel, S, Piwowar, H & Priem, J 2014, 'The imperative for open altmetrics', The Journal of Electronic Publishing, vol. 17, no. 3.

Kramer, B & Bosman, J 2016, 'Innovations in scholarly communication – global survey on research tool usage', F1000Research, vol. 5, p. 692.

Kramer, B & Bosman, J 2017, Wheel of Open Science practices (editable powerpoint), Figshare.

Levin, N & Leonelli, S 2017, 'How does one "open" science? Questions of value in biological research', Science, Technology & Human Values, vol. 42, no. 2, pp. 280-305.

Linek, SB, Fecher, B, Friesike, S & Hebing, M 2017, 'Data sharing as social dilemma: Influence of the researcher's personality', PLOS One, vol. 12, no. 8, e0183216.

Nosek, BA, Alter, G, Banks, GC, Borsboom, D, Bowman, SD, Breckler, SJ, Buck, S, Chambers, CD, Chin, G, Christensen, G, Contestabile, M, Dafoe, A, Eich, E, Freese, J, Glennerster, R, Goroff, D, Green, DP, Hesse, B, Humphreys, M, Ishiyama, J, Karlan, D, Kraut, A, Lupia, A, Mabry, P, Madon, TA, Malhotra, N, Mayo-Wilson, E, McNutt, M, Miguel, E, Paluck, EL, Simonsohn, U, Soderberg, C, Spellman, BA, Turitto, J, VandenBos, G, Vazire, S, Wagenmakers, EJ, Wilson, R & Yarkoni, T 2015, 'Scientific Standards. Promoting an open research culture', Science (New York, N.Y.), vol. 348, no. 6242, pp. 1422-1425.

Open Science Monitor Consortium Partners 2019, Open science monitor methodological note, https://ec.europa.eu/info/sites/info/files/research_and_innovation/open_science_monitor_methodological_note_april_2019.pdf.

Orduna-Malea, E, Martín-Martín, A & Delgado López-Cózar, E 2016, 'Metrics in academic profiles: a new addictive game for researchers?', Rev Esp Salud Publica, vol. 90, pp. 1-5.

Piwowar, H, Priem, J, Lariviere, V, Alperin, JP, Matthias, L, Norlander, B, Farley, A, West, J & Haustein, S 2018, 'The state of OA. A large-scale analysis of the prevalence and impact of Open Access articles', PEERJ, vol. 6.

Priem, J & Hemminger, BM 2010, 'Scientometrics 2.0: Toward new metrics of scholarly impact on the social web', First Monday, vol. 15, no. 7, https://firstmonday.org/ojs/index.php/fm/article/view/2874/2570 (July 15, 2020).

Priem, J, Taraborelli, D, Groth, P & Neylon, C 2010, Altmetrics: A manifesto, 26 October 2010, http://altmetrics.org/manifesto (July 15, 2020).

Ràfols, I 2019, 'S&T indicators in the wild: Contextualization and participation for responsible metrics', Research Evaluation, vol. 28, no. 1, pp. 7-22.

Reichmann, W 2017, 'Open Science zwischen sozialen Strukturen und Wissenskulturen', TATuP Zeitschrift für Technikfolgenabschätzung in Theorie und Praxis, vol. 26, no. 1-2, pp. 43-48.

Ross-Hellauer, T, Deppe, A & Schmidt, B 2017, 'Survey on open peer review: Attitudes and experience amongst editors, authors and reviewers', PLOS One, vol. 12, no. 12, e0189311.

Rowhani-Farid, A, Allen, M & Barnett, AG 2017, 'What incentives increase data sharing in health and medical research? A systematic review', Research integrity and peer review, vol. 2, no. 7.

SPARC 2018, An Analysis of Open Data and Open Science Policies in Europe, https://sparceurope.org/download/3674 (July 15, 2020).

Tunger, D, Clermont, M & Meier, A 2018, 'Altmetrics: State of the Art and a Look into the Future' in M Jibu (ed.), Scientometrics, IntechOpen, London.

Wilkinson, MD, Dumontier, M, Aalbersberg, IJ, Appleton, G, Axton, M, Baak, A, Blomberg, N, Boiten, J-W, da Silva Santos, LB, Bourne, PE, Bouwman, J, Brookes, AJ, Clark, T, Crosas, M, Dillo, I, Dumon, O, Edmunds, S, Evelo, CT, Finkers, R, Gonzalez-Beltran, A, Gray, AJG, Groth, P, Goble, C, Grethe, JS, Heringa, J, 't Hoen, PAC, Hooft, R, Kuhn, T, Kok, R, Kok, J, Lusher, SJ, Martone, ME, Mons, A, Packer, AL, Persson, B, Rocca-Serra, P, Roos, M, van Schaik, R, Sansone, S-A, Schultes, E, Sengstag, T, Slater, T, Strawn, G, Swertz, MA, Thompson, M, van der Lei, J, van Mulligen, E, Velterop, J, Waagmeester, A, Wittenburg, P, Wolstencroft, K, Zhao, J & Mons, B 2016, 'The FAIR Guiding Principles for scientific data management and stewardship', Scientific data, vol. 3, 160018 EP.

Wilsdon, J, Bar-Ilan, J, Frodeman, R, Lex, E, Peters, I & Wouters, P 2017, Next-generation metrics: Responsible metrics and evaluation for open science, https://ec.europa.eu/research/openscience/pdf/report.pdf#view=fit&pagemode=none (July 15, 2020).